天然有机育儿法

Grow Healthy Grow Happy
The Whole Baby Guide

[美] 贝姬·坎农◎著　美同◎译

图书在版编目（CIP）数据

天然有机育儿法 /（美）贝姬·坎农著；美同译. —— 北京：北京联合出版公司，2022.1
ISBN 978-7-5596-5748-0

Ⅰ. ①天… Ⅱ. ①贝… ②美… Ⅲ. ①婴幼儿-家庭教育 Ⅳ. ① G781

中国版本图书馆 CIP 数据核字（2021）第 254387 号

GROW HEALTHY.GROW HAPPY.THE WHOLE BABY GUIDE by Becky Cannon
Copyright © 2014 by Becky Cannon
Published by arrangement with i play.,Inc.
Through Bardon-Chinese Media Agency
Simplified Chinese edition copyright©2022 by Beijing Tianlue Books Co.,Ltd.
All rights reserved.

天然有机育儿法

作　　者：[美]贝姬·坎农
译　　者：美　同
出 品 人：赵红仕
选题策划：北京天略图书有限公司
责任编辑：王　巍
特约编辑：高锦鑫
责任校对：郝　帅
装帧设计：朝圣设计

北京联合出版公司出版
（北京市西城区德外大街 83 号楼 9 层　100088）
北京联合天畅文化传播公司发行
北京盛通印刷股份有限公司印刷　新华书店经销
字数1148千字　889毫米×1194毫米　1/16　48印张
2022年1月第1版　2022年1月第1次印刷
ISBN 978-7-5596-5748-0
定价：268.00元

未经许可，不得以任何方式复制或抄袭本书部分或全部内容
版权所有，侵权必究
本书若有质量问题，请与本公司图书销售中心联系调换。
电话：010-65868687　010-64258472-800

  当我的妈妈抱起一个婴儿时，我会看到并感觉到她对这个婴儿所表达出的爱意，以及这个宝宝的重要性在她眼中的体现。她生来就知道如何与婴儿共舞——一曲互相给予的舞蹈并互致爱意。

  和我一样，她是从她的妈妈那里学会这种舞蹈的。

  我满怀爱与感激之情，谨以此书献给我的妈妈——多特·坎农（Dott Cannon）。从我出生，我们就一起跳着一曲爱之舞。这段经历教会了我以一位母亲的身份与我的宝宝以及其他人共舞。

目 录

中文版序言
前言
引言

天然有机育儿法的自然原则　2

　　互补原则　3
　　相对原则　3
　　吸引原则　4
　　联系原则　4
　　保护原则　4
　　变化中的稳定原则　5
　　平衡原则　5
　　独特原则　6
　　生长周期原则　6
　　数量质量综合原则　6
　　关注原则　7
　　因果原则　7

天然有机育儿法的指导原则　8

　　照顾好自己　9
　　照看好宝宝　9
　　保障安全　9
　　爱，连接与全心投入　9
　　从宝宝的角度考虑　10
　　学习与提高　10
　　相信你的直觉　10
　　保持正念　10
　　有意识地选择　10
　　探索与玩耍　11

此刻，我领悟了爱的真谛　12

第一篇　全人宝宝

帮你的宝宝打下身体、情感和智力全面发展的基础。

第1章　身体健康与治疗

日常措施　21

宝宝的饮食　22

尿布里的玄机　22
　换尿布　23 • 如厕训练　24

睡眠与休息　25
　快速眼动（REM）睡眠　25 • 非快速眼动（NREM）睡眠　26
　入睡　26

用抚摸和按摩滋养宝宝　28
　按摩怎么做　29

鼓励宝宝活动身体　30
　与宝宝一起做的身体活动　33

建立对身体的积极印象　37

提供安全的环境　38
　安全检查清单　39

养成健康卫生习惯　40
　眼睛　40 • 耳朵　40 • 鼻子　40 • 指甲　41 • 头发　41 • 口腔和牙齿　41
　皮肤　42 • 衣服　43

调节温度，呼吸新鲜空气　44

身体发育理论　47

宝宝的身体发育　48
　肌肉的活动　48 • 感觉　49 • 知觉　49

身体发育的里程碑　50

身体健康的根基　51
　抵御病原体　51 • 疫苗　53 • 关于接种的准备工作　63

提升免疫力　64
　用自然的方式让宝宝拥有健康　64

自然疗愈的基本技能　71

诊断　72
阴阳诊断　72 • 母亲和孩子是一体的　73 • 运用感官诊断　73
记录母子健康手账　74

治疗　75
饮食疗法　75 • 谷物粥疗法　76
味噌汤疗法　77 • 苹果葛根糊疗法　78 • 咸味葛根糊疗法　79
酸梅疗法　80 • 酸梅茶疗法　81
替代疗法　82 • 冷（热）敷疗法　82
生姜敷贴疗法　84 • 局部疗法　85
精油疗法　86 • 穴位按摩疗法　88 • 灵气疗法　96

自然疗法方便药箱　97

帮孩子选择医生　98

宝宝的身体系统与常见的相关疾病　100
宝宝的淋巴和免疫系统　102 • 宝宝的消化和泌尿系统　106 • 宝宝的呼吸系统　120
宝宝的皮肤系统　132 • 宝宝的神经系统　139 • 宝宝的内分泌系统　144
宝宝的肌肉和骨骼系统　146 • 宝宝的循环系统　146 • 宝宝的生殖系统　147

第2章　情绪与心灵

日常措施　151

成为真正的榜样　152

正念练习　152
陪伴他，感受他　154 • 关注呼吸　155
开发感官意识　157 • 练习冥想　158

采取积极的态度　158

肯定和接纳宝宝的感受　160

营造安宁的环境　162
听觉　162 • 视觉　162 • 触觉与动觉　162

安排日常生活　163

管理压力　163

通过饮食调节情绪　164

安排活动身体的时间　165

培养幽默感　166

建立家庭传统、仪式和节日　168

呵护你自己的心理健康　169

信任宝宝　170

信任自己　170

把目光放长远　171

情绪发展理论　173

宝宝的情绪发展　174

情绪发展的里程碑　175

依恋的基础　176
  亲子连接　176　•　安全型依恋与不安全型依恋　177　•　依恋循环　179
  情感调和　182　•　镜像模仿　182　•　建立健康依恋关系的7种做法　183
  过度依恋　184　•　建立安全依恋的障碍　184

宝宝如何成长　187
  本体（Essence）　187　•　自我与认同发展　188

了解个体差异　190
  气质　190　•　人格与九型人格　191　•　性别　197

情感与社交能力的基本技能　201

培养情感能力　202
自我意识　202 • 自信　203 • 自我调节　205 • 灵性的世界　210
意向性、自我激励与判断　211

增强社会能力的技能　213
共情与同情　213 • 合作　216 • 性格与价值观　218

发展人际关系　220
父母　220 • 其他家庭成员　222 • 兄弟姐妹　223 • 朋友　226
文化与社区　228

特殊情形　231
选择儿童看护　234

第3章　发现与学习

日常措施　239

通过饮食促进大脑发育　240

通过睡眠"充电"　240

刺激宝宝的感官　241

通过运动建立学习路径　242

提供积极的情感环境　243

与宝宝互动　244

跟宝宝聊天，为他读故事　245

鼓励积极体验　246

考验与挑战　247

减少媒介刺激　249

欣赏艺术　250

到户外探索　251

借助活动寻找平衡　252

智力发展理论　255

宝宝的智力发展　256

智力发展的里程碑　256

学习的基础　258
　　最佳学习时机　258 • 宝宝的大脑　259
　　学习的基石　265

宝宝如何学习　271
　　感官整合　273 • 模仿　274 • 强化　275
　　适应环境　276 • 记忆　277 • 形成概念　279
　　知识迁移　280 • 社会互动　280 • 语言　281
　　游戏　283 • 兴趣、目标与潜力　285

健康学习的基本技能　287

助力宝宝的学习　288
　　父母和老师　288 • 学习的条件　289 • 学习的工具　291

健康学习的7条路径　293
　　感官类学习路径　295 • 运动类学习路径　297 • 互动类学习路径　299
　　语言类学习路径　300 • 认知类学习路径　303 • 创造类学习路径　305
　　自然探知类学习路径　307

选择幼儿园　320

第二篇　天然有机饮食

帮你的宝宝打下健康饮食的良好基础。

第4章　婴幼儿饮食基础

宝宝的食物　326
　自制食物的益处　327　•　天然食物　328
　容易消化的食物　329　•　当地当季的新鲜食物　330
　放心可靠的传统食品　330　•　有机食物　330
　转基因食物　332　•　植物性食物　332
　酸与碱　333　•　食物的阴阳平衡　334

宝宝的身体需要什么　336
　碳水化合物　336　•　蛋白质　336　•　脂肪　337　•　水　337
　维生素　337　•　矿物质　337　•　酶　337

第5章　从菜园到餐桌

计划与组织　342
　准备食材　342　•　存储容器　343　•　锅碗瓢盆等厨具　344
　饮食与菜单计划　348

采购　350

食物中的能量　353

食物的准备　354
　清洗和浸泡谷物和豆类　354　•　清洗和准备蔬菜和水果　354
　切割蔬菜和水果　354　•　烹饪方法　355

食物的储存　359
　保质期　359　•　解冻食物　359

尝试固体食物　360
　宝宝准备好吃固体食物的迹象　360　•　喂饭区　361　•　视野与氛围　362
　食物的粘稠度　363　•　食物的温度　364
　每次只尝试一种新的食物　364　•　最初的尝试　365　•　应该喂多少　366
　养成吃固体食物的习惯　366

喂饭时的注意事项　366
　　检查食物过敏　367

第6章　饮食类别

如何使用书中的食谱　369

母乳　371

母乳的益处　372
　　碳水化合物　373 • 蛋白质　373 • 脂肪　373 • 维生素和矿物质　373
　　激素　373

母乳喂养的优势　374
　　母乳喂养对宝宝的益处　374 • 母乳喂养对妈妈的益处　374 • 增强免疫力　375

母乳的替代选择　376
　　牛奶配方奶　376 • 大豆配方奶　376 • 水解牛奶配方奶　376
　　山羊奶配方奶　377

如何进行母乳喂养　377
　　用奶瓶进行母乳喂养　378 • 哺乳期饮食　378

催奶食谱　379
　　美味味噌汤　380 • 蒸羽衣甘蓝　381 • 麻薯　382

谷物　385

谷物的益处　386
　　为什么要给宝宝吃全麦谷物　386

食用谷物的注意事项　387
　　麸质过敏　387

谷物的种类　388
　　糙米　388 • 糙糯米　388 • 小米　388 • 藜麦　389
　　燕麦　389 • 大麦　389 • 苋米　390 • 小麦　390 • 荞麦　390
　　玉米、玉米面和玉米碴　391

谷物是如何生长的　392

谷物的阴阳属性　394

谷物的做法　394
　　　　食物糊和食物泥　394　•　嚼着吃的谷物　395　•　烘焙面食　395　•　面条　395
　　　　早餐麦片和零食　396

　　适合宝宝吃的谷物食物　396
　　　　谷物的尝试次序　397　•　日常谷物糊　398　•　超级谷物　399
　　　　出牙饼干　400　•　面条　401　•　薄煎饼　402　•　油煎饼　403

蔬菜　405

　　陆生蔬菜的益处　406

　　食用陆生蔬菜的注意事项　407
　　　　本地种植的有机蔬菜　407　•　十字花科蔬菜　408　•　茄属植物　408
　　　　草酸　408　•　硝酸盐　408　•　真菌　408

　　陆生蔬菜的阴阳属性　409

　　陆生蔬菜是如何生长的　410

　　海产蔬菜的益处　412

　　海产蔬菜的阴阳属性　413

　　海产蔬菜是如何生长的　413

　　海产蔬菜的种类　414
　　　　紫菜　414　•　裙带菜　414　•　昆布海藻　414　•　琼脂　414

　　蔬菜的做法　415
　　　　食物泥　415　•　抓着吃的食物　415　•　嚼着吃的食物　415

　　适合宝宝吃的蔬菜食物　415
　　　　蔬菜的尝试次序　416　•　日常蔬菜泥　418　•　蔬菜奶油汤　420
　　　　烘烤蔬菜泥　421　•　手抓蔬菜　422　•　蔬菜酱　423

高蛋白食物　425

　　食用高蛋白食物的注意事项　426

　　植物性高蛋白食物的种类　427
　　　　豆类　427　•　大豆制品　427　•　坚果与种子　428

动物性高蛋白食物的种类　429
　　牛奶和奶制品　429　•　鱼　430　•　鸡肉　432　•　鸡蛋　432　•　畜肉　433

适合宝宝吃的高蛋白食物　434
　　高蛋白食物的尝试次序　435　•　嫩豆腐葛根糊　436　•　烤种子和坚果　437
　　全麦豆糊　438　•　天贝　440　•　清炖鱼　441

水果　443

水果的益处　444

食用水果的注意事项　444
　　有机水果　444　•　当地当季水果　444　•　自然成熟水果　444

水果的种类　445
　　温带水果　445　•　热带水果　445

水果是如何生长的　446

水果的阴阳属性　448

水果的做法　449
　　熟水果泥　449　•　新鲜水果　449　•　果冻　449　•　干果　449
　　果酱　449　•　果汁　450　•　水果与其他食物的搭配　450

适合宝宝吃的水果　450
　　水果的尝试次序　451　•　果酱　452　•　葛根水果糊　453
　　干果泥　454　•　蒸水果　455　•　果冻　456　•　新鲜水果　457

发酵食物　459

有益菌　460
　　卫生假说　460

发酵食物的益处　461
　　提升免疫力　461　•　促进疗愈　462　•　促进消化　462
　　解毒　463

食用发酵食物的注意事项　463
　　温度　463　•　湿度　463　•　氧气含量　463　•　酸碱度　463
　　所接触物质的化学性质　464　•　咸度　464

发酵方式　464
　　酒精发酵和醋酸发酵　465 • 乳酸发酵　465

发酵食物的种类　466
　　发芽谷物与豆类　466 • 甘薯泥　466 • 味噌　466
　　梅子醋　466 • 日本酱油与普通酱油　467 • 泡菜　467 • 水开菲尔（缇比茶）　467
　　优格酸奶、开菲尔酸奶和乳清　467 • 酸梅　468 • 天贝　468
　　发面团　468 • 奶酪　469 • 益生菌补充剂　469
　　含有益生菌的零食和饮料　470 • 醋　470

发酵食物的阴阳属性　470

适合宝宝吃的发酵食物　470
　　发酵食物的尝试次序　471 • 味噌汤（日本酱汤）　472 • 甘薯泥　473
　　海菜味泡菜　474 • 水果泡菜　475 • 水开菲尔　476

脂肪与调味料　479

脂肪　480
　　脂肪的益处　480 • 食用脂肪的注意事项　480 • 脂肪的种类　483
　　适合宝宝吃的油脂　485 • 油脂的尝试次序　485

盐　486
　　盐的益处　486 • 使用盐的注意事项　486 • 盐的种类　487
　　适合宝宝吃的盐　488

甜味剂　489
　　甜味剂的害处　490 • 使用甜味剂的注意事项　490 • 甜味剂的种类　491
　　甜味剂的阴阳属性　493 • 适合宝宝吃的甜味剂　494
　　甜味剂的尝试次序　494

药草与香料　495
　　药草和香料的益处　495 • 药草的种类　495 • 香料的种类　496
　　酱料　498 • 适合宝宝吃的药草和调味料　498
　　药草和香料的尝试次序　499

适合宝宝吃的甜点和零食　499
　　糙米布丁　500 • 苹果酱松饼　501 • 燕麦饼干　502
　　动物饼干　503 • 水果馅饼　504 • 古斯粗麦蛋糕　505 • 聚会蛋糕　506
　　脆米块　507

饮料 509

 饮料的益处　510

 饮料的种类　511
  水　511 • 蔬菜汤　514 • 蔬菜浓汤　514 • 药草茶和大麦茶　514
  日本甘酒　514 • 椰汁　515 • 蔬菜汁　515 • 果汁　515
  杏仁奶和芝麻糊　516 • 豆奶　516
  牛奶　517 • 山羊奶　517 • 碳酸饮料　517

 饮料的阴阳属性　518

 适合宝宝喝的饮料　518
  饮料的尝试次序　519

 饮料食谱　519
  蔬菜汤　520 • 大麦茶　521 • 药草茶　521 • 日本甘酒　522

第7章　菜单计划

 6~8个月宝宝的饮食　526

 7~9个月宝宝的饮食　530

 9~12个月宝宝的饮食　534

 12~18个月宝宝的饮食　538

 18~24个月宝宝的饮食　542

 24~36个月宝宝的饮食　546

第8章 旅行与假日

饮食的作用　552

旅行前先做计划　552
出行必备物品　553

短暂外出　554
外出就餐　554 • 去托儿所或幼儿园　555 • 野餐　556
去海边或游泳池　556

旅行　557
自驾旅行　557 • 乘坐飞机旅行　558 • 铁路与公路旅行　559
拜访亲友并留宿　559 • 住酒店　560 • 露营　560

生日聚会　561
一周岁生日　561 • 二、三岁生日　562

节假日　564
新年　565 • 情人节　565 • 春天的节日　565
儿童的节日　566 • 五五节　567 • 独立日　567 • 万圣夜　567
感恩节　568 • 圣诞节与光明节　568

回到家中　569

自制家庭餐　571
饭团　572 • 三明治　574 • 意面沙拉　576 • 浇汁意大利细面条　578
咖喱蔬菜盖浇饭　580 • 蔬菜泥烤饭　582

第三篇　天然有机生活

这一篇介绍各种产品和成分，帮助你在购物时为宝宝做出明智的决策。

第9章　成分与材料

喂养用品　589

　　塑料　590
　　　　石油基塑料　590 · 较为安全的塑料　592 · 可能有害的塑料　595
　　　　塑料添加剂　598

　　非石油基成分与材料　600

护肤品　605

　　需要避免的化学物质　606

　　选择安全的护肤品　609

食品添加剂　611

　　读懂食品标签　612

　　食物过敏原的标示　613

　　化学添加剂　613
　　　　人工甜味剂　614 · 人工色素　615 · 人工增味剂　616
　　　　防腐剂　617 · 外观提升剂　619

宝宝的生活环境　621

　　家里家外的健康隐患　622
　　　　家里的健康隐患　622 · 家外的健康隐患　625

纺织品　627

　　天然植物纤维　628 · 天然动物纤维　633
　　合成功能纤维　634 · 防水材料与涂层　637

检验、认证与生产制造　640

　　产品安全机构　641

　　认证机构　642

父母指南　643

小绿芽致力于安全与环保　644

　　小绿芽的发展历程　645

第10章　用品指南

婴儿房用品　651
　　寝具　652　•　家具　656　•　收纳用具　658　•　房间装饰　660
　　纪念品　662

日常护理用品　665
　　沐浴用品　666　•　洗护用品　669　•　尿布　670　•　如厕训练用品　675
　　保健用品　676　•　安全用品　678

衣物　681
　　新生儿着装　682　•　玩耍着装　686　•　泳衣与防晒装　689　•　户外着装　692

出行用具　695
　　婴儿背巾、背带和推车　696　•　出行配件　698　•　汽车安全座椅　699

饮食用具　703
　　母乳喂养用具　704　•　奶瓶与杯子　707　•　围嘴与拍嗝巾　710
　　厨具　712　•　餐椅与防污垫　714　•　餐具　716　•　出行饮食用具　717

玩具　719
　　有益成长的玩具　720

新生儿购物清单　728

食谱速查　731

常见婴幼儿疾病速查　733

阴阳属性速查　735

健康学习的7条路径速查　737

中文版序言

首先恭喜你！既然你正在读这本书，那么你要么已经为人父母，要么即将如此。即使你可能在很多方面都是一个负责任的成年人，你还是可能在照顾孩子的身体、情感和智力健康方面遭遇最激烈的转变和最重大的挑战。出生后的前3年是孩子发育最为迅速的阶段。如果你能在此期间满足孩子的需要，你就能为他未来充分发挥潜能打下坚实的基础。你做出的选择和采取的行动将为他带来全方位的深刻影响。这是非常重大的责任。

对于这份新的责任，你有什么感觉？你感到害怕吗？你有没有在扑面而来的各种新信息面前手足无措？你应该意识到的是，你不是第一个踏上这段激荡之旅的父母。许多个世纪以来，世界各地的无数父母都凭借自己的本能和直觉成功地养育了健康快乐的孩子。别担心，在相关知识和指引的帮助下，你也可以成为一位优秀的父母。

你对即将遇到的情形和基本的育儿知识了解得越多，你就会越有信心，就会越清楚你该做什么，以及如何为宝宝做出最佳的决策。不过，你仍旧无法做出完备的准备，因为作为父母，你所遭遇的问题将是无穷无尽的。如果你有开放的心态，你就能更好地学习、成长，找到作为一名父亲或母亲的努力方向。对每个宝宝的养育都是独一无二的冒险，你必须根据宝宝的需要、你的思考和你所选择的生活方式来走出属于你自己的路。

这本书能帮助你更好地促进宝宝在生命前3年里的发育。我写这本书是为了给你养育宝宝提供一些实用的信息。我想在你们为人父母的过程中提供一些指引，以此来让你们感到舒适和放松，同时能够享受这一过程。

在写这本书之前，我学习了儿童发展，然后成立了一家生产婴儿用品的公司，主打所用原材料的天然和健康。我以自然的生活方式养育了两个女儿，埃米（Emi）和玛丽（Mari）。现在，我也有了两个孙辈，佐（Zo）和直美（Naomi）。我成长于当代的美国，现代生活为我的育儿经历带来许多便利。同时，我也很高兴能够通过学习和使用来自东方智慧的传统做法来养育我的女儿和孙辈。

我希望，通过我的经验和研究，我能为你提供东西方结合的最佳天然有机育儿法。我们在书中提出了我对儿童发展的建议，介绍了有益健康的营养搭配和烹饪方式，也提供了选择健康、安全产品的指引，以此来帮你更好地支持宝宝成长，让他的潜能得到最大程度的发挥。

你可以用这本书来了解特定的主题，也可以通过翻阅来寻找你感兴趣的内容。

本书分为三篇，分别为全人宝宝、天然有机饮食和天然有机生活。

第一篇的3章内容主要讲述宝宝的身体、情感和智力发育。每一章都会从日常措施讲起，接着介绍日常措施所依据的理论，最后讲解相关的基本技能。

❀ 第1章——"身体健康与治疗"，内容包括宝宝的身体发育、日常保健措施和疾病的自然疗愈，以及常见疾病的家庭护理建议。一些重要措施的根据是东亚医学中的阴阳互补理论。此外，这一章也提供了用于自然疗法的穴位和配方。

❀ 第2章——"情绪与心灵"将帮助父母了解如何促进宝宝的情绪与社会性发展和心灵发展，其中包括如何培养正念和幽默感，以及如何将九型人格理论运用于养育过程。

❀ 第3章——"发现与学习"将介绍宝宝的智力发育，以及如何帮助他学习。我总结了健康学习的7条基本学习路径，以此来促使你提供不同的体验来刺激宝宝的大脑发育。你很容易就能借助一天当中的各种活动和经历来帮助宝宝用整体和综合的方式学习。

第二篇"天然有机饮食"分为5章，包含关于饮食的多个方面的详细信息，例如食物的分类、食谱、日常烹饪技巧、菜单计划、采购清单，以及旅行、假日和特殊场合的饮食安排。

❀ 第4章——"婴幼儿饮食基础"将介绍什么是最适合宝宝的食物及其原因。
❀ 第5章——"从菜园到餐桌"将介绍准备食物的各个环节。
❀ 第6章——"食物分类"将介绍8大类食物，它们分别是母乳、谷物、蔬菜、富含蛋白质的食物、水果、发酵食品、调味料和饮料。
❀ 第7章——"菜单计划"将针对6–36个月大宝宝的饮食提出详细的建议。
❀ 第8章——"旅行与假日"将介绍用于应对特殊场合的饮食安排。

第三篇"天然有机生活"包括两章内容。

✂ 第9章——"成分与材料"将介绍喂养用具和玩具、护肤品、纺织品、居家用品、食品添加剂等婴幼儿用品中的安全成分和有害成分。

✂ 第10章——"用品指南"是最后一章，这一章将介绍大约250种婴幼儿产品及其相应的注意事项。这一章的最后还包含一份"新生儿购物清单"。

为了方便查找相关信息，我还在书后附上了4份速查目录：

· 食谱速查
· 常见婴幼儿疾病速查
· 阴阳属性速查
· 健康学习的7条路径速查

请参考本书来理解宝宝的发育，把各种活动融入宝宝的日常生活。连同你对宝宝的爱和关注，你每天所做的点滴努力累积起来也会为宝宝的健康和快乐作出巨大的贡献。

随着宝宝的成长，他会通过他独特的自我、他的需求和喜好来发出他自己的声音，所以你并不能掌控他发育的所有方面。随着时间的推移，你的责任将会是"放手"，并引导他成为他自己，他最好的自己。

祝愿你和你的家人一切都好！

贝姬·坎农

前 言

40多年前,我有幸接触到一类整体主义的世界观,它深刻地影响了我的生活、饮食,以及我对宝宝的养育。当时,像"有机"、"整体主义"、"当地种植"和"环境友好"等词语还相当陌生,更别提进入主流文化了。今天,我们很高兴地看到,在养育健康的宝宝方面,父母们的选择范围已经相当宽泛,其中很多选择背后都是人本主义的育儿观,以及和谐、健康、对环境负责的生活方式。在养育两个女儿和创建我的公司小绿芽(green sprouts)的过程中,我都遵循了这些原则。

养育方面的信息、产品和流行风潮数不胜数,为了使你不至于眼花缭乱,我写了这本指南。本书中的内容来自我的儿童发展(child development)教育背景,来自我数十年对日本传统健康生活方式的体验,也来自我养育两个宝宝和创办一家婴儿用品企业的实际经历。本书的写作旨在简洁、全面和浑然一体,不同的部分之间存在内在的关联。书中所有的内容,不论是理论、练习、例证和照片,还是参考信息、图表、菜谱和购物清单,都以自然的生活方式为理念。我的目的是为你提供各种有价值的信息,帮你形成你自己的养育理念,使你能够睿智、主动地应对你在宝宝的养育、教育、学习、情感与个性发展方面遇到的各种问题。

埃米、贝姬和玛丽

我的个人经历对我的养育理念有很大影响。大学期间，我攻读儿童发展专业，并且深受英国进步教育家A. S. 尼尔（A. S. Neill）和"华德福教育"（Waldolf Education）创始人鲁道夫·斯坦纳（Rudolf Stainer）等人启发。他们对童年的理解以整体主义的体验方式整合了儿童的身心发展，我对此深感共鸣。另外，儿童发展专家、同时也是《从出生到3岁》①一书的作者伯顿·怀特也给了我很大的影响。他认为，父母对孩子影响最大的时期是孩子满三岁前。如果孩子已经三岁，那么他身心发展的地基就已经打好。他已经学会微笑、吃饭、爬行、走路、说话、思考，以及表达自己的感受。而且，他此时的体重也已经是出生时的4~5倍。从此往后，他再也不会有如此快速的进步了。

大学毕业后，我在波士顿参加了讲授东亚传统烹饪与哲学的课程，课上重点讲了日本料理和阴阳理论。我将在后面的引言里详细介绍阴阳理论，这里简单地说一下，阴阳就是两种相反又相互依存的

梦之窗幼儿园里的一个班

特质，比如黑与白、冷与热。二者平衡时，我们就拥有健康。在将这些理论运用于生活的过程中，我发现它们既符合逻辑，又非常实用，特别是在食物的选择与烹饪方面。为了实现平衡饮食，我开始大量食用全谷物和新鲜蔬菜。这么做使我感觉身体舒适，精力充沛，思维清晰。

1976年，我去了日本，在梦之窗幼儿园（Muso Yochien）做了一名幼教老师。这所幼儿园有300多名幼儿。吉田英子（Hideko Yoshida）是校长，同时也是创始人。她的心愿是教宝宝在接触大自然的同时学会独立并形成自己的判断力。在她的指导下，我了解了幼儿教育和日本的传统生活方式。我上了日本料理课，老师是竹原（Takehara），她是一名在传统饮食和食疗方面拥有多年经验的日本厨师。

吉田英子

① 《从出生到3岁》（The New First Three Years of Life），是迄今为止最有价值的、最重要的儿童早期发展指南，是婴幼儿能力发展与早期教育的权威指南。其作者伯顿·L.怀特（Burton L. White）是哈佛大学"哈佛学前项目"的总负责人，世界著名早期教育专家。该书的中文版已经由北京联合出版公司出版。——译者注

她做的饭菜既健康又美味，里面包含各种颜色、口感和味道的多种食材。她说过，传统的日本饮食就像一台交响乐，沉稳的低音是米饭，跳跃的音符则是不同的配料，比如醋、糖、姜、芥末、酱油和草药。我非常喜欢她简单、新鲜又美味的全食烹饪法，并成功瘦身近30斤。

在日本期间，我嫁给了一位针灸师，名叫久保下直树（Naoki Kubota）。他也学过我曾经在波士顿学习的自然疗愈原理。在怀上我的大女儿埃米（Emi）之前，我遇到的所有日本人几乎都把我看作外人。我一头棕色的卷发，白皙的皮肤上散布着雀斑，一口密西西比口音，看样子的确与众不同。日本人一般礼貌而热心，但我在他们眼里是个异类。我是个外国人。然而，当我怀孕后，我在日本社会中的地位就完全不同了。我就要当妈妈了。在日本，母亲这一角色仍旧极受尊重。随着怀孕的迹象越来越明显，街上的人们也开始对我展现出与先前不同的态度。在商店或火车里，他们会跟我谈论怀孕和为人父母的喜悦。我发现，由于他们的文化重视儿童与育儿，所以不论男女，普通的日本人都了解很多关于怀孕和育儿的事。

怀孕三个月时，我的产科医生渡边（Watanabe）博士坚持让我使用收腹带（hara-obi）。它是一块长条形的棉布，使用时裹在孕妇的肚子上。它的作用是支撑不断膨胀的子宫，同时保护其中的胎儿。渡边博士把我叫到他的诊室，好让他的同事教我如何在三伏天（犬日①）使用收腹带。狗是日本和中国的生肖之一。渡边博士说，在三伏天绑收腹带是一件吉利的事，因为狗很会生崽。我很惊讶，没想到这位经过科学训练的医生还用民间传说来护理我。而且我听说，时至今日，这一做法在日本仍旧是一项习俗。绑上收腹带后，我感到舒适又温暖，心里也踏实了很多。事实证明，当怀孕的我在幼儿园工作时，收腹带发挥了很大的作用，因为我对活

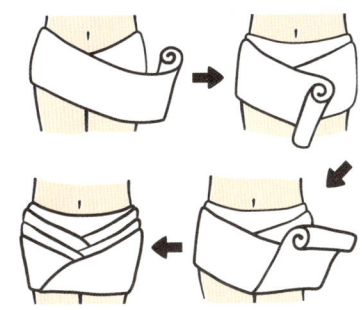

孕期腹部支撑

收腹带是一块长条形的棉布，使用时裹在孕妇的肚子上，以此来支撑子宫并保护其中的胎儿。

蹦乱跳的5岁宝宝撞到我肚子的担心减轻了很多。

分娩后，我的医生和日本朋友、同事都劝我在床上待三个星期，以便使身体得到恢复和休息，同时也能促使身体产生丰富的奶水喂养新生儿。几位日本女性告诉我，如果分娩后卧床休息，我的奶水就会特别甜，特别有营养。她们坚持让我吃各种能够滋补身体和发挥特殊功效的食物，例如糯米团。这是一种用碾碎的糯米做成的食物，不仅营养丰富，而且有催奶的功效。在她们的建议下，我还喝了里面加有根茎类蔬菜的滋补汤，因为就像一位朋友所说的那样："根能够给你大地的力量。"宝宝出生后，有人还推荐我喝加有裙带菜的味噌汤（一种发酵食品），因为汤里的蛋白质非常容易吸收，而且里面还含有丰富的益生菌，有助于促进消化。此外，这种汤里还富含能够增强免疫力、促进身体恢复的多种矿物质。

传统的日本婴儿护理也影响了我给埃米换尿布

---

① 犬日（dog days），大犬座的天狼星7-8月出现在北半球的夜空，正值酷暑时节。——译者注

埃米和贝姬

的方法和抱她的动作。我在日本见到了从未见过的毛线尿布套。我发现,与布质尿布一起使用时,这种尿布套可以非常有效地让埃米的屁股保持干爽,同时还能保证空气流通。冬天,跟很多日本妈妈一样,我也穿上了"妈妈服"。这是一种能够同时包裹我和埃米的宽大外衣,前面有一只大口袋,埃米可以安全地偎依在里面。如此一来,我们两人都觉得既温暖又舒适。

在怀孕和分娩期间,由于远离家乡,我非常想念我的母亲和其他家人。但是,我也从崇尚与珍视家庭、传统、孩子与母亲的社会氛围中得到了巨大的安慰。我在日本的生活让我耳濡目染地学到了不少能够运用于日常养育的实用经验。我也开始赞叹日本婴儿用品的精良品质与贴心功能,这些产品都是为婴儿的需要和健康而设计。在日本,我发现了很多考虑细致又方便使用的产品,比如带兜的围嘴、柔软的棉布手帕、为穿着舒适而针脚朝外的衣服,以及用来给幼儿分割食物的剪刀。

玛丽(Mari)是我们的小女儿,出生在1982年,当时我们已经搬到了美国。虽然埃米的一些东西还可以继续给玛丽用,但我仍然不时想起我在日本时买过的一些非常独特的婴儿用品。虽然我不想完全像一个日本人那样生活,但我很欣赏他们在育儿方面的很多源自生活经验的做法,于是我把这些做法结合到了我的西方式生活中。在日本传统生活方式的启发下,我开始从西方和其他文化中寻找自然文化传统。给埃米和玛丽做衣服时,我使用天然纤维。给她们准备食物时,我不用含有防腐剂和加工过度的食材。我想给她们提供健康的环境和饮食,为她们打下良好的基础,特别是在她们生命的前三年里。

我在日本的经历不仅影响了我对宝宝的养育,也影响了我的事业。我第一次创业是与前夫直树一起,我们在北卡罗来纳州的阿什维尔市创建了东西中心(East West Center)。直树在家里开设了针灸诊所,另外教授武术。我开设了自然食物烹饪课程,并且每周提供一次晚餐,像寄宿家庭那样。我们提供的这餐饭包含汤和甜点,一共三美元。此外,我们也一起提供有关自然疗法的咨询,还办过有关传统东亚医学与哲学的研讨班,其中的多项自然原则成为了这本书的基础。

怀玛丽的时候,我经常失眠。凌晨时分,我坐在小卧室里,心里盘算着如何为其他父母提供天然婴儿用品。我想要埃米出生时我在日本找到的那些关心婴儿需求的天然产品。我的日本婆婆给我寄来毛线尿布套,我从家里通过邮购的方式把它们卖出去。趁玛丽午睡,埃米玩耍的空,我打包快递订单。

拓展业务时,我销售的第一批产品着眼于布尿裤的健康、环保和经济属性。与一家进口尿布套的公司合作多年后,我开始设计自己的产品,比如获得了专利的极限游泳尿裤,它是专门为游泳设计的。我推出了由有机棉等当时不太常见的天然材料

制成的产品。我比其他业内人士更早地研究了塑料添加剂的危害，比如聚氯乙烯（PVC）和双酚A（BPA）。我还制作了小册子来向父母普及这些化学物质的危害。

我的业务开始增长，于是我雇佣了第一批员工，帮我在车库里打包订单。那些订单简单地装在许多只洗衣篮里。我召集了一群妇女在各自家中为我缝制游泳尿裤。有一次，我的团队一周做了10000只游泳尿裤！我亲身感受到了上班族妈妈的巨大需求。埃米和玛丽学会了照顾自己，但如果她们需要我，我就会出现在她们身边。当快递公司的业务员在门口等待时，她们也会在客厅帮忙打包尿裤。

我把公司搬到了一个办公园区，开始自主生产，并从零售渠道转向批发渠道。因为我的大学专业不是商科，所以公司里的财务、运营和管理事务一直让我很头疼。不过，通过反复尝试，并且在

我们的价值观

我们的工作是为了：
促进健康与幸福
保持诚实公正
接触大自然
保持开放，充满创意
增进人际间的理解

我们的使命

我们是一家以价值为基础、以家庭为导向的企业。我们为婴儿的早期发展提供健康的产品。我们与负责、开明的合作伙伴合作，通过共同实践健康生活，努力创造更加健康与幸福的世界。

公司发展历程

他人的热心帮助下，我终于学会了如何经营一家企业，并使它成长。

我的公司小绿芽（green sprouts.,Inc）已经从一家只有邮购业务的小公司发展成为了一家跨国企业。目前，我的公司经营一系列天然婴儿用品，包括喂养用品、玩具、婴儿护理用品、服装和食品。

我创业的动力来自我对两个宝宝的责任心，她们激励我在遇到困难的时候继续努力。虽然她们现在都是成年人了，但我们仍然在我的公司里一起工作。我的大女儿埃米担任管理职务，小女儿玛丽是一名针灸师和自然治疗师，也是本书讲述健康部分的撰稿人。

引 言

不论沐浴温暖的阳光,呼吸新鲜的空气,还是聆听清脆的鸟鸣,你的宝宝都能轻松地感受大自然的神奇。我的女儿埃米和玛丽小时候很喜欢在大自然里撒欢儿,比如在海滩玩沙子,或是往小溪里扔石头,一玩就是好几个小时。你的宝宝天生就懂得感受舒适与安宁。作为父母,你也可以通过理解大自然的奥秘并运用它们来指导你的养育实践,来帮助宝宝与大自然和谐相处。

在日本时,我的雇主是东京的梦之窗幼儿园。在那里,自然是宝宝们学习与生活的不可分割的组成部分。园长吉田英子认为,促进幼儿身心成长的最佳方式是任由他们花尽可能多的时间与大自然相处。跟随吉田英子教学时,我们常常带宝宝们到野外挖甘薯,摘柿子,或者在竹林中嬉戏。

与大自然亲密接触对宝宝的健康与成长益处多多。清新的空气和明媚的阳光能滋养宝宝的身心,使他们感受到满满的幸福。各种动物、植物,以及无比广阔的野外空间是宝宝探索与发现的无尽宝藏。如果你住在市中心,你可能很难做到让宝宝每天都接触大自然。即便你住在乡间,繁忙的生活也可能使你无法静心感受自然之美。不过,你还是可以有意识地为宝宝提供大自然给予的食物、植物、阳光和新鲜空气,并且在养育中运用自然原则,以此来把大自然的奇妙引入宝宝的日常生活。

婴幼儿的身心发育是先天遗传(自然)与后天养育不断相互作用的结果。在婴幼儿长大成人的过程中,内因是天生的基因、本能与生物性特征,外因是父母对婴幼儿的养育,如日常照料,食物,宝宝的感受,活动安排,以及他们所生活的环境。养育是遗传特征的补充,它能影响婴幼儿的改变与成长。在自然原则和你在深思熟虑后所做出的养育选择的共同作用下,你的宝宝将能够最大可能地实现他们的潜能。

天然有机育儿法的自然原则

"气",或者说"关键的生命能量",是东亚传统哲学与医学的核心概念。气是灌注于所有生命体的生命力,而气的阴阳平衡是保持健康的必要条件。这种不可见的力,或者说能量,就是自然智慧。

气不依赖于中枢神经系统或大脑。人的智慧来自大脑有发问、思考、分析和假设的能力,而自然智慧则来自其所不断追寻的内在平衡。气遍布于所有生命体,而且包罗万象。它取之不尽,用之不竭,并且能够为宝宝的成长和发育提供源源不断的自然疗愈能量。例如,在肚子不舒服或擦破膝盖的时候,宝宝的身体懂得如何从中恢复,因为身体的自然智慧寻求健康与平衡。

作为父母,你本能地了解宝宝和他的喜好。把宝宝抱在怀里的时候,你会自然而然地让他贴近你的身体,而他也本能地知道如何寻找乳头并吮吸乳汁,完全无需引导。他的呼吸、心跳,以及所有的生理功能都展现得极富韵律,极为自然。出生后,他知道如何按照内在的发育程序成长,也知道如何借助与生俱来的好奇心来学习。

我深受日本传统生活观的影响,即按照自然节律生活。自然原则与阴阳理论对我的个人生活和事业都非常有帮助,同时也有助于我的两个宝宝锻炼她们调节自身的能力。我从东亚医学与养生哲学中学到了这些原则。

"养生"(macrobiotics)一词源自希腊语词根,意为"长寿",其中折射出了人类对长久保持健康的追求。东亚医学与养生哲学对阴与阳的理解稍有不同。我所做的是从两个思想派别中吸取精华,以此来使你在养育的所有方面都获得清晰的指引。

阴与阳是抽象的概念,因为它们不断在变化,而且它们是相对而言的。不过,在比较和理解这些原则的时候,把一些事物标为阴或阳也是有帮助的。阴与阳不是对与错那样的二元论。你可以根据你自己的观察与思考来形成你对阴与阳的理解与判断。它们只是一套工具,你不一定能从中找到答案。相反,它们还会引发问题,并可能引导你做出意外的发现。如果你带着好奇心探索,提出问题,并且玩味而非严肃地思考这些概念,你或许就能得到你自己的关于如何运用阴与阳来理解宝宝的觉知。

阴与阳在生活中的表现无处不在,例如自然界、人类活动、食物与健康。这本书中的一些图表包含了分别属于阴与阳的事物对比,你可以利用这些图表和我介绍的原则(作为工具)来观察与理解宝宝的状况,然后,你就可以通过饮食和活动来引导宝宝,帮他在身体与心理健康层面做出调整了。

在下面的内容里,我们将讨论一些关乎阴阳的原则和其他以自然智慧为基础的原则。在为人父母的过程中,自然智慧给了我极大的帮助。全世界的传统文化都运用这些自然原则,而且它们不以人类的意志为转移。天要下雨就会下雨,不管你乐不乐意。这些原则既相互关联,又彼此独立,它们是这本书中众多概念的基础。我也列出了一些例证来帮你运用这些原则,以此来使你做到顺应自然,而不是相反。

互补原则

所有生命体中都同时存在阴与阳，而且它们和谐共存。处于阴阳两极的可以是各种具体的特征，如阴是平静，阳就是躁动；阴是凉爽，阳就是温暖；阴是被动，阳就是主动。阴与阳相互依存，没有夜晚就没有白天，没有下就没有上，没有后就没有前。阴与阳也可以存在于同一个维度的不同位置，例如痛苦与欢乐、悲伤与喜悦、恐惧与安心。在以上的所有相反概念中，处于阴、阳两个端点的力量都对宝宝的健康必不可少，就像他同时需要运动和休息才能取得平衡一样。

你的宝宝很小，阳气满满，或者说充满了活力。但与此同时，他也通过他的易受伤害和对你的依赖而展现出了阴性的一面。阴是缓慢的、敏感的、放松的。阳是快速的、强壮的、专注的。阴与阳不只适用于宝宝，也适用于父母和其他看护者。例如，当你哄宝宝睡觉时，你就会流露出温柔的阴性情感。而当你在为你和宝宝的一天忙这忙那时，你就会展现出阳性的特质。你同时需要阴性与阳性特质来契合宝宝的需求，来为他提供安全的环境，使他能够在其中感到安心。

相对原则

只有在与其他事物相比较的情况下，特定的事物才具有特定的阴阳属性，而且这一属性常常也可以改变。例如，与水相比，木头属阳性，但是与金属相比，木头就属阴性。与香蕉相比，苹果属阳性，但是与萝卜相比，苹果就属阴性。与不同的宝宝相比，你的宝宝既可以属阴性，也可以属阳性。

人根据自身的视角、场合与经验看待事物。"一切都是相对的"就是在说不同人的看法可能会有所不同。例如，你想让宝宝上床睡觉，他却还精力充沛，想要继续玩。由于成长自不同的家庭，你和伴侣也可能会在管教宝宝的方式方法上产生分歧。

吸引原则

阴与阳也会像两块磁铁那样相吸相斥。同性相斥，异性相吸。根据吸引原则，男性气质吸引女性气质，空空的肚子需要被填满，夏天的炎热促使人寻找凉爽的东西，而剧烈活动后则需要休息。在一天当中，随着宝宝需要的满足，他会从一种状态过渡到另一种状态，随后，他的需要又会被再次满足。他的关注点一会儿是妈妈，一会儿是食物，一会儿是温暖，一会儿又会是其他东西。他感到饿，于是就吃东西；他吃饱了，于是就排便；他闲不住，于是就活动身体；他感到困倦，于是就睡觉；他哭了，想要人抱，于是你就抱起他来安抚他。宝宝的关注点总是在变。

联系原则

世间的一切都是相互联系的。在阴阳图中，白色区域里有一个黑点，同时黑色区域里有一个白点。这张图道出了阴与阳之间的联系。你中有我，我中有你。不同的生态系统都体现了大自然中的相关性。所有生态系统中都有产出者、消耗者、分解者和食腐者。如果你从其中拿走原有的东西，或者添加新的东西，那么整个系统就会尽力做出相应的调整来取得平衡。

同样地，宝宝也是一个生态系统。他的身体、头脑和情绪彼此相连，协同工作，又互相作用。根据东亚医学与哲学，身体是由相互联系的部分所组成的整体。活动身体能影响宝宝的情绪和大脑发育，而情绪反过来又能影响他的身体状况。此外，宝宝也属于更大的生态系统，例如你的家庭、你的社区、你的国家，乃至整个自然界。

保护原则

动物、植物和自然资源都是有限的，我们必须有意识地保护它们，防止它们被消耗光。作为父母，我们在家庭生态系统中也会感受到时间、精力和金钱的有限，进而产生每天保护这些资源的需要。为了做到这一点，你需要谨慎计划，留存部分资源以供不时之需。

生态系统

一个生态系统可以大至地球，也可以小至池塘。拿池塘来说，水、植物、动物、空气、阳光和土壤相互作用，共同营造了一个平衡的系统。

变化中的稳定原则

宇宙处在不断的运动和变化当中，一刻也不停歇。彩虹的不同颜色之间也互有出入，因此不存在清晰的边界。当阴与阳的平衡打破后，它们就会相互影响，改变比例，进而形成新的平衡。因为变化在一刻不停地发生，所以没有什么东西是绝对的阴或绝对的阳。你的宝宝从高兴到难过再到高兴，从干净到变脏再到干净，从困倦到清醒再到困倦，从健康到患病再到健康，如此循环往复。

在变化之内，我们可以看到连续性和稳定性。即便宝宝在生命的前三年里变化巨大，他也仍然是那个宝宝。他的体质、性格和行为方式一直保持稳定，同时赋予他一种认同感。

宝宝的哪些特征容易保持？哪些又容易改变？你对宝宝始终如一的支持和爱，包括每天的固定安排，都能给予他自由探索与学习所需的安全与舒适。灵活性，即既稳定又灵活的能力，能帮你和宝宝取得变化与稳定的平衡。

在生活中，唯一不变的就是变化，养育也同样如此。这本书将指引你在宝宝生命的前三年里给予他理解和支持，使他能够在不断的变化中实现稳定与平衡。

平衡原则

对于外部刺激，宝宝会做出有助于他实现平衡的调整来作出反应。平衡不是永恒的状态。你的宝宝会向外探索，然后再回归自我。他吃的食物，他做的事情，他生活于其中的环境都在他建立平衡的过程中发挥着作用。如果他吃了凉的东西，他的身体就会把食物加热到他身体的温度，从而使食物能够被身体消化。如果他发了脾气或情绪低落，他就会找你寻求安慰，这样他就能放松下来，重新获得内心的平衡。

体内平衡（内稳态）是一个动态过程，它是身体不断做出调整的结果。当宝宝的平衡受到极端事物的冲击时，他就需要作出调整来保持平衡。如果他接受的刺激太过强烈，他就可能"过载"，并且造成无法挽回的后果。

你可以通过减少正性影响或增加负性影响来帮助宝宝保持平衡。如果你想问："我的宝宝恢复平衡是需要更多（少）的阴还是更多（少）的阳？"这时你就可以鼓励宝宝增加或降低兴奋，以此来帮他作出调整。

你也可以通过给宝宝吃营养的食物，为他提供心理上的支持，或者让他参加阴阳平衡的活动（这样做可以减少宝宝在两个极端间的振荡）来帮他恢复平衡。宝宝的饮食偏好会告诉你他想吃什么以及什么食物可以吸引他。你可以通过增加或减少阴或阳的影响或者提供中性影响来帮他在最小的压力下维持平稳状态，以此来引导孩子调整状态，实现平衡。这本书中提供了大量你能用来支持宝宝实现平衡的方法，它们的标志是：

"有阴就有阳，有阳就有阴。因为山高，所以谷低。"

——梦之窗幼儿园儿歌

独特原则

每个人都是独特的。无论差别有多小，人与人终究是不同的。任何一片雪花或树叶都是独特的，同样，任何一个宝宝也都是独一无二的。你的宝宝有他自己的需求和天赋，而一系列独特的经历和影响也造就了独特的他。

宝宝在兄弟姐妹间的出生次序也会影响他对世界的体验。此外，基因、性别、地域、环境、怀孕与分娩的季节等因素都会给宝宝打上相应的烙印。每一个婴儿都有他自己的灵性，其中蕴藏着他的自我与潜能。

如果你坚持让不喜欢竞争的宝宝参加团队性运动，或者坚持让爱看书的害羞宝宝参加话剧演出，你就可能会压抑孩子天生的自我感知。如果你把你的未完成的梦想交给孩子去实现，那么他就很难实现真正的自我。而如果你长期密切关注宝宝，关心他的一举一动、所看所听、所思所想，你就能发现他是一个什么样的人，以及他需要哪些帮助来展现他独特的自我。

生长周期原则

自然万物都遵循诞生、成长、收获和休息的生命周期。在东亚医学中，自然有5个不同的变化周期。冬天意味着蛰伏与休息；春天意味着开始与新生；夏天意味着生长与活力；夏末意味着从盛夏到孕育新的开始的转折；秋天天气转凉，庄稼丰收，树叶变黄，意味着重新回归冬天的寒冷与寂静。这一循环周而复始，永不停歇。

婴幼儿的发育也有自己的生长周期。不停地换尿布、晚上睡不好觉的日子或许看起来没有尽头，但它们只是婴幼儿生长周期的一个阶段。随着婴幼儿逐渐长大，他必定会进入下一个阶段。看着宝宝经历这些不同的阶段，你会由衷地感叹生命的神奇。宝宝的身体本能地知道如何坐起、翻身、爬行和走路。他的大脑天然地

开始形成各种连接。宝宝一岁时，你可以拿出他刚出生时的照片，看看在这一年当中，他的变化有多大。将来，宝宝还会按照生长周期继续成长。

数量质量综合原则

婴幼儿的发育包括身体与心理的成长。在这一过程中，他将实现两种类型的成长，一种是数量的成长，一种是质量的成长。

数量的成长可以用数字来衡量。它包括身高、体重和他所掌握的词汇数。例如，"过去一年，他身高长了30厘米，体重长了4斤。"

质量的成长指婴幼儿在身心能力上的改变。例如他开始学会爬行或走路，或者开始能够理解原因与结果。当他不再大发脾气，而是理智应对的时候，或是学会独立阅读等新技能时，质量的成长就发生了。与数量的成长相比，质量的成长更不容易用数字来衡量。

婴幼儿通过综合、平衡数量与质量来成长。太多的好事可能会造成负面的结果，比如运动太多可能会导致筋疲力尽，吃太多高营养食物可能会危害健康。如果宝宝缺乏营养，他可以通过吃富含营养的食物重建平衡。

数字并非总能准确衡量宝宝的发育。也许你的宝宝已经会背26个字母，但是，如果他不了解由这些字母所组成的单词的含义，这种记忆就没有价值。为了以综合的方式实现语言沟通，宝宝需要首先学会一些词汇（数量），然后了解这些词汇背后的意义，以及学会如何把它们组织成有意义的句子和想法（质量）。宝宝也通过综合个人经历来学会翻身、爬行和走路。

关注原则

你的想法、感受和能量会向外扩张并形成现实。当你集中注意力的时候，你的生命力，或者说气，就会对你产生或正面或负面的作用。如果你关注幸运和成功，你就会得到更多的幸运和成功。反过来，如果你把能量投注在恐惧、失败、困难和错误上，等待你的就只会是失意。

跟植物一样，你的宝宝也能在你的关注下健康成长。当你关心他的需要，花时间陪伴他时，他就能茁壮成长。关注是宝宝安全感的基础，也是学习的前提。有了你的关注，他才能感到安心和踏实，才能集中精力发展智力。他不需要太多物质上的东西来获得成长与快乐，但是他每天都需要你在他身边关注他。

因果原则

在对宝宝的日常照料中，因果无处不在。如果你怀抱宝宝晃动身体，他就会安静下来。要是你夜里忘了给他换尿布，他就会比平时醒得更早。根据因果关系的概念，如果一件事引发另一件事，那么这两件事之间就存在因果联系，前者是因，后者是果。大自然的一项基本原则是"种瓜得瓜，种豆得豆"。

不过，因果并非独立存在，而是反复出现的。宝宝整夜不睡觉可能有许多种原因，而且这些原因可能会持续存在好几天。观察宝宝重复出现的因果联系，同时认真比较分析，这样做可能会有助于我们找到问题的缘由。实际上，这一策略可能比只分析单一的因果联系更有效。

父母的机会

大自然的法则借助自然智慧自行发挥作用，其结果可能对宝宝意义非凡，而你却可能对此浑然不知。宝宝的身体维持着内环境的稳定，他困倦了就会睡觉，并且能够自然而然地生长、学习和进步。不过，你也可以有意识地根据你所发现的因果联系做出调整和改变，以便使宝宝能够自由地发挥潜能，活出光彩的人生。如果你能了解自然智慧并积极主动地做出明智的选择，你就能成功地养育和指引你的宝宝。

天然有机育儿法的指导原则

刚刚来到这个世界的时候,婴儿处在一种完全无助的状态,他十分期待有人来照顾自己。与其他动物相比,人类新生儿的身体更为孱弱。出生后不久,小马驹就能摇摇晃晃地站起身来,到妈妈怀里吃奶。但人类婴儿需要父母做的事情要多得多,他们的生存完全依赖于他们的看护者。

医生、儿童心理学家等专家认为,婴儿出生时,大脑等器官仍然在发育当中。因此,你在宝宝出生后的头几年里所做的选择非常重要。宝宝3岁前的发育对他的健康、智力和幸福有显著而持久的影响。你有责任为他的身心健康打下坚实的基础。

作为父母,你每天都要在照顾宝宝的过程中做出判断和选择。你是在有意识地做出对宝宝有益的选择,还是在不明所以地重复你从父母那里习得的养育方式?只有对自己所接受的养育方式做出充分的反思,你才能根据宝宝的需要做出深思熟虑的、负责任的决定,进而积极主动地满足这些需要。

根据美国心理学家亚伯拉罕·马斯洛(Abraham Maslow)的需求层次理论,人实现潜能需要特定的基础。他认为,所有人都需要安全而有益的环境,这样才能学习新知,感受快乐,并且在社会中充分发挥自己的潜能。

本书的第一部分所依据的理论基础与马斯洛的需求层次理论十分相似。我们首先满足宝宝的生理需求,然后建立安全的依恋和连接,让宝宝体会到被爱的感觉。有了这一基础,宝宝就拥有了成长、学习、承担责任和充分发挥自身潜力所不可或缺的支持与自由。

以下是一些指导法则,它们能帮你为宝宝打下坚实的基础,以此来让他健康地成长与学习。

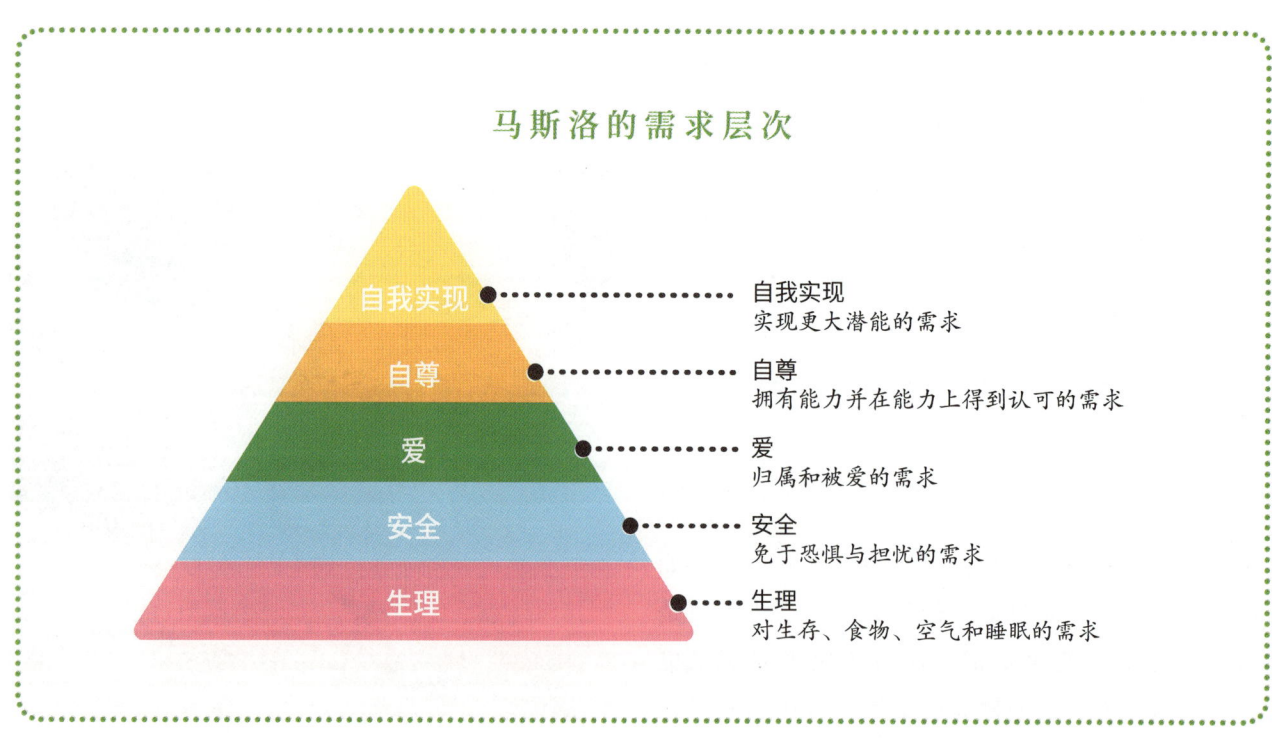

马斯洛的需求层次

- 自我实现
  实现更大潜能的需求
- 自尊
  拥有能力并在能力上得到认可的需求
- 爱
  归属和被爱的需求
- 安全
  免于恐惧与担忧的需求
- 生理
  对生存、食物、空气和睡眠的需求

照顾好自己

为人父母后,花时间放松似乎既难以做到又显得自私。当宝宝需要你为他做大量事情的时候,你或许会在放松后感到内疚。然而,只有你满足了自己的需要,你才能精神焕发地去满足养育宝宝的需要。同时,你这样做还能为宝宝树立榜样。把自己照顾好是教孩子照顾自己的方式之一。在飞机上,乘务员会建议父母首先戴上自己的氧气面罩,然后再帮孩子佩戴。宝宝需要你照顾好自己,这样你才能照顾好他。

照看好宝宝

对宝宝的日常照看包括为他提供活动与发育所需的健康食物、用于保暖和保护身体的舒适衣服,以及用来睡觉和恢复体力的安静的时间和环境。他需要你每天照顾他,从早到晚都干干净净的。需要你给他换尿布,洗衣服。如果他感觉不舒服,他还需要你安慰他。此外,他还需要阳光和新鲜的空气,它们是大自然的馈赠。

保障安全

宝宝需要你为他营造安全的环境,让他避免发生意外和伤害。他需要知道你会一刻不停地照顾他,这样他才能专注于学习和探索。

爱,连接与全心投入

倾听和回应宝宝的需要能帮助他建立信任,使他相信自己的需要会得到满足。当你跟宝宝在一起,并通过关心他来与他发生联系时,他会因为知道你爱他而放松下来。陪宝宝玩耍时,比如聊天、阅读、画画、唱歌或逗乐,你要专心致志,全心投入。你们的亲密互动有助于宝宝学习调节情绪,深入思考和发展智力。

从宝宝的角度考虑

当你从宝宝的视角看待问题时，你会对他的需求产生更多的同情和理解，并能够更加充分地满足这些需求。总穿着湿尿裤是什么感觉？他的衣服足够柔软吗，还是比较粗糙？他为什么笑或者哭？想象一下，当宝宝只能一动不动地躺着，仰面看着你、天花板或天空，想做什么都无能为力的时候，他的世界是什么样？当他坐起来环顾四周、爬行或走路的时候，他的世界会变成另一番模样。当一群成年人走过，而他只有他们膝盖高时，他眼中的世界是什么样？当他想要某样东西却不知道怎么跟你沟通时，他是什么感受？如果你很忙，你就很难做到从宝宝的角度看待问题。你喜欢的事情宝宝未必喜欢。不过，从长远来看，花时间了解宝宝是能够事半功倍的。如果你能早日关心宝宝真正的需求，他就能够在成长过程中得到更多的满足。

学习与提高

因为一切都在变化当中，所以每一刻都是反思和设法改进育儿方式的机会。有时，学习更多来自失败而非成功。如果你对宝宝不耐烦，并且你意识到这对他产生了怎样的影响，那么下次宝宝需要你关注的时候，你可能就会更有动力去满足他的需要。如果你关注宝宝，认真倾听他的声音，你就能在照顾宝宝的过程中不断提高。

相信你的直觉

你可以凭借直觉认识到宝宝累了或饿了，因为你了解他的脾性和需求。你可以把有关宝宝成长的知识与你的直觉结合起来。停下来，感受你的直觉，这么做有助于你了解内心的声音。接下来，你可以相信自己的直觉并付诸行动。

保持正念

活在当下有助于加深你对当下的感受。做几次深呼吸，让自己在繁忙的生活中保持冷静和放松。作为父母，你有很多事要做，但你的精力是有限的。宝宝有他自己的力量、韧性和意志。你要接受并相信，现在的情形是没有问题的，因为宝宝自有自然智慧加持。这样一来，你就能安下心来，认识到不是所有事情都要指望你来完成。

有意识地选择

对事情做出判断依赖于你的习惯、感觉、情感、智力、对他人的考虑、对自然法则的理解和直觉。你应该买哪个吸管杯？晚饭吃什么？哪家幼儿园最适合你的宝宝？你不可能总是做出完美的决定，因为鱼和熊掌往往不能兼得。不锈钢吸管杯可能比塑料吸管杯贵，所以你必须多花一些钱来购买。快餐店里的汉堡眼下看简单又便捷，但从长远看，这些食物却可能损害宝宝的健康。城区最好的幼儿园可能离家比较远，送宝宝去那里可能会对你的工作造成不便，所以你可能会选择一家离家较近、交通方便的幼儿园。你可以首先确定你生活中的优先事项，以此来帮助你做出一系列育儿抉择。你使用时间、金钱和精力的方式体现了你把什么看作你生活中的优先事项。明确不同事项的轻重缓急可以帮助你更有意识地做出育儿选择。

探索与玩耍

婴儿天生拥有好奇心、开放性和敬畏感，这些都是有感染力的品质。他们带着全然的天真、冒险的精神和探索的热情面对这个世界。你可以模仿这一"初学者的心态"，调动你的好奇心去发现，与宝宝共同探索自然世界。

提问会带来惊奇的发现。"为什么会这样？""这背后是怎么回事？""它是从哪儿来的？""它是怎么长起来的？"如果你提出问题并着手研究，而不是听别人怎么说，你就可能学到更多，并在这个过程中亲身了解真相。当你带着纯真与兴趣提出问题时，你就为你和宝宝打开了一个充满想象力、可能性与巨大潜力的新世界。

欣赏自然奇观也有助于保持积极情绪，增进心理健康。大自然是一位借助户外探索来激发好奇心和创造力的老师，而电视、电子游戏和机械玩具则有其局限性。

此刻，我领悟了爱的真谛

我在密西西比州长大，后来去日本生活，接触了那里非常不同的文化。这一经历开阔了我的眼界，使我能够从新的角度看待生活的各个方面，包括为人父母。这一经历也启发我质疑自己的过去和习惯，同时欣赏父母的做法和他们对我的影响，以及有意识地去养育自己的宝宝。在身为父母和祖父母的日常生活中，以及在经营自己的公司时，我努力做到开放与欣赏。当我遇到困难的时候，我可能会忘记不带成见地提问与倾听。但是，当我真的停下来，深呼吸，花些时间观察情况时，我就可以跳出自身的视角，更准确地把握当下的情形。

我一直想让埃米和玛丽成为想象力丰富的独立思想者，能够心怀好奇，去质疑，去接受不同的观点。我在工作和个人生活中发现，当我怀着探究的心态时，我就会放任创造力和新想法自由浮现。当我打开思维时，我就能感受到自然智慧和它的加持。我希望你们能对这本书中的观点保持开放的态度，希望你们能质疑并展开相应的思考，也希望你们能找到适合自身的育儿方式。

在抚养宝宝的过程中，你很可能会犯错。你可能想让宝宝接受最好的养育，可现实却是，你发现自己在很多方面都不尽完美或计划不周。尽管你每天所做的事情会对宝宝产生影响（这种影响有时是积极的，有时是消极的），但从长远来看，你所做的这些事情并不能发挥最关键的影响。宝宝健康的核心要素是他知道你无条件地爱他，知道你与他的关系是安全的。有了这样的基础，他就会有信心和韧性去面对挑战。

养育孩子既是一种责任，也是一件幸事。你有机会与孩子分享你与他之间的奇妙与快乐。你也可以逐渐领悟爱的真谛，并与孩子共同学习和成长。下面这首歌供你欣赏，或者把它唱给宝宝听。

贝姬和佐（Zo）

"此刻，我领悟了爱的真谛"
(Now, I Understand What Love Really Means)

加州蜜滴乐队（the California Honeydrops）

哦哦哦，我多么爱我的宝宝
哦哦，一刻也离不开我的宝宝

这世上最美的东西
膝盖般高，小波浪卷
她是我的宝宝女儿，你难道不知
无论艳阳还是雨雪，她都是开心果

（合）
我们播下种子
你从此不停长啊长
而且我已确定无疑
此刻，我领悟了爱的真谛

你的微笑照亮我的生活
哦，看你开心玩耍，我的心充满喜悦
你眼中的爱如此真切
我恨不得把整个世界都给你

（合）
我们播下种子
你从此不停长啊长
而且我已确定无疑
此刻，我领悟了爱的真谛

从草丛中的瓢虫到深蓝色的大海
你与我的每一天都充满奇迹
在你身边，我放慢脚步
时时处处，都妙不可言

（合）
我们播下种子
你从此不停长啊长
而且我已确定无疑
此刻，我领悟了爱的真谛
爱的真谛

 你可以在iplaybaby.com听到这首歌。

《儿童权利法案》
法里德·格鲁伯（Farid Gruber）

- 被爱，珍视和保护
- 因其本身，而非表现而得到重视
- 在学校和家中得到品德教育
- 知晓安静、执着与专注的价值
- 知晓人与环境的紧密联系
- 接触各种形式的音乐与节奏
- 发展灵性，在信仰方面获得鼓励
- 在所有形式的学习中拥有乐趣、兴奋和用功的平衡
- 因为正直与诚实而得到奖赏
- 一起吃饭、跳舞和祈祷

如果你接受、尊重宝宝的独特品质与天赋，并在他成长的过程中培养他独特的精神与力量，你就能为他的灿烂人生打下基础，从而最大限度地发挥他的潜能。你可以把你做事情的方式、想法和体现你价值观的习惯教给宝宝，但是最终，他一生的使命是建立他自己的价值观——而这需要你为他打下健康的基础。

我尽可能按照本书中所讨论的自然原则生活与工作。这些原则指导我如何保持健康，如何保证宝宝的健康成长，如何经营自己的公司，以及如何选择日常用品。这些原则帮助我形成了自己的价值观念，并启发我写了这本书。我希望它们能引起你的共鸣，并且能鼓励你探索自然的生活方式。至少，我希望我的书能让你敞开心扉，探索自然生活所能带来的各种可能性。

我为你提供尽可能多的信息来帮你做出自己的选择。这本书中的建议和想法并不能取代专业的指导，它们只能作为来自宝宝的医生、看护者和教育者的建议的补充，同时提供综合信息来帮你发展直觉，并作出与你的个人、宗教或精神理念相符的选择。我相信，你能在方便和有意识地采取自然生活方式之间取得平衡，并做出明智决定来确保宝宝的健康与幸福。

为了适应有关宝宝性别的各种情况，我会在每一章的内容里交替使用代词"他"和"她"。

如果你想了解更多关于自然养育法的实用信息，以及如何将乐趣与创造力融入养育全人宝宝的过程中，请加入我们的社区。

 请访问growhealthygrowhappy.com
加入我们的社区

水墨画

　　水墨画是一种有2000年历史的禅宗佛教艺术形式，僧侣们用它来净心和自律。作为一种艺术表达形式，它在日本继续流行。埃米和玛丽的祖母、我前夫的母亲久保下早苗（Sanae Kubota）是一名水墨画家。她教我鉴赏水墨画的美与意蕴。我跟她学了很久才明白绘出简单流畅的线条有多难。绘制或欣赏水墨画是一种所有人都能在日常生活中接触自然的方式。

　　水墨画意在捕捉主体的气（精神或生命力）。主体通常是自然之物，如一朵花、一只动物或一幅景色。画家专注于主体，与之合二为一，然后一边感受主体的本质，一边凭记忆作画。这本书当中有很多水墨画，它们能为你提供灵感、美与临场感。

久保下早苗的水墨画

全人宝宝

身体健康与治疗 19

情绪与心灵 149

发现与学习 237

全人宝宝

从一开始，宝宝就是一个完整的人，而不只是各个部分的总和。他的身体、情感和思维都相互联系、浑然一体。宝宝的发育是一个连续的进化过程，并且有特定的节奏。随着他的天性和潜力逐渐展现，他的身体茁壮成长，体内的阴阳能量也奔涌不息。本书的第一篇"全人宝宝"将介绍有关宝宝成长的各方面信息，以此来帮助你引导他满足自己的需要，让他在身体、情感和思维上得到发展，同时充分发挥潜力。

"全人宝宝"的每一章都包含三个小节。其中，第一小节"日常措施"讲的是"做什么"，即你平常可以采取哪些简单而实用的措施。第二小节是理论部分，讲的是"为什么"，即宝宝成长背后的道理，这样你就能深入理解宝宝的发育过程。第三小节是基本技能部分，讲的是"如何做"，即如何把我们了解到的信息运用于具体的情形。

❀ 第1章——"身体健康与治疗"中提出了许多关于如何促进宝宝身体发育的建议。日常措施所涉及的方面有饮食、换尿布、睡眠、抚摸、运动、对身体的印象、安全、卫生、新鲜空气和温度。理论部分将介绍关于提高免疫力和自然疗愈原理的信息。基本技能部分将讨论自然疗法如何诊断和治疗疾病，如何配备自然疗法急救箱，以及如何选择医疗服务。这一章的最后是有关儿童常见疾病的参考指南和建议。

❀ 第2章——"情绪与心灵"一章将介绍宝宝的情绪发展。"日常措施"一节里是你能在平日里做的对他有帮助的事情，例如采取积极的态度，接纳孩子的感受，营造安宁的环境，管理压力，通过饮食调节情绪，安排身体活动，培养幽默感，建立家庭传统，呵护你自己的心理健康，信任宝宝，信任自己，把目光放长远。第二节理论部分将介绍建立稳固依恋关系的重要性和关于孩子个性特征的信息，例如气质、人格和性别。最后一节将介绍你怎样做才能促进宝宝的情绪发展和社会性发展。就像这一节里提到的那样，每个宝宝都有自己的独特之处。在这一章的最后，你将了解关于如何选择医疗机构的有用信息。

❀ 第3章——"发现与学习"一章将从整体上概要地介绍孩子的智力发展或认知发展。其中，"日常措施"一节的话题有饮食、睡眠、感官刺激、运动、积极的情感环境、听、说、读、挑战、减少媒介刺激、欣赏艺术、到户外探索和寻找平衡。第二节理论部分将介绍宝宝的智力发育和学习过程。第三节基本技能部分将介绍父母和教师在宝宝学习过程中的作用、学习的条件和工具，以及健康学习的7条路径。当你明白你的宝宝需要使用所有7条学习路径时，你就能为他提供相应的学习机会了。这7条学习路径分为感官、运动、互动、语言、认知、创造和自然探知7大类。在这一章的最后，我将为你提供关于如何选择幼儿园的信息。

第1章
身体健康与治疗

宝宝的健康与活力已经蕴含在他充满能量和潜力的种子里，只要有足够的营养，种子就能发芽生长。当提供了适当的营养后，你就能唤醒他体内的力量，使他获得生气蓬勃的健康。

生气蓬勃的健康源自为了让宝宝充分生活而关注如何帮助他增强体质和免疫力，而不只是关心他有没有得病和如何预防得病。对宝宝来说，健康的意义不止在于它本身，更在于它是宝宝充分生活和实现自我的必要基础。草药大师罗恩·蒂加登（Ron Teeguarden）在他的著作《生气蓬勃的健康——中国滋补草药的古老智慧》（*Radiant Health: The Ancient Wisdom of the Chinese Tonic Herbs*）中解释说，如果能实现并维持生气蓬勃的健康，人的思维、身体和情感就能处于最佳状态。在这种强健的状态下，身体机能就不容易失调或患病，人就能达到"超越危险之上的健康"，即他的内在十分强健并拥有强大的适应力，以至于他不仅能应对平常的压力，还能克服最严重的健康威胁。

如果你能多了解宝宝身体的发育和运转，你就能积极地帮他增强体质与免疫力，促使他从疾病中康复并保持平衡。在医生和你为人父母的直觉的指引下，你可以通过与宝宝的健康和生活方式有关的一系列选择来增进他的健康。

为了让我的两个女儿在成长中保持健康，我采用了行之有效的、东西方医学相结合的解决方案。这一章的内容包含了来自西方医学、东方医学和替代医学的很多可靠做法，它们是增进宝宝健康的自然方法，并在同时对医生的建议形成补充。请注意，我不是执业医生。我是一位养育了两个孩子的母亲，我花了40多年探究和实践如何增进健康和融合东西方哲学。我无意用书中的建议取代专业的建议、诊断和治疗。这一章的内容包含以下三个部分，它们将协助你做出最佳的育儿选择：

❀ **日常措施**。第一部分讨论宝宝的身体健康为何重要，以及可以采取哪些措施来增进健康。

❀ **身体发育理论**。第二部分介绍宝宝身体发育和预防疾病的相关信息，包括东亚传统医学的基本原理。

❀ **关于自然疗法的基本育儿技能**。第三部分讨论自然疗法的诊断与治疗，包括如何选择卫生保健机构。此外，这一部分还讲述了宝宝的11个身体系统，总结了常见儿童疾病的症状、原因、建议疗法和预防措施。

阅读这一章的时候，你要记得你的宝宝是独一无二的，他有独特的体质和节奏，而且你的直觉非常重要。你的支持能帮助他按照自己的节奏健康成长。

日常措施

　　我第一次带埃米在日本找儿科医生看病时，医生给了我一本小册子，让我在上面记录埃米的健康信息。接着，他拿出一张塑封纸，上面是几张婴儿大便的照片。每张照片里，大便的颜色和模样都不相同。医生介绍了这些不同类型的大便，并且提醒我注意埃米的脏尿布，以便及时发现她身体的异常状况，进而在饮食方面做出调整。此外，医生还叮嘱我应该在哺乳期里吃哪些食物，以及应该给埃米吃什么来作为她最早的固体食物，以此来确保她正常排便。他说，正常排便是埃米健康和"气"的基础，因为"气"是控制健康和激活身体的深层能量。"气"还连接着人的身体、情感和思维。

　　医生的话给我留下了深刻的印象，原来我的日常选择和行动也能影响宝宝的健康。我意识到，我吃的食物直接影响母乳的质量，母乳的质量又会影响她的排便，而通过排便又能了解宝宝是否健康。当我开始关注自己的饮食并在同时观察宝宝时，我发现了其中的联系。如果我吃了番茄酱、桔子或辛辣的食物，她的大便就不容易成形。换尿布的时候，我就能闻到一股酸酸的气味。如果我吃了很咸的食物，她就会便秘、精神紧张，并且难以入睡。在哺乳期间，我比怀孕时更清楚自己吃了什么，因为我能从埃米第二天的感受和表现中看到相应的影响。有了这一经历，我便意识到，日常生活中能够对我的女儿造成影响的因素并非只有食物。通过观察思考并且在养育方式上稍作调整，我就能毫不费力地对女儿的身心健康和"气"施加积极的影响。

　　宝宝的身体状况反映了你所做的所有事情所引发的总体结果。偶尔给宝宝吃一块含有很多精制糖的蛋糕并不会让他得糖尿病，但是，每天给他吃甜品就会导致这样的结果。涉及饮食、休息、运动、卫生、空气和阳光的健康习惯是拥有强健体魄和"气"的要素。这些习惯能给予宝宝坚强的意志去成长，感受，思考，学习和实现目标。

　　作为父母，你比任何人都了解孩子的身体状况和精力水平。有时，现实的困难会超出你的知识范围。但是，只要你相信直觉，努力学习，并设想孩子能够拥有强健的体魄和平衡的状态，你对自己和宝宝的正确选择就会自然呈现。

　　首先，你可以了解宝宝与生俱来的力量、健康与活力。生来健康是宝宝的天赋权利。接下来，你可以观察关乎宝宝身体状况的因果联系。例如，宝宝昨天吃了什么？这对他今天的表现和状况产生了怎样的影响？注意他是否变得安静或躁动，思考是什么原因导致了变化。当你开始关注这些变化时，你就会产生作为看护者的直觉。

　　研究表明，日常护理是形成总体健康模式的最重要的因素。作为父母，你手中掌握着宝宝日常照料的决定权。你在饮食、睡眠与休息、衣服、换尿布、卫生、锻炼、环境、空气质量以及与他人接触等日常方方面面的选择，对宝宝的总体健康状况发挥着重要的作用。如果你花时间考虑，进而为宝宝做出明智的选择，就能助力他的健康，支持他内在的活力与力量，并且预防疾病与伤害。你在这些日常事务上的选择将为宝宝的身体机能和健康打下永久的基础。

宝宝的饮食

孕妇在怀孕期间摄入的营养成分为宝宝的身体奠定了基础。由于在出生后的几个月里，宝宝的生长十分迅速，他每天吃到的母乳（营养成分决定于妈妈吃了什么）、配方奶粉或固体食物对他的健康关系重大。因此，宝宝出生后的第一年是关键机会，你可以抓住机会明智地选择食物，进而在整体上增进他的健康。

一岁以后，宝宝的基础体质已经形成。在接下来的一年里，宝宝的日常饮食将为他提供身体各个系统所需的营养和能量。饮食的质量和数量将决定他的活力水平，并提供能量来支持他的力量、协调、耐力、敏捷和速度等素质。

饮食也有预防和治疗疾病的功效。健康的饮食能让宝宝保持平衡和健康，帮助他增强免疫力，并像药物一样治愈他的疾病。相反，不健康的饮食（由合成化学物质、精制糖、饱和脂肪和反式脂肪加工制成）有害健康，可能会导致各种急性和慢性疾病。健康食物（如全谷物、蔬菜、富含植物蛋白的食物、水果、发酵食品和健康油脂）对宝宝今天和未来的健康都有恢复和增进作用。

这本书的第二部分——健康食物，将讨论健康食物的益处以及如何为宝宝准备食物。

尿布里的玄机

你在宝宝的尿布上发现的东西可以反映他的饮食和整体健康状况。食物进入口中，经过消化系统处理，最后变成废物通过尿液和粪便排出身体。虽然给宝宝换尿布可能不是什么有趣的事，但这是你收集宝宝健康信息的绝佳机会。今天的便便是昨天饮食的结果，它显示了食物对宝宝身体的作用。你可以通过每天观察宝宝的排便状况来了解他不断变化的身体状况。

如果宝宝出现腹泻，你就可以通过调整饮食来帮他的身体恢复平衡。同时，你也要给宝宝喝足够多的水，来帮助他的身体保持水分，防止脱水。如果腹泻持续超过两天，你就要带孩子去看医生。

另一方面，如果宝宝出现便秘，大便粘稠，又硬又干，颜色较深或呈颗粒状，排便困难，排便次数也比平时少，你也可以通过调整饮食来帮他改善排便。注意，药物、膳食补充剂和色素丰富的食物也能改变宝宝便便的颜色。

宝宝屁股周围的皮肤敏感而娇嫩。在排便或小便后换尿布可以防止残留的酸性物质长时间摩擦他的皮肤。经常使用芝麻精油、橄榄精油等天然油脂能软化和滋养宝宝的屁股。如果宝宝长了疹子，你可以暂时拿掉他的尿布，为他的皮肤提供呼吸和愈合的空间。

换尿布

考虑到宝宝的舒适、健康、你的时间和所涉及的成本时，换尿布是宝宝3岁之前的重头戏。你每天都要给宝宝换七八次尿布，如此持续两到三年。因此，你所选择的换尿布的方法会影响你和宝宝的每一天。

便便的颜色与成因

黑色——新生儿的第一次便便，也叫胎便，又黑又粘。

金黄色——出生后头几个月里母乳喂养宝宝的便便。金黄色，软软的（有时有凝乳状小颗粒），闻起来有一股清香味。一天排便3~4次。

绿色——如果宝宝的便便绿绿的、粘粘的，有一股腐臭味，而且不止一次，那就是腹泻的表现，需要接受治疗。对母乳喂养的宝宝来说，绿色的便便可能意味着宝宝前奶吃得比较多，后奶吃得比较少。你要先让宝宝喝光一边的乳房，然后再换另一边。

特殊颜色——绿叶菜、豌豆、胡萝卜、甜菜和蓝莓等富含色素的食物能影响宝宝便便的颜色。另外，一些药物和膳食补充剂也能改变宝宝便便的颜色。

淡绿色——胎便排出后，宝宝的便便会变成淡绿色，持续1~2天。

土黄色——配方奶喂养的宝宝比母乳喂养的宝宝排便更频繁，便便更大更硬，呈淡淡的棕色、土黄色或淡黄色。这样的便便闻起来也更臭，味道有点像成年人的便便。

棕色——开始吃固体食物后，宝宝便便的颜色和质地会继续改变，棕色就是正常便便的颜色。

红色等怪异颜色——如果宝宝的便便呈红色、白色、绿色、黄色或黑色，却找不到明显的原因，那就可能意味着宝宝生病了，这时要及时去看医生。

我偏爱布尿布，我给埃米和玛丽都用布尿布。布尿布是我经营的第一类产品。我甚至开了一家尿布服务公司，并且自己洗尿布——那真是一件不堪回首的往事！我给我的宝宝们选择布尿布，一是因为我想让她们的皮肤接触天然纤维，二是因为布尿布比一次性尿裤经济，三是因为布尿布比一次性尿裤更环保。

如厕训练

在宝宝从用尿布过渡到用便盆的过程中，你帮助他完成这一转变的最佳方式是允许宝宝按照自己的节奏来实现这一里程碑式的跨越。如厕训练要在适宜的发育阶段进行，它有自己的时间表，需要宝宝在身体和心理上做好准备。如果你不等宝宝做好准备就催他用便盆，结果就很可能让你们两个人都不如意。你要相信，只要宝宝做好了准备，他就能成功地坚持使用便盆。大多数宝宝在2~3岁之间训练上厕所。

从生理上讲，宝宝的膀胱需要一定的肌肉力量来控制排尿。如果宝宝在一天中所用的尿布数量减少了，你就知道他的肌肉力量又增强了。此外，宝宝还必须拥有良好的运动技能，能自己穿脱衣服。

在心理上，宝宝要能分辨身体需要如厕时的感觉。他必须能够按照你的指示练习，并且记住你的话。如厕训练的心理准备还包括宝宝开始对上厕所感兴趣，并且有意摆脱尿布，穿上内衣。宝宝可以通过观察父母上厕所来学习。

一旦宝宝表现出他已经准备好并且想要使用便盆，你就可以用耐心的指导和积极的鼓励来帮助他。你可以每天留出专门的时间让宝宝在马桶上坐一阵子，以此来帮他养成健康排便的习惯。按照宝宝的接受情况安排进度，就像你教他说话和走路一样。如厕训练是一个不断尝试和失败并逐渐接近成功的过程。你要有耐心，做好准备，并且保持积极的态度。

睡眠与休息

睡眠与休息是宝宝身体、情感和思维成长的基石。睡眠能增强免疫系统功能，促进恢复，并有助于大脑发育。睡眠几乎和食物、空气一样重要。宝宝的睡眠时间和质量也会影响看护者的身心健康。宝宝降生后的几个星期或几个月里，父母头痛的往往是如何让大人和孩子都获得充足的睡眠。

埃米出生后，我把她的婴儿床放在了一个空房间里。那时我们住在日本，公寓很小。每当她夜里醒来时，我就从床上爬起来，走进她的房间，摇着她入睡。生下第二个孩子玛丽后，我找到了一个更简便的方法来应对宝宝夜里醒来要奶吃的问题，所以，我的睡眠几乎没有受到影响。头几个月，她就睡在我们床边的一块小床垫上。睡觉前，我会在她的床垫末端放一块干净的尿布。她晚上醒来时，我就坐起来给她换尿布。然后，我会把她拉到我身边，接着一边喂奶，一边继续睡觉。

刚出生的宝宝分不清白天和黑夜，所以他的睡眠毫无规律可言。6~9周后，宝宝可能会初步适应睡眠周期。但是，也许还要等待4~5个月，他的生物钟才能完全建立，基本做到晚上睡觉，白天醒着。宝宝的生物钟以昼夜为节律，后者与光线、温度、季节和潮汐等环境周期有关。

在出生后的第一年里，宝宝所做的主要是睡觉。他每天要睡14~15个小时，甚至更多，比如再多2~3个小时。不同孩子对睡眠的需求不同，所以睡眠时间也不同。在身体快速成长的时候，宝宝需要更多的睡眠。随着他逐渐长大，他对睡眠的需求也会减少。在宝宝的成长过程中，他会经历两种类型的睡眠。

快速眼动（REM）睡眠

在这一睡眠阶段，宝宝会做梦，他的大脑也会吸取所需的营养来快速生长和健康运转。快速眼动是相对表浅的睡眠阶段。这时，宝宝的心率会加快，并可能移动胳膊和腿。他的眼睛也可能在眼皮下转动。此外，他还可能吮吸或发出声音。新生儿的大部分睡眠都处在这一阶段。他们容易因饥饿或尿湿尿布醒来，所以睡眠周期较短。随着宝宝的成长和各大系统的成熟，通常在两岁左右，他就会像成年人一样，只把四分之一的睡眠时间用于快速眼动睡眠。

0~3岁婴幼儿对睡眠的需求

年龄	对睡眠的需求
0~6个月	15~16小时
6~12个月	14~15小时
1~2岁	13~14小时
2~3岁	12~13小时

非快速眼动（NREM）睡眠

非快速眼动睡眠是一种程度较深的睡眠，大约在宝宝4个月大的时候开始出现。在这一睡眠阶段，宝宝的身体会释放一种生长激素。在它的作用下，睡眠中的宝宝会快速成长。

虽然新生儿一开始睡得很多，但也经常醒来，因为他身体里的各大系统还没有发育完全。例如，他不成熟的消化系统可能导致他醒来时胃不舒服或胀气。宝宝吃完东西后打饱嗝能防止他因为胀气而醒来。肚子饿也会影响宝宝的睡眠。新生宝宝的胃很小，装不下太多食物。在他出生的头几个月里，他醒来总是为了吃东西。母乳喂养的婴儿通常醒得更频繁，因为母乳比较清淡，更容易消化。而配方奶粉喂养的婴儿往往睡得更久，因为配方奶粉含有更多脂肪，更加难以消化。

在宝宝2~3个月大的时候，把宝宝包裹起来睡觉或许有助于让他安静下来。这么做可以给他安全感，促使他重新入睡。你可以用毯子把宝宝裹起来，为他营造身处母亲子宫的舒适感觉。包裹在毯子里的宝宝无法活动四肢，所以更容易入睡。为了降低婴儿猝死综合征（SIDS）的风险，你要确保宝宝在睡觉时仰卧。如果宝宝已经学会翻身，那么就不能再用这种方法了。另外要注意的是，把宝宝裹得太紧可能会导致髋部或肩部发育不良或脱臼。

随着宝宝逐渐长大，他一次可以睡得更久。舒适、黑暗的环境有助于宝宝区分白天和黑夜。宝宝睡觉时，你可以给他垫一块吸水性更强的尿布，以此来让他睡得更舒服。使用布质尿布时，你可以在里面加垫一块尿布，或者使用尺寸更大的尿布。对于一次性尿裤，你可以使用吸水性更强的夜用产品。此外，使用婴儿睡袋或穿着透气面料的睡衣也有助于宝宝调节体温，这样他就不会因为太热或太冷而醒来。

你在母乳喂养期间吃的食物和宝宝平时吃的食物都会直接影响他的睡眠质量和长度。全谷物食物能提供长链碳水化合物，使胰岛素缓慢而稳定地上升，这有助于色氨酸进入宝宝的大脑，产生血清素，进而促使宝宝安睡。绿叶蔬菜和芝麻含有丰富的钙，而钙也可以激活色氨酸。镁在宝宝的身体里能发挥肌肉松弛剂的作用。樱桃富含褪黑素，这是一种有助于调节睡眠的抗氧化剂。咸的或干的食物能让肌肉变得紧张，导致宝宝难以放松，而咖啡因和甜食也不利于宝宝的睡眠。此外，出牙、抗生素和疫苗也会干扰宝宝的睡眠。

入睡

如果宝宝难以入睡，他就可能存在分离焦虑。遇到这种情况，一些父母会选择跟宝宝睡在一起，以此来哄他入睡，同时增进感情。另一些人则把入睡看作宝宝练习自我安慰的机会。他们把宝宝放在单独的床上或摇篮里，让他自己睡觉。这样做是为了让宝宝发现，他自己可以平静下来，独自入睡。

虽然有些父母认为，让孩子哭出来并学会自我

婴儿床安全提示

美国消费品安全委员会（CPSC）推荐使用硬质婴儿床床垫，上面只盖一张婴儿床专用的被单，拿掉褥子、玩具和枕头。消费品安全委员会还建议用睡袋、襁褓或暖和的睡衣来代替被子。检查婴儿床上是否有含铅涂料。如果宝宝睡在一个单独的房间里，你可以使用监视器来让自己安心。

安慰是最好的选择，但我肯定不会这样做。在我看来，这种做法似乎会伤害宝宝的神经系统，并且不利于他们形成安全的依恋。此外，我也受不了听她们哭。我认为，主动设计睡前活动清单是帮助宝宝养成规律睡眠习惯的最佳方式。

喂奶，抱着哄，按摩，听舒缓的音乐或讲睡前故事等睡前活动能让宝宝对睡眠产生积极的情感。大一点的孩子也可以在这样的仪式中找到安慰，比如睡在某件特定的毛绒玩具或毯子上，或者穿特定的睡衣。睡前给宝宝洗热水澡和做按摩也可以帮他放松下来，做好睡觉的准备，同时还能促进血液循环，清除体内多余的盐分。

随着宝宝的成长，你为他设计的睡前活动也要相应调整来适应他的年龄。例如，你可以用读故事来代替喂奶。无论宝宝几岁，积极、固定的睡前活动都能增加他的安全感，帮他睡得更好。

你可以借助睡眠日志来记录有关宝宝睡眠习惯的客观数据，同时看清自己在帮助宝宝睡觉方面做了哪些努力。在出生后的3~4个月里，宝宝的睡眠可能不那么规律，因为他还在适应影响他睡眠的各种因素。随着时间的推移，他的睡眠很可能会更有规律。规律和习惯有助于他获得安全感，因为他知道接下来会发生什么。规律的睡眠也有助于他轻松入睡。

如何包裹宝宝

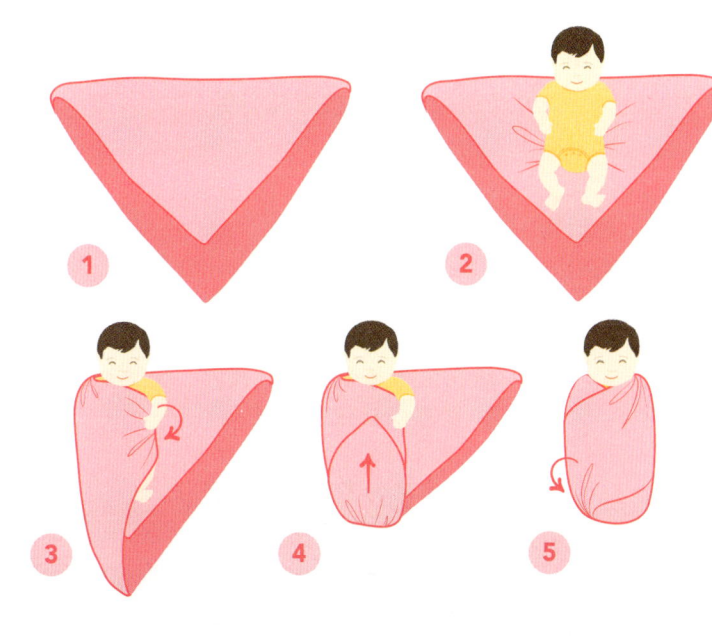

1. 在床上等柔软的地方铺一条方形的毯子，沿对角线处向下对折。
2. 把宝宝抱到毯子上，面朝上，头在折线上方。
3. 把宝宝的右臂放在体侧，将毯子的左侧角掀起，向右穿过宝宝左臂下方，裹住他的身体。
4. 把宝宝的左臂放下，把毯子的右侧角掀起，向左裹住宝宝的身体，多余的部分塞到宝宝身下。
5. 把毯子的底部塞到宝宝身下，里面要留出一些空间。
6. 毯子不要太紧。你应该能轻松地把两根手指伸进所有折叠的地方。宝宝的面色也应保持正常。

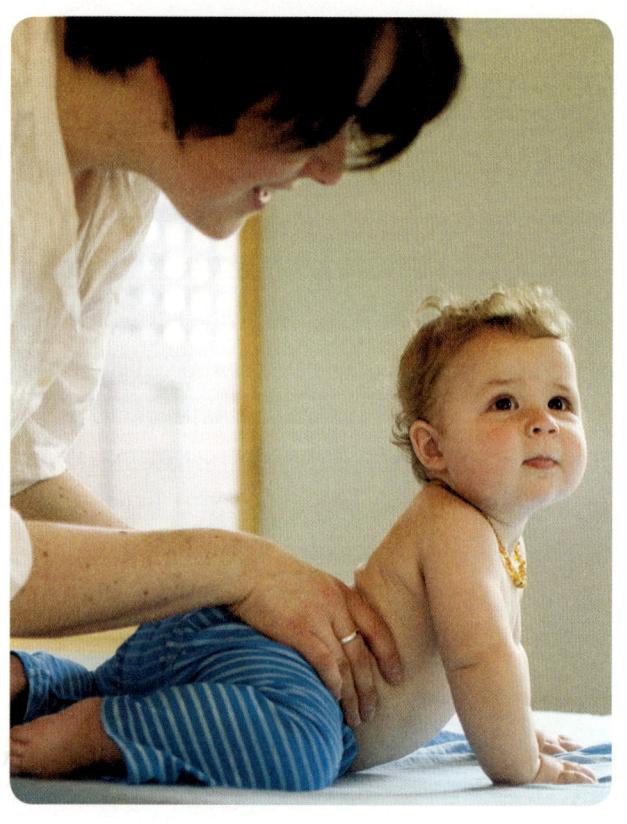

用抚摸和按摩滋养宝宝

有时,我注意到有的妈妈抱着自己的宝宝,下意识地亲吻或触摸他。对这位妈妈来说,这一切如此自然,以至于她都没有意识到自己在做什么。她可能不知道,她充满爱意的抚摸不仅能在情感上滋养她的宝宝,同时还能促进宝宝大脑发育,并且提供有助于宝宝成长和抵抗疾病的触觉刺激。

宝宝可以在没有视觉、听觉、味觉和嗅觉的情况下生活,但他却需要抚摸才能生存。大多数父母都会自然而然地经常抚摸他们的宝宝。但是,在了解了抚摸对宝宝的身心发展有怎样的益处后,你会更多地抚摸他。

宝宝学习的第一条途径是触摸。如果你把宝宝放在地板上,他就会感受到自己与地面的接触,并且获得不会跌落所带来的安全感。在这一基础上,他会进一步做出独立的自由探索。他非常自然地开始尝试移动身体,同时有了自我意识并感受到自身的力量。然后,当你把他抱起来的时候,他的依靠就是你,你是他安全感的来源。

宝宝的皮肤是他进行第一次沟通的媒介,触摸为他的人际关系奠定了基础。当你一整天都把宝宝紧紧抱在怀里的时候,你就满足了他对拥抱的需求。从你两臂环绕他所带来的安全感开始,他就可以逐渐探索未知的空间。哺乳、怀抱、摇晃和把宝宝包裹起来都能制造这种安全感,同时也能滋养他的肌肤。恐惧和长时间的焦虑会通过皮肤的状况显现出来,比如银屑病和皮疹。

按摩是增加与宝宝的肌肤接触,通过他的身体了解他,以及感知宝宝日常身体状况的简单方式。对用奶瓶喂养的母亲、与婴儿缺少皮肤接触的父亲和其他看护者来说,按摩可能是一项特别有价值的活动。按摩有助于你与宝宝加深情感,同时提升你能照料好他的信心。

洗澡、换尿布或睡觉前,你可以多花几分钟时间给宝宝按摩,以此养成习惯,每天都帮他增进健康。如果你没有时间给宝宝做全面的按摩,你就每天找几个机会,一次按摩几分钟。

按摩的益处

 在宝宝睡觉或感到疼痛、不安时,按摩可以让他平静下来

 让宝宝的身体变得更强壮

 增进宝宝对自己身体的感知

 使宝宝与他的看护者建立沟通和联系

按摩怎么做

开始给宝宝按摩之前，先做几次深呼吸，或者静下心来待几分钟，让所有烦心事和不快都远离自己，免得转移到宝宝身上。

确保宝宝的感受是温暖的，而且要重视他的感觉。使用天然油脂，比如芝麻精油，这是我最喜欢用的，因为它有很好的疗愈功效。按摩时要轻轻地，慢慢地，手法要柔和。在抚摸宝宝的时候，你要用你的手去倾听，以此来感受他的感受，判断他最喜欢的力道。他的喜好可能会随着他的身体状况和年龄改变，每天都有所不同。按得太重可能是有害的，所以你要密切注意宝宝的反应，他会告诉你哪一下按得有些重了。放松性的按摩只需采用轻柔的手法，它与穴位按摩不同，后者是针对特定的穴位做治疗。

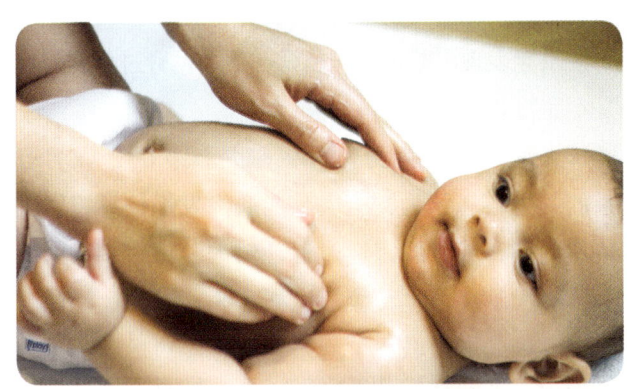

正面——按摩宝宝的胸部、腹部、腿部和手臂，动作要平稳、连贯。轻轻地按摩胃部或腹部有助于改善消化不良症状。

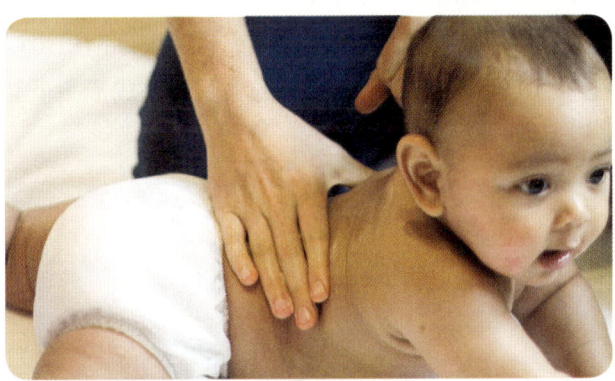

背面——让宝宝俯卧，抚摸他的背部、腿部和手臂。用双只手轻轻地沿着脊柱两侧向下按摩。

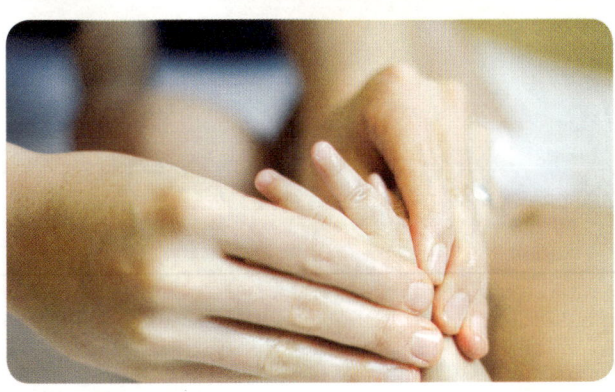

手指和脚趾——我的导师吉田英子（Hideko Yoshida）告诉我，为婴儿按摩的最佳方式是让每根手指和脚趾挨个转动十圈，先顺时针转，再逆时针转。这么做能刺激和唤醒宝宝的能量流。这样做不仅很好玩，而且有益健康。

鼓励宝宝活动身体

宝宝身心健康的表现有自发的动作、发声、微笑和大笑，这些都是他向你展示活力的方式。有意识地鼓励宝宝运动、玩耍和锻炼，能增进他的身体健康，同时促进情感和智力发育。在所有年龄段，伸展运动都能加速宝宝的血液循环，缓解紧张，增强肌肉力量。在宝宝一岁前，你很容易忘记他也需要锻炼，因为他还不能自己爬或走呢。不过，他仍然可以从每天几分钟的锻炼中获益，比如伸展运动和俯卧。

在宝宝的成长过程中，爬行、散步、跑步、游泳和跳舞等活动不仅能促进血液循环和肌肉发育，还能强化心血管和骨骼的机能。身体运动可以刺激宝宝大脑发育，释放内啡肽，制造积极情绪。只要醒着，婴幼儿就会自然而然地活动身体，因为他们的身体充满了能量，他们都需要活动身体、释放多余能量的机会。

职业与运动治疗师邦妮·班布里奇·科恩（Bonnie Bainbridge Cohen）提出了运动阶段理论，她认为，运动的每一阶段都建立在前一阶段的基础上。关于这一理论的书，琳达·哈特利（Linda Hartley）写了一本书——《身体运动的智慧——身心平衡导论》（*Wisdom of the Body Moving: An Introduction to Body-mind Centering*）。她在其中写道："发育就像一层又一层的波浪，每个阶段都包含其他所有阶段的元素。由于前一个阶段是所有后续阶段的基础，所以任何缺失、被干扰或未能充分完成的发育阶段都可能导致身体形态和运动问题、身体系统失衡，以及感知、排序、组织、记忆和创造力方面的问题。"因此，如果宝宝没能表现出某个动作模式，他的发育过程就可能是不完整和不稳定的。

人们通常认为身体和大脑是孤立的，没有联系的。但科恩认为，当大脑向肌肉发送信息以做出特定动作，或者肌肉通过运动对大脑形成刺激时，身体和大脑会产生交流。这样一来，身体运动就与宝宝大脑的发育联系了起来，并且能对后者起到促进作用。大脑的不同区域与运动、视觉、听觉、触觉、动手和语言能力密切相关。在宝宝逐渐做出以下一系列动作的过程中，他的大脑就完成了一个又

一个阶段的发展。这就像盖楼一样，每一层楼都为上面的楼层打下坚实的基础。

宝宝的自然发育顺序如下：

- 学会抬头
- 学会坐起来
- 学会翻身
- 学会匍匐前行（肚子贴地）
- 学会爬行
- 学会站起来，然后向前走

如果宝宝还没有做好准备，你就帮他学着站立或走路，那么即使他确实能做出你想象的动作，那么你也是在告诉他，他自己做不到，只有在你的帮助下才能做到。这样一来，他就会失去完全靠自己站起来的满足感。

作为父母，出于对宝宝成长与发育的热切期盼，你可能会鼓励他跳过特定的动作阶段。例如在不会爬之前就学习走。退后一步，设身处地从宝宝的角度考虑这件事，体会他完全靠自己行动时的感受，这一点可能并不容易做到。想象一下，你正在观察一棵迅速生长的植物。跟植物一样，宝宝也通过彰显自然智慧的内在能量自主行动。这一智慧融合在他的身体、情感和神经系统里。他凭直觉就知道如何活动身体，如何发育。如果他有充满支持和鼓励、同时不妨碍自由行动的安全环境，他就能发现自主行动所带来的满足感，就能自然地成长，并且体验到达成目标的满足感。

宝宝的身体生来就是要运动的。各大系统、器官和细胞的运动是生命的特征。在睡眠和休息的循环中，身体的运动也在不断影响宝宝。身体运动能促进大脑产生新的脑细胞。看电视和玩电脑游戏等活动则是懒散生活方式的开始，这类活动会使宝宝失去用全部身心拥抱世界和学习的机会。

在日本的梦之窗幼儿园，我与吉田英子合作，将身体活动与音乐、歌曲结合起来，以便帮助幼儿学习英语单词。英子认为唱歌和运动有助于整合学习。你可以通过按摩，通过不同的运动和游戏，通过指出他身体的不同部位，来帮助宝宝认识他的身体。你可以一边唱下面这首儿歌，一边触摸宝宝身体的不同部位，以此来帮助宝宝认识他身体的不同部位。

头，肩膀，膝盖和脚趾

头，肩膀，膝盖和脚趾。

头，肩膀，膝盖和脚趾。

眼睛和耳朵，嘴巴和鼻子。

头，肩膀，膝盖和脚趾。

每天留出一点时间，让宝宝有机会在室内和室外活动。他特别需要一个安全的空间自主活动——翻身、爬和走。在家里，你可以通过安装安全门和移除易碎、危险的物品来创造一处小小的安全空间。公园或自然保护区也可以为宝宝提供自由玩耍的安全环境。

当宝宝自主地积极活动身体时，他的自信、意志和判断力就会增长。在被动活动中，发起活动的意志来自外部力量，而不是宝宝。例如，如果你快速或出乎意料地抱起宝宝，这样的动作就可能吓到宝宝，并且削弱他的自信。

作为父母，你经常需要设置一些限制

性的规矩，以此来确保宝宝的安全。但是，当你鼓励宝宝活动身体，玩游戏或跳舞时，你要努力让宝宝为自己设定节奏，支持他自主行动而非被动行动。如果你鼓励他，引导他，而不是管着他或强迫他，他就会发现自己的生命力，并学着发挥它。在你做饭和打扫房间的时候，你可以播放一些有趣的音乐，让宝宝也参与进来，把身体活动融入日常生活。无论有没有音乐，你们都可以一起自由自在地跳舞。

游泳是一种有氧运动，同时也有助于伸展身体，锻炼肌肉力量。宝宝出生时，他对如何游泳有天生的记忆。但是，如果他不使用这一能力，随着时间的推移，他就会逐渐遗忘，并且需要重新学习。与教4岁的宝宝游泳相比，教一岁的宝宝游泳更容易。

在宝宝还没有达到可以爬或走的年龄前，你可以让宝宝提早接触游泳，以此来为他提供积极的运动体验。跟宝宝一起游泳时，你能以一种有趣而积极的方式跟他互动。这样做可以增进你们之间的感情，同时也为你们的生活增添新的色彩。

一开始，你可以在家中的浴缸里教新生宝宝游泳，抱着他上下浮动，让他仰面漂浮，或者在水中拥抱。这个阶段过后，你们就可以一起在游泳池、湖里或海里游泳。如果宝宝小时候经常游泳，日后他就会喜欢待在水里的感觉。

通常，医生会建议至少等宝宝6周大再带他去公共泳池游泳，而游泳培训机构大多也为小至4~6个月大的宝宝开设课程。如果宝宝生病或得了传染病，那就不要带他去公共泳池，这么做有助于保障所有人的健康。

与宝宝一起做的身体活动

你可以通过拉伸和活动宝宝的肌肉来帮他活动和锻炼身体。要多多关注宝宝，了解他的感受。如果他表示抗拒，或者有任何形式的不开心，那就停止锻炼。当你的情感跟宝宝相调和时，你就可以读懂他的身体，同时引导他回应你的动作。你可以将轻柔伸展、按摩和集中注意力的练习等活动加入日常活动清单。你也可以使用瑜伽球或健身球来让宝宝在上面快乐地弹跳。

这些运动可以让宝宝睡得更香，更久，同时促进消化，强化运动与免疫系统，减轻压力，增强他对身体的感受。两三岁的幼儿喜欢扮成树、小狗、兔子、小猫、狮子、蛇或鱼的样子，他可以借此玩耍和伸展身体。以下活动能够刺激大脑的不同区域，所以各自都有独特的功用。

0~8 个月

这一年龄阶段的宝宝还不能有意识地活动身体。你要缓缓地、轻轻地帮他伸展和活动身体，同时努力体会他的感受。这些练习大多可以在宝宝的婴儿床或地板上进行，并且用毯子或垫子提供一些缓冲。

呼吸同步

让宝宝仰面躺下。深呼吸，让你吸气和呼气的过程与宝宝同步。吸气与呼气7~8次。

海星拉伸

让宝宝仰面躺下。轻轻地拉伸宝宝的胳膊和腿，让他成为海星的样子。依次握着宝宝的每根手指和脚趾，一边拉伸，一边转圈，先按照顺时针方向转，再按照逆时针方向转。对于2~3岁的宝宝，你可以让他自己伸展胳膊和腿，以及旋转手指和脚趾。

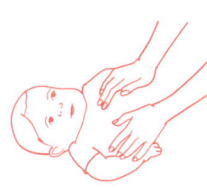

灵气练习

让宝宝仰面躺下。你把手放在他的肚子上，闭上眼睛，放空大脑，把注意力和爱集中在宝宝的肚子上。想象能量和温暖穿过你的手臂，进入你的手，接着再进入宝宝的肚子。把你的手慢慢地移到他的手臂、腿部和头部，在每个位置停留5~10秒。

天天向上

让宝宝仰面躺下。将宝宝的两只胳膊举过头顶，轻轻拉伸，过后再把他的两只胳膊收回到胸部附近。重复3~4次。对于2~3岁的宝宝，你可以让他自己伸展成海星的样子。

0~8个月（续）

抓到你了

让宝宝仰面躺下。拿一只玩具放在他的面前，但不要让他的手抓到。当他伸手拿玩具时，慢慢把玩具靠近，直到他抓到玩具。你可以用2~3件不同的玩具来做这个练习。

俯卧时间

让宝宝趴在床上或地板上。这个练习能帮助他提升上肢、胸部和背部的力量。这些力量是爬行的基础。在练习中，你要多鼓励宝宝，不要一声不吭。这个动作可能并不舒服，因为宝宝很难抬起他沉重的脑袋。6周大的宝宝每天可以做2~3分钟的俯卧。随着他颈部力量的增强，俯卧的时间可以逐渐增加。2~3岁的宝宝也可以自己做这个练习。

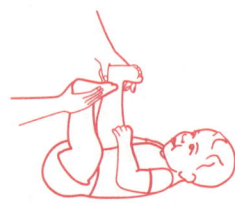

拍拍脚丫

让宝宝仰面躺下。轻轻地把他的脚底合在一起，像拍他的手一样拍它们。重复3~4次。2~3岁的宝宝也可以自己做这个练习。

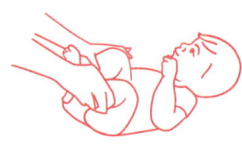

骑自行车

让宝宝仰面躺下。轻轻地前后移动他的两条腿，像骑自行车一样。这个练习能帮助宝宝释放胀气和消化食物。每次"蹬"车30~60秒。2~3岁的宝宝也可以自己做这个练习。

不倒翁

让宝宝仰面躺下。把他的两条腿抬高到腹部，然后用他的两只手扶住他的两只脚。小心地把他从一边滚到另一边。重复3~4次。2~3岁的宝宝也可以自己做这个练习。

8~12个月

在这一年龄阶段,宝宝能模仿你的动作并对你做出反应。他也能自己做一些动作。你可以先做前面的练习,再接着做下面的练习。

拍拍手

把宝宝抱在你的大腿上,或者让他坐在高椅子上。做一个拍手的动作让他模仿。重复4~5次。2~3岁的宝宝也可以自己做这个练习。

同侧抚摸

在地板上铺一块毯子或垫子,把宝宝放在上面。用他的右手抚摸他的右膝盖,左手抚摸他的左膝盖。2~3岁的宝宝也可以自己做这个练习。

交叉抚摸

在地板上铺一块毯子或垫子,把宝宝放在上面。用他的左手抚摸他的右膝盖,右手抚摸他的左膝盖。2~3岁的宝宝也可以自己做这个练习。

爬呀爬

把宝宝放在地板上,身体前倾趴下来。拿一只玩具放在他面前的一个需要他向前爬才能拿到的地方,然后摇晃玩具。正在学习爬行的宝宝特别喜欢这个游戏。等他长大一些后,他可能仍然喜欢这个游戏。他可以想象自己是一只小狗,或是一条四处爬行的蛇。

吹泡泡

当宝宝洗澡或游泳的时候,你可以跟他玩吹泡泡游戏。先深吸一口气,然后在水里吹泡泡。接下来,鼓励宝宝照你的样子做。

12~36个月

当宝宝开始通过爬行和行走提升运动能力时，他的认知能力也在增长。他能模仿你的动作，听从你的指示，并且自主活动身体。现在，你可以和他一起做一些运动了。你可以从前面的练习开始，然后继续做下面的练习。

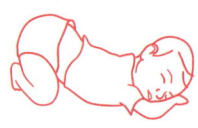

婴儿式

在地板上铺一块大垫子或大毯子，你和宝宝站到上面。宝宝可以模仿你，并且按照你的指示做动作。手和膝盖着地，臀部放在脚上，同时把手臂伸到头的前面。保持这个姿势10~15秒。

下犬式

在地板上铺一块大垫子或大毯子，你和宝宝站到上面。宝宝可以模仿你，并且按照你的指示做动作。手和脚着地，腿伸直，臀部抬高，同时把手臂伸到头的前面。保持这个姿势10~15秒。

快乐宝宝

在地板上铺一块大垫子或大毯子，你和宝宝站到上面。宝宝可以模仿你，并且按照你的指示做动作。仰面躺下，两只手和两只脚向上伸，用两只手分别抓住两只脚，然后轻轻地左右摇动身体。保持这个姿势10~15秒。

一棵松

在地板上铺一块大垫子或大毯子，你和宝宝站到上面。宝宝可以模仿你，并且按照你的指示做动作。站立时，抬起一只脚，脚底踩在另一条腿的小腿内侧。保持这个姿势5~10秒，然后换另一只脚。

胡萝卜蹲

在地板上铺一块大垫子或大毯子，你和宝宝站到上面。宝宝可以模仿你，并且按照你的指示做动作。两脚站立，然后下蹲。这个姿势能拉伸大腿内侧肌肉，让人精力充沛。保持这个姿势10~15秒。

纳玛斯特

在地板上铺一块大垫子或大毯子，你和宝宝站到上面。宝宝可以模仿你，并且按照你的指示做动作。盘腿坐直，双手合十放在胸前，低下头并对宝宝说："纳玛斯特（Namaste）。"这是印度的合十礼，是一种对别人表达敬意的问候。保持这个姿势10~15秒。

活动身体能激发与宝宝大脑相连的所有信息通路。经常活动身体有助于宝宝强健身体，提高智力。实际上，他的学习正是建立在这些"身体-大脑"反应模式的基础上。记住要关注宝宝的反应，动作要轻柔、缓慢。一次运动应当持续10分钟左右。

建立对身体的积极印象

跟宝宝学习其他东西一样，他对自己身体的认识也来自探索。他活动自己的身体，摸它，舔它，拍它，给不同的身体部位起名字，并观察你对它的反应。你可以引导宝宝探索他的身体能做什么，以及意识到这是他自己，以此来帮他对自己的身体形成积极的印象。例如，你可以建立属于你自己的健康标准，并且营造一种接受不完美的氛围，以此来有意识地对你自己的身体形成积极的印象。

刚出生时，宝宝做出的动作和发出的声音是自发的、无意识的。随后，他会学会控制肌肉，并开始探索自己的身体，了解如何利用它来影响他周围的世界。在大约两个月大的时候，他会发现自己可以抬起脑袋，并且移动眼睛来跟随人和物体。再过一个月左右，他会发现自己有手和脚，而且他可以指挥它们。4个月大的时候，宝宝可以用手把东西放到嘴里。随着力量和灵活性逐渐增加，他将能吃到自己的脚趾头。在出生后的第一年里，宝宝所做的就是不断探索自己的身体，了解它的能力，体会它的感觉。

宝宝一岁的时候，他开始能够认出和指点自己的身体部位。首先是眼睛、鼻子、嘴巴和头发，接着是手指、胳膊、手、腿、脚趾、脚和肚子。到他两岁的时候，如果你问他上面这些身体部位在哪里，他就基本都能给你指出来了。

当宝宝发现自己的身体时，他就会意识到，他的身体跟别人的不一样。他开始形成一种自我意识。他对自己身体的印象将影响他日渐显现的自尊和自信。

宝宝的自我形象部分地来自于他的看护者对他的动作和探索的反应和接受程度。他能感觉到你触碰他的意图，他能看出你的表情是赞同还是反对。当他指挥自己的身体尝试新事物时，他能从你的话中知道你的态度是鼓励还是阻止。

为了促进宝宝对身体的控制，鼓励他对自己的身体形成积极的印象，你可以尝试以下活动。

❀ 为宝宝提供触摸和身体接触的体会。抱他，包裹他，经常拥抱他。单纯为了增进感情而抚摸他。抱着他（或拉着他的手）跳舞。

❀ 鼓励宝宝探索和了解他的身体部位。借助读书、儿歌和游戏帮助宝宝了解他的身体，辨识身体部位。你可以说出特定身体部位的名字，然后让宝宝在他身上指出来，接着再在你身上指出来。

❀ 为宝宝提供活动身体的机会，然后在他这样做时展现出积极的态度。让宝宝趴在床上，当他抬起头或成功翻身时，给他加油。当他已经准备好学习抓着东西站起来的时候，你要确保家里有稳当的家具供他抓握。当他掌握新的身体技能时，你要为他感到兴奋。

❀ 为宝宝提供有助于提升大肌肉运动能力和精细运动能力的玩具和物品。对于精细运动技能，你可以为他提供积木、蜡笔、堆叠环等任何需要抓握和摆弄的东西。对于大肌肉运动技能，你可以为他提供球、小推车、学步车和骑着走的玩具。为了安全起见，你要确保玩具适合宝宝的年龄和技能水平。

为了帮助宝宝对自己的身体形成积极的印象，你要注意你在他面前所说的关于你自己的身体的话。宝宝会从你的言语里得到暗示。鼓励他关爱、珍惜和照顾自己身体的最佳方式是为他树立榜样。让宝宝知道，你珍惜你的身体，享受身体健康的每一天。他也很可能照你的样子做。

提供安全的环境

一个可供宝宝自由活动和玩耍的安全环境能促进他的身体发育。要提早采取预防措施，把潜在的危险降到最低。

事故是当今儿童所面临的头号健康风险。育儿的难点之一是在保障安全和鼓励孩子探索自身能力之间保持平衡。在宝宝满三岁前，他的身体发育会经历三个重要转变——爬行、行走和攀爬。这些转变要求你在布置宝宝活动空间的时候也要做出相应的转变。虽然大人的监督是防止意外发生的最有效的方法，但你也可以通过为宝宝布置安全的环境来为他的自由活动再加一道保险。

❀ **婴儿床**——确保婴儿床的横杆之间的距离不超过6厘米。床垫必须是硬的，而且四周要紧密贴合床体。不要把被子、枕头、防撞垫或玩具放在婴儿床里。最好放一个睡袋或一块用来包裹宝宝的薄毯子。把宝宝放到婴儿床里的时候要面朝上。

❀ **浴缸**——检查水温，不要太热或太凉。使用橡胶垫或座椅防止打滑。用柔软的材料包裹水龙头。永远不要把宝宝一个人留在浴缸里。

❀ **餐厅**——在吃东西时窒息是婴幼儿最大的安全隐患。一定要确保单块食物的体积足够小。

❀ **活动空间**——选择适合宝宝年龄的、用安全材料制成的玩具。宝宝会把所有东西都放进嘴里，所以要确保宝宝的玩具足够大，没有导致窒息的危险。此外，检查玩具是否有尖锐的部分，以防伤害宝宝。

❀ **出行**——安装并使用专用汽车座椅。永远不要把宝宝独自留在车里。天气炎热时，让宝宝多喝水，少晒太阳，尽量保持凉爽。

❀ **紧急情况**——在你的冰箱门上、电脑桌面和手机里粘贴和储存紧急电话号码，以便你能方便地联系到宝宝的医生、当地的救护车服务、最近的急诊室、中毒控制中心、消防和警察机构。一旦发生意外，你就可以从容应对，节省宝贵的时间。

安全检查清单

为了确保你的家对宝宝来说是一个安全的地方,你要查看每一间房间,每一面墙壁,每一个角落,从地板到房顶,一处都不能遗漏。使用这张清单来为宝宝营造安全的环境,确保没有以下危险:

- ☐ 可能造成伤害的尖锐物体

- ☐ 可能被宝宝吞食并导致窒息的小物件

- ☐ 可能倾倒的家具、灯具、书架或电视机

- ☐ 可能导致窒息的塑料袋

- ☐ 可能导致窒息的绳子(包括用来开闭百叶窗的绳子,这些绳子要扎起来,放到宝宝够不到的地方)

- ☐ 可以打开的橱柜、门和窗户(用便宜的婴儿锁锁好。不过,即便上了锁,你也要确保宝宝够得到的所有柜子里都没有危险、化学和有毒物质)

- ☐ 开放的插座和宝宝可能接触到的电器(用便宜的插头插进插座里)

- ☐ 可能导致溺水的物品,如打开盖子的马桶、水桶和水池(马桶盖应关闭、水桶应清空、水池应安装警铃)

- ☐ 热油和热水(不要在无人看管的时候把锅放在炉子上)

- ☐ 可能导致烧伤的热源(设置安全屏障,不要让宝宝独自待在有柴炉、壁炉、煤油加热器或电暖器的房间里)

- ☐ 误食后可能引发危险的维生素、膳食补充剂和药物(药物应放在能防止儿童打开的安全瓶里,并且要远离宝宝)

- ☐ 误食后可能引发危险的有毒物质和植物

- ☐ 可能导致跌倒的台阶或空地(使用婴儿门将这些区域隔开)

- ☐ 可能引起火灾的危险因素

- ☐ 玩具和餐具(有害塑料)、护肤品(对羟基苯甲酸酯)、清洁用品(气溶胶)和衣服(甲醛)里的有害化学物质

养成健康卫生习惯

在大量脏尿布、吐奶和口水的影响下，刚刚为人父母的你可能会发现自己的卫生标准下降了。然而，关于宝宝眼睛、耳朵、鼻子、指甲、口腔和牙齿、皮肤和衣服的日常卫生习惯是健康的基础。而且，你也能通过这些卫生习惯了解宝宝的健康状况。

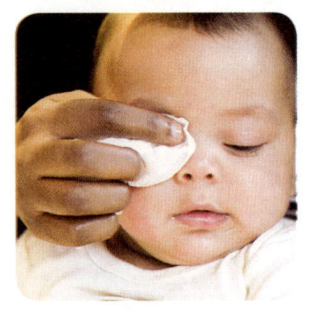

眼睛

当新生儿开始适应光线和新环境时，他的眼睛会非常敏感。所以，你要避免强光或阳光直射他的眼睛。在分娩后的几周里，宝宝的泪管很容易阻塞，产生粘粘的分泌物。这时，你可以轻柔地帮宝宝按摩内眼角，或者用干净的棉布蘸几滴母乳或温水，帮他清除眼睛里的分泌物。

宝宝眼睛分泌物增多的其他原因有感冒、鼻塞和结膜炎（红眼病），结膜炎最明显的症状是眼睛发红。如果宝宝眼睛里有分泌物，你可以让他少吃或不吃奶类和糖类食物，因为它们会产生粘液。如果你发现宝宝眼睛发红，同时不断产生分泌物，可以医生咨询自然疗法。

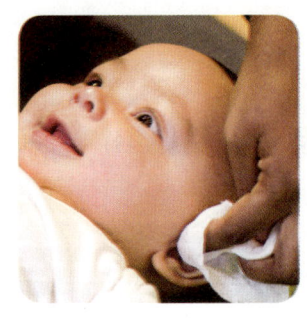

耳朵

在对宝宝的日常照料中，你可以用软毛巾和温水清洗宝宝耳朵外面的部分。耳垢能保护宝宝的耳道免受外来物质侵害。清洗耳朵内部可能会导致感染，刺激，以及鼓膜损伤。此外，这样的清洗实际上会在宝宝的耳膜上堆积一层蜡，并可能导致耳朵疼痛。当连接鼻子、耳朵和喉咙的咽鼓管被液体堵塞时，耳部就会发生感染，宝宝会非常难受。埃米和玛丽曾经有轻度的耳痛，但没有达到需要手术治疗的程度。饮食中过量的奶类、果汁和糖可能会引发中耳炎。

宝宝的听力非常敏锐，也非常敏感。来自电视、嘈杂的音乐、谈话、电子设备和机器的不规则噪音可能会过度刺激他敏感的神经。白噪声或轻柔的音乐可以帮助宝宝掩盖环境噪音。

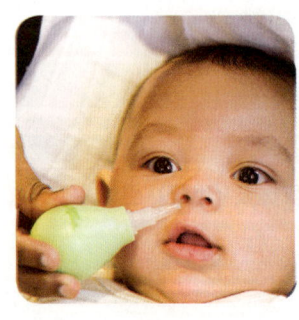

鼻子

除了极少的清洗和检查分泌物外，当宝宝身体健康时，你平常几乎不大需要护理他的鼻子。当天气变化时，宝宝在适应新的温度时排出粘液是很自然的。同样地，奶类、果汁和糖类食物也容易使鼻子分泌粘液，导致流鼻涕。如果他流鼻涕，你可以用专门为婴幼儿设计的吸鼻器吸出鼻涕。另外，蒸汽浴室有助于缓解鼻塞。

指甲

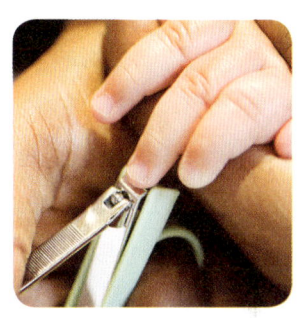

宝宝的指甲能保护他的手指和脚趾。因为他的指甲又细又小，一开始，你可能不敢修剪它们。宝宝出生后的最初几周里，你可以给他戴上连指手套，降低他划伤自己的可能。不过，一旦宝宝的指甲长得太长，你就需要为他修剪指甲，以免他抓伤自己。先用指甲锉把粗糙的指甲锉平，然后用婴儿指甲钳修剪长指甲。把指甲的白色部分保留一些，这样指甲钳就不会太靠近他的皮肤。可以试着在宝宝睡觉的时候，或者在他洗完澡，指甲变软的时候给他剪指甲。手指甲比脚趾甲长得快，而且更容易导致刮伤，所以需要更频繁地修剪。

头发

每周给宝宝洗两三次头发就足够了，因为头发不会那么脏，过多的清洗会使宝宝的头皮变干。头6个月不需要使用洗发水，而且洗发水还可能有害，因为它会洗掉婴儿皮肤上有助于增强免疫力的天然益生菌。在头几周，你可以用温水给宝宝洗头。等宝宝长出一些头发后，你可以使用温和的、天然成分的洗发水为他清洗。用软毛刷或梳子轻轻地梳理他的头发，这么做能刺激宝宝的头皮，同时去除死皮。

你可以趁宝宝头发湿的时候为他理发，湿发更容易修剪。使用发夹和橡皮筋时要注意，扎得太紧会拔出头发，扎得太松则有脱落而引发窒息的危险。在特殊的场合给小女孩打扮是一件有趣的事，但要注意不要让头饰扎得太紧或太松。

口腔和牙齿

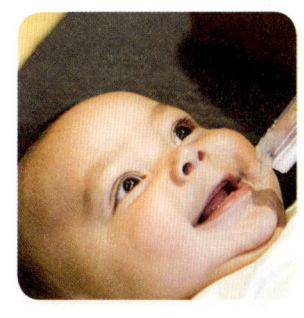

宝宝的嘴有很多重要的功能。他的舌头能让他尝味道，他的牙齿让他咀嚼食物，而他的唾液腺则能帮他消化食物。宝宝的嘴是他说话的工具。还能让空气进入他的身体。最后，宝宝的嘴也是他探索世界的第一件工具——他通过咀嚼和品尝各种东西来了解世界。

大约六七个月大的时候，宝宝的牙齿开始萌出。母乳喂养有助于牙齿、下颚和上颚的自然发育，而奶瓶和奶嘴则可能引发牙齿问题。牙齿的发育依赖于矿物质的供应，这些矿物质可以在海产蔬菜和含钙的绿叶蔬菜中找到，所以，在哺乳期中，你一定要把这些食物包含在你的饮食中。如果宝宝开始吃固体食物，你也要在他的食谱中加入这些食物。

对宝宝来说,出牙是一项重大转变。他牙齿上的牙釉质是他身体里最坚硬的物质,而牙齿从牙龈里萌出也不是一个轻松的过程。当宝宝长出第一颗牙时,你可以用纱布或柔软的牙刷来清洁他的牙龈。没有必要使用牙膏,但如果你选择这样做,你就要检查牙膏里是否含有氟化物、人工甜味剂和潜在的有害化学物质,如月桂基硫酸钠。在宝宝出牙的时候,你可以让他使用柔软的硅胶牙刷。

宝宝口中的酸性物质会导致蛀牙。吃发芽或发酵全谷物食物和蔬菜能使身体产生碱。这么做有助于在他的口腔等身体部位获得更加平衡的酸碱度。宝宝满一岁时,你可以带他去看牙医。

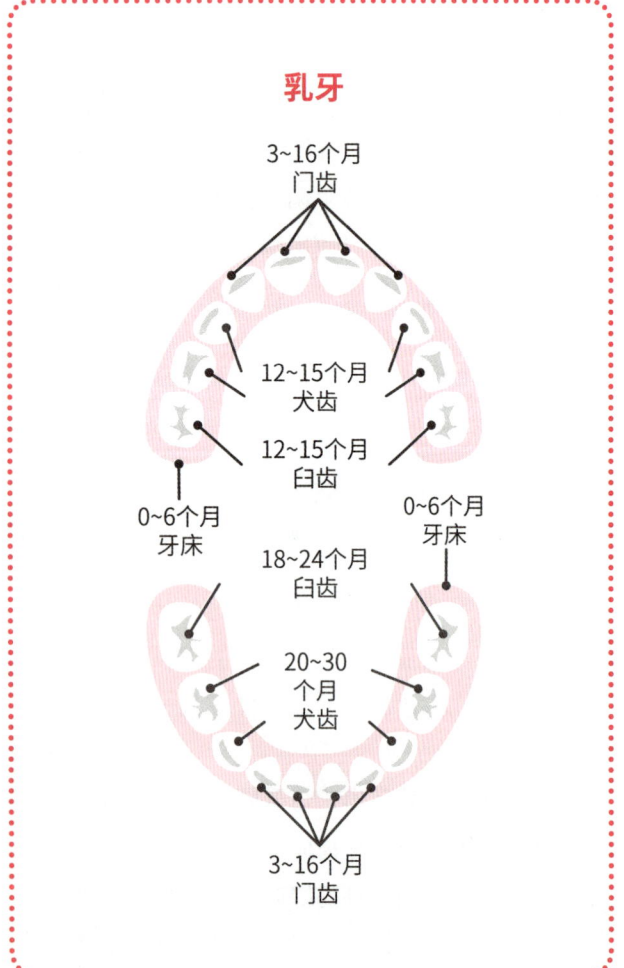

皮肤

宝宝的皮肤是他身上最大的器官,需要三年才能成熟。他的皮肤是抵御空气、细菌、病毒、光线、湿度和压力的保护屏障。它能保存体液,调节体温,并且保护身体里的器官。宝宝的皮肤有渗透性,上面有很多小孔。所以,接触皮肤的物质可以被吸收,进而对宝宝体内的器官和系统产生影响。

在出生后的前几个月里(在学会爬之前),你只需每天用海绵清洁他的脸、脖子、手和屁股。每天给新生儿洗澡既没有必要也不是特别健康。他的皮肤不仅会分泌有滋润作用的油脂,而且上面还有1000多种微生物帮他建立免疫力。每天洗澡会洗掉这些油脂和有益健康的细菌。

在脐带切口等伤口愈合后,你就可以把宝宝浸入水中了。你可以使用一只小浴缸,或者一个可以放在盥洗池里的浴垫。你也可以和宝宝一起在成人浴缸里洗澡,让你们的肌肤亲密接触。要确保你能很好地抓住水中的宝宝。

为宝宝洗澡前,你要把所有可能用到的物品都准备好,放在两只手可以够得到的地方,这样一来,你就能一直看护着宝宝了。为了方便和安全,你可以用提篮或围裙来装沐浴用品,比如毛巾、湿巾、海绵、油、乳液、尿裤和干净的衣服。洗完澡后的宝宝既干净又放松,这时,他可能会喜欢你为他做按摩或瑜伽伸展来帮他在睡前进一步放松。

你可以在一天当中的任何时候为宝宝做清洁或洗澡。每天睡前洗个澡能帮他建立睡前习惯,并且能够通过洗去他身上多余的盐分并松弛肌肉来帮助他放松。为宝宝洗澡不仅能增进你和他的感情,而且对他来说,洗澡也意味着好玩和放松。对大一些的婴幼儿来说,在浴缸里玩玩具可以成为一天中最大的乐事之一。注意,洗澡时一定不能让宝宝一个人待着。

护肤产品中的一些常见化学物质能去除宝宝皮

痂不是传染性的皮肤症状，而且既不痒也不会造成其他不适，但清除乳痂还是可以防止干燥皮肤在宝宝的头皮上积聚。

湿疹（特应性皮炎）是另一种常见的皮肤症状，有许多潜在的原因，包括乳液、肥皂、洗衣粉、某些化学物质、干燥天气、高温、精神压力和某些食物。湿疹是家族遗传的，所以如果你有家族病史，那么你的宝宝就更容易患病。要使用温和的肥皂清洁宝宝的皮肤和衣服。虽然湿疹会引起瘙痒，可能会让人非常不舒服，但它是可以治疗的，并且通常会在宝宝成年前消失。

衣服

干净舒适的衣服是宝宝日常卫生的重要组成部分，也会影响他对世界的探索。100%纯棉和有机棉纤维是除宝宝的皮肤之外最透气、最舒适的纤维。棉质材料是制造内衣、睡衣、衣服里料、毯子、尿布、打嗝布、毛巾和床单等直接接触皮肤物品的理想选择。

由于臭氧层遭到破坏等原因，防晒就成了给宝宝穿衣服的重要考虑因素。即使在阴凉处，阳光也能穿透云层，或者经水面和浅色的表面反射而来。美国儿科学会不建议6个月以下的婴儿使用防晒霜。你可以用轻便的衣服和带帽檐的帽子来保护宝宝娇嫩的皮肤。满6个月后，你就可以给宝宝使用天然防晒霜了。由于防晒霜的防晒效果会随着时间的推移而减弱，所以每隔两小时要补涂一次。

为宝宝选择衣服时，你要尽量避免镍制的拉链和扣子，因为镍会刺激宝宝的皮肤。此外，尽量不要给宝宝穿紧身的或硬邦邦的衣服，它们容易擦伤皮肤，引起宝宝不适。

新衣服在制造过程中可能沾染微量的有害化学物质，如甲醛和织物硬化剂。为了减轻这些化学物质的影响，你要先用温和的

肤中的天然油脂。开始给宝宝使用肥皂时，你要使用温和而没有香味的肥皂、洗发水、乳液和油，以此来防止刺激皮肤。芝麻精油、椰子油、杏仁油、杏桃油和鳄梨油等有治疗功效的非精制油能滋润宝宝的皮肤，补充洗澡中流失的油脂。洗澡前，先在澡盆里滴几滴油。洗完后，你可以趁宝宝毛孔张开直接把油涂到他的皮肤上。你也可以在宝宝的澡盆里加入燕麦粉或糙米麸，或者把它们包裹在薄纱布中，然后涂抹在宝宝的皮肤上，以此来增进宝宝的健康，或治疗皮疹等皮肤不适。另外，洗澡后不需要给宝宝抹滑石粉或爽身粉。

乳痂是宝宝头皮上类似头皮屑的片状皮肤，在新生儿中很常见，它来自分泌油脂的腺体。这些腺体使皮肤细胞生长的速度超过脱落的速度。虽然乳

天然洗涤剂清洗衣服，然后再给宝宝穿。

良好的卫生习惯是让宝宝保持健康的重要预防措施。你可以采取一些简单的日常措施来让宝宝保持干净和舒适，以便他能专注地探索世界，学习新知。

调节温度，呼吸新鲜空气

你在热的时候出汗，冷的时候发抖，以此来调节体温。怀孕的时候，你用自己的身体为肚子里的宝宝保持体温，使他不受外界环境的影响。然而，一旦宝宝来到这个世界，他就得靠自己的身体来调节体温了。开始的时候，他非常需要你的帮助。

在婴儿时期，宝宝调节体温的能力非常有限。刚出生时，他几乎无法移动，并且只有脑袋、脖子、手和脚上的汗腺能发挥作用。他的热量主要来自身体里的脂肪，而脂肪的代谢需要额外的氧气和葡萄糖。不舒服的低温会加重他身体的负担。如果宝宝看起来很冷，你就要给他穿上暖和的衣服，比如连脚睡衣或睡袋。另一方面，给宝宝穿得太多或者家里温度太高也会热到宝宝。要定期检查，确保他不会太冷或太热。

我在日本的时候，埃米的祖母有时会帮我照顾孩子。即使在最热的夏天，她也会在埃米睡觉前用毛巾裹住她的肚子。在日本文化传统中，埃米的"丹田"是她身体的能量中心，也是气的来源。宝宝的丹田在肚脐以下两个婴儿手指宽度和向内两个手指宽度的区域。这一区域称为关系脉轮（relationship chakra），与对生活的热情相连。祖母为埃米的肚子保暖是为了让她全身都暖和，这样才能让她的所有器官正常运转，血脉通畅。后来，祖母给埃米穿了腹带，这是一种套在腰部的松紧棉布带，很像我怀孕时穿的腹带。

保持腹部温暖不只是日本的传统做法，它也是东亚医学的核心。家里有客人来访时，如果埃米的肚子露了出来，他们就往往会下意识

埃米

地用衣服轻轻地盖住她的肚子。武士在盔甲下面穿的也是腹带。我曾经看到一个建筑工人在晴朗的大热天里穿着毛线腹带。

受到在日本生活的影响，我一整年都注意为我的两个宝宝的肚子保暖，不让它们裸露在外。我带了几条腹带回美国。冬天，每当埃米或玛丽感冒发烧时，我就会给她们穿上腹带。而当埃米或玛丽感觉身体不舒服时，她们的父亲直树也会确保把她们的脚盖上。他常说："脚要暖，头要凉。"

中央空调会使宝宝的鼻子干燥，导致鼻子内壁的粘膜变硬，进而阻塞鼻腔，导致呼吸困难。如果你把恒温器设定在18~20摄氏度之间，宝宝很可能会感到比较舒服。此外，你也可以用加湿器为他睡觉的房间增加湿度。

除了适宜的温度外，新鲜的空气也是宝宝身体发育不可或缺的一环。呼吸时，氧气会充满宝宝的身体和大脑，促进他的成长，所以他呼吸的空气需

要尽可能干净。在室内环境中，你要注意会释放毒素的物质，例如香烟烟雾、洗衣粉香精、织物柔顺剂、芳香洗手液、香水、化妆品、熏香、空气清新剂、百花香和樟脑丸。这些物质会干扰发育，并可能含有激素干扰物。为了将有害的毒素降至最低，你要把这些东西清除，并且经常吸尘和通风。

室内环境也会产生电磁应力，这是电视、电脑等电子设备所发出的电磁辐射所造成的低强度刺激。即使宝宝只有几个月大，你也可以每天带他到室外呼吸一两个小时的新鲜空气。对婴儿来说，你要确保室外温度至少有16℃。大一点的孩子每天可以在室外待三个小时或更久。充满新鲜空气的自然环境能让你和宝宝的神经系统得到放松和休息。

在日常生活中，你可以通过很多种方式促进宝宝的身体发育，在他获得重大进展时鼓励他，并且帮他照顾、关爱和感谢他自己的身体。虽然一开始你会感到照顾宝宝的责任很重，但宝宝的身体发育是一个过程，你可以通过学习逐渐胜任这一角色。

身体发育理论

在这一节里，我们将讨论有关人类身体发育与健康的理论，以此来帮你大致了解宝宝的身体是如何成长的，他健康时身体是如何运作的，他不舒服或得病时会发生什么，以及如何帮助他恢复健康。

自从你怀孕以来，宝宝的身体一直在发育。现在，他已经来到这个世界，你就可以看到他的身体在体重、身高和力量上的增长，以及他在感官方面的不断进步。随着他的成长，他身体的肌肉重量、大肌肉运动能力与精细运动能力、反射、感觉和知觉能力都会逐渐发展。根据儿童发展与父母教育专家诺韦拉·拉芬（Novella J. Ruffin）博士的观点，身体发育通常依照下面的顺序展开：

- **从上到下。** 头和颈，肩膀和上身，腹部，臀部，腿和脚

- **从内到外。** 躯干，手臂和腿，手和脚，手指和脚趾

- **从大肌群到小肌群。** 前者是用于跑步、搬运、攀爬、平衡和跳跃的肌肉，后者是与手腕和手部活动（如切割、绘画和串珠）有关的肌肉

宝宝的身体发育

宝宝的身体发育主要体现在以下三个方面：肌肉、感觉和知觉。

肌肉的活动

宝宝的动作涉及一起协同工作的不同肌群。这些动作一开始是反射性的，然后，当他发现自己有能力活动身体时，他会更加有意识地这样做。宝宝的身体活动主要分为以下三类：

反射活动

反射是对刺激的无意识的自动反应。有些反射只发生在婴儿时期。下面的反应活动能表明宝宝的大脑和神经发育是否正常。

觅乳和吸吮反射
当有东西轻抚宝宝的脸或嘴唇时，他就会开始吮吸。这种生存反射能帮助他在出生时找到食物。这一反射会在出生三周后消失。

手掌抓握反射
当你用手指或玩具碰宝宝的手掌时，他会紧紧抓住他碰到的东西。这一反射会在出生3~4个月后消失。

莫罗氏（惊跳）反射
当宝宝听到很响的声音，看到突然的动作，或是突然感到自己要跌落时，他的头会向后仰，同时胳膊和腿向上伸展。他也可能会哭。这一反射大约在出生两个月后消失。

巴宾斯基反射
当你轻抚宝宝的脚底时（从脚后跟到大脚趾），他的脚趾会呈扇形张开。这一反射会在出生一年后消失。

踏步（行走）反射
当你抱着宝宝，把他的两只脚平放在床上时，他会把一只脚放在另一只脚的前面，做出类似踏步的动作。这一反射会在宝宝出生两个月后消失，并会在他即将满1周岁、开始学走路时重新出现。

大肌肉运动

这类运动包括控制宝宝腿部、手臂、背部和肩膀的大块肌肉。大肌肉运动包括翻身、坐、爬、站、走、跑、跳和攀爬等活动。

精细运动

这类运动与宝宝控制手指和手掌的小肌肉群有关。精细运动包括伸展手指、抓取、紧握、释放、切割、绘画和穿衣等活动。

感觉

当宝宝开始学着控制自己的肌肉时，他的感官也变得越来越敏锐。宝宝还在肚子里的时候，他的感觉（触觉、味觉、嗅觉、听觉和视觉）就已经是他获取信息的途径。在子宫里，他能听到母亲的心跳、说话的声音和肚子里的咕噜声，能尝到和嗅到羊水的味道，还能借用手和脚在子宫里触摸和感受。

通常在7个月左右，婴儿的眼睛就在子宫里睁开了。超声波记录显示，在接近分娩时，婴儿会更加频繁地睁开和闭上眼睛。宝宝出生时视力模糊，看近处的视力比看远处的视力好。他的注意力集中在前方20～38厘米的物体上。他喜欢复杂的图案而不是颜色均一的图案，喜欢鲜艳的颜色而不是素淡的颜色，喜欢人脸而不是物体，喜欢笑脸而不是其他表情。他的视力进步很快，出生后3个月就能清楚地看到近处的物体。大约4个月大的时候，他的眼睛开始协同工作，能够同时聚焦于一件物品。此时，他开始具有双眼视觉、三维视觉、深度感知和跟踪物体的能力。再过几个月，他就能像成年人一样看东西了。

在视力不断提高的同时，宝宝的听力也变得越来越好。从出生开始，他就能把头转向发出声音的地方，并对巨大的响声做出反应。他能听出妈妈的声音，并获得安心的感觉。歌曲和有节奏的声音能让他平静下来，帮助他入睡。在宝宝出生后的6个月里，随着他的听力逐渐成熟，他不仅能听到响亮的声音，还能听到柔和的声音，不仅能听到近处的声音，还能听到远处的声音。满1周岁后，他的听力将与成年人相当。

出生前，胎儿不仅能听到母亲说话的声音，还能在子宫里尝到和嗅到母亲所吃食物的味道。胎儿每天喝几百毫升的羊水，而这些味道就在羊水里。莫奈尔化学感官中心（Monell Chemical Senses Center）的朱莉·门内拉（Julie Mennella）和加里·比彻姆（Gary Beauchamp）经过研究发现，母亲在怀孕和哺乳期间吃的食物有助于形成孩子未来的口味偏好。所以，在怀孕和哺乳期间，你可以通过让宝宝接触各种各样的口味来丰富他的味觉和口味偏好。

知觉

当你的宝宝开始使用他所有的感官来识别和辨别物体、声音、人和事件时，他的感知能力就会发育。他通过各种感官从身体内部和外部接收信息，然后对这些信息进行过滤。当他的感官越来越敏锐，并且他能集中注意力，把一个物体或一种声音与其他物体或声音分辨开来时，他的感知能力就提高了。在出生后的第一年里，他将不断提升他对视觉、深度和听觉的感知能力。

身体发育的里程碑

当你的宝宝借助探索学会控制他的身体并运用他的感官时，你可以通过了解他所处的发育阶段并为下一阶段的发育预先做准备来帮助他进步。例如，如果宝宝在6~8个月大的时候已经学会了坐，你就可以确信，他的发育是正常的。这时，你就需要重新审视你的家庭环境，因为宝宝下一步就要学习站立了。你要确保家里的环境是安全的，有利于他下一步的发育。

身体发育的里程碑

0~3个月	3~6个月	6~12个月
• 视线能跟随物体移动，能分辨不同形状。 • 能对声音作出反应。 • 能抬头，控制身体，握拳并张开。 • 能有目的地活动胳膊，主动踢腿。 • 能对称地举起两臂。 • 睡得更熟。	• 视线跟踪物体时，对眼部肌肉的控制更熟练。 • 能看到颜色反差很小的不同物体。 • 不再害怕日常的声响。 • 体重比出生时增加一倍（通常在4~5个月大时）。 • 能独自坐着，翻身。俯卧时能抬起头和胸部。 • 会挥手。 • 流口水，能在喂奶时主动张嘴。	• 喜欢玩音乐玩具和不同材料的玩具。 • 能保持眼神交流。 • 喜欢各种活动。 • 能用嘴舔、咬玩具。 • 体重比出生时增加两倍（通常在9~12个月大时）。 • 满周岁时身高增加30厘米。 • 能独自坐着，能扶着家具走。 • 四处走，爬。这里摸摸，那里戳戳。

12~18个月	18~24个月	24~36个月
• 喜欢敲打和玩乐器。 • 能独自坐着。 • 会爬，会扶着东西站起来，开始走路。 • 活跃，脂肪减少。 • 每晚睡11~13个小时。 • 吃固体食物。	• 叫到名字会转头。 • 会用手来指各种东西。 • 喜欢坐秋千和活动身体。 • 非常活跃，协调性增强。 • 会踢，扔东西，向高处爬。 • 两岁时，体重是5个月时的两倍。但在出生后的第二年里，生长速度减慢，一年增加1.5~2.5千克体重和7~13厘米身高。	• 对人感兴趣，并且能保持眼神交流。 • 能步行上下台阶。 • 能原地跑步和跳跃。 • 能爬梯子、滑梯等健身设备。 • 会踩三轮车。 • 身体灵巧度增加。

注意：以上关于身体发育的描述是指一般标准。由于身体发育通常建立在完成前一个阶段的基础上，所以更早更快的发育并不一定更好。每个孩子都有自己的发育节奏，没有哪两个孩子的身体发育模式完全相同。不过，作为父母，了解婴幼儿身体发育的典型时间和顺序能让你评估孩子的身体发育是否在健康范围之内。如果不在健康范围内，你可以咨询专业人士。

身体健康的根基

童年是自然成长、开心玩耍、自动自发、自由表达情感、学习探索和发展想象力的时期。作为父母，宝宝的童年也是你为他的喜悦与活力而感到高兴，同时发现、肯定他的力量、活力与潜能的时期。宝宝不断展现着他身体的内在智慧和生气蓬勃的健康。然而，尽管如此，有时宝宝也会不舒服或生病，这时他就很难再像往常那样去探索世界了。身体健康是宝宝生理、心理和智力发育的基础，也是他充分发挥潜能的根基。

作为一名父母，如果你能大致了解疾病是如何发生的，那么你就能知道如何帮助宝宝预防疾病。有效预防疾病不仅意味着要远离病菌，你还要在整体上增强宝宝的体质。这样一来，即便宝宝生病，他的身体也能更有效地对抗疾病。

今天，儿童抵抗疾病的能力正变得越来越差。曾经在儿童时期很少见的疾病——肥胖、心脏病和2型糖尿病——正在儿童中越来越多见。此外，患有注意缺陷多动障碍（ADHD）和其他心理障碍并接受治疗的儿童也越来越多。根据美国疾病控制与预防中心（CDC）的数据，美国有1000多万儿童（近14%）定期服用处方药。

研究人员发现，许多病症都可以通过调整生活方式来治疗和预防。因此，虽然肥胖和心理障碍可能不是宝宝三岁之前的当务之急，但你现在为他所做的选择可以为他在童年及一生当中预防这些疾病打下基础。例如，你可以给宝宝提供营养丰富的健康食物，为他安排日常活动并让他有充足的睡眠，以此来帮他预防肥胖。而且，预防肥胖也与预防2型糖尿病、前驱糖尿病和心血管疾病有关。

这些健康的生活方式——营养丰富的食物、各种各样的活动、充足的睡眠和休息——也能使宝宝的大脑功能稳定在最佳状态，避免引发功能障碍。在过去的十年里，一些研究已经证明，丁基羟基茴香醚（BHA）等食品添加剂与多动症行为存在关联。研究还表明，精制糖和加工食品会加重抑郁症等心理障碍。如果你的宝宝被诊断患有多动症、抑郁症或其他心理障碍，你就可以研究症状与生活方式之间的联系，以此来少用药，甚至不用药。

你要做出对宝宝健康有益的选择，帮他塑造强健的身体，这样他才不容易在儿童期及以后患上慢性疾病。然而，与生活方式有关的疾病并不是宝宝健康的唯一威胁。他的周围还有细菌、病毒和其他病原体。此外，宝宝的健康还面临着有毒物质和污染物的威胁。对于这些威胁，最好的保护措施就是建立强大的免疫系统。

抵御病原体

虽然健康的宝宝天生就有很强的适应力，并能抵抗可能引发疾病的外部因素，但我们仍然有必要谈谈"细菌理论"。根据这一科学观点，宝宝的健康威胁大都来自病原体——疾病的生物学成因。大多数病原体被称为微生物。微生物的意思是"微小的生物"，几百万这种生物加起来也没有一个针眼大。微生物是地球上最古老的生命形式。

微生物在环境中无处不在。婴儿的饮用水里以及他的全身上下都有微生物，尤其是大肠、皮肤表面、口腔和鼻子。微生物制造氧气，使土壤肥沃，使食物发酵，帮助宝宝消化食物，使他保持健康——但也会让他生病。在5万种细菌中，只有不到100种与疾病有关。在已经确认的10万种真菌、酵母菌和霉菌中，只有大约100种对人类有负面影响。

1675年，布商安东尼·范·列文虎克（Antonie van Leeuwenhoek）通过自己制作的显微镜对水做了观察后首次描述了微生物。然而，直到19世纪中期，法国化学家路易斯·巴斯德（Louis Pasteur）在其他人的研究基础上继续努力，人们才开始接受微生物是发酵、食物腐败和生病的原因。在巴斯德之前，科学家认为疾病是由传染病或瘴气（毒气）引起的。导致疾病的4种微生物有细菌、病毒、真菌和原生动物（以寄生虫的形式）。

细菌是微小的单细胞生物，它们自行进食、生长和繁殖。有的细菌独自生存，有的则连成一串或聚集成一团。有些细菌是有益菌，对宝宝身体功能的正常运转和保持健康不可或缺。另一些细菌则用于制造药物和疫苗来对抗疾病。然而，还有一些细菌会引发疾病。抗生素、抗菌肥皂和清洁剂能杀死它们所接触的所有细菌——不管是有益菌还是有害菌。过度使用这些抗菌产品会使宝宝体内的有益菌减少。随着时间的推移，传染性细菌会变异成目前的抗生素所无法治疗的更加危险的细菌。

病毒比细菌小得多，它们必须有宿主才能繁殖。一旦进入宝宝的身体，病毒就会迅速扩散。病毒会引发一些相对常见的疾病，比如感冒和流感。他们还是天花和艾滋病等严重疾病的元凶。抗生素对病毒感染无效，抗病毒药物也只对少数特定种类的病毒感染有效。

真菌是多细胞生物。它们像植物，但不是植物。真菌生长在潮湿、温暖的环境中，从植物、食物和动物中获取营养。在成千上万种真菌中，只有少数几种会给人类带来危害。在大多数情况下，与真菌有关的疾病——脚癣、酵母菌感染和尿布疹——本身并不是什么大病，但它们有可能使免疫系统受损的婴儿和成人出现并发症。

寄生虫生活在其他生物的体表或体内，一切生存所需尽数来自宿主。寄生虫包括原生动物（引起鞭毛虫病、疟疾和昏睡病）、绦虫、蛔虫、吸虫和皮肤寄生虫（例如疥螨、臭虫和人肤蝇）。人类通常通过饮用受污染的水、食用未煮熟或受污染的食物或被昆虫叮咬而感染寄生虫。抗寄生虫药物能清除体内的大部分寄生虫。

当这些有害微生物或其他病原体进入宝宝的身体并开始繁殖时，他的免疫系统就会作出反应来保护他。

宝宝的免疫系统

你的宝宝生来就拥有先天的免疫力。在出生前，他就能从母体获取抵抗疾病的抗体。出生后，母乳喂养的宝宝还能继续通过母乳获取抗体。宝宝长到2~3个月大时，他的身体会开始产生自己的抗体。6个月大时，他自己产生的抗体就可以派上用场了。因此，专家建议母乳喂养至少要持续到宝宝6个月大，直到他的免疫系统有足够的抗体来预防疾病。

宝宝的免疫系统是他自己的疾病防御系统，不同的部分都有各自的任务。依靠协同工作的细胞、组织和器官，宝宝的免疫系统抗击入侵的病原体，过滤毒素，抑制感染，并对新的病原体建立防御。他的皮肤、扁桃体、眼泪、粘液、唾液、胃酸和尿液是他抵御疾病的主要屏障。它们有的能阻挡病原体，有的能把病原体排出体外，有的含有抗菌物质，能够使大多数病原体来不及让宝宝生病就被清除掉。另外，宝宝皮肤和肠道中生活的有益细菌和真菌也有预防疾病的作用。这些微生物以病原体为食，从而降低它们对宝宝健康的威胁。

如果病原体突破了宝宝身体的第一道防线，宝宝的免疫系统就会产生白细胞。白细胞有不同的类型，每一种都能以特定的方式对抗疾病——或者杀死病原体，或者向健康细胞发出预警，或搜寻和清除受损的细胞。当宝宝被蚊虫叮咬后发烧或发炎时，或是皮肤在擦伤后开始愈合时，他的白细胞就开始工作了。它们是宝宝与生俱来的免疫力的重要组成部分。

在寻找和抗击体内病原体和抗原（毒素）的过程中，宝宝的白细胞要依靠他的淋巴系统进行运输。淋巴系统遍布全身，包括淋巴管和淋巴器官。淋巴管里有淋巴液，这是一种来自血浆的透明液体，里面含有白细胞。淋巴器官有脾脏、胸腺和淋巴结，它们都能清洁宝宝的身体，同时增强他的免疫功能。脾脏清除旧的红细胞和病原体，以此来过滤血液。它还储存了大量富含氧气的血液，以防身体失血。胸腺储存未成熟的白细胞，并在需要时将它们训练成为T细胞，这是一种保护身体免受感染的血细胞。从宝宝出生前开始，胸腺就一直在制造T细胞。青春期后，胸腺会逐渐萎缩。包括扁桃体和腺样体在内的各种淋巴结能监测血液，过滤淋巴液中的毒素和废物，以及储存和制造各种类型的白细胞。你的宝宝有600~700个淋巴结。

宝宝的循环系统是环线，血液在他的全身循环流动，而他的淋巴系统是单线，淋巴液只流向一个终点。淋巴管从身体各个部位收集淋巴液，然后在宝宝的脖子底部把它们注入静脉，回到血液当中。宝宝的淋巴系统要依靠肌肉和关节的运动来保持淋巴液流动，运输营养物质，同时清除体内的毒素和病原体。除能增强免疫力外，宝宝的淋巴系统还能平衡体液分布。如果宝宝的淋巴系统受到损伤，他的身体就更容易发生感染和肿胀。

当有害微生物发起攻击时，宝宝的免疫系统会进行反抗。而在战胜某种疾病后，他的身体也可以建立起相应的免疫力，从而不再受到这种病原体的侵害。打疫苗是帮助孩子增强免疫力的另一种方式。不过，疫苗本身的安全性和有效性是一个复杂的问题。

疫苗

疫苗为你的宝宝提供了一种无需患病就能对疾病产生免疫力的方法。科学家发明了疫苗，把毒性减弱的特定细菌或病毒注入人体，以此来产生相应的抗体来抵御特定的疾病。如果你的宝宝接种了某种疫苗，他的身体对这种疾病的抵抗力或免疫力就会增强。这么做能让宝宝的身体"记住"特定的病原体并对其做出反应，从而使他免受这种疾病的侵害。

1796年，英国医生爱德华·詹纳（Edward Jenner）用破溃了的牛痘疮里

的物质感染了一个男孩，希望以此来防止他感染天花。这个男孩得了牛痘，但很快就完全康复了。后来，当他接触天花病毒时，他并没有感染这种疾病。就这样，人类历史上最早的疫苗诞生了。

尽管由于观念和过往经验的不同，疫苗在父母当中可能是一个颇有争议的话题，但是，在过去的一个世纪里，疫苗已经被人们普遍接受。随着卫生和饮食条件的改善，疫苗已经在消除严重儿童疾病方面发挥了重要的作用。然而，许多人也认为疫苗带来了不容忽视的健康风险。由于宝宝的健康没办法得到100%的保证，所以，决定是否以及何时给宝宝接种疫苗并不是一件简单的事。疫苗和它们所预防的疾病都存在健康风险。不过，疫苗很少有严重的副作用，而疫苗所预防的大多数疾病也很少引发严重的并发症。当然，这也是说不准的事。

所以，了解和权衡各种选择的利弊并决定是否给孩子接种疫苗还要取决于你。在这一节里，我们将为你提供有助于你做出决策并坚定实施的信息与策略。

在埃米出生的1979年，儿童疫苗的数量还没有现在这么多，我的日本儿科医生所建议的为埃米接种疫苗的时间也比今天的美国晚。经过大量研究，直树和我决定不给埃米接种疫苗。几年后，我们也在玛丽身上做了同样的决定。做出这一决定后，我们就开始承担起相应的责任，并且帮助我们的女儿通过饮食和生活方式增强免疫力。尽管我做了我所知道的一切，比如母乳喂养她们一年多，给她们提供天然食物，自学用自然疗法为她们诊断和治疗疾病，但我仍然对不接种疫苗的风险惴惴不安。不过另一方面，我也知道，如果我们当初决定为埃米和玛丽接种疫苗，我也同样会担心这样做所引发的潜在风险。

当玛丽有了孩子后，经过慎重的研究和思考，她和她的伴侣决定为我的外孙佐（Zo）接种疫苗。我理解并尊重他们的决定。就像关于育儿的许多其他问题一样，这里没有明确的答案，每种情况都是独一无二的。

为什么许多父母不愿意给孩子接种疫苗？他们的忧虑大多有下面几点：

 潜在的副作用

 推荐疫苗的接种数量和接种时间

 用于制造疫苗的有害成分

 对儿童健康的长期影响

美国疾病控制与预防中心的建议

2014年，美国疾病控制与预防中心推荐父母在孩子出生到18岁之间使用以下12种疫苗（或系列疫苗），以此来保护他们免受16种疾病的侵害。

- 乙型肝炎疫苗（HepB）
- 轮状病毒疫苗（RV）
- 白喉、破伤风和百日咳疫苗（DTaP）
- B型流感嗜血杆菌疫苗（Hib）
- 肺炎链球菌疫苗（PCV13）
- 灭活脊髓灰质炎病毒疫苗（IPV）
- 流感疫苗（IIV, LAIV）
- 麻疹、腮腺炎和风疹疫苗（MMR）
- 水痘疫苗（VAR）
- 甲型肝炎疫苗（HepA）
- 人类乳头状瘤病毒疫苗（HPV2，仅女性；HPV4，男性与女性）
- 脑膜炎球菌疫苗（Hib-Men-CY，MenACWY-|D, MenACWY-CRM）

疫苗在美国有很严格的安全记录，严重副作用的发生率很低。患者和医生会把疫苗的严重反应报告给"疫苗不良事件通报系统"（VAERS），该系统由美国疾病控制与预防中心和美国食品与药品监督管理局（FDA）联合发起。严重的不良反应包括抽搐和自身免疫反应等。有些疫苗更容易引发严重的不良反应。例如，麻腮风疫苗和百白破疫苗的不良反应发生率高于其他疫苗。

在《疫苗手册——为孩子做出正确的决定》一书中，医学博士罗伯特·W. 西尔斯（Robert W. Sears）称自己支持使用疫苗。他根据副作用把美国疾病控制与预防中心所推荐的疫苗从最安全到最不安全做了排列，结果是这样的：B型流感嗜血杆菌、脊髓灰质炎、轮状病毒、百白破、肺炎链球菌、水痘、甲型肝炎、乙型肝炎、人类乳头状瘤病毒、脑膜炎球菌、流感和麻腮风。西尔斯表示，目前还没有可靠的数据来计算单剂疫苗严重副作用的实际发生率。

根据美国疾病控制与预防中心的记录和"疫苗不良事件通报系统"的报告，西尔斯推算道：

❀ 没有一种疫苗是100%有效或安全的。

❀ 大约每10万剂疫苗中就有1剂会引起严重反应。

- 婴幼儿在两岁前对疫苗产生严重反应的几率约为1/5300。

- 儿童罹患疫苗可预防的严重疾病的几率为1/1090。

- 两岁以下幼童感染疫苗可预防的严重疾病的几率约为1/300。母乳喂养以及避免送宝宝去托儿所能降低这一风险。

用于制造疫苗的原料——铝、甲醛等化学物质和动物、人体组织——也是许多父母所担忧的问题。有时,用于制造疫苗的动物和人体组织会被病原体污染,而病原体进入疫苗接种者体内就可能引发疾病。这种情况发生时,卫生当局立即召回了相关的疫苗,并采取了更有力的安全措施来防范未来的污染。

疫苗中的大多数化学物质含量都很低,而且大多数疫苗已经不再使用含有汞的原材料。有些流感疫苗仍然含有汞,但也有不含汞的流感疫苗。如果你想给宝宝注射流感疫苗,那就尽可能使用后者。你也可以给宝宝用鼻喷剂,鼻喷剂是不含汞的。

用来制造疫苗的铝、甲醛等原料仍然是一个问题。过多摄入铝会引发肾脏和神经损伤。据西尔斯所说,美国食品与药品监督管理局对新生儿、早产儿和肾功能受损患者注射用溶液中铝的安全限量为每升25微克。然而,疫苗却不受这一限制。新生儿所使用的乙型肝炎疫苗含有250微克铝,而两月大婴儿所使用的特定品牌的乙型肝炎疫苗甚至含有多达1225微克铝。疫苗中的铝是否会造成危害,目前的研究还没有定论。但西尔斯仍然建议父母要求相关医疗保健机构采取以下措施:

- 使用不含铝的B型流感嗜血杆菌疫苗。

- 使用含铝量最低的百白破疫苗。

- 不同时接种乙型肝炎、肺炎链球菌、甲型肝炎和人类乳头状瘤病毒疫苗(这些疫苗都含有铝)。

- 尽可能不使用联合疫苗。

美国疾病控制与预防中心建议所有的孩子从出生到18岁接种50种疫苗,其中有28种在两岁前接种。这意味着,没等宝宝的免疫系统发育完全,他的身体就要面对大量疫苗。如果你决定为宝宝接种疫苗，你就可以与医生一起协商，对官方推荐的接种时间表作出调整，确定优先次序。这么做既能减少你的担心，又能使宝宝拥有你所希望他拥有的免疫力。要做到这一点，你需要对各种疾病和现有的疫苗作一番了解。

在决定是否为你的宝宝接种疫苗时，你也可以考虑社会责任的因素。大规模的疫苗接种已经消灭了天花，并在全世界范围内使脊髓灰质炎的发病率降低了99%，同时也大大降低了其他许多种严重疾病的发病率。如果大多数人都接种了疫苗，那么所谓的群体免疫力就会增强，这就保护了孕妇肚子里的胎儿和接种失败的人。如果你选择不给宝宝接种疫苗，他就可能患上本可以预防的传染性疾病。一旦他患病，他周围的高危人群也会更容易感染这种疾病。

然而，大范围接种疫苗也可能对公共利益造成损害。近年来，科学家发现，大范围免疫接种可能导致菌株、病毒株替换（strain replacement）。通过接种疫苗抑制一种或多种病原体株可能导致该病原体以其他形式出现。目前，科学家们正在研究接种疫苗对未来罹患慢性病（如糖尿病、湿疹和关节炎）的影响。

作为父母，如果你能用心研究并制定增强宝宝免疫力的计划，你就能保护他和更多的人。为了搞清这个问题，你要分别了解每一种疾病和疫苗。下面的图表可以为你提供一些信息。

美国疾病控制与预防中心0～3岁婴幼儿疫苗计划表

乙型肝炎疫苗

美国疾病控制与预防中心推荐接种次数和时间表	3次： 出生时第一次，1～2个月第二次，6～18个月第三次。
疾病特征	• 病毒感染。 • 婴幼儿和学龄儿童患者可发展为肝硬化、肝癌或肝功能衰竭。大多数成人患者可完全康复。 • 血液传播（例如经由受感染的剃须刀、牙刷）、性传播、母婴传播。 • 根据美国疾病控制与预防中心数据，美国2009年有38,000人感染。 • 儿童很少感染，但一旦感染，会导致严重后果。
疫苗特征	• 有效。自1990年以来（1991年开始推荐所有儿童接种），儿童与青少年乙型肝炎发病率下降95%。 • 部分品牌的疫苗含有铝。 • 严重不良反应罕见，但可引发严重过敏反应。 • 不建议接种：生病，对酵母或其他成分有过敏史。
注意事项	官方推荐出生后即进行第一次注射。由于新生儿不太可能感染乙肝病毒，除非母亲是该病毒携带者（产检筛查），所以乙肝病毒疫苗可以考虑延后注射。但是对婴幼儿来说，乙型肝炎可能发展为慢性病，所以如果你决定为宝宝接种乙肝疫苗，那就要尽早。

轮状病毒疫苗

美国疾病控制与预防中心推荐接种次数和时间表	包括两个品牌，一个品牌接种2次，另一个品牌接种3次： 2个月第一次，4个月第二次，6个月第三次（如有必要）。
疾病特征	• 病毒感染。 • 患病率高。 • 发烧、呕吐、腹泻。 • 症状大多温和。 • 严重者可导致脱水。脱水可能需要住院治疗（如果患者是婴儿，情况可能会非常严重）。 • 病情严重或不加治疗可致命。
疫苗特征	• 以动物组织为原料。 • 部分品牌中含有活病毒。 • 根据美国疾病控制与预防中心，大多数接种者从未罹患轮状病毒感染。 • 严重不良反应极为罕见，但可能引发过敏反应、抽搐、川崎病（自身免疫性反应）和肠套叠（肠阻塞，需紧急治疗）。美国疾病控制与预防中心估计，接种疫苗者发生肠套叠的风险为十万分之一到万分之一。
注意事项	根据美国疾病控制与预防中心，在大范围接种前，轮状病毒每年引发就诊逾60万人次、导致20～60人死亡。然而，几乎所有未接种疫苗的儿童都会在某一时期感染轮状病毒，而且几乎所有儿童都能不治而愈。民众对疫苗的担忧有：疫苗由动物组织制成；在极少数情况下可引发肠套叠。这一疾病对婴儿最危险，母乳喂养和不送托儿所的婴儿不大可能感染这一疾病。

（续表）

	美国疾病控制与预防中心0～3岁婴幼儿疫苗计划表
	白喉、破伤风、百日咳疫苗
美国疾病控制与预防中心推荐接种次数和时间表	5次： 2个月第一次，4个月第二次，6个月第三次，15～18个月第四次，4～6岁第五次。
疾病特征	• 全部为细菌感染。 • 白喉：喉部感染，咽部有厚厚的白色包膜，引起严重咳嗽，呼吸困难。大多数患儿可完全康复，但仍患严重疾病，在少数情况下可导致瘫痪、心力衰竭和死亡。10%患儿会致命。 • 破伤风：又称"牙关紧闭症"，不常见。在较深的伤口中发展，影响神经功能，可扩散至脊柱和大脑。可引起肌肉紧张，导致吞咽和呼吸困难，可危及生命。根据美国疾病控制与预防中心数据，五分之一的破伤风患者会死亡。 • 百日咳：尽管有疫苗，发病率仍然较高。可引发严重咳嗽、肺炎和死亡。对0～6个月的婴儿最危险。大多数患儿可以康复，少数病死者大多为婴儿。
疫苗特征	• 含有铝，部分品牌含量尤其高。 • 部分品牌使用动物组织为原料。 • 严重但罕见的副作用包括不停哭泣和注射部位严重过敏反应。极其罕见的副作用有脑炎、高热和神经系统反应，如抽搐、昏迷、意识减退和永久性脑损伤。 • 有效。由于接种该疫苗，白喉和破伤风的病例减少了99%，百日咳的病例下降了80%（百日咳疫苗不如前两者有效）。 • 过去的百白破疫苗（DTP）可引发神经反应和脑损伤。现已证明，新的百白破疫苗（DTaP）安全很多，严重的副作用非常少见。
注意事项	白喉虽然是严重的疾病，但是由于大规模接种，这种病在美国已经非常罕见。大多数婴儿也不太可能遭受会引发破伤风的创伤。然而，百日咳却经常爆发。对婴儿来说，这种疾病十分危险，可以致命。目前还没有单独针对百日咳的疫苗。因此，早期接种百日咳疫苗，之后再接种白喉和破伤风疫苗是不可取的做法。对0～6个月的婴儿来说，百日咳是真正的威胁。如果你选择接种疫苗，同时提高安全性，那么可以考虑要求相关医疗保健机构使用不含动物组织且铝含量低的品牌。
	B型流感嗜血杆菌疫苗
美国疾病控制与预防中心推荐接种次数和时间表	包括不同品牌，接种3次或4次： 2个月第一次，4个月第二次，6个月第三次，12～15个月第四次（如有必要）。
疾病特征	• 细菌感染，细菌存活于鼻腔和口腔，扩散至肺部或血液时发病。 • 症状包括咳嗽、打喷嚏。病情严重时可导致肺炎、呼吸困难和脑膜炎，并可致死。 • 严重病例可引发脑损伤和听力丧失。 • 可用抗生素治疗。大多数情况下可以治愈，在极端情况下治疗无效。 • 根据美国疾病控制与预防中心数据，在广泛接种前，幼儿B型流感嗜血杆菌感染发病率为每年2万例，其中3%～6%死亡。该病为幼儿脑膜炎的主要成因，今天已不常见。
疫苗特征	• 非常有效。通过接种疫苗，B型流感嗜血杆菌感染发病率降低了99%。 • 一些品牌含有铝。 • 有联合疫苗，也有单独接种的疫苗。 • 副作用不常见且轻微。在极少数情况下会发生严重过敏反应，发生率为百万分之一。
注意事项	B型流感嗜血杆菌感染是一种严重的疾病，但是由于大规模接种，它在美国已经较为罕见。这种疫苗已被证明是最安全的疫苗之一。有些品牌含有铝，你可以为你的宝宝选用不含铝的品牌。

（续表）

美国疾病控制与预防中心0～3岁婴幼儿疫苗计划表	
肺炎链球菌疫苗	
美国疾病控制与预防中心推荐接种次数和时间表	4次： 2个月第一次，4个月第二次，6个月第三次，12～15个月第四次。
疾病特征	• 细菌感染。 • 常见，多发于婴幼儿和老年人。 • 症状有时轻微，有时可导致肺炎、血液感染、脑膜炎或死亡。 • 可能对抗生素有耐药性。 • 根据美国疾病控制与预防中心的数据，在普遍接种前，该病每年在儿童中引发700例脑膜炎、13,000例血液感染、500万例中耳炎，并导致200名患儿死亡。
疫苗特征	• 这种疫苗仅覆盖90多种肺炎链球菌中的13种。 • 疫苗含铝。 • 根据美国疾病控制与预防中心的数据，大约半数接种儿童在注射后昏昏欲睡，没有食欲。三分之一接种儿童有肿胀和（或）发烧症状。不少儿童有急躁易怒的表现。严重的过敏反应很少见到。
注意事项	一些人担心，虽然这种疫苗可以预防13种菌株所引发的疾病，但它也会使儿童更容易感染另外77种菌株所引发的疾病，并可能强化这些菌株。另外需要考虑的是，这种疫苗的不良反应发生率比较高。不过，这种细菌较为常见，而且它引发的疾病会在婴儿身上迅速恶化。此外，这种疫苗里还含有铝。
流感病毒疫苗	
美国疾病控制与预防中心推荐接种次数和时间表	6个月后每年1次： 第一年两次，隔月注射一针，以此来提高接种的效果。
疾病特征	• 病毒感染。 • 根据疾病控制与预防中心的数据，美国每年有成千上万的人死于流感。对大多数患者来说，流感会引起发烧/发冷、头痛、身体疼痛、喉咙痛、鼻塞和咳嗽等症状。 • 罕见并发症有肺炎和脱水。极为罕见的并发症有心、肺、脑等器官炎症。 • 可以致命。病死者大多为老年人，但每年也有婴幼儿死亡。即使症状轻微，这种疾病也能让人感到不适，持续时间可长达两周。 • 在48小时内使用抗病毒药物会有所帮助，但只有满周岁的患者可以使用。
疫苗特征	• 并非所有品牌都可用于婴儿。鼻喷剂含有活病毒，对2岁以下的婴幼儿不安全。 • 针剂含有灭活病毒，有些品牌含有汞。 • 对鸡蛋过敏的儿童不宜使用。 • 经常服用阿司匹林的儿童不宜使用，会引起雷氏综合征。 • 流感疫苗并非总是有效，因为流感病毒在不停地变异。常见副作用如轻微的流感样症状。 • 严重副作用很少见，其中包括高热惊厥。2岁以下幼童发生高热惊厥的风险更高，同时接种流感疫苗和肺炎链球菌疫苗会进一步增加引发高热惊厥的风险。 • 根据美国疾病控制与预防中心数据，接种该疫苗引发格林-巴利综合征的概率为每百万人1～2例。
注意事项	流感可以病得很重，但通常症状轻微。现在已经证明，对婴幼儿来说，这种疫苗比大多数疫苗更容易引起不良反应。如果你选择接种，那就要求接种不含汞的品牌。确保疫苗可用于宝宝所在的年龄组，并且避免与肺炎链球菌疫苗一起接种。

（续表）

美国疾病控制与预防中心0～3岁婴幼儿疫苗计划表	
灭活脊髓灰质炎病毒疫苗	
美国疾病控制与预防中心推荐接种次数和时间表	4次： 2个月第一次，4个月第二次，6～8个月第三次，4～6岁第四次。
疾病特征	• 病毒感染。 • 大多数情况下症状温和，感染神经系统后症状加重，可导致肌无力乃至瘫痪，有时也可导致死亡。此外，这种病毒也会引发脑膜炎。 • 没有有效治疗手段，只能进行支持性护理。
疫苗特征	• 非常有效，脊髓灰质炎已经在美国灭绝。 • 含有动物组织。 • 没有引发严重副作用的报告，但可以发生过敏反应。 • 记录显示，过去的活病毒疫苗在极少数情况下可引发瘫痪。今天的脊髓灰质炎疫苗没有这种副作用。
注意事项	在广泛接种前，美国每年报告脊髓灰质炎病例约2.5万例。今天，脊髓灰质炎已经在北美洲、南美洲和欧洲绝迹。然而，这种病在世界其他地区仍然存在。而且，如果一名未接种疫苗的儿童暴露于脊髓灰质炎病毒，感染就很可能发生。此外，疫苗是用动物组织制成的。不过，现在已经证明，这是一种安全有效的疫苗。如果你正在考虑推迟某些疫苗的接种，并且你的宝宝不大可能接触仍然存在脊髓灰质炎病例的国家的人，那么你就可以考虑推迟它的接种。
麻疹、腮腺炎和风疹疫苗	
美国疾病控制与预防中心推荐接种次数和时间表	2次： 12～15个月第一次，4～6岁第二次。 1～12岁儿童可以接种麻疹、腮腺炎、风疹和水痘疫苗（MMRV）。
疾病特征	• 病毒通过空气传播。 • 麻疹：症状有发烧、皮疹、咳嗽、鼻塞和结膜炎。大多数患儿症状轻微。并发症不常见，包括中耳炎和肺炎，这两种疾病可使用抗生素治疗。非常罕见但异常严重的并发症包括严重肺炎和脑病。这种疾病死亡率为千分之一，广泛接种后不再常见。 • 腮腺炎：症状有唾液腺肿胀、发烧、头痛和肌肉疼痛。大多数患儿症状轻微。青少年和成人病患症状更严重。并发症罕见，通常只见于青少年或成人，包括听力丧失、脑膜炎、睾丸或卵巢肿胀，在极少数情况下会导致不育。广泛接种后，这种疾病不再常见。 • 风疹：症状有皮疹和轻度发烧。对儿童没有危险性。但是，如果孕妇与风疹患儿接触，其胎儿就可能出现严重的先天缺陷。
疫苗特征	• 包含三种活病毒。 • 以动物组织为原料。 • 极为有效。已经将麻疹和腮腺炎暴发局限于有限地区。风疹已经在美国绝迹。 • 青少年可能需要补种。 • 罕见但严重的不良反应包括严重过敏反应（少于百万分之一）、听力丧失、抽搐、昏迷、意识减退和永久性脑损伤。还可能引发身体各部位和器官的炎症、自身免疫反应、睾丸疼痛和肿胀、关节炎以及神经系统反应，后者包括脑炎、脑病、格林-巴利综合征、抽搐等。
注意事项	麻腮风疫苗有一长串虽然罕见但却非常严重的不良反应。然而，不接种这种疫苗却会为这些疾病的再度暴发大开方便之门。如果你选择接种，你就要知道这种疫苗含有三种活病毒，需要你的宝宝的免疫系统同时产生三种疾病的抗体。目前还没有针对以上单一疾病的疫苗。如果你选择不接种，那就要了解风疹的症状，谨防患病中的宝宝威胁到孕妇的胎儿。

(续表)

美国疾病控制与预防中心0～3岁婴幼儿疫苗计划表	
水痘疫苗	
美国疾病控制与预防中心推荐接种次数和时间表	2次： 12～15个月第一次，4～6岁第二次。
疾病特征	• 通过空气中的病毒感染，在普遍接种前非常常见。 • 症状有起泡性皮疹、瘙痒和发烧，出现皮疹时有传染性。 • 在大多数情况下症状轻微。 • 不到1%的病例会出现严重的并发症，特别是免疫系统受损的病例。并发症有皮肤细菌感染、肺炎、脑炎，在极少数情况下可致死。 • 根据美国疾病控制与预防中心的数据，在广泛接种前，美国每年大约有1.1万名水痘感染者需要住院治疗，约造成100人死亡。该中心没有说明这些人中有多少人是免疫缺陷患者或成年人。
疫苗特征	• 活病毒疫苗，以动物和人体组织为原料。 • 能让大部分接种者免于患病，少数患病的接种者病情轻微。 • 不良反应包括皮疹、发烧和高热惊厥。 • 严重但罕见的并发症有严重脑反应和全血细胞减少。神经系统反应有格林-巴利综合征、面神经麻痹、中风和脑炎。
注意事项	接种后，你的宝宝很可能不再患水痘，同时能避免感染从未患过水痘的父母和免疫系统受损的人。但是，这种疫苗含有活病毒。如果你选择接种，你就要考虑单独接种，而不是接种麻疹、腮腺炎、风疹和水痘四联疫苗。如果你选择不接种，你可以考虑让你的宝宝接触水痘患者，这样他就能获得免疫力。如果他一直没得水痘，你就可以在他12岁之前重新考虑接种水痘疫苗。
甲型肝炎疫苗	
美国疾病控制与预防中心推荐接种次数和时间表	1次： 12～23个月之间注射。
疾病特征	• 病毒感染。 • 发病率高。 • 容易通过受污染的食品、饮料和个人接触传播（大多数疫情通常与餐馆食品被污染有关）。 • 症状有严重胃痛、腹泻和黄疸。婴幼儿症状较为温和。 • 青少年和成人患者可持续长达一个月。慢性肝病患者病情严重。可危及生命。 • 目前没有有效治疗手段，但大多数患者能完全康复。
疫苗特征	• 有效。根据美国疾病控制与预防中心的数据，广泛接种后，甲型肝炎的发病率一直在稳步下降。 • 含有铝。含有人体和动物组织。 • 严重反应非常罕见，包括过敏反应和抽搐。接种者年龄越小，抽搐越常见。其他罕见不良反应有格林-巴利综合征、脑炎和血小板减少。
注意事项	甲型肝炎可能危及生命。大规模接种疫苗可以降低这种疾病在人群中的发病率。但这种疾病不大可能感染婴儿，而且即便感染，症状往往也不严重，而婴幼儿对疫苗产生严重反应的风险却最高。如果选择接种，你可以考虑把接种日期推迟到宝宝两岁生日后。另外，这种疫苗中含有铝，因此你可以考虑避免将它与其他含铝疫苗安排在临近日期接种。如果你选择不接种，你可以在宝宝进入青春期前重新考虑接种这种疫苗。

关于接种的准备工作

无论你选择按照美国疾病控制与预防中心的计划接种疫苗,还是按照修改后的计划接种疫苗,还是完全不接种疫苗,你都可以采取一些措施来呵护宝宝的身体健康。我将在下面的内容里讨论每种选择的考虑因素。

选择接种	选择不接种
如果你选择接种疫苗,你就可以采取措施来减少副作用,并提高疫苗的效果。	如果你选择不接种,你就要承担起让宝宝保持健康的责任。你要用自然的方式帮助他建立免疫力,让他身体健康,并在他感染传染病时保护其他人不受感染。这里有一些建议来帮你实现这一目标。

选择接种

接种前:
- 使用母乳喂养你的宝宝,让他获得母乳中的抗体。
- 确保宝宝身体健康,没有发烧,没有吃药。
- 如果宝宝有过敏或湿疹,那就推迟接种疫苗,直到症状消失。
- 如果宝宝正在使用抗生素,那就将接种推迟几周,为疫苗中的细菌提供生存的机会。
- 给宝宝吃含有益生菌的食物,以此来提升他的免疫力,减少不良反应的发生。寻找含有乳酸菌和双歧杆菌的食物。

接种中:
- 尽可能选择单独接种的疫苗而不是联合疫苗。
- 尽量不要集中注射含有铝的疫苗。
- 接种流感疫苗时,确保疫苗不含汞。

接种后:
- 密切注意宝宝是否有轻微或严重的不良反应。
- 如果发现宝宝有不适或生病的迹象,打电话给医生。
- 如果宝宝发烧超过38.5℃,打电话给医生。
- 对于需要多次接种的系列疫苗,如果宝宝在先前的接种中出现过严重的不良反应,那就要认真考虑停止接种。如果继续接种,发生不良反应的概率会升高。

选择不接种

让宝宝保持健康并建立免疫力:
- 母乳喂养宝宝至少两年,以此来使他充分利用母乳中的抗体。
- 为宝宝提供天然的健康饮食。
- 在宝宝两岁前,避免送宝宝去托儿所,不要让他跟很多孩子玩耍,或者使用里面有很多孩子的游戏设施。
- 确保宝宝充满活力,每天都去室外活动。
- 考虑让宝宝暴露于水痘和腮腺炎等幼年患病症状轻微、成年患病却可能导致严重后果的传染性疾病。
- 注意,你的宝宝或许携带着可能伤及他人的病原体。他生病时要隔离他。如果他可能携带病原体,你就要让他远离孕妇和免疫系统受损的人。

在美国,儿童免疫接种的底线是你的孩子感染严重疾病或对疫苗产生严重反应的几率很小。即使感染了严重疾病或产生了严重反应,你的孩子也很可能会康复。另一方面,无论是接种还是拒绝接种,这两种选择都有风险。做为一个父母,做出这一决定的最好的方法是了解疫苗的知识,然后做出你觉得适合你的孩子、你的家庭和你自己的决定。

提升免疫力

你可以借助疫苗和包括抗生素在内的各种药物来帮助宝宝对抗疾病，但是，你也可以从宝宝出生起就专注于通过自然的方式来帮他提升健康水平和免疫力，以此来实现同样的目的。在出生后的第一年里，宝宝身体里的各大系统都还在发育当中，免疫系统也是其中之一，这段时间正是你帮他奠定健康基础的好时机。

首先，你可以充分运用自然的力量来帮他提升内在的免疫力。例如给他吃母乳、天然食物，带他到户外活动身体，晒太阳，呼吸新鲜空气，多关心他的感受，以及按照自然原理生活。

你还可以更进一步，在宝宝的饮食里加入发酵食品和益生菌补充剂，为他的身体提供更多有益菌。他的皮肤上、肠道里生活着数以万亿计的有益菌。这些有益菌能帮他消化食物，合成维生素，同时还有激活免疫系统，对抗感染的作用。你可以在市面上买到专门给婴幼儿吃的发酵食品和益生菌补充剂。

你可以学一些自然疗法，同时提升自己在育儿决策方面的直觉和判断力，以此来让宝宝拥有最佳的健康状态。

用自然的方式让宝宝拥有健康

在让宝宝保持健康方面，西方医学可以和东亚医学相互补充。西医疗效显著，关键时刻能救人性命。借助高科技设备，西医能高效地进行诊断和治疗（包括外科手术），尤其擅长应对外伤和危重病症。东亚医学从整体主义视角预防和治疗疾病，历史十分悠久，只晚于古埃及和古巴比伦的医学。数千年的实践已经证明，东亚医学是有效的预防和治疗手段。

你可以结合使用东亚医学和西方医学，发挥它们各自所长，例如西医的科学严谨和东亚医学的自然疗法，以此来帮助宝宝预防和治疗疾病。东亚医学中的自然疗法有以下几个特点：

温和而渐进

自然疗法是温和而无创的，大多起效缓慢、效果持久，而且风险较低。你可以先尝试一种疗法，观察结果，接着再尝试另一种。你甚至可以同时使用多种自然疗法。特别是，自然疗法没有副作用，只有益处。因此，即使宝宝没有生病，你也可以放心地使用自然疗法来为他增添活力。

整体主义视角

自然疗法采用整体主义视角，它所治疗的是作为整体的宝宝，而不是他身体的某个部分。自然疗法认为，身体的所有系统是密不可分、协同工作的。因此，这种疗法会综合考虑宝宝各个方面的状况。耳朵疼的病根可能在脏腑，而只看耳朵就可能找不到病根。通过观察整体，你能更加深入地思考病因并得出相应的治疗方案。

整体主义疗法认为：

🌸 宝宝不是孤立存在的个体，他受外界环境影响，例如天气、生活条件等物理环境，以及心理压力、养育方式等情感环境。

🌸 宝宝的整体状态和活力水平能影响他调整自身和适应外部世界的能力，是判断他是否健康的重要标志。生病或受伤时，他的康复速度将取决于他的整体状态。

🌸 从整体出发的诊断关注宝宝的状态模式（如寒、热、虚、实），而表面的症状（如流鼻涕、烦躁不安）可能需要考虑其他病因。

🌸 部分之间的关系重于部分本身，有形的部分构成无形的整体，有如万木成林。医学上的四大生命体征是心率、血压、呼吸和体温，这些有形特征构成了宝宝的整体状态。整体状态虽然难以测量，但对疗愈有重要作用。

🌸 如果没有找到根本问题，只是头痛医头，脚痛医脚，那么结果可能收效甚微。

🌸 治疗要由内及外、由里及表。只有从整体上提升宝宝的健康水平，真正的疗愈才可能发生。

与症状为友

人们常常把症状误认为疾病。消除了症状，病情能暂时得到缓解，但如若不找出病因并加以解决，治愈就无法达成。阿司匹林或许能退烧，但它解决不了导致发烧的根本问题，只能解决症状，而这一点又可能掩盖疾病诊断所倚赖的重要线索。

虽然自然疗法也能减轻症状，但它真正的目的是找到隐匿在症状之下的疾病根源。发烧、疼痛、皮疹和肿胀等症状只是身体发出的信号，告诉你身体出了问题。信号不是问题本身，只是问题的表现。如果你认真倾听宝宝的身体通过症状所传递出来的信号，你或许能感受到这些症状的积极意图——治愈疾病，恢复平衡，拥有健康。

防止过犹不及

每一天，宝宝的身体都在摄入食物、水和空气，以此来制造血细胞、神经细胞等各种细胞，然后形成骨骼、肌肉等各种组织。而身体不需要的物质则通过排尿、排便、排汗和呼吸排出体外。如果他摄入的东西质量太低，没有用处，他的代谢系统就会不堪重负，身体也会失去平衡。

在东亚医学看来，现代社会的大部分疾病都源自营养过剩，而非营养不良。过剩的营养会干扰宝宝身体的气血运行，使宝宝看起来像是缺了什么营养。如果需要排出体外的代谢废物太多，他可能就会借助排尿、排便、排汗和呼吸以外的其他途径来排出废物，例如发烧、流鼻涕、头痛、耳朵痛、咳嗽、流口水、分泌眼屎、起皮疹、肿胀，等等。如果宝宝身体负荷过大，排泄器官无法彻底清理他的血液，脂肪酸就会以硬物、囊肿或黏液的形式堆积在他的肝脏、肾脏、肺脏、肠道和循环系统里。

由于宝宝的身体有自我平衡的能力，所以他能自动排出多余的物质，进而实现自愈。例如，宝宝患上普通感冒可能是因为他要把生痰食物所产生的过量代谢废物排出体外。再如，为了对抗感染，宝宝就可能发烧，而发烧有排毒和促进疗愈的作用。

因此，在各方面纵容宝宝可能会为他招来疾病。虽然说"不"和设定限制可能在短时间内会让你和宝宝都感到不适，但总说"好"到头来却可能牺牲宝宝的健康。宝宝一天天长大，渐渐会有他自己的想法和要求。这时，你可能就得防止他吃得过多，玩得过多，接受刺激过多，以此来维护他的健康。

考虑环境影响

由于宝宝的身体还在发育当中，体质较弱，所以他体内的"气"（生命力）常会受到外部环境干扰。四季更替，气温变化，为了让身体保持平衡，他的身体就必须做出相应的调整。冬天，宝宝的身体里会积聚内火。到了春天，内火释放，宝宝就可能发烧。夏天，宝宝的身体需要吃水果等凉的、清淡的食物来减慢新陈代谢。而在凉爽的秋天里，宝宝则可能会通过流鼻涕或感冒等方式来排出身体里多余的水分。这些自然的调整过程能帮助宝宝排出毒素。婴幼儿经常得病，借此来排出毒素，强化免疫西系统，这种表现是健康的，也是正常的。

可能影响健康并引发身体反应的外部因素有：

* 寒冷会削弱宝宝的免疫系统，导致气血运行不畅，进而可能引起感冒、咳嗽等呼吸系统疾病，导致气滞或积食。

* 热对宝宝的影响可以非常迅速。婴幼儿天生体热，阳有余而阴不足。内火过多就会导致发烧或发炎。到了夏天，内火也会导致腹泻。

* 风对宝宝能量体系所造成的伤害是最快的。"受风"的症状包括寒颤、发烧和感冒。微风就能轻易地让婴儿和儿童的身体遭受侵袭，所以在刮风或者天凉的时候，你需要把宝宝的脖子围起来。潮湿的天气会让宝宝鼻腔分泌更多的鼻涕，这会影响宝宝的呼吸系统，引起肿胀。

* 来自空调或暖气的干燥空气也会导致宝宝皮肤、呼吸系统和消化系统干燥，以及他全身的干燥。

打乱宝宝的节奏，破坏他的能量平衡和情绪模式会产生各种各样的失衡。自然疗法不仅能协调和恢复宝宝身体各个部分的平衡，同时也能激活他体内的各大系统。

自然疗法中的阴与阳 ♥

阴与阳是一对重要的概念，它不仅能从整体上概括宝宝的身体状况，还能为你帮助孩子保持和恢复健康指明方向。

偏阳性的孩子通常食欲旺盛，精力充沛，不大喜欢休息。他们渴望获得你的关注，反应激烈，充满热情，行动迅速且缺乏自控，在嘈杂的环境中感觉舒适。生病时，他们往往非常难受，但又能迅速康复。

偏阴性的孩子喜欢安静的环境，比较挑食，需要充足的睡眠。他们敏感，易受惊吓，爱哭，但是也容易相处。这样的孩子通常偏爱安静和缓的活动，也可能对艺术感兴趣。

如果你的宝宝在整体上更偏阳性，他就可能会倾向于进一步强化这一属性，进而使阳性表现变本加厉。如果他吃了太多阳性食物或者参加了太多阳性活动，他的脸颊就可能变红，他的脾气也可能变得火暴起来，这都是精力过剩的表现。这时，你可以带他参加一些较为放松的活动，或者给他吃一些凉的、有镇静作用的食物，以此来为他"降温"。我的女儿埃米就是一个偏阳性的宝宝。在给她准备食物的时候，我会避免给她吃太多鸡蛋、鱼肉、鸡肉等阳性食物，以免她摄取太多能量。而要换作是更偏阴性的玛丽，我就会避免给她吃太多冰淇淋、水果、饼干等阴性食物。如果你的宝宝更偏阴性，你就要带他多做运动，多吃动物蛋白等富含热量的食物，以此来帮助他提升能量水平。

阴与阳各有优缺点，不存在谁比谁更好的问题。但如果走向极端，它们就可能对健康造成负面影响。在环境中的极端阴性和极端阳性事物的影响下，宝宝的身体状况可能会像钟摆一样在偏阴性和偏阳性之间来回摇摆。如果你能去除这些极端影响，宝宝的生命节律就会变得更加平稳。

一般来说，你既可以减少极端阴性或极端阳性的影响，也可以增加阴阳属性相反的影响来恢复阴

阳平衡。如果你的宝宝发烧了，这就意味着他的身体正在燃烧多余的阳性物质，这时你就可以给他吃些苹果酱，同时在他的头上或背上敷豆腐或蔬菜膏剂来帮他降温。

恢复阴阳平衡的另一种方式是适度减少极端阴性和极端阳性的影响，这么做能自然而然地将宝宝的身体状况调向"中性"。无论我的两个女儿得了什么病，我都会给她们吃简单、阴阳平衡的饮食，比如软的糙米饭和清淡的蔬菜汤。这些中性食物能为她们的身体减轻压力。这一方法既可以用作治疗，也可以日常使用。

婴儿生长发育迅速，这正是阳性能量的表现之一。这种能量既可以让宝宝突然发烧，也可以让他睡不着觉。成长消耗能量，阴阳随之彼此消长，于是你的宝宝的身体状况可能会反复经历从偏阴性到偏阳性再到偏阴性的循环。他可能会经历快速生长期，从中得到汹涌澎湃的阳性力量，进而变得顽固倔强，然后又进入缓慢、温和的自然生长期。学

龄前儿童可能都会经历这样的多个阶段,例如可怕的两岁、奇妙的三岁、烦躁的四岁和神奇的五岁,这些都是阴阳循环、从顽劣到温顺再到顽劣的表现。

体质和身体状况

当我在日本怀埃米的时候,我的婆婆告诉我,如果把生命的进化过程压缩到怀孕的九个月当中,那么我的孩子每天都将经历大约1000万年的进化发展。她的话让我孕期当中的每一分钟都变得重要起来,我感到非常震撼。不过,我很享受并集中精力来照顾我未出生的宝宝和我自己。

韩国和日本文化中都有名为"胎教"(在两国分别称为"taegyo"和"tai-kyo")的产前护理传统。这种做法源自400多年前的传统中医理论。"胎教"认为,婴儿塑造强健体魄的最关键的时期是在怀孕期间,这九个月甚至比出生后的十年还要重要。

根据胎教学说,孕妈妈应当吃营养丰富的食物,而孕妈妈活动身体也能让腹中的宝宝变得更加强壮,更有活力。另外,孕妈妈的思想和情绪容易受到外界影响,所以她应当避免看暴力、吵闹或容易引起情绪波动的电影和图书。孕妈妈还应避免过热,远离环境毒素。胎教学说推荐干净、平和、有

体质与身体状况的阴性和阳性特质

阳性特质 ▲		阴性特质 ▼	
体质	身体状况	体质	身体状况
矮	先行动再思考	高	先思考再行动
圆脸	要你陪他玩	椭圆脸	可以自己玩
卷发	闲不住,精力充沛	直发	平静,放松
无发、红发、金发或黑发	坚强	棕发	敏感
精力充沛	坚持	放松	随和
手指短粗	喜欢控制	手指细长	乐于接受
骨架宽	主动	骨架窄	被动
眼睛小		眼睛大	
耳朵贴向脑袋		耳朵远离脑袋	
嘴巴小		嘴巴大	
身体结实		身体柔软	
身体僵硬		身体灵活	
发际线短		发际线长	
喜欢活动身体		喜欢开动大脑	
发育较早		发育较晚	
眼皮厚		眼皮薄	
肚脐口紧闭		肚脐口张开	

序的环境。在韩国和日本，现代胎教课程鼓励孕妇练习瑜伽，与腹中的宝宝聊天，给他们读故事。这种产前教育还包括听舒缓的音乐、阅读古典文学和鉴赏艺术，以此来促进健康，舒缓压力。

每一段怀孕历程都是不同的，每一个胎儿都有自己独特的生长环境，这些环境造就了宝宝的现在和未来。宝宝的需要、个人喜好和体验会受到他的体质、性别、日常活动、生活地点和出生季节的影响。在性情、对食物的渴望和口味方面，夏季出生的孩子和冬季出生的孩子可能各不相同。男孩通常比女孩更喜欢活动身体，吃动物性食物。生活在密歇根州的婴儿会受到寒冷天气的影响，而生活在南加州的婴儿则会受到温暖天气的影响。

影响宝宝体质的其他因素有：

❀ 父母、祖父母等长辈的性情

❀ 遗传与基因

❀ 受孕和出生的时间

❀ 出生和成长的地点

❀ 孕期饮食和宝宝1周岁前饮食

❀ 家庭、社会和文化的影响

宝宝的体质或身体的整体结构主要在子宫内形成。不过，在1周岁前的快速生长期内，他的身体也仍然在发育当中。只有在1周岁后，他的基础体质才得以形成。此后就算有变化，改变的幅度也不会很大。他鼻子的形状、骨架的宽窄，以及他的基本遗传特征都属于体质的范畴，一旦成形就基本无法改变了。但是，另一方面，宝宝的身体状况却每天都在变化。这些变化取决于他身体里的软组织、他每天摄入的食物、他的日常活动和情绪状态。

埃米在6月出生，她的体质更偏阳性，那是因为我怀孕时是冬天，我吃了很多咸的、经过烹煮的食物，也吃了很多动物蛋白，比如鱼和鸡蛋。玛丽在11月出生，她的体质更偏阴性，那是因为我怀孕的时候天气比较暖和，我吃了很多沙拉、甜食和凉的食物。埃米出生在日本。分娩前，我在一家日本幼儿园工作，每天有严格的时间安排。玛丽出生在美国的北卡罗来纳州。怀孕期间，我有更多的时间用来游泳和散步。每一段怀孕经历都是独一无二的，都影响着宝宝的成长。

上一页的图表显示了体质与身体状况的阴性和阳性特质。

责任与选择

成年人需要对自己的健康负责。作为父母，你还要对宝宝的健康负责。但你很容易忽略这一责任，转而把孩子的健康问题丢给医生。虽然医生的意见总是有益的，但你才是养育宝宝的决策者和最终责任人。你全权安排宝宝的日常生活，同时也承担了让他健康成长的责任。

自然疗愈的基本技能

尤其是在出生后的第一年里，宝宝身体里的各大系统还没有发育成熟，所以此时的他非常柔弱。在生命最初的几年里，他会经历很多病症，常见的有消化系统疾病、呼吸系统疾病和皮肤疾病。这些常见疾病大多可以随着宝宝的生长发育而自然痊愈。对于这些疾病，药物治疗并非总是有效，同时还可能引发其他问题。

每一天，你都要持续而规律地照料宝宝，以此来提升他的免疫力，帮他建立稳定的内部平衡。这么做能积极地保护宝宝不受或少受外部侵害，并能在宝宝生病时促进疗愈。自然疗法也许起效缓慢，但由于它直接针对疾病根源，所以或许能为宝宝带来长远的益处。

除了对宝宝的日常护理之外，你还可以学习使用简单的技能来帮助宝宝治疗一些小毛病，而严重的疾病可能需要专业的医护人员来处理。在下一节里，我将介绍自然疗法的诊断原则，同时也会针对宝宝可能患上的常见疾病提供实用的治疗和应对措施。

快。而阴性或慢性病进展缓慢，但症状也容易长期持续。下面的图表显示了能够用来了解宝宝身体状况的阴性特征和阳性特征。

阴性特征与阳性特征

阳性特征 ▲	阴性特征 ▼
焦躁不安	被动，无精打采
不想让父母抱	总想让父母抱他，保护他
好斗	冷漠
精力旺盛	精力不足
失眠	睡眠过多
感到热，总是脱衣服	怕冷，需要穿更多的衣服
深棕色大便	绿色大便
便秘或有腐臭味的腹泻	腹泻或大便不成形
腹痛，无法放松（尤其在夜里）	容易疲惫，无力
急躁，易怒，爱哭	焦虑，恐惧
发热	寒颤
急性疾病	慢性疾病
起病迅速	起病缓慢
喜欢伸展四肢躺卧	喜欢蜷缩身体躺卧
面色发红	面色发白
爱喝冷饮	爱喝热饮
爱说话，声音大	不爱说话，声音小
呼吸深，气息强	呼吸浅，气息弱
尿少，色深	尿多，色浅
爱出汗	不爱出汗
口臭	无明显口臭
食欲旺盛，容易口渴	食欲一般，不易口渴
舌红，苔黄	舌白，苔白
情绪易爆发	难以集中注意力

诊断

如果你了解宝宝的病情和病因，你就能更容易地采取措施，实施治疗。需要注意的是，宝宝的身体状况每天都在改变，所以你的应对措施也要随之调整。下面这些原则能帮助你确认宝宝的身体状况。

阴阳诊断

如果你的孩子内向、安静、行动缓慢，他的体质就可能更偏阴性。如果他总是闲不住，同时还急躁、易怒，并且表现出攻击性行为或恼怒状态，或者容易便秘，他的体质就可能更偏阳性。

东亚医学医生首先会了解宝宝整体的身体状况，以此来判断他的情况属于实证（属阳性）还是虚证（属阴性）。身体状况偏阳性的孩子需要放松，减少能量，冷静下来，慢下来。身体状况偏阴性的孩子需要补充能量，激发活力。

阳性或急性病往往发展迅速，但消失得也

母亲和孩子是一体的

在东亚医学中，母亲和未满1周岁的婴儿被视为一个整体。母亲的身体和情绪状况会影响孩子的健康，母乳喂养的妈妈尤其如此。如果妈妈感到焦虑或沮丧，她的宝宝也会感受到同样的情绪。胎教原则在分娩后的第一年里也同样适用，于是东亚医学医生这样说："治疗母亲，就是治疗孩子。"在宝宝出生后的第一年里，妈妈们需要做很多事。她们需要来自他人的关心和支持。我在日本生埃米时，我的家人和社区希望我卧床三周，以此来从分娩时的激素改变中恢复过来，同时适应母乳喂养。无论对你还是对宝宝来说，分娩后的第一年都是重要的过渡期。如果你能时刻关注自己的感受，你就能改善宝宝的身体状况，并且及时察觉失衡状态。

运用感官诊断

在诊断过程中，东亚医学医生既要分析患者的阴阳特征，又要运用感官，望、闻、触、听，来实施诊断。在充分运用感官之后，医生不会仅就某个身体部位做出诊断。相反，医生会综合所有信息，经由直觉得出总体结论。

当埃米和玛丽还小的时候，直树和我在家里开设了我们的"东西中心"（East West Center）。直树开展针灸等自然疗法的治疗与咨询，我则开设了制作天然健康食品的烹饪课程。此外，我还在每周三晚间提供家庭旅店式晚餐。只要三美元，来客就可以吃到包含餐前汤到餐后甜点的一整餐饭，同时还有机会遇到其他对自然生活方式感兴趣的人。我用婴儿背带把玛丽背在后背上，埃米则负责清洗蔬菜和摆放餐

运用感官诊断

感官	身体部位	症状
望	脸	面色发红还是发白？
	眼睛	明亮还是暗淡？分泌物是浓稠的还是清澈的？
	嘴	是否肿胀？舌头是什么颜色？口水等分泌物是浓稠的还是清澈的？
	耳朵	是否肿胀，发红？分泌物是浓稠还是清澈的？
	大小便	是什么颜色？尿液是否透明？大便是又黑又硬，还是绿色且不成形？
	精力	是精力旺盛还是疲惫困倦？反应是快还是慢？
闻	呼吸、大小便、全身	五种气味：酸、腐、香、焦、臭
触	皮肤	是凉的还是热的？是干燥的还是潮湿的？是平滑的还是粗糙的？是否有皮疹、湿疹或色素沉着？如果是，在什么地方？落在哪条经络上？
	腹部	是凉的还是热的？是软的还是硬的？是否有腹胀？
听	询问	吃饭好不好？睡眠香不香？有没有活动身体？以上日常活动对身体状况有什么影响？

盘。每周，我们都会在家里招待36位客人。这是我和孩子们相处的一种方式，不仅可以带来收入，而且还能做一些我认为真正重要的事情。我们制作了许多美味的菜肴，所有人都玩得非常开心！

我和女儿们也帮助直树照顾他的针灸客户。埃米和玛丽在我们的客厅里招待他们，这里是等候区。针灸是我们日常生活的一部分，我们经常在看电影或旅行时相互按摩穴位。当埃米和玛丽得了各种各样的小儿疾病时，直树就用穴位疗法来治疗她们。当我累了或病了的时候，他的针灸疗法也为我减轻了症状。当直树和他的同事们在一起交流和学习时，我经常充当他们的"小白鼠"。由于玛丽是在针灸的陪伴下长大的，所以她很自然地跟随父亲的脚步，走上了针灸的职业道路。

我在这一章稍后介绍的疗法就是我们给家人和客户所使用的。这些简单的治疗手段包括饮食疗法、顺势疗法、中草药疗法、药敷等局部疗法、精油疗法、穴位疗法和灵气疗法。你可能需要购买一些特殊的食材，或者在碗柜或方便药箱里常备一些必要的东西。例如，我曾在家中常备苹果汁、柚子和利乐包豆腐，以防有人胃痛或发烧。

这些疗法简便易行，还可能让你从治愈宝宝疾病的过程中收获成就感。通过诊断、思考症状和原因、实施治疗等步骤，你能深度参与患病宝宝的护理过程，并在其中了解宝宝的想法，形成对他的感受和需求的直觉认知。说到底，他最需要的那味药很可能就是你的温柔关爱，只要你在他身边，他就能够得到，并且无需任何特殊的工具。

记录母子健康手帐

你可以用《母子健康手帐》来记录你在怀孕期间的病史信息和宝宝自出生以来的病史信息，以此来建立一份跟踪他每一次治疗过程的资料。这一做法已经在多家致力于提升孕期保健和产后护理水平、同时也因降低婴儿死亡率而备受赞誉的妇幼保健机构使用。

从第二次世界大战结束后到今天，日本政府一直在向孕妇发放《母子健康手帐》（Maternal and Child Health Handbook，MCH）。

《母子健康手帐》中留有记录医生诊断摘要的空间，你也可以在其中记录宝宝的养育和营养信息。这样一来，在带宝宝就医时，你就可以用它来帮助医生了解宝宝的状况了。

下载《母子健康手帐》请访问 growhealthygrowhappy.com

治疗

饮食疗法

在出生之前，你的宝宝并不需要自己消化食物。但是出生后，消化食物就成了所有健康宝宝的头号挑战。他的消化系统不得不马力全开，同时也很容易受到过度刺激，超负荷运转。因此，他身体上的各种毛病大多都与消化不良有关。如果你的宝宝感觉不舒服，那么调整饮食就会是常规的治疗手段，以此来为他的消化系统减负。你可以只给他吃容易消化的食物，以此来让他的消化系统得到休息，这么做通常都能改善症状。

如果你能分辨宝宝的体质属于偏阴性还是偏阳性，那么接下来你就可以通过调整他的饮食来帮他恢复健康了。一般来说，简单、温和、适度调味的天然食物，如谷物、蔬菜、豆类和水果，都是偏中性的食物，它们都能帮助宝宝的身体恢复阴阳平衡。如果他的身体状况表现出了明显的阴性特征或阳性特征，你就可以给他吃阴阳属性相反的食物来帮他恢复平衡。

如果你的宝宝表现出了更多的阴性特征，你就可以多给他吃偏阳性的植物性食物，例如煮熟的全麦谷物，以此来帮助他获得能量。你也可以在他的饮食里加入更多的阳性蔬菜，例如根茎类蔬菜和冬南瓜。为了让宝宝获得更多的热量，食物烹煮的时间可以适当延长。同时，你也要让他少吃阴性食物，特别是水果、果汁、甜食和加工食品。

如果你的宝宝表现出了更多的阳性特征，你就可以多给他吃各种蔬菜，例如绿叶蔬菜、豌豆和西葫芦，以便帮助他放松下来。你也可以给他吃煮成糊状的谷物，并且在烹饪中少放盐。你还可以在他的饭菜里添加一些软软的豆腐和蒸熟的水果。

除去拥有阴阳属性外，有的食物还有生热的特性，有的食物富含益生菌，有的食物口感独特，有的食物富含特定的营养物质或微量元素，有的食物可以生津，有的食物可以化痰。还有一些食物能影响机体的酸碱平衡，进而促进或阻碍康复过程。此外，你的烹饪方式也会影响宝宝的健康。例如，热的食物能让人放松，而冷的食物则有助于提神醒脑。

下面这些常见食物都有一些药用特性，你能用它们来帮宝宝治疗疾病：

- 全麦谷物和亚麻籽富含纤维素，有消食的作用。
- 萝卜、芜菁、柠檬和姜有化痰的作用。
- 海产蔬菜能清除宝宝体内的毒素，并且有杀菌的作用。
- 味噌和酸梅等发酵食品能为宝宝提供益生菌，它们有帮助消化、中和胃酸的作用。
- 糙米糖浆等天然甜味剂有促进放松和镇静的作用。
- 蘑菇中含有抗细菌、抗真菌和抗病毒的化合物，有消炎解毒的作用。
- 绿叶蔬菜等富含叶绿素的食物有提高血液携氧能力的作用。
- 浆果和紫葡萄等颜色鲜艳的水果富含生物类黄酮，后者有增强免疫力的作用。

你可以用食物来充当药物。要做到这一点，你就得给宝宝提供简单的食物，你就得了解各种食物的阴阳属性，然后为宝宝提供拥有特定疗效的食物。（在这一章的最后，我还将为你提供更多关于食疗功效的信息，以及用它们来治疗各种常见疾病的建议）

如果你的宝宝因为在生日聚会上玩得太"疯"，或是在托儿所被其他小朋友传染，或是受到天气变化影响，或是因为日常活动阴阳不平衡而导致身体出现感冒、咳嗽、消化不良等不适症状，你就可以运用下面这些食物疗法来帮他恢复健康。

谷物粥疗法

- ♥ 适合6个月大以上的宝宝
- 可做出约1.7升谷物粥
- 素 素食
- 不含麸质

谷物粥对宝宝的肠胃有调理、润滑和滋养的作用。这是我帮助宝宝恢复健康的首选食疗法。煮得软烂的谷物粥完整地保留了其中的膳食纤维。如果宝宝症状比较严重,你还可以用薄纱布包裹谷物粥并用力挤压,以此来把其中的纤维去除。

去除纤维后的谷物粥不刺激肠胃,特别容易消化,既可以用来充当宝宝最早的辅食,也可以用来治疗他的各种疾病和不适。实际上,这种谷物粥也适合所有肠胃不适的人或病人吃。食用时,你可以在谷物粥里添加糙米糖浆来充当甜味剂。对于生病的人,你可以在其中加入几滴梅子醋来中和酸性物质,保持酸碱平衡。

1杯(约180克)短粒糙米

$\frac{1}{2}$ 杯(约90克)糙糯米

用来浸泡谷物的水

$10\frac{1}{2}$ 杯(约2.64升)水,用来烹煮谷物

2.5厘米见方的昆布海藻

少量盐(仅给1周岁以上的宝宝添加)

1汤匙(约15毫升)糙米糖浆
或几滴梅子醋(每杯或每240毫升)

特殊工具:
薄纱布

做法:

1. 先用水浸泡谷物8～24小时。如果时间来不及,谷物至少也要浸泡1小时。然后沥干。
2. 找一口大锅,在其中加入谷物、水、昆布海藻和盐,然后大火烧开。
3. 把火调小,慢熬1.5小时。最好在锅底使用散热片来防止谷物粘锅或烧糊。
4. 谷物粥熬好后,捞出昆布海藻,静置降温。
5. 当谷物粥的温度降到不烫手后,把薄纱布折成布袋的形状,倒进谷物粥,挤出汤汁,谷粒(纤维)留在里面。
6. 在食用前加入糙米糖浆或梅子醋。

身体健康与治疗 自然疗愈的基本技能 | 77

其他做法：

你可以用小米、全麦或大麦来代替糙糯米。针对年龄大一些的宝宝，你可以在这份食谱的基础上多加谷物或少加水，把粥做得更稠些。做好的谷物粥可以在冰箱冷藏室里存放4天，吃前需要加热。

味噌汤疗法

- ♥ 适合7个月大以上的宝宝
- 🥣 可供宝宝食用8次（每次约60毫升）
- 素 素食
- 麸 不含麸质

味噌是发酵的黄豆酱，而味噌汤就是加入了味噌的汤。这种汤有中和酸性物质和帮助消化的作用。由于其中含有有益健康的乳酸菌，所以能强健宝宝的肠胃，同时帮他提升免疫力。此外，味噌还能减轻因服用抗生素、在牙医诊所接受麻醉和接受X光检查所造成的伤害。但是，如果你的宝宝存在过多的阳性特征，你就要谨慎选用这一疗法了，因为味噌的钠含量很高。你可以在第472页找到味噌汤的完整食谱。

苹果葛根糊疗法

- ♥ 适合6个月大以上的宝宝
- 可供宝宝食用4次（每次约60毫升）
- 素 素食
- ✹ 不含麸质

在我养育我的两个女儿直到她们长大成人的过程中，葛根糊一直都是我给她们使用的首选食疗法。这种疗法我自己也喜欢用，不论生病与否。葛根糊对宝宝有镇静和安抚的作用，同时也是治疗腹泻、胃痛、胃酸反流、感冒、咳嗽、发烧和头痛的良方。葛根糊能舒缓情绪，排除毒素，减轻压力，还能让过度活跃的宝宝安静下来。

葛根粉来自一种叫做葛藤的植物，通常产于日本。葛根糊能中和酸性物质，保护宝宝的消化系统。在日常烹饪当中，葛根粉能用于烹调酱汁、奶油、肉汁、馅饼、布丁和蔬菜炒饭，是竹芋粉和玉米淀粉的健康替代品。

根据宝宝的身体状况和口味，与葛根粉搭配使用的可以是糙米糖浆和水，可以是苹果汁，也可以是其他可口的食材。埃米和玛丽通常更喜欢偏甜的口味。咸味的葛根糊要等宝宝满周岁后才能给他吃。

2 汤匙（约 17 克）葛根粉
$\frac{1}{2}$ 杯（约 120 毫升）水
$\frac{1}{2}$ 杯（约 120 毫升）苹果汁

做法：

1. 在水中加入葛根粉，拌匀。
2. 把苹果汁倒入小平底锅，中火加热。
3. 加入葛根粉和水的混合液，用木勺搅拌，直到汤汁微微沸腾，并呈透明糊状。
4. 晾凉后食用。

其他做法：

你可以用80毫升的水代替80毫升的苹果汁，再加入30毫升糙米糖浆。

咸味葛根糊疗法

- ♥ 适合满周岁的宝宝
- 🥄 可供宝宝食用4次（每次约60毫升）
- 素 素食
- 不含麸质

这种略带咸味的葛根糊对宝宝的肠胃有很好的滋养和疗愈作用。你既可以单独使用它来治疗消化不良，也可以用它来充当蔬菜和谷物的调味汁。

2 汤匙（约17克）葛根粉

1 杯（约240毫升）水

$\frac{1}{4}$ 茶匙（约1.3毫升）日本酱油

$\frac{1}{4}$ 茶匙（约1.3毫升）梅子酱

做法：

1. 在 $\frac{1}{2}$ 杯（约120毫升）水中加入葛根粉、日本酱油和梅子酱，拌匀。
2. 把另外 $\frac{1}{2}$ 杯（约120毫升）水倒入小平底锅，中火加热。
3. 加入拌有葛根粉和调料的混合液，用木勺搅拌，直到汤汁微微沸腾，并呈透明糊状。
4. 晾凉后食用。

酸梅疗法

除用于烹饪之外,日本的酸梅也有药用价值。酸梅、酸梅浓缩液、梅子醋和酸梅茶(由酸梅和日本酱油制成)都有中和酸性物质,排出宝宝体内毒素的作用。

酸梅和梅子醋。 我的烹饪老师兼梦之窗幼儿园的导师竹原老师(Takehara-sensei)过去常常自制酸梅。与盐和日本草药紫草混合,这些李子对消化不良很有帮助,包括胃痛、腹泻、便秘和晕动病。它们很咸,所以要用少量,这取决于你孩子的年龄和状况。腌制的梅子通常会放在饭团中间,因为盐可以防止米饭变质。梅汁是腌制梅子后剩下的液体,它与梅子肉具有相同的药用特性。

酸梅浓缩液。 我是在我怀孕的最初几周发现这种产品的,它有效地缓解了我的恶心症状。这种深色的浓稠糖浆是由绿色的日本李子熬制而成的。在埃米小时候,有一天她身体不舒服,萎靡不振地躺在沙发上。这时,我给她吃了一些酸梅浓缩液,结果几个小时过后,她就爬起来到处去玩了。酸梅浓缩液是一种必备的天然良药,它能中和酸性物质,不含盐,还有镇静和放松的作用。由于味道比较酸,你可以取1.3毫升酸梅浓缩液兑240毫升热水,再加入15毫升蜂蜜来提供滋补功效。这种浓缩液适合给满周岁的宝宝吃。

酸梅茶疗法

- ♡ 适合满周岁的宝宝
- 可做出240毫升
- 素食
- 不含麸质(可选)

梦之窗幼儿园用这种茶来治疗小孩子的外伤、肠胃不适、头痛和感冒。酸梅与茶混合可以缓解疼痛，安抚情绪。孩子吃完甜食或零食后，你就可以给他喝这种饮料来帮他恢复阴阳平衡。不过，由于钠含量较高，这种茶只能给满周岁的宝宝吃。

1 杯（约240毫升）水

1 茶匙（约5毫升或等量茶包）大麦茶[①]或药草茶（药草茶不含麸质）

$\frac{1}{4}$ 茶匙（约1.3毫升）日本酱油

$\frac{1}{4}$ 茶匙（约1.3毫升）梅子酱

做法：

1. 把水烧开，放入茶，泡5–15分钟，然后过滤。
2. 喝前加入日本酱油和梅子酱。

[①]即经过炒制的大麦。——译者注

替代疗法

顺势疗法。顺势疗法的原理是借助能够激发身体自然疗愈机制的物质来使身体自我愈合。顺势疗法的做法之一是用高度稀释的物质来以毒攻毒,这些物质就像是副作用很小的疫苗。我自己在顺势疗法方面的实践只限于我在宝贝长牙时给她们吃过顺势疗法的药。如果你想给你的孩子使用这类药物,那么请咨询持有执照的医生。

巴赫花精疗法。巴赫花精疗法是一种安全的自然疗法,由英国医生、医学博士爱德华·巴赫(Edward Bach)于1920~1930年间创立。巴赫花精由野花制成,最常见的产品是"巴赫花精减压滴剂"(Bach's Rescue Remedy),它是用来帮助人们减轻压力的。巴赫花精减压滴剂是一种天然的压力缓解剂,婴幼儿也可以安全使用。它能帮助你的宝贝处理日常的恐惧、担忧、自尊受损、易怒、生气、害羞和不接纳自我等情绪、心理困扰。由于儿童不存在多年的情绪失衡,所以巴赫花精疗法能对他们迅速见效。巴赫花精最早是保存在白兰地里的,但现在已经有不含酒精的巴赫花精,可以供儿童使用。对于6~18个月的婴幼儿,你可以在240毫升水中滴一滴巴赫花精减压滴剂,供宝宝日常饮用。对于大一点的孩子,你可以直接在他的舌头上滴1~2滴。另一种外用的巴赫花精是"巴赫花精减压油",能用来治疗撞伤、擦伤、烧伤、割伤、扭伤、皮疹、皮肤干燥、尿布疹等外伤和皮肤症状。使用时,你可以把它涂抹在手腕、脖子、脚踝等皮肤较为细嫩的部位。其他巴赫花精最好由受过专门训练的人士来指导使用。

中草药。中草药对能量平衡(包括阴阳平衡)的理解与针灸一致。有些中草药配方能帮助宝宝的身体恢复平衡。中草药一般药性温和,能有效地治疗婴幼儿疾病。对于宝宝,它们通常起效迅速,很快就能让他们恢复健康。但是,我这里不推荐给宝宝使用烈性中草药。儿童的中草药配方与成人一致,只是剂量更小。给宝宝吃中草药时,最简单的做法就是用小儿注射器把药液推进宝宝的嘴里。

在埃米和玛丽小时候,我并没有给她们吃过中草药,但玛丽经常给她的儿子佐吃这种药。如果你想为婴幼儿购买中草药,那么我建议你先向有执照的医生咨询。

冷(热)敷疗法

冰袋、豆腐敷贴和蔬菜敷贴能收缩血管,所以有消炎、消肿的作用。冷敷适用于治疗急性损伤。而另一方面,生姜和暖水袋则有温热的作用,它们能通过扩张紧张部位的血管来促进血液循环,治疗慢性疾病。

冰袋。你能用冰袋来为发生在过去48小时内的外伤消肿。对于肿痛、擦伤和扭伤,你可以把冰袋或冷敷包敷在患处。你可以把冰块包在棉布或毛巾里,然后再去敷患处。冰袋要每10分钟拿开一次,以免造成冻伤。你也可以用凝胶做成的可爱动物来充当冰袋。平时,你可以把它们冻在冰箱的冷藏室里,以备不时之需。

护腰带（hara-maki）。护腰带是一种围在腰间，像束腹带一样包裹腹部的带子。最早使用护腰带的是日本武士，他们的护腰带是穿在铠甲下面的。护腰带能帮助身体保暖，同时还有助消化的作用。

豆腐敷贴。这种敷贴有冷却作用，既能退热，缓解炎症和肿胀，也能用来减轻烧伤造成的灼痛。在我的两个女儿小时候，我在家中常备一盒利乐包豆腐，以防她们受伤或生病。使用前，你要把豆腐包在粗棉布里，挤出多余的水分。孩子发烧时，你可以把它敷在孩子的额头等部位，保持10～15分钟。

蔬菜敷贴。蔬菜能把宝宝体内的热量带走，所以能用来退烧或消肿。我通常会把整片菜叶直接敷在孩子的前额或伤处。有时，我也会交替使用豆腐和绿叶蔬菜。如果你在露营或远足时受了外伤，这种敷贴使用起来也很方便。

生姜敷贴或暖水袋。无论内服还是外用，生姜对身体都有温热作用。作为敷贴使用时，生姜能促进疼痛、炎症或僵硬部位的微循环。它的热量能渗透到身体内部，进一步促进血液循环。此外，生姜还能缓解胸闷、便秘和肌肉紧张。新鲜的生姜有更强的刺激作用。如果没有新鲜生姜，你也可以用生姜粉来代替。你可以用姜汁和芝麻油（香油）的混合液来按摩穴位、胸部和气血不畅的部位。在洗澡水里加一些姜汁能促进全身的血液循环。

生姜敷贴疗法

♥ 适合满周岁的宝宝

🥣 可做出1片敷贴

我用生姜敷贴来帮埃米和玛丽放松，缓解胸闷和感冒引起的鼻塞。如果你没有生姜、相应的器具或时间来制作这样的敷贴，你也可以用热水瓶或热毛巾来作为替代，它们有类似的功效。剧烈运动后不可以热敷，同时也要防止敷贴或热水瓶太烫。如果你的手对温度比较敏感，你就可以先戴上橡胶手套，然后再去拧出毛巾里的热水。如果你没有把水煮开，这样的生姜水就能继续使用2-3天。

3杯（约720毫升）水

1汤匙（约15毫升）擦碎的生姜

特殊工具：
薄纱布

做法：

1. 把水倒进一只平底锅里，用中高火烧开。
2. 把擦碎的生姜用薄纱布包成一个球，再用橡皮筋扎住开口。
3. 把生姜包放进热水里浸泡5分钟。
4. 把毛巾放进浸了生姜的热水里，然后拧干。
5. 用拧干的热毛巾敷贴患处。
6. 把热毛巾叠成几层，外面再包一层干毛巾，以免热毛巾温度过高。
7. 热毛巾变凉后，再次把毛巾放进热的生姜水里，拧干，敷贴，如此重复2～3次。

局部疗法

有些简单的天然物质也能帮助治疗皮肤疾病，例如芝麻油、大米糠（或燕麦麸）、金盏花、紫草、粘土和芦荟。山金车对擦伤和扭伤非常有效，而茶树精油可以用作消毒剂。但如果治疗后皮肤症状没有改善甚至进一步加重，你就要带孩子去看医生。

芝麻油。 芝麻油有促进皮肤疗愈的功效。日本人不仅用它来日常护肤，还用它来解决湿疹、尿布疹、烧伤等皮肤问题，这是他们的传统做法。芝麻油很适合用作基础油（载体油）来稀释精油，而温热的芝麻油还能用来治疗耳痛。除去为皮肤提供营养外，芝麻油还是人体必需脂肪酸的来源之一。你可以直接把少量芝麻油涂抹在患处。如果宝宝患有耳痛，你可以把滴了芝麻油的棉球塞进他的耳朵里。

大米糠。 与燕麦麸在西方的用法相同，大米糠也是传统上用来预防和治疗疾病的传统天然药物。大米糠对皮疹等各种皮肤病症都有疗效。你可以用一块薄纱布包裹 $\frac{1}{4}$ 杯大米糠或燕麦麸，并用橡皮筋系牢开口，做成敷袋。在给宝宝洗澡时，你可以用这种敷袋蘸上洗澡水给他擦拭身体，边擦边挤出敷袋里的液体。这种乳状的液体能舒缓瘙痒、湿疹、擦伤和烧伤所引发的各种不适。

金盏花膏或紫草膏。 这两种草药都有促进皮肤愈合的功效，能用来治疗湿疹、尿布疹、割伤和擦伤。埃米和玛丽因为磕碰而受伤时，我都会给她们涂抹由当地出产的这两种草药所制成的药膏（boo-boo goo）。你能在大多数天然食物商店里找到金盏花膏或紫草膏。

桉树（尤加利）胸部按摩霜。 桉树薄荷醇有化痰和缓解鼻塞的功效。取出适量乳霜涂于宝宝胸部，轻轻按摩，帮助药物渗透。用棉纱布遮盖患处，以防弄脏衣物。

粘土。 膨润土的主要成分是火山灰，能用来治疗各种皮肤病症，例如尿布疹、湿疹、割伤、烧伤和瘙痒。膨润土带负电荷，与水混合后还能形成许多小孔，所以既有很高的吸附性，又能去除正电荷毒素。此外，粘土也能向身体释放矿物质，并且对抗酸性物质。宝宝皮肤干燥时，你可以直接把粘土涂抹于患处。你也可以把粘土与水混合制成药膏，再用纱布包裹后贴于患处，然后每两小时更换一次。自制尿布疹膏时，你可以把粘土和竹芋粉混合，以此来让药膏接触起来更为柔和。不要让粘土碰到金属物质，以免降低功效。

山金车。 这种草药能用来减轻扭伤、擦伤和蚊虫叮咬所引发的肿胀和疼痛，山金车能以药霜、软膏、搽剂、油膏和滴剂等形式直接涂于患处。山金车多用于局部治疗，而且不宜长期使用。我的方便药箱里常年备有一管山金车药膏，以供有人受伤时使用。

茶树精油。 这种油常作为防腐剂和消毒剂使用，能治疗割伤、蚊虫叮咬、接触性皮炎等皮肤病症，不能口服。

芦荟。 用于局部止痛，可以治疗银屑病、湿疹、接触性皮炎和晒伤。芦荟能软化和滋润皮肤，并以其特殊的疗愈功效而闻名。你既可以从芦荟植株上获得新鲜的芦荟，也可以去天然食物商店或药店购买芦荟凝胶。

精油疗法

人造香味和浓重口味中的化学物质能麻痹成年人天然的嗅觉和味觉，进而降低他们的感受能力。由于婴儿的身体非常敏感，没有受到化学物质的污染，所以他们对天然气味和口味的感受力非常强。这时，精油的气味就能有效地放松或刺激宝宝的大脑，进而引发一系列心理和生理反应。

精油由取自植物的根、茎、叶、花和果实的浓缩油制成。它们的特性可以随着植物生长条件（例如生长季节、土壤肥力、地理位置、气候和海拔）的不同而发生变化。精油的加工方式是决定精油质量的另一大因素。质量低的精油可能很好闻，但如果它们并非采用天然方式加工而成，那么它们所具有的可能就不会是治疗作用，而是毒性了。纯净的、治疗级的精油是完全从植物中提取的，而且不使用任何溶剂。所以，它们的自然疗愈效果更为突出。高品质的精油能软化皮肤，提供有滋养作用的维生素。在精油被宝宝的身体所吸收的过程中，它的香味和振动能量也会透过宝宝的皮肤进入体内。他的身体会吸收少量的精油到血液中，后者能在20分钟内影响他身体里的每一个细胞。以下是最为常见的6种精油和它们的一般用途和用法。

精油用于芳香疗法当中，它的作用是为免疫系统供氧，恢复免疫力。精油是浓缩的，在用于婴幼儿时要用植物性的基础油来稀释。合适的基础油有芝麻油、橄榄油、扁桃仁油、杏油、葡萄籽油、牛油果油和荷荷芭油。（如果你的孩子对坚果过敏，扁桃仁油可能会引起过敏反应。）使用时要注意用量：

精油

精油	用途	用法
洋甘菊精油	放松；抗炎；镇静；治疗神经症；缓解烦躁、过度活跃和哭闹；缓解肠胃不适；缓解呼吸窘迫；舒缓长牙不适；护肤；缓解轻度发热；缓解腹绞痛；适用于各种目的的急救。	涂抹于胃、脊柱、手臂内侧、穴位、牙龈和臀部（尿布疹）；在纸巾上滴几滴精油，让宝宝闻；用于香薰灯、香薰炉和浴缸。
桉树（尤加利）精油	清理、打开呼吸系统，缓解鼻塞；镇静；缓解肌肉酸痛；促进循环；抗病毒、细菌和真菌；提升免疫力；净化空气。	涂抹于肺经、穴位、胸、背；在纸巾上滴几滴精油，让宝宝闻；用于香薰灯和香薰炉。
薰衣草精油	缓解神经紧张、易怒、哭闹；治疗神经或中枢神经系统紊乱、失眠；缓解呼吸道充血；缓解头痛；护肤；抗病毒、细菌；提升免疫力；提升思维力；适用于各种目的的急救。	涂抹于胃经、肺经、穴位、肾、前额或脑后、胸、背和臀部（尿布疹）；在纸巾上滴几滴精油，让宝宝闻；用于香薰灯、香薰炉和浴缸。
柠檬精油	提神醒脑；提升思维力；增加活力；减轻循环、肠胃和呼吸病症；杀菌、杀灭寄生虫；缓解焦虑和紧张；提升免疫力。	涂抹于胸、背、穴位；用于清新空气和洗衣；在纸巾上滴几滴精油，让宝宝闻；用于香薰灯和香薰炉；避免涂抹于24小时内会被太阳晒到的皮肤。
玫瑰精油	安抚情绪；缓解紧张、焦灼；提升情绪和气氛；杀菌、杀灭寄生虫；抗病毒；缓解皮肤病症。	涂抹于膀胱经、肝经、胃经、胃、消化系统穴位；用于香薰灯、香薰炉和浴缸。
茶树或白千层精油	天然抗菌，抗真菌，抗生素治疗；提升免疫力；缓解耳痛；治疗烧伤；减轻脓肿；缓解呼吸道充血；适用于各种目的的急救。	涂抹于患处；涂抹于穴位、耳、胸、背；用于香薰灯和香薰炉。

🌸 婴儿：在30毫升基础油中滴一两滴精油。

🌸 1~3岁幼儿：在15毫升基础油中滴一两滴精油。

混合精油和基础油时要摇匀。由于有的油重，有的油轻，所以精油容易从稀释后的混合油中分离出来。未受热（冷榨）的精油保鲜期更久。为了保鲜和防止酸败，你应当把精油存放在阴凉处。

你可以将精油涂抹在宝宝的经络和穴位上，以加强和支持宝宝的内脏功能和"气"的流动。为了滋养他的消化系统，你可以将洋甘菊精油涂抹在他的胃经上。对于气滞，你可以把桉树精油涂抹在他的肺经上。

根据生物内生学[1]创立者、法国医生让-克洛德·拉普拉（Jean-Claude Lapraz）的研究，我们能用精油来稳定能量，活血化瘀，化痰镇痛和增强免疫力。我们也能用精油来对抗真菌、细菌、病毒和寄生虫。此外，精油还能促进有益细菌生长，破坏有害细菌的生命周期，补充能够抑制细菌生长的离子。

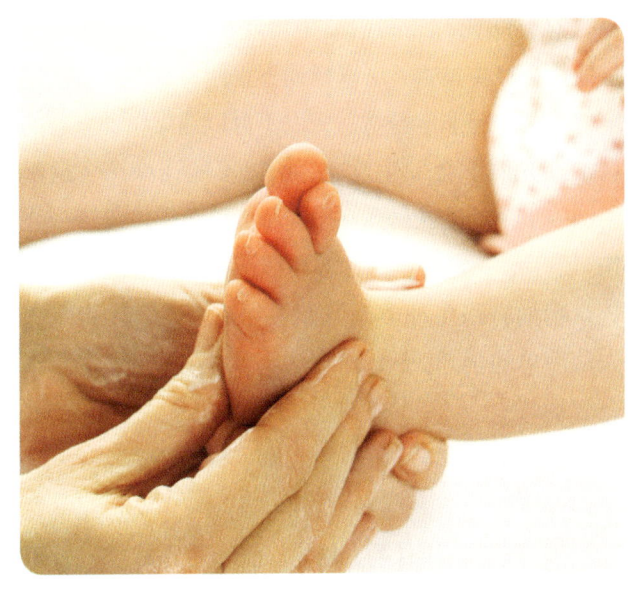

为了让精油快速进入宝宝的身体，你可以用精油按摩他的脚，或是在宝宝的洗澡水里滴几滴精油。温暖芳香的沐浴过程能让宝宝放松身心，加速血液循环，同时加快毒素排出。在睡前为宝宝洗澡时，你可以给他使用玫瑰精油、洋甘菊精油或熏衣草精油，这些精油的放松作用十分显著。

精油能消除霉菌、动物和香烟烟雾中的气味，因此对清洁室内空气、营造清新氛围非常有用。你可以用几滴柠檬精油、茶树精油或薰衣草精油来喷洒尿布桶、洗衣房、清洁工具和抽屉。

在用精油清新室内空气时，你可以使用香薰炉。这是一种加热精油与水的混合物的小炉子，有的用蜡烛，有的用电。香薰灯与香薰炉类似，但不需要用水。你可以把未经稀释的精油或精油与基础油的混合物直接倒入香薰灯的加热区域，在电力或蜡烛的作用下把气味传播到空气中。你也可以滴几滴稀释过的精油在宝宝的围嘴、布娃娃等他喜欢的玩具上面，以此来让他平静下来，或是让他兴奋起来。

---

[1] Endobiogenics，一种使用药用植物和精油来治疗多种疾病的医学取向。——作者注

对婴幼儿有效的精油用量要小于成人，而且过量使用会产生危害，所以精油不是用得越多越好。宝宝的眼睛和脸非常娇嫩，所以不可以沾染精油。有的精油在光照下会发生反应，所以不能让涂抹了这类精油的宝宝的皮肤暴露在阳光下，以免引发皮疹或烧伤。最后，一定要把精油放在孩子够不到的地方。

精油有很多种类，但如果你是新手，你肯定想先从简单的学起。

❀ **消化。** 洋甘菊、薰衣草、柠檬

❀ **呼吸。** 洋甘菊、桉树、薰衣草、柠檬、茶树

❀ **皮肤。** 洋甘菊、薰衣草、柠檬、玫瑰、茶树

❀ **能量。** 洋甘菊、薰衣草、柠檬、玫瑰

如何在宝宝洗澡时使用精油

- 3个月到1岁的婴儿：1滴就足够。

- 1～3岁的幼儿：1～2滴就足够。

- 先把精油滴入全脂牛奶中，搅拌均匀后再倒入浴缸，接下来再搅拌浴缸里的水，以确保精油完全稀释，不然它就会漂浮在水面上。另外，精油浓度过高会刺激宝宝的皮肤。

注意：如果宝宝不满3个月大，那么洗澡时最好不添加精油。

穴位按摩疗法

东亚医学将大自然的规律和原理运用到了对疾病的诊断和治疗当中。正如一株植物"知道"如何利用营养、水分和阳光来滋养自己不断生长一样，你的宝宝体内也蕴藏着大自然的智慧。这一疗愈的能量是发自内在的，也是常动常新的。它是生命对自身的追寻。

根据传统东方哲学，宇宙中的所有物质，不论是有生命的还是无生命的，都是由一种叫做"气"（Chi）的能量组成的。"气"是无比重要的生命力，它推动风和行星，在地球上创造电力与磁力，并且让宝宝的身体会动，会呼吸。如果你仔细观察他爬行，你就能看到他身体里涌动的能量。他对这股"气"的流动非常敏感，因为它是所有生物生存与健康的根基。

你的宝宝的"气"来自他的身体内部，也来自食物和呼吸所提供的能量。根据东亚医学，宝宝出生后，"气"就开始流动。如果他的"气"不足（"气滞"或气的流动方向错误），混乱就可能产生。头痛、胃痛等疾病都源自"气滞"。

三千年前，中国的道家先人们绘制了人体的12经络图，即"气"在体内游走的通道。传统东亚医学的目的就是改善和调节"气"在经络中流动的平衡性和平稳性。人体的12大内脏器官分别与这12条经络相对应。如果其中的一个内脏器官出了毛病，那么"气"的流动就会受到影响。这就像是你面前有一个水管纵横的花园，有的区域水流太多，有的区域水流又太少。而一旦堵塞疏通，水就可以分布得更加均匀。

宝宝的经络不仅互相连接，也连接着他身体的所有组成部分，包括皮肤、肌腱、骨骼、内脏，甚至细胞。有了经络，他的身体从上到下，从里到外都变成了一个整体。这些经络影响着他身体里的所有系统——免疫系统、神经系统、内分泌系统、

循环系统、消化系统、骨骼系统、肌肉系统和淋巴系统。刺激经络上的某些部位能影响特定器官的运转。同样地，他体内某个器官发生变化也会反过来影响经络。如果某条经络中的能量流动受到阻碍，那么它所对应的器官就会遭到损害，并且会以疾病的形式在宝宝身上表现出来。如果阻碍消失，"气"就能重新顺畅流动，器官也将能正常工作。在这种情况下，宝宝的身体机能会变得非常健康。他不仅能继续成长，还能自我修复，避免疾病。

在宝宝经络的某些部位，"气"会到达他的身体表面并汇聚起来，将能量放大，这些部位就是穴位，它们对于针灸和穴位按摩十分关键。穴位是经络传导能量的特殊部位，具有高度的敏感性，这就是为什么你能通过按摩宝宝腿上的某个部位来治疗他的胃。

刺激穴位有助于平衡"气"在经络中朝向各个器官的流动，还能加强和改善薄弱点，并疏通阻滞。宝宝四肢上的穴位功能最为强大，尤其是从肘部到指尖，从膝盖到脚趾尖的穴位。阳经从手臂后部向上延伸至头部，再向下延伸至背部，然后从背部延伸至腿部至脚趾。阴经从腿的内侧向上，沿着身体的前部和内部向上，到达手臂内侧最后延伸到指尖。这12条阴阳经脉（6条阴经，6条阳经）是两两对应、互为表里的：肝经对应胆经、心经对应小肠经、脾经对应胃经、肺经对应大肠经、肾经对应膀胱经，心包经对应三焦经。除十二经脉外，人还有奇经八脉（奇经八脉中只有两条经脉有自己专属的穴位）。

通过了解皮疹、擦伤等异常病症所处的经络和穴位，你就能找到疾病的根源，了解孩子的身体状况了。

玛丽和佐

阴阳属性过于极端的食物和药物可能会阻碍宝宝体内"气"的流动，干扰内在疗愈潜能的发挥。他的"气"是他最好的医生，并在他的体内随时待命，只要一声令下，它就会冲上前来，唤醒他的潜能，并使之开花结果。了解了人体的经络并学习了一些穴位后，你就能用按摩、瑜伽、锻炼等预防措施来帮宝宝增进健康了。同时，你也能借助按摩或精油来刺激穴位，进而帮助宝宝对抗疾病了。

在实际操作中，针灸师将细针插入穴位，通过分散或调理能量来平衡"气"的流动。这与穴位疗法中用手或手指刺激穴位的原理是相通的。日本有传统的儿科针刺疗法

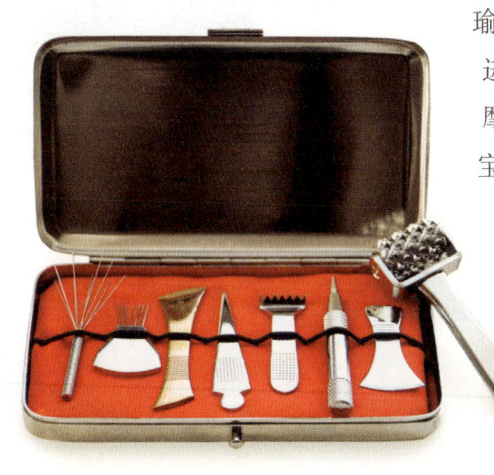

日本儿科针具

（shonishin），针灸师会使用专门的器具或电刺激装置。在操作过程中，他们并不会刺穿宝宝的皮肤。但针对年龄较大的孩子，有些针灸师也会使用常规的针灸针。

由于婴幼儿的"气"、皮肤和肌肉都比较敏感，所以穴位刺激能对他们迅速起效。婴幼儿的身体比成人的更为洁净，情况也更为简单，因为他们身体小，年龄也小，没有积累太多有害物质。由于频繁的刺激能产生更好的效果，所以东亚的医生常会指导父母为他们的宝宝做按摩，以此来作为专业治疗的补充。

一般来说，自然疗法比药物和手术手段更加温和，收效也更为缓慢。因此，只有长期坚持，你才能借助自然疗法获得最大的收益。短时间、重复的穴位治疗对孩子的身体状况影响很大，而且你还有机会观察孩子的反应并做出调整。

治疗前你的准备

婴幼儿对环境非常敏感，在治疗你的宝宝时，你同时也会把你的能量场和精神状态传递给他，所以你最好保持冷静和专注。以下是穴位按摩在准备阶段的注意事项：

❀ 保持房间温暖，需要时可以给宝宝准备一条毯子。

❀ 修剪指甲，洗净双手。

❀ 静坐4~5分钟，深呼吸，把你的注意力集中在呼吸上。

❀ 揉搓双手，让它们变暖。同时联想爱、疗愈等积极意念。

❀ 用触摸来与宝宝建立连接，帮他放松。

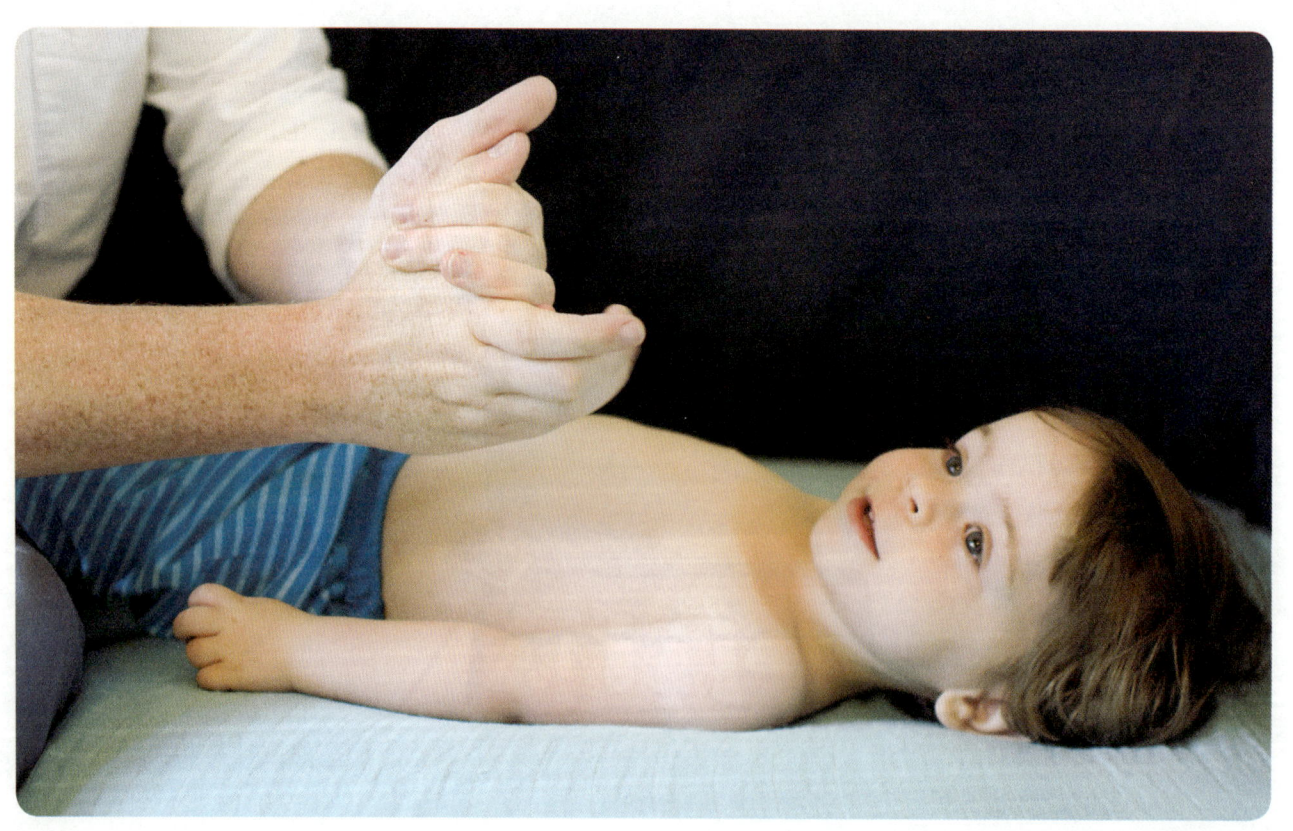

治疗前宝宝的准备

日常按摩能为你的宝宝提供触觉刺激，能增加他对身体的觉知，能给他安抚，还能增进你们之间的感情。你很可能会在宝宝生病或感到不舒服的时候给他按摩穴位，所以这时的氛围会与平日里的按摩有所不同。宝宝的心理状态会影响治疗效果。你可以从轻柔的按摩开始，帮助他放松，然后再逐渐过渡到穴位按摩。你可以采用下面这些做法来帮助你的孩子平静下来，让他在治疗过程中感到安全、舒适，并且愿意配合你的治疗：

- 把孩子抱到沙发、床、毯子或地板的垫子上，确保他是舒服的。

- 确保他的感受是暖和的，但也不热。记住，"头要冷，脚要暖。"

- 轻轻地按摩他的后脑勺、前额和耳朵上部，让他平静下来。

- 继续按摩他的手臂、腿和背部，从上到下轻柔地抚摸他的全身，帮助他放松，恢复能量平衡。

穴位按摩治疗

由于婴幼儿的身体比成人小，所以你并不需要追求精准刺激某几个穴位，只要差不多就可以了。宝宝的身体非常柔软，他的"气"也在皮肤表面，所以只要轻轻按摩通常就足够了。宝宝越小，按摩的力道越要轻柔。随着宝宝逐渐长大，按摩的力道才能适度加大。按摩时，你要密切关注孩子的反应，以便确保自己没有用力过重。保持专注，一边在一处穴位轻轻压下你的手指，一边做圆周运动，而不是用力去按压。对他来说，这一治疗过程不应

家庭治疗步骤

- 用你的手掌和手指去感受孩子的身体，体会他的感受，冷还是暖和？紧张还是放松？

- 通常，你应当顺着经脉的走向按摩。阳经向下，阴经向上。

- 你可以选择用一根、两根还是三根手指来按摩特定穴位，这取决于按摩区域的大小和手指的粗细。

- 你的触摸要坚定而温柔。

- 轻轻摩擦，宝宝感受起来更为温和；用手指做圆周运动，治疗效果更好。

- 每个穴位或部位按摩30～60秒。

该是痛苦的。

根据孩子的身体状况，你每天可以为他按摩穴位两次或以上。在进行穴位治疗时，你需要知道，在东亚医学中，孩子的身体表面属阳，而内部则属阴。身体表面更加强壮，是身体内部的保护罩。阳经位于身体背侧，从上到下依次经过：头、背、臂后侧、臀部、腿后侧和腿外侧。身体内部的阴经从下到上依次经过：腿内侧、身体前侧和手臂内侧。因此，在平时的按摩治疗中，你要沿着能量流动的方向来给宝宝按摩——背部从上到下按摩，前身从下到上按摩（按照手臂举过头顶的姿势）。

在东亚的推拿理论中，宝宝的丹田是身体的中心。按摩腹部需要顺时针旋转——与肠子的走向一致。你可以通过按摩来帮助孩子得到或释放能量，以及疏通体内受到阻滞的能量流。通过与他亲密接触，全心感受他的身体，你很可能会对他身体状况产生自己的直觉和理解。

婴儿身体经络

手阳明大肠经

表里经：肺经

位置：起于食指，沿胳膊外侧上行，绕过肩部，终于鼻翼外侧。

影响：代谢水，排出废物。

重要穴位：三间（大肠经3）、曲池（大肠经11）

按摩顺序：从上到下

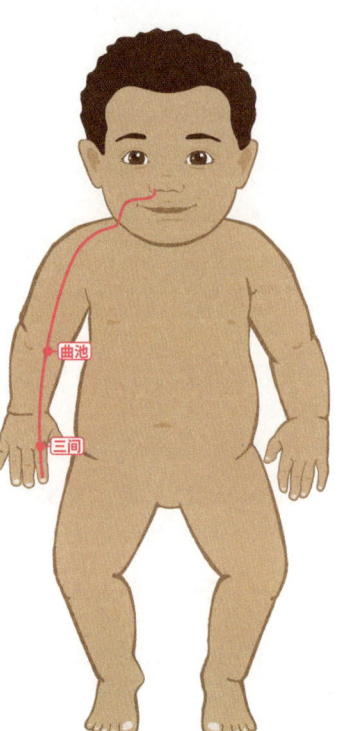

手太阴肺经

表里经：大肠经

位置：起于中焦胃脘部，横行出于胸壁外上方（中府），沿胳膊内侧下行，终于拇指。

影响：管理呼吸（水分和空气）

重要穴位：中府（肺经1）、尺泽（肺经5）、列缺（肺经7）、鱼际（肺经10）

按摩顺序：从上到下

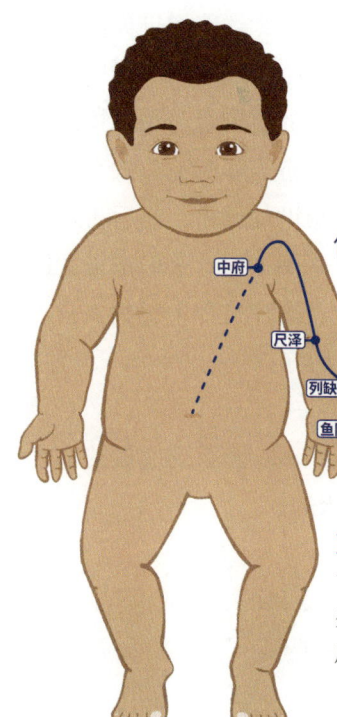

足阳明胃经

表里经：脾经

位置：起于眼睛下方，沿下颌角上行至额前，再回到下颌角，然后继续沿消化道下行，终于二脚趾。

影响：消化食物

重要穴位：天枢（胃经25）、足三里（胃经36）、丰隆（胃经40）

按摩顺序：从上到下

足太阴脾经

表里经：胃经

位置：起于大脚趾，沿大腿内侧上行至胸部，再下行至体侧。

影响：调节消化功能

重要穴位：太白（脾经3）、三阴交（脾经6）、阴陵泉（脾经9）

按摩顺序：从上到下

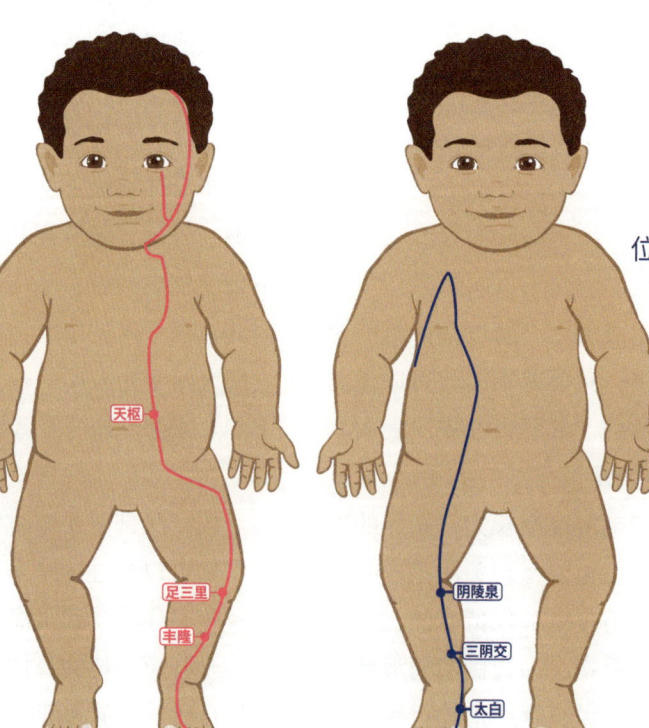

婴儿身体经络

足太阳膀胱经

表里经：肾经

位置：起于内眼角，经头顶沿后背下行至膝盖后方，终于小脚趾

影响：在排泄前储存废物

重要穴位：膈俞（膀胱经17）、肝俞（膀胱经18）、脾俞（膀胱经20）、肾俞（膀胱经23）、承筋（膀胱经56）

按摩顺序：从上到下

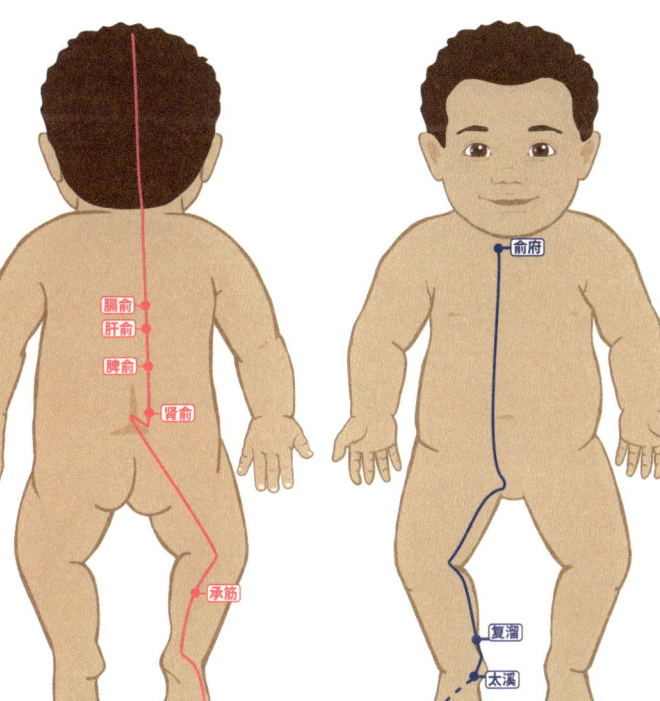

足少阴肾经

表里经：膀胱经

位置：起于小脚趾下方，从足底沿腿内侧上行，经肾脏至胸部

影响：储存用于生长和发育的气

重要穴位：太溪（肾经3）、复溜（肾经7）、俞府（肾经27）

按摩顺序：从上到下

手太阳小肠经

表里经：心经

位置：起于小指尖，经胳膊内侧上行，经肩膀到达脸部和耳朵

影响：推动食物，吸收营养

重要穴位：后溪（小肠经3）、天宗（小肠经11）

按摩顺序：从上到下

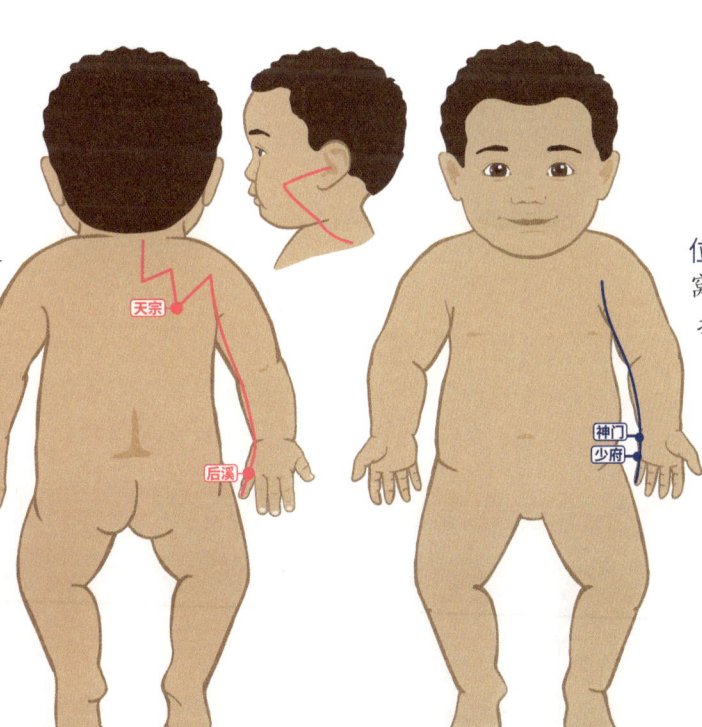

手少阴心经

表里经：小肠经

位置：起于心脏，经腋窝沿胳膊内侧下行至小指尖

影响：控制血液流动

重要穴位：神门（心经7）、少府（心经8）

按摩顺序：从上到下

婴儿身体经络

足少阳胆经

表里经： 肝经

位置： 起于眼睛，经太阳穴、颈、肩，沿体侧、腿外侧下行至第四脚趾

影响： 储存和分泌胆汁

重要穴位： 风池（胆经20）、阳陵泉（胆经34）

按摩顺序： 从上到下

足厥阴肝经

表里经： 胆经

位置： 起于大脚趾背部，沿腿内侧上行，经生殖器、腹部上行至胁肋部

影响： 调节情绪和气的流动

重要穴位： 太冲（肝经3）、曲泉（肝经8）

按摩顺序： 从上到下

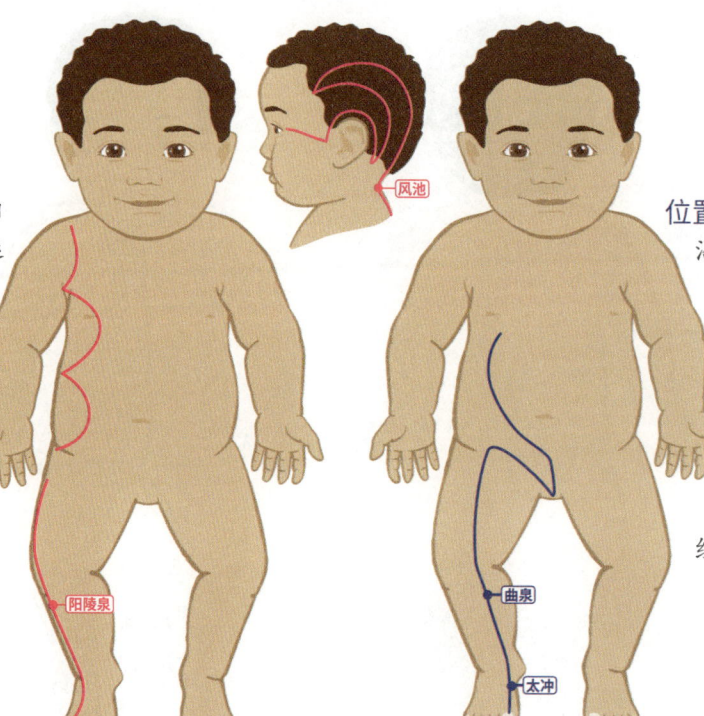

手少阳三焦经

表里经： 心包经

位置： 起于无名指尖，沿胳膊内侧上行，经肩膀、耳后到达眉毛

影响： 促进消化、吸收和排泄

重要穴位： 外关（三焦经5）、支沟（三焦经6）

按摩顺序： 从上到下

手厥阴心包经

表里经： 三焦经

位置： 起于胸中，经腋窝沿胳膊内侧下行至中指

影响： 控制血液循环和情绪

重要穴位： 间使（心包经5）、内关（心包经6）

按摩顺序： 从上到下

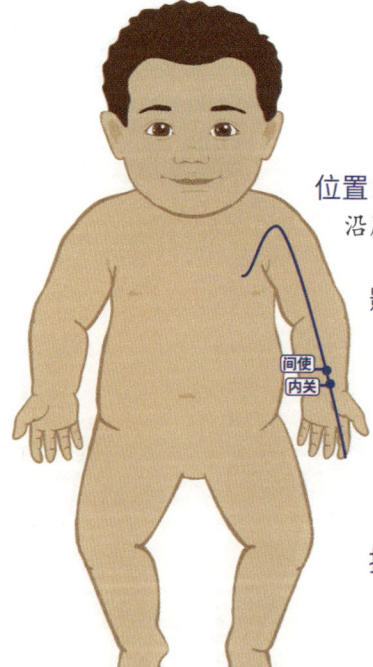

婴儿身体经络

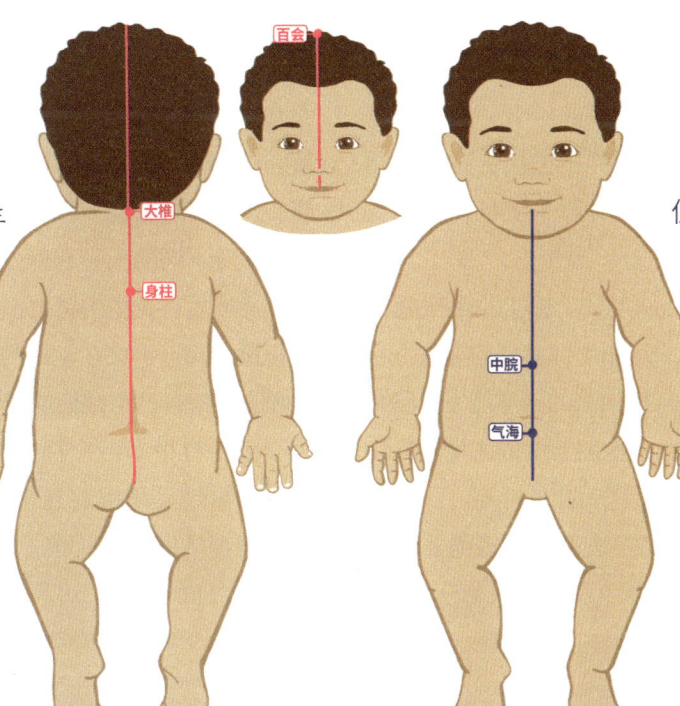

督脉

表里经：任脉

位置：起于尾骨，沿脊柱上行，再经头顶下行至上齿正中

影响：控制所有阳经的气

重要穴位：身柱（督脉12）、大椎（督脉14）、百会（督脉20）

按摩顺序：从上到下

任脉

表里经：督脉

位置：起于会阴，沿腹部上行至下唇

影响：控制所有阴经的气

重要穴位：气海（任脉6）、中脘（任脉12）

按摩顺序：从上到下

灵气疗法

灵气疗法是当你的宝宝感觉不舒服时，你用触摸去滋养他的一种方法。通过触碰和按摩，你让疗愈的能量通过你的手掌传递给宝宝。在感到肚子疼的时候，人会下意识地把手放在肚子上，如果头上撞起了一个包，人也会自动地伸手去摸。这一类动作是灵气疗法的基础。人凭直觉收集能量，激发受伤或生病区域的能量循环。

日本的白井瓮男（Mikao Usui）博士是灵气疗法的创始人。这是一种传统的运用手部治疗的方法，它用宇宙的能量来支持身体与生俱来的自愈能力。白井给2000多人讲授了他的哲学，他的学生最终将灵气疗法应用到西方世界，作为对西医治疗的补充。

我的孩子生病时，灵气疗法曾让我感到非常痛苦。如果我当时能把她们的痛苦吸收到自己身上，那么我肯定已经那么做了。每当两个女儿身体不舒服的时候，我就会把我的胳膊想象成一根消防水带，里面有一股强大的能量在流动，就像强大的水流通过水带一样。我把手掌放在她们的腹部、背部、胸部、头部、颈部、腿部、手臂、耳朵和喉咙上，练习这一疗法。针对不同的疾病和患处，我的手也放置在不同的部位。然后，我集中精力，用爱和祈祷等待她们的身体痊愈。我把手放在她们的身体上，同时也调整自己的呼吸，使自己与她们的能量协调一致。

白井有很多治疗特定疾病的方法，但他认为最重要的事情是积极的意念和对患者的全心呵护。你可以很容易地在你的孩子身上运用这些原则。

灵气疗法的注意事项

1. 冥想，让自然疗愈的力量流经你的身体。

2. 用力揉搓手掌，为你的"气"增添活力。

3. 释放你手中的能量，并相信它们知道该去哪里，该做什么。

4. 把你的手放在要治疗的身体部位上，用你的手去感受。

5. 在一个部位放置多久没有明确规定，请跟随你的直觉和双手的感觉。

6. 你可以一边治疗一边调整呼吸，同时为孩子疾病痊愈和全身的健康祈祷。

自然疗法方便药箱

就像大多数家庭都有传统的方便药箱一样，你可以自己动手准备一只自然疗法方便药箱，把在紧急情况时所需要的物品都装进去。找一个结实的盒子或者袋子来装它们，这样你就可以很轻松地携带它们，不至于手忙脚乱了。这些物品包括遭遇割伤、蜜蜂叮咬、蚊虫叮咬、烧伤、擦伤、晕车、食物中毒、其他中毒、感染、发烧、流鼻血、窒息、普通感冒、流感和消化不良等意外或疾病时所需要的治疗器具。

此外，你也要把在紧急情况时可能会用到的电话号码列在纸上。在方便药箱里放一份，再在其他关心你孩子的人能看到的地方贴一份。上面包括孩子的医生、你所在社区附近的中毒控制中心，以及最近医院的电话号码。

除了准备好方便药箱和急救号码，你还可以学习心肺复苏方法和海姆利克氏急救法，在紧急情况时可以挽救孩子的生命。你所在社区的基督教青年会或社区卫生组织会经常提供这类急救课程。

自然疗法方便药箱

- 1. 鼻吸引器
- 2. 冷敷包、热敷包
- 3. 体温计
- 4. 天然驱虫剂
- 5. 芝麻油
- 6. 芦荟
- 7. 碘伏液
- 8. 纱布垫、卷
- 9. 医用胶带
- 10. 棉球
- 11. 绷带
- 12. 棉签
- 13. 金盏花膏或紫草膏
- 14. 葛根粉
- 15. 酸梅浓缩液
- 16. 酸梅
- 17. 薰衣草精油
- 18. 巴赫花精减压滴剂
- 19. 茶树精油
- 20. 洋甘菊精油
- 21. 镊子
- 22. 小剪刀
- 23. 洋甘菊和茴香茶
- 24. 山金车（擦伤和疼痛）

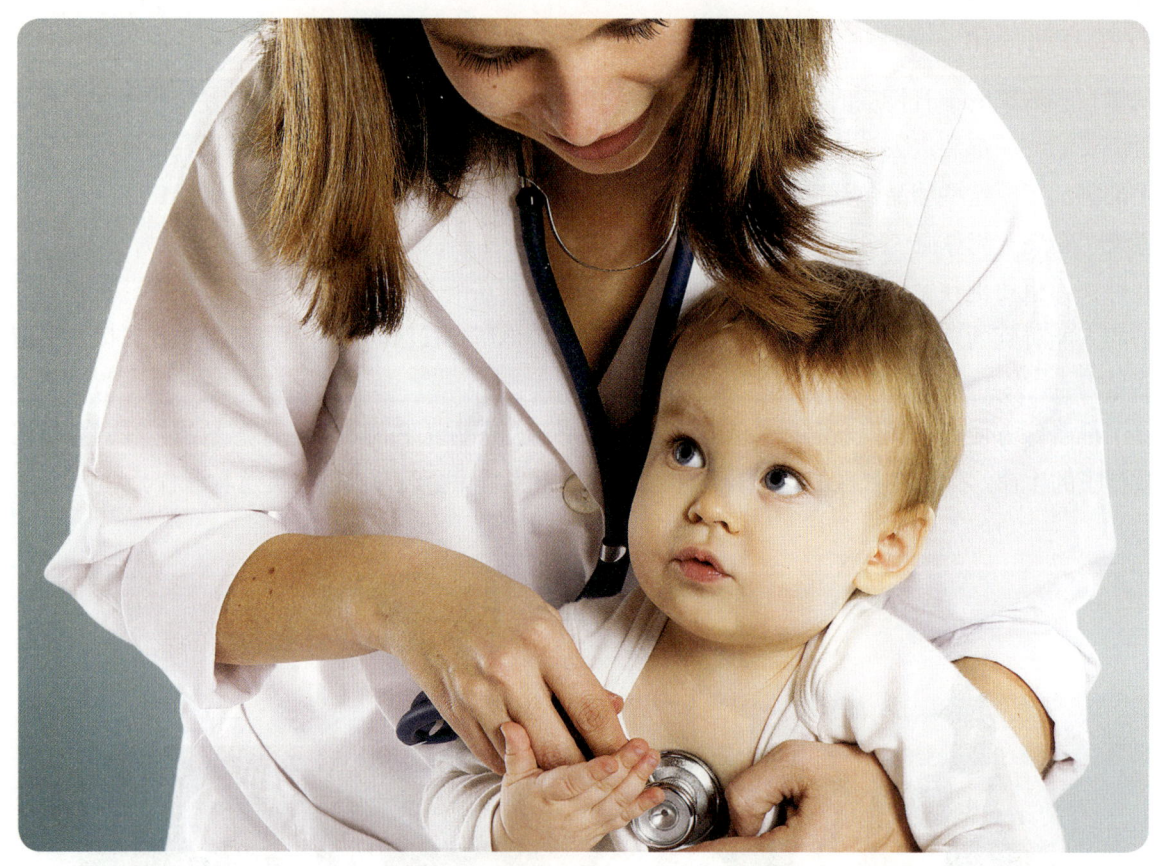

帮孩子选择医生

医生的选择对孩子有重大影响，做这个决定前要先列出你选择的优先级。关于孩子的健康和需要，你最关心的是什么？你对整体主义疗法更感兴趣还是对西医更感兴趣？你希望与孩子的医生建立什么样的关系？你是否在寻求一种合作伙伴的模式，让你能积极地参与其中，或是能提供直接的指导？如果你了解更多医疗保健方面的选择，以及清楚地知道自己在宝宝健康方面需要扮演什么角色，那么你会更容易做出决定。

更具体地说，你是在寻找一位专门的儿科医生，还是一位能为你家里的所有人提供医疗服务的家庭医生，还是一位能够将西医与整体疗法或替代疗法相结合的整合医学医生？

在做决定时，请考虑每名备选者对下列主题的看法和观点倾向：

- 运动
- 饮食
- 整合医学或替代医学
- 抗生素
- 免疫接种

如果你信任宝宝的医生，知道他（她）会关心宝宝的健康，那么无论宝宝生病与否，你的心里都会非常踏实。信任的建立取决于许多因素，例如医生的能力水平、你们的关系和沟通方式，以及治疗是否便利，经济上能否负担。

❀ **能力。**可以通过了解学历、行医执照、证书和声誉等背景信息来评估医生的资质能力。此外，他行医多久了？经验是否丰富？医生本人看起来是否健康、乐观？

❀ **环境。**医生的办公室是否整洁有序？医生是否关注孩子的需求？工作人员的素质如何，沟通中是否只是应付？对你和孩子来说，这个环境是否有爱、滋养身心、舒适和安全？

❀ **沟通。**你与医生的沟通方式可能会极大地影响你与对方协作照顾孩子的能力。医生是否以合作者的身份与你沟通，并聆听你的想法和顾虑？医生更倾向于征求你的意见，还是单方提供指导？医生有没有回你的电话？医生下班时间能提供什么服务？医生如何与你的孩子互动？双方是一种什么样的关系？

❀ **安排。**有名气的医生可能会特别忙。如此一来，孩子就可能会得不到足够的关注。你需要考虑医生什么时间上班？需要提前多久预约？医生和工作人员如何安排电话回复和信息记录？看医生的花费是多少？是否符合你的预算和计划？医生的办公室离你家和上班的地方近吗？交通方便吗？

❀ **调查。**你可以对医生展开多方的了解，以此来帮助你做出决定。你可以通过其他家长的推荐和给出的参考以及网上的评论来了解医生的声誉，也可以找时间拜访医生并当面交谈，再与那里的工作人员聊聊，了解他们的工作环境。注意危险信号，例如工作人员似乎太忙了，无法提供帮助，或者办公场所混乱，气氛紧张。

❀ **你的角色。**通过了解孩子的体质和健康状况，你能积极地参与到孩子的健康护理中。你可以每天用爱、关心、锻炼、阳光、健康的食物、新鲜的空气和积极的环境来更好地维护他的健康。当他生病时，你选用自然疗法，时刻关注他的身体状况，做好记录并与医生分享。用专门的本子记录历次就诊的相关信息。相信自己的直觉，并在必要时站出来支持孩子，你可以在宝宝的医疗保健方面发挥重要作用。面对医疗服务，你是一名成年消费者，你要有意识地、毫无保留地表达你的担忧。

宝宝的身体系统与常见的相关疾病

在宝宝的发育过程中，生病是不可避免的事。对父母来说，没有什么比宝宝生病更令人担忧了。不过，你可以自学关于疾病和治疗的基本知识，以此来积极地帮助宝宝从大多数疾病中康复。此外，当宝宝的情形确实需要你带他去看医生的时候，你所具有的相关知识也能让你在描述宝宝的情况时抓住要领。你知道该问什么问题，你能提出自己的想法和顾虑，你还能就医生建议的治疗方案做出理性的决策。

即使你身边有最好的医生，作为父母，你也很可能充当他的治疗者，不管他得的是什么病。从东亚医学的角度看，疾病是失衡的结果，而治疗则是帮助宝宝的身体恢复阴与阳的平衡。我们在这一章的前面讨论过温和的、非侵入性的自然疗法，它们能帮你支持宝宝，使他在身体各系统恢复平衡的过程中逐渐好受起来。此外，如果宝宝的疾病需要你带他去看医生，你对他整体情况的认真观察和充分了解也能为医生提供宝贵的信息。

宝宝身体的各大系统协同工作，维持正常的生理功能。它们转换、使用和存储用来制造血细胞、肌肉和骨骼的各种要素，然后排出多余的物质。每一秒钟，这些系统都在自动帮他承担呼吸、消化和排泄功能。

当宝宝还在子宫里的时候，他身体里的一些系统并不需要工作。他通过脐带获得营养，所以不需要消化任何食物。他不需要用肺呼吸空气，还有子宫保护他免受外部病原体的侵害。在宝宝出生后的第一年里，他的免疫、消化和呼吸系统仍然没有发育成熟，这是婴幼儿大部分常见疾病的病因。

宝宝身体的各个系统协同运作，保持体温和内环境的稳定，以此来不断地趋向和谐的状态。通过改变体温，发出口渴或饥饿的信号，新陈代谢，平衡酸碱度和调节阴阳，宝宝的身体有规律地调整身体的失

出现以下情况要给医生打电话

- 发烧超过38.5℃
- 疼痛
- 严重呕吐或腹泻
- 肚子疼得厉害
- 尿血或便血
- 大便呈黑色
- 抽搐或惊厥
- 哭个不停
- 打不起精神、困倦或昏睡
- 咳嗽时声音沙哑
- 呼吸困难
- 流口水严重
- 眼睛或耳朵有分泌物
- 鼻涕呈绿色
- 口、唇、脸或眼睛周围肿胀
- 面色苍白
- 皮疹并伴有发烧
- 皮肤出现紫色或红色斑点
- 黄疸
- 脱水，8小时以上不吃不喝
- 生病后症状长时间没有改善
- 体重意外减轻
- 直觉告诉你应当打电话咨询

衡。我们在这一章开头的部分讨论过照顾宝宝的日常措施，你可以运用这些措施来增进宝宝的健康和自然疗愈智慧。这些系统是身体健康的基础，而身体健康又与他的精神和心理健康息息相关。

宝宝的大多数疾病都发生在这一平衡受到干扰而使压力作用于身体的时候。了解他的身体系统有助于你帮他恢复平衡。在这一节里，我们将简要地介绍各大身体系统，以及相关的婴幼儿常见疾病。

身体系统与相关疾病列表如下：

❀ **淋巴和免疫系统**：发烧；过敏。

❀ **消化和泌尿系统**：腹泻；便秘；腹绞痛；消化不良、呕吐；打嗝；出牙。

❀ **呼吸系统**：喉炎、咳嗽；喉咙痛、链球菌性咽炎；感冒；耳痛、中耳炎；哮喘。

❀ **皮肤系统**：湿疹、乳痂；尿布疹；结膜炎（红眼病）。

❀ **神经系统**：失眠；多动症。

❀ **内分泌系统**：黄疸。

❀ **肌肉和骨骼系统**。

❀ **循环系统**。

❀ **生殖系统**。

对于每一种疾病，你都能查到以下信息：

• 简介

• 症状与病因

• 护理建议：食疗、局部疗法、精油、穴位、灵气疗法和按摩

• 预防

• 注意事项

请参阅本章前几节中的食谱、制作方法和关于如何运用这些疗法的信息。

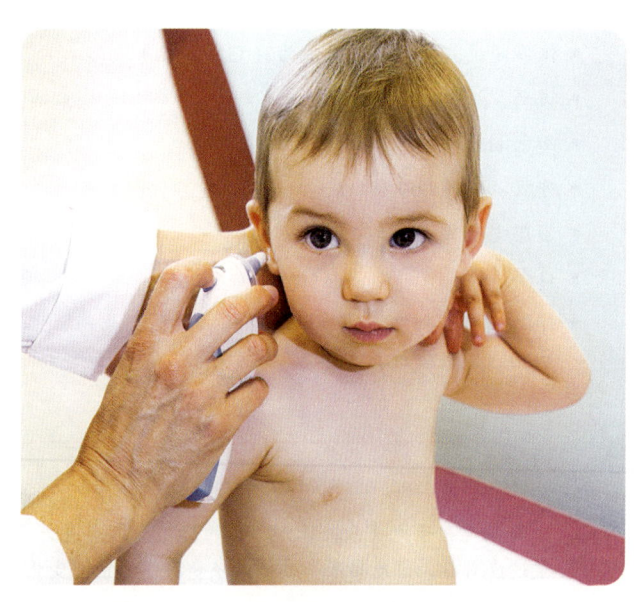

宝宝的淋巴和免疫系统

宝宝的淋巴系统能强化他的免疫反应,以此来抵御疾病。他的免疫系统包括骨髓、淋巴、脾脏和肝脏。淋巴系统可以平衡体液,以及过滤血液和脾脏中的毒素。增强宝宝免疫系统的最好方法是坚持母乳喂养,在适当的年龄为他提供天然和发酵食品,避免含有精制糖的食品。

与淋巴和免疫系统有关的常见婴幼儿疾病有发烧和过敏。

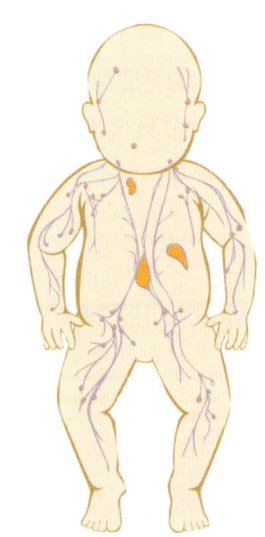

疾病:发烧
系统: 免疫/淋巴系统

发烧本身并不是一种疾病,它是人体对细菌或病毒所引发的全身感染的自然防御。在大多数情况下,发烧并不危险。相反,发烧能帮你的宝宝抵抗感染,获得休息的机会。偶尔发烧,以及引起发烧的病毒和细菌,有助于婴幼儿建立强健的免疫系统。

宝宝的下丘脑能调节体温,使其在大部分时间里保持在37℃左右。发烧时,下丘脑会让体温上升,以此来示意免疫系统攻击病原体。发烧的严重程度与疾病的严重程度无关。儿童发烧体温通常比成人高。

总的来说,我们可以把发烧看作宝宝对抗疾病的友军。过去,医生经常建议父母抑制发烧。现在,大多数医生只会建议父母让发烧的宝宝保持舒适并多喝水,同时监测他们的体温。

发烧:症状

- 体温超过37℃(正常体温为36℃~37℃)。
- 虚弱,烦躁,无精打采。
- 面色潮红。
- 呼吸、脉搏和心率加快。
- 不想吃东西。
- 口渴。
- 伴随症状有打喷嚏、咳嗽、呕吐、腹泻、头痛、喉咙痛、出汗和流鼻涕。

发烧:病因

发烧的原因林林总总,但往往与宝宝身体里的某种失衡有关。以下是一些常见的发烧原因:

- 细菌感染或病毒感染。
- 不断加重的慢性疾病。
- 过度疲劳或接受太多刺激。
- 对疫苗接种的反应。
- 出牙。
- 脱水。
- 环境温度变化过快,如天气变化。

发烧:预防

发烧是孩子免疫系统正常工作的标志。它本身并不是一种疾病,反而是警示你注意疾病的信使。要注意防止宝宝过度兴奋、过度紧张、过热或经受温度的巨大变化,以此来帮助宝宝避免源自环境因素的发烧。

（续表）

疾病：发烧
系统：免疫/淋巴系统

发烧：护理建议

发烧时，宝宝需要休息和安静的环境。要尽可能让他待在家里，哪里也不去。体温恢复正常后，继续让他在家里待24小时，同时尽可能帮他恢复体力。

发烧时，要鼓励宝宝多休息，多睡觉，多喝水。出汗有助于排出多余的盐分，恢复平衡。刚发烧时，给他盖好被子，但不要裹得太紧，以免导致过热而发高烧。另一方面，注意不要让他感到冷，冷会导致身体颤抖，进一步升高体温。

宝宝发烧时，你可以给他洗个温水澡，这么做能让他感觉舒服一些。你可以在他的澡盆里加几杯菊花茶（或其他草药茶），以此来达到安抚的效果。不要给他洗冷水澡，澡盆里也不要加酒精，这么做会导致血管收缩，使皮肤难以排出多余的热量和毒素。

食疗

发烧时，大多数孩子都会食欲不振，所以宝宝不想吃东西也不用过于担心。要提醒他多喝水，同时确保他能摄入足够的营养来保持体力。

饮食重点	饮食禁忌
水、淡草药茶、冲剂和补水液；简单易消化的食物，如煮烂的大米粥和新鲜的（或蒸过的）蔬菜和水果。其他食疗法有味噌汤、葛根糊和菊花茶等草药茶。	肉、蛋、奶、糖。

精油	穴位
薰衣草、桉树（尤加利）、柠檬。	曲池（大肠经11）、足三里（胃经36）、内关（心包经6）、风池（胆经20）、太冲（肝经3）、大椎（督脉14）。

灵气疗法	按摩
把你的手放在宝宝身体的以下部位：前额、太阳穴、后脑勺、脖子前面、脖子后面、头顶、胃部和小腹。保持两分钟或以上。	• 从胸骨到肚脐。 • 从胸骨向外上方按。 • 从上到下按摩脊柱和脊柱两侧，特别是肩胛骨。 • 按摩大肠经，特别是手部的穴位。按摩顺序是从肩膀到指尖。

发烧：注意事项

宝宝的行为表现是他病情严重程度的标志。如果他继续玩耍并喝水，他的身体就可能自行痊愈。可如果他一点精神都没有，那么即使发烧温度不算高，他的情况也可能更为严重。如果你的宝宝满足以下情形之一，你就要带他去看医生。

- 宝宝不满三个月，直肠温度高于38℃。
- 宝宝3~6个月，直肠温度高于38.5℃。
- 宝宝6个月到两岁，直肠温度高于39℃。
- 宝宝两岁以上，发烧40℃或以上。

疾病：过敏
系统：免疫系统

过敏是免疫系统对特定物质的反应，如灰尘、植物、昆虫叮咬或食物。如果身体暴露于这种物质中，免疫反应就会启动，并且产生抗体来攻击这种物质。这些抗体会产生组胺，引起典型的过敏反应，如发痒、流泪和流鼻涕。大多数过敏都不严重，可是却给人带来很多麻烦。然而，有些过敏反应却需要特别重视，例如血压下降、剧烈肿胀和阻碍呼吸。如果不立即进行治疗，结果可能会非常严重。

如果你怀疑宝宝过敏，你就可以咨询过敏症专科医生，让对方为你的宝宝确诊，提供治疗方案和其他建议。确保宝宝的所有养育者都知道这一事实，并且知道万一出现过敏反应该怎么办。宝宝长大一些后，给他讲讲过敏的知识，让他知道他自己该如何应对。

过敏：症状

- 鼻子、口腔、喉咙或眼睛发痒。
- 鼻塞、打喷嚏、流鼻涕。
- 流眼泪。
- 呼吸困难。
- 皮肤瘙痒。
- 肿胀或皮疹。
- 喉咙发紧。
- 恶心、腹泻或肠道炎症（食物过敏）。

过敏：病因

以下常见过敏原会让很多人发生过敏反应：

- 食物，如牛奶、鸡蛋、花生、海鲜、贝类、小麦、麸质和玉米。
- 空气中的刺激物，如花粉、尘螨、宠物皮屑和香烟烟雾。
- 霉菌孢子。
- 蚊虫叮咬。
- 植物，如艾草、松树和毒葛。
- 羊毛。
- 心理压力。

过敏：预防

预防过敏的最佳方式是强健宝宝的免疫系统和避免过敏原。如果你的宝宝对空气中的某种物质过敏，你就可以考虑在家里安装使用空气微粒高效滤网（HEPA）的空气过滤系统，或者使用装有这种滤网的吸尘器。此外，你也可以给枕头和床垫罩上特殊的防护罩来防止尘螨、羽毛和其他刺激性颗粒。如果宝宝的过敏反应有季节性，你就可以在敏感时期关闭门窗，以此来减少过敏。为了预防食物过敏，你可以在宝宝出生后的前6个月尝试纯母乳喂养。在那之后，你可以每次只让他接触一种新的食物，以此来观察这种食物是否会引发过敏。

（续表）

疾病：过敏
系统：免疫系统

过敏：护理建议

严格地说，过敏是没法治疗的，但宝宝长大后往往就不会过敏了。对于食物和蚊虫叮咬，最好的选择是避免过敏原。对于空气中的过敏原和霉菌，你要尽量防止宝宝接触它们。此外，心理压力也可能加重过敏反应，因此也要避免。

食疗	局部疗法
总的来说，鼓励宝宝养成规律的饮食习惯，为他提供自然、清淡、容易消化的健康食物。	• 在宝宝胸部涂抹紫草膏。

饮食重点	饮食禁忌
给宝宝吃温度适宜的熟食，不要太凉或太烫。食物既要有益健康，也要容易消化，例如全谷物食物（特别是不容易引发过敏的大米）、豆类、坚果、煮熟的蔬菜和水果，偶尔也可以吃点动物蛋白含量丰富的食物。鼓励宝宝多喝水。多吃富含类黄酮的食物，如蓝莓、黑莓和紫色葡萄。另外，葛根糊有助于维持血液酸碱平衡，巴赫花精减压滴剂①能缓解过敏症状。	常见食物过敏原（奶制品、小麦、麸质、黄豆、鸡蛋、花生、坚果、巧克力、海鲜、柑橘类水果和加工油脂）。即使你的宝宝不对以上食物过敏，它们也有可能使他的呼吸道产生轻微的炎症，进而加重过敏反应。奶制品容易产生粘液，引起鼻塞。麸质是一种过敏原激发物，即使宝宝不对麸质过敏，吃含有麸质的食物也可能导致其他过敏。

精油	穴位
薰衣草、桉树（尤加利）、柠檬。	中府（肺经1）、鱼际（肺经10）、曲池（大肠经11）、太冲（肝经3）、身柱（督脉12）。

灵气疗法	按摩
把你的手放在宝宝身体的以下部位：前额、太阳穴、后脑勺、头顶、鼻子上方及两侧、脖子前面、脖子后面、胸部、胸骨下方凹陷、心脏区域、两片肩胛骨中间及下方、小腹和后腰。保持两分钟或以上。	• 轻轻按摩宝宝耳朵下方的颈部肌肉，向下按摩至锁骨上方。

过敏：注意事项

虽然大多数过敏只是让人不舒服，但症状也可能迅速恶化。如果不及时治疗，某些过敏反应就可能引发鼻窦炎、中耳炎和上呼吸道感染，因此要密切观察。如果你手边有抗组胺药，就可以给宝宝吃一点。让宝宝仰卧，脚高于头。松开或脱掉紧身的衣物。一旦呼吸停止，立即为他做心肺复苏，直到救援人员到来。

---
①一种有助于缓解过敏症状的内服药物。——译者注

宝宝的消化和泌尿系统

宝宝的消化系统能够把食物分解成营养物质，以此来方便身体吸收，使身体获得能量来生长和自我修复。消化系统由消化道（口腔、食道、胃、小肠、大肠和肛门）、肝脏、胰腺和胆囊组成。

食物一进入宝宝的口腔，他的消化系统就开始工作了。他的唾液腺立即分泌消化酶来消化食物，同时也使口腔保持湿润。他的舌头一方面品尝食物的味道，一方面也有搅拌的作用。当舌头把食物运送到喉咙时，那里的会厌软骨就会封闭气管，防止食物掉进去引起窒息。细嚼慢咽能保证会厌有足够的时间发挥功能。宝宝长了牙齿后，他就能把食物嚼烂，这样食物消化起来就更容易了。

宝宝的食道是一个中空的管子，可以把食物从他的嘴里运送到他的胃里。食道的底部有一个"阀门"叫贲门，它能防止食物进入胃里又返回食道。婴儿的贲门还没有发育成熟，所以他们常常会把吃下去的东西吐一些出来。

食物进入宝宝的胃里后，胃酸会杀死有害细菌，同时将食物进一步分解，这样食物就能进入他的小肠了。这时，宝宝的肝脏会排出储存在胆囊里的胆汁，胰腺也会分泌消化酶进入小肠，将食物进一步分解。接下来，小肠会把营养物质吸收到宝宝的血液里，送进他的肝脏。肝脏过滤和处理营养物质，随后再让它们进入血液。没有被小肠吸收的食物会进入他的大肠，其中的水分被大肠吸收后，剩余的废物就会通过宝宝的直肠和肛门排出体外。

在子宫里，胎儿会吞下羊水，并通过泌尿系统排出尿液。由于他主要通过脐带获得营养，所以他不需要动用消化系统。出生后，在吮吸反射的作用下，新生儿会开始他的第一次排便，也就是胎便，从而启动他的消化系统。然而，即使到了这个时候，他的消化系统仍然没有发育完全。经过6~12个月的肌肉力量增长，宝宝的消化系统才能正常工作。

作为父母，你可能对宝宝的消化系统非常了解，因为它总是通过宝宝的饥饿、口渴和排便来吸引你的关注。在出生后的第一年里，由于消化系统发育不成熟，宝宝常常会出现吐奶和肚子不舒服等问题情形。

你可以在宝宝出生后的前6个月里进行纯母乳喂养，以此来减少上面的问题情形。如果你这样做了以后，宝宝的消化系统还是出现问题，你就可以看看自己都吃了什么，把那些容易让宝宝起反应的食物剔除掉。当宝宝开始吃固体食物时，你要给他吃容易消化的食物，比如全麦谷物、蔬菜、豆类、发酵食品和益生菌补充剂。

为了消除宝宝体内多余的水分，他的泌尿系统会与他的肺、皮肤和肠道协同工作，把血液中的废物排出体外，同时平衡体液、盐分、维生素和矿物质。宝宝的泌尿系统由一对肾脏、一对输尿管、一个膀胱和一条尿道组成。他的肾脏呈淡红色，形状像一颗豆子，位于腹腔后壁，腰部以上。肾脏含有过滤器，可以净化血液，排出酸性物质，调节矿物质的含量，平衡血液酸碱度。肾脏还能调节血压，确保他的身体获得足够的水分。肾脏里的所有废物都会变成尿液。

宝宝的尿液通过一根叫做输尿管的管子从肾脏排出，然后进入膀胱。他的膀胱是一个中空的、像气球一样的肌肉器官，位于骨盆中部。尿液先在他的膀胱里累积，等到充满后再通过他的尿道流出来，流到尿布上。宝宝的身体能产生多少尿液取决于他的激素水平高低、摄入了多少液体，以及他的身体通过排汗排出了多少液体。

在满1周岁前，由于宝宝的消化系统还没有发育成熟，所以会引发很多常见儿童疾病，比如腹泻、便秘、腹绞痛、消化不良、呕吐、打嗝和出牙。在这一年龄，肾结石和尿路感染等泌尿系统常见疾病并不多见。

与消化和泌尿系统有关的常见婴幼儿疾病有腹泻、便秘、腹绞痛、消化不良和呕吐、打嗝、出牙。

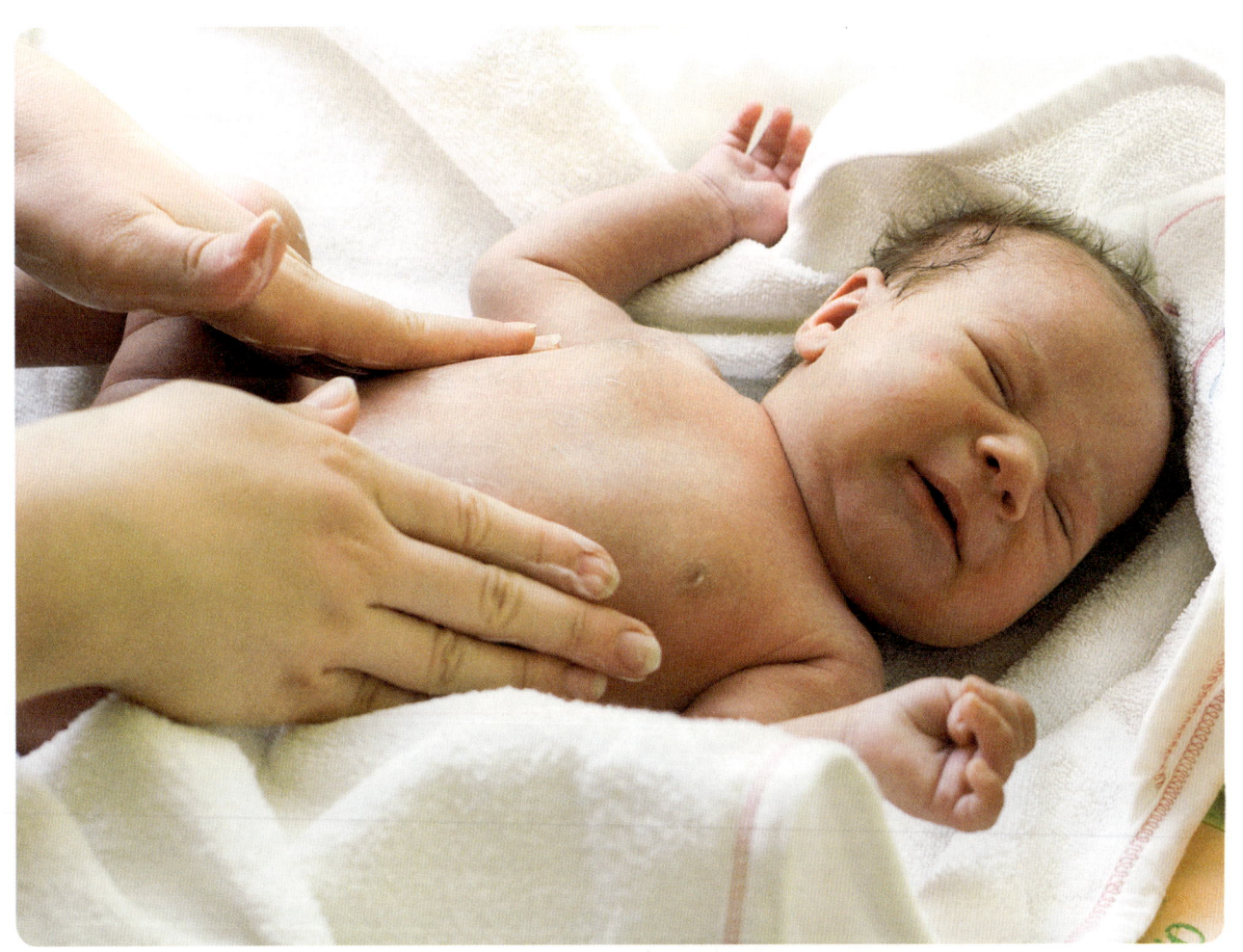

疾病：腹泻
系统：消化系统

　　腹泻是大便溏稀，是幼儿的常见疾病，病因有很多。虽然大多数病例是急性病，只持续一两天，但有些病例可能会成为慢性病。慢性腹泻对成长中的幼儿危害较大，因为它会影响宝宝吸收营养。这种病最严重的常见并发症是脱水。如果你能在生活上照料好宝宝，同时提醒他经常喝水，他的症状就基本可以在48小时内缓解，因而一般不需要给医生打电话。

腹泻：症状

- 水样便，不成形。
- 大便呈浅绿色，有时有黏液或有臭味。
- 一天排稀便三次以上。
- 腹部剧痛。
- 发烧或呕吐（仅当腹泻由感染引起时）。

腹泻：病因

- 暴饮暴食或吃了过多的酸性食物。
- 过凉、油腻或辛辣食物。
- 刚开始吃固体食物。
- 吃了以前没有吃过的食物。
- 食物过敏，特别是牛奶蛋白过敏（哺乳妈妈喝牛奶可能引发过敏反应）。
- 疫苗或药物的不良反应，特别是抗生素。
- 感染病毒、细菌或寄生虫。
- 食物中毒。
- 咬了受到污染的玩具等东西。
- 出牙。
- 受到太多刺激、紧张、害怕或情绪低落。

腹泻：预防

- 如果是母乳喂养，要观察自己吃了什么，喝了什么，以及这些饮食对宝宝的影响。含有酒精、奶制品、麸质和咖啡因的食物容易使宝宝产生反应。你可以用发酵食品、益生菌补充剂和烤南瓜籽等富含锌的食品来增强宝宝的免疫力。
- 避免给宝宝吃柑橘、番茄、小麦、糖、黄豆、鸡蛋和坚果。
- 确保宝宝吃的所有食物都是新鲜、干净和安全的。
- 喂宝宝吃饭前，你和宝宝都要洗手。
- 换完尿布要洗手。
- 给宝宝吃从没吃过的食物时要谨慎，以此来让他的消化系统有时间适应新的食物。
- 注意不要让你的宝宝过度紧张。

（续表）

疾病：腹泻
系统：消化系统

腹泻：护理建议

宝宝的肠道比成人短很多，所以食物通过肠道的时间也要少很多。而当宝宝腹泻的时候，食物通过肠道的时间会更少。尽量让宝宝感到舒适，多补充水分。用温水和柔软的棉布清洗他的臀部。换尿布时动作要温柔，因为在腹泻时，他的皮肤比平时更敏感。

食疗	局部疗法
如果你正在母乳喂养，那就继续这样做。如果宝宝超过6个月大，那就尽可能多给他补充水分，以此来防止脱水。如果宝宝肚子疼得厉害，一开始可能会喝不进去水。不过，随着病情好转，宝宝的不适感逐渐减轻，他喝起水来应该会容易很多。	• 使用腹带（用作保温）。 • 用生姜或暖水袋敷肚子。

饮食重点	饮食禁忌
简单、容易消化的食物，例如谷物浓汤、非常温和的味噌汤、蔬菜汤、发酵食品、益生菌补充剂、面包、少量酸奶和用来补充矿物质的海产蔬菜。确保所有食物都要做熟，并且趁热吃。腹泻发生后，保持规律的吃饭时间，不要吃零食，直到腹泻停止。其他针对腹泻的饮食疗法有糙米糖浆、葛根糊、茴香茶、菊花茶和梅子茶。	冷饮、凉食、精制糖、没有做熟的食物、奶制品、香料、蛋白质、脂肪、水果和果汁（特别是半透明的加工果汁）。

精油	穴位
洋甘菊、薰衣草。	天枢（胃经25）、足三里（胃经36）、太白（脾经3）。

灵气疗法	按摩
把你的手放在宝宝身体的以下部位：胃部、小腹和腰部。保持两分钟或以上。	• 从上到下按摩宝宝正面，先上半身，然后下半身。

腹泻：注意事项

腹泻的关键是避免脱水，尤其在热天。如果宝宝的腹泻是慢性的，那就打电话给医生。

疾病：便秘
系统：消化系统

如果宝宝因为不能排便而感到不舒服，或者因为大便坚硬、干燥而难以排出，那么他就患上了便秘。通常情况下，母乳喂养的宝宝一般大便较少。纯母乳喂养的宝宝可能一周只排便一次。

便秘：症状

- 大便次数少。
- 大便坚硬、干燥、呈深色。
- 急剧的腹痛。
- 排便时疼痛。

便秘：病因

- 饮食中缺乏膳食纤维。
- 脱水。
- 缺乏锻炼。
- 配方奶不适合宝宝的身体。
- 吃了过多的阳性食物，如肉类、鸡蛋、奶酪、脂肪、面食和细粮。
- 生活习惯被打乱，如在上厕所时被催促。
- 心理压力，例如如厕训练或家里有新宝宝降生。

便秘：预防

- 尽可能母乳喂养。
- 如果是母乳喂养，观察自己吃了什么，喝了什么，以及这些饮食对宝宝的影响。含有酒精、奶制品、麸质和咖啡因的食物容易使宝宝产生反应。
- 避免动物性食物，如肉类、鸡蛋和奶酪。
- 为宝宝提供全麦谷物、蔬菜、水果和发酵食物。
- 经常带宝宝活动身体，并为他做按摩。
- 在如厕训练期间，根据宝宝的便意行动，并在整个过程中尽可能放松。

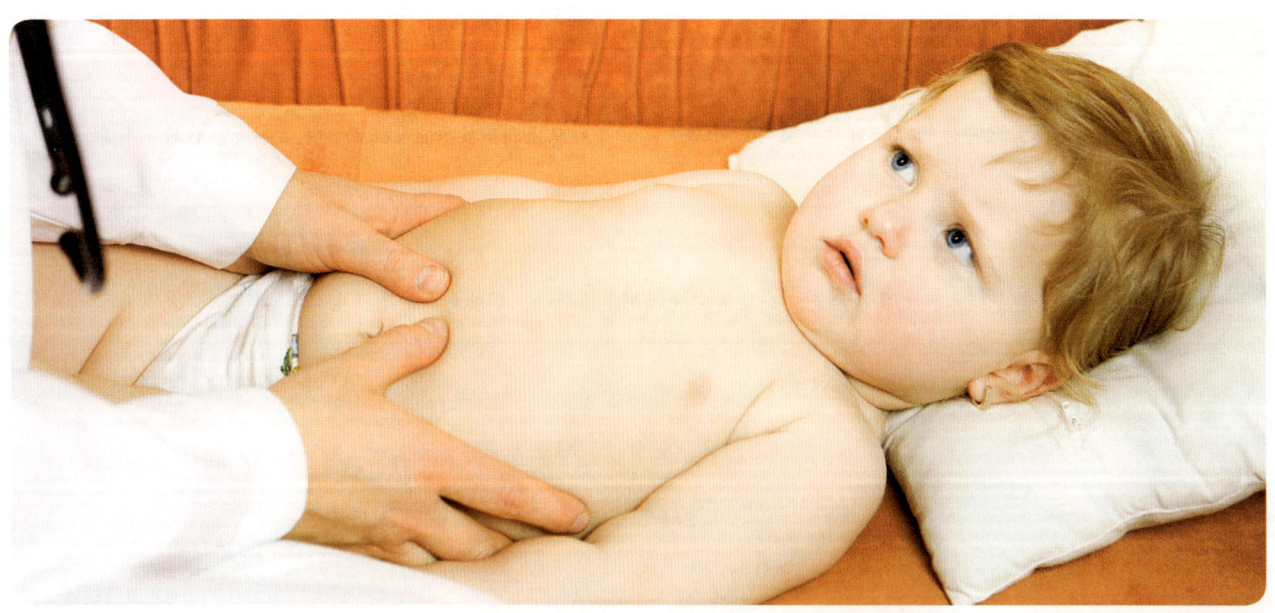

（续表）

疾病：便秘
系统：消化系统

便秘：护理建议

运动可以缓解便秘。用蹬自行车的姿势活动宝宝的双腿。为宝宝洗热水澡，以此来放松身体，激活消化系统。

食疗	局部疗法
确保你的宝宝多补充水分。如果是母乳喂养，哺乳的妈妈就可以喝更多的水。如果是配方奶喂养，更换其他品牌的产品可能会有帮助。	• 使用腹带（用作保温） • 用生姜或暖水袋敷肚子
饮食重点	**饮食禁忌**
或生或熟的水果，如水果干、葡萄干、李子、杏、苹果酱和浓缩果酱。以全麦谷物、热粥、蔬菜（尤其是绿色蔬菜）和蔬菜汁的形式为他的饮食添加膳食纤维。添加发酵食品和益生菌补充剂。在食物或葛根糊里加入亚麻籽粉或亚麻籽油。	加工油、奶制品、肉类、鸡蛋和糖。
精油	**穴位**
洋甘菊、薰衣草。	曲池（大肠经11）、天枢（胃经25）、足三里（胃经36）。
灵气疗法	**按摩**
把你的手放在宝宝身体的以下部位：小腹和腰部。保持两分钟或以上。	• 面向宝宝顺时针按摩他的腹部。 • 按摩宝宝的尾骨后面和腰部。 • 按摩宝宝全身为他放松，如肩膀、胳膊、腿和脖子。

便秘：注意事项

宝宝一周排便多少次不如他的整体状况和感受重要。注意观察你的宝宝，如果他患有慢性便秘或大便里有血或粘液，请打电话给医生。

疾病：腹绞痛
系统：消化系统

如果宝宝每天哭超过三个小时，他就会被认为患有腹绞痛。尽管接近40%的婴儿患有这种疾病，但到底是什么原因现在还不清楚。一般认为，腹绞痛与婴儿消化系统没有发育成熟有关。腹绞痛通常在婴儿两周大的时候开始出现，并在3~4个月大的时候（对大多数婴儿来说）自行消失。

腹绞痛：症状

- 连续几个星期，每次哭几个小时，通常在晚上。
- 胀气。
- 双腿向腹部蜷起和身体反弓。

腹绞痛：病因

- 由于哺乳妈妈的饮食而导致的消化不良，特别是十字花科蔬菜、豆类、奶制品和咖啡。
- 由于啼哭时吞咽空气或奶瓶喂养而导致的消化不良。
- 食物过敏，如牛奶、鸡蛋、黄豆、小麦和奶制品。
- 过度刺激或焦虑。
- 寒冷的天气。
- 对免疫接种的不良反应。

腹绞痛：预防

- 如果是母乳喂养，观察自己吃了什么，喝了什么，以及这些饮食对宝宝的影响。含有酒精、奶制品、麸质和咖啡因的食物容易使宝宝产生反应。
- 减少消化系统的负担。不要让宝宝吃得太多或吃得不够，留意宝宝的反应，例如把吃进去的东西吐出来，或者吃完了还继续做出吮吸的动作。如果是奶瓶喂养，检查奶嘴的大小，确保奶水不会流得太快或太慢。
- 避免冷的食物和饮料。
- 每天为宝宝做按摩，刺激穴位。
- 每天留出时间跟宝宝进行亲密的肌肤和身体接触。

（续表）

疾病：腹绞痛
系统：消化系统

腹绞痛：护理建议

消除额外的刺激，避免强烈的光线，并尽可能保持安静。给宝宝洗热水澡和按摩。如果是奶瓶喂养，那么喂时奶瓶要拿高，以防他在喝奶的时候吞咽空气。设置好喂宝宝的时间间隔，让他的消化系统有机会休息，同时也防止他吃得太饱。经常给宝宝拍嗝，并且通过"俯卧时间"来排出胀气。大多数宝宝都喜欢你一边抱着他一边摇——尝试抱着宝宝坐在瑜伽球上晃动身体，或者用婴儿背带、背巾或腰凳散步。要不断尝试，直到找到有效的方法并反复运用。腹绞痛很常见，但最终会消失。

食疗	局部疗法
由于腹绞痛通常出现在婴儿还没有开始吃固体食物的时候，所以哺乳妈妈要特别注意自己的饮食。如果你的宝宝是配方奶喂养，你就可以试着换一种品牌，然后看他的症状能否缓解。	• 使用腹带（用作保温）。 • 用生姜或暖水袋敷肚子和后腰。

饮食重点	饮食禁忌
容易消化、富含矿物质的碱性食物，如海产蔬菜、发酵食品和益生菌补充剂。多吃优格酸奶（Yogurt）或开菲尔酸奶（kefir），它们当中都含有能帮助消化的酶。以烹熟的食物为主。哺乳妈妈的食疗法有葛根糊、茴香茶或菊花茶，以及使用少量梅干或梅子醋作为调味品或调味料。	容易引起过敏的食物，如黄豆、奶制品（尤其是牛奶）和小麦。避免食用容易导致胀气的食物，如十字花科蔬菜、豆类、番茄、大蒜、洋葱、柑橘、咖啡因、巧克力、黄瓜、胡椒、枸杞、香蕉、甜瓜和奶制品。

精油	穴位
洋甘菊、薰衣草。	足三里（胃经36）、风池（胆经20）、中脘（任脉12）。

灵气疗法	按摩
把你的手放在宝宝身体的以下部位：小腹和腰部。保持两分钟或以上。	• 让宝宝面向你，然后顺时针轻轻按摩他的腹部。 • 按摩尾骨后面、腰部和脊柱两侧。 • 轻抚宝宝全身，包括脑袋、胳膊和腿，以此来放松他的身体和消化道。 • 帮助宝宝做蹬车运动或犁式瑜伽（仰卧，两腿向后触地）。

腹绞痛：注意事项

家里有个腹绞痛的宝宝是十分让人焦心的。照料他的人（包括你）需要关注自身的情绪和压力。腹绞痛所引发的最大担忧是，宝宝的养育者可能会因为宝宝哭个不停而心烦意乱，并可能对他造成身体上的伤害，比如剧烈摇晃他。不要低估这种危险，或者认为这种事不会发生在你身上。在持续数周的腹绞痛期间，你要确保宝宝的主要养育者有宣泄情绪的通道，并且能得到充分的休息。如果你把患有腹绞痛的宝宝交给别人照看，那就要告诉他们有事可以给谁打电话。

疾病：消化不良、呕吐
系统：消化系统

在宝宝的婴幼儿期，消化不良和呕吐是很常见的事，因为他的消化系统还没有发育成熟。儿童期的肠胃疾病往往会造成腹部区域的大范围疼痛和不适，并且通常能够在一到两天内好转。剧烈的疼痛，或者特定区域的特定疼痛，有可能是需要立即加以治疗的急性病，比如阑尾炎或肠道阻塞。呕吐是身体排出毒素和废物并借以恢复健康和平衡的一种方式。一般来说，呕吐和吐奶是两回事。呕吐不仅更为剧烈，而且吐出的食物已经部分消化了。

消化不良、呕吐：症状

- 食欲不振。
- 恶心、呕吐。
- 哭泣、不适。
- 腹部压痛或剧痛。
- 吐奶并有酸味。
- 脸色苍白。
- 手脚冰凉。
- 伴有发烧、咳嗽、感冒或腹泻等症状。

消化不良、呕吐：病因

- 消化系统敏感。
- 胃食管反流（在婴儿期很常见）。
- 在喂奶时吞入空气。
- 吃得太多或喝得太多。
- 细菌、病毒或寄生虫感染（可能伴随发烧、咳嗽、感冒或腹泻）。
- 活动过度。
- 情绪低落或焦虑（可能受到哺乳妈妈的感染）。
- 配方奶不适合。
- 动物脂肪、奶制品和精制糖等食物导致大量粘液积聚。
- 食物中毒（通常发生在饭后8小时左右）。
- 误食有毒物质。
- 食物过敏。
- 晕车。
- 尿路感染。
- 对疫苗的不良反应。
- 开始吃固体食物。
- 吃了过凉的东西或天气寒冷。

消化不良、呕吐：预防

- 如果是母乳喂养，观察自己吃了什么，喝了什么，以及这些饮食对宝宝的影响。含有酒精、奶制品、麸质和咖啡因的食物容易使宝宝产生反应。
- 不要让宝宝躺着吃东西，多为他拍嗝。把喂宝宝的时间隔开，以免加重肠胃负担，导致积食。
- 食物要储存在干净卫生的地方，准备食物时也要注意卫生，多洗手，以此来消除大多数病原体的威胁。
- 创造安静的用餐环境。开始给宝宝吃固体食物时，确保他能细嚼慢咽。
- 如果宝宝吃完东西后似乎肚子疼，那就尝试让他吃一些容易消化的食物，直到他的消化系统进一步成熟。如果你怀疑是配方奶引起了他的消化不良，那就换一个牌子。如果你怀疑他对某种食物过敏，那就把这种食物从他的食谱中剔除。
- 开车时不要喂宝宝吃东西。
- 喂完宝宝后，让他坐15~30分钟。

（续表）

疾病：消化不良、呕吐
系统：消化系统

消化不良、呕吐：护理建议

一般的消化不良和呕吐通常可以自行痊愈。提醒宝宝多喝水，多休息，尽量让他感到舒适。许多宝宝害怕呕吐，所以你要保持镇定，多安慰他。空气流通、光线较弱的环境有助于缓解恶心和全身不适。宝宝呕吐期间，不要给他吃东西。等呕吐平息下来（一般不会超过12个小时），你可以重新给他补充液体，一次喂一汤匙，然后等15~20分钟，看看会不会吐出来。如果没有吐，就再喂一汤匙。注意不要喂得太快或者太多。

食疗	局部疗法
如果你的宝宝至少6个小时没有呕吐，你就可以开始给他喂东西吃，比如清淡的蔬菜汤和容易消化的食物糊。如果他24小时没有呕吐，你就可以给他恢复正常饮食。如果宝宝正在接受母乳喂养，你要知道哺乳妈妈吃的东西可以传给宝宝，所以吃容易消化的食物或许能帮他应对消化不良。	• 使用腹带（用作保温）。 • 用生姜或暖水袋敷肚子。 • 把绿泥（Green clay）涂在腹部或背部。
饮食重点	**饮食禁忌**
温热的食物，如味噌汤和蔬菜汤。如果宝宝能喝蔬菜汤，并且还想吃别的东西，那就给他吃点谷物浓汤。治疗消化不良的食物有菊花茶、茴香茶、味噌汤、酸梅浓缩液、酸梅茶、梅子醋、葛根糊、发酵食品和益生菌补充剂。	冷食、奶制品、高脂肪和高糖食品、碳酸饮料和酸性食品。
精油	**穴位**
洋甘菊、薰衣草。	足三里（胃经36）、太白（脾经3）、间使（心包经5）、内关（心包经6）。
灵气疗法	**按摩**
把你的手放在宝宝身体的以下部位：小腹和腰部。保持两分钟或以上。	• 轻抚宝宝全身，包括脑袋、胳膊和腿，以此来放松他的身体和消化道。 • 让宝宝面向你，然后顺时针按摩他的肚子。 • 让宝宝背对你，然后轻轻拍打他的后背。

消化不良、呕吐：注意事项

童年期的大多数肠胃不适都是不治自愈的，但呕吐或肚子疼有时也可以是严重疾病的反应。如果你的宝宝肚子疼或者呕吐并发烧超过48小时，你就要给医生打电话。

疾病：打嗝
系统：消化系统

打嗝的原因是横膈膜痉挛。横膈膜痉挛会导致身体吸入空气，并使声带突然收窄，从而发出的短促的打嗝声。宝宝在妈妈肚子里的时候就已经在打嗝了，这种情况很可能会伴随他一生。所以说，打嗝不是什么大事，只是给人增添了一些烦恼。一般来说，正常的打嗝能在几分钟或几小时内自行缓解。但是，在非常罕见的情况下，打嗝也可以持续超过48小时（持续性）或超过一个月（顽固性）。持续性和顽固性打嗝可能会干扰发育，并且意味着宝宝患有更加严重的疾病。

打嗝：症状
- 横膈膜突然不由自主地收缩。
- 短促的打嗝声。

打嗝：病因
- 横膈膜受到刺激。
- 吃得太多或消化不良。
- 吃得太快和吞咽空气。
- 胃里的温度突然下降或改变（比如突然吃了冷的食物，或者刚吃完冷食又吃热食）。
- 吃了生的食物。
- 心理压力或受到过多刺激。

打嗝：预防
- 给宝宝喂奶要慢，吃一会儿要停下来拍嗝，吃完再拍嗝。
- 如果是奶瓶喂养，那么喂时奶瓶要拿高，以防他在喝奶的时候吞咽空气。
- 提醒宝宝慢慢吃，避免吞咽空气。
- 营造轻松的用餐氛围。
- 避免气温骤降。
- 避免饮食过冷或过热。
- 避免心理压力和过度刺激。

（续表）

疾病：打嗝
系统：消化系统

打嗝：护理建议
打嗝通常是无害的，而且会在几分钟内自行缓解，但是打嗝也可能是一种烦恼。宝宝打嗝的时候，你可以给他一个东西吮吸。如果他超过6个月大，你可以试着让他小口喝温水。对大一点的孩子，你可以一边让他喝温水，一边轻轻地按住他的两只耳朵，或者让他屏住呼吸数到10。

局部疗法	
• 使用腹带（用作保温）。 • 用生姜或暖水袋敷上腹部（横膈膜的位置）和肩胛骨下方。	

饮食重点	饮食禁忌
让宝宝小口喝温水。妈妈和宝宝多吃碱性食物。	酸性食物，如咖啡因、黄豆、柑橘、小麦和鸡蛋。

精油	穴位
洋甘菊、薰衣草。	足三里（胃经36）、膈俞（膀胱经17）、内关（心包经6）、中脘（任脉12）。

灵气疗法	按摩
把你的手放在宝宝身体的以下部位：胃部、横膈膜、上腹部、脖子后面、前额和肩胛骨下方。保持两分钟或以上。	• 按摩耳垂后的凹陷区域。 • 按摩中指背面最靠近指甲的关节处。 • 轻抚宝宝全身，包括脑袋、胳膊和腿，以此来放松他的身体和消化道。 • 让宝宝面向你，然后顺时针方向按摩他的腹部。

打嗝：注意事项
如果宝宝打嗝超过一天，或者饮食、睡眠等日常活动受到干扰，或者导致他大哭大叫，打电话给医生。

疾病：出牙
系统：消化系统

虽然宝宝的第一颗牙齿通常在6个月大的时候才长出来，但出牙也可能早在3~4个月大的时候开始。出牙是宝宝的第一颗牙齿从牙龈中生长出来的过程。大多数宝宝都会在5~9个月期间长出4颗牙齿——两颗上牙，两颗下牙。从那时起，宝宝一般每隔4个月后就会长出4颗牙。3岁时，他将长满20颗乳牙。他的第一颗恒牙将在5~7岁之间萌出。对宝宝来说，出牙是痛苦而艰难的过程，他的身体可能会以各种方式做出反应。

出牙：症状

- 烦躁易怒。
- 流口水。
- 牙龈肿痛。
- 啃咬各种东西，包括他自己的手。
- 低烧。
- 流鼻涕。
- 揪耳朵。
- 不时拉稀便。
- 咳嗽（由于唾液过多）。
- 嘴唇周围起皮疹（由于流口水太多）。
- 在夜里醒来。
- 啼哭。

出牙：病因

- 乳牙在牙龈里生长。

出牙：预防

为宝宝准备可供他啃咬的东西，同时给他吃健康的食物，以此来让他觉得舒服一些。给宝宝吃发酵食品和益生菌补充剂，以此来帮他增强营养，提升免疫力。

（续表）

疾病：出牙
系统：*消化系统*

出牙：护理建议

在宝宝出牙的时候，你可以让他咬一些凉的东西，这么做能缓解牙龈疼痛，让他感觉好很多。为宝宝准备由安全塑料、硅胶、天然橡胶或木头制成的经过冷藏的牙胶，或者经过冷藏的出牙饼干、橡胶勺和凉凉的湿毛巾。

食疗	局部疗法
出牙会让宝宝感到不安，并加重他发育中的消化系统的负担。如果他有出牙的症状，或者你感觉他烦躁易怒，你就可以用纯天然的甜食来安抚他，帮他恢复平衡。例如，你可以用指尖给他一点糙米糖浆让他吮吸。	• 使用菊花茶或茴香茶包。 • 用毛巾冷敷：找一块干净毛巾浸入菊花茶或茴香茶；把毛巾放入冰箱冷藏；让宝宝咬住毛巾。
饮食重点	**饮食禁忌**
定期给宝宝吃简单、容易消化的食物，两餐之间至少间隔两小时。巴赫花精减压滴剂有助于让宝宝在出牙期间保持安静和放松。葛根糊也有助于放松，而且对血液来说是碱性食物。	暴饮暴食、难以消化的食物（如生的蔬菜和全麦面包）、高蛋白和油腻食物。
精油	**穴位**
洋甘菊、薰衣草。	中府（肺经1）、列缺（肺经7）、足三里（胃经36）、太冲（肝经3）。
灵气疗法	**按摩**
把你的手放在宝宝身体的以下部位：胃部和小腹、嘴唇周围、鼻梁中点以下到嘴唇（用一根手指）。保持两分钟或以上。	• 按摩肾经、脾经和心包经。 • 按摩和拉伸腹部，促进消化，缓解食物堆积。 • 按摩大脚趾和二脚趾之间的位置。 • 用拇指和食指按摩宝宝的两只手。

出牙：注意事项

出牙会引起许多类似疾病的症状，包括烦躁易怒、低烧、腹泻和鼻涕口水增多。在这段时期，密切观察你的宝宝，看这些症状的原因是出牙还是更严重的疾病。

宝宝的呼吸系统

宝宝的呼吸系统为他的血液提供氧气（吸气），并在每次呼吸时排出二氧化碳（呼气）。

宝宝的鼻子、嘴、咽、喉（喉头）、气管、支气管、肺和横隔膜通过协同工作完成他的呼吸。空气从他的鼻子进入，通过他的喉咙和气管进入他的胸腔。在这里，气管分成两根较细的管，称为支气管。这两根管子直接进入他的肺部，在那里，它们又会分成很多更细的叫做细支气管的管子，每根细支气管大约有一根头发那么粗。细支气管的末端是几亿个微小的囊腔，叫做肺泡。肺泡表面遍布毛细血管，后者使营养物质和代谢废物能够在血液和组织之间交换。

宝宝吸气时，他的横膈膜（肺脏下方的一大块肌肉）变平，使他的肺充满空气。这些空气通过支气管和细支气管进入肺泡，接着再由肺泡将空气中的氧气输送给毛细血管里的红细胞。现在，富含氧气的红细胞进入他的心脏，再由后者将它们泵到全身的各处组织当中，为它们提供氧气，同时接收二氧化碳。这时，充满二氧化碳的血液回到心脏，再由心脏泵到肺里。在这里，毛细血管把二氧化碳输送给肺泡（实际上，肺泡同时也把氧气输送给毛细血管）。然后，宝宝的横膈膜放松，使肺缩小，把肺里的二氧化碳排出体外。

宝宝出生前，交换氧气和二氧化碳的功能是由胎盘来完成的。他在子宫里不需要用到肺。事实上，宝宝出生时，他的肺里仍旧充满了液体，肺泡也是塌陷的，所以他一开始的呼吸非常困难。不过一旦出生，宝宝就开始有规律地呼吸了。

跟宝宝的消化系统一样，他的呼吸系统在满周岁前也处于发育当中，所以它非常敏感，很容易生病。虽然他的身体能够净化他吸入的空气，但外部环境干净些会更有利于他的呼吸。奶制品、精制糖和果汁容易产生黏液，阻塞宝宝的肺脏。

与呼吸系统有关的常见婴幼儿疾病有喉炎、咳嗽，喉咙痛、链球菌性咽炎，感冒，耳痛、中耳炎，哮喘。

疾病：喉炎、咳嗽
系统：呼吸系统

咳嗽本身与其说是一种疾病，不如说是一种症状。如果有病原体或异物阻塞或刺激他的呼吸道，他的大脑就会向腹部肌肉发出信号，把肺里的空气挤出去，同时把病原体或异物排出体外。感冒或其他疾病引起的咳嗽可能会在其他症状消失后继续存在一阵子。

喉炎通常由几种病毒之一引起。它会感染声带等上呼吸道，引起肿胀和狭窄，导致犬吠样咳嗽，并可能伴随吸气性喉鸣（吸气时发出的刺耳声音）。通常，喉炎所引起的咳嗽夜里比白天更严重。啼哭可能加重肿胀和咳嗽。喉炎可能会持续一周左右，症状通常在发病后3~4天最为严重。在大多数情况下，喉炎都不会太严重，并且能自行痊愈。不过，喉炎有传染性，传播方式与普通感冒等呼吸道感染非常相似。

百日咳是一种常见的以咳嗽为特征的儿童细菌性感染。患有百日咳的宝宝会有长时间的剧烈咳嗽，并且带有特征性的鸡鸣样尾音。虽然有一种疫苗可以预防这种疾病，但疫情仍然会发生。百日咳有传染性，比喉炎更严重，特别是对婴幼儿来说。如果怀疑宝宝得了百日咳，你就要立即联系医生。

喉炎、咳嗽：症状

- 嗓子发痒或嗓子疼。
- 发烧、怕冷或出汗。
- 头痛或身体疼痛。
- 呼吸加快。
- 食欲不振。
- 上呼吸道（包括声带）肿胀。
- 声音沙哑。
- 犬吠样咳嗽，夜里更严重。
- 吸气性喉鸣。
- 烦躁易怒。
- 啼哭。

喉炎、咳嗽：病因

- 病毒或细菌感染，如感冒、支气管炎。
- 粘液进入呼吸道。
- 环境中的致敏物质。
- 食物过敏反应（常见食物有奶制品，精制糖、碳水化合物、果汁和氢化脂肪）。
- 胃食管反流。
- 消化系统产生过多粘液。
- 营养不良。
- 肠胃功能差。
- 天气过热、过冷或刮风。
- 对接种疫苗的反应，特别是百日咳疫苗。
- 体力过度消耗。
- 咽喉阻塞。
- 生活环境潮湿。

喉炎、咳嗽：预防

由于咳嗽通常与病毒和细菌感染有关，所以经常洗手并且避免与感冒患者接触可以预防咳嗽。除此之外，你还要确保宝宝呼吸的空气尽可能干净。远离空气污染，比如潜在的有害化学物质（如清洁产品和洗衣液里的化学物质）、浓重的香味、灰尘、有毒气体、木柴炉和香烟烟雾等环境刺激物。另外避免受凉，并要根据天气状况给宝宝穿合适的衣服。

疾病：喉炎、咳嗽
系统：呼吸系统

喉炎、咳嗽：护理建议

咳嗽时，你可以采用下面这些措施（这些措施对感冒也有帮助）：

休息：让宝宝在家里休息。休息时抬高床头，以此来便利他的呼吸。注意宝宝的整体状况和精力水平。如果他精神很好，鼓励他做一些和缓的运动。

空气：确保家里空气清新，没有烟尘，没有过敏物质。可以使用加湿器（确保加湿器干净、没有滋生细菌）来帮助宝宝稀释粘液，滋润他的呼吸道。让宝宝接触新鲜空气，但要避免凉风和剧烈的温度变化。

喷鼻：儿童咳嗽的主要原因是鼻涕从鼻腔流进喉咙。你可以使用鼻壶或鼻喷壶，里面装上食盐水、海盐水或小苏打水，以此来帮他清理鼻腔。

拍体：在潮湿的浴室里，张开手掌，轻轻拍打宝宝的左背、右背和身体两侧，每处拍10下，每天4次，以此来帮他排出痰液。

开心：鼓励宝宝开心玩耍！治疗咳嗽最有效的药方是养育者的耐心和爱心。

总的来说，你要尽力平复宝宝的情绪，咳嗽可能会非常不舒服，甚至让他哭起来。哭泣会让呼吸道更加肿胀和敏感，从而使咳嗽加重。你还要记住，咳嗽是一种保护性的反射活动，所以除非有医生指导，否则不应该用药物来抑制咳嗽。非处方止咳药和感冒药不应该给4岁以下的幼儿服用。这些药物会使宝宝昏昏欲睡，同时降低他们清除呼吸道粘液的能力。

（续表）

疾病：喉炎、咳嗽
系统：呼吸系统

喉炎、咳嗽：护理建议

食疗	局部疗法
健康的食物可以冲刷发炎的喉咙，增强免疫力，缓解咳嗽带来的不适。	• 呼吸来自加湿器或浴室的湿润空气，或者呼吸一碗热薰衣草茶或菊花茶散发出的湿润气体，持续20分钟。 • 用生姜或暖水袋敷胸部或背部。 • 在脉搏处、胸部和背部涂抹巴赫花精减压油。

饮食重点	饮食禁忌
喝温水。如果宝宝已经满周岁，你就可以在温水里加入柠檬和经过巴氏杀菌的冷压有机蜂蜜，这么做有抗菌和缓解喉咙疼痛的功效。在正常的进餐时间给宝宝吃简单、易消化的热食。如果宝宝是干咳，你就可以给他喝热梨汁。如果要化痰，你就可以给他吃煮软的蔬菜、炖水果、炖烂的豆粥或糙米粥。菊花茶、茴香茶、葛根糊和巴赫花精减压滴剂也有缓解咳嗽和喉炎的功效。	固体食物（可能引发窒息）、冷饮（特别是酸性果汁，如橙汁）、面包、生水果（包括香蕉）、生蔬菜、烤花生、花生酱、奶制品（牛奶、奶酪和冰淇淋）、糖和小麦。

精油	穴位
柠檬、薰衣草。	中府（肺经1）、尺泽（肺经5）、列缺（肺经7）、曲池（大肠经11）、足三里（胃经36）、丰隆（胃经40）、三阴交（脾经6）、太溪（肾经3）、复溜（肾经7）。

灵气疗法	按摩
把你的手放在宝宝身体的以下部位：前胸、后背（两块肩胛骨中间）、胸腔两侧、胸腔下部和喉部。保持两分钟或以上。	按摩肺经、脾经和肾经。

喉炎、咳嗽：注意事项

大多数咳嗽最终都能自行消失。不过，咳嗽也可能需要治疗，或者预示更严重的疾病，如肺炎、窒息或会厌炎（会厌肿胀导致气道关闭）。如果宝宝咳嗽几天后没有好转，并且带有鸡鸣样尾音，呼吸急促或呼吸困难，你就要带宝宝去看医生。

疾病：喉咙痛、链球菌性咽炎
系统：呼吸系统

宝宝所经历的大多数喉咙痛都是由刺激性的痰或咳嗽所引起的，这些症状通常伴随着过敏、感冒或呼吸道感染。因此，大多数喉咙痛都会自行缓解，与之相伴的其他症状也会消失。

喉咙痛最常见的病因是链球菌咽喉炎，这是一种由A型链球菌所引起的细菌感染，常发于秋冬两季。这种链球菌通过唾液和鼻腔分泌物传播，如果不及时治疗，结果就可能导致更严重的疾病，如猩红热、血液感染、肾病和风湿热。你必须去看医生才能得到诊断，治疗时可能会使用抗生素，或者中草药和针灸。

喉咙痛、链球菌性咽炎：症状

感冒、流感、其他病毒或过敏所引起的喉咙痛常与以下症状相伴随：

- 喉咙发红。
- 淋巴结肿大或扁桃体肿胀。
- 声音嘶哑。
- 身体疼痛。
- 流鼻涕。
- 咳嗽。
- 鼻塞。
- 腹泻。

链球菌性咽炎的症状有：

- 喉咙疼痛不断加剧。
- 发烧。
- 腹痛（非常常见）。
- 上颚有红点。
- 喉咙后部和扁桃体发红，上面有白斑（脓）。
- 淋巴结肿大。
- 吞咽时疼痛。
- 食欲不振。
- 恶心。
- 肌肉疼痛，颈部疼痛。
- 鼻塞。
- 躯干皮疹（多见于3岁以上儿童）。

喉咙痛、链球菌性咽炎：病因

- 普通感冒、流感等病毒感染。
- A型链球菌等细菌。
- 过敏。
- 空气干燥。

（续表）

疾病：喉咙痛、链球菌性咽炎
系统：呼吸系统

喉咙痛、链球菌性咽炎：预防

- 先确保你的手是干净的，然后才能碰触宝宝。你也要督促宝宝经常洗手（两只手都要洗）。
- 在感冒和流感多发季节，每月更换一次牙刷。感染链球菌后，立即为宝宝更换牙刷，以防再次感染。
- 在感冒和流感多发季节，避免让宝宝跟很多孩子一起玩。
- 保持家中空气湿度，杜绝污染物质（注意清洁用品的气味和香烟烟雾）。
- 在户外，用围巾避免宝宝的喉咙受凉。

喉咙痛、链球菌性咽炎：护理建议

由于喉咙痛往往伴随感冒和上呼吸道疾病，并随着疾病痊愈而缓解，所以一般不需要特别的治疗。不过在家中，你最好还是采取一些措施。让你的宝宝休息好，多喝水，并且确保他的房间有足够的湿度。必要时可以使用加湿器，以防干燥空气刺激他的喉咙。

如果你怀疑宝宝得了链球菌性咽炎，那就带他去医院做检查。一旦确诊为链球菌感染，西医可能会采用抗生素治疗，而中医可能采用中草药和针灸治疗。

食疗	局部疗法
用食物来滋养你的宝宝，减轻他喉咙的疼痛。	• 用生姜敷脖子前面和后面
饮食重点	**饮食禁忌**
草药茶和清汤。简单、柔软的全麦谷物。煮熟的蔬菜和水果。菊花茶、葛根糊和味噌汤是特别有效的食疗法。	冷食、奶制品、油炸和油腻的食物、糖、糖果、精制碳水化合物。
精油	**穴位**
茶树、薰衣草、桉树（尤加利）、柠檬。	足三里（胃经36）、太白（脾经3）、内关（心包经6）。
灵气疗法	**按摩**
把你的手放在宝宝身体的以下部位：脖子前面和脖子后面。保持两分钟或以上。	轻轻按摩宝宝的后背、脑袋、胳膊和腿，以此来安抚他的情绪。

喉咙痛、链球菌性咽炎：注意事项

宝宝的喉咙痛往往会随着相关疾病的治愈而消失，但有时也需要特别的治疗。如果宝宝出现链球菌性咽炎的症状，由于喉咙痛而不喝水，扁桃体肿大，或者除了喉咙痛之外还有发烧或肚子疼的症状，那你就要带他去看医生。

疾病：感冒
系统：呼吸系统

感冒是发生在上呼吸道的病毒感染，它会影响鼻子、鼻窦、喉咙和眼睛。感冒时，宝宝的鼻涕可能会从透明的液体变成黄色或绿色的粘稠物质。宝宝可能会有疼痛、疲倦、发烧和食欲不振的症状。感冒通常在一周内痊愈。免疫力强的孩子能对抗普通的病毒，因此较少感冒。

感冒：症状

- 流鼻涕或鼻塞。
- 黄色或绿色鼻涕。
- 喘息、打喷嚏或咳嗽。
- 低烧。
- 头痛或其他身体部位疼痛。
- 流眼泪。
- 鼻窦疼痛。
- 烦躁易怒。
- 疲劳。

感冒：病因

- 病毒。
- 过度疲劳。

感冒：预防

- 用发酵食品和益生菌补充剂来提升宝宝的免疫力。
- 当宝宝感冒发烧或有黄色或绿色鼻涕时，让他在家里休息。
- 教你的宝宝使用纸巾。

（续表）

疾病：感冒	
系统：呼吸系统	

感冒：护理建议

感冒是无法治愈的，但是，你可以缓解感冒的症状，大多数感冒通常在一周左右痊愈。你可以通过增强宝宝的免疫力和让他尽可能舒服来帮他度过这一时期。用水、茶和清汤给宝宝补水。此外，安抚他的情绪，帮他把可用的能量用作提升免疫力。如果他精神不错，你可以允许他起床玩耍，但要尽可能让他待在家里。

如果家里空气干燥，你就可以使用加湿器来增加湿度。如果宝宝鼻塞，又因为年龄太小而不能擤鼻涕，你就可以用吸鼻器帮他把鼻涕从鼻子里吸出来。潮湿的浴室可以稀释鼻涕，你也可以用手掌轻轻地拍打他的胸部和背部。为了让他在睡觉时呼吸通畅，你可以在他身边放一台雾化器。非处方感冒药不应用于4岁以下儿童，抗生素对病毒感染无效。

食疗	局部疗法
鼓励宝宝多喝水。如果他已经开始吃固体食物，那就在他饿的时候给他烹制能提升免疫力的食物。注意，积食（脾胃虚弱、消化不良）可能会阻碍感冒痊愈，所以要让宝宝细嚼慢咽，同时不要吃得太多。	• 在胸部涂抹巴赫花精减压油。 • 使用尤加利精油在胸部轻揉。

饮食重点	饮食禁忌
简单、营养丰富的食物，如各种汤和炖菜。给宝宝吃有抗菌和抗病毒功效的食物，如萝卜、生姜和煮熟的蔬菜。添加到清汤或食物中的洋葱有助于稀释痰液。给宝宝吃热的食物。葛根糊和菊花茶可以缓解感冒症状。	冷食或冷饮、辛辣食物和生痰的食物（如奶制品、精制食品、糖和花生）。

精油	穴位
茶树、薰衣草、桉树（尤加利）、柠檬。	列缺（肺经7）、曲池（大肠经11）、足三里（胃经36）、外关（三焦经5）、风池（胆经20）、气海（任脉6）、中脘（任脉12）、身柱（督脉12）。

灵气疗法	按摩
把你的手放在宝宝身体的以下部位：脑袋、肺部、胃部、小腹和腰部。保持两分钟或以上。	• 按摩腹部帮助消化。 • 按摩前胸和后背稀释痰液。

感冒：注意事项

继发性感染，如中耳炎、鼻窦感染、支气管炎和肺炎是需要关注的主要方面。注意宝宝的呼吸、体温和整体状况。只要你觉得有必要就打电话给医生。

疾病：耳痛、中耳炎
系统：呼吸系统

耳痛和中耳炎在婴幼儿中很常见，因为他们的咽鼓管很容易被粘液堵塞，从而引发感染。咽鼓管连接着宝宝的耳朵和喉咙，调节中耳里的气压。出生时，宝宝的咽鼓管几乎是水平的，这样就会阻碍粘液流出，同时滋生细菌或病毒。随着年龄的增长，他的咽鼓管开始向下倾斜，于是更容易排出粘液。

耳痛、中耳炎：症状

- 拉扯耳朵。
- 伴随上呼吸道感染并有分泌物流出，分泌物可能呈黄色、棕色或带有血丝。
- 烦躁易怒。
- 夜里啼哭。
- 发烧。
- 食欲不振。
- 眩晕。
- 暂时性听力丧失。

耳痛、中耳炎：病因

- 咽鼓管堵塞。
- 上呼吸道感染。
- 只局限于耳部的细菌或病毒感染。
- 积食，在中焦（上腹部）产生多余热量，并通过经络影响内耳。
- 接种疫苗的不良反应。
- 过敏。

耳痛、中耳炎：预防

婴幼儿耳痛通常源自感冒所引起的鼻塞。如果你的宝宝感冒了，你就要采取措施帮他疏通鼻腔。

- 对于奶瓶喂养，一是要慢慢喂，二是喂的时候要竖着抱宝宝，不能让他躺着。另外还要给他留出足够的时间消化配方奶。
- 乘飞机旅行时（尤其在起飞和降落时），或者开车上下坡时，给宝宝喂奶，或者让他叼个奶嘴，以此来平衡中耳的压力（吞咽动作可以打开咽鼓管）。
- 尽可能清除环境中的污染物。
- 如果宝宝确实需要使用抗生素，你就要给他吃发酵食品和益生菌补充剂，以此来重建他的免疫和消化系统。

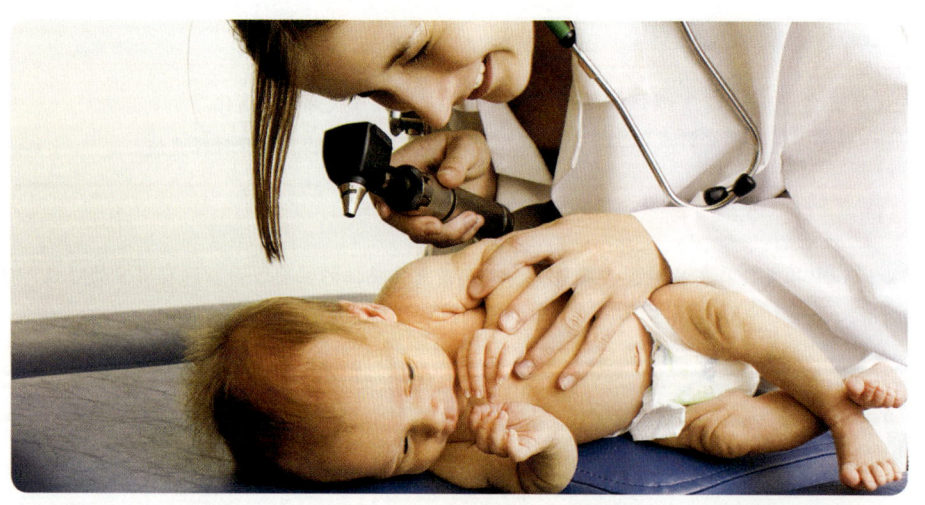

(续表)

疾病：耳痛、中耳炎
系统：呼吸系统

耳痛、中耳炎：护理建议

当宝宝的耳朵因为鼻塞或感染而疼痛时，你要让他的免疫系统处于最佳状态，以此来对抗感染。同时，你还要让他尽可能地舒服。以下方法有助于疏通鼻腔：

- 保持宝宝周围的空气湿润。
- 保持他鼻腔气道畅通。给婴儿使用吸鼻器，让大一点的宝宝擤鼻涕。如果鼻涕比较黏，你可以用洗鼻器来冲洗他的鼻腔。
- 轻拉患耳的耳垂。向下和向外拉，以此来打开咽鼓管和耳朵。
- 宝宝休息或睡觉时，让他侧身躺卧，患耳朝上。
- 除非有医生允许，否则不要使用滴耳液。
- 过去，医生通常使用抗生素治疗耳痛。现在，大多数儿科医生更倾向于在开抗生素之前监测耳痛，看免疫系统是否能够对抗感染。

食疗

出现耳痛和中耳炎时，为宝宝准备有助于提升免疫力的食物，并让他多喝水，保持舒适。

饮食重点	饮食禁忌
给宝宝吃简单的热食，以此来防止脱水，促进消化，增强免疫力。经常用母乳或奶瓶喂养宝宝。对于大一些的宝宝，你可以给他准备水、清汤、草药茶、发酵食品和益生菌补充剂。菊花茶有助于稀释粘液，缓解耳痛。葛根糊有助于安抚宝宝，而且对血液来说是碱性食物。	冷食和冷饮，以及容易导致过敏或生痰的食物，如奶制品、小麦、鸡蛋、玉米、桔子和花生酱。不要吃会降低免疫力的食物，如糖、水果和果汁。

精油	穴位
把芝麻精油、薰衣草精油或茶树精油温热，再用棉球蘸上精油塞进患耳，以此来减轻疼痛，并且稀释耳道中的粘液。用生姜或热毛巾敷耳朵。在患处涂抹巴赫花精减压滴剂。	足三里（胃经36）、太白（脾经3）、阴陵泉（脾经9）、太溪（肾经3）、复溜（肾经7）、外关（三焦经5）、风池（胆经20）、太冲（肝经3）、百会（督脉20）。

灵气疗法	按摩
把你的手放在宝宝身体的以下部位：耳朵前面、耳朵后面和颅底。保持两分钟或以上。	- 用大鱼际旋转按摩宝宝的耳朵，以此来帮他打开咽鼓管。 - 按摩胆经和脾经。 - 从胳膊肘到手背按摩三焦经。

耳痛、中耳炎：注意事项

耳痛是很常见的病症，只要稍加注意，大多都能很快康复。不过，对一些宝宝来说，中耳炎可能会复发。早期治疗中耳炎要小心，治疗不及时可能导致鼓膜穿孔。中耳炎反复发作可能会导致语言学习障碍或听力丧失。如果宝宝耳朵后面发红、肿胀、疼痛，或者有液体或血液从耳道里流出，你就要带他去看医生。

疾病：哮喘
系统：呼吸系统

哮喘是一种导致呼吸困难的炎症性呼吸道疾病。得了哮喘后，他的气道会非常敏感，很容易在刺激物的刺激下产生反应，不仅变窄、肿胀，还产生粘液，使呼吸变得极为费力。哮喘是一种慢性病，目前还无法治愈，如果不及时治疗，可能会危及生命。哮喘也有很高的遗传度。如果父母一方有哮喘，孩子也更有可能患上这种病。不过，这种疾病可以得到很好的控制。

哮喘：症状

- 慢性呼吸道炎症。
- 呼吸时发出呼哧呼哧的声音。
- 胸闷。
- 咳嗽。
- 活动肩膀和躯干以帮助呼吸。

哮喘：病因

- 过敏。
- 遗传。
- 环境刺激物，如灰尘、霉菌、化学品和烟雾。
- 上呼吸道感染。
- 情绪困扰、压力或兴奋。
- 过度劳累。
- 阳气不足。
- 天气变化。
- 消化不良或胃食管反流。

哮喘：预防

为了预防哮喘发作，确定并规避诱因，你需要详细记录宝宝的发病情况。对于每次发作，你都要记下他做了什么、可能有哪些触发因素、发作的严重程度，以及随后是如何好转的（例如服用药物）。完整的记录能帮助你和宝宝控制症状。为了增强宝宝的肺功能，你可以鼓励他参加能够锻炼到肺部的体育和娱乐活动，如跑步、游泳和唱歌。不要看电视，玩电子游戏，宝宝很容易过度沉溺于其中。鼓励宝宝练习瑜伽或舞蹈来保持良好的体姿，以便让他的肺有呼吸的空间。另外，你也要帮宝宝管理他的情绪。

（续表）

疾病：哮喘
系统：呼吸系统

哮喘：护理建议

你可以与医生一起找到引发宝宝哮喘的致病因素并制定相应的对策，以此来降低这些致病因素的威胁，并在他再次发病时帮他打开呼吸道。医生会给你开一个峰值呼气流量计（以便于你在家里评估宝宝哮喘发作的严重程度）和改善通气的药物。跟过敏一样，对哮喘早发现早治疗也可以减轻疾病的严重程度。

确保宝宝充分休息，同时保证他周围的空气湿度。对于大一些的宝宝，你可以垫高床头，让他以半躺卧的姿势睡觉，以此来便利呼吸。为了应对将来的哮喘发作，你可以教宝宝通过深呼吸来保持镇静，放松气道。恐慌和哭泣可能导致胸部紧张，加重呼吸系统负担。平时，你可以运用自然疗法帮他增强体质。

局部疗法

- 在宝宝胸部涂抹紫草膏。
- 用生姜或暖水袋敷胸部或背部。

饮食重点

帮助你的宝宝养成规律的饮食习惯，并通过饮食来促进消化，预防脱水（以此来稀释黏液）。为宝宝准备能提升免疫力的食物和颜色鲜艳、富含生物类黄酮的食物，如浆果、紫葡萄和印度南瓜。洋葱和大蒜可以减轻炎症。另外，为宝宝准备大量的全麦谷物、新鲜蔬菜、水果和芝麻。巴赫花精减压滴剂能帮助宝宝保持镇定。

饮食禁忌

生痰的食物，如柑橘、牛奶、奶酪、油腻食物、花生、坚果、香蕉、糖、小麦、大豆、鸡蛋、贝类、鱼、巧克力和番茄。此外，避免摄入防腐剂，如亚硫酸盐、味精和食用色素，这些物质有可能加剧哮喘。

精油

茶树、薰衣草、桉树（尤加利）、柠檬。

穴位

尺泽（肺经5）、列缺（肺经7）、足三里（胃经36）、丰隆（胃经40）、三阴交（脾经6）、膈俞（膀胱经17）、肝俞（膀胱经18）、脾俞（膀胱经20）、肾俞（膀胱经23）、复溜（肾经7）、内关（心包经6）。

灵气疗法

把你的手放在宝宝身体的以下部位：前额、太阳穴、后脑勺、头顶、肺部、心脏区域、胃肠区域和腰部。保持两分钟或以上。

按摩

- 轻轻按摩耳朵下面的颈部肌肉，直至锁骨。
- 按摩肺经。
- 手掌画圈，向下按摩胸骨。
- 从胸部中心向两侧按摩至腋窝和肋下。
- 按摩脖子后面、两侧肩膀、脊柱、腰部和肩胛骨内侧。

哮喘：注意事项

严重哮喘需要立即就医。与医生一起商讨应对措施来护理这种慢性疾病。如果宝宝呼吸困难或哮喘严重发作，那就要尽快去看医生。

宝宝的皮肤系统

皮肤、头发和指甲构成了宝宝最大的器官系统。它包裹着他的身体，使它成为一体。它保护内部器官、体液和深层的组织。

皮肤分为三层，分别是表皮（外层）、真皮（中层）和皮下组织（皮下脂肪）。由于表皮在最外层，所以有保护身体免受环境威胁和致病微生物侵害的作用。

真皮里有血管、神经末梢、汗腺和皮脂腺。神经末梢向神经系统发送感觉信息，从而使宝宝有触觉。真皮还能调节体温。体温高时，真皮里的血管会扩张，汗腺会分泌汗液。体温低时，真皮里的血管会收缩，汗腺也会停止分泌汗液。在汗腺把汗液排出表皮的过程中，汗腺也清除了体内的毒素。跟汗腺一样，真皮层的皮脂腺也将油脂排出表皮，以此来滋润皮肤，同时防止水分蒸发。

真皮下面的皮下脂肪是储存能量的地方，你燃烧的热量很多都来自这里。此外，这层厚厚的缓冲层也有调节体温的作用。

宝宝的皮肤、头发和指甲每时每刻都在快速地自我更新和修复。但是，由于皮肤要排出身体里的毒素和废物，所以很容易长皮疹、湿疹和溃疡。为了让宝宝的皮肤保持健康和柔软，你要给他使用天然护肤品和不含有害化学物质和人造香精的肥皂和洗液。不要让宝宝的皮肤暴露在极冷或极热的环境中，同时避免强烈阳光的照射。与宝宝皮肤接触的衣服和床上用品要使用天然面料。

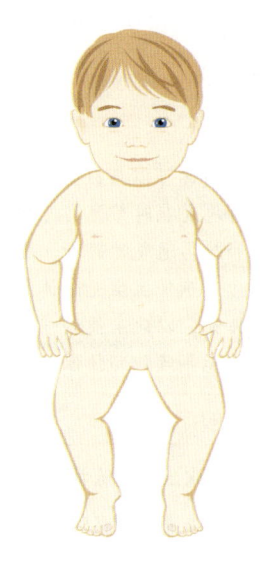

与皮肤系统有关的常见婴幼儿疾病有湿疹、乳痂，尿布疹，结膜炎（红眼病）。

疾病：湿疹、乳痂
系统：皮肤系统

　　湿疹表现为皮肤瘙痒、干燥、发红、剥落，有时伴有白色或红色隆起。有的湿疹长时间发红、发炎并渗液，而有的比较干燥，几天后就可以消失。美国约有10%的宝宝在童年时期得过某种形式的湿疹。慢性湿疹可能会带来不适，但通常是可以治愈的。

　　许多婴儿都有乳痂，这也是一种导致皮肤脱落的病症，表现为头顶的鳞状皮垢，有时可蔓延到耳朵和脖子周围。一般认为，乳痂是由多余的皮肤细胞和皮脂堆积而成。它不会引起任何不适，也完全无害。乳痂通常发生在出生后的最初几个月里，并在6～12个月大时自行消退。

湿疹、乳痂：症状

湿疹的症状：

- 皮肤干燥、瘙痒，有时有皮屑。
- 白色小突起或红色斑块。
- 渗液的斑块，可能出现在颈部、肘部、手腕、手、脚和膝盖后部的皮肤皱褶处。
- 在干燥的冬季加重。

乳痂的症状：

- 头顶生长有鳞状、硬壳状皮疹，特别是在囟门附近。
- 乳痂有时也长在眉毛、耳朵和脖子周围。

湿疹、乳痂：病因

湿疹的病因：

- 过敏。
- 接种疫苗的不良反应。
- 抗生素的不良反应。
- 心理压力和焦虑。
- 根据东亚医学，湿疹与积食有关，后者阻碍了皮肤的血液循环。

乳痂的病因：

- 由激素引起的皮肤细胞和皮脂聚集。
- 对配方奶等食物的不良反应。

湿疹、乳痂：预防

预防湿疹：

- 保持空气湿润。
- 防止受风受寒。
- 防止他的皮肤接触刺激性物质，如含氯的泳池、肥皂、香水和洗液。
- 防止积食，喂完宝宝后为他拍嗝，尽可能限制夜间进食，以此来让他的身体正常运转。

预防乳痂：

- 保持宝宝头皮清洁干燥。
- 每天轻柔但彻底地为宝宝梳头。

（续表）

疾病：湿疹、乳痂
系统：皮肤系统

湿疹、乳痂：护理建议

温柔对待宝宝易患湿疹的皮肤。给宝宝洗澡时，你要使用无味、低过敏性的肥皂和保湿霜。使用温水，避免泡泡浴和热水澡。用柔软的毛巾把宝宝拍干。一定要在他出汗或玩耍后给他洗澡，因为他的皮肤可能沾染了灰尘、霉菌、动物皮屑或花粉等刺激物。

给他穿长袖、宽松、柔软的棉质衣服，使用柔软的棉质床上用品。使用无味、低过敏性的洗衣剂清洗他的衣服和床上用品。如有需要，可以用清水多漂洗几次。避免使用含有香精的产品和含有对氨基苯甲酸（PABA）的防晒霜。保持空气湿度。不要使用类固醇霜来治疗湿疹，因为它们会加重病情，使湿疹深入内部，导致哮喘。与湿疹不同，乳痂通常不需要治疗，但你可以在宝宝的头皮上涂抹薰衣草精油（与基础油混合使用），然后轻轻刷去死皮。

局部疗法

- 芝麻精油。
- 在澡盆里加入菊花茶。
- 米糠或燕麦糠。
- 巴赫花精减压油。
- 膨润土。

饮食重点	饮食禁忌
包含大量水果（尤其是浆果）、蔬菜（尤其是煮熟的胡萝卜和绿叶蔬菜）和ω-3多元不饱和脂肪酸的饮食。另外为宝宝准备发酵食品和益生菌补充剂。	容易引起过敏反应和生痰的食物，如奶制品（来自牛奶）、鸡蛋、黄豆、花生、坚果、鱼类、贝类、巧克力、玉米和小麦。避免冷食和冷饮、桔子、香蕉和其他容易生痰的食物。避免糖、食用色素和人造香料。

精油	穴位
茶树、薰衣草、桉树（尤加利）。 对于湿疹，在洗澡和按摩时使用（与基础油混合使用）。 对于乳痂，通过按摩让薰衣草精油（与基础油混合使用）渗入头皮，轻轻刷去死皮。	尺泽（肺经5）、天枢（胃经25）、足三里（胃经36）、太白（脾经3）、膈俞（膀胱经17）、肝俞（膀胱经18）、脾俞（膀胱经20）、肾俞（膀胱经23）、复溜（肾经7）、太冲（肝经3）、风池（胆经20）、百会（督脉20）、中脘（任脉12）、少府（心经8）。

灵气疗法	按摩
把你的手放在宝宝身体的以下部位：腹部、胸部、颈部和腰部等处。保持两分钟或以上。	- 轻轻按摩颈部肌肉。 - 按摩脖子后面、脊柱两侧、两肩和腰部。

湿疹、乳痂：注意事项

湿疹和乳痂都没有生命危险。但是，严重的湿疹可能会让宝宝非常痛苦，而渗出组织液的开放性伤口也可能感染细菌。粗暴清理乳痂皮屑可能导致出血和细菌感染。出现以下任一情形要咨询医生：

- 湿疹或乳痂导致皮肤感染。
- 湿疹或乳痂似乎在蔓延或加重。
- 首次患湿疹或乳痂。

疾病：尿布疹
系统：皮肤系统

宝宝的皮肤很敏感，容易在外界的刺激下发炎而形成尿布疹。尿布疹通常并不危险，但对宝宝来说会非常痛苦，所以要尽早处理。

尿布疹：症状

- 尿布区域皮肤发炎、疼痛。
- 出现凹凸不平的红色疹子。
- 渗液、溃疡（病情严重时）。

尿布疹：病因

- 尿布摩擦。
- 尿布换得不勤。
- 细菌感染。
- 真菌感染。
- 腹泻。
- 湿巾中的化学成分。
- 清洗过度。
- 对纸尿布敏感。
- 对布尿布里残留的洗涤剂敏感。
- 食物过敏。

尿布疹：预防

- 勤换尿布（至少每两个小时换一次），或者脏了就马上换。
- 换尿布前，确保尿布与皮肤的接触区域清洁、干燥。
- 给宝宝使用无味的肥皂、洗液和湿巾。

（续表）

疾病：尿布疹
系统：皮肤系统

尿布疹：护理建议

宝宝出现尿布疹时，你要格外轻柔地碰触他的皮肤。不要直接擦拭，而要用橡胶洗耳球往他的屁股上喷水，然后把水分吸干。如果你一定要用湿巾，那就选择没有香味的含金盏花成分的湿巾。经常给宝宝换尿布，让他的皮肤自然晾干。尿布要戴得松一些，促进空气流通。每次换尿布时都要在患处涂抹氧化锌或金盏花药膏。尽可能让宝宝每天都有一段时间不戴尿布，让他的屁股晒晒太阳，以此来促进皮疹消退。

食疗	局部疗法
清淡、容易消化的食物。	• 干性（鳞状皮屑、龟裂）尿布疹：芝麻精油。 • 湿性尿布疹：膨润土。 • 换尿布时的日常护理：金盏花膏或紫草膏。

饮食重点	饮食禁忌
全麦谷物、煮熟的蔬菜、发酵食品和益生菌补充剂。多喝水、菊花茶或味噌汤，以此来降低宝宝尿液的酸性。	糖、水果、果汁、糖果、柑橘、草莓、番茄、奶制品、酵母面包、咖啡因（通过母乳摄入）。

精油	穴位
薰衣草、洋甘菊、玫瑰。	尺泽（肺经5）、曲池（大肠经11）、天枢（胃经25）、三阴交（脾经6）、阴陵泉（脾经9）、太溪（肾经3）、太冲（肝经3）、曲泉（肝经8）、中脘（任脉12）、承筋（膀胱经56）。

灵气疗法

把你的手放在宝宝身体的以下部位：腹部和患处。保持两分钟或以上。

尿布疹：注意事项

如果宝宝的尿布疹有感染的迹象（红、肿、渗液），或者一周后没有减轻，那就要带他去看医生。

身体健康与治疗 自然疗愈的基本技能 | 137

疾病：结膜炎（红眼病）
系统：皮肤系统

如果宝宝醒来时眼睛有很多分泌物，他就可能得了红眼病或结膜炎。这是因为结膜发炎，导致眼睛发红、发痒或刺痛。结膜炎很常见，而且有传染性。

结膜炎（红眼病）：症状

- 眼睛发红，有异物和刺痛感。
- 眼睛分泌物呈黄色或绿色。
- 醒来后眼睑部位有大量分泌物。
- 伴随疾病有感冒、喉咙痛或上呼吸道感染等。

结膜炎（红眼病）：病因

- 细菌或病毒感染。
- 过敏。
- 鼻泪管阻塞。
- 异物进入眼睛。
- 过热、潮湿。
- 肝胆能量失衡。

结膜炎（红眼病）：预防

由细菌或病毒引起的结膜炎具有高度的传染性，所以要小心得了结膜炎的人。如果你的宝宝得了结膜炎，你就要鼓励他经常洗手，同时避免揉搓和触摸眼睛。此外，你还要让他在家里单独使用一套毛巾和床单，并且在症状消失后更换。让他待在家里，不要去托儿所、幼儿园和公共游泳池，直到痊愈。

疾病：结膜炎（红眼病） *系统：皮肤系统*	
结膜炎（红眼病）：护理建议	
结膜炎一般没有危险性，但需要治疗。如果你的宝宝得了红眼病，那就可以采取以下措施： • 用蘸了温水或凉水的棉球清洗他眼睑上的分泌物，由内向外擦拭。每天三次。 • 确保宝宝单独使用他自己的毛巾，跟家里的其他人分开。 • 不要使用非处方眼药水。	
局部疗法	
• 用温暖湿润的菊花茶包敷眼睛。 • 睡前在眼皮上涂抹芝麻精油（可以使睡醒后的分泌物更容易清除）。	
饮食重点	**饮食禁忌**
清汤、绿色和黄色蔬菜、水果（特别是浆果）。	发热的食物，如红肉、大蒜、精制糖、奶制品、鸡蛋、辛辣和油腻食物。
精油	**穴位**
薰衣草、洋甘菊、玫瑰。	足三里（胃经36）、三阴交（脾经6）、外关（三焦经5）、风池（胆经20）、阳陵泉（胆经34）、太冲（肝经3）。
灵气疗法	**按摩**
把你的手放在宝宝身体的以下部位：眼睛、眼睛和鼻子之间、眼睛和太阳穴之间。保持两分钟或以上。	• 如果病因是鼻泪管阻塞，那就从内眼角轻轻按摩到鼻翼。每次按摩一分钟，每天可按摩多次。 • 对于其他原因引起的结膜炎，你可以轻柔地按摩眉毛和眉毛以上的地方，或者从鼻梁向两侧太阳穴按摩。 • 按摩颧骨，帮助眼睛泻火，减轻炎症反应。 • 按摩后脖根到两侧肩膀，然后沿脊柱两侧轻轻按摩至腰部。 • 按摩胃经、肾经和肝经。 • 轻轻捏住两眼之间的鼻梁振动两分钟，帮助眼睛泻火。
结膜炎（红眼病）：注意事项	
结膜炎通常可以自行痊愈。如果你的宝宝视物模糊或眼睛刺痛，那就带他去看医生。	

宝宝的神经系统

宝宝的神经系统控制着他的身体。这一系统由脑、脊髓和许多条神经组成，包含数十亿个神经元（神经细胞）。脑是指挥中心，来自神经的信息在脊髓中上下传递，并通过神经元传遍全身，以此来告诉身体该做什么，该如何反应。如果宝宝手部皮肤上的神经感受到了某个尖锐的东西，它们就会派感觉神经元向大脑报告。接下来，大脑会解读这一信息，并且派运动神经元传令给手部的肌肉，让手远离那个尖锐的物体。

大脑控制无意识的运动和过程，如呼吸、消化、感觉、心率、血压、平衡和协调。它还控制有意识的运动、记忆、智力、个性、语言和情感。

出生时，宝宝几乎拥有他一生中所有的神经元。然而在这个时候，他的神经元还没有相互连接起来。随着他不断长大，他的神经元会建立连接或突触，在他的大脑中形成通路——这个过程就是学习。通过练习，以前需要高度集中注意力的新任务（比如系鞋带）会变得越来越容易，因为他的大脑只是遵循先前的神经通路。有了这些通路，他的大脑还可以自由地形成更多的连接和通路，以此来形成更多的知识。

在最初的几年里，宝宝的脑和神经系统会飞速发育。新生儿大脑的重量大约是他成年后的25%。到三岁时，通过刺激和突触的建立，他的大脑已经成长到接近成人大小。

宝宝的肾脏能够通过调节细胞内钠离子和钾离子的平衡来调节他的神经系统。因此，强大的肾功能对神经系统的正常运转很有好处。从这个角度看，经常对宝宝的各种感官进行温和的刺激，以及控制甜食的摄入将可以使宝宝大受其益。

与神经系统有关的常见婴幼儿疾病有失眠和多动症。

疾病：失眠
系统：神经系统

在6个月大之前，婴儿每24个小时大约需要睡16个小时，并且通常以两小时为间隔。到6个月大时，大多数婴儿每晚睡大约12个小时，白天还要睡4个小时左右。随着婴儿不断发育成熟，他在夜间的睡眠时间将不断增加，而在白天的睡眠时间将不断缩短。到三岁时，宝宝们通常每晚睡14个小时，白天睡2个小时。如果你的宝宝无法入睡，或者睡不踏实（特别是晚上哭醒），或者在醒着的时候昏昏欲睡，那么他就可能患上了失眠症。

失眠：症状

- 入睡困难。
- 夜里哭醒，需要哄才能继续入睡。
- 白天疲惫。
- 黑眼圈。

失眠：病因

- 焦虑。
- 消化不良（冷食、辛辣食物）。
- 脱水。
- 饥饿。
- 出牙。
- 患病。
- 抗生素。

失眠：预防

拟定一份可能包含晚饭、讲故事、洗澡、按摩、抱在怀里哄、拥抱、唱歌或听音乐等活动的睡前清单。轻柔的声音（如白噪音）也可以帮助你的宝宝放松和入睡。试着和宝宝一起做呼吸和放松练习。鼓励宝宝在白天做一些剧烈的体力活动，并花一些时间探索大自然。注意眼睑下垂、揉眼睛和烦躁等表示困倦的迹象。估算宝宝什么时候可能会累，并且据此制定计划。

如果宝宝怕黑，你就开一盏夜灯，或者把门打开一条缝。鼓励宝宝说出白天可能让他感到害怕的事情。睡前不要看容易让他感到紧张的电视节目，或者讲可能让他感到害怕的故事。

疾病：失眠

系统：神经系统

失眠：护理建议

考虑可能影响睡眠的食物和环境因素。确保宝宝的房间温度适宜，空气湿润，安静，没有刺眼的灯光。确保宝宝在睡觉前既不饿也没有暴饮暴食，而且一整天都注重补充水分。给他穿舒适透气的衣服睡觉。睡前看太多电视或听太多音乐容易让宝宝夜里醒来和做噩梦。抗生素和免疫接种（如B型流感嗜血杆菌疫苗或百日咳）也会导致失眠。检查你的宝宝是否正在出牙，或者患有其他可能导致失眠的疾病或身体不适。

食疗	局部疗法
消化不良可能会导致失眠。	• 用生姜敷后背来放松。 • 洗温水澡。

饮食重点	饮食禁忌
少量零食（如吐司、燕麦片和饼干）可以帮助你的宝宝在一整夜里维持血糖水平，进而防止他夜里醒来。菊花茶能使人放松，因此有助于睡眠。	食物和饮料中的兴奋剂，如咖啡因（通过母乳摄入）、巧克力和精制糖。食品添加剂等加工食品中的常见成分。容易造成脾胃虚寒的食物，如香蕉、酸奶、冰淇淋和牛奶。容易导致积食、上火的食物，如肥腻、辛辣的食物。加工食品中的色素和合成化学物质可能会导致宝宝过度活跃。

精油	穴位
薰衣草、洋甘菊、玫瑰。	足三里（胃经36）、三阴交（脾经6）、间使（心包经5）、内关（心包经6）、风池（胆经20）、太冲（肝经3）、气海（任脉6）、中脘（任脉12）、百会（督脉20）。

灵气疗法	按摩
把你的手放在宝宝身体的以下部位：前额、太阳穴、后脑勺、头顶、胃部和小腹。保持两分钟或以上。	给宝宝做全身按摩，以此来让他平静下来。

失眠：注意事项

婴幼儿失眠可能与抑郁、焦虑、慢性中耳炎、呼吸道阻塞所致睡眠呼吸暂停、发烧和夜惊有关。如果失眠多天不见好转，那就要带宝宝看医生。

疾病：多动症
系统：神经系统

精力充沛、安静不下来、容易分心的孩子可能会被贴上多动症的标签。然而，对婴幼儿来说，多动和兴奋之间并不存在明确的界限。你可以时刻关注他的兴奋程度，并且通过食物、自然疗法和体力游戏来帮他调节兴奋程度。

多动症：症状

- 无法安静坐着。
- 喂奶或喂饭时焦躁不安。
- 身体反弓，肌肉紧张，辗转反侧。
- 睡不踏实，经常醒来，无法自行入睡。

多动症：病因

- 饮食不平衡或食物过敏。
- 睡眠不足。
- 遗传或化学物质失衡。
- 家庭和心理社会因素。

多动症：预防

充足的睡眠，健康的食物，新鲜的空气，体力游戏。

（续表）

疾病：多动症	
系统：神经系统	
多动症：护理建议	
确保你的宝宝得到了维持身体系统平衡所需的一切——充足的睡眠、营养丰富的食物、新鲜的空气和足够的体力活动。维持规律的生活和饮食安排，以此来减少焦虑，调节血糖。对于似乎非常活跃的宝宝来说，每天活动身体对释放额外能量、放松和提高注意力特别有帮助。不要看电视、电影和玩电子游戏，这些活动会让宝宝焦虑。营造安静、轻松的家庭氛围。

此外，你要确保宝宝的养育者和老师与他的气质相匹配。喜欢安静的养育者会受不了精力充沛的孩子，以致限制孩子天生的好奇心，损害他对自我的认识和压抑他的潜力。宝宝进入幼儿园时，你要确保他能得到符合他学习习惯的学习机会。

一旦发现你的宝宝似乎比别的孩子都要活泼，你就要开始记录他的行为表现。如果他确实需要专业干预，你的记录就有助于医生对他做出正确的诊断和治疗。 ||
食疗	**局部疗法**
食物影响能量。营养丰富、天然健康的饮食有助于让宝宝的能量流动保持稳定。	• 用生姜敷后背。 • 洗温水澡。
饮食重点	**饮食禁忌**
均衡饮食，如冷水鱼（如金枪鱼或三文鱼）、琉璃苣油、亚麻籽油、月见草油、鱼肝油和藻类食物。	糖、咖啡因（通过母乳摄入）、巧克力、麸质和酪蛋白。食品添加剂，特别是食用色素、苯甲酸盐、硝酸盐、亚硫酸盐、硅酸钙、丁基羟基茴香醚、二丁基羟基甲苯、过氧化苯甲酰、乳化剂、增稠剂、稳定剂、植物胶、改性淀粉、人造香精、防腐剂和味精。
精油	**穴位**
薰衣草、洋甘菊。	足三里（胃经36）、丰隆（胃经40）、三阴交（脾经6）、神门（心经7）、太溪（肾经3）、内关（心包经6）、阳陵泉（胆经34）、太冲（肝经3）、中脘（任脉12）。
灵气疗法	**按摩**
把你的手放在宝宝身体的以下部位：腹部、腰部、背部肋骨以下（肾区）、前额、太阳穴、头顶。保持两分钟或以上。	给宝宝做全身按摩，以此来让他平静下来。
多动症：注意事项	
随着宝宝逐渐长大，如果你仍然担心他患有多动症，那就可以带他去看专科医生。你也可以考虑让他接受食物过敏测试。	

宝宝的内分泌系统

内分泌系统由很多腺体组成，它们通过分泌激素来指导身体细胞在什么时间做什么事。内分泌系统的主要腺体有垂体、松果体、下丘脑、甲状旁腺、甲状腺、肾上腺、胰腺、卵巢和睾丸。虽然每种腺体都分泌特定的激素，但这些激素都会进入血液。这些腺体所分泌的主要激素有20多种，它们能影响情绪、生长速度、新陈代谢、性功能和生殖等生理过程。例如，胰腺分泌胰岛素，后者能促进身体细胞对葡萄糖的摄取和利用。甲状腺分泌调节新陈代谢、骨骼和神经系统发育的激素。肾上腺在应激时分泌能量促进激素。松果体的褪黑激素能调节睡眠周期。卵巢和睾丸分泌与生殖功能密切相关的激素。

负责监督所有这些分泌活动并保持身体平衡的是位于脑中的垂体。脑垂体分泌控制其他腺体的激素，命令它们何时分泌以及何时停止分泌。

你可以给宝宝吃健康的食物，特别是健康的脂肪和矿物质，以此来促进宝宝内分泌系统的发育，提高内分泌功能。避免让宝宝接触含有内分泌（或激素）干扰物的产品或玩具，如双酚A、聚氯乙烯和对羟基苯甲酸酯。接触这些产品会危害宝宝的身体健康。

与内分泌系统有关的常见婴幼儿疾病有黄疸。

疾病：黄疸
系统：内分泌系统

黄疸发生在胆红素积聚的时候，胆红素是红细胞分解的代谢废物。大多数新生儿都有轻微的黄疸，表现为皮肤变黄（通常首先出现在脸部，随后蔓延到躯干、两腿）。黄疸一般在出生后3~4天出现，并在1~2周内消失。一些研究表明，婴儿胆红素的轻微升高实际上可能帮助他们的身体抵抗细菌感染，同时为大脑提供有益的抗氧化剂。出生后24小时内出现的黄疸可能需要多加留意。

虽然大多数黄疸都会自行消退，但你仍然要带宝宝看医生。如果他的胆红素水平过高，医生就可能让他接受光疗。宝宝将会在特制的光疗箱中接受蓝光的照射，这种蓝光可以分解胆红素。如果症状较轻，他也可以在家中用特殊的毯子和灯接受同一原理的治疗。

黄疸：症状	黄疸：病因
• 皮肤呈暗黄色或亮黄色，从头部开始向下蔓延至全身。 • 眼白变黄。 • 粘膜和体液变黄。 • 身倦无力。 • 便秘或便溏。 • 食欲不振，口渴。	• 胆红素积聚。 • 早产。 • 出生时注射维生素K。 • 母婴血型不相容。 • 母亲患糖尿病。 • 母乳（非常罕见，在所有病例中占1~2%）。 • 母亲在分娩时接受麻醉。 • 引产或难产。

疾病：黄疸
系统：内分泌系统

黄疸：预防

你可以让宝宝接受自然光疗法，每天都安排一些时间来晒太阳。让他在阳光充足的窗前午睡、吃饭和玩耍。带他出去呼吸新鲜空气，晒太阳，尽可能多地裸露皮肤。不过，你也要防止宝宝晒伤皮肤，眼睛被强光照射，以及体温过高。

黄疸：护理建议

如果你怀疑宝宝有黄疸，那就请医生为他做评估。如果他需要接受光疗，那就让医生留出喂奶和你与宝宝发展感情的时间。黄疸通常发生在出生后的头几天，如果你打算母乳喂养，这时就是建立母乳喂养习惯的重要时间段。

除非你的宝宝患有罕见的由母乳引起的黄疸，否则可以增加母乳喂养的次数。胆红素是通过排便排出体外的，所以频繁的母乳喂养有助于新生儿排便，清除体内多余的胆红素。

哺乳妈妈的饮食

食物影响能量。营养丰富、天然健康的饮食有助于让体内的能量流动保持稳定。

饮食重点	饮食禁忌
喝加有柠檬汁的温水。多吃绿叶蔬菜、小萝卜、煮熟的蔬菜、全麦谷物、苹果、梨和葡萄柚。	肥腻食物、甜食、香蕉。

精油	穴位
薰衣草、洋甘菊。	足三里（胃经36）、三阴交（脾经6）、阳陵泉（胆经34）、太冲（肝经3）。

灵气疗法	按摩
把你的手放在宝宝身体的以下部位：右侧肋下肝区、腰部右侧。保持两分钟或以上。	给宝宝做全身按摩，以此来让他平静下来。

黄疸：注意事项

黄疸可以迅速发展，也可以病得很重。检查新生儿的皮肤是否泛黄。在自然光下，用手指轻轻按压他的鼻子或前额，然后在移开手指的一瞬间检查他的皮肤是否有淡淡的黄色。如果你怀疑他有黄疸，那就立即带他去看医生。

宝宝的肌肉和骨骼系统

你的宝宝有200多块骨头和600多块肌肉来支持他的身体，保护他的重要器官，让他能够四处活动。出生时，宝宝的骨头非常柔软，有相当的部分是软骨。这些软骨不断生长，变硬（骨化），进而成为坚硬的骨头，宝宝也随之越长越高。他的骨骼要到20岁左右才能发育完全。除了为宝宝的身体提供骨架外，骨骼还有储存矿物质（如钙、磷、钠）和维生素（如维生素D）的作用，以此来预防这些物质出现短缺。

韧带和肌腱把宝宝的骨头和关节连接在一起，肌肉使他有力气活动自己的身体。通过大脑运动皮层和小脑，宝宝能有意识地控制自己的胳膊和腿。组成心脏的心肌和胃肠道里的平滑肌都是不随意肌，它们分别有泵血和推动食物通过胃肠道的功用。

宝宝的头骨、肋骨和骨盆包裹并保护着他的内脏器官，而骨头又受到强壮肌肉的保护。海产蔬菜含有丰富的矿物质和钙，它们能用来强壮骨骼，而酸性食物（如糖和番茄）则会从骨骼中吸收钙。经常运动能够让宝宝的骨骼和肌肉变得更加强壮和健康。

三岁以下的婴幼儿很少患肌肉和骨骼疾病，因此我们就不再介绍这一系统的常见疾病了。

宝宝的循环系统

宝宝的循环系统让血液在他的全身流动，同时把氧气、营养物质和能量运送给各种器官和组织。在出生前，脐带是宝宝的循环系统。它从母亲的胎盘中收集他所需要的各种东西，同时把代谢废物交换出去。脐带被剪断时，宝宝开始呼吸空气，他自己的循环系统也开始发挥作用。从那一刻起，他的循环系统就担负起了将血液从心脏运送到全身数十亿个细胞的重任。

宝宝的循环系统包括心脏、肺和遍布全身的血管系统（包括动脉、静脉和毛细血管）。他的血液循环包括体循环和肺循环，两者交替进行。心脏能区分动脉血和静脉血，并且承担着泵血的重任，作用十分关键。良好的血液循环是宝宝身体里所有器官正常运转的基础，也是他整体健康的保证。运动、拉伸、呼吸练习、按摩、良好的睡眠、新鲜的空气和健康的食物都有助于强健他的循环系统。

三岁以下的婴幼儿很少患循环系统疾病，因此我们就不再介绍这一系统的常见疾病了。

宝宝的生殖系统

出生时,宝宝的生殖系统已经基本发育完成,但是处于休眠状态。当脑垂体向性腺(女孩是卵巢,男孩是睾丸)发出分泌激素的信号时,生殖系统才会从休眠中苏醒。这一情形通常发生在宝宝9~15岁之间,青春期和生殖就是从这一时期开始。

女孩的生殖系统包括外阴、阴道、子宫、子宫颈、输卵管和卵巢。卵巢里有配子(生殖细胞),配子能与其他细胞结合实现生殖功能。女性的配子是卵子,男性的配子是精子。青春期后,女性的卵子可以与男性的精子结合形成受精卵,并且进一步发育为胎儿。

男孩的生殖系统包括阴囊、睾丸、输精管、性腺和阴茎。这一系统的作用是制造能够使卵子受精的精子。出生时,男孩的阴茎顶端(龟头)覆盖着包皮。有些地方的人们会通过包皮环切术(割礼)切除包皮,但这种做法在医学上缺少根据。

所有的婴儿,无论男孩女孩,都会玩弄自己的生殖器,这很正常。当你的宝宝能听懂你说话时,你可以告诉他这是正常的行为,但是最好别让他人看见。

由于生殖系统不是维持宝宝生命所必需的,而且在出生后的最初几年里,生殖系统基本处于休眠状态,因此常见的婴幼儿疾病很少涉及生殖系统。不过要注意的是,你要防止宝宝接触有可能影响他内分泌功能的物质,这种物质存在于各种物品、食品和环境中。

第 2 章
情绪与心灵

幸福生活是世界各地的父母对孩子的殷切期望。幸福到底是什么意思？对你的孩子来说，拥有一个光辉灿烂的人生意味着什么？你能做些什么来让孩子拥有幸福的童年，并成长为一个快乐的成年人？

生活幸福是天底下的所有父母对宝宝的殷切期待。幸福的含义到底是什么？能够度过多姿多彩的一生对你的宝宝来说到底意味着什么？你又能做些什么来让他现在幸福，乃至一生幸福？

关于幸福的研究还在不断继续。纪录片《快乐》通过对14个不同文化背景的人的采访，对幸福状态进行了科学研究。研究人员发现，优先考虑内在价值的人（如与家人和朋友的关系），以及感知到生活的意义的人，比那些注重外在价值（如金钱、权力和名声）的人，更容易感到快乐。真正的幸福不是来源于你拥有什么或者取得过哪些成就。存在的本质，如爱、团结、真、美、自由、社会贡献和和平，是真正满足和实现幸福的源泉。

为了帮助孩子在生活中获得满足感，你可以在他婴儿时期就滋养他的情绪发展。通过让他与至少一位养育者建立牢固、健康的联系，并在被理解、接纳和无条件的爱中成长，你就给了他最好的机会来发展自主性、培养能力和发展人际关系，这些都是幸福生活的要素。

当埃米和玛丽还是婴儿的时候，她们拥有纯洁和真实的情感。无论是生气、伤心，还是高兴，她们都不加掩饰。情感存在于孩子生命中的每一刻。当他玩玩具，和你互动，或者吃东西的时候，他是有感觉的，这些感觉影响了他的行为、选择、成长和发展。

当你的宝宝感到不适或需要你的帮助时，他会哭。如果他的需要得不到满足，他会感到愤怒、害怕或悲伤。他接收到的情感支持，决定了他的情感和社交能力如何成功地发展，而这些技能将贯穿他的一生。研究人员通过大脑成像技术了解到大脑对情绪的反应，并得出情商是学习知识和技能的基础，也是认知发展的必要条件。儿科医生和教育工作者已经认识到，孩子的情绪发展对他的全面发展至关重要。这一章会从以下三个方面来介绍如何帮助宝宝提升情商：

- **日常措施**。日常措施。这一节内容将讨论宝宝情绪健康的重要性，以及如何通过实用的日常练习来让他获得快乐。
- **情绪发展理论**。这一节内容将介绍有关情绪发展和社会性发展的基本理论，以此来帮你洞悉宝宝在婴幼儿阶段的内心世界。
- **与情商和社会商有关的重要技能**。这一节内容将介绍有助于提升情商与社会商的重要技能，并提出相关建议。在这一章的末尾，我们还将介绍如何为宝宝选择儿童看护服务。

在你读这一章的时候，要记住你的孩子是独一无二的，他有他自己个性和气质，以及属于他自己的道路。你可以帮助他发现并发掘那些能给他带来快乐的特有的品质。

日常措施

当我看到一位母亲不由自主地用鼻子爱抚她的宝宝，并亲吻宝宝的额头时，我看到了她身为母亲天生的温柔。我还记得当我抱着我的女儿，呼吸着她们甜美的气息时的满足感。她们是如此脆弱，对我又完全信任，这让我感到谦卑，我知道我会尽我所能为她们提供最好的。我觉得这种爱比我的生活习惯和我外在的身份更加重要。这种爱需要我不断学习并产生新的观点，以更好地做出选择，确保孩子们更健康和幸福。

在我有孩子之前，我认为爱是一种特殊的感觉，但直到我的孩子出生，我才真正理解爱的含义。我意识到父母的爱与其他类型的爱有本质的不同。我发现爱体现在我对孩子的期望中。我希望我的孩子健康、快乐、充实、成功，对自己满意。爱也体现在我在照顾女儿的过程中的行为和选择。我理解为什么父母经常为了孩子牺牲自己。例如，他们可能会花更多的钱来购买有机食品和健康的产品，却牺牲了自己需要。最后，我发现为人父母本身已经成为激励我生活，鼓励我不断改变和调整的力量。

作为父母的你会影响着孩子的情绪健康。你如何对宝宝的情绪做出反应，会极大地影响着他是否能成功地学会使用情绪并避免被情绪控制。通过观察和促进他的情绪发展，你带给他宝贵的技能，帮助他明确自己的目标，应对生活中的挑战并找到幸福。在本节中，我将给出一些日常练习，这些练习能积极地帮助孩子获得情绪发展。

日常生活中的一些简单改变就能影响宝宝的情绪健康。当你花些时间了解到生活中某些简单的过程却富含深层的意义时，你就能做出改变来激励和滋养孩子的成长。总的来说，以下做法会为宝宝的情绪发展奠定基础：保持正念，发现和鼓励孩子好的品质，承认和接纳孩子的感受，创造和平的环境，在时间安排上规律合理，管理自己的压力，给孩子提供健康的食物，常运动，有幽默感，让生活充满仪式。最后，如果你能照顾好自己，信任宝宝，同时发现不完美中的完美，你就能帮助宝宝活出真正的自己。

成为真正的榜样

你的孩子通过了解并模仿他周围的世界来学习。比起听从你的教导，他更可能模仿你的行为、态度和价值观。你的孩子就像一块海绵，能吸收和学习你的动作和行为，并且以同样的方式展现出来。通过他，你可以了解真实的你，这也是你收获自我成长的良机。

你的情绪特征造就了孩子的情绪氛围。你在他生活的方方面面中，都是他最主要的榜样。即使你的情绪很多都不是针对孩子的，孩子也会吸收着环境中各种各样的积极和消极的情绪，并被深深地影响着。他还会把情感与经历联系起来，比如，如果你投入且快乐地做着饼干，并把这当成一项有趣的活动，宝宝也能感到兴奋，并把这种感觉与做饼干联系起来。反之，如果做饼干让你倍感压力并手忙脚乱，你的宝宝也会感觉到这种情绪，并在你下次开始烘焙的时候感到不安。如果你做一些符合自己价值观和目标、让自己快乐的事情来调整自己的情绪，宝宝也会获得同样的能力。

在教导孩子如何控制情绪方面，正面的榜样比解释、批评或惩罚要有效得多。1972年，我在我大学教授的办公室里发现了一首关于成年人的行为是如何影响儿童的诗（见下页）。尽管我已经把这首诗读了很多遍，但每当我回想起我的孩子们和我自己的成长轨迹时，这首诗仍然会在我的心里激起强烈的共鸣。

正念练习

正念养育法要求你了解你的孩子，对他敞开心扉，和他一起活在当下。你心存正念，在发生情况时不冲动，你用更加真实的想法和感受，以更加尊重孩子的方式，有意识地与他建立联系。

你这种有意识的行为开始让孩子形成对自己的了解，并构建他与世界的关系。作为父母，无论你采取什么样的行为方式，你的孩子最终都会理解你的意图，并将它——你行为背后的真实想法——与他自身合二为一。

在养育孩子的过程中进行正念练习能帮你做出决定，减轻压力，并与你的孩子建立更紧密的联系。通过正念练习，你可以掌握正念的技巧，从而为你的孩子发展自己的正念打下基础。正念学院创始人、荷兰治疗师艾琳·斯奈儿（Eline Snel）在她的著作《正念养育：提升孩子专注力和情绪控制力的训练法》[Sitting Still Like a Frog:Mindfulness Exercises for Kids（and Their Parents）]里介绍了培养孩子正念意识的许多好处，"通过培养正念，孩子学会了停下来，关注呼吸，并开始意识到他们此刻真正需要的是什么。"

婴幼儿还在发育，他们没有能力让自己的大脑完全平静下来，思考问题并有意识地采取行动。但是，在他自然成长的过程中，你可以帮助他培养正念。按照下面介绍的方式，带着你的宝宝做一些简单的培养正念的练习，你和宝宝都能从中获益。

孩子是你的镜子
Children Learn What They Live

罗乐德①

如果孩子活在批评里，他便学会苛责他人。
如果孩子活在敌意里，他便学会咄咄逼人。
如果孩子活在恐惧里，他便学会担惊受怕。
如果孩子活在怜悯里，他便学会顾影自怜。
如果孩子活在嘲讽里，他便学会畏首畏尾。
如果孩子活在妒忌里，他便学会嫉恨他人。
如果孩子活在羞愧里，他便学会内疚不安。
如果孩子活在鼓励里，他便学会自信洒脱。
如果孩子活在包容里，他便学会心平气和。
如果孩子活在称许里，他便学会欣赏他人。
如果孩子活在接纳里，他便学会敞开心扉。
如果孩子活在赞赏里，他便学会自尊自爱。
如果孩子活在认可里，他便学会坚持自己。
如果孩子活在分享里，他便学会慷慨大方。
如果孩子活在坦诚里，他便学会真心待人。
如果孩子活在平等里，他便学会公平正直。
如果孩子活在体贴里，他便学会关爱他人。
如果孩子活在安全里，他便学会自信从容。
如果孩子活在友善里，他便学会拥舞世界。

Copyright © 1998 by Dorothy Law Nolte and Rachel Harris
The poem "Children Learn What They Live"
Copyright © 1972 by Dorothy Law Nolte
Used by permission of Workman Publishing Co., Inc., New York
All Rights Reserved

---

①罗乐德（Dorothy Law Nolte），美国著名社会学家、精神治疗师，擅长家庭动力学。——译者注

练习正念的益处

- 减少压力，让心情得以平静。
- 更容易入睡。
- 更好地控制冲动。
- 培养批判性思维。
- 提高对外界的敏感度，提升专注力，进而促进学习。

陪伴他，感受他

作为冥想的一种形式，陪伴宝宝本身就是进行正念练习的一种方式，你可以先从每天几分钟开始，逐渐延长时间并更加积极地投入。如果你一天能拿出15~30分钟时间来专注、放松地陪伴宝宝，不受外界打扰，你们就能建立基本的联系。但如果你虽然身体和他待在一起，却总是因为电子设备和各种担忧而分心，那么你的宝宝也会感到不满和不安。

你要把自己的所有感官通道充分打开，让宝宝知道，"我看见你了"，"我听见你了"，"我闻到你了"，"我摸到你了"，"我尝到你了"，"我在和你一起动"，以此来加强你们之间的联系。下面的这些互动可以让你和宝宝的关系更加紧密，他们需要信任，同时也在构建信任。

"观察、等待和惊叹"（Watch, Wait, and Wonder）是一项专门用于婴幼儿心理治疗的项目。该项目由威斯康辛大学的儿童精神病学家弗兰克·约翰逊（Frank Johnson）博士、杰罗姆·道林（Jerome Dowling）博士和戴维·威斯纳（David Wesner）博士共同开发。该项目用孩子天生的对养育者的依恋需求来疗愈情绪问题并发展健康的依恋关系。虽然该项目主要用于有严重情绪问题的孩子，但它对解决宝宝的日常情绪问题和提升情绪健康都有很大的帮助。下面是"观察、等待和惊叹"方法的工作原理：

- 早在孩子四个月大的时候就开始实施这项计划，并将计划一直持续到孩子4岁左右。
- 每天30分钟。
- 和孩子在一起，把你全部的注意力集中在他身上。
- 尊重孩子的选择，让他在玩耍中承担主导者角色。

这么做对你的孩子有非常明显的好处。总的来说，他会更加快乐、更享受周围的人和事。他会更自信、更自在地描绘他的想象力和创造力。他也能更加享受独自玩耍的时光，兄弟姐妹之间的竞争也不再会那么让人头痛。

亲子时光也是上天赐予你的一份珍贵礼物。在出生后的头几年里，你的宝宝发育迅速，变化也很大。当他长大后，你就会怀念和珍视你与他共度的那些亲密时光，同时也会惊叹岁月如梭。

如何与宝宝加深感情

- 全身心陪伴宝宝。
- 要有眼神交流。
- 紧紧地抱着他，尽可能与他肌肤接触。
- 给他读故事。
- 一起享受沐浴的快乐时光。
- 出门散步。
- 一起说话，唱歌。
- 随着音乐一起跳舞。
- 一起玩耍，欢笑。

了解关于"观察、等待和惊叹"的更多信息请访问 growhealthygrowhappy.com

关注呼吸

正念练习从关注呼吸开始。在瑜伽和冥想的练习中，你可以用呼吸把身体、情感和思维连接起来。如果你感到不安或疼痛，深呼吸可以帮助你恢复平静和平衡。

我认为，科学家们对呼吸如何影响身心健康的研究才刚刚开始，在《呼吸：自我疗愈的万能钥匙》（*The Master Key to Self Healing*）一书中，医学博士安德鲁·韦尔（Andrew Weil）表示：你可以用呼吸来调节神经系统，缓解疼痛，降低血压，助力消化，提升你的机体健康水平；呼吸同样可以舒缓压力，改善心理健康。这一方法不用吃药，没有副作用。只需呼吸即可。

呼吸联系着副交感神经系统（控制日常脏器功能）和交感神经系统（应对紧急情况）。当你感到恐慌或紧张时，你的神经系统就会进入应激状态：肾上腺素增加，心跳和呼吸频率加快，以此来为你应对紧急状况做好准备。通过简单地呼吸练习——吸气和呼气，你可以让你的身体回到副交感神经状态。在这种状态下，你会更加平静和专注。

当孩子们感到沮丧或害怕时，专注的呼吸也能帮助他们平静下来。或者，当宝宝躺在床上即将入睡的时候，他也可以一边呼吸，一边把注意力放在身体的不同部位上，以此来让大脑平静下来。然后，如果他醒来时需要振奋精神，那么他还可以运用更有力的呼吸来激发活力。

或许你已经注意到，当婴儿呼吸时，他的整个腹部会上下起伏，这种呼吸被称为横膈膜呼吸，或腹式呼吸，由横膈膜帮助肺部吸入和排出空气。横膈膜呼吸是更长、更完整、频率更低的呼吸，能让宝宝的身体充满所需的氧气。

随着宝宝逐渐长大，他们可能会从横膈膜呼

吸逐渐过渡到胸式呼吸。胸式呼吸只用到宝宝的胸部肌肉，频率较快，幅度较浅，对身体和精神的滋养比腹式呼吸要少。你可以鼓励你的孩子保持横膈膜呼吸的习惯，阻断胸式呼吸的发展。你可以不时通过观察孩子腹部是不是在上下起伏，来确定他是否在用横膈膜呼吸。如果不是，你就可以温柔地把他的注意力引导到他的呼吸上，并通过下面列出的若干个练习来帮助他恢复腹式呼吸。大多数人直到10岁左右才开始用腹式呼吸取代胸式呼吸。如果你能花些时间，帮宝宝有意识地从小养成腹式呼吸的习惯，那么胸式呼吸可能就不会成为他的问题。此外，这些呼吸练习都很有趣，你和宝宝都会喜欢。

🌸 **陪宝宝一起呼吸**：身体冲浪。仰面躺下，将宝宝抱在胸前和腹部。吸气时，用鼻子静静地吸气，同时将身体的腹部和胸部扩张。呼气时，慢慢地用嘴将气体吐出，腹部同时收缩降低。让宝宝体验你呼吸的节奏。虽然这种呼吸练习是针对婴儿的，但1～4岁的幼儿也会同样喜欢。

🌸 **陪宝宝一起呼吸**：肚子上的玩具。这个方法能让孩子意识到他的呼吸是他自己的，他有能力控制它。让你的孩子仰面躺下，在他的肚子上放一个他喜欢的小玩具，让他看着玩具随着他的呼吸上下移动。然后你做出惊讶的表情，和宝宝一起哈哈大笑：原来是呼吸让玩具上下移动！

🌸 **与呼吸一起游戏**。让你的宝宝意识到他的呼吸，以及呼吸对他的影响。在"动作大冒险"（Move with Me）网站上，利兹·布兰登（Liz Bragdon）介绍了以下4种有趣的活动，"这是4种让孩子增加自我掌控力，

获得平静和进行自我调节的呼吸练习"。除激发孩子的想象力外，这些练习还能帮助他放松、镇定、平静，并获得平衡：

闻花香。假装在闻一朵花，用鼻子吸气，然后用嘴巴呼气。

蛇呼吸。做一个深深的腹式呼吸，先吸气，然后咬住牙齿，像蛇一样把空气慢慢地吹出来。

熊呼吸。假装是一只冬眠的熊。先用鼻子深吸一口气，数4秒，然后屏住呼吸，数两秒，再用鼻子呼气，数4秒。

兔子呼吸。假装自己是花园里的一只兔子。先连续吸气3下，每一下都很短，就像兔子在花园里找蔬菜一样，然后再用鼻子把气慢慢地呼出来。

无论你的孩子将来会去哪里，他的呼吸都将永远伴随着他。通过在他很小的时候教会他用呼吸来调节能量，培养他对呼吸的意识，你会为他的健康和幸福带来不可估量的益处。

 更多关于呼吸练习的信息可以访问：
http://move-with-me.com

开发感官意识

宝宝的五种感觉：视觉、嗅觉、触觉、听觉、味觉，直接引领着宝宝的感受和体会。例如，当他闻到和品尝到自己喜欢的食物时，整个世界都在那一刻静止。通过强化宝宝的感官意识，你可以帮助他学会停止思考，停止判断，进入当下，关注当下，让自己进入正念。下面的这些练习可以帮助你的孩子培养感官意识。如果孩子太小，你可以先自己练习，等到孩子长大些再带他一起做。

❀ **关注动作。** 比如当你在走路，拿起杯子，或者刷牙时，你关注这个动作本身，用意识和知觉去完成这个动作。例如，走路的时候注意自己的脚，或者，拿起杯子的时候注意你的手和手臂的每一个细微的动作。

❀ **用心吃饭。** 吃饭的时候关注食物本身，为孩子指出不同食物的味道和口感，引导你的孩子进入他的感官世界。

❀ **身体扫描。** 在这个练习中，你依次把注意力放在身体的每一个部位上。虽然宝宝太小，还不能自己去做这个练习，但通过感觉到你身体的静止，宝宝也会觉得放松。等他长大些后，你就可以引导他完成这个练习。如果你的孩子入睡困难，那么当他最终学会这个练习后，他就可以把它当做自己的睡前仪式来帮助自己入睡。身体扫描从脚开始，向上进行。首先，把注意力放在脚趾上，关注脚趾的感觉，维持片刻。然后把注意力慢慢向上移动，依次关注脚、脚踝、小腿、大腿、臀部、腰部、腹部、肩膀、脖子、头部、手臂和手指的感觉。

瑜伽等许多身心练习都能帮助你的孩子感知他的身体、感受和他自身。一般来说，如果你问他某种食物是什么味道，或者他此刻两只脚是什么感觉，那么你都能让他停下来关注当下。你也可以和他安静地坐在一起，让他进入专注的状态。

练习冥想

冥想是个术语，涵盖了各种各样的练习，每一个练习都有着各自的目的。最常见的冥想方式是关注当下，这么做能缓解压力，降低心率，提高脑力，增强幸福感。许多形式的冥想根植于宗教，也适用于世俗。我每天都会进行冥想练习，我的方式很简单，也很直接。如果你想尝试，可以这样做：

❀ 在你不需要照顾宝宝的时候，找一个安静的地方。

❀ 坐在舒适的椅子上，双脚平放在地板上，直起上身，手臂放松，或者你也可以用冥想垫代替椅子。你可以把双手放在腹部，这样有助于你把注意力集中到身体内部。

❀ 深呼吸，频率要慢。

❀ 把注意力放在你的腹部，当脑海中浮现出任何想法时，清空它们。

❀ 开始时，每天练习冥想10~15分钟。随着你感觉越来越好，而且如果你有更多时间的话，你就可以把时间慢慢增加到30分钟。

虽然你的宝宝还无法完成冥想这样的练习，但他仍然可以吸收冥想带给你的平静能量。冥想可以稳定你的情绪，理清你的思绪，从而让你在照顾宝宝时更加专注、平和。冥想让你停下来关注自己，同样也让家人获益。

通过与宝宝建立联系，关注宝宝的呼吸，培养他的感官意识，练习冥想，你可以把正念技巧传授给宝宝。正如艾琳·斯内尔在《正念养育：提升孩子专注力和情绪控制力的训练法》的前几章中所写的那样，"你无法控制大海，你无法阻挡海浪，但你可以学会在大海上冲浪。这是正念练习的核心思想。"在日常生活中，你和孩子会因正念而得到回报。

采取积极的态度

"梅塔"（Metta）是一种流行的佛教冥想形式，它可以培养仁爱的品质。"梅塔"代表着一种友好的态度，能用共情和同情心发现他人的优点，是一种不期回报的爱的表达。当你用梅塔的态度来看待你的宝宝时，你就会去想象他永无止境、无远弗届的潜力。你对他的爱是无条件的，你希望他一切都好。对于孩子的成长，我们有一个非常积极而

有益的做法，那就是注意你的语言和行为是否考虑了宝宝自身和他的梦想与潜能。

你对孩子的印象可以成为他自我实现的预言。你的信念先于你的行动，这反过来又强化了孩子的信念和行动。如果你认为你的孩子聪明能干，你就会对他的聪明抱有期待，并尽你所能来滋养他的心智发展，从而使他更可能成为聪明能干的孩子。反过来，你对孩子的负面印象也会给他带来负面的预期。思维和语言是非常强大的，它们不仅能影响你对他的感觉，也会影响他对自己的感觉。

孩子通过父母的眼神来认识自己。你的孩子对自己的看法在很大程度上取决于他接收和感知到的评价，尤其是来自父母等主要养育者的评价。这些信息对他来说是一面镜子，因为他相信你，所以也相信你的判断。他会吸收你所有积极、消极或中立的评价，形成他的自我认知。

行动比语言更能影响孩子，但语言也很重要，你应该注意自己所运用的语言。当你需要对宝宝做出积极回应时，奥地利精神病学家阿尔弗雷德·阿德勒博士发现，相对于表扬来说，鼓励是一种更健康的方式。他在20世纪初发现了这一区别，随后的研究也支持了他的结论。

根据阿德勒的理论，表扬的话语是评判性的，注重结果，而鼓励的话语是启发性的，注重过程。例如，"我为你赢得比赛感到自豪"这句话是表扬，"你玩得很努力，你的努力得到了回报"这句话是鼓励。表扬会让孩子只看重别人的肯定，从而抑制他们的内在动机。相反，鼓励认可孩子自己的选择和努力，从而帮助孩子构建自我评价，激发他们的内在动力。

当你把宝宝的行为和他内心的满足感联系起来，而不是和贴纸、玩具或糖果这样的有形奖励联系起来时，他的自信就会增长，他就会明白，他重要是因为他自己，而不是因为他所做的事情。你要

诚实而真诚地鼓励他努力的过程，而不仅仅表扬他取得的成绩。不要拿他和其他孩子比较，无论是"你是其他孩子的榜样"，还是"你要向别的孩子学习"，都不可以。

积极的做法还包括认可他本身，让他知道你"看见"了他。如果你肯定他，你就能让他知道你理解他，理解他当下的恐惧、快乐和兴趣。如果你表现出对宝宝的接纳和认可，他就会感觉自己得到了理解，并且明白他很好，这个世界也很好。

尽可能保持积极，以此来让宝宝感觉到你爱他，珍视他，同时获得价值感和自信。你鼓励性的语言和行动能为他树立自信的道路扫清障碍。

肯定和接纳宝宝的感受

调节情绪的能力会帮助宝宝在成长过程中形成行为意识，控制能力以及发展出社会可接受的行为。你可以从认可他的情绪，接纳他的感受开始帮助他发展调节情绪的能力。当你用一种理解他的方式描述他的感受时，他知道他是被接纳的，从而开始让自己平静下来。

父母有时会因为孩子的负面情绪，比如痛苦、愤怒、恐惧、羞耻或厌恶而惩罚他们。但是，这些情绪对于孩子来说都是合理的，而且是有意义的。孩子的这些情绪信号表明他可能遇到了麻烦，需要帮助。但如果你否认这些感受，或者因为孩子有这些感受而惩罚他们，你就在用一种破坏性的方式抑制这些信号。

当宝宝表达他的感受时，他在给你机会去了解他。如果他觉得无法表达自己的感受，就会感到压力，可能不再信任他的照顾者和周围环境。

如果你在孩子表达情绪，尤其是负面情绪时感到不舒服，试着找找自身的原因。可能你在童年时压抑了情绪，或者你不习惯于情绪表达，所以你发现自己很难给孩子足够的空间来让他表达他的愤怒、痛苦或悲伤。相反，你可能会在无意识的情况下阻止你的宝宝表达自己。反思过去对你很有帮助，你可以确定自己对孩子敞开心扉，并且帮助他学会感受和调节他的情绪。所以对父母来说，养育孩子是反思和自我成长的良机。

这一自我反思使我在养育孩子的方式上发生了巨大的转变。在我的成长过程中，父母总是告诫我不要"太过明显地"表达自己的想法和感受。从小到大，他们都教导我不要轻易表达自己的想法和感受。然而，当我成为一名母亲时，我却没有让我的女儿们压抑她们的感受。我只是鼓励她们调整表达方式，以此来表现出对他人的尊重。我想让埃米和玛丽成为独立思考的人，想让她们自信地说出自己的想法，同时也愿意倾听他人。

坦诚、开放的沟通对宝宝心理的健康发育十分关键。通过倾听和观察他的言行，你就能逐渐了解他的真实感受。然后，当你接受他的情绪并且教他管理这些情绪时，你就营造了一种开放而舒适的氛围。在帮宝宝处理强烈的负面情绪（如恐惧、愤怒、嫉妒和悲伤）时，你可以鼓励他寻找可以为人所接受的发泄方式和途径。

得知你在听他说话，并且了解他的感受时，你的宝宝会更容易平衡他的负面情绪。如果你能在感受上与他保持同步，在节奏上与他产生共鸣，你就能更有效地帮助他平复情绪。即使你不明白宝宝为什么会生气或难过，花一些时间来回应他的感受也能让他更加安心。你可以给他怀抱，帮助他面对挑战，或者跟他谈话，让他知道你理解他的感受。如果他的负面情绪是指向你的，你就可以让他知道，人与人之间都会有一些小矛盾，而且你也可以采取措施来修复你们的关系。

在《由内而外的教养》一书中，医学博士丹尼尔·西格尔和玛丽·哈策尔讨论了陪伴、调和、共鸣和信任对提升亲子间依恋关系的重要性，它们也是你提升亲子依恋关系的四个步骤。

如果父母能够对宝宝的经历感同身受，他就会感到你肯定并理解他。西格尔解释说，调和与共鸣能在孩子的大脑中建立能让他的内心更加坚韧的联系。

为了更好地体会宝宝的感受，你可以在遇到困难的时候花一些时间体会自己的感受。作为玩伴（PARTners）或父母（PARenTs）经常陪伴宝宝，努力展现满满的爱意，想方设法增进信任，你们之间的关系就能变得更加紧密。要做到这一点，你并不需要为他做多么复杂的事情或者给他买多么昂贵的玩具。你只需开动脑筋，用你们之间特有的有趣方式来回应宝宝，加深情感。

提升亲子依恋关系的四个步骤（PART）

陪伴（Presence）
心无旁骛地关注宝宝。

调和（Attunement）
与宝宝亲密、及时地互动。

共鸣（Resonance）
与宝宝心意相通。

信任（Trust）
让宝宝知道你爱他，是他坚实的依靠。

营造安宁的环境

每个宝宝所能接受的刺激水平是不同的，这取决于他们的需要、年龄和耐受力。有的宝宝比较敏感、内向，刺激多了就会受不了，所以他们需要安静的独处时间和大量的个人空间。另一方面，外向的宝宝喜欢人多、热闹的地方，他们在那里会充满活力。如果你能对宝宝的气质和个性多加关注，你就能知道应当如何调整环境以适应他的需要。在这一方面，你需要考虑以下事项。

听觉

你住在城市、城郊还是乡村？你所生活的环境里有哪些声音和刺激？你会长时间播放电视、收音机或立体声音响等电子设备吗？注意你的宝宝对噪音的反应。需要时，你可以营造安静的环境或者播放轻柔的音乐来帮助他放松。

视觉

环顾四周，看看你周围都有什么？你的生活空间是明亮的还是幽暗的？（这一视觉环境可能会随着季节的变化而不同，你可以使用窗帘或各类灯具来做出调整。）墙壁的颜色是鲜艳的还是柔和的？房间里的陈设是丰富的还是极简的？光线、颜色和物品的陈设能够影响宝宝对居住空间的感受。研究表明，吵闹和杂乱的家庭环境不仅有害宝宝的身心健康，而且容易引发行为问题。

2011年，发表于《神经科学杂志》（*Journal of Neuroscience*）的一项研究探讨了杂乱环境对儿童的影响。研究者发现，这样的环境可能会降低大脑处理信息和集中注意力的能力。对你的宝宝来说，乱七八糟的东西可能会让他们感到不堪重负。另一方面，整洁的环境则会营造出一种放松和舒适的氛围，不仅有助于加深你和宝宝的感情，而且能促进他的身心成长。

触觉与动觉

高强度的触觉刺激和体力游戏对一些宝宝来说实属刺激过度，但对另一些宝宝来说则十分必要。你的宝宝更喜欢打闹和按摩，还是安静和放松？

如果你能为宝宝营造契合他需要的环境，帮助他调节情绪，你就能减轻他的压力，为他的成长开辟宽广的空间，同时也能为他日后独自整理心情提供示范。

安排日常生活

宝宝还小，他需要你来帮他营造特定的环境来使他的情绪保持平衡。你要根据他的气质和他对刺激的耐受力安排你和他的生活，以此来让他保持愉快的心情，防止情绪崩溃。例如，如果宝宝性格内向，而你跟他一起参加生日聚会，他的精力就可能会因此而消耗殆尽，并且需要在家里得到一定的空间来补充能量。如果宝宝性格外向，他可能在聚会结束后仍然精力充沛，还想继续玩耍。

就埃米和玛丽来言，我会尽可能地保持能够应对大多数日子的生活安排。这样的安排让她们感到踏实和安心，因为她们知道接下来会发生什么。这么做也让我这个上班族妈妈省了不少心。我会把打电话和开会的时间安排在她们午睡或我知道她们既不饿也不累的时候。

吃饭、洗澡和睡前活动清单等惯例是自然节律的体现。在这些事项上保持连贯和一致能深刻地影响宝宝，给他稳定感、安全感和对未来的预期感。有了规律的日常生活，宝宝就能安心地去探索未知世界了。

此外，简单而熟悉的日常安排也能让你的宝宝了解家庭的价值观、目标和文化。形成了固定的节奏和习惯后，宝宝就拥有了自律的能力，并且能从容应对环境的改变。

管理压力

压力通常源自你感觉自己无力应对某种外部需要或困难的情形。这种感觉进而会使你产生一种手足无措的失控感。这时，你的身体和大脑就需要动用额外的能量储备。

随着宝宝们的生活体验越来越丰富，他们承受压力的情形也越来越普遍。许多父母都希望自己的宝宝能够过上轻松、无压的生活，可是在过去的20年里，宝宝们在日常生活中所承受的压力正变得越

宝宝的压力来源

- 缺乏睡眠、运动或营养。
- 缺乏固定安排之外的自由时间。
- 父母工作繁忙。
- 家庭成员关系紧张。
- 父母在照顾宝宝方面的内疚感。
- 缺乏与大自然的接触。
- 受到电视等电子产品的过度刺激。
- 自身或家人的身体健康问题。
- 同侪（同辈）压力或社会交往。
- 家庭经济状况拮据。
- 父母婚变。
- 家庭成员离世。
- 家里迎来新生儿。
- 自然灾害。

越来越大。

婴幼儿可能不容易显露出他们的压力，也不知道产生压力的原因，但压力通常都会给他们带去负面的影响。在压力的刺激下，宝宝的身体会分泌大量皮质醇激素，这一物质会破坏大脑中与学习和处理信息有关的神经连接。如果宝宝长时间承受压力而没有发泄的出口，他的健康成长就会受到影响。

宝宝的健康取决于紧张与放松、活动与休息的平衡。如果总不与外界接触，他就可能变得孤立而自闭。另一方面，如果他在外部世界分心太久，他就可能与他的内心相分离。为了保持平衡，他需要一张一弛的生活节奏，就像呼吸一样。

如果宝宝的身体处于平衡的健康状态，那么他就能更轻松地应对压力。如果他的身体

失去平衡，他就可能会在外界的影响下喜怒无常，并且开始增加内心的焦虑，而焦虑反过来又会以生气或情绪失控的形式发泄出来。有时，这种发泄是一种解脱，它可以制造一种平静和放松的感觉。

并非所有的压力都是负面的。适度的压力可以激发宝宝迎接挑战，促使他采取行动或提升自我。

无论在什么情况下，人都会承受一定程度的压力，所以压力管理对于健康生活不可或缺。宝宝会从他人身上学习如何应对压力。所以，你的压力水平和你在压力下的态度和行动都会影响你的宝宝。在面对困难的时候，他的反应很可能跟你一模一样。当压力来临时，你可以借此机会亲身示范，以此来告诉宝宝如何积极地管理压力。

呼吸新鲜空气，走进大自然，自由玩乐，这些活动都有舒缓神经的功效。按摩也可以让人放松，因而有助于缓解压力。另外，薰衣草和洋甘菊等精油有镇静作用，也能起到安抚宝宝的效果。

肩负养育儿女的责任和压力，你可能很容易感到不知所措和力不从心。为了创造有益宝宝心理健康的环境，你首先要照顾好自己和自己的需求，同时管理好自己的压力。

通过饮食调节情绪

宝宝的饮食品质可以从化学和生理两方面影响他的大脑结构、行为和感受。《吃出幸福》（*Eat Your Way to Happines*）一书作者、注册营养师伊丽莎白·索梅尔（Elizabeth Somer）说，食物、情绪、精力和睡眠直接相关。经常吃健康食物能使宝宝的身体保持能量充足和血糖稳定。全麦谷物、新鲜蔬果和富含蛋白质的食物能够提供有益心理健康的营养。食物中有三种主要成分能够以积极的方式影响情绪：

- 植物性食物所含的复杂碳水化合物能缓慢增加血液中胰岛素的浓度，胰岛素浓度升高会促使色氨酸（一种必需氨基酸）进入大脑，这些色氨酸又进一步促进身体分泌血清素（又称5-羟色胺）。血清素是一种神经递质，具有调节和改善情绪的作用。

- ω-3脂肪酸存在于亚麻籽、核桃和富含脂肪的鱼类（如三文鱼）中，它能影响人的行为和情绪，预防抑郁症。

- B1（硫胺素）、B9（叶酸）和B12（钴胺素）等B族维生素能使宝宝的身体分泌更多的血清素，进而改善他的情绪。全麦谷物、绿叶蔬菜、豆类、新鲜水果、鸡蛋和贝类食物含有丰富的B族维生素。

反之，其他食物则可能导致抑郁、情绪波动、疲劳和焦虑。例如，精制糖和谷物能导致血糖剧烈波动（先快速上升，然后迅速下降），这种快速释放的能量会使情绪像过山车一样发生起伏。过多的钠会导致紧张和烦躁易怒。咖啡因能加重焦虑。一些研究人员发现，麸质可能引发焦虑和烦躁，导致思维能力下降。酪蛋白是牛奶中的一种蛋白质成分，它也可能对情绪产生负面影响。快餐中所含有的反式脂肪会让人感到沉重和懒散，这是疲劳和抑郁的症状。此外，在食品加工过程中混入的铅、汞和镉等重金属也对情绪有负面影响。

从阴阳的角度来看，均衡的饮食也有助于情绪的平衡。盐、肉、奶酪和鸡蛋等阳性食物吃得过多会导致缺乏耐心、烦躁易怒、情绪失控、固执和愤怒。而精制糖、冰淇淋、巧克力、软饮料和水果（大量食用时）等阴性食物则容易导致思维混乱、过度敏感、意志力欠缺和多动。

如果你的宝宝表现出了较为极端的阴性或阳性特质，你就可以通过减少与他的特质相同的饮食，同时增加与他的特质相反的饮食来帮他做出调整（同时还要结合其他措施）。

情绪特质的阴与阳

阳性	阴性
胆大	害羞
死板	灵活
愤怒	悲伤
命令	服从
交往	独处
傲慢	自卑
控制	合作
面对冲突	逃避冲突
专注	散漫
自我中心	善解人意
狭隘	开放
急躁	耐心
沉着	不安
思维清晰	思维混乱

安排活动身体的时间

研究表明，运动能通过改变宝宝脑中化学物质的浓度来调节情绪。运动对情绪的影响类似抗抑郁药物。事实上，在治疗抑郁症方面，运动可能比药物更有效。如果你的宝宝已经能自己行动，你就可以为他布置一个安全的地方来让他每天活动身体，比如爬行、爬高、走和跑。

运动是帮助宝宝激发或舒缓情绪的健康方式。激发情绪指释放挫折感和多余的能量，舒缓情绪指让宝宝放松身心。你可以通过运动来激发他的情绪，也可以通过把宝宝抱在怀里，同时放慢你的呼吸和动作来帮他舒缓情绪。

培养幽默感

埃米和玛丽小时候,她们的笑声十分有感染力,你听了不由得会心情舒畅。所以,今天有很多拍宝宝笑的视频在网上大受欢迎,我对此一点也不感到惊讶。我猜想,你已经体验过从分享宝宝的笑声中所获得的快乐了。

有趣的是,幽默的品质并非来自遗传,而是来自你与宝宝的互动。宝宝觉得哪些东西有趣,部分取决于他的学习过程和发展阶段。大多数幽默的笑点都在于某件事与期待不相符合。例如,玩躲猫猫游戏或者把袜子戴在头上所产生的戏剧效果往往能让宝宝发笑。要想让宝宝发现趣味所在并做出相应的反应,他就必须达到特定的发展阶段。只有他理解什么是常理,他才能知道什么是不合常理的情形。

幽默的发展阶段

年龄	发展描述
0岁~6周	宝宝所表现出的惊吓或抽搐是对身体变化的反应。他的微笑是反射性的,并不具有情绪或社会性的含义。
6~8周	他现在可以主动回应微笑,但这只说明他的感官体验是愉悦的,他的微笑还不具有社会性的含义。
2~6月	他现在可以展现出社会性的微笑。他试图借助微笑来与你产生联系。他通过模仿回应你的表情,重复你的动作。他的微笑可能伴随有发声。
6~9月	在这个阶段,他正在认识客体的永久性,并开始对陌生人产生焦虑,所以他不大可能对不认识的人微笑。他喜欢玩躲猫猫。
9~12月	他开始对意料之外的事情产生幽默感。除了微笑,他还会大笑。他不仅能回应你,而且希望你也能回应他。让他感到意外、做鬼脸和滑稽的动作能让他开怀大笑。
1~2岁	他开始从"不听话"和淘气中获取快乐。他开始用幽默来回应有趣的歌曲和动作、各种类型的夸张、对物品的不恰当使用,以及其他他认为不合常理的情形。
2~3岁	他开始对事物不合常理的命名感到好笑。例如,当你指着自己的鼻子并把它称作眼睛时,他会觉得很有趣。随着他的语言和认知能力的发展,他能发现不同概念之间的矛盾,例如一只狗发出"喵"的声音。
3岁以上	随着他的语言能力、认知能力和社交能力的发展,他喜欢的幽默方式可能会从说胡话、猜谜和玩文字游戏变成胡闹和恶作剧。

宝宝最初的微笑不是对幽默的反应，而是对他的内在感受的反应。随着不断地学习与成长，他可能会从各种意料之外的经历中发现有趣之处。

宝宝的认知发展与他的幽默感有关。幽默是玩耍的一种形式，而玩耍是他的学习方式。模仿、眼神交流、微笑和大笑是促进语言发展的关键交流工具。从一定程度上说，他的词汇量和生活经历决定了他解读笑话或有趣情形的能力。良好的幽默感可以让你的宝宝更聪明，更健康，更有能力应对挑战。

埃米小时候心情不好的时候，我常常会一边看着她，一边轻松地说："把你皱起的眉头从脸上擦掉。"听我这么说，她就会伸手抹一把脸，然后一脸灿烂地看着我。埃米小手一挥就能把情绪从消极转变为积极，这真是不简单。

除了表面上轻松有趣之外，幽默在社会、情感和认知层面还有许多更深层次的益处。幽默是人与他人建立联系、加深情感和分享积极情绪的途径，从而有助于形成健康、幸福的人际关系。与他们认识并感到舒服的人在一起的时候，婴幼儿会笑得更多。笑话和笑声可以冲淡焦虑，缓解压力，改善宝宝的心情。

总的来说，笑是宝宝可以终身依靠的工具，它可以在以下方面为他提供帮助：

❀ 从更多的角度看问题。

❀ 自动自发。

❀ 拥有不俗的想法或思维方式。

❀ 透过现象看本质。

❀ 享受充满趣味的生活。

❀ 避免把自己看得太重。

培养宝宝的幽默感永远不嫌早。跟婴幼儿在一起的时候，大多数人都能自然而然地露出笑容。但是，你要在宝宝经历不同发展阶段的过程中一直保持你的笑容，这对他会非常有帮助。注意他个性中有助于他形成自身独特幽默感的方面。展现出你自然、有趣的一面，多跟宝宝一起玩耍，哪怕显得傻里傻气。

 了解关于培养幽默感的更多信息请访问 growhealthygrowhappy.com

建立家庭传统、仪式和节日

传统是家庭的粘合剂，它能让一家人更像一家人。传统能为你的家庭提供有助于对抗纷乱世界中的变化和不确定性的力量、稳定感、认同和信仰。你可以沿用你自己的家庭传统，也可以借鉴伴侣的家庭传统，或者创建完全属于你们自己的小家的全新传统。

传统可以是简单的日常活动，比如一起吃晚餐，也可以是需要精心准备、一年一次的活动，比如装饰圣诞树。你可以每到情人节都烤同样的心形饼干，或者每到万圣节都使用某种特殊的装饰，以此来营造一种年年如此的熟悉感。像这样的习惯做法是生活的慰藉和根基。宝宝很小时，他能从每天的固定做法中获得安全感和期待得到满足的感觉。稍大一些后，他可以全程参与（包括计划和准备）季节性庆祝等时间跨度更长的传统活动，并且分享其中的喜悦和兴奋。

玛丽和埃米小时候，尽管家里并不宽裕，我们还是坚持每周五都去当地的面包店吃特色早餐，其中有英式松饼、玉米糊、鸡蛋和水果。我们还专门为此编了一首歌，在去面包店的路上唱。今天，那家面包店早就不在了，我的两个孩子也已经长大成人，但跟这件事相关的情感和其他简单的家庭传统仍然是我们一家人联系的纽带。

在面对困难的时候，传统也能为人提供一种依靠。在特殊场合与家人和朋友聚会时，你的宝宝会感觉他属于一个超越自身小世界的大家庭。你甚至可以沿用你小时候或者你父母小时候的家庭传统，以此来延续家族和历史传统。这么做能使你的宝宝在经历挣扎或孤独的时候感到安心，无论现在还是将来。

你和家人一起建立的家庭传统、仪式和节日活动反映了你所看重的东西和价值观。这些经历会走进宝宝的内心，将来或许还能通过他传给他自己的孩子。以下是我在建立家庭传统方面的一些建议。

❀ 回想你小时候喜欢哪些家庭传统和庆祝活动，挑一些出来引入你现在的家庭。

❀ 融合你与伴侣双方的文化。无论你们来自不同的文化背景，还是在同一个社区长大，你们都会有独特的家庭传统。

❀ 记下你每天或每周常做的事情。例如去公园散步、在车里唱歌、讲故事、做游戏、静坐或冥想、一起吃饭、睡觉前看书、每周打扫、周六早上做薄煎饼、晚上吃完披萨看电影、不时与亲友聚会。这些日常活动都会成为宝宝的家庭传统。

❀ 制作一份标注了家庭传统活动的家庭日历，比如亲友团聚、度假、生日聚会、节日庆祝和与邻居一起野餐。

❀ 思考哪些家庭假日能反映你的宗教或精神信仰，与你的人生目标相关，或者对你有重要意义，然后列成清单。此外，你还可以自创属于你的家庭的独特节日，或者从外来文化中借用节日。

穿着和服的玛丽和埃米

呵护你自己的心理健康

埃米4个月大的时候,我们安排了固定的时间来把她交给她的日本祖母照看。利用这些时间,我和朋友们一起去上插花课,然后去咖啡馆放松。这些经历对我帮助很大,让我撑过了那些日子。

在宝宝出生后的2~3个月里,妈妈的身体和心理都会经历很多变化。这时,她正在学习照料新生的宝宝,以及重新安排一家人的生活。我的日本医生渡边博士建议我卧床三周,恢复体力。以今天的眼光看,这样的传统做法似乎有些夸张,但其中蕴含的产后妈妈需要休息的观点却反映了我们经常忽视的一件事——产后妈妈需要把自己照顾好。

即使你已经适应了新的生活,你要想保持良好的身心状态也仍然需要把自己照顾好。你可以把它看作能够使你恢复能量并成为高效父母的必要营养物质。以下是我在这一方面的一些建议。

多睡觉,多休息

睡觉和休息最为重要,然而你可能会发现自己很难有时间这么做。不过,只要你意识到了睡觉的重要性,你就更有可能抓住机会看看杂志,打个盹。

吃好喝好

简单、健康的食物能为你提供保障身心健康所需的营养。如果你正在哺乳,那么就更有理由要吃好喝好了。母乳喂养的妈妈不仅需要大量营养均衡的饮食,而且还需要补充大量液体。

多运动

运动中和运动后释放的内啡肽可以缓解压力,补充能量,改善心情。每天做运动能帮助你保持健康,精力充沛。这时的你很容易迷失在照顾新生儿的各种细节中,而户外运动则能把你的注意力重新拉回更加广阔的世界。或者,你也可以在附近找一些你可以跟宝宝一起参加的健身课程。在这样的课程中,你实际上是用专门的装备把宝宝带在身上运动。运动时,你的宝宝不仅能感觉到你心率的增加,而且还能体会运动的快乐。

多方求助

照料婴儿是一项异常繁重的工作,而且需要在短时间里学习很多东西。如果有人能帮你,你适应起来就会容易很多。你可以向家人和朋友寻求帮助,也可以联系月嫂和保姆等专业人员。

明确真正重要的事情

对宝宝来说,你的心情好不好要比家里是不是干净整洁更重要。给宝宝喂奶的时候,如果你不急着洗碗,你的身体就能放松下来,乳汁也能流得更加顺畅。通常少即是多,而且你并不一定需要昂贵的育儿用品才能为他提供健康成长所需要的东西。你可以经常问自己一个问题:"真正重要的事情是什么?"

提前计划

提前计划可以提高效率,节省宝贵的时间。例如,事先拟定一周的菜单和购物清单能减少你去超市的次数。如果你安排了休息的内容,你就更有可能花时间去满足自己的需求。提前计划能帮你明确目标,事半功倍。

停止自责

拿自己与其他父母相比会带来很大的压力,而且终归是没有意义的。不同的家庭情况不同,各家的宝宝也千差万别。接纳自己,停止苛责自己,这样的态度更容易造就轻松的父母、快乐的宝宝和充满欢笑的家庭环境。

信任宝宝

从很多方面看,你的宝宝都非常弱小,对你充满依赖,但是尽管如此,他也有值得你赞赏的力量、生存本能和独特潜能。由于你知道你的行为会影响他的健康,你要对他的生存负责,所以你可能很难信任宝宝自身的能力、韧性和意志力。宝宝生来就具有生存的能力,比如呼吸、进食、探索、学习和成长。你在一些方面做得不尽完美并不足以让你的宝宝失去他生就的能力,反而会增强他的适应力。

适应力是从挫折中恢复、从困境中奋起和乐观向前的能力。宝宝们生来就有不同的适应力。它类似于浮力,即落水后浮上水面的能力。宝宝生来就有适应力或浮力,但有些宝宝需要更多帮助来克服挑战,这取决于他们的体质、身心状态、气质、经历和具体情形。

你对宝宝的信任是他增强力量和适应力的基础。只要宝宝与养育者当中的任意一人足够亲密,他就能体验到无条件的爱与安全感,进而为应对困难和增强适应力打下基础。

信任自己

父母们经常怀疑自己养育子女的能力。出现问题时,你很难不责怪自己。各种育儿信息和建议铺天盖地,你可能会觉得自己很难跟得上其他父母的脚步。

这些建议或许会有帮助,但最好的选择还是倾听自己的直觉。动物生来就知道如何养育和保护它们的后代。海龟夜里在沙滩上挖洞,为的是给它们的蛋宝宝建造一处避风港。鸟类给幼鸟喂食半消化的食物,然后还教它们如何捕食。这些抚育后代的知识都源自本能。

对人类来说,情况也类似。原始的爱引导父母保护和照顾他们的孩子,滋养他们,帮助他们茁壮成长。你会喂养和保护你的新生宝宝,接着关心他的身心健康。你培养他的生存能力,然后帮他自立自主。

父母的直觉非常有价值。爱因斯坦说,直觉思维是"神圣的礼物",理性思维是"忠实的仆人"。直觉思维能够让人在日常经验之外产生各种想法,而理性思维则有助于将这些想法付诸实践。有了身为父母的直觉,以及你对宝宝的深入了解,你就能在如何养育宝宝方面形成独到的见解,并且在做出具体决定的过程中拥有可靠的内在指针。

遇到困难时,停下来思考一番。问问自己"什

"侘寂"养育法

"侘寂"(Wabi-sabi)是日语,它认为艺术的美是一种不完美的、短暂的、不完整的东西,其中包含了独特的偶然和不对称的优雅。这一主张也适用于子女养育,即你不必成为一个完美的父母。这一养育法呈现了"完美的不完美"的美。

么才是真正重要的事？"以此来追寻你的内在自我，让你的直觉引导你为宝宝做出正确的选择。你的天然本能能给予你方向和力量。

把目光放长远

帮助你的宝宝锤炼性格和适应力好比通过让他接触细菌或病毒来提升免疫力。在这两种情况下，我们的目标都是增强宝宝的抵抗力。如果你过分保护他，让他远离困难和挑战，那么他或许会获得暂时的安全感，但从长远来看，他会因此而变得软弱而经不起风浪。

不要过度保护你的孩子，特别是不要对他的安全与健康过分在意，这么做只能引发紧张和焦虑。随着宝宝的成长，你要学会与他保持距离，这对他的健康成长必不可少。你的宝宝需要形成独特的自我，需要成为追寻自己目标和梦想的独立决策者。如果你太过执着于他将来应该成为什么样的人，做什么样的事，他就很可能会令你失望。相反，如果你能赋予他强烈的自我价值感，他就会充满信心地做他自己，追寻他自己的未来。

情绪发展理论

在这一章的第一节里,你了解了可以用来促进宝宝情绪发展的日常措施。在这一节里,你将了解婴幼儿的情绪发展过程,以及这一发展背后的理论、研究和科学。了解宝宝成长背后的"原因"能帮你加深对他的理解。

宝宝的情绪发展

放眼世界,所有宝宝微笑、皱眉和哭泣的表情和声音都是一样的。宝宝最初的情绪来自他对内部身体状况或外部刺激的本能反应。他先学会感觉,然后才会思考。当他尿湿或饥饿时,他会感到不舒服,并通过哭泣、呻吟或反弓着身子来与你交流。当他感到心满意足时,他会通过微笑、眼神接触和喃喃自语来表达自己的情感。

随着宝宝的成长,这些情感会进一步发展、分化,最终形成更为复杂的情感,它们在强度、频率和持续时间方面各不相同。他独特的发育速度、经历、体质和身体状况、激素、性别、语言、文化、气质和个性影响着他的情绪,以及他如何表达和理解这些情绪。

宝宝的情绪与他的经历、记忆和联想有关,这些都会左右他的感知。他最初与人形成的关系是他建立其他关系的基础。例如,他与早期养育者的相处经历能够影响他对现实的看法、信仰和态度,进而为他形成自己的世界观打下基础。在宝宝的一生中,他将不断为这一世界观添加新的经验、记忆和联想。然而,这一世界观的基础已经在他生命的最初三年里形成了。

了解宝宝的情绪发展阶段可以帮助你有意识地满足他的需求。例如,如果你知道9个月大的婴儿害羞很正常,那么你就能理解他在遇到陌生人时的表现。当你的两岁宝宝发脾气时,你也可以耐心地为他设定界限,因为你知道,此时的他正在表达他对独立的需要。

过早、过快的发展并不一定是好事,因为健康发展的前提是前一个阶段已经成功完成。尽管每个宝宝都有自己的发展节奏,但专家们一致认为,婴幼儿的某些主要社会情绪发展阶段是相同的。我在这一章里只对不同的发展阶段给出大致的描述,它们不一定适合所有的宝宝。你可以通过这些描述来增进你对宝宝社会与情绪发展的理解,同时了解在哪些情况下需要向专业人士寻求指导。

初级情绪发展(0~3个月)。最初的情感分为喜欢或不喜欢、积极情感或消极情感。

不适

满足

次级情绪发展(3~18个月)。宝宝的情感变得更加鲜明,因为他对自己和环境的了解都有所增加。

悲伤

愤怒

害怕

惊奇

高兴

复杂情绪发展(18~24个月)。随着宝宝的自我意识和人际关系的发展,他的情感也变得更加复杂。

骄傲

讨好

尴尬

内疚

羞愧

情绪发展的里程碑

0~3个月	3~6个月	6~12个月
• 他对见到的人和所经历的事表现出喜欢或不喜欢。 • 起初，他的微笑是一种无意识的神经活动。后来，他开始展现一种有意识的社会性的微笑，并且需要你跟他互动。 • 他通过啼哭、喃喃发声或微笑等动作或面部表情来表达自己的情绪。 • 他开始模仿和互动。 • 他能把父母和其他人区分开来，并能分辨出不同人抱他的不同方式。	• 他在喂奶前会自己张开嘴。 • 他看到你时会笑。 • 他挥动手臂和腿表示兴奋。 • 他在饥饿时会大声啼哭，在受到正面刺激时会大笑。 • 他会发出"啊"、"呃"的尖叫声。 • 他可能会吮吸拇指或安抚奶嘴来安慰自己。 • 在大多数情况下抱起来就不哭了。	• 他不喜欢你帮他做事情。 • 能把不喜欢的东西推开。 • 他喜欢做经常做的事情。 • 叫他的名字会有反应。 • 喜欢与养育者互动和游戏。 • 他会主动接近熟悉的人，也可能会对陌生人保持警惕。 • 比起其他人，他更喜欢他的主要养育者，养育者离开房间时，他会啼哭。 • 他可能会通过吮吸拇指或安抚奶嘴，或者拿着一条特定的毯子来安慰自己。

12~18个月	18~24个月	24~36个月
• 如果你伸出手，他会把玩具或其他东西放进你的手心。 • 他会跟人打招呼，并且用拥抱和亲吻来表达爱意。 • 他开始通过动作和表达积极情感来更加真切地传达自己的感受。 • 他会对日常生活习惯的改变做出反应。 • 他可能表现出固执和抗拒。 • 他可能表现出分离焦虑和占有欲。	• 他的词汇量迅速增加，于是他能更好地表达自己的感受。 • 他能对"不"作出反应，有时还会自己说"不"。 • 他能跟其他孩子一起玩。 • 他能表现出热情。 • 他不喜欢一个人待着。 • 他可能会情绪失控，发脾气。 • 他能表现出害羞、尴尬、内疚和骄傲等表现自我意识的情感。 • 他理解其他孩子的感受，并且能主动安慰他们。	• 他能独立玩耍。 • 他能使用代词，并且能听懂多步骤的复杂指令。 • 他能意识到自己与他人是分开的。 • 他能模仿别人的行为。 • 他能对其他孩子下命令。 • 他能和其他孩子合作玩游戏。 • 他喜欢扮演熟悉的虚拟角色或榜样。 • 他能对朋友和布娃娃表现出理解和喜爱。

依恋的基础

我女儿埃米三个月大的时候,她可以自己把头抬起来。我用婴儿背带把她带在身上,然后穿上了一件日本传统的"妈妈外套"。我们俩像一个人那样去市场或者去朋友家。我能感觉到她的身体紧挨着我的身体。我知道她是冷是热,也知道我在买东西和处理杂务时她的感受和需要。

日本文化里有一个概念叫做"甘え",指的是妈妈和宝宝之间的密切情感联系,而婴儿背带和妈妈外套就是体现这一概念的传统物品。为了密切这一情感联系,埃米的儿科医生在她满周岁前一直把我们当作一个人看待。如果埃米病了,他不仅会治疗她,还会治疗我。在日本文化中,母子关系是宝宝获得安全感和无条件爱的基础,而这一基础又是自尊、主动性和归属感的来源。

宝宝刚来到这个世界的时候,他们对爱和信任是敞开双臂接受的。他们无法区分什么对他们好,什么对他们不好。在最初的几个月里,他们没有任何分别地吸收所有的东西,并且完全依赖他们的养育者生存,不论他们所接受的是怎样的照料。新生儿是纤弱而依赖的,他们一心依附于他们的养育者,以此来获得食物、温暖、安全、保护和爱。

依恋是宝宝在生命最初两年中的发展过程,它通过宝宝与父母或其他养育者之间的双向的相互关系而发展。在这种独特的关系中,双方在宝宝的整个成长过程中对彼此产生深远和持久的影响。这种关系有助于宝宝形成他将以何种方式感知自己的价值、构建自己的世界观和经历社会互动的蓝图。

亲子连接

在20世纪下半叶,英国精神病学家约翰·鲍尔比(John Bowlby)和加拿大心理学家玛丽·安斯沃思(Mary Ainsworth)对母子关系中的亲情心理联结(bonding)与依恋进行了广泛的研究。他们的理论核心是,要想拥有被爱和安全的感觉,孩子至少需要与一位主要养育者在情感方面建立亲情心理联结,而且,亲子关系的性质决定了依恋关系的健康程度。

一般来说,亲情心理联结过程的参与者主要有三方:母亲、父亲和宝宝自己。如果父母一方或双方缺位,他的主要看护人和其他人就可以充当这些角色。在单亲家庭中,父母双方的角色可能并不容易同时填补,但你的宝宝需要这两个角色同时存在。父亲和母亲两个角色各自都能提供高质量亲情心理联结所需的独特个人特质。

❀ **母亲的角色**。母亲和宝宝之间有一种生物学上的联系,这种联系从子宫开始,并在哺乳期间一直持续。他们通过皮肤接触和安抚等各种亲密互动来体现这一联系。母亲的角色能为宝宝提供满足他情感需求的温暖而安全的环境。就算宝宝的主要养育者不是他的生母,他也仍然可以建立这一亲情心理联结。只要母亲能始终如一地以充满抚慰和关爱的关注回应宝宝发出的信

玛丽和贝姬

号,她和宝宝就能建立起积极的联系,进而发展成为安全的依恋关系。

❀ **父亲的角色。**宝宝与生母的依恋关系通常占据主导地位,但只要父亲或其他养育者能够始终对他的需求作出回应,那么他们也可能与宝宝结成重要的依恋关系。例如,我的妈妈外套同时也是爸爸外套。直树经常穿上这件外套来让埃米和他保持亲密。这么做打破了传统的性别角色,为父女关系的发展打下了坚实的基础。在建立安全的情感依恋以外,你的宝宝还需要父亲的角色来帮助他以冒险的精神来对这个世界进行探索,学习和发现。

❀ **宝宝的角色。**你的宝宝也在建立依恋关系的过程中扮演着重要的角色。宝宝独特的气质会影响他所建立的依恋关系类型和你与他相处的方式。如果你无法安抚他,你可能就会感到自己能力不足,这种感觉会影响你们的关系。腹绞痛和早产等健康因素可能会阻碍你与他建立早期的依恋关系。

安全型依恋与不安全型依恋

在研究中,安斯沃思注意到,婴儿一直知道他们母亲的位置。在对外部世界进行了片刻的探索后,他们会返回母亲身边寻求安慰。正如安斯沃思所描述的那样,婴儿把母亲当作"安全港"。宝宝在依恋方面的天然本能使他围绕在父母身边,从而提高了他的生存机会。

在上世纪70年代,安斯沃思研究了依恋对行为的影响。她观察了12~18个月大的孩子,发现养育者对孩子的回应越多,孩子对父母的依恋就越牢固。她将婴儿的依恋分为安全型依恋和不安全型依恋。

如果养育者能够始终对宝宝的需要作出反应,并且能在情感上与他协调一致,他就会与养育者建立联系,进而产生安全的依恋,这样宝宝就会有一种连接感、安全感和信任感。当宝宝拥有安全的依恋关系时,他就能在每一个发展阶段放心地去探索和成长。他也可能更愿意合作,并且在需要时更有可能向养育者寻求帮助。

当养育者缺位,或者未能持续地回应婴儿的需求时,婴儿就会发展出不安全的依恋。

于是，这样的婴儿就没有安全的基础来成长和探索。如果宝宝建立了不安全的依恋，那么在看护人离开时，他就可能遭遇困难。他可能变得非常专横，同时不敢寻求帮助。此外，他也可能会通过过度依赖或过度独立、过度害羞或过度友好、或者过度关心父母的心情来弥补自己的不安全感。安斯沃思进一步将不安全型依恋分为了以下三个类别：

- **焦虑-回避型**。如果宝宝多次遭到拒绝，他就会经历长期的不安全感，同时避免与他人亲密。然后，他会从依恋关系中脱离出来。

- **焦虑-矛盾型**。如果父母经常缺位，或者不能在情感上与宝宝相调和，那么他就可能产生焦虑和不确定的矛盾感受。这时，宝宝会待在父母身边期待对方的回应。

- **混乱型**。当看护人不能满足宝宝的需求，并且表现出与期待不符的反应或虐待行为时，宝宝就会发展出混乱型的依恋。在这种情况下，父母的行为是宝宝的恐惧来源，也是他试图逃避的对象。宝宝在父母身上找不到他可以信任的一致的或者可以预测的反应模式，这会影响他正在成长中的大脑和神经功能的整合。因此，他可能很难控制自己的情绪，表达自己的需求，以及发展认知技能。

社会心理学家辛迪·哈赞（Cindy Hazan）和菲利普·谢弗（Phillip Shaver）把安斯沃思的发现又推进了一步。在研究中，他们考察了儿童早期的依恋类型与他们成年后的爱情之间的关系。根据哈赞和谢弗的研究，安全型依恋的成年人通常认为他们的爱情非常稳固，矛盾型依恋的成年人会经常坠入爱河，而回避型依恋的成年人则认为自己很少经历爱情或者爱情的持续时间非常短暂。

许多心理学家认为，婴儿在1周岁时就形成了某种特定的依恋类型，而这一依恋类型会对他们成年后的人际关系产生深远的影响。作为父母，你可以从自己的童年经历中汲取经验，然后把它们运用在你对自己宝宝的养育过程中。

你在情感和行为方面的概念框架会影响你作为父母所做的决定。如果你和许多人一样，你就可能会发现，你很难充分意识到自己的这一概念框架，因为你在过去经历中习得大量观念的过程是无意识的。不过，你可以通过自我反省和回顾你的过去来梳理这些观念。如果你能理解你的过去，并且将这种理解融入你的自我概念，你就获得了新的机会来重新选择自己的行为，让自己从旧的模式中解放出来，同时改变自己的依恋风格。这个过程也有助于

> 💡 了解关于"依恋循环"的更多信息请访问 growhealthygrowhappy.com

你与宝宝形成情感连接,并且有助于他实现健康的情绪发展。

成人依恋访谈(AAI)是评估成年人依恋类型的一种问卷调查。你可以通过这份问卷了解你自己的依恋类型。

 了解你自己的依恋类型请访问 growhealthygrowhappy.com

亲子关系的质量将为宝宝一生的人际关系定下基调。这既是他的身体健康发育的基础,也是他的情感和智力正常发展的根基。由医学博士杰克·肖恩科夫(Jack Shonkoff)创立并领导的哈佛大学儿童发展中心(Center on The Developing Child at Harvard University)收集和传播有关儿童早期发展的信息,该中心报告称,越来越多的科学证据表明,儿童早期的情感和社会经历能够影响机体调节新陈代谢、抵御疾病和保证大脑健康发育的能力。事实上,科学家新近发现,儿童的早期经历能够在分子水平上成为他身体的组成部分。

宝宝依恋一位主要的养育者并形成亲情心理联结将影响他此刻和未来的生活。幸运的是,有助于宝宝形成安全型依恋的许多本能、策略、技能和技巧对大多数父母来说都是生来就具备的。

安全型依恋的影响

- 增强宝宝的免疫力。
- 给予宝宝他所需要的安全感来探索未知世界。
- 建立自信、自我价值感和独立性。
- 强化内在动机,提高专注力和学习力。
- 使宝宝形成健康的人际关系。
- 增强宝宝应对压力的能力。
- 为帮助宝宝充分发挥自身潜力打下基础。

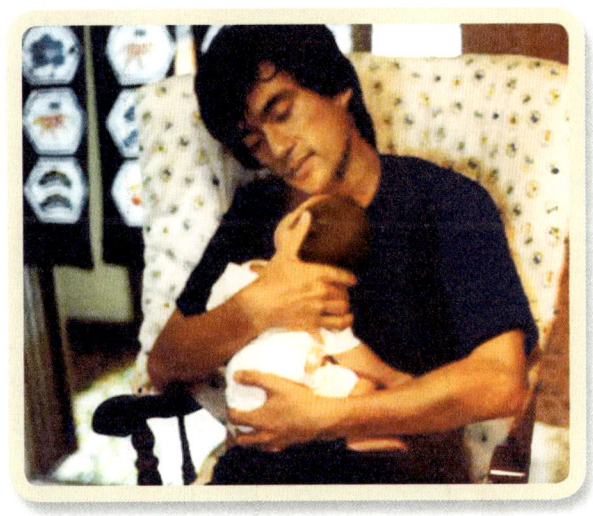

埃米和直树

依恋循环

一开始,你和宝宝形成了一种叫做依恋循环的交流节奏。这个过程有点像你们一起跳舞。你不断地与宝宝互动,回应他发出的饥饿、口渴、疲劳、需要换尿布和孤独等信息。在这当中,你会让他感觉到,这个世界是安全的,他可以依靠你。在最初的几个月里,他需要你帮他调节情绪,直到他学会掌握自己内心的节奏,为他的情绪发展打下基础。

养父母有时缺乏亲生父母与宝宝所形成的那种本能的联系,所以他们往往需要了解依恋循环来帮助自己与宝宝建立健康的依恋关系。无论你是宝宝的亲生父母还是养父母,了解依恋循环都是有帮助的。这样你就能更好地理解你的宝宝,帮助他调节情绪。

在帮助宝宝度过这两个依恋循环的过程中,你也要鼓励他学习信任,与你和其他人打交道,以及管理自己的情绪。要知道,依恋循环偶尔出现中断是正常现象。作为父母,你不可能永远让你的宝宝满意,也不可能一直保持一致性。不过,你可以通过重新做出他期待的反应来修复这一中断,以此来让他重获安全感。

0～12个月的安全型依恋循环

在宝宝降生后的第一年里,他的需求满足起来并不复杂。他有需要时会让你知道,然后,你可以很容易地找到能够满足他需要的解决方案。

宝宝产生需要

每一天,你的宝宝都会接受来自内部和外部的各种刺激,例如饥饿、困倦、尿布湿了、声音、活动、光线和味道等感觉。这些感觉和经历能影响他的健康,让他产生各种感受,例如愤怒、满足、害怕和不舒服。

宝宝发出信息

你的宝宝对他的感受产生反应,然后通过啼哭等方式向你表达他的需要。他可能会通过两脚乱踢来让你陪他玩,也可能会因为想吃奶或睡觉而啼哭。

养育者给出回应

如果你能通过下面这些方式持续回应宝宝的需求,例如给他关注、把他抱起来、给他换尿布、给他喂奶,你就能给他抚慰,让他知道你随时都能照顾他。此外,这么做也是对他需要的肯定,让他觉得自己很重要。

宝宝对你产生信任

通过反复不断地满足宝宝的需要,他就会渐渐地对你产生信任。如果依恋循环在这里发生中断,宝宝没能在你这里获得稳定一致的照料,他就会发现这个世界不安全,他必须自己照顾自己。当这一循环稳定后,宝宝会看着你笑,你也会感到与他产生了情感上的连接,并且自然而然地用笑来回应他,此刻宝宝也会感到满足。

12～24个月的安全型依恋循环

如果宝宝在出生后的第一年里建立了健康的依恋关系，这时他就能进入下一个依恋循环了。他将学着接受外界对自己行为的限制，控制自己的冲动，确保安全，与他人互惠和管理自己的情绪。通过这个过程，他将建立善恶观、自尊、共情和社会性，同时为逻辑思维打下基础。

你与宝宝的协商贯穿了他生命第二年的依恋循环，此时的你仍然在积极而持续地满足他的需要。宝宝1周岁前，你在回应宝宝需求的时候并不需要考虑很多事情。他有需要会让你知道，而你也能找到让他满意的解决方案。然而到了第二年，事情就没有那么简单了，你可能会遇到很多困难。这个年龄段的宝宝需要了解什么事情是不可以做的。作为父母，你可能很难确定你可以允许他做什么，以及什么时候该设置限制。

宝宝产生需要

宝宝有所需要时，他就会把这种需要表达出来。如果他饿了、渴了、累了、烦躁了，或是想做别的事情了，他就会通过啼哭等方式向你表达他的需要。

养育者设定限制

你弄清楚宝宝需要什么，然后决定是否满足他的这一需要。接下来，你确定回应的程度，根据他的需要设定限制。例如，你会给他准备午餐，但前提是他必须坐在他的小椅子里吃。或者，你会带他下楼去游戏室玩，但他不能自己下楼梯。或者，你会哄他入睡，但是他必须先上床。但是，如果他做什么你都限制，他就很难形成他自己的判断力。这时，你要尽可能保持积极的态度来引导他作出肯定的回答。在限制和放任之间保持平衡不是一件容易的事。如果你能学着这样去做，你的宝宝也能学着自律，同时更有主动性。

宝宝接受或拒绝

你的宝宝可能表示同意并合作，也可能拒绝你设定的限制。你要循序渐进地设定限制，避免引发抵触情绪，以此来让他更容易地接受你的限制。

养育者作出适当回应

保持一致，避免朝令夕改，但态度要温柔，道理要充分，这么做能让宝宝了解你设定的限制，同时给他安全感。当他接受了你的各种限制后，他就会懂得做事情的规矩。

情感调和

在宝宝1周岁前,你与他的情感调和是建立健康依恋的重要基石。情感调和时,你能对宝宝做出恰当的反应。你对他的感受和需求有深刻的认识,而且你知道该如何回应这些需求。当你的宝宝感受到你对他的这一支持时,他会觉得自己被理解了,同时也开始对你产生一种健康的依恋。

情感调和始于敏感。如果你能始终保持敏感,你就能与宝宝的想法、感受和情绪保持同步。这么做能让他获得安全感,进而促进神经系统发育。当他感到自己与最亲近的人心意相通时,他就会放心地去接触这个世界上的其他人。

情感调和在很大程度上不是通过语言来传达的。眼神交流、手势、碰触、面部表情和声调等信号都是让宝宝知道你关心他和爱他的微妙方式。例如,父母等养育者在与宝宝说话时本能地提高声调来与他调和情感,这是全世界的人们与宝宝建立联系的普遍方式。这种调和不在于你说了什么,而在于你说的方式。父母和宝宝之间看似毫无意义的胡言乱语实际上是丰富而复杂的交流。情感调和借助你一言我一语的对话产生,进而使你们产生共鸣。当情感调和发生后,母亲会分泌一种让宝宝感觉良好的催产素,进而促进宝宝健康成长。

当你花时间与宝宝调和情感并与他陪伴时,你就能给他安全感,而安全感又能让他获得平静、自信和被信任的感觉,同时做好学习新知的准备。

镜像模仿

镜像模仿(Mirroring)是加深情感调和、强化宝宝自我意识的一种方法。宝宝通过面部表情、肢体动作和声音与你交流他的感受。当你用共情和尊重来作出回应时,他就会感觉自己得到了倾听,进而发展出强烈的自尊和自我价值感。父母的这种反应叫做镜像模仿。

镜像模仿同时发生在意识和潜意识层面。当你模仿宝宝的手势、动作、声音或表情时,你是在有意识地模仿他。同时,你也能通过对他的暗示做出自然的反应和满足他的需要来下意识地模仿他。镜像模仿能让宝宝感到自己很有力量,并能给他一种掌控感。此外,这么做也能帮助宝宝与跟他亲密互动的养育者和家庭成员建立亲情心理联结。

如何理解宝宝

宝宝1周岁时,你很难理解他的行为,因为他不会通过说话来向你传达信息。不过,只要你注意他的声音、面部表情、眼神和动作,你一般都能理解他想要表达的意思。这样一来,他不需要说话也能告诉你他想要什么。你可能是宝宝的第一任老师,但你也要向宝宝学习。你所要做的就是认真观察和倾听。

首先,你要注意他关注你和与你亲密的信号。宝宝的眼睛睁开了吗?他在专心地看着你吗?他在对你笑吗?你在房间里走动时,他在一直注意你吗?他发出了想吃奶的声音吗?他饿了吗?观察他的目光。如果他对一个新玩具表现出兴趣,给他玩。如果他用手指着一个安全的东西,让他摸。

同时,你也要注意他的关注点发生转移和想要做出改变的信号。宝宝转过头去看别处了吗?他有没有反弓起身子,两手向外推?他在哭、咳嗽或皱眉头吗?他有没有打哈欠或者睡着?他的眼神显得呆滞吗?他想要安静一些吗?他需要换尿布吗?如果他转过头去或者显得烦躁不安,他就可能想要做点别的事情,或者换个环境了。

当你对宝宝发出的信号作出反应时,他就会知道,他的行为能对他人发生作用。每一天都有无限的可能性,你和宝宝将对彼此了解更多。

为了了解镜像模仿的影响，爱德华·特罗尼克（Edward Tronick）博士在1975年进行了一项名为"静止脸实验"的研究。实验当中，特罗尼克观察了母亲和婴儿之间的互动。他要求母亲停止回应她的孩子，不表现出任何表情，也没有任何镜像模仿，保持3分钟。在这一小段时间里，婴儿反复尝试通过以往的模式进行互动。当母亲继续没有表现出任何反应时，婴儿会停止尝试，继而出现打嗝、吐奶和哭泣等生理反应。

特罗尼克的实验是发展心理学的一项重要发现，因为它显示了养育者与孩子互动的巨大影响。当父母等养育者离开婴儿的视线而无法作出回应时，婴儿能够接受这一现实。然而，一旦他们只是身体在场而情感不在场，婴儿就很可能会感到不安或者在心理上受到影响。

建立健康依恋关系的 7 种做法

除情感调和与镜像模仿之外，在宝宝生命至关重要的第一年里，你还可以采取其他措施来促进健康依恋关系的建立。儿科医生威廉·西尔斯和他身为注册护士的妻子玛莎是"亲密育儿法"的主要倡导者。他们写了很多书来推广这种育儿方式，例如《西尔斯亲密育儿百科》和《西尔斯亲密育儿法》。在西尔斯夫妇看来，亲密育儿法就是如何学习解读和回应宝宝所发出的信息。他们认为，无论全职父母还是上班族父母都能与孩子建立起牢固的依恋关系。在他们的著作中，西尔斯夫妇提供了建立安全依恋的7种做法。他们表示，虽然大多数父母都不能始

 了解关于"静止脸实验"的更多信息请访问 growhealthygrowhappy.com

终做到这7条，但他们还是可以尽可能多地与宝宝保持连接状态。

亲密育儿法对上班族妈妈来说可能不容易实施，但西尔斯夫妇坚持认为，他们的方法主要是鼓励父母和宝宝结成爱的亲情心理联结。研究表明，这一亲情心理联结对宝宝未来的情感、认知和身体健康都十分有益。无论你是否一直采用以上的所有7种做法，你都可以通过密切你和他的联系来帮助他形成健康的依恋关系。你可以采用对你来说更加方便的各种方式。

过度依恋

心理学家认为，为了实现情感的健康发展，婴儿至少需要与一位关爱他的成年人建立稳固而持久的关系。然而，你可能会担心自己溺爱宝宝，给他太多关注和拥抱，导致他变得既黏人又依赖。在宝宝生命的最初几年里，这种担心可能是多余的。

当宝宝有不愉快的感觉时，他的养育者应当对他的需要作出反应，以此来给他安全感，这很重要。如果他的需要遭到忽视或拒绝，或者有时能得到满足有时又得不到满足，他就可能会建立起不安全的依恋。这看起来似乎有些矛盾，但婴儿时期的安全依恋能让宝宝变得更加独立，而不是更加依赖。如果宝宝相信他的父母会照料他，他就会认为这个世界是一个安全的地方，他就会有足够的信心独自去玩耍，去探索。

建立安全依恋的障碍

虽然大多数新手爸妈都认为与宝宝建立亲密的关系非常重要，可繁忙的生活却往往会让这些新手爸妈们顾不及宝宝的情绪发展。家家都有一本难念的经，这些困难可能会阻碍父母与宝宝建立安全的依恋关系。以下是今天的父母们所面临的一些常见困难以及相应的解决办法。

上班族妈妈

我在日本照顾埃米时，地铁和商店里的人都会给我安慰和鼓励："做妈妈真不容易呀，是不是？"这句话表达了人们对母亲这一社会角色的尊重。听到这样的话，我感到我作为一名母亲和我每天所付出的努力都得到了肯定和鼓励。

建立安全依恋的7种做法

1. **出生后即刻。** 宝宝降生后的数小时和数天是母子亲情心理联结本能发挥作用的敏感时期。

2. **哺乳。** 哺乳是母亲了解宝宝并建立信任关系的好方法。

3. **怀抱。** 把宝宝抱在怀里能让你敏感地意识到他的需要，同时加深你们的感情。

4. **同睡一张床。** 大多数婴儿在父母身边睡得更好。宝宝在身边时，夜里喂奶和照料起来会更加方便。

5. **回应啼哭。** 当你回应宝宝的啼哭时，你就是在帮他建立信任和安全感。婴儿啼哭是为了与你交流，而不是为了操纵你。

6. **保持限制与放任的平衡。** 自我照顾是宝宝健康的重要组成部分。相信你的直觉，你知道什么时候该对宝宝说"可以"，什么时候该说"不行"。提出限制性的规则。寻求帮助。建立平衡。

7. **相信自己。** 你比任何人都更了解宝宝的需要。相信你的直觉，而不是屈从于外界的压力。

摘自医学博士威廉·西尔斯与玛莎·西尔斯合著的《西尔斯亲密育儿法》，版权归两位作者所有。

虽然与过去相比，今天的爸爸们正在分担更多的养育责任，但是从历史和全球的角度看，照顾宝宝的生物学本能和情感本能还是妈妈们要更多一些。在许多民族文化中，妇女会把孩子背在背上，随着孩子逐渐长大，大家族里的其他亲戚会帮忙照顾他们。在20世纪末和21世纪初，全球化等现代趋势使女性的社会角色发生了巨大的转变。越来越多的妈妈把宝宝留在家里或送进托儿所，自己则重返工作岗位。根据美国劳工统计局的数据，在1950年，女性只占美国劳动力总数的29%。而到了2012年，女性已经占到劳动力总数的几乎一半。在有不满1岁宝宝的妈妈中，57%都有工作。

如果你是一位上班族妈妈，既要工作，同时学习如何照顾新生的宝宝，又要承担家里的各种杂务，还要维护与伴侣的关系，每天都睡不了几个小时，这些因素加在一起可能会让你无法忍受。在你努力满足宝宝的需求，为他提供最好的养育的过程中，你可能会经历内心的冲突和愧疚，因为你觉得自己做得不够。从情感上说，你也很难把你的宝宝交给别人照顾，不管他们是其他家庭成员、保姆，还是托儿所的专业人员。

怎么办？首先你要认识到，你的这些感受实际上非常正常，全世界上班族妈妈们的生活都跟你大同小异。其次你要知道，选择做全职妈妈也会带来一系列问题。许多全职妈妈都会遭受孤独、压力、无聊和疲惫的折磨，她们对丰富多彩的生活充满渴望。

无论你的工作环境如何，一边上班一边照顾宝宝都是非常困难的事。因此，你要大胆向家人、朋友和社区寻求帮助，以此来让自己获得你所需要的体力、心理支持和社交生活。养育宝宝总是能耗费你无尽的心力，这是一个父母与宝宝一起学习和成长的不断平衡的过程。

睡眠不足

刚出生的宝宝睡眠是没有规律的，他们需要时间来养成晚上睡觉、白天保持清醒的习惯。因此，大多数新手爸妈都有睡眠不足的问题，而这可能会影响他们的情绪和思维。你可能会发现自己脾气不大好，一点小事就容易生气。只是这种情绪状态并不利于宝宝对你形成安全的依恋。

显而易见，睡眠不足的解决办法就是多睡觉。同床睡（让宝宝睡在你的床上）不仅能帮助所有父母获得更多睡眠，同时还有助于建立健康的依恋关系，但有些父母可能不喜欢这样做。除此之外，你的选择还有向其他亲友寻求帮助，以及雇佣月嫂或保姆。

产后抑郁症

产后抑郁症是一种严重的疾病，它不仅仅是你在宝宝出生后所出现的情绪波动。它发生在生产后的最初几个月，病情可持续数月。产后抑郁症能让你感到焦虑、愤怒、悲伤和内疚。这些感受可能会遮蔽养育过程中的积极体验，使这一过程成为充满后悔、疏离、绝望、无聊和自责的经历。如果宝宝得了腹绞痛，或者你身边没有亲友，曾经有抑郁史或者有抑郁体质，你就更可能患上产后抑郁症。这种疾病也可以由流产、死产和激素水平变化而引起。

产后抑郁症不仅影响母亲，还威胁整个家庭。如果长期患病且不经治疗，宝宝就难以对父母形成健康的依恋。因此，一旦出现产后抑郁症的症状，你就要及时寻求治疗和帮助。

导乐都是非医学专业的专业人员，她们为孕妇和新手妈妈提供信息、情感支持等各种帮助。具体来说，产后导乐擅长照顾新生儿，同时也可以帮助做家务，如清洁和做饭。为期一周或一个月的产后导乐服务是迎婴聚会（为未出生的宝宝举办的聚会）上颇显用心的礼物。

有些妈妈可能会因为自己情绪不好而感到内疚，并且羞于寻求帮助。然而，产后抑郁症相当常见，解决的办法也有很多。治疗的第一步是直面自己的病情并寻求帮助。迈出这一步或许很难，但从回报看非常值得。许多从产后抑郁症中走出的妈妈都会告诉你，寻求帮助不仅是对你自己和宝宝的关爱，同时也是你的内心力量的体现。

缺少共识

在养育子女的过程中，大多数父母都会在经历、气质、价值观和性格等方面存在差异。这些差异使得父母双方很难达成一致，形成统一的育儿方式。例如，父母中的一方可能主张严格管教，而另一方可能更为宽容。类似这样的差异可以在许多方面表现出来。

朝令夕改、无法预知的养育方式可能会导致宝宝产生困惑、不安全感和行为问题。同时，父母在育儿方式上的冲突也会损害你在宝宝心中的权威。随着宝宝逐渐长大，他可能会试图利用你们的灰色地带打擦边球。

父母应当在照顾宝宝、制定规则和将规则传达给宝宝等方面形成整体的计划，这么做既能使父母双方保持各自的个性，同时也能让他们发出统一的声音。

特殊困难

由某些疾病所导致的早产或分居有时会阻碍宝宝与养育者的依恋循环，发育迟缓有时会影响宝宝的反应能力，某些生理或心理不适也可能降低你解读宝宝意图的能力。这些情况需要特殊关注和处理。心理学家和精神病学家等从事发育障碍早期干预的专业人员能帮助你与宝宝形成尽可能稳固的依恋关系。

💡 了解关于月嫂和陪产师的更多信息请访问dona.org/mothers

宝宝如何成长

健康依恋关系的一大好处是，它能给予宝宝自由来探索世界和发现独特的自我。

本体（Essence）

来到这个世界的时候，你的宝宝是一个既完整又完美的个体。他是一种原始而自然的存在，这一点体现在他对当下的关注和他开放而真实的自然表达中。他无拘无束，朴实无华。他不理睬过去和未来，他纯粹的意识只投注于当下。

宝宝的生命开始于一种共生性的结合状态，他感觉不到自己和身边的环境有什么区别。在这种知觉状态中，我与非我浑然一体。当你5个月大的宝宝向你绽放天真无邪、纯粹自然的微笑时，你会感受到来自他的真我（essential self）的发自心底的喜悦。他显露出一种独特的本性，根本而真实。

人们往往看不出本真特质只是存在而已，而是把它们看作行动和成就的反映。你的宝宝不仅在形成他个性的各个方面，他也在形成一些本真特质，比如好奇心、快乐、力量、爱、意志与勇气。由于你在哪方面回应宝宝，宝宝就会在哪方面实现成长，所以你可以通过辨识和认可这些本真特质来帮助他发展真我。如果这些特质没有得到认可和强化，它们也依然存在，只是会逐渐堕入沉睡状态。

本体与存在有关。在大多数西方文化中，人们更重视行动而不是存在。由于许多父母与他们的真我相隔绝，所以他们既不会关注孩子本体的发展，也不会鼓励这一发展。你可以通过陪伴宝宝来帮他时刻与他的本体保持联系。你可以每天花一点时间陪他玩耍，或者仅仅是无目标、无计划地陪他待着。此外，你也可以花时间去连接你自己的本体。这么做有助于你在知觉模式与存在方式上为宝宝做出表率。音乐、冥想、瑜伽和呼吸练习能帮你增进你对自己本体的感知。当你发现自己的本真特质时，你就帮助宝宝加强了他与自身本体的联系。

自我与认同发展

心理学家玛格丽特·马勒（Margaret Mahler）是研究自我早期发展的权威学者。她认为，随着婴儿的成长和他们与养育者和外部世界的互动，他们会从本体的纯粹状态中分离出来，形成独特的自我和个性。这种分离可能会在一瞬间发生，也可能在一长段时间里逐渐完成。分离是不可避免的，也是必要的，因为你的宝宝必须形成独特的个性来成为自主的自我，并且在社会中发挥作用。

马勒用"认同"一词来指代人对存在感（sense of being）的初始认知。这种"我是某某人"的存在感是个性展现的第一步。马勒把儿童的分离与个体化过程比作一种再生体验。随着宝宝的自我、认同感、认知能力和人际关系不断发展，他开始脱离与环境的共生性结合。分离与个体化是发展和维持认同感的重要前提。

马勒确定了个体化过程的5个步骤。由于儿童的发育速度各不相同，下面所提到的年龄可能会提前或推后，但发育的顺序基本如下：

1. **共生**。从怀孕到大约5个月大，宝宝能意识到母亲的存在，但他没有个体的概念，而是认为他与母亲是一体的。他花费很多时间睡觉，注意力完全集中在自己身上。他的世界里只有自己和母亲，别无他物。

2. **身体意象的分化与发展**。从6、7个月大到9个月大，宝宝醒着的时间更多，他也变得更加警觉，对外界更感兴趣。通过摸自己的脸，拽自己的头发，扫视周围的环境，他开始意识到自己的身体与母亲是分离的。还有，他总是拿不同的东西与他的母亲作比较。

3. **实践**。从9个月大到16个月大，随着宝宝的运动能力逐渐增强，他开始通过爬、踢、站立和走等方式积极探索，并且敢于离开他的养育者更远。他依托养育者探索世界，并且不时回到养育者身边寻找安慰和"充电"。宝宝积极实践和掌握自立技能，但他的内心也在努力自立和分离焦虑的拉扯下矛盾不已。

4. **和解**。从15个月大到24个月大，宝宝已经开始自己走路，并且在身体上进一步脱离他的养育者。与此同时，他也在发展语言和认知技能，希望与养育者分享他的新鲜经历。他重新需要与养育者保持亲近，于是害怕被抛弃，并可能变得犹豫不决、焦虑不安，甚至在他探索世界的时候也是如此。

5. **个体感的巩固和客体永久性的发展**。从2岁到3岁，宝宝现在明白，他的养育者是一个独立的个体。在一定程度上理解客体永久性（能认识到从他视野里消失的某样东西仍然存在）之外，他也得到了一种稳定的认同感和个体感。这促进了他的超我的形成。超我是父母需求的一种内化，这一需求能够为宝宝提供指引。由于宝宝的自我还没有发展完善，在帮他寻找自己内心指引的过程中，父母还是会继续教他智慧，担负责任。缺乏积极的内化可能会引发不安全感和低自尊。

这一基本的分离与个体化过程发生在宝宝出生后的前三年里。这一过程受到干扰可能会对他日后的自我认同产生负面影响。如果这一过程发展顺

埃里克森的社会心理发展阶段论

第1阶段：婴儿期（0~18个月）

基本冲突	信任与不信任。
重要事项	母乳或配方奶喂养。
结果	当养育者提供可靠支持和关爱时，宝宝会发展出信任感，否则会发展出不信任感。

第2阶段：幼儿期（18~48个月）

基本冲突	自主或羞愧、怀疑。
重要事项	如厕训练。
结果	宝宝需要培养对体力活动的控制感和独立感。在这些方面的成功经历会带来自主感，如失败则会导致羞愧和怀疑。

利，你的宝宝就会建立起对自己的认同，从而变得更加独立和自信，勇于做他自己。

马勒的理论（包括她对本我、自我和超我的概念）建立在精神分析先驱西格蒙德·弗洛伊德的基础上。后来，心理学家们继续发展马勒的思想，于是关于人格和认同的理论得以在今天继续发展。

埃里克森的社会心理发展阶段论

发展心理学家和精神分析学家埃里克·埃里克森（Erik Erikson）提出了儿童社会性发展影响自我意识的理论。埃里克森建立了贯穿人的整个生命周期的模型，他将人的一生划分成了不同的成长和发展阶段。这些不同阶段存在先后次序，每一阶段都以前一阶段的正常发展为基础。

埃里克森的8个社会心理发展阶段的前两个阶段位于宝宝生命的前三年里（见表格）。埃里克森认为，影响未来人际关系的关键因素之一是学会信任。信任的发展发生在宝宝1周岁半之前，这也是埃里克森8个社会心理发展阶段的第一个阶段。在第二个阶段，即宝宝2~3岁之间，宝宝将发展独立和自我控制能力。

根据埃里克森的观点，婴幼儿首先从自己的身体特征来获得认同感。渐渐地，他们开始认同自己的情绪和喜好。然后，他们会认同人格特征和道德观念。随着年龄的增长，他们会进一步通过取悦他人和满足社会标准了解外界对自身行为的期待。由于社会、情感、身体和认知的发展是同时发生的，所以这些方面高度相关并且浑然一体。影响自我概念的其他因素有性别认同，与家庭成员的关系，种族或宗教认同和与邻里、社区、文化和国家的认同。我将在这一章后面的内容里逐一探讨这些影响因素。

了解个体差异

即便在外部世界还没有来得及对宝宝产生影响之前,他就已经准备好用自身的方式来回应这个世界了。在遇到障碍的时候,有的宝宝可能会坐下来哭泣,而另一些宝宝则可能推开障碍,继续做他想做的事。在宝宝的遗传影响之外,他的气质、个性和性别也影响着他对世界的反应。这些因素连同他独特的生活环境一起构成了他独特的自我。其中一些因素很容易在生活经历中发生变化,而另一些因素则很难改变。

气质

婴儿的气质是他对世界的独特反应方式。气质是一个人个性中内在的、天生的和生理的部分。此外,个性也受性别、体质和健康状况、饮食、环境、经历和文化的影响。

在父母的养育方式之外,你的宝宝的内在气质也会影响他的依恋类型和安全感。例如,生性胆小的宝宝倾向于形成焦虑-矛盾型依恋,而胆大的宝宝更容易形成焦虑-回避型依恋。

有不止一个宝宝的父母很容易就能看到不同宝宝在性格上的差异,即使这些宝宝的基因是相同的。埃米从出生起就非常活泼、外向,而玛丽天生就很敏感。在社交场合,玛丽总是紧紧抓住我或爸爸。我的两个女儿都有与生俱来的独特气质,后者影响着她们对各种情境的反应。

通过观察和了解宝宝的性格,你可以更好地理解他的想法,找到帮助他的方式。如果宝宝的气质与他所处的环境相契合,那么他的发展就将步入快车道。

有时,社会和文化对男孩和女孩的要求并不相同。例如,父母经常粗暴地对待男孩,同时较为温柔地对待女孩,而不管他们的气质类型。同样地,家庭基于特定文化和传统而对宝宝形成的期待也可能并不适合他。此外,宝宝与父母、兄弟姐妹和其他养育者的互动都各有特点。这些互动方式所产生的化学反应既可能是积极的、互补的,也可能是消极的、对立的。

作为父母,你的气质会影响你和宝宝的互动,宝宝的气质也会影响你对他的反应。例如,如果你是一个喜欢安静的人,你可能就会发现,活跃而精力充沛的宝宝比气质跟你相似的宝宝更容易让你头痛。如果你对宝宝的气质不大适应,你就可以换一个角度来看待它,以此来帮助宝宝(以及你自己)。试着中立地看待他的气质,把它看作他本性的一部分。然后你会意识到,你要做的不是对他的气质被动反应,而是有意识地帮他平衡气质,使之对他有利。有效的养育意味着你要根据宝宝的气质来调整你的期待。

了解宝宝的气质也有助于选择养育者。如果你想让养育者和宝宝之间产生尽可能高质量的互动,你就要同时考虑两者的气质。

纽约纵向研究(New York Longitudinal Study)是关于婴儿气质的最古老、应用最广泛的研究之一。该研究始于上世纪50年代中期,由医学博士亚历山大·托马斯(Alexander Thomas)和医学博士斯特拉·切斯(Stella Chess)共同开展。托马斯和切斯访谈了136名小至两岁幼童、大至成年人的被访谈者的父母,并且确定了气质的9种维度。在下面的图表里,我描述了这9种维度在阴、阳两方面的表现。

弄清宝宝更倾向于阴还是阳的价值在于你可以借此来引导他获得平衡。如果他生来的气质偏阳性(活跃、外向),他就不仅需要释放能量的激烈活动,还需要能够沉静和平衡能量的安静活动。如果他生来的气质偏阴性(安静、内向),那么你不仅要保持耐心,考虑他可能会慢半拍,你可能还要鼓励他参加户外活动和体育运动。这两种倾向各有优缺点。养育孩子的关键是理解和接受他的本性。

人格与九型人格

气质指行为风格,而人格指行为背后的原因。人格一词源自希腊语"persona",意为"面具",它的作用是遮蔽和保护易受伤害的真我。研究者提出了各种人格发展理论,其中多数理论认为,人格是能够影响或引发某些行为的心理构造,它产生于人的内心,并在人的一生中基本保持稳定。人格是气质、情感、兴趣和智力的独特组合,另外受社会互动影响。

我发现九型人格理论非常有用。九型人格可以追溯到古希腊哲学家毕达哥拉斯的作品中,后来在伊斯兰神秘主义苏菲派中口口相传。在20世纪60年代,艾瑞卡学院(Arica School)创始人奥斯卡·伊查索(Oscar Ichazo)具体描述了九种人格。他的这一通俗易懂的心理学理论融合了犹太教神秘主义、基督教、伊斯兰教、道教、佛教和古希腊哲学的传统和智慧。

气质的阴与阳

	表现	阳	阴
活跃程度	在体力活动方面的整体水平	动来动去,静不下来;兴趣容易转移;精力充沛	文静,喜欢安静的活动;精力不足
专注程度	对外部刺激的专注程度	专注,投入	注意力不集中,易分心
反应强度	对外部刺激的反应强度	反应激烈,情感强烈	难过时非常安静;反应平和;顺其自然
规律程度	生活习惯是否规律	不知道什么时候会饿,会困倦	饿和困倦可预期
敏感程度	对感官刺激的敏感程度,如声音、触摸、味道和温度变化	对感官刺激的接受度广;不挑食,什么都吃	敏感;易受惊吓;挑食;喜欢艺术
胆量	对陌生环境和陌生人的反应	态度明确;不害怕,不腼腆;先行动,后思考	犹豫不决;需要逐渐适应;先思考,后行动
适应力	适应变化的能力	能快速适应变化,在不同活动中轻松切换	不喜欢习惯被打破,需要花费较长时间适应新环境
持久力	持续做一件事的时长,以及如何克服困难	自己想办法;专注;可能会固执;被打断时可能会反应激烈	寻求帮助;耐心,能等待较长时间来达到自己的目的;容易分心
情绪反应	情绪反应积极或消极	积极乐观;容易走出负面感受	喜欢从消极的角度看问题;可能喜欢思考和分析

九型人格理论是对人的动机和行为的一种解释，它描述了九种基于相应心理结构的人格类型。根据这一理论，宝宝天生就具有某种支配型人格，这一人格决定了他适应环境的方式。以下是这一理论的一些基本原则：

❀ 不同类型之间没有优劣之分，其顺序完全是中性的。

❀ 每种类型都适用于男性和女性。

❀ 每种类型都有积极面和消极面。

❀ 每个人的一生只属于同一种类型。

九型人格理论是了解自己和他人的工具，它能帮你了解宝宝的性格，同时帮你确定自己的育儿方式。今天，许多心理学家、教育家和商业领袖都使用九型人格理论来帮助人们相互理解，进而促进沟通，提高生产力。

我很喜欢研究九型人格理论，到现在已经20多年，它是我了解自己、家人、朋友和商业伙伴的秘密武器。在养育宝宝方面，它对我的帮助尤其巨大。我通过它来了解两个孩子的性格差异，以及他们的独特性格对各自世界观的影响。此外，九型人格理论也帮我了解了自己的育儿方式。例如，我是九型人格中的第7种类型，我鼓励两个孩子独立，勇于冒险，充分体验生活。埃米出生时，我父亲的一句话让我看清了自己的养育方式。他说："终于有人能陪你一起玩了。"虽然我的很多想法和安排都让埃米和玛丽感到兴奋不已，但对她们来说，要在顺乎自己内心的同时跟上我的节奏可能并不容易。

宝宝四五岁时，你或许就能确定他属于哪一种类型了，因为他已经有了独立的自我意识和适应这个世界的方式。不过，即便在四五岁之前，你也可能在宝宝身上看到某种类型的典型特征。你可以在宝宝身上找找看，这会很有意思。至少，九型人格理论也可以让你知道，你的宝宝是一个拥有看待世界的独特眼光的独立个体。

因为九型人格理论与人的动机有关，所以它能帮你理解宝宝为什么会表现出这样或那样的行为，进而有助于你接纳他，给予他理解和共情。在大多数情况下，人格类型实际上是作为一种防御机制，即某种生存方式来发展的。所以，你要运用这个理论来帮助宝宝通过认识和欣赏人与人之间的差异来获得自由，而不是用它来给宝宝贴标签。在帮助宝宝建立优势，认识并补足弱点和发展自信的过程当中，你对他行为动机的觉知也能为你优化养育决策打下基础。认识到宝宝的反应往往源自他的性格类型后,你也可以减轻你要对他的所有感受和行为负责的担忧。你可能会担心宝宝过于内向、活泼、暴躁或懒惰,但是当你意识到,他的这些反应只是源自他的个性时,你就能接纳而不是抵制他的这些表现。另外,当你意识到自己的个性有可能给你的行为方式带来怎样的影响时,你也更可能做出明智的行动。

埃米是一个完美主义者,她曾经想拿胶带遮盖院子里砖缝间的杂草,遇到任何她认为不完美的东西,她都想去改变。玛丽也经常为一些鸡毛蒜皮的小事没完没了地抱怨,搞得我以为自己做了什么不好的事伤害到了她。后来,我意识到玛丽只是有些文艺气质,这才松了一口气。因为我知道,对她来说,抱怨只是她面对世界的一种方式。

下面的九型人格图说明了9种人格的特点和动机,儿童和成人都适用。看图时,你可以思考下面几个问题:你的宝宝属于哪种类型?他的优点和缺点各是什么?你怎么看待各种类型的养育方式?作为父母,你如何利用自身的有利条件改善家庭关系?

九型人格理论如何帮助宝宝

特点	动机	行为表现	帮助此类宝宝	此类父母	对此类父母的养育建议
人格类型一：完美主义者					
"好"宝宝，诚实，自以为是，整洁，喜欢秩序和条理。	想把事情做对并改进。	不抵制洗澡，守规矩，举止礼貌，自我反思，事情与期待不符时会不耐烦、恼怒。	避免唠叨；陪他玩耍；多做放松的活动；认可他想把事情做好的努力，也认可他对自我的坚持。	你做事有条理，纪律严明；你负责、可靠，但常常苛责自己和宝宝；你想成为"完美"父母，把所有事情都做对。	不时放松一下，陪宝宝玩玩；知道自己已经"足够好"，放松对完美的追求；知道自己常常自以为是；察觉你的愤怒，尝试在不伤害他人的前提下表达愤怒；不要对自己和宝宝评头论足。
人格类型二：热心助人者					
慷慨，令人愉快，乐于助人，温柔可亲而且重感情，对别人的反应很敏感。	希望通过帮助他人得到肯定。	关心他人并提供帮助；喜欢照顾洋娃娃或毛绒玩具；不喜欢独处；感情容易受伤；可能喜欢操纵别人。	留出时间跟他单独相处；对他的帮助表示感谢；倾听他的感受，鼓励他说出自己的需要。	养育宝宝对你来说很自然，你鼓励宝宝发展个人爱好；你喜欢照顾宝宝，很容易看出宝宝的需要；你可能不喜欢直接谈论负面的事情，转而间接操纵。	肯定宝宝的感受——无论是正面感受还是负面感受；鼓励宝宝自主，但要有纪律和界限；表达你自己的需要，每天做一些自己喜欢的事。
人格类型三：成就至上者					
关心自己的形象，喜欢成为焦点，喜欢赢；喜欢竞争。	想要表现出色并取得成功。	喜欢穿漂亮衣服；精力充沛；对很多事情充满兴趣；受人欢迎；努力夺取胜利，争当第一。	了解他内心的感受，鼓励他认清自己的价值观、喜欢什么、不喜欢什么；帮助他放松，放慢节奏。	你非常活跃，精力充沛，经常跟宝宝一起玩；你鼓动家人实现目标，完成任务，以此来挖掘宝宝的潜能。	放慢节奏，集中注意力：认真倾听宝宝到底在说些什么；深呼吸，练习从早到晚都活在当下，感受自己的"存在状态"而非"做了什么"；避免与其他父母比较，肯定自身的内在价值。

(续表)

九型人格理论如何帮助宝宝

特点	动机	行为表现	帮助此类宝宝	此类父母	对此类父母的养育建议
人格类型四：浪漫悲悯者					
敏感，富有同情心，喜怒无常，关心自己的感受，表情丰富，有趣。	想要感到特别和独一无二。	爱好美、艺术、音乐、装扮和自然；多愁善感，善于表达情感；可能喜欢独处；有创造力，独特、个人主义；感受敏锐；嫉妒、不知足；可能害羞、忧郁或喜怒无常；收集贝壳、石头等小物件。	心情差时多安抚；需要时给他空间处理情绪；多正面肯定，帮他强化自信和内心平衡；鼓励他做喜欢的事，参加喜欢的体育活动。	你热情、有爱心、乐于助人、富有创造力和洞察力；你跟宝宝心意相通，能深刻理解他的感受；你容易投入情感，分散精力，忘记保持界限，失去内心的平衡。	给宝宝一些平常的体验，这样他就不会觉得自己必须始终特立独行；给他空间，让他有自己的感受和需求；接纳并享受宝宝对你的欣赏；在你和宝宝之间设定清晰的界限；关注实际生活，让一切井然有序。
人格类型五：博学多闻者					
安静、内向、爱读书、聪明、敏锐、难以承受压力、紧张。	想要弄明白不懂的事情。	喜欢独自活动；不喜欢参加团体活动；不需要太多的关注；不依赖他人；喜欢动脑；害羞、孤僻；关注身边发生的事情；可能在社交中感到不舒服。	小心不要侵犯他的空间；鼓励他参加户外和体育活动；支持他表达内心的声音和参加社交活动；对有关他关心的事情感兴趣；多陪他玩。	你在做决定时是理性和客观的；你尊重事实，客观理性，在紧急状况下也能控制情绪，因为你倾向于分别看待事实与感受；对你来说，表达自身情绪和关心宝宝当下的需要可能是一件困难的事。	尊重自己的直觉；多表达自己对宝宝的爱，而不是藏在心里，因为宝宝需要知道你关心他；多回应宝宝，给他赞许和肯定；相信你自己，认识到你有足够的能力为宝宝提供优质的养育；每天给自己留出一些时间和空间来充电，关心自己的感受和想法。
人格类型六：谨慎忠诚者					
怀疑、喜欢探究、忠诚、负责、严肃、担忧、充满智慧。	需要安全感。	可能紧张、焦虑；寻找危险因素并采取预防措施；可能比较悲观、消极、多疑；寻找权威者，忠诚于权威，同时也容易反叛权威。	通过信任他来培养他的自信；你要表现得一致、稳定、可靠，以此来让宝宝感到安心；生活安排要井然有序，明确告诉他不可以做什么；回答宝宝的问题，并鼓励他逐步摆脱对你的依赖。	你忠诚、负责、勤奋、细心，关心宝宝的利益；你可能会过度保护宝宝，担心各种可能遭遇的危险和问题；你可能有时怀疑自己对宝宝管得太严，有时又觉得管得太松；在为宝宝决定事情时，你会问很多问题，做很多分析。	相信宝宝有能力、有韧性；过度的担心和警觉会让他不安；扮演权威者角色，因为他需要你的自信所带来的安全感；认识到自己喜欢拖延，即使你对事情并没有十分的把握，你也要立即采取行动。

（续表）

九型人格理论如何帮助宝宝

特点	动机	行为表现	帮助此类宝宝	此类父母	对此类父母的养育建议
人格类型七：享乐冒险者					
积极、热情、精力充沛；渴望各种体验；快乐。	想要好玩、不单调和亲身的体验。	爱笑，喜欢玩乐；喜欢成为关注的焦点；对许多活动充满好奇心和兴趣；容易分心；坐不住、注意力不集中；坚持想要他想要的；抗拒限制和规则；倾向于过度活跃。	帮他表达自己的痛苦和真实的感受；鼓励他放松下来，放慢节奏；安排丰富的活动以免让他感到无聊；在他想要专心做一件事时鼓励他，以此来让他完成这件事；只在必要时对他说"不"。	你乐观向上，有远见、梦想和计划；你可以是慷慨的、有感染力的、鼓舞人心的；你喜欢变化，喜欢新鲜有趣的经历，所以你可能会厌倦日常的养育事务；你倾向于忽视不愉快的互动和感受；你也经常忽视宝宝的想法和感受；你做事情容易过头。	倾听并回应宝宝的暗示和需求；降低你的节奏来适应宝宝；保持前后一致；简化每件事——吃饭、活动和安排事务；花时间享受当下；警惕自己脱离现实，用园艺、瑜伽或跑步等体力活动来让自己脚踏实地；每天为自己做一些有趣的事情。
人格类型八：力量挑战者					
专横、任性、咄咄逼人；保护宠物和弟弟妹妹。	想要控制和权力。	强壮，喜欢发号施令，精力充沛；容易愤怒；可能倔强、鲁莽、专横；爱出风头；敢于说出自己的真实想法；维护公正，保护弱者，内心中有柔软的一面。	对待他要直接、诚实、坦率——就像他一样；认真听他说话，与他交流；帮他平静下来；肯定他的优点和长处，不要试图贬低他；不要对他的愤怒或脾气反应过度。	你是行动派、领导者，也是教宝宝运用自身"意志"的好榜样；你是强大的活跃力量；你相信正义和真理，并愿意为之奋斗；你是个急性子，时刻准备表达自己的感受。	放松，按照宝宝喜欢的方式跟他玩耍；给他做决定的机会；认真倾听，鼓励他表达自己的感受；放慢节奏来适应宝宝；当你感到兴奋时，做几次深呼吸；认识到自己有爱责备他人的毛病；照顾好自己，免得把自己弄得太累。
人格类型九：和平主义者					
满足现状；抗拒变化和冲突；随和，没有强烈的偏好。	想要满足和舒适。	喜欢安静的活动；稳重、友善；不紧不慢；重感情，喜欢跟人亲近；回避冲突；感情容易受伤；不知道自己喜欢什么；可能通过顽固和消极来表达攻击。	通过问题来帮他搞清楚自己喜欢做什么；鼓励他畅所欲言，表达自己的想法；明确表达你需要他做什么，做到什么程度；鼓励他冒险，尝试新的体验；认可他的成绩并表示赞赏。	你热情、善解人意，能敏锐感知宝宝的感受和担忧；你鼓励和接纳宝宝，不苛求；你善于倾听，温柔可亲，让宝宝感到安心；你无条件的爱让宝宝感到踏实；你回避愤怒和冲突，可能不喜欢提出自己的主张。	鼓励宝宝摆脱对你的依赖，意识到你容易对他过分关注；明确表达你的想法和主张；采取行动避免拖延；尊重自己的直觉，让自己变得有趣；放下执念，顺其自然；通过体育锻炼激发你的能量；关注你的需要和欲望，表达你的想法和主张。

性别

分娩之前，大多数父母都会猜测宝宝是男孩还是女孩。关于宝宝的性别时，许多父母都有特别的感受、想法、期望，甚至偏好。跟气质、人格一样，性别也是影响宝宝性格的一大因素。你可以通过了解关于性别的刻板印象和鼓励宝宝参加各种活动来帮他发展对自己的认同。

小男孩是什么做的？
"青蛙，蜗牛，和小狗的尾巴！"
小女孩是什么做的？
"蜜糖，香料，和各种好东西！"

科学家们一致认为，不同性别存在生物学差异，例如在力量、体重、发育模式和大脑结构等方面的差异。此外，性激素也影响行为。不过这句话反过来也说得通——行为也影响激素水平。研究人员也发现，男性和女性在天资和偏好上存在许多差异，但这些差异到底源自生理因素还是文化因素，还是两者都有，目前还不太清楚。最后，榜样和社会化的性别刻板印象会影响宝宝的自我意识。到两岁半时，大多数宝宝都能为自己和他人贴上性别标签。

女孩和男孩的差异

了解不同性别的差异及其对宝宝发展和行为的影响可能会对养育过程有很大帮助。安妮塔·塞西（Anita Sethi）在她的文章《男孩和女孩的真正区别》（*The Real Difference between Boys and Girls*）中提到了两种性别的特点：

男孩

- 更喜欢机械运动而非人的活动。
- 喜欢看一组物件（例如一堆手机零件），而不是一张人脸。
- 擅长大肌肉运动：尽管男婴和女婴几乎同时掌握主要的运动技能，但男婴比女婴更擅长踢腿和扭动身体。
- 喜欢跟许多孩子一起玩。
- 喜欢扮演英雄角色。
- 喜欢远离父母玩耍。
- 在人际互动中更有主见。
- 喜欢参与和观看激烈而且进攻性强的游戏。
- 容易发怒并且不容易安静下来。
- 表现出恐惧的时间较晚，频率也较低，因为在巨响和突然刺激的作用下，男孩的惊跳反射更少。
- 不太可能注意到父母脸上的恐惧表情；他们无视警告，于是进入更危险的境地。
- 更少社交性表情。

女孩

- 喜欢模仿人的活动（例如玩做蛋糕游戏）。
- 比起看一组物件，更喜欢看一张人脸。
- 在精细运动方面发展更快（例如书写整洁，使用餐具，按按钮和拉拉链，摆弄小玩具）。
- 喜欢只跟一个同伴玩。
- 喜欢扮演社会角色。
- 喜欢在父母身边玩耍。
- 擅长察言观色。
- 有更强的共情能力。
- 语言技能发展更早，在理解和说话方面都是如此。
- 建立和保持眼神交流的时间较早，效果也更好。
- 更善于倾听，更关注人声。
- 更多社交性的微笑。

丽莎·埃利奥特（Lise Eliot）博士在她的《粉色大脑，蓝色大脑》（*Pink Brain, Blue Brain*）一书中写道，男孩的大脑虽然与女孩不同，但性别间的诸多差异并非都来自遗传。为了证明环境对人的直接影响，埃利奥特介绍了近期开展的大脑可塑性研究和能够证明人的经历能激发或抑制基因表达的最新证据。这些发现表明，父母应当重视养育和学习过程对宝宝的影响。

影响宝宝性别认同发展的因素有先天生物学禀赋和后天经验，后者如文化期望和与性别相关的特定行为方式。现在，科学家们强调生物学因素和社会因素共同影响行为，于是过去的先天与后天之争就成为了两者在整体上发挥作用。从这个角度看，先天遗传与后天养育这两大因素在影响宝宝行为和发展的过程中也彼此相互影响。

性别认同（无论得自遗传、后天养育还是兼而有之）能影响宝宝成长中的技能和兴趣发展。男孩和女孩存在天然的生理差异，随着时间的推移，这一差异还会被社会化过程所强化和放大。男孩喜欢成群结伙一起踢球，女孩则喜欢两两作伴，安静地玩装扮游戏。有的父母不让男宝宝在游戏室里玩玩具枪，结果却失望地发现他们拿胡萝卜和蜡笔当枪玩。

你可能会认为，文化刻板印象会妨碍宝宝追寻真我和充分发挥潜能。你也可能会想，即便存在这类刻板印象，你也要鼓励宝宝尽情探索他所感兴趣的一切。虽然你不能完全杜绝性别的影响，但你可以通过增加觉知来帮助宝宝最大程度地发挥他的生物学与文化特质。

在1974年出版的一期《咨询与临床心理学杂志》（*the Journal of Consulting and Clinical Psychology*）中，桑德拉·贝姆（Sandra Bem）博士介绍了一种有关性别角色的新思维。在她名为《心理双性化的测量》（*The Measurement of Psychological Androgyny*）一文中，贝姆提出了双性化的概念，即男性特质与女性特质的结合。在她看来，人们所认为的男性或女性特质存在于每个个体。因此，在不同的情境下，男性和女性都可以显出自信或拘谨，而不管人们对两性的刻板印象如何。有了这样的认识，我们就能允许宝宝自由探索一系列阴性或阳性的感觉、行为、兴趣和技能了。你可以通过以下方式鼓励宝宝形成灵活的性别认同：

❀ 认清你自己对性别的刻板印象。

❀ 认清让你屈从于性别刻板印象的文化压力。

❀ 鼓励宝宝参与传统认识中属于不同性别的各类活动。

❀ 倾听宝宝的暗示和需求。

❀ 鼓励宝宝接纳新鲜的或不同的感受。

❀ 咨询医生，了解宝宝是否存在与性别有关的偏见。

情感与社交能力的基本技能

随着宝宝不断成长并且运用能够促进情绪发展、决定情商水平的某些基本技能，情绪发展理论会在实际生活中发挥作用。情商包括理解自己和他人感受的能力、调节情绪的能力，以及借助情绪激励自己和他人朝着目标前进的能力。宝宝的情商水平对他的生活质量影响至深，后者包括他把握未来的能力和维持健康人际关系的能力。

宝宝学会某些基本技能后，他就拥有了他所需要的用以提高情商的工具。通过运用这些技能，他将学会主宰自己的情绪，信任自身，并在与他人的互动中做他自己。此外，在他学习独自玩耍、与他人一起玩耍、分享、共情、合作，以及尊重他人的过程中，他也将提升自己的社交能力，特别是理解他人并且在与人交往中明智行事的能力。

自我意识和人际关系的建立不仅是发展的里程碑，同时也是提高情商的基础技能。宝宝将依靠这些技能走出家庭，进而与自然、社会和文化发生关联。随着宝宝的成长和成熟，他将继续利用这些基本工具来拓展他的圈子，过上他自主选择的生活。

培养情感能力

从出生那一天起，宝宝就一直在学习对情绪健康和智力至关重要的技能——自我意识、自信、自我调节、意向性、自我激励和判断。这些技能并非凭空而来，而且它们是相互联系，相互依存的。情感能力来自经历，能在人的一生中不断提升。作为父母，你可以通过给予宝宝关注和跟他一起练习来鼓励他发展这些能力。如果宝宝已经对你形成了安全的依恋，那么你就是这一过程中最能助他一臂之力的那个人。

自我意识

在宝宝15～24个月大当中的某个时候，你通过情感调和与镜像模仿来帮他建立起的对自我的强烈感觉会成熟为自我意识。当宝宝发现他在身体和心理上与他人和周围世界彼此独立时，他就拥有了自我意识。他意识到，他有自己的想法和感受，他的行为能够影响他所处的环境，而别人也是如此。1972年，《发展心理生物学》（*Developmental Psychobiology*）刊登了一篇讲述"口红测试"的论文，这一测试巧妙地显示了自我意识的发展。参加测试的妈妈在宝宝的鼻尖涂上口红，然后让宝宝照镜子。结果，小一些的宝宝的反应像是镜子里的宝宝是别人，而大一些的宝宝（有些只有15个月大，大部分在2岁左右）却能看出口红是涂在自己的鼻子上。他们知道镜子里的宝宝是自己，也就是说，他们产生了自我意识。

在自我意识产生的同时，与此相关的情感也会出现就不足为奇了，例如骄傲、内疚、尴尬和羞耻。自我意识的形成也与语言的发展相吻合。宝宝用来指称自己（我）和他人（你、你们、他、他们）的语言，以及用来说明自己感受和行为的语言，都有助于自我意识的形成。

自我意识是其他情感能力的基础。宝宝必须首先觉知到他自己，然后才能拥有自信，理解他人，调节自我。这里有一些练习可以帮助你的宝宝发展自我意识：

❀ **说出你的感受。** 在跟宝宝互动时，你可以把自己的感受告诉他。例如，"看到你笑，我感到很高兴，所以我也笑了。"

❀ **说出孩子的感受并与他共情。** 当宝宝表现出某种情绪时，你可以说出他的感受。如果宝宝年龄足够大，你也可以鼓励他用自己的语言把这一情绪表达出来。你可以问他："你现在有什么感觉？"然后确认这一感觉的存在，例如，"嗯，你现在觉得很难过。"

❀ **说出他人的感受。** 读书或看电影时，跟宝宝聊聊其中的角色有什么感受，这些感受如何影响了他们的言行，以及即便有这样的感受，他们仍然可以选择哪些不同的言行。

❀ **体谅他人。** 当宝宝与兄弟姐妹或朋友发生冲突时，除了鼓励他表达自己的感受外，你也要鼓励他猜测对方的感受和想法，以及产生这些感受和想法的原因。

❀ **鼓励孩子做出自己的选择。** 鼓励孩子自主行动并体验相应的结果。允许孩子选择玩什么玩具，读什么书，穿什么衣服，吃什么东西，等等。

跟宝宝一起做这些练习也能提高父母的自我意识和情商。跟其他技能一样，自我意识永远都有进步的空间，因而需要不断练习。即便成年人也很容易陷入某种处境或情绪而不能自拔。遇到这种情况，你就可以通过深呼吸，重新觉察内心的感受来做出适当的应对，并以此来为孩子树立榜样。自我意识能帮助你和宝宝保持内心的平衡。

自信

梦之窗幼儿园园长吉田英子曾经告诉我，让宝宝学会自己的事情自己做非常重要。她认为，父母过多干预宝宝的活动会伤害他们的自主性和自信心。

宝宝天生就有自主性。为人父母最大的挑战之一就是在干预和放手之间找到平衡，引导宝宝通过锻炼自理能力培养自信，以此来使他成长为真正的自己。这是我作为父母所遇到的非常头痛的问题。在为宝宝做具体的事情时，你很难判断应当在什么时候收手，以此来为他锻炼自理能力、形成自己的解决方案留出空间。有时，我的日程安排不允许我这样做。也有时候，我内心中积聚的沮丧会促使我打断宝宝的探索，而我本可以不去这样做。这里我要再一次强调，在这种情况下，你的自我觉知对宝宝的成长十分有益。

自信是对自身能力的积极态度、看法和信念。与其他基本情感能力和品质一样，宝宝的自信也不是天生的，而是需要从自己的经历和他人的反馈中学习。这种学习在怀孕期间就开始了，因为孕妈妈对他的期待和呵护都会给他带去积极的影响。宝宝出生后，当你和其他人回应他的需求时，他就会产生一种力量感和自主感，自信于是生根发芽。

自信的人敢于尝试，因为他不害怕失败。他知道犯错是可以的，而完美是不可能做到的。自信的人接纳自己。他知道自己的长处和短处，也不介意别人知晓。他以乐观和坚毅迎接挑战。他可以独立做决定，也可以照顾自己。自信能拓展宝宝的世界，增加机会，为他的学习、成功和参与健康人际关系打下基础。缺乏自信的宝宝总是优柔寡断，他们寻求认可，并且很难克服困难。

作为父母，你可以用许多方式提升宝宝的自信。在《幼儿的个人、社会与情绪发展》（Young Children's Personal, Social, and Emotional Development）一书中，幼儿教育顾问马里昂·道林（Marion Dowling）写道，自信与三个紧密联系的因素有关：

❀ **自我概念**。意识到自己的存在。

❀ **自尊**。形成对自己的看法（积极看法或消极看法）。

❀ **自我认知**。了解自己的长处和短处。

宝宝通过分娩后最初的人际关系形成第一大因素——自我概念。如果爱宝宝的一个或几个人能敏锐地感知到宝宝的需求并作出积极的回应，那么他对自己的信任就会加深，从而建立起他对自身和他所在世界的信心。随着他逐渐长大，他的世界不断拓展，更多的人会加入到帮他形成自我概念的过程当中。

宝宝对他的自我概念的估价或判断形成第二大因素——自尊。同样，生命早期的体验是这一过程的基础。例如，如果宝宝身边最亲近的人接纳并尊重他，他就更可能认为自己有能力，有价值，进而对他的自我概念形成积极的评价。

只有在外界的影响下，宝宝才拥有第三大因素——自我认知。宝宝的自我认知比较有限。他通过观察周围成年人的反应来了解自己的优点和缺点。因此作为父母，你对这些优点和缺点的看法就变得非常重要，如同你对宝宝的成功和失败的反应非常重要一样。随着宝宝的成长，他会越来越清楚自己在哪些方面比较优秀，在哪些方面又需要帮助和支持。然而，如果他在童年早期就形成了错误的自我认知，他就很可能把它当作真理，直到有一天，他自己、其他人或者他经历的事情最终改变他的看法。例如，如果某个养育者或某段生活经历使他认为自己没有艺术天赋或不大聪明，他就可能会坚持这一认识，直到他发现这不是事实。

人们常常混淆自信与外向、自卑与内向。活泼的宝宝（外向者）可能会显得很自信，因为他公开表达并坚持自己的观点，而喜欢安静和独处的宝宝（内向者）可能会显得恐惧不安。然而，事实也可能恰好相反。外向的宝宝可能通过外向行为过度补偿他的自信缺失，而内向的宝宝则可能自信满满。他只是喜欢独处，认为自己没有必要去吸引他人的注意力或取悦他人。只有通过认真观察，你才能发现宝宝真实的自信水平。

帮助宝宝培养自信的其他方法

- 为宝宝提供安全的环境来放任他自由行动。
- 尽可能让他自主选择。
- 为宝宝树立榜样——宝宝通过观察父母来学习。
- 给予宝宝正面的鼓励和欣赏，而不是责备和批评。
- 让宝宝知道你并不期望他表现完美。帮他接纳自己的错误，总结经验继续改进。
- 鼓励宝宝独立实现目标，只在他主动寻求帮助的时候帮助他。
- 鼓励宝宝尝试新事物。
- 放下你的设想，接受宝宝当下的样子。
- 不要拿宝宝与别人比较。
- 布置一小块舒适的游戏区域，让宝宝感觉自己很大。
- 帮助宝宝评估自己取得的成绩。
- 信任和尊重宝宝。

在帮助宝宝建立自信时，你可能得努力克制自己。当你看着他一遍又一遍地把一块拼图塞进一个明显不合适的位置时，或者当你看着他在尽力独自穿衣服时憋得脸红脖子粗的时候，你都很难让自己继续袖手旁观。然而，在收获自信的道路上，错误和挣扎都是不可避免的障碍。当你给宝宝空间来探索和发现，而不为他提供现成的解决方案时，他就可以认识到自己是有能力的，认识到自己能独自坚持，能解决问题。在日本，人们经常用"加油"（がんばって）一词来鼓励宝宝坚持。他们认为坚持是成功之母。

随着宝宝的世界逐步拓展，他的自信不可避免地会在一些经历中遭遇打击，但这些经历并不一定会对他的自信造成长期的损害。如果他能学会用你的关爱与支持来修复伤痛，这样的生活经历反而可以成为力量和智慧的源泉。当你与宝宝建立起充满爱意和信任的关系时，他就会放心地暴露自己的伤痛。这样一来，你们就营造了一处有助于宝宝的自信与独立继续发展的空间。

自我调节

自我调节这一基本情感能力源于宝宝生来就具有的维持内环境稳定的能力。随着宝宝的身体不断成长，发育，你对他的需要的调和与支持将帮助他在自我调节方面更进一步。自我调节包括对身体功能和冲动的控制以及集中注意力。它意味着独自控制冲动，权衡后果和做出明智的选择。自我调节是缓慢出现的复杂过程。

在过去的30年里，发展心理学家、神经学家等学者研究了自我调节及其在促进儿童成长方面的重要作用。如果你的宝宝知道如何在自己难过的时候冷静下来，他不仅当时心情会变好，他的大脑也会建立起有助于他管理压力的脑回路。另一方面，自我调节能力差的宝宝容易表现出攻击性的冲动，难于延迟满足，容易分心，无法专注。因此，这样的宝宝进入外部世界更可能出现情感和社交问题。

自我调节不仅关乎社交与情感能力，它还与认知行为有关，例如记忆与专注。4岁时无法控制自己情绪的宝宝在6岁时不大可能听从老师的指引。事实上，根据开发了同名早教课程的"头脑工具"（Tools of the Mind）组织的调查，幼儿园教师认为自我调节能力比智商、初级阅读能力或数学能力更适于评价孩子是否达到了入学的最低要求。而且，现在有越来越多的科学证据支持这些教师的看法。自我调节能让宝宝遵守课堂规则，并且能让他在认知层面上解决问题,学习新知。

宝宝需要你为他提供高质量的调节和管教,以此来提高他的自我管理和自律能力。我发现,在我养育宝宝的过程中,管教是最让我头痛的事情,因为我不喜欢说"不",不喜欢给她们"严厉的爱",我也不忍心眼睁睁看着宝宝得不到她们想要的东西而痛苦。随着两个女儿不断长大,她们提出的许多需求给我造成了很大的压力,因为我很难坚持自己的判断,拒绝这些需求。但是,当18岁的埃米或玛丽抱怨宵禁或交通限速时,我记起了她们年幼时反复向我讨要饼干的样子。我想,我那时要是能坚决一些就好了。假如我设定了明确的规则并且一以贯之地执行,我就能帮助她们学会自我调节。否则,她们就只能自己摸索。我意识到,冲动控制、延迟满足、遵守社会规则和自我调节等技能更容易在宝宝年幼时借助不断重复、养成习惯和保持前后一致而习得和强化。

宝宝的行为是他成长的自然表现。事实上,在宝宝从出生到青春期的整个成长过程中,他的种种行为(不论你是否喜欢)往往都是他当前发展阶段的表现。了解宝宝在不同年龄阶段将表现出哪些行为有助于你更好地教他自我调节。

凯利·巴特利特(Kelly Bartlett)在《绿色儿童》(*Green Child*)杂志(2013年)的一篇名为《早期自然管教》(*Natural Discipline for the Early Years*)的文章里讨论了自我调节的话题。她表示,从出生到两岁,宝宝们用所有感官去探索他们所处的环境是很自然的事。为了了解他们的世界,他们不断地摸、捡、抓、咬、捏、扔。如果这些行为得不到控制,他们就可能损坏物品,伤害他人。记住,宝宝没有恶意,这只是他的学习本能所造成的

 了解更多关于"头脑工具"的信息请访问 toolsofthemind.org

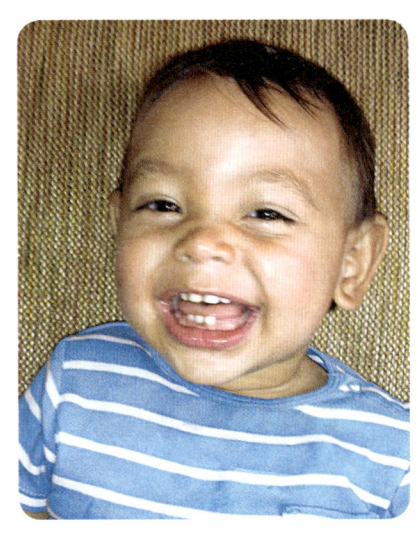 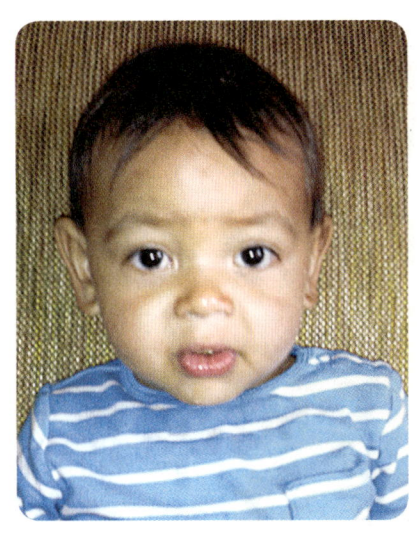 

我的外孙佐

结果。1周岁时,宝宝的大脑还不够成熟,不能严格遵循你禁止他做的事情。他没有足够的神经连接让他停下来或记住词语、思考选择和后果,以及决定是否采取行动,无论你跟他说多少次。

在这么小的年龄,你最好配合宝宝探索与学习的天性,而不是与之对抗。巴特利特建议你为宝宝营造安全的环境,以此来让他尽可能多地自由探索。例如,你可以鼓励宝宝探索厨房里位置较低的抽屉,或者把沙发上的靠垫取下来。这些活动没有危害,而且适应起来也非常容易。此外,你也可以多强调他"可以"做什么,而非"不可以"做什么。当你给宝宝最多的自由和最少的"不许"的时候,他就不会总是感到束手束脚。为宝宝提供选择,这么做有助于让他获得掌控感。此外,展现幽默也能有所帮助。

大多数专业人士都认为,你不能溺爱宝宝,也不能只告诉他们应该怎么做。他们无法独自控制他们的情绪。虽然宝宝天生就有自我调节的能力,但他需要你在他难过的时候安慰他,让他平静下来。在生命的最初几个月里,宝宝在适应这个世界的过程中努力学习进食、消化、调节体温和睡眠。在这一阶段,你本能地通过回应宝宝的情感为他提供他在不知所措时所需要的外部调节。这一回应性的关系能帮助宝宝提高他逐渐显露的自我调节能力。

在宝宝大约三个月大的时候,他的学习会突然提速。他开始更多地展现出自我安抚的行为。例如,他会把双只手放到嘴边安慰自己,或者通过发声、展现面部表情等方式来与父母发生联系,进而使自己安心。几周过后,宝宝的安抚行为清单里还会添加吮吸拇指、晃动身体和怀抱毛绒玩具等项目。

发育过程的另一大转变发生在宝宝大约8个月大的时候。这时,他也刚好通过运动、更有意识的交流等新技能收获了更大的独立性。这一阶段对养育者提出了一系列有关调节的新要求。你要做的不再仅仅是帮助宝宝寻找安慰。在他处理对情感安全和自由与探索的矛盾需求时,你还要帮他学习调节他与养育者的距离。你可以鼓励宝宝自由探索,同时让他知道,在他需要时,你的怀抱永远守候在他的身后。

当你的宝宝开始蹒跚学步时,他就进入了一个更加广阔的世界,你能控制他周围环境的日子也一天天减少。他需要全新的规则,超越身体之上的规则,以此来保障安全,学会自我控

制，以便日后当你不在他身边的时候，他能知道如何保障自己的安全。对身为父母的你来说，从满足宝宝的所有需求过渡到为他设置规则，同时尊重他对更多自由的需求，这可能并不是一件容易的事。

这种转变通常发生在宝宝开始坚持自己的观点，并通过对你说"不"来展现个性的时候。宝宝两岁的时候，他的意志不断发展，并且开始争取自主权。随着运动能力的提升和能够独立完成更多的活动，宝宝的自信不断增长。然而，尽管他不断学会新的技能，独立性也越来越强，他仍然缺乏做出理智选择的能力。因此，你仍然要为宝宝设置规则，充当榜样，特别是在健康和安全方面。

宝宝需要知道，他没有必要压抑、隐藏他的感受，或者为他的感受而感到羞耻。与此同时，你可以教他如何表达和真实地面对自己的情感，而不是发脾气。如果你能承认并接纳他的感受，同时把他的感受表现出来，你就能展现出你对他的共情，同时还能帮他学习处理自己的强烈情绪。在这之间，你并不需要改变自己的立场，也不需要对他的要求做出让步。

你可能很难相信，你的宝宝能够理解这些规则并且照章行事。如果你的规则始终如一，并且不可改变（即使他发脾气），那么他的大脑就会接受这些限制，并且学会控制自己的情绪。如果他在童年早期没有完成这项任务，他就需要在稍大一些的时候继续完成这一任务，直到拥有自控力。自控力能帮助宝宝在发怒前平静情绪，抑制冲动，推迟满足感。此外，自控力还能帮助宝宝认真倾听，学习，做出更明智的选择。

随着养育进入设定规则的阶段，你可能会回忆起自己小时候所受到的管教。就像你的宝宝从你的示范中学习一样，你也模仿你自己的父母。如果你用开放和关心的态度来管教，而不是像一个冷冰冰的国王，你就会营造出一种信任和支持，而非恐惧和失望的氛围。

棉花糖实验

上世纪70年代初，心理学家沃尔特·米歇尔（Walter Mischel）博士在斯坦福大学通过棉花糖实验研究了自控力对幼儿的影响。在实验中，米歇尔把一颗棉花糖放在4～6岁的孩子面前。然后，他让孩子选择是立即吃掉棉花糖还是等待大约15分钟后再得到另一颗棉花糖。在多年后的追踪研究中，研究人员发现，能够推迟满足感、等待第二颗棉花糖的孩子在学业等评价维度方面的表现往往更好。

 了解更多关于"棉花糖实验"的信息请访问 growhealthygrowhappy.com

你可以用阴阳理论来帮宝宝学习调节情绪。通过了解他的性情，以及注意他什么时候显得刺激过度或刺激不足，你就可以帮他增加或减少情绪能量，恢复平衡。例如，如果宝宝过于兴奋，你就可以引导他做较为安静的活动，以此来积极地促使他的神经系统和能量进入平衡状态（向下调节）。你可以使用暂停法来帮助宝宝从情绪激动的状态中解脱出来，特别是，你可以用暂停法来做向下的调节，而不是惩罚，并且指引宝宝在未来遇到困难的时候使用这一技能。在需要的时候，你也可以帮助宝宝提升他的兴奋水平（向上调节）。例如，你可以提高音调，用更有活力的声音跟他说话、跟他一起出去玩，或者陪他玩比较激烈的游戏。如果你能在宝宝有能力自我调节之前帮他做到这一点，你就既为他充当了好榜样，又让他明白，自我调节不仅可以做到，而且是一件愉快的事。

儿科医生、养育专家、医学博士克里斯·怀特（Chris White）在他的博客"基本育儿法"（Essential Parenting）中介绍了他的阴阳管教法。他表示，管教的阴面展现为无条件的爱、滋养性的亲子关系和对宝宝真我的接纳。这些措施能为宝宝收获自信、尝试新事物和作出自主选择提供安全的基础。与这一自由相平衡的是阳面的管教，这包括指引宝宝并为他设立适宜的规则。他从对你的观察中学习，而且，当你为他设置了稳定的规则时，你就营造了安全的环境。

阴、阳两大因素共同形成了管教的整体性。在这一基础之上，你可以根据具体情形和宝宝的需要作出进一步的调整，让你的管教变得更加平衡。

在《儿童早期自我调节——先天与后天》（*Self-Regulation in Early Childhood: Nature and Nurture*）一书中，玛莎·布朗森（Martha B. Bronson）提出了以下帮助儿童进行自我调节的建议。注意，你可以根据宝宝、你的养育方式和家庭情况对下面的每条建议作出调整。

- **认真观察**。宝宝会发出一些暗示来告诉你他什么时候饿了，累了，或者想做游戏了。

- **及时回应**。通过回应，你的注意力就能集中到宝宝的暗示上。注意宝宝对习惯、新奇和互动的特殊需求。

- **保持稳定、可预测**。宝宝需要前后一致的照料和稳定的日常生活安排，如吃饭、睡觉、换尿布和如厕。

- **布置适合宝宝成长的环境**。低矮的架子，整洁的桌子，适合宝宝年龄的材质，这些布置都可以成为促进宝宝发展能力的基础设施。随着宝宝能力的提高，你可以继续调整先前的布置。

- **设定与年龄相适应的规则**。直接告诉宝宝你希望他做出怎样的表现。

- **提供共情与关怀**。辨识宝宝的需求，把它们当作重要的事情来对待。这样做之后，宝宝的自我感觉会非常好，他处理强烈情绪的能力也会变得更强。

当你认清自己和宝宝的气质、个性以及它们之间的相互作用时，你就会对彼此更有耐心。如果你了解宝宝的发育过程，你就能理解他的想法和不断变化的需求。然后，当你能始终把握这一理解，并且能够信任自己的判断时，你就能采用有助于宝宝增强自我调节能力的策略。这一过程可能并不容易，但这是你所能给予宝宝的最珍贵的礼物之一。

灵性的世界

宝宝萌芽中的自我意识（连同他正在出现的语言与运动能力）为他的灵性成长提供了肥沃的土壤。虽然他要到很久之后才会问出"生命的意义是什么？"这样的问题，但是到他三岁的时候，他很可能已经为他的世界赋予了某种意义。

这一人对意义的普遍探求可以称之为灵性。在一些人看来，意义需要在某种制度化宗教的既定实践、教义和传统中寻找。而另一些人则通过他们所钟情的哲学与仪式追寻意义。还有一些人可能完全脱离宗教与经文，转而通过自然、科学或逻辑来探寻生命的真相、本质与联系。

宝宝凭借他的灵性产生道德感、他在世间的归属感，以及他面对生活起落和命运浮沉的韧性。不足为奇的是，许多研究表明，拥有精神信仰的人往往比没有精神信仰的人更快乐。

发展心理学家詹姆斯·福勒（James Fowler）博士在他的著作《信仰的阶段——人类发展心理学与对意义的追寻》（Stages of Faith: The Psychology of Human Development and the Quest for Meaning）一书中划分了信仰发展的不同阶段，例如未分化的婴儿阶段和启蒙阶段。不过，大多数人都处于启蒙之前的阶段。

与人的发展的大多数方面相同，宝宝灵性发展的基础也是在他出生后的前三年里打下的。在这一早期阶段（福勒称之为"未分化的信仰"阶段），宝宝对世界如何运转的看法正在形成当中。将来，他将在这一基础上继续思考与灵性有关的问题。如果在这最初的两到三年里，关爱宝宝的养育者能够始终如一地满足他的需要，宝宝就能对他人产生信任与亲密感。然后，他就有了坚实的基础来在日后的生活中思考人生的意义。如果他的需求没有得到满足，他也没有体验过充满爱的关系，他就不会相信这个世界是友善的，他也无法与他人建立起亲密的关系。这时，他的生命画卷就涂上了一层消极的底色，而这也将影响他对生命中重大问题的回答。

随着宝宝从婴儿成长为幼儿，他们开始把自己看作独立的个体。但是，他们仍然依赖于在他们看来比他们力气大得多的人——父母或其他养育者。根据福勒所言，一些研究人员认为，人类脑中的上帝正是产生自这一阶段。

大约三岁时，随着灵性意识的觉醒，大多数宝宝都会进入语言和想象的阶段。在这一阶段，宝宝已经可以使用语言思考和发问，"这是什么？""怎么回事？""为什么？"这时的宝宝分不清幻想和现实，所以你的回答并不需要符合逻辑。福勒警告道，这个阶段的宝宝非常容易受到信息和图像的影响。他建议父母保护宝宝免受可怕的、或者包含暴力元素的画面、故事和电影的伤害。

宝宝获得能够让他的思想不局限于自身并能让

他在灵性上获得发展的基本技能后，你就可以帮他建立起价值体系、道德准则和能够在他的一生中为他提供支持的灵性社区。

下面的建议有助于你帮助宝宝自信地进入灵性的世界：

❀ **关注你自己的灵性。** 花些时间思考你的灵性生活、宗教信仰和价值观。

❀ **加入对宝宝有支持作用的社区。** 无论是教堂、社区中心，还是每周五晚上聚餐的朋友，成为社区中的一员都能让宝宝感受到他与别人的亲密感。

❀ **当着宝宝的面或跟他一起过你的灵性生活。** 通过祷告、冥想、瑜伽、漫步树林等方式关注你的灵性世界，并且让你的宝宝参与其中，以便让他知道，灵性是生活既平常又重要的组成部分。

❀ **建立传统，参加仪式。** 建立家庭传统和仪式，让紧张的生活停下来，引发思考，纪念生活里的重大事件，例如假日、饭前感恩和生日庆祝。

❀ **了解宝宝在灵性、认知和情感方面的发展阶段。** 如果你知道宝宝发展到了哪个阶段，你就可以对关乎灵性的问题做出恰当的回应。例如，面对"你要是死了会发生什么事？"的问题，你对5岁宝宝的回答就与对两岁宝宝的回答完全不同。

无论你个人处于灵性谱系的哪个位置，灵性（即寻找意义与联系）都是宝宝成长过程中非常自然的一部分。你很快就会遇到诸如"我是谁？""我为什么会在这里？"和"生命是什么？"等问题。由于在童年早期，你就是宝宝的世界，所以你有机会帮他打下探索灵性世界的稳固基础。

意向性、自我激励与判断

意向性指有意识地按照目标和计划行事的能力。意向性以高水平的情感与智力能力为基础，因为只有相当成熟的人才能在行动之前考虑各种选择，而不是简单地做出冲动性的反应。

在出生后的前三年里，尽管宝宝已经能做出一些决定，并且在决定之前做些思考，但他本身并没有表现出意向性。你可以有意识地养育宝宝，利用这三年的时间帮他培养相应的能力，以便他将来能够更好地做出意向性的行动。

你可以从尊重宝宝的喜好开始。通过关心他的需要和欲求，你可以肯定他最初的选择和判断，让他知道他内心的判断是有价值的。与此同时，你也加强了他的行动力，并且鼓励他表达自己。

当宝宝的世界不断拓展，他对自主的渴望和强化自身意志的需要也会变得越来越强烈。宝宝现在所做的简单日常生活选择越多，他日后就越容易明智而自信地做出更加重要的决定。如果你允许他自主选择，比如穿什么衣服，你就能锻炼他的分析和决策能力，同时让他体会直觉和愿望成真的感受。做出这一选择的原因是什么？结果怎么样？感觉怎么做是对的？随着时间的推移，他会学会考虑有助于做出深思熟虑决定的各种因素。

意向性行动的过程包括好奇、思考、计划和坚持。你可以激发宝宝的好奇心，让他自己做出决策并承担后果，为他提供多种选择，同时帮他反思最初的决策，以此来帮助他培养意向性。

梦之窗幼儿园的吉田英子鼓励我在做决定时考虑以下7个判断层级。这些判断层级是从整体的角度全面查看具体情形的一组工具。宝宝需要做决定时，你可以鼓励他考虑这些判断层级，以此来促使他从不同的角度思考问题。下面的图表提供了运用这些判断层级帮助宝宝做出饮食和穿衣决定的一个例子。

大多数人一生都在做各种艰难的决定。一想到做决定，很多人都会犹豫再三，或者害怕自己随波逐流，做出与自己的价值观或愿望相悖的选择。你可以信任宝宝的判断，教他从小就做出明智的决定，以此来帮他创造他自主选择的生活，增加他获得幸福生活的几率。

做决定时的 7 个判断层级

判断层级	饮食	穿衣
自动	严格按照计划饮食。	每天穿相同种类的衣服。
感官	吃美味、可口、赏心悦目的食物。	选择感觉舒适、外观漂亮的衣服。
情感	吃妈妈做的饭来勾起温馨的回忆。	穿特定的衣服来满足特定的情感需求。
思维	根据营养成分选择食物。	根据功能选择衣服，这些功能有保暖、透气、防雨、防晒。
社会	考虑饮食选择的社会后果，例如少吃肉能节约粮食，节制饮食能留给他人。	穿适合特定环境和场合的衣物。
抽象	运用阴阳理论平衡饮食；吃应季食物和当地出产的食物；不吃精细加工食物；吃有益环境的食物。	穿符合时令、有益健康的衣物；衣物的制造过程应当有益环境或动物保护；衣物应使用天然纤维。
超越	从整体上考虑各个判断层级。	从整体上考虑各个判断层级。

增强社会能力的技能

与情商有关的重要技能是宝宝实现社会性发展的基石。从生物学的角度看,宝宝天生就善于社交和发展人际关系。从出生的那一刻起,他就已经开始借助触觉和听觉与你交流,并且通过暗示告诉你他的需求。等他长大一些后,他又会冲你微笑。这笑容让你的心为之融化,同时也让你更爱他。

当你学会解读宝宝的暗示时,他也学会了解读你的暗示。他努力建立他生命中最初的人际关系——他与你的关系。他将利用从最初的人际关系里获得的知识来与兄弟姐妹、亲戚、朋友和其他人建立起有意义的联系。

这些人际关系中的每一种都是特殊的,每一种都有不同的重要性,都对宝宝有不同的影响。他与别人建立积极关系的能力不仅取决于他对共情、合作和坚持价值观等基本技能的掌握,而且在很大程度上取决于亲子关系的健康程度和质量。

下面的内容概要地介绍了社交能力及其对宝宝生活与健康的作用。

共情与同情

"别人怎样待你,你也要怎样待人。"——戴维·丹尼尔斯(David Daniels),医学博士,精神病学与行为科学教授,九型人格培训师

共情是从他人的角度看待他人的处境,设身处地为他人着想,理解他人的感受,并且理解他人的想法和行为背后的原因。共情力是情商的重要组成部分,是礼貌待人和尊重他人的基础,也是一个人与他人相处的必备技能。

共情是亲社会行为的基础，后者是在不期望得到回报的同时使他人受益的行为。与其他孩子相比，表现出亲社会行为的孩子更富有同情心，学业表现通常也更好，也更容易交到朋友，自尊水平也更高。此外，他们也能结成质量更高、时间更久的人际关系。这些益处可以伴随宝宝的整个青春期和成年期。共情包含三大要素：

❀ 自我意识和区分自身感受和他人感受的能力。

❀ 认识和理解他人想法的能力。

❀ 调节自身情绪反应的能力。

虽然共情存在生物学基础，但它主要通过后天经验形成。这些经验开始于宝宝的婴儿期。在这个时候，作为主要养育者的你对宝宝产生共情。你回应他的需求，支持他的情感，体会他的感受，以此来表示你理解他。这一调和建立起了他对你的依恋和依赖，并最终在你与宝宝之间形成了一条双向的共情纽带。你是他初次体验共情的效法对象。随着他反复感受到你对他的共情，他很可能也会形成对你的共情，并最终在与他人的交往中形成对他人的共情。

共情的基础是对自身情绪的觉知和自我调节能力。在宝宝的成长过程中，你要帮他识别和理解他的情绪。这样一来，他将来才能识别和理解他人的情绪。例如，如果他烦躁易怒，拒绝午睡，你就可以跟他解释，告诉他因为他累了，所以可能会觉得有些烦躁。随着宝宝的成长，他所经历的一切，包括起起落落、痛苦快乐，都将加深他对他人的理解，并进一步提升他的共情力。

下面是一些育儿策略，你可以把它们融入到你与宝宝的日常互动中，以此来培养他的共情力。随着宝宝的成长，他理解他人的能力也会逐步提升。

❀ 满足宝宝的需求，帮他学习控制自身的情绪反应。

❀ 认真回应宝宝在不经意间流露出的感受、想法和意图。

❀ 为宝宝提供身体爱抚和愉快的社交互动，这么做能提高催产素水平，促进亲情心理联结。

❀ 限制宝宝接触暴力信息，后者会使宝宝对他人的痛苦反应迟钝。

❀ 为宝宝树立共情与同情的榜样。共情力强的父母更容易养育出共情力强的宝宝。

❀ 提倡以内在价值体系而非赏、罚为依据的道德体系。

❀ 鼓励你的宝宝站在他人的角度考虑问题。

❀ 鼓励分享，因为分享有助于宝宝理解他人的想法。你可以问他："如果你和马克斯分享你的新玩具，你认为他会有什么感受？"

❀ 给宝宝读故事时，提醒他注意不同角色的想法。你可以问他："你认为他现在有什么感受？"

❀ 帮助宝宝发现他与在他看来可能跟自己非常不同的人的相似之处。这些人可能来自其他种族、宗教或社会经济背景，也可能有身体或精神残疾。

❀ 用角色转换的方法帮助宝宝理解他人的感受。你可以问他："如果你遇到这种情况，你会有什么感受？"

尽管感受他人的痛苦并不是做出同情行为的先决条件，但共情往往能引发同情——也就是采取行动缓解他人痛苦的欲望。"同情"一词来自拉丁语，意思是"一同受苦"。而且"同情"通常与受苦有关。同情是想法（"这个世界上还有其他人需要关心"）、情感（"我关心别人，别人也关心我"）和行动（"我要采取行动帮助别人"）的集合体。

与共情相同，你的宝宝天生就有同情的倾向。从很小的时候开始，宝宝就会在你难过的时候安慰你，也会在他的兄弟姐妹和朋友感到难过的时候安慰他们。然而，他必须通过经历和你的亲身垂范磨练这一天然倾向。

不加评判或批评的接受和理解是培养同情心的基础。当你的宝宝看到你不仅接受他人也接受自己时，他就会从中受益。如果你对自己和他人都吹毛求疵，那么你的宝宝也会学着吹毛求疵。当你对自己和他人充满同情和理解时，他也会学着这样做。

由于西方文化非常强调独立、自立和以己为先的思维，所以在培养宝宝同情心的时候，你可能需要主动对抗这样的文化。在幼年时，宝宝们需要能够有意识地培养他们关心他人、善待他人的父母和养育者。当你鼓励宝宝共情和同情他人时，你就是在为世界变得更美好而付出，就是在帮他建立紧密的人际关系来提升他的幸福。

了解更多关于培养共情力的信息请访问
growhealthygrowhappy.com

合作

合作是共情与同情的延伸，是为了实现共同目标而与他人一起努力的意愿和能力。在他人的支持下，你的宝宝可以达成远远超出他独自一人所能达成的目标。通过帮助他人以及与他人共同努力来实现共同的目标，宝宝也很有可能收获亲密的人际关系，实现生命的意义。

在三岁之前，幼儿通常能独自玩耍一小会儿。但是，如果有人关注他们需求的话，那么他们通常都可以和大一些的孩子或成年人玩得更久。两名三岁以下的幼儿通常可以在对方身边独自玩耍，玩的玩具既可以相同也可以不同。在这样的平行游戏（虽然在一起玩，但是各玩各的）中，宝宝可能喜欢有别的宝宝陪伴在他身边，即使他们并不是真的在一起玩。两岁过后，宝宝可能就会开始和他的朋友们一起和平讨论，解决问题，在彼此合作中一起玩耍了。

虽然你的宝宝可能要到三岁左右才能完全学会与他人合作，但是，通过你与他的互动，他能更早体会到合作的精神。如果你的宝宝开始啼哭，你通过给他喂奶来做出回应，你们两人就是在通过沟通、评估和适当的行动共同努力，以此来满足他对食物的渴望。在他1岁左右的时候，当他在学习走路时发现了自主感，你就要通过为他提供安全的环境来配合他对外部世界的探索欲望。

到18个月大时，宝宝就能理解养育者的愿望和期待，而且他们通常都能遵循简单的指令。这时，你的宝宝已经有能力与人合作，而且确实已经在这样做。事实上，这个年龄段的宝宝大多都喜欢帮助他人，这不仅是合作精神的体现，同时也是他们具有同情心的反映。

然而，在这一年龄段，宝宝也在发展他个性中叛逆的一面。你可能会发现早晨给他穿衣服变得很困难，因为他总是乱跑，拒绝穿某些衣服。宝宝在气质和性格上的个体差异会影响你的孩子试探他的边界和发挥他的意志的程度。

在宝宝任性的时候，你可能会发现问题很棘手，但在这些时候寻求他与你合作，而不仅仅是要求他服从，那么你和他在未来就都能获得丰厚的回报。服从是"因为你这样说了"，所以要这样做。而合作是因为他意识到这样做符合他和所有人的最大利益。他想成为对他人有用的人，而他的合作意识有助于推进这一目标的达成。

合作需要你的宝宝有能力把自己的需求放在一边，转而站在他人的角度考虑问题，同时考虑帮助别人实现目标所能带来的好处。做到这一点需要很强的自我控制能力，这是一种发展于1岁半到3岁之间的技能。注意力集中、语言能力强的孩子拥有更强的延迟满足能力，因此也更容易与他人合作。

宝宝学会走路后，他会更清楚地意识到自己是一个独立的个体，同时也会变得更能体会他人的感受（也更容易被他人的感受所影响）。这一发展引发了一大内心冲突，因为他陷入了满足自己需求和帮助他人满足需求的两难困境。如果他不愿意或无法在其中找到平衡，他就可能面临被同龄人排挤的危险。

安全型依恋能强化宝宝生来的合作倾向。宝宝对你的信任（进而可以发展为对世界的信任）能让他有信心与他人一起为共同的目标而努力。信任是一张安全网，这张网能使宝宝敢于接受个体差异，相信共同利益。

合作从家里开始，随着宝宝在更广阔的天地里经历更多，合作的范围也会逐步扩展。如果他在与家人的合作中感觉良好，他就能够在与世界的互动中继续保持合作的态度。这将为他建立重要而持久的人际关系铺平道路。

在养育过程中保持正念的方法

以下育儿技巧能帮你保持正念，同时引导你与宝宝建立起积极、和谐的关系并实现合作。

❀ **解释你的规则和要求背后的原因。** 如果你的宝宝明白为什么会有这些规则，他就更容易认可你对他的期待，并且更容易与你合作。你可以通过进一步讨论特定行为的危险性来培养有益合作的理解（"如果你把球踢进屋里，你就可能会打碎别的东西"），而不是把规则当作事实来陈述（"你不能在屋里踢球"）。

❀ **清楚地告诉宝宝你想让他做什么，而不是把注意力集中在你不想让他做的事情上。** 如果你对宝宝说，"不要在墙上乱画。"他就很可能把这句话理解为"在墙上乱画"。你可以说，"你可以在你的本子上画。"而非使用否定性的指令。

❀ **为宝宝提供多种选择。** 童年的主要目标是让宝宝发现并表达独立。如果你为宝宝提供多种选择，他就有空间在你给定的范围内做出自己的决定。这样一来，他与你争夺控制权的斗争就不大可能发生。例如，你可以让宝宝从你提供的选项中选择他想穿的衣服，"你可以穿这件蓝色的衬衫，也可以穿这件灰色的。"

❀ **理解宝宝的心情。** 理解宝宝的心情是促进相互理解与合作的有效方式。如果宝宝不想跟他的朋友分享他的玩具，你就可以对他说："我知道，你害怕如果把卡车给佐依玩，你就拿不回来了，但是她肯定会还回来的。"你也可以通过提供其他选择来引导宝宝。例如，"你来当修理工，让佐依把卡车开过来给你修理怎么样？"

❀ **使用积极的预期。** 幼儿不明白不合作会产生怎样的消极后果。如果你即将迟到，而他却拒绝穿鞋，你就可以给他一个积极的预期来鼓励他合作。例如，"我们一起来把你的鞋穿上吧，这样我们就可以在车里听你最喜欢的歌了。"

❀ **转移话题。** 有时候，你绞尽脑汁都无法阻止宝宝通过攻击行为或发脾气来释放他的任性。这时，你就可以利用他容易分心的天性，试着转移他的注意力，让他从紧张的气氛中脱离出来。例如，你可以问他是否想给外面的花草浇水。

❀ **让宝宝做你的小帮手。** 宝宝喜欢他人需要自己的感觉。简单、容易处理的家务能给予宝宝归属感。如果他完成了一件家务并且得到了适当的鼓励，他就很可能会把为家里做贡献的积极感觉内在化。这将为他在家里和家外扮演有益的角色提供内在的动力。

性格与价值观

价值观是指引你在生活中做出决策和确定优先事项的道德原则,而性格(你的思想与行为中稳定存在的一系列品质)是价值观的副产品。

价值观因文化而异,因家庭而异,因个人而异。你可能已经在过去的生活里形成了自己的一套价值观,或者,你也可能只是按照你的宗教或家庭所崇尚的价值观生活。作为父母,你有责任帮助你的宝宝形成一套原则来作为指引他一生的可靠指针。明确的价值观能为宝宝提供清晰的指引和幸福感,同时也是他灵性发展的基础。

小至两岁大的孩子就开始表现出关乎道德的行为和信仰了。甚至在价值体系完全形成之前,他们的思想和行动就已经建立在他们所亲身感受或看到他人所表现出的价值观之上了。

在你的宝宝出生之前,你可能猜测过他的眼睛是什么颜色,以及他是否会遗传你的卷发。此外,你也可能想象过他会是一个什么样的人。虽然宝宝的身体特征来自遗传,但只有在宝宝来到这个世界之后,父母的道德、价值观和性格才可能传给宝宝。跟情绪发展的许多方面一样,宝宝的价值观一开始也形成于他对你的观察和他与你的互动。

反思你的价值观

作为父母，你应该反思自己的价值观，了解其中都有哪些内容，并且意识到你希望宝宝接受哪些价值观。

一开始，你可以问自己：
- 生活中哪些事情对我最重要？
- 我付出努力的动力是什么？
- 我性格中的哪些方面能够从根本上决定我是谁？
- 我最看重的东西是什么？例如家人、社区、努力工作、帮助他人、诚实、个人责任、乐趣、拥抱自然、美味的食物，等等。

回答完上面的问题后，你可以继续做下面这些事：
- 写下你脑海中浮现的价值观。
- 把你刚刚写下的一系列价值观按重要程度排序。
- 列出你想让你的宝宝拥有的价值观。
- 想想你目前的言行是否很好地体现了你看重的价值观和你想让宝宝拥有的价值观。想想你平常怎样做才能将这些价值观付诸行动。

在价值观和性格方面，行动胜于言辞。你的宝宝通过观察你的行为并加以效仿来学习。你活出你的价值观，你的宝宝也会学会如何活出他自己的价值观。在生活中用一言一行恪守你的价值体系不一定是最轻松的生活方式，但研究表明，价值观对内心的平静和幸福至关重要。

为了进一步帮助你的宝宝培养良好的价值观和坚强的性格，你可以尝试以下策略：
- 帮助你的宝宝建立安全型依恋。
- 培养他的自尊心。
- 关注你自己的价值观，以及你是如何为宝宝做出示范的。
- 跟你的宝宝讨论价值观。清楚地像他解释什么是价值观，你看重哪些价值观，以及为什么你认为价值观很重要。
- 引导宝宝提升共情力、同情心和与他人合作的能力。
- 因为宝宝的付出和感受而鼓励他，而不是因为他取得的成绩。
- 尊重你的孩子，注意你可能会以哪些间接的方式对他产生影响。

发展人际关系

人际关系对宝宝的情感、社交和智力的发展至关重要。在这一节里，我将探讨各种类型的关系，同时也会就如何使宝宝在生活中拥有令人满意的重要人际关系提供建议。

父母

你的宝宝的生存和安全依赖于你的积极支持和保护，因此他与你的亲密关系对他的健康和幸福至关重要。你与他的关系是他最初的也是最为重要的关系，你也是他的第一任老师。因此，你们之间的关系对他的情感发展至关重要，而情感发展又会为他获得成功人生奠定基础。

亲子关系受许多因素影响。虽然你无法控制所有这些因素，但你可以了解并利用它们将其负面影响最小化，正面影响最大化。

- **最初的接触。** 出生后即刻进行的肌肤接触和早期照料，能帮助你从一开始就与宝宝建立起特殊的亲情心理联结。

- **你对宝宝的期待。** 你对宝宝的性别有偏好吗？你对宝宝的行为表现有预期吗？如果你对宝宝存在期待，那么就要问自己，这些期待的实现与否有没有影响此刻你与他的关系。

- **你希望宝宝成为什么样的人。** 同样地，你对宝宝未来的希望也可能影响你此刻对待他的态度。不要在你的言行中表现出对宝宝的评判，也不要让他成为你实现自身目标的工具。在理想的情况下，你的言行要给予宝宝安全、信任和自信，同时促进健康亲子关系的形成。

- **健康问题。** 疾病等健康问题可能会影响你与宝宝的关系。

- **你在育儿方面的自信。** 你在养育宝宝方面的信心可能会影响你与他的关系。如果他是你的第一个孩子，你就会很容易担心自己是否称职。如果你正是这样，你就要相信，你对照顾好宝宝的信心会与日俱增，你也会一天比一天更加放松。

- **你的帮手。** 如果你有许多可靠的人帮你照料宝宝，你的压力就可以减轻很多，你与宝宝的关系也能得到改善。在这种情况下，你能抽空放松身心，保持精力充沛，成为更好的父母。除了能让你经常休息之外，亲戚、朋友和保姆等父母之外的看护者也能与宝宝建立起亲密的关系。作为宝宝的榜样、伙伴、老师和向导，他们是作为父母的你的有益补充。

- **你的经济状况。** 为了钱的事紧张可能会分散你的注意力，使你无法全心投入对宝宝的照料。经济状况不佳还可能在整体上加重家中的紧张气氛。

- **你与父母的关系。** 在宝宝出生之前，你唯一熟悉的亲子关系就是你与你父母之间的关系。初为人父（母）的人通常会习惯性地自动重复过去的经历。不过，回想你过去与父母在一起的感受，重新审视你生活中这一重要的关系后，你就可以借鉴来自他们的好的做法，同时避免曾经对你不起作用的做法。这样一来，你就可以主动地、有意识地养育你自己的宝宝了。

- **你与伴侣的关系。** 你的宝宝能感觉到你与伴侣之间能否相互支持，以及你们之间是否存在紧张或摩擦。这一因素会影响宝宝和你们两人的关系。

❀ **父母是否缺位**。如果你因为工作或服役等原因离开宝宝很久，你与宝宝之间就很难建立起紧密的联系，不过，如果你能采取相应的措施，这也并非不可能。但是，无论如何，你无法每天陪伴宝宝，所以这一现实势必会影响你们之间的关系。另一方面，如果你是全职父母，每天都能陪他，而你的伴侣却长期在外，这时，你与宝宝的关系就可能变得过于紧密。在这种情况下，如果你的伴侣偶尔回到家中，你就要想方设法为他（她）与宝宝亲密接触创造空间。

❀ **养育方式**。你的养育方式自然会深刻地影响你与宝宝的关系，决定这一关系的健康程度和强度。下面列出的养育方式是指整体上反映出的关系模式，而不是指单一的行为。这些信息来自临床与发展心理学家戴安娜·鲍姆林德（Diana Baumrind）博士及其同事的研究。

- **专制型**。极其严格，严密控制。强调服从，温情极少。

- **权威型**。包含温柔、温暖与关爱的坚定。跟宝宝讲道理，倾听他们的想法。设立规则并且依靠行为的自然后果来学习。今天的大多数父母都属于权威型。对父母和宝宝来说，这一模式往往最为健康。

- **宽容型**。溺爱，接纳。十分看重宝宝的感受。不加规制。

- **忽视型**。不关心，缺位。尽可能少地提出要求和做出回应。极端情况包括忽视和厌烦。

❀ **父母的角色**。如果传统的家庭结构发生改变，或者家庭的结构本来就是非传统的，那么宝宝仍然需要有人扮演母亲和父亲的角色（或者一位父母同时扮演两个角色）。在传统的家庭里，母亲的角色是通过提供滋养、关爱和抚慰来支持宝宝的内心世界，而父亲的角色则是为宝宝在外部世界的发展提供支持、保护、指引和力量。父亲的角色包括满足宝宝的物质和生理需求，给他安全感，同时也鼓励他勇敢探索外部世界。

❀ **文化**。习俗、传统、宗教、种族、民族与家庭背景也影响着你与宝宝的关系。通过回想你幼年的经历以及有意识地将你的文化的某些部分融入养育过程，你就可能建立最健康的亲子关系。

❀ **宝宝的气质、个性和行为**。如果你的宝宝乖巧听话，你自然会用更为温和的方式来跟他交流。如果他比较叛逆，不那么听话，你就可能会用更为强硬的方式来做出回应。你影响宝宝的行为，宝宝也影响你的行为。你可能会认为你是影响宝宝行为的唯一原因，但他的气质和个性的许多方面并非来自你，而是来自他的内心。你们的关系是双向的，是相互影响的。

以上这些因素（连同其他许多因素）的相互作用为你与宝宝的独特关系增添了许多维度。

其他家庭成员

人们对家庭的定义千差万别,其中有各种可能性。尽管核心家庭(即与亲生子女生活在一起的夫妻)可能是公认的标准模式,但其他形式的家庭结构也相当普遍,如收养家庭、共同监护家庭、单亲家庭、混合家庭、大家庭、寄养家庭、同性恋家庭,此外还有多种族家庭、跨种族收养家庭和移民家庭。

无论你的家庭结构属于哪一种情况,所有家庭成员都将与你的宝宝形成终生的联系,并且影响他将来成为一个什么样的人。家庭成员不仅仅是一群个体的集合,他们一同构成了一个生态系统,即一个有目的、各部分相互作用、相互影响的有生命、会呼吸的有机体。家庭就像一个挂在婴儿床上方的由许多玩偶组成的旋转床铃,当你增添或去除某个部分(或某个人)时,所有其他部分都会跟着移动来建立新的平衡。

虽然一个孩子的情绪发展始于他对父母等主要养育者的依恋,但是,这一发展仍然要在家庭环境的整体影响下继续进行。

支持性的家庭关系能为宝宝的成长和发展提供坚实的基础,这些支持可以来自你的家庭、你伴侣的家庭,甚至来自你们的亲密朋友。

家庭仪式、惯例和传统可以为生活增添节奏

支持性的家庭

支持性的家庭可以通过以下方式帮助宝宝:

- 提供保护、安全、照看和管教。
- 促进正面的成长和发展。
- 让宝宝知道他所得到的爱是无条件的。
- 提供情感支持与抚慰。
- 让宝宝体验安全和重要的人际关系。
- 教给宝宝社交技能,让他知道他人的存在。
- 给予宝宝归属感,让他了解自己家庭的历史传承。
- 增强宝宝的自信。
- 培养宝宝的价值观,塑造他的性格。
- 激发宝宝追寻自己的梦想,贡献社会。

感、期待和家人团聚的机会，同时也能给予宝宝安全感和归属感，建立家庭价值观。家庭聚餐等活动可以让宝宝认识到他与其他家人的联系，促进他的整体健康和幸福。研究表明，与家人一起吃饭的宝宝发生肥胖、饮食失调、吸毒和酗酒的可能性较小，而他们在学业上取得成功的可能性则更大。在积极的氛围中共享美食是健康饮食和交流情感的大好时机。

另一方面，支持性差或存在虐待的家庭则会损害宝宝的心理健康。如果你自己或你的伴侣来自这样的家庭，你就有责任保护你的宝宝，避免他遭到不好的对待，或者避免他接触到某一个或某一些人，即使他们也是家庭成员。你首先要对你的宝宝负责，祖父母、大家庭成员等亲朋好友的需求是次要的。

宝宝与家庭成员之间的关系对他的成长、他如何看待自己在社会中的位置以及他一生的幸福有着深远的影响。为了帮助宝宝建立他与家人的关系，你要花费时间密切他与家人的联系，并通过讲过去的事情、定期聚会、经常关心家庭成员来让宝宝意识到他与家人关系的重要性。

多特（Dott）、玛丽和埃米

兄弟姐妹

与兄弟姐妹的关系通常是人一生中持续时间最久的关系。兄弟姐妹在父母去世后还能继续生活很久，而且比夫妻关系持续的时间还要长。宝宝与他的兄弟姐妹通常都很亲近，他们共享生活空间、衣服、食物和玩具，每天都有很多时间待在一起。

不同类型的兄弟姐妹关系（例如姐妹关系、兄弟关系、姐弟关系和兄妹关系）意味着宝宝会形成不同的互动方式和品性。其他类型的兄弟姐妹关系包括通过收养、再婚形成的兄弟姐妹关系和同父异母、同母异父的兄弟姐妹关系。任何两个兄弟姐妹之间的能量和互动都各有特点。气质、个性等特征一同塑造了兄弟姐妹之间的关系。

对大多数人来说，兄弟姐妹之间的关系充满了矛盾。兄弟姐妹对彼此的感受可能是温暖和亲切的，但他们彼此之间也存在抵触和竞争。成功地克服这些矛盾，相互之间长久地保持亲密可以影响他们的自我意象、未来的人际关系和他们一生的幸福。

兄弟姐妹可以相互为对方扮演许多社会角色。在不同的具体情形下，兄弟姐妹可以扮演父母的替代品、玩伴、朋友、陪伴者或所有这些角色。有时，孩子们会用模仿的策略来与兄弟姐妹建立联系，进而形成与后者一致的特征。也有时候，他们会用区分的策略来与他们建立联系，努力表现出他自己的特征。性别相同或年龄相近的兄弟姐妹更有可能展现自己的独特性。当一个家庭里同时有男孩和女孩时，孩子们对异性会更加熟悉，交往起来感觉也更舒适，这种熟悉感可能有助于提升他们将来的人际关系。

你和孩子们的关系以及你与伴侣的关系会影响孩子们对自身的看法和他们之间的关系。兄弟姐妹一般会形成相同的依恋状态，特别是在他们与父母中主要的一方之间有相似的关系时。如果家中存在压力与不和谐，兄弟姐妹就可能结成紧密的关系，以此来获取支持，得到补偿。或者，他们也可能变得孤僻，或者到家庭之外寻找安慰。

对一个幼儿来说，家里有新宝宝到来可能既是一件兴奋的事，同时也会带来困惑。他可能不完全理解弟弟或妹妹的到来意味着什么。在新宝宝出生后，他的生活环境会发生巨大的转变，因为父母要照顾新生儿。为了减缓这一转变所带来的震荡，以及尽可能积极地建立手足关系，你可以让大一点的宝宝参与到怀孕、分娩和照顾弟弟或妹妹的过程中。

我特意让埃米为妹妹的到来做了很多准备。在玛丽出生前的几个月里，我们经常跟她谈论这件事。在怀孕后期的一天晚上，我在上床睡觉前去埃米的房间看她。她已经睡着了，但是，睡衣里却藏着一只皮球。显然，她是在模仿我当时的样子。

玛丽出生的时候，埃米也在场，她还帮忙剪断了脐带。我们给埃米的布娃娃也买了一个婴儿背带，跟我给玛丽用的一样，这样我们就可以一起照顾我们的"宝宝"了。然而，即使做了准备和参与，当我不得不把我的一部分关注分给玛丽时，就像所有家庭里的第一个孩子所通常感受到的那样，这一现实还是让埃米遭受了冲击。即使大一些的孩子很爱新来的宝宝，但也很难不在某个时候因为这个小插足者的出现而表现出不愉快。

宝宝的出生次序对他的身份认同和处事方式有一定的影响。家中的第一个孩子通常比较自信，责任心强，有比较高的成就欲，因为父母会与他形成独特的关系，对他有很高的期望。排行中间的孩子通常更为放松、独立，也更受欢迎，因为他所面临的来自父母的压力更小。不过，他也可能有自己被父母忽视的感觉。家中最小的孩子通常能获得很多关注，他常常通过叛逆或与众不同的言行来努力表达自己的个性。

由于兄弟姐妹之间的关系紧密，于是冲突就成了不可避免的事。小家伙之间一小时可能会冲突好几次。平均来看，2～4岁的

埃米

宝宝每6.3分钟就会吵一次架。这意味着，父母每小时可以看到多达9.5次争吵。这些争吵大多涉及具体的东西，比如什么东西是谁最先拿到的，谁碰了不属于他的东西。尽管对父母来说，争吵可能会带来烦扰，但孩子们可以在这种安全的关系中收获巨大的成长。他们学着处理冲突，学着分享，学着处理与兄弟姐妹之间的各种问题。未来，他们可以将这些技能迁移到他们的个人、职业和家庭生活的其他关系当中。

独生子女虽然没有兄弟姐妹来教他如何处理冲突和分享玩具，但他们仍然拥有自己的优势。独生子女能够从父母那里获得大量的关注、资源和深切的期望，而不会被其他宝宝的需求所打扰。于是，他们有机会学习和建立亲密关系。此外，如果独生子女的父母努力促使宝宝与家庭成员或朋友的孩子定期互动，那么宝宝就有足够的机会学习共情、分享和与他人相处。

你的关注是宝宝最重要的资源。因此，如果你有两个或更多的宝宝，他们争夺你的关注就成了十分自然的事。如果你跟其中一个宝宝更合得来，那么另一个宝宝可能就会觉得你更喜欢他的兄弟姐妹。他可能会嫉妒，或感到被你拒绝，而这会伤害他的自尊。当两个宝宝性别相同、年龄相近时，两人之间的竞争会更为常见。宝宝们有一种天生的是非感，而且如果他们年龄相近，他们生活中的差异和可感知的不公就会变得更加明显。

如果你考虑每个宝宝的需求，并且设法跟每个宝宝单独相处，你就能缓解他们之间的竞争。

你也可以在说起每个宝宝的优点、缺点和需要的时候避免比较和偏袒，以此来促使他们形成积极的兄弟姐妹关系。此外，你也可以组织所有家庭成员参加鼓励团队合作和突出每个家庭成员个性的有趣的家庭活动，以此来帮助宝宝们建立自尊，加深手足之情。

在一生当中，宝宝们彼此都连接着对方的过去、现在和未来。随着年龄逐渐长大，他们对彼此的认同也会逐渐加强。当他们分享记忆时，他们就能理解自己的生活，他们是谁，以及他们来自哪里。

朋友

友谊是一种相互的关系，在这种关系中，两个人都认为他们喜欢彼此。童年早期的友谊是宝宝将来能过上拥有丰富人际关系的健康生活的基石。为了交到朋友，你的宝宝必须以使他能够与他人和睦相处的方式统合他的想法、情感和行为。友谊还需要宝宝拥有在亲密和自主两方面保持平衡的能力。这些社交技能并非生来就有，而是需要借助亲身经历及其与父母等家庭成员所建立的最初的关系来逐步培养。

以下是宝宝发展友谊的一般步骤以及你可以期待他做出相应表现的时间节点。别忘了，每个宝宝都是不同的，你的宝宝将会按照他自己的节奏交朋友和掌握社交技能。

交到至少一个亲密朋友并将这份友情保持下去的能力对宝宝的健康和幸福至关重要。作为他的"教练"，你可以使用下面这些方法来帮他学习社交技能和建立友谊：

- ❁ 积极回应宝宝的需求，使他建立起对你的信任。
- ❁ 为宝宝提供与他人玩耍的机会。
- ❁ 确保宝宝在玩耍时得到了充分的休息，吃饱喝足，并且换了尿布。
- ❁ 为宝宝布置一片安全的、适合他年龄的游戏区域。
- ❁ 你对宝宝的期望要符合他的发展阶段。
- ❁ 观察宝宝与其他孩子的互动，敏锐捕捉其中折射出的信息。
- ❁ 密切关注孩子们，确保他们相处融洽，必要时进行干预。

关于友谊的里程碑

3~6个月	6~12个月	12~18个月
早在两个月大的时候，你的宝宝就可能对其他宝宝产生兴趣。尽管他主要通过自己的需求来看待这个世界，但其他婴儿对他有巨大的吸引力，无论是真人还是照片。看到另一个婴儿时，他可能会盯着他看，或者感到非常兴奋。听到其他婴儿哭泣时，他也可能跟着哭。这是一种称作"痛苦同情"（distressed compassion）的生理反射，他把其他婴儿的哭泣理解为他自己的痛苦。	在这一年龄，宝宝对周围的环境更为敏感，他可能会通过社交性的微笑、大笑或者发出"咕咕"的声音来回应别的宝宝或镜子里的自己，也可能试图引起另一个宝宝的注意。在大约9个月大时，宝宝会模仿和回应其他婴幼儿的面部表情、手势或声音，以此来与他们互动。	随着宝宝学会走路和说话，他会对周围的世界产生兴趣，特别是与他相关的世界。尽管他还缺乏相应的技能去参与真正的、互动的、社交性的玩耍，但他喜欢和其他孩子在一起，也可能主动跟其他孩子互动。他可能会模仿别的孩子，和对方一起玩一些简单的游戏，例如躲猫猫。

18~24个月	24~36个月
你的宝宝可以与其他孩子互动更久，方式也更为复杂。他通过跟别人换玩具玩体验互惠。尽管他通常都表现得比较愿意合作，但他这么做的主要目的是满足自身的需要，而且在面对冲突时，他还可能会变得冲动和烦躁。	随着语言和认知能力的发展，现在的宝宝已经能够以更加复杂的方式在沟通、合作、解决问题和玩假扮游戏中与同龄人互动。他不仅能参与游戏，还能在互动中调整自己的角色来与他人的角色形成互补。

影响友谊建立的因素

内在发展技能和外在因素都有助于宝宝提升社交能力和建立持久友谊的能力。社会、文化、精神、经济和政治等因素是宝宝了解他人和学习与他人相处的大环境。这些环境因素有的你可以控制，有的你控制不了。但是，你还是应当了解所有这些因素，这样才能尽可能多地为宝宝创造有利条件。

	内在因素
依恋类型	如果你的宝宝建立了安全型的依恋关系，并感觉自己与某一位父母或养育者联系紧密，那么他就更容易与其他孩子互动，提升社交技能。
自我调节	宝宝控制和管理情绪的能力能够提升他与同龄人的关系。
气质	宝宝的性格会影响他发展人际关系的模式。例如，如果他害羞而拘谨，他就可能需要更多的空间和时间来与别的孩子交往。如果他有攻击性，他就可能需要培养与他人共情的能力。
认知与语言技能	宝宝洞察他人想法与感受，理解他人话语和表达自身想法的能力会影响他的社交能力。
学习类型	宝宝以他自己的方式和自己的学习模式来感知、行动和处理与社交有关的信息。
	外在因素
环境	你的宝宝通常待在哪里并在其中形成他的想法和行为？在家里？在祖父母家里？在他的游戏群体或托儿所里？在亲戚或朋友家里？这些环境有利于建立友谊吗？如果交朋友对你的孩子来说比较困难，你就可以邀请小朋友到你的家里，这是他熟悉而安全的环境。此外，野外的自然环境也有助于人际关系的建立。
养育方式与支持	友谊并不总能自动产生。你可以通过给宝宝提供社交机会来帮助他结交朋友。你还可以关察他的社会性发展水平，并且在必要时提供指引。试着为宝宝示范社交技巧，同时让他看到你能在社交中获得快乐。他会读懂你的暗示并且做出相应的反应。在帮助宝宝培养社交能力的时候，你用的是温暖、积极回应和滋养的方式，还是控制、要求和惩罚的方式？
同龄人	年龄和兴趣相近的宝宝亲密接触容易擦出友谊的火花。如果宝宝们经常在一起玩耍，他们就会产生熟悉的感觉，进而自然而然地结成亲密的关系。

文化与社区

随着宝宝在内心建立起安全感并开始学习与他人相处,他也开始探索和了解周围的环境,并与之产生联系。他将目光投向自己的文化和社区,从中寻找归属感,同时进一步探寻自己的身份。

文化是一个社会群体的行为模式和生活方式。它包括价值观、信仰、传统、亲属关系、经济体系、育儿实践,以及生活的许多方面。文化来自学习和分享,它本身也是不断变迁的。大多数人既包含在较大的主流文化中,也属于较小的文化群体。有些人认为自己没有文化,但所有人都以自身的独特方式成为文化的一部分。就像鱼离开水后才知道自己在水里一样,你也可以把自己的文化视作理所当然。

从密西西比搬到日本的时候,我经历了一场文化冲击,因为我看到了生活方式的巨大差异。我不认为自己在说外语,也没有意识到自己的文化习惯有多深,直到我有机会将自己的价值观、信仰和行为与另一种文化相比较。在日本的时候,我列了一张清单,上面是与我自己的文化习惯完全相反的日本文化习俗:

- ❀ 汽车的方向盘在右侧。
- ❀ 写字从上到下,从右到左。
- ❀ 称呼一个人的时候姓在前,名在后。
- ❀ 写信时,先写国家的名字,后写个人的名字。
- ❀ 称呼上帝为"她"(我从小都称呼上帝为"他")。

置身于另一种文化当中,我发现了各种各样的

我们在日本的家人

差异,有的极端,有的温和,这一经历使我加深了对自己的生活方式和文化的理解。这次经历也促使我去质疑我一直以来所知道的东西,去在我的信仰和我要如何生活的问题上做出明智而积极的选择。

文化经由一系列途径影响儿童的发展,如对目标和抱负的期望、关于性别角色的价值观、在宗教和精神领域的价值观,以及关于吃饭、睡觉和玩耍的观念。这些因素共同塑造了宝宝的认知、语言和社交情感的发展。

哈佛大学人类学家罗伯特·莱文(Robert LeVine)博士认为,来自不同文化背景的父母都对他们的孩子抱有一系列共同的期待,而且这些期待是环环相扣的:

1. 生存与健康。

2. 提高在经济上自立的能力。

3. 提高行为能力来最大化其他文化价值,如道德、声望、财富、宗教虔诚、智力成就、个人满足感和自我实现。

许多关于文化的研究来自这样一些欧美学者，他们认为来自他们所在社会的观点和发现可以应用于全世界。从19世纪到20世纪初，人类学家抱有一条基本假设，即社会的进化遵循着一条从原始到文明的线性路径，并且"西方"的学校教育和文化将服务于所有文明。这种我族中心主义歧视其他文化，认为后者不如自己，并且否定了加深理解的重要性。例如，这些学者不知道，对西非儿童来说，识字的重要性可能比不上了解天气等自然规律。由于不同的文化环境会产生不同的需求，所以我们不能假定所有文化都应共享唯一一套优秀儿童的标准。

在日本时，我经历了个人主义（在欧洲和北美社会占主导地位）和集体主义（在亚洲、非洲和拉丁美洲社会占主导地位）之间的巨大文化差异。个人主义社会关注个人成就和自我实现，而集体主义的文化鼓励他们的孩子关注对他人的责任和共同目标的价值。

在梦之窗幼儿园，"以自我为中心"的理念遭到了强烈的反对。教师鼓励孩子们考虑集体的需要，而不是个人的欲望。相比之下，在美国，通过我的教学经验和我对女儿教育的参与，我发现个人主义与竞争在学校的重要性要超过鼓励学生为集体做贡献。我认为，这两种方式都有优点和缺点，两种价值观都以各自的方式促进了各自文化的发展。今天，随着全球化社区的逐渐形成，我的观点是，完整和令人满意的生活应该同时包含个体与集体的成就。

在过去的150年里，随着美国的工业化和教育与医疗服务的系统化，年龄这一文化概念已经成为一种衡量发育的标准和选人方式。在过去，学生们都是伴随学习而进步，而不管他们年龄大小。然

而，几代人以来，我们的教育体系却一直非常注重年龄，即，我们期望同龄的学生在学习上达到相同的水平，而不考虑他们各自的独特能力与情感。

在美国文化中，家庭和工作场所的明确区分也把孩子隔离到了以孩子为中心的环境中。然而，在许多文化中，孩子从婴儿期就开始学着承担任务，做出决定。他们日常的玩耍和工作包括帮着照顾弟弟妹妹，在花园里干活，去商店买东西，还有其他各种事情。不同的文化对宝宝所应具备的能力和技能有不同的预期，而预期会影响宝宝的能力发展。美国人帕梅拉·德鲁克曼（Pamela Druckerman）在她的《法国妈妈育儿经》（*Bringing Up Bébé*）一书中讲述了她在法国抚养宝宝的故事。她指出，法国人希望他们的宝宝吃特定的食物，以特定的方式行事，这些期望会影响宝宝的能力和行为。

在比较两种文化时，我们不可能把众多差异缩小到某个单一的维度。不同文化背景的人可能会使用不同的方式来达到相同的目的。在另一些时候，他们也可能使用相同的方式来达到不同的目的。在《爱斯基摩人如何为他们的孩子保暖——以及其他育儿方面的冒险》（*How Eskimos Keep Their Babies Warm: And Other Adventures in Parenting*）一书中，作者梅玲·霍普古德（MeiLing Hopgood）介绍了11种不同文化中的传统养育方式。霍普古德认为，全球化已经改变了许多文化中父母与孩子吃饭、睡觉、教育和玩耍的方式，许多人已经抛弃了他们的传统和习惯做法。她表示，从其他文化背景的父母的角度看待养育这件事开阔了她的眼界，改变了她的一些观念和做法。霍普古德认为，尽管存在文化差异，但大多数社会都希望培养出能在现实生活中茁壮成长的孩子。她的结论是，养育是一个不断发展的过程，在这个世界上，成为一个好父母的方法不止一种。

你可以抛开价值判断，以开放的心态了解其他文化的观点，以此来理解自身的文化遗产。这并不一定意味着所有的方式都适用于你，也不意味着你必须放弃自己的方式。但是，对不同情形的观察有可能让你发现互不冲突的其他方式。如同个人一样，文化也在不断变迁。在构建理解人类发展的新方法时，不同文化间的差异是可资借鉴和使用的宝贵资源。我在日本的养育经历启发我去观察和反思自身的文化历史和习惯，促使我有意识地把得出的想法运用于养育过程。

下面的方法有助于你帮助宝宝了解他的文化背景：

❀ 让宝宝了解父母各自家庭的信仰和价值观，聊聊它们如何共同形成了当前的家庭文化。讨论以上不同信仰和价值观之间的相同点和不同点。

❀ 列出你的核心家庭里包含文化意涵的各种行为。

❀ 在各种场合中谈论文化习俗，这样的场合如教堂、家庭聚会、社区、家长会和游戏小组。

❀ 带宝宝探访不同的文化。如果你住在城市里，你可能只需要走几个街区就能找到一种不同的文化。如果你住在乡村，你可能需要走得远一些去体验不同的文化。

❀ 与宝宝讨论你想从其他文化中借鉴哪些风俗习惯并将它们融入到你的家庭文化中。

在理解其他文化的背景下了解自身的文化，这么做能打开宝宝的思维，让他认识到生活的不同方面，提升共情力等社交能力。这一觉知也能让宝宝意识到，无论是看待事情，解决问题还是在这个世界上生活，方式都不止一种。

特殊情形

当你仔细观察你自己的文化时，你会渐渐发觉你对宝宝期望的由来。你很可能想知道宝宝的生命将如何展开，也很可能对他的未来抱有某种期待或设想。通常，你愿望中的宝宝可能并不是现实中的他。他是一个独特的人，他有他自己的方式来展现他自己，他不是你的延伸。意识到这一点后，一些父母就需要重新设定他们对宝宝的期待，例如，当他们希望投身棒球事业的宝宝转而对音乐充满热情时。

对于特殊儿童的父母来说，他们不仅需要重新思考他们需要做出哪些努力来养育宝宝，确保他能拥有相应的情感工具来过上健康、圆满的生活，他们还要知道，宝宝所面临的人生道路可能需要他们重新设定他们对宝宝的期待。特殊儿童可以理解为其特征或健康状况偏离了你的家庭或社区常态的儿童。

为了写作，《背离亲缘——那些与众不同的孩子、他们的父母以及他们寻找身份认同的故事》（Far from the Tree: Parents, children, and the Search for Identity）一书，安德鲁·所罗门（Andrew Solomon）访谈了300多个有特殊儿童的家庭，并且把人的身份分为了两类——垂直身份与水平身份。他在书中写道，垂直身份是家庭和社区中所共有的身份，有的来自遗传，有的来自文化，例如种族、语言和宗教。另一方面，水平身份是人的特殊身份。宝宝的水平身份往往出乎父母的预料。

所罗门的水平身份包括在生活的某个领域有超常表现、患有唐氏综合征或自闭症、视力或听力受损、患有躯体或精神疾病，等等。具有突出水平身份的孩子可能会被视作特殊儿童。垂直身份往往能加强宝宝与家庭的联系，增进健康的依恋，从而有助于形成积极的自我意象。当父母不接纳具有水平身份的宝宝时，后者往往会形成不安全的依恋和糟糕的自我意象。另一方面，如果父母接受、关爱和支持他们的特殊儿童，后者一样可以发展出积极的

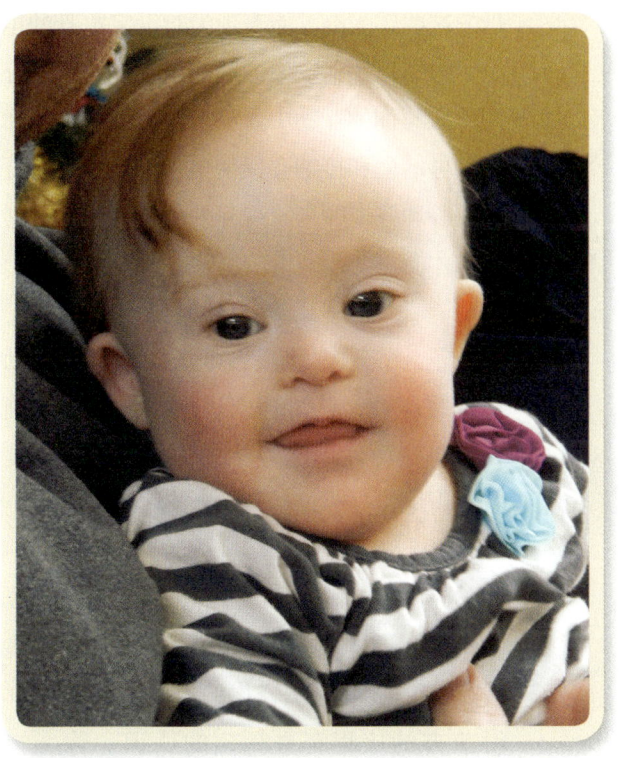

我的甥孙女克莱尔（Claire）

自我意象并充分发挥他们的潜力。

要想完全接纳和支持一个具有水平身份的宝宝可能需要做出一些努力。以下是我的几条建议：

❀ **承认你的感受。**你或许曾经对宝宝的未来有所期待，然而现实却是另一番模样。虽然宝宝的特殊特征可能也有你未曾预料到的好处，但这一情形还是需要你调整你先前对未来生活的设想。你需要认清、考虑并放弃你原先的期待，如此你才能接受现实，全力抚养你的宝宝。

❀ **完全接纳你的宝宝。**你可能很难接受宝宝的水平身份。有些父母因为宝宝所面临的艰难处境而充满内疚，另一些父母则认为宝宝偏离常态意味着他们的养育方式出了问题。父

母的这些感受有可能表现为对宝宝本身的拒绝。特别是在宝宝生命的前三年里,他十分期待从与你的互动中看到自己的价值,而你无条件的爱和接纳会促使他接纳自己。你可以找心理咨询师来正视并处理你的感受,这样你才能完全接纳你的宝宝。

❀ **培养正念。**瑜伽和冥想等正念练习能帮助你舒缓压力,认清现实,理清思维,明确目标,进而使你能够从理性和平衡的角度有意识地选择你的行为。

❀ **参与社区活动。**加入一个由许多家庭组成的支持性团体,共同应对你所面临的挑战,这么做可以减轻你的压力,并且让你对前方的旅程有更深刻的认识。你、宝宝,以及整个家庭都有机会在这样的社区里感受自己的"平常"——原来很多人都跟我一样。你也可以获取知识,学习应对常见困难的实用技巧,瞥见前方的可能性,以及与有类似经历的人分享你的快乐、挫折等感受。

❀ **接受宝宝本来的样子。**接受宝宝的水平身份并不一定意味着要像对待其他孩子那样对待他。失聪儿童应该植入人工耳蜗吗?患有侏儒症的孩子应该接受骨延长手术吗?所罗门警告父母,把特殊儿童带到一个又一个专家那里去"看病"可能会传递出这样的信息——他不够好。反思你自己的动机,问问你自己,你选择特定的干预措施到底是为了减轻宝宝的痛苦,改善他的生活,还是仅仅想要通过让他更加接近社会常态来安慰你自己?对特殊儿童的养育是寻找平衡的过程——帮助他发现并成为最好的自己。

❀ **别忘了你自己和其他家人。**照顾一名特殊儿童可能会消耗掉你所有的注意力和精力,这对你的其他宝宝和你的伴侣都不是一件好事。你的特殊儿童只能是家庭的一部分而不是核心,这样才能提升所有家人的归属感和幸福感。

当你关心特殊儿童的情感健康并无条件地爱他时,他就会学会爱自己。你可以让你的家成为一个安全的空间,让他可以在其中获得接纳,汲取力量,以此来为他提供支持。如果你能在接受生活的多样性方面树立起好的榜样,宝宝就更容易接纳自己,同时欣赏他人的不同。我认为,所有孩子都有某种形式的父母未曾期望的水平身份。由于每个孩子都是独一无二的,所以每个孩子也都是特殊的。如果你能认识、接受并喜爱宝宝与其他孩子的相同之处和不同之处,并把它们全部视为宝宝的真实自我时,你就给了他茁壮成长所需的滋养。

欢迎来到荷兰

埃米莉·珀尔·金斯利[①]

经常有人要我讲讲抚养残疾儿童的经历，好帮助那些没有这种独特经历的人去理解，去想象其中的感受。事情是这样的……

宝宝即将来临时，那种感觉就像是计划一次美妙的假期旅行——去意大利。你买了一大堆旅游指南，然后制定了完美的计划。你要去看竞技场，看米开朗基罗锤下的大卫像，乘坐威尼斯的平底游览船。你可能还会学几句常用的意大利短语。这一切都令让你兴奋不已。

经过几个月的热切盼望，这一天终于到来了，于是你收拾好行李上路了。几个小时后，飞机着陆。空姐进来说："欢迎来到荷兰。"

"荷兰？！"你说，"你说的荷兰是什么意思？我是去意大利的！我应该在意大利。我一辈子都梦想去意大利。"

然而，飞行计划变了。飞机在荷兰着陆，你必须待在这儿。

重要的是，飞机并没有把你带到一个可怕，恶心，充满了瘟疫、饥荒和疾病的肮脏地方，这只是一个不同的地方。

所以，你必须出去买新的旅游指南，你必须学习一门新的语言，你还会遇到你原本永远都不会遇到的新的一大群人。

这只是一个不同的地方。这里的生活节奏比意大利慢，也没有意大利光彩四射。但是，在那里待了一段时间后，你终于缓过神来，环顾四周……你开始注意到，荷兰有风车，有郁金香，甚至有大画家伦勃朗。

但是，你认识的每一个人都忙着从意大利进进出出，他们都在吹嘘他们在那里度过了多么美好的时光。你会在余生中这样说："是的，那是我应该去的地方，我原计划就是去那里。"

然而，那种痛苦永远、永远、永远、永远也不会消散……因为，那个美梦落空是非常、非常惨痛的损失。

如果你一辈子都在为没能去意大利而悲伤，那么你可能永远也享受不到荷兰的特别与可爱。

版权所有：埃米莉·珀尔·金斯利

Copyright © 1987 by Emily Perl Kingsley, All rights reserved, Reprinted by permission of the author

---

[①]埃米莉·珀尔·金斯利（Emily Perl Kingsley），美国作家，其子罹患唐氏综合征。——译者注

选择儿童看护

为宝宝选择儿童看护需要你做出细致的考虑。离开家里温馨的小天地后,宝宝会进入一个全新的世界。如果你需要回去工作,那么你可能很难把宝宝丢给别人。由于非常想念自己的宝宝,一些妈妈会在返回工作岗位的第一周里止不住地趴在办公桌上哭泣,我多次听到过这样的事情。想要全职照料宝宝是人的天然本能,但是对今天的许多父母来说,这一选择并不现实。

要想为你和宝宝做出最佳的决策,你首先就要分清轻重缓急。特别是在宝宝1周岁之前,建立稳固的依恋是他在身体、情感和智力等所有方面获得发展的基础。如果你不能每天都陪伴他一整天,但假如还有别人关心他,并且能够以爱的方式回应他的话,那么你的宝宝仍然可以茁壮成长。

放下焦虑后,你就可以接着思考,你在儿童看护需求方面的关注焦点是什么?你想找个人看护、家庭儿童看护(在护理人员家中进行的项目)还是儿童看护中心?你要考虑的因素包括看护的质量、环境的安全性和活力水平,以及你期待与护理人员建立的关系类型。此外,你还要考虑对方在看护宝贝方面能帮你分担多少时间?此外,费用和地点也是你需要考虑的因素。确定了你的需求和优先事项后,你就可以研究各种选项,以及想清楚你想要扮演什么样的角色。

❀ **看护质量。**研究表明,在宝宝1周岁前,看护的首要任务是让他与一位稳定的人选建立经常性的、充满爱的互动。确保这一点的最佳方式是选定一位看护者,例如祖父母、其他家庭成员或保姆。如果这一点不容易

实施，你就可以询问儿童看护中心能否提供个性化的看护服务。儿童与看护者的比例是多少？这家儿童看护机构运营多久了？确认这家机构有良好的信誉、合法的执照和认证后，你还要观察看护者的表现，看他（她）是否善良、有爱心、会关心人。

❀ **环境**。看护场所的环境是否干净、安全、有序及令人愉快？宝宝有足够的空间和配套设施去四处活动和探索吗？你有没有见到由不安全材料或成分制成的玩具或用品？每次换完尿布和准备食物前，护理人员都洗手吗？午睡是固定的时间表，还是适合宝宝的需要？环境是安静的还是嘈杂的？有没有处理紧急情况的应急预案？看护者和孩子们都健康并快乐吗？

❀ **沟通**。观察看护者与其他宝宝的互动。他们会拥抱和爱抚宝宝吗？如果宝宝饿了或者尿布湿了，他们会对宝宝的需求做出反应吗？他们跟宝宝有直接的交流吗？看护者接受过什么培训？看护机构的营业额是多少？会有一位看护者始终为你的宝宝提供一贯的、积极的关心和照顾吗？你将与看护者和管理者保持什么样的关系？看护者会与你沟通宝宝的日常表现、身体情况和注意事项吗？你觉得你可以与看护者形成相互尊重和信任的氛围来共同照顾你的宝宝吗？

❀ **后勤**。在为宝宝选择看护者时，你需要重点考虑一些实际的因素。例如，看护机构在母乳喂养、布尿布和饮食方面有什么规定？护理者是否能满足你的时间安排？机构的放假时间灵活吗？机构是否对来访的父母开放？是否有等候名单？饮食在烹制和营养方面能达到你的要求吗？是否有书面合同或协议？费用可以接受吗？交通方便吗？雪天的应对方案是什么？

❀ **研究**。了解附近地区看护服务的过程能帮你理清自己的优先事项。查询行业推荐，阅读在线评论。进行现场探访，访谈管理者和工作人员。寻找一般性的隐患，例如环境杂乱或气氛压抑。

❀ **你的角色**。你可以通过密切关注宝宝和每天接送时观察看护机构的环境来积极参与对宝宝的照料。注意宝宝所表现出的任何变化。向看护者了解宝宝的情况。出现疾病等问题后要持续关注，并且与看护机构密切沟通。确保你已经为宝宝准备好了所有必要的物品，比如换洗衣物、尿布、食物、防晒霜、帽子和药物。当你参与对宝宝的看护时，你可以对自己的直觉充满信心，在宝宝需要你的时候为他发声。你是消费者，所以要有意识地大胆说出你的担忧。

第 3 章
发现与学习

天下父母都对宝宝的出色和成功抱有很高的期待，这是十分自然的事。而今天的许多企业正是利用这一心理，声称它们的图书或课程能让你的宝宝成为天才、超级宝宝或小爱因斯坦。你或许也希望你的宝宝能超越他的同龄人，但拔苗助长甚至完全跳过某些发展阶段的做法其实反而会害了他。作为父母，你如何判断和评价宝宝的智力和将来成就事业的潜力？你如何才能运用健康的、鼓励性的方式来帮他提升智力？

你可以引导宝宝去发现并培养属于他自己的独特智力组合。通过鼓励他培养探索未知的好奇心，增强解决问题的能力，磨练战胜困难的毅力，你可以帮助他提升能力，形成独特的知识构成，并且通过以他自己的独特方式造福世界来活出他自己。

首先，你要静下心来考虑一些基本的问题。你的宝宝需要衣物、健康的饮食、温暖而安全的环境。如果你知道他的身心健康与他的认知发展密切相关，你就会想方设法去为他创造有益成长的锻炼机会。满足了他的身心需要，他就能去自由地探索世界，去学习，去找寻他的热情，发掘他的潜能了。

与健康和幸福一样，成功也不是一成不变的。宝宝的内心世界和外部环境都在不断变化，所以我们可以把成功定位为一股强大、稳定、坚韧而又积极的生命力，而这股生命力将把你的孩子带向何方则取决于他自己。

在这一章里，我将分三个部分介绍关于如何帮助宝宝促进学习和发展智力的基本信息：

- **日常措施**。这一节内容将介绍关于宝宝认知发展的基本信息，以及你在平日里帮他推动这一发展的具体建议。

- **智力发展理论**。这一节内容将介绍有关大脑发育与功能、学习条件和学习类型的科学研究和理论。

- **健康学习的基本技能**。这一节内容将探讨能促进宝宝学习的基本技能，包括你可以用来理解和促进学习过程的7条路径。最后，我还将为你提供一份幼儿园择校指南。

阅读这一章的时候，你要记得宝宝有他自己看待世界的方式。自从出生以来，他就一直在发展自己的天赋和才能。对于何为成功，你的理解很可能与他不同。总之，你作为父母的职责是帮他在成长过程中发现自己的独特才华。

日常措施

我的宝宝一出生，我就自然而然地把她们放在了我的肚子上。紧接着，她们就展现出了与生俱来的寻找乳头的能力。她们本能地知道该如何生存。我把她们抱在怀里吃奶的时候，她们都表现出一副需要我照顾和指引的模样。

宝宝生来就有学习的欲望。他的本能、基因和身体构造共同推动他来到这个世界。从本质上讲，他的观察、探索、模仿，以及最终的推理都是为了理解他所遇到的一切。此外，你是宝宝人生中的第一位向导。你的经验和示范是他智力发育和学习能力的根基。

在宝宝生命的前三年里，他的身心发展和能力提升都会出现巨大的飞跃，他的智力也会飞速提升，而智力发展的深度和广度又取决于他的经历。

作为父母或主要养育者，你为宝宝提供大脑和智力发育所需的营养、情感支持、安全的环境和刺激。尽管你在帮他发现独特潜质的方面扮演着重要的角色，但你不能改变或塑造他以符合你的期待。宝宝是他自己的，他有自己的内在学习程序和能力。你可以倾听他的声音，让他不断绽放的智慧指引你的行动，以此来帮他充分发挥自己的潜力。这样一来，不仅他的知识能得到增长，你也能从中获益。

催促幼小的宝宝学习并不能为他带来竞争优势。事实上，拔苗助长可能会导致宝宝缺失未来跨越学习障碍所需的关键基石。宝宝有自己成长和学习的道路。父母是他在这条道路上的引路人和亲友团，而不是铺路人。

从受孕到两岁生日，宝宝大脑的发育速度将超越他生命中的其他任何时刻。在出生后的前两年里，宝宝的大脑将形成未来获取知识和增长技能的关键连接。幸运的是，父母能自然而然地采取许多行动来促进宝宝发展智力，帮他建立学习模式。通过遵循这一节当中的建议，你也可以为宝宝提供相应的内部和外部资源来帮他建立有利于终身学习的强大神经连接。

通过饮食促进大脑发育

宝宝的大脑是一个需要稳定的营养供应才能生长和运作的器官。由于他的大脑在从受孕到两岁之间经历了如此快速的成长和发育,这当中的营养状况对宝宝一生的认知能力具有无比巨大的影响。

不论你正在怀孕期间,还是在给宝宝喂母乳、配方奶或固体食物,最有利于他大脑发育的健康食物都包括:

- 平衡血糖水平的复杂碳水化合物:全麦谷物,包括糙米、燕麦、小米和藜麦。

- 促进宝宝大脑发育的蛋白质:豆类、种子、坚果和少脂鱼。

- 形成髓磷脂的必需脂肪酸,髓磷脂能帮助神经元传递神经信号:亚麻籽、鱼、牛油果、坚果和种子(如果不过敏的话)。

- 维生素和矿物质:新鲜蔬菜(尤其是绿叶蔬菜和海产蔬菜)、水果和全麦谷物。

- 促进新陈代谢和智力发育的碘与盐:海产蔬菜和海盐。

- 促进肠道健康的发酵食品和益生菌补充剂:泡菜、味噌汤、发酵饮料和酸奶。

反营养物质(antinutrients)是能够抑制宝宝大脑发育的食物。例如,精制糖、氢化脂肪、化学食品添加剂和加工食品都能使宝宝的大脑丢失营养。许多食品添加剂和色素都是神经毒素。最后,转基因食品、含有生长激素的食品和含有抗生素的动物性食品也会危害宝宝的神经系统。

我们有时把消化系统称为人的第二大脑,因为中枢神经系统和胃肠道系统经由神经通路紧密相连,两者之间存在双向通信路径。人饥饿时分泌胃液,焦虑时胃部不适,这都是大脑对胃的影响。遇到问题时,肠道会及时向大脑发送警报信号,此时人甚至还没有察觉到症状。肠道是人体免疫系统的核心。如果身体缺乏营养或消化系统无法正常工作,人就可能出现精神健康障碍,如焦虑和抑郁。

通过睡眠"充电"

英国的千年队列研究(the Millennium Cohort Study)证实了儿童睡眠与大脑发育之间的关系。研究人员发现,与睡眠充足的儿童相比,三岁前每晚睡眠不足10小时的儿童更容易患上注意缺陷多动障碍(ADHD),也更容易在空间感知、语言和阅读方面出现问题。研究人员得出结论,对于睡眠及其与大脑发育的关系来说,人出生后的前三年是一个极为敏感的时段。

睡眠对激发宝宝的好奇心、提升学习的主动性至关重要。睡眠不足会扰乱他身体的自然节律,使他烦躁不安、精神涣散。稳定、有规律的睡眠能为他的整个身体充电,包括大脑,因此有助于提升他的记忆力和学习能力。在睡眠期间,宝宝的身体也会分泌生长激素。你可以借助有规律的就寝和午睡时间来确保他的大脑为学习做好准备。随着宝宝的成长,世界对他将越来越有吸引力,因此睡觉也可能成为一件头疼的事。这时,保持有规律的作息似乎可以帮他得到他所需要的休息。

刺激宝宝的感官

宝宝是运用他所有的感官来学习的。他看到什么都会动手去摸,还会把东西放进嘴里品尝,放到鼻子下面闻味道。他把东西拿在手里摇晃,听到声音就扭头去看,他还仔细端详眼前的一切。

瑞士发展心理学家让·皮亚杰(Jean Piaget)的认知发展理论认为,认知的第一阶段是感知运动阶段。在出生后的前两年里,宝宝通过他的反射、动作和感觉来收集外界信息。然后,他的神经系统将信息传输到他的大脑。后者在神经元之间建立连接,以此来对信息进行分类和使用。随着神经连接的增加,宝宝的神经网络会越来越发达,他的知识也会与日俱增。

皮亚杰的各个认知发展阶段依次建立在前一个阶段的基础上。你可以通过提供相应的环境鼓励宝宝使用他的感官来帮他建立语言和认知发展的基础。你可以通过以下日常措施加强感官刺激:

❀ **一起吃饭**。吃东西会用到宝宝所有的感官。食物的味道、颜色、气味和口感,甚至咀嚼的声音,都能刺激他的大脑。

❀ **谈论感觉**。跟宝宝谈论各种感觉。例如,某一棵植物或某一朵花给你什么感觉?有什么气味?吃起来是什么味道?听上去有什么声音?看上去是什么样子?如果他还没有足够的词汇来表达他的想法,他也仍然能听懂你的想法。

❀ **准备触摸箱**。找一个纸箱,里面装上各种形状和质地的安全的东西。跟宝宝说说不同东西摸起来的感觉:"摸摸滑滑的木头。摸摸软软的枕头。"

❀ **散步**。鼓励宝宝触摸地上的小草,仔细观察一片树叶,把手指放在沙子或泥里。跟宝宝说说这些东西的外观、感觉、气味和声音。

❀ **洗澡**。水滴在手臂上是什么感觉?它是热的还是凉的?肥皂闻起来是什么味道?

❀ **一起做饭**。与其他刺激物相比,气味能更直接地影响宝宝的大脑,特别是他的记忆力。跟宝宝一起购物、做饭、烘焙,一起聊聊商店和厨房里的气味。

在《聪明起步——幼儿脑力培养》(Start Smart: Building Brain Power In the Early Years)一书中,帕姆·席勒(Pam Schiller)建议父母利用宝宝的嗅觉来促进学习。薄荷、柠檬、肉桂和迷迭香的气味都能让他的大脑更清醒。注意,合成化学物质和浓烈香水的气味可能会分散宝宝的注意力,干扰他的神经系统。

通过运动建立学习路径

体力活动与宝宝的感官共同形成了一条重要的学习路径。捡起和放下东西、推倒东西、翻滚和坐起来、爬行、爬高和走路等体力活动不仅能为宝宝提供探索和发现的机会，同时也能激活他的大脑。

在《运动改造大脑》（Spark: The Revolutionary New Science of Exercise and the Brain）一书中，作者、医学博士约翰·瑞迪（John J. Ratey）解释说："大脑的神经元通过树状分支上的'叶子'相互连接，而运动能让这些分支生长、发芽，从而能够极大地提高大脑功能。"体力活动能让宝宝的身体产生更多大脑生长所需的关键蛋白质。体力活动不仅能让宝宝通过运动获取知识，它还能促进认知能力的发展和脑细胞的生长。此外，体力活动还能通过控制皮质醇等与压力有关的激素来减轻压力。在运动中，宝宝的身体会向他的大脑输送更多的血液，而血液中的氧气则可以滋养他的脑组织。许多研究表明，体力活动对认知的促进作用贯穿人的一生。这一证据给了父母更大的动力来让他们的宝宝定期参加体力活动。

运动与大脑发育的联系之一是宝宝双侧协调能力的发展。当宝宝的左、右侧脑和左、右侧身体实现联动，以及他能做出跨越身体中线的动作（例如他伸出左手去拿身体右侧的玩具，或者用右手摸左边的膝盖）时，他就拥有了双侧协调能力。这种脑体协调对阅读、写作、运动、舞蹈和许多日常活动都是必不可少的。宝宝三四岁时，这一能力就开始在他的身体活动中明显地展现出来。

你可以使用下面这些方法来帮助宝宝通过活动身体来增加知识，促进大脑健康发育，以及提高双侧协调能力：

- **和宝宝一起玩。** 每天至少花10分钟陪宝宝玩耍，包括"俯卧时间"、瑜伽、按摩、游泳和促进发育的各种训练。当宝宝在地板上，你也俯下身子跟他处在同一高度时，这时的他最有安全感。

- **给宝宝空间。** 确保宝宝在屋里和屋外都有一处安全的开放区域，以供他活动身体，例如翻滚、爬行和自由走动。

- **提高双侧协调能力。** 拿一只玩具在房间里走动，让宝宝的视线跟随玩具移动。当他的身体活动逐渐增多后，跟他一起做有助于提高双侧协调能力的活动，例如"你拍一，我拍一"游戏和风车游戏（张开你的双臂，两只手交替触摸身体的另一侧）。

- **给宝宝玩能激发他活动身体的玩具。** 给宝宝玩皮球、积木、可以推或拉的小车，等等。

- **提高精细运动能力。** 让宝宝用手拿很小的东西。鼓励他在你读书的时候帮你翻页。给他玩上面有拉链、按钮等可以锻炼动手能力的玩具。让他把地上的东西捡起来。用蜡笔或粉笔画画能在多个层面上刺激他的大脑。

- **当宝宝的健身榜样。** 花时间锻炼身体，让宝宝知道你也把身体健康放在第一位。

- **带宝宝一起运动。** 经常带宝宝徒步旅行、骑自行车、游泳或滑雪。这些活动能滋养宝宝的大脑，帮他养成健康的生活习惯。

提供积极的情感环境

压力影响身心健康，还会干扰宝宝的学习过程。太多的压力，或者太严重的压力，会抑制他的免疫系统、短期和长期记忆、思维和创造力。教育神经科学顾问医师、医学博士戴维·苏泽（David A. Sousa）在他所写的《大脑是如何学习的》（How the Brain Learns）一书中解释说，积极的情绪能增加血液中内啡肽的含量。这些内啡肽能让人感到愉悦，还能刺激大脑前额叶，即大脑进行逻辑思维的部位。因此，积极的情绪能让宝宝处于良好的思维和学习状态。相反，消极的情绪则会使宝宝的身体分泌皮质醇，这是一种引发焦虑的激素，它能抑制大脑额叶的活动，同时激活大脑中更趋近于自动反应的"战斗或逃跑"区域。如果宝宝处于消极的情绪环境，他的大脑就会专注于身边的威胁而无心学习。

积极的情绪也能帮助宝宝学习和记忆信息。幽默和欢笑能帮助他放松，减轻压力，使他更容易进入学习状态。当你表现出兴奋和好奇时，宝宝也很可能受到影响并模仿这样的情绪。如果你关注他发自内心地喜欢什么，你就可以为他创造条件去接触他感兴趣的东西。例如，如果他喜欢户外活动，你就可以为他提供在公园或沙箱里玩耍的机会。如果他喜欢动物，你就可以带他去宠物动物园。

为了创造积极的情绪氛围以促进宝宝学习，你可以考虑以下几点：

- **建立安全型依恋**。你和宝宝之间的安全依恋关系能给他探索的自信并促使他学习。

- **注意你的心态**。你面对事情的心态会影响宝宝的感受，进而影响他的学习能力。注意你的感受及其对宝宝的影响。如果你感到紧张，他也可能会感受到同样的情绪并遭受影响。

- **鼓励和奖励**。表扬宝宝在学习上的努力，用你的关注和对他感兴趣来奖励他。如果他用心观察一片树叶，并与你分享他的发现，或者他选了一本书想让你给他读，或者他给你唱了一首歌，你就可以用发自内心的喜悦和好奇心来回应他。

- **注意宝宝身边的人**。宝宝身边的人，包括朋友、家庭成员和护理人员，都会影响他的情绪，影响他对学习的积极性。积极、专注的人能让他积极主动，而消极的人则会抑制他的探索。

- **营造积极的环境**。愉快、干净、整洁的家庭环境有利于学习。把噪音降到最低。尽可能用自然光或柔和的光线来填充你的空间。为宝宝布置他可以自由移动、触摸和探索的区域。在选择看护机构时，你要特别注意那里的环境、气味和给你的感受。

与宝宝互动

在宝宝学会说话之前,他会用哭泣、微笑等信号与你交流。你可以积极关注他的声音、肢体语言等暗示,以此来增强他集中注意力和学习的能力。

在2003年的一项研究中,华盛顿大学学习与脑科学研究所的帕特里夏·库尔(Patricia Kuhl)博士展示了社会互动对婴儿语言技能发展的重要性。库尔让美国婴儿接触母语为普通话的人,这些人会给他们用普通话读故事。实验结束时,婴儿们能同时识别美式英语(母语)和普通话的核心语音并做出反应。当研究人员让另一组美国婴儿通过录音带或录像带接触普通话时,这些婴儿却并不能识别任何普通话的核心语音。

这项研究和其他研究表明,社会互动是婴儿学习的关键。作为宝宝的启蒙老师,你的参与和互动对宝宝的学习过程至关重要,而移动设备对你的频繁干扰会让他感到痛苦。为了与宝宝展开鼓励性的健康互动,你可以尝试下面这些步骤:

❁ **停下来**。当你听到或看到宝宝正在努力尝试通过声音或语言与你交流时,你要停下手里的事情去关注他。

❁ **重新叙述**。重新叙述你听到他说的话(不管他是否通过语言表达),例如,"你想换尿布了。""你饿了。"或者,"你喜欢收音机里的那首歌。"

❁ **回应**。给宝宝换尿布,喂奶,或者告诉他你也喜欢这首歌。如果你的回答显示你理解他发出的信号,他就能体验到沟通所带给他的满足感。

跟宝宝聊天，为他读故事

在宝宝三岁之前，你和他说话的时间长短会影响他的语言能力、智商和未来的学业成就。堪萨斯大学的研究人员贝蒂·哈特（Betty Hart）博士和托德·里斯利（Todd R. Risley）博士发现，婴儿听到的词汇越多，他们在学校里就越成功。哈特和里斯利在他们1995年出版的《美国幼童日常经历的重要差异》（Meaningful Differences In the Everyday Experience of Young American Children）一书中记录了42个家庭在3年内跟宝宝说话的情况。然后，他们跟踪这些孩子的学业进展，直到他们成长到9岁或10岁。他们发现，这些孩子在婴幼儿时期听到的词汇数量对他们日后的学业成就有显著影响。

在0～7岁之间，宝宝大脑对语言的接受程度是最强的。帕特里夏·库尔在2003年的一次TED演讲中谈到了他的研究。在8～10个月大的时候，婴儿开始辨别和识别他们接触最多的语言中的核心语音。这段时间是宝宝掌握两种语言的大好时机。在宝宝一岁和两岁生日之间，他的词汇量有可能翻4倍。

在最初的几年里，你可以多跟宝宝说话，让他听到尽可能多的语音和词汇，让他的大脑形成大量神经通路，以便使他日后能掌握丰富的词汇、语法、句法和复杂思想。以下是实现这一目标的一些方法：

- **叙述**。在陪伴宝宝的时候，你可以多跟他聊聊眼前的事，例如，"看，地板脏了，我们来把它打扫干净吧。""是时候喂猫了。""我喜欢跟你在外面玩。"

- **重复**。宝宝从反复重复的强化中学习。他喜欢一遍又一遍地听词汇和短语，很可能你早已经听腻了，他还想继续听。

- **说出人和事物的名字**。用名字来称呼人和东西，例如，"我在用扫帚扫地。""看那棵树，那只鸟，还有那片池塘。"

- **读故事**。为宝宝读故事既是一种教育，也是一种亲密的体验。从宝宝出生前开始，你就可以给他读故事，让他有机会听到词汇了。跟宝宝一起读书更把阅读与积极的情绪联系在一起，这么做非常有助于激励他在日后继续读书。

- **唱歌和演奏音乐**。把词汇用音乐的形式唱出来不仅是增加宝宝词汇量的一种有趣方式，同时也是通过音调和情绪来建立记忆和强化词汇意义的一种方式，这么做能进一步提升他的沟通能力。

- **远离电视和电子产品**。库尔的研究表明，宝宝不是通过听音频或视频来学习语言的。学习语言时，宝宝对人与人之间的互动反应最好。

- **跟他说话**。对宝宝来说，你是最有魅力的人。他喜欢你的声音和你的脸，喜欢亲近你。跟宝宝说话的时候，你可以抱着他，用眼神交流来给他百分百的关注。他非常愿意在你们的亲密互动中学习。

鼓励积极体验

宝宝通过积极参与来学习。他经历得越多,他大脑中的神经连接就越丰富,他的学习能力也就越强。你要重视生活经验的价值,这么做可以把不经意的日常转变为富有成效的教育机会。例如,你可以跟宝宝在公园的泥土里玩耍,在购物时闻一闻草药,或者在做饭时尝一尝柠檬,以此来刺激他的感官和大脑。如果你跟他有共同的经历,那么他在学习上就会表现得更加积极。

你可以把陪伴宝宝学习的时间融入你的日常安排中。当你打扫、做饭或工作时,你可以邀请宝宝也参与其中。通过鼓励他与周围的环境互动,你将给他信心去探索、发现他感兴趣的事情,并且得到新的体验和学习机会。注意危险隐患,设定规则,以此来保障他在探索中的安全。

这里有一些方法可以促进你的宝宝发现新事物并与他的环境互动:

- **把宝宝带在身边。** 你可以通过向他展示你的生活来拓展他的世界。在你每天做家务、出门办事和见人的时候,你可以把他放在婴儿推车里,或者让他待在你身边。这时,他可以看到和体验你生活的方方面面。

- **发挥宝宝的主动性。** 在日常生活中,鼓励宝宝去触摸,感受,探究。你可以通过跟他说话,充当"讲解员"来积极回应他的好奇心。

- **在家里创建鼓励探索的环境。** 在家里设置几处安全的区域,鼓励宝宝在各种柜子和抽屉里探索和发现。

- **探访互动环境。** 儿童动物园、儿童科技馆和儿童博物馆都是为婴幼儿设计的互动环境。在那里,宝宝能借助他的感官得到新的体验,接收新的信息。

- **表现出好奇心。** 在保持好奇心方面为宝宝树立榜样。多问问题,自问自答。让宝宝观察你找到问题答案的整个过程。

与宝宝共同经历是养育过程中的一件快事,因为这些经历有助于你恢复孩提时对外界的新鲜感和好奇心。从宝宝的视角出发,平凡的事物和日常琐事再次焕发出了迷人的光彩。鼓励宝宝与外界接触和互动能促进他的认知发展,为他日后的学习打下基础。

考验与挑战

虽然任由宝宝自由探索对他的认知发展至关重要，但对他的思维加以考验和挑战也能促进他的发展，同时还能促使他在每一个发展阶段都充分发挥他的认知能力。

挑战宝宝头脑，让他兴奋和投入的方式之一是带他认识一些新鲜的东西。体验到新鲜事物时，宝宝的大脑会被激活，同时分泌大量多巴胺（让人产生"好感觉"的荷尔蒙），并开始处理新的信息。他的大脑努力工作，使他的新知识与他已经知道的知识融合起来。如果你带宝宝接触稍稍超越他当前认知能力的新体验、新东西或新想法，你就能帮他在现有能力的基础上更进一步。

埃琳娜·博德罗娃（Elena Bodrova）博士和梁素瑛（Deborah J. Leong）博士在他们的著作《心智工具——维果茨基幼儿教育法》（*Tools of the Mind: The Vygotskian Approach to Early Childhood Education*）一书中解释说，一些生理学家认为，儿童的学习无法超越他们当前的发育水平。但20世纪初的前苏联心理学家列夫·维果茨基（Lev Vygotsky）却认为，大脑发育和学习是相互作用、相互促进的。因此，让宝宝接触稍稍超越他当前发展阶段的信息有助于他达到下一个认知发展阶段。用维果茨基的话来说，这两个阶段之间就是"最近发展区"（zone of proximal development），而学习方法就是"搭脚手架"。有了脚手架，宝宝就能在你的支持下去学习一门新技能了。随着他的技能逐渐熟练，你可以慢慢撤掉支持。

如果你不断引入新鲜事物，供你的宝宝

迈向下一个挑战，你就能帮他在最近发展区中学习。虽然这一策略可能会使宝宝产生一些挣扎，但它也可以培养无畏、坚持的品质，并且在学习完成后获得更大的成就感。在许多东亚文化中，挣扎本身就是学习与成就过程的组成部分。通常，最成功的人并不是最聪明的人，而是那些敢于尝试、勤于努力、勇于向未知进发的人。通过稍稍提升宝宝学习的难度，你可以支持他获得他"踮起脚尖"就能获得的新知识和新技能。

以下是对宝宝进行考验与挑战的一些建议：

❀ **了解宝宝的发育状况。**当你认清宝宝目前的认知发展水平，同时了解下一步可能掌握什么技能时，你就可以鼓励他参加有利于他学习新技能的活动了。

❀ **让改变成为日常。**宝宝的日常生活需要一定程度的稳定，但是，新鲜事物也能激发他的思维。具体说来，让宝宝接触新鲜事物可以仅仅是改变你的一些习惯。你可以轮换他的玩具，带他去没有去过的地方。你可以带他去野餐，或者只是把食物端到后院，而不是在家里吃。你也可以播放一首新歌，或者教他玩一个新游戏。

❀ **鼓励宝宝玩角色扮演游戏。**据博德罗娃和梁素瑛所说，儿童使用角色扮演游戏来尝试像成年人那样思考问题，这么做能帮助他们的大脑建立神经通路，促进认知发展。在扮演各种角色的过程中，他们将学着制定规则，遵循这些规则，并且表现出他们所扮演的成年人的样子。角色扮演游戏能激发宝宝在他当前的发展水平之上展开学习活动。

❀ **提供选择。**当你鼓励宝宝选择吃什么食物，穿什么衣服，或者玩什么玩具（在安全的前提下），你就给了他学着权衡选项，做出选择，以及体验相应后果的机会。有机会做决定能增强他的控制感、责任感和自信心。

注意：在使用这些建议来考验和挑战你的宝宝时，你要小心不要把他逼得太紧，要记得为他准备脚手架，然后等宝宝达到下一个发展阶段时再慢慢撤掉脚手架。大脑的发育是环环相扣的一系列阶段，每一个阶段都很重要。匆忙完成这一过程或者跳过其中的发展阶段可能会伤害他的认知功能。如果你在宝宝没有做好准备之前就强迫他学习一些东西，他就可能会开始害怕失败，他天生的好奇心就可能受到压制。每个宝宝都是独一无二的，都有自己的发育节奏。在考验和挑战你的宝宝时，你要时刻意识到他的情感和发展需求。

减少媒介刺激

今天,许多媒介都在争夺宝宝们的注意力,比如电视、电影、电脑、智能手机、平板、MP3播放器和视频游戏机。同时接触多个媒介时,宝宝会被迫分散注意力。这意味着,即使他一次只能关注一种媒介,他的大脑也只能不断地转移注意力。宝宝对感官刺激非常敏感,很容易刺激过量,而过量的刺激会给他的发展带去不良影响。

即使父母监督并控制电子媒介,而且使用最有教育意义的程序和游戏,那也无济于事,因为任何坐在屏幕前的学习都是被动的学习。对感官信息作出反应的身体运动最有利于宝宝的学习和健康发育。他在电视等媒介上看到的画面往往是夸大的、暴力的和被动的。这些画面变来变去,不利于宝宝去记忆。

电子媒介中的语言通常包含大量俚语、讽刺挖苦和负面信息。跟帕特里夏·库尔在2003年的研究中所得出的结论一样,宝宝通过与现场说话者互动来学习语言的效果最好,而不是通过电视或录音来学习。宝宝通过相互积极倾听和参与对话来学习交流。

宝宝看屏幕时,他的大脑会把他看到的信息理解为真实发生的事情。如果他看到暴力,他的神经系统就会做出反应,好似他正在经历眼前的情景。这些反应会分散他用来学习、创造和想象的精力。

让·伯曼(Jenn Berman)博士在其著作《超级宝宝——让宝宝在前3年领先一步的12种方法》(Superbaby: 12 Ways to Give Your Child a Head Start In the First 3 Years)一书中所提供的证据表明,看电视会让宝宝养成不良的睡眠习惯,同时导致视力下降、学习成绩下降、创造力下降、攻击性和暴力行为增加。美国儿科学会建议两岁以下的幼儿完全不看电视。孩子大一些后,他们的语言能力增强,注意广度增大,这时,没有广告的教育性视频可能比较适合宝宝,特别是在你和他能一起观看视频并且讨论你们看到和学到了什么的时候。

角色扮演,与家人和朋友互动,画画,跳舞,唱歌,独自探索,这些活动比看电视、看视频、玩电子游戏更能刺激宝宝的大脑,也更能促进他认知的发展。

为了给宝宝的大脑提供丰富的环境来使它得到最大限度的成长和发展,你可以考虑下面这些做法:

- ❀ 跟宝宝说话,找机会跟他一起参加创造性的活动。

- ❀ 宝宝两岁前,不让他看电视、电脑等任何电子屏幕。

- ❀ 控制媒体,有目的地使用媒体。

- ❀ 如果你真的选择让宝宝看电视,那就和他一起看,并在看完后跟他一起讨论。把他的观看范围限制在不含商业广告的教育性节目和视频之内。

- ❀ 让宝宝的看护者知道你对待电子产品的态度,好让宝宝得到一致的养育。

- ❀ 注意你在宝宝面前是不是经常使用电子产品。你是这方面的榜样,就像在其他方面一样。

欣赏艺术

你的宝宝会毫无顾忌地表达他自己，他生来就喜欢听音乐、唱歌、跳舞、表演、讲故事和画画。艺术表达能锻炼他的大脑，提升他的认知能力。

医学博士戴维·苏泽在他所写的《大脑是如何学习的》一书中指出，神经科学家认为，艺术创造来自大脑不同区域的合作。为了创造，宝宝必须有意识地思考，集中注意力，解决问题，发挥主动性。这些活动能强健他的大脑，创建并加强众多的神经通路。你可以通过鼓励宝宝参与艺术活动来促进他的认知发展。

艺术创作是人类的一种普遍体验，所以宝宝能本能地创作艺术。你可以通过以下方式鼓励他发挥创造力，以此来帮助他刺激大脑，建立能够让他的多个脑区协同工作的神经通路：

- **给宝宝唱歌**。通过唱歌来让宝宝感受音乐，唱走调也没有关系。你的歌声能吸引他的注意力，为他营造积极的环境，这两者都是学习的基础。
- **给宝宝播放音乐**。播放各种各样的音乐。如果你或你的朋友会演奏乐器，那就为宝宝演奏并唱歌给他听。你也可以带宝宝去听适合他年龄的各种音乐会。
- **跟宝宝一起发声**。根据心理学家戴安娜·多伊奇（Diana Deutsch）博士所言，科学证据表明，音乐和语言发展存在关联。接触音乐，无论是声乐还是器乐，都能帮助宝宝识别他人语调中的微妙含义，同时还能加强他的神经网络，为他将来成为一名有效的沟通者打下基础。
- **跟宝宝跳舞**。在宝宝能自己走路之前，你可以一边播放音乐或唱歌，一边和他有节奏地晃动身体。等他能自己站起来之后，他的身体就能感受到音乐并随之舞动。
- **为发挥创造力提供素材**。为宝宝提供有助于发挥创造力的物品，比如绘画材料（纸、蜡笔、粉笔、记号笔）、能发出声音的简单乐器（锅、盘子、勺子、鼓、钟、沙球、木琴）、图书、布娃娃或毛绒玩具。
- **引导宝宝接触艺术**。在家里展示绘画或版画。带宝宝观看适合他年龄的戏剧，参观艺术博物馆。让艺术成为他日常生活的一部分。
- **一起发挥创造力**。除了支持宝宝自由发挥创造力之外，你偶尔也可以和他一起合作。跟随他的节奏，如果他想讲故事，你就做观众。把他的艺术作品放置在家里显眼的地方。
- **从事你自己的艺术追求**。借助诗歌、绘画、音乐、戏剧等艺术形式来表达你自己。你可以让自己成为一名艺术家，以此来告诉宝宝，你欣赏艺术的价值。

埃米三四岁的时候，我们全家一起装饰复活节彩蛋。我注意到，她在装饰鸡蛋的时候很怕弄脏手指。虽然我很感谢她没有把染料洒出来，而且小心地保持干净，但我也开始担心她的创造力受到了限制。于是，我买了一些手指画颜料，鼓励她把手指伸进去，然后体会这种"脏兮兮"的感觉。适度的凌乱是可以接受的。对宝宝来说，始终了解这一点是很多创造性体验的源泉。

到户外探索

户外环境为探索和发现提供了大量的新鲜体验,在这一方面,即使是最丰富的室内环境也无法与之相比。借助感官刺激和众多自然元素,大自然不仅能为宝宝的大脑提供丰富的体验,还能伴随场景和环境的改变使他保持兴奋和专注。大自然给了他一个充满新鲜元素的世界去探索。只是用棍子在土里挖坑,或者听小鸟唱歌,宝宝就能感到无穷的趣味,他的大脑也能得到激发。每天在户外花一些时间对宝宝的大脑发育有很多好处。

置身大自然是接触世界的一种方式。自然是物质的、有形的,但它也是神秘的、令人心驰神往的,充满了抽象的美。在大自然中,宝宝可以通过他的感官感受接近自己的内心。他可以找到自由、幻想和创造力。在户外,他可以在大自然的秩序和样式中找到宁静、和谐和一种关系感。

罗宾·摩尔(Robin Moore)是美国北卡罗来纳州立大学(North Carolina State University)景观建筑学教授,也是儿童游戏与学习环境设计领域的国际权威。他在该所大学领导"自然学习计划"(Natural Learning Initiative),后者的宗旨是确保每个孩子每天都能接触到自然的学习环境。摩尔说,与电子媒介的间接、单向体验相反,身处大自然的各种感官体验是直接的。幼儿通过他们的感官生活和学习,而大自然可以提供刺激感官的体验。通过触摸沙子、岩石和水,闻花草的清香,欣赏美丽的蝴蝶、岩石和日落,倾听雨声、风声和秋天落叶的沙沙声,感受大海和森林的气息,品尝野生蓝莓,宝宝能直接地体验和了解大自然。

在大自然里,宝宝可以发现新奇的事物。他能看到瓢虫、蝌蚪和鸟巢。在户外,宝宝可以假装像鸟一样飞翔,像鱼一样游泳,毫无顾忌地放飞他的想象力。

大自然的节奏和律动能滋养宝宝的头脑和心灵。你可以让他听大海的涛声,感受阳光的滋养和温暖,或者见证小猫的诞生。大自然可以怀抱宝宝,给他抚慰,也可以平复他的困惑、压力和紧张。与家人一起走进大自然有助于你们加深感情,提升关系的质量。

我经常和家人在树林里散步,在海滩上玩耍,到户外野营、野餐,这些活动加深了我们之间的情感。在户外远足时,埃米和玛丽可以随意地沾染尘土和四处探索,我们也有足够的时间彼此陪伴。由于在那些年里,我们的预算非常紧张,所以我们全家出游时基本都会选择露营。野外的树林给了我们寂静和空间来加强我们与自身、与彼此,以及与大自然的联系。

《林间最后的小孩——拯救自然缺失症儿童》一书的作者理查德·洛夫说,大自然中的孩子是濒临灭

绝的物种，然而孩子的健康和地球的健康是不可分割的。他认为，直接接触大自然对儿童身心的健康发展至关重要。更进一步说，大自然是孩子的疗愈者。在大自然中，孩子可以从社会的压力中解脱出来，他可以找到自由和空间来审视自己的内心和周遭的世界。

罗宾·摩尔认为，由于儿童是通过感官、发现、自由玩耍和与环境的自主互动来学习的，所以他们在大自然中的多感官体验就能帮助他们形成智力持续发展所需的认知结构。此外，这样的体验也能激发想象力。

你可以通过帮助宝宝发展自然认知智力来加深他对大自然的爱。你也可以通过你对大自然的爱来感染他。你的热情和投入能给他带去巨大的启发和鼓舞。

激发宝宝热爱大自然的活动

- 阅读或讲述能激发想象力的与大自然有关的故事。
- 帮助宝宝远离电子产品，到大自然中去。
- 在后院或公园里散步，寻找新奇的事物。看看你们会发现什么。
- 如果你有院子，你可以在里面设置沙箱、秋千架或树屋。
- 收集木棍、石头和贝壳，把它们放到宝宝的房间。
- 养宠物。宠物能让宝宝了解动物的需求和节奏。
- 在花盆或院子里种一棵植物。
- 去远足或露营。
- 到附近的自然中心、动物园或水族馆进行一次短途旅行。

借助活动寻找平衡

看着宝宝收获认知能力就像看着一只蝴蝶从蛹中破壳而出。虽然你看不到他的大脑里发生了什么，但是，每过一阵子，他脑中一直在酝酿的新想法就会冷不丁地冒出来，就像蝴蝶的一只新翅膀突然出现一样。他生来就能通过调整自己的需要来适应环境，进而达到平衡状态。但是，有时候，他也需要你的支持和引导来促进成长，磨练韧性，实现平衡。

从宝宝出生那天起，你就一直看着他成长和学习。你知道他的大脑如何收集和吸收信息。在掌握一项技能之前，你知道他是先静静观察，还是立即开始尝试并坚持下去。你知道他是天生的无畏探索者，还是需要鼓励才能走出舒适区。通过每天对他的观察，你也知道他能做什么，不能做什么。

如果你熟悉宝宝的学习风格和当前的技能水平，你就能知道你的干预在什么时候有益，又在什么时候会干扰他的学习。如果你了解宝宝的技能水平，你就可以引导他挑战稍稍难一点的任务并为他提供帮助。一旦他对任务有了基本的了解，你就可以后退一步，让他独自面对。

作为宝宝的引导者，你还要为他设定规则和界限。你必须回答那些困扰你的老问题，例如，"到什么时候就该让他停下来了？""熄灯后还能允许他说多久的话？""饼干最多能吃多少块？"宝宝生来就倾向于挑战自己的极限，他需要你帮他学会克制自身的欲望和行动。有时，想要了解宝宝什么时候需要停下来恢复平衡可能并不是一件容易的事。

你的直觉很可能知道宝宝需要哪些条件来实现和保持平衡。通过了解他的阴性和阳性特征，你可以引导他参加阴性或阳性活动，以此来帮他恢复平衡。如果他安静、害羞，他也许就需要去沙滩上玩，以此来获得安全感和活力。如果他精力充沛、活力四射，他也许就需要到大自然中去或者听轻柔的音乐，以此来使他平静下来。下面的表格能帮你判断宝宝的状态是偏阴性还是偏阳性。表格中的特征可能与他目前的状态有关，也可能与他的性格有关。表格中也列出了有助于宝宝恢复平衡的环境和活动。如果宝宝拥有更多的阳性特征，他就可能需要更多的阴性活动或阴性环境来帮他安静下来。如果他拥有更多的阴性特征，你就可以鼓励他更多地参与阳性活动，或者为他营造更有利于激发活力的环境。

要想增强宝宝的能力，你就需要在他学着独立思考和探寻答案的过程中为他提供支持。你所面临的困难是在引导他和放手之间找到平衡。如果宝宝按照自己的意愿尝试把一根圆柱塞进方孔，然后经过反复试验终于找到了圆孔，那么他就进行了主动的学习。如果你直接把圆孔给他指出来，那么他所进行的就只是被动的学习。你如何判断什么时候该为他提供指引（被动学习），什么时候又该任由他独自探索（主动学习）呢？

主动学习能给宝宝留下更加深刻的印象，培养他的独立性，因为他能通过自己开动脑筋找到解决问题的办法。然而有些时候，因为安全或难度等客观原因，宝宝在进行主动学习之前需要首先进行被动学习。例如，游泳和系鞋带的动作首先需要父母等引导者提供支持。当宝宝掌握了这些活动的基本技能后，他就可以成为一个主动的学习者了。不同的孩子和不同的情形对应着不同的学习进度，主动学习与被动学习之间的平衡点也不相同。

阴与阳的影响

阳性 ▲	阴性 ▼
特征	
主动	被动
吵闹	安静
充满活力	敏感
专注、投入	放松、快活
喜欢竞争	喜欢合作
反应快	反应慢
活动	
刺激神经系统	放松神经系统
运动	坐着或躺着
跑、跳	游泳、瑜伽
数学、科学	音乐、艺术
在土地或沙地里挖坑	在澡盆里玩水
环境	
压力、紧张	舒适、安全
明亮的灯光	幽暗的灯光
吵闹的音乐	轻柔的音乐
温暖、晴朗	凉爽、雨天或雪天

智力发展理论

这一章的第一节内容介绍了你可以采取的有助于宝宝认知发展的简单日常措施。这一节内容将带你深入了解宝宝大脑的发育过程、他需要学习的基本认知技能和一系列相关的理论。了解宝宝的智力发展过程有助于你更好地引导他发现自己的潜力。

虽然宝宝的智力会在他的一生中不断提高，但从出生到三岁之间的认知发展是这一切的基础。由于学习是环环相扣的过程，所以宝宝从出生到三岁生日之间所获得的知识就构成了他的自我意象、动机和他一生中的世界观的基础。

宝宝的智力发展

在宝宝出生后的头几年里,他会从反应性发展到意向性,即从本能到思考,从反应性的表情到语言,从反应性的动作到有意识地抓握和走路。他发挥认知潜能的能力既取决于他从自己的经验中获取了多少知识,也取决于他运用这些知识的能力是高还是低,而这一能力又受到他对自己的信心和看法的影响。

从生理上讲,宝宝的大脑在满1周岁时就能达到成人大脑体积的60%,两岁时达到80%,5岁时几乎与成人大脑大小相仿(尽管要到他20多岁才能在生理上完全成熟)。他生来就拥有几乎所有的神经元,尽管这些神经元之间几乎没有什么联系。宝宝出生前,他在子宫里通过触觉和味觉建立神经连接,并借此获得了一些知识。而后,从出生开始,新建立的神经连接将为他进一步积累能帮他适应环境和茁壮成长的知识。他收集信息的机会越多,他建立的神经连接越多,他获得的知识也就越多。

一开始,宝宝通过感官体验建立神经连接。随着神经连接成倍增长,它们就会形成许多神经网络来协调他的想法。反复重复的经历会强化他的神经连接,进而形成使他能够快速完成日常任务的神经通路。例如,拿起饼干放进嘴里这件事在开始学习时可能不容易做到,但这一动作多次重复后,宝宝就能建立起能让他拿起东西放进嘴里的神经网络。然后,他就可以不假思索地拿起饼干吃了。

为了鼓励宝宝使用他所学到的知识,他需要大量高质量的体验。在宝宝建立神经网络的同时,他也会修剪掉未曾使用的神经元。这一剪枝的过程可以理清他的思维,防止他的大脑超负荷运转。经过修剪,不常有的或只经历过一次的体验会消失,同时常规体验会主导他的思维过程。只要他从积极的体验中学习,神经网络的不断形成和非必要神经元的不断修剪就能让他的大脑顺利运转。然而,如果他生命早期的体验是消极的、痛苦的,或者是限制性的,同样的过程也会阻碍他的智力发展。

可塑性是指宝宝大脑受环境影响而改变形态和功能的能力。在早期发育阶段,宝宝大脑的可塑性最高,这意味着他的大脑最容易受到伤害,也最容易从伤害中恢复。虽然大脑在每个年龄段都具有可塑性,并且能进行新的学习,但遗忘却要比学习付出更多的努力,特别是对幼年形成的想法和习惯来说。想想你小时候学到的关于自我意象的错误看法,即使你今天知道那些看法是错的,你可能也依然容易受到它们的伤害。积极的和消极的早期经历在宝宝形成看法的过程中扮演着重要的作用。

宝宝从健康的依恋中获得安全感,从而获得自信。为了让他在智力上茁壮成长,为了让他相信自己,获取成功,为了充分发挥他的潜力,他需要你的爱、你的关注和稳定的环境。

智力发展的里程碑

你可以观察和测量宝宝身体发育的具体变化,同样地,他的情感表达也有相对容易测量的里程碑标志。不过,认知发展的改变更多是定性的而不是定量的。即便在宝宝学会说话之后,你也可能很想弄清楚他在想什么,以及他是如何理解信息的。

大体了解宝宝的认知发展有哪些阶段和里程碑有助于你帮他掌握当前的技能,并为学习下一个阶段的技能做好准备。记住,每个孩子都有自己的发展节奏,但这些标志也能为你判断宝宝的发育是否正常提供参照和警示。

以下是宝宝认知发展的一般阶段。

认知发展的里程碑

0～3个月	3～6个月	6～12个月
• 能关注感兴趣的东西。 • 能关注玩具、图画和人。 • 能预料到日常生活事项。 • 对玩具喜新厌旧。 • 能分辨熟人和陌生人。	• 能触摸和感觉不同质地的物品。 • 能伸手去够东西，抓东西。 • 能通过故意扔东西来看你做何反应。	• 能玩玩具和家里的物品。 • 能探究。 • 能观察周围的人和物。 • 能听从指示。

12～18个月	18～24个月	24～36个月
• 开始正确地使用物品或用具。 • 会做"要"和"不要"的手势。 • 能区分不同的形状。 • 什么事情都想自己做。	• 能根据颜色和形状对物体分类。 • 有自己的兴趣。 • 开始理解时间概念。 • 坚持完成任务，如果没有成功可能会感到沮丧。	• 会画圆。 • 喜欢简单的猜谜游戏。 • 对数数很感兴趣。 • 会说自己的名字。

更早、更快的智力发育并不一定是好事。每一个阶段都建立在前一阶段的基础上，要想获得某些认知技能，宝宝的大脑必须在生理上成熟。注意宝宝是否有发育迟缓的迹象，在需要时寻求指导。给予宝宝爱与安全感，相信他的大脑会按照自己的节奏发育。

学习的基础

宝宝在出生前就已经开始学习。随着他的成长，他会遇到许多获取知识的窗口期。了解他的大脑是如何工作的可以帮助你了解他在想些什么，以及为何说大脑是他学习的基础。你可以通过为他打下学习所需的基础来培养他的智力。

最佳学习时机

在宝宝的成长和发展过程中，他会遇到特定的学习敏感期。在这些时候，他的大脑特别善于掌握某些技能或吸收某一领域的知识。不同的窗口期所对应的年龄阶段不同，但几乎所有最佳学习期的窗口都会在青春期关闭。在青春期，大脑会留下最有用的神经连接，同时舍弃或修剪掉其余的神经连接。

尽管成年人的大脑仍然存在可塑性，也仍然可以学习新技能，吸收新知识，但人在青春期后学习新技能会更加困难，这是因为这些技能的基础性神经网络并没有在儿童时期建立。当你知道宝宝正处于最佳学习期时，你可以为他提供相应的经历来促进他在特定领域的学习。

在下面的内容里，我列出了不同技能的最佳学习期。请记住，这些窗口期只是供你参考，因为大脑的可塑性非常强。不过总体来说，在窗口期之外学习一般都需要付出更多的努力。虽说大多数宝宝都会遵循大致相似的发展路径，但每个宝宝都不尽相同。例如，压力或疾病可能会导致宝宝错过某个学习窗口期，但这一缺失通常也可以在日后弥补。认真观察宝宝和他的兴趣所在是你确定他学习窗口期的最佳方式。

语言

语言学习的最佳学习期为出生后到大约5~7岁。从出生到三岁，你的宝宝将学习对声音进行分类，为节奏和音高赋予意义，识别词汇，使用词汇，辨认和建立语法与句法的模式，并用句子表达自己。

在这一学习窗口期里，为宝宝提供支持的最佳方式就是跟他交流，为他读故事。

情绪控制

情绪控制的最佳学习期为2~30个月。如果宝宝的情绪状态不稳定，他就无法开启这一窗口。医学博士戴维·苏泽在他所写的《大脑是如何学习的》一书中解释说，在2~30个月之间，大脑的边缘系统和额叶会争相满足宝宝的需要。不过由于在这一年龄阶段，负责情绪管理的边缘系统发育得更为成熟，所以两岁的宝宝更加倾向于通过发脾气来满足自己的需要。三岁前是宝宝学习使用理性思维的窗口期，如果错过这一时机，他的大脑就可能会形成只借助情绪来实现目标的神经网络，而这样的神经网络很难在日后的生活中发生改变。

运动能力

运动能力的最佳学习期为从出生前到8岁。当宝宝在子宫里伸展、挥拳和踢腿时，窗口就已经打开了。在接下来的三年里，随着宝宝的成长，他会建立起相应的神经网络，使他从一个无法控制四肢的婴儿成长为一个能走路、跑步和自己吃饭的幼儿。在此期间，他的身体会建立与运动有关的神经网络。苏泽指出，尽管宝宝总是可以学习新的技能，但大多数音乐大师、奥运会奖牌获得者和职业运动员都是从8岁及以前开始从事他们的专业技能的。

问题解决

问题解决的最佳学习期从出生一直延续到6岁。据苏泽所说，研究人员发现，婴儿对数字已经有初步的感觉，而幼儿不仅能识别数量，也能识别不同数字之间的关系。你可以给宝宝提供机会来感受大与小、多与少等数量关系，以此来鼓励他掌握相关的数学技能。此外，你还可以与宝宝一起数数，或者根据形状或颜色对物品进行分类。

宝宝的大脑

宝宝大脑的各个部分协同工作，作用好似神经系统的控制面板。在他生命的最初几年里，他的大脑建立神经连接的速度比他生命中的任何其他时候都要快。如果你了解宝宝的大脑如何处理信息，你就可以在这个重要的认知成长和发展阶段为你的宝宝提供支持。

宝宝的大脑由三个部分组成：

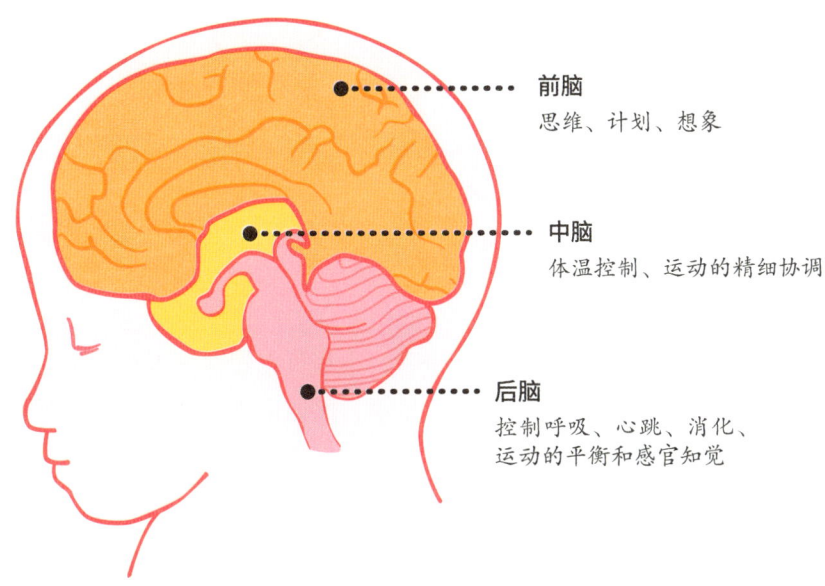

前脑
思维、计划、想象

中脑
体温控制、运动的精细协调

后脑
控制呼吸、心跳、消化、运动的平衡和感官知觉

❁ **后脑**。位于宝宝脑袋的后部，后脑将他的脊髓与脑的其他部位连接起来。从进化的角度来说，它是人脑最古老的部分。它控制着许多自主功能，如心率、血压、消化和呼吸。它包括小脑、脑桥和延髓。

❁ **中脑**。宝宝的中脑有许多功能，例如温度控制、视觉与听觉，以及对动作的精细调节。中脑还能将感觉信息与身体动作协调起来。

❁ **前脑**。宝宝的前脑具有十分丰富的功能，分为端脑和间脑两个部分。端脑分为两个半球，每一个半球包括大脑皮层、皮层下结构和胼胝体。间脑包括丘脑和下丘脑。宝宝的前脑控制着更为复杂的运动能力和认知功能，后者如思维、计划和想象。此外，前脑也控制语言、记忆和随意运动等功能。

在宝宝出生时，他的大脑的所有部分都没有发育完全。他的中脑和后脑仅仅可以维持基本的身体功能，未来还有很大的发展潜力。他的前脑也等待着感受和经历的刺激来产生相应的想法和行动。在宝宝降生后的前几年里，他的大脑发育主要集中在完善中脑和后脑的功能、发展前脑和协调大脑各个部分等方面。

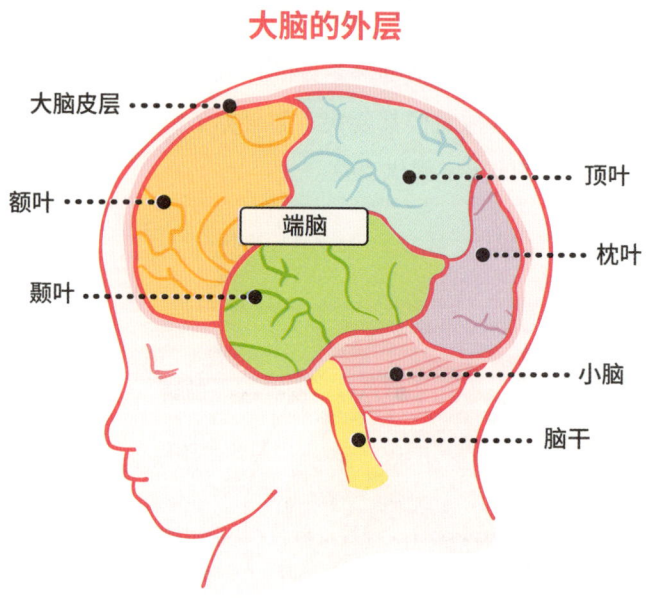

大脑的外层

大脑的外层

宝宝的小脑位于他的脑干后方和端脑下方。出生时，小脑负责管理身体的反射性功能。随着宝宝长大并开始进行有意识的运动，小脑还可以协调他的随意运动，比如走路。此外，小脑也与他的身体平衡、姿势和他对时间的感知有关。在宝宝出生后的第一年里，他的小脑会长大两倍。虽然小脑只占宝宝大脑重量的10%，但其中包含了他一半的神经元。

在小脑上方是宝宝的端脑，端脑是他脑中最大的部分，表面是大脑皮层。大脑皮层上面有很多褶皱，称作"沟回"，它增加了大脑皮层的表面积，从而使宝宝的端脑能够容纳更多的灰质，处理更多的信息。宝宝的端脑是他大脑中最复杂的部分，分为两个半球，每个半球又分为4个叶（lobe）。虽然我们常常把大脑的不同区域与某些特定功能相对应，但是，大脑是通过不同区域间的相互作用和协同工作来发挥作用的。端脑的4个叶分别是：

❀ **额叶**。宝宝的额叶是他大脑中最晚成熟的区域，它会继续发育到成年早期。额叶与身体活动和运动能力有关，例如走路、跳舞、演奏乐器和体育运动。额叶也与解决问题、做出判断、决策、集中注意力、目标导向行为和自我激励有关。宝宝的语言主要产生于这一脑叶。

❀ **顶叶**。宝宝的顶叶主要处理感觉信息，例如触觉、痛觉和空间认知。此外，顶叶也承担部分言语和视觉感知功能。

❀ **颞叶**。宝宝的颞叶承担听力、语言理解、语言组织、时间感知和音乐觉知等功能。它也是人脸识别等高级视觉处理功能所在的区域。此外，颞叶里也包含海马体，后者能保存宝宝的长期记忆。

❀ **枕叶**。枕叶是处理视觉信息的主要区域。有了它，宝宝就有了阅读的能力。它也是梦产生的地方。

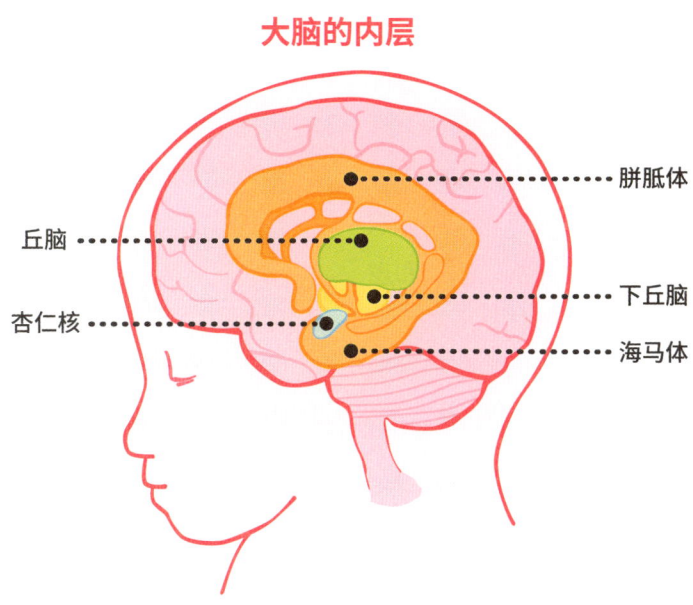

大脑的内层

宝宝大脑的内部包括脑干和边缘系统。脑干不仅能协调大脑与脊髓的沟通，它还连接着宝宝的大脑和身体。脑干协调来自大脑的运动控制信号，同时也影响宝宝的睡眠、吞咽和保持平衡的能力。宝宝的边缘系统也被称为"情感大脑"，位于脑干上方。边缘系统由以下几个部分组成：

❀ **丘脑。** 宝宝的丘脑将运动和感觉信号传递给大脑皮层。

❀ **下丘脑。** 宝宝的下丘脑的主要职责是维持内环境稳定。它可以分泌调节温度、饥饿、口渴、昼夜节律、情绪、生殖和发育的多种激素，并决定腺体何时释放这些激素。下丘脑也能平衡情绪反应。如果宝宝感觉受到威胁，他的下丘脑就会释放皮质醇等激素，以此来让身体做好自我保护的准备。等威胁过后，他的下丘脑还会使身体恢复平衡状态。

❀ **海马体。** 这一区域不仅有助于空间导航，还控制短期和长期记忆。海马体就像大脑的图书管理员，它把记忆储存在适当的地方，并在需要时提取。

❀ **杏仁核。** 杏仁核负责处理情绪和情绪反应，同时判断是否面临威胁并发出警报。它还决定某一事件应当存储为长期记忆还是短期记忆，并协调自主神经反应和内分泌反应。

右脑与左脑

宝宝的大脑可以分作执行不同任务的很多部分，但所有这些部分都在一起协同工作。看待宝宝大脑结构的另一种方式是把它分成左、右两个半球。右半球通过想象、自发反应、敏感和直觉等阴性过程来处理信息，而左半球通过分析、事实和逻辑等阳性过程来处理信息。他的右脑收集视觉信息和检测视觉模式，控制身体左侧。他的左脑理解文字，控制词序，感知视觉细节，控制身体右侧。

虽然两个半球似乎都有各自的特殊功能，但只有两侧协同工作，宝宝的思维才能获得最佳结果。宝宝的胼胝体是一大束神经纤维，这些神经纤维连接着大脑的两个半球，以此来共享信息。出生时，婴儿的胼胝体虽然存在，但尚未发育成熟。然而，此时他的胼胝已经能担负起在大脑的两个半球之间传递信息的重任。当需要执行特定功能时，他的胼胝体还能完全切断这一联系。

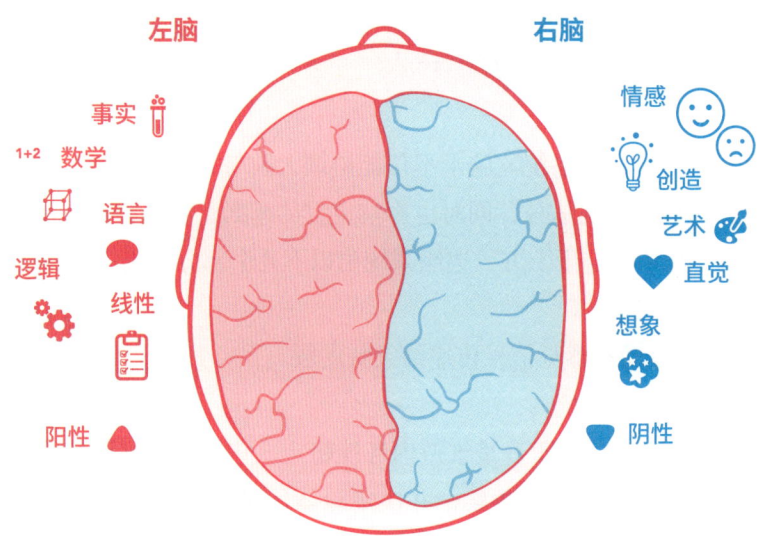

大脑的左半球负责以下功能：

- 逻辑与分析
- 注意细节与差异
- 小肌肉控制
- 说话与阅读
- 思维与处理外部信息
- 识别文字与数字
- 阅读
- 计算
- 有意识动机

大脑的右半球负责以下功能：

- 宏观思维
- 抽象思维
- 大肌肉控制
- 情感与内部情绪处理
- 解读非语言信息，如手势、肢体语言和语气
- 理解信息，感受语境，分辨模式
- 特殊视觉识别，例如面部识别
- 关系数学
- 无意识动机

大脑两个半球的发育速度不一样。事实上，在出生时，宝宝左脑的发达程度不如右脑。1997年，法国健康与医学研究所（French Institute of Health and Medical research）研究主任、儿科神经学家卡特琳·希龙（Catherine Chiron）博士进行了一项研究。结果显示，在出生后的前三年里，儿童的右脑更占优势。在宝宝更加发达的右脑看来，他的世界充满了幻想和想象。直到他的左脑开始快速发育，并使他得以熟练运用语言和逻辑时，这一情形才会有所改变。在学习过程中，幼儿天然就会想象和玩耍，除非他受到干扰或者被剥夺了主动探索的机会。

对我的两个女儿来说，埃米的优势脑是左脑（阳），而玛丽的优势脑是右脑（阴）。埃米记得生日聚会上的每个人都穿了什么衣服，而玛丽向来擅长艺术与抽象思维。然而，尽管我的两个女儿在整体上都有比较明显的倾向，但她们的两侧大脑都是协同工作的。经过大量的实践，她们已经学会使用全脑。

全脑

过去的学校往往强调左脑技能而忽视右脑技能。对许多教育者来说，阅读、写作和数学能力似乎比美感、自发表达和创造力更为重要。但是，宝宝的左、右脑并不是孤立运作的。要想让大脑正常运作，两者都不可或缺。它们以互补的方式协同工作，相互平衡与整合，最大程度地发挥全脑的功能。

在《全脑教养法——拓展儿童思维的12项革命性策略》一书中，作者医学博士丹尼尔·西格尔和蒂娜·佩恩·布赖森博士解释说，当宝宝的大脑整合在一起时，他会在两个极端之间和谐地流动，如同在阴与阳两个极端之间达到平衡一样。他将右脑的原始情感与左脑的逻辑相结合，以此来保持平衡，避免混乱和僵化两个极端，同时学习积极地处理自己的情绪。例如，如果宝宝有更多的机会使用他的右脑，他的左脑就可以在整体上发挥平衡的作用。

宝宝大脑的各个部分协同工作，形成一个整体，这一整体的功能要超出各个部分之和。西格尔和布赖森说，当宝宝的左、右脑协同工作时，它们是水平整合的。同样地，当大脑的上半部和下半部协同工作时，他的大脑是垂直整合的。宝宝大脑的下半部分（统称为"爬行动物大脑"）所突出的是本能和冲动，与生存相关。他的爬行动物大脑控制着他的反应性的低级心智功能。宝宝的大脑的上半部分（或称"哺乳动物大脑"）是他大脑的高级部分，是智力、计划、思考和反思的中心。他的哺乳动物大脑执行有意识的高级心理功能，比如行动前的思考、考虑后果以及考虑他人的感受。根据西格尔和布赖森的研究，当爬行动物大脑和哺乳动物大脑垂直整合时，大脑的工作效能最高。作为父母，你可以帮助宝宝在两部分大脑之间搭建阶梯。

在宝宝出生后的头三年里，你可以使用下面这些方法来帮助他建立全脑神经通路：

❋ **让宝宝知道你理解他的心情。** 当宝宝被情绪淹没时，让他知道你理解他的心情。例如，"你的朋友拿走了你的玩具，你一定感到很不高兴。"鼓励他感受自己的情绪，关注自己的反应，尊重自己的本能。等他平静下来后，他会更多地运用自己的理性思维。

❋ **讲故事。** 等宝宝平静下来后，帮他编一个有关他的情绪状态的故事。故事能帮他理解自己的感受，找到解决办法，并从理性上学习。据西格尔和布赖森所说，即便在孩子们几乎还不会说话的时候，他们就已经开始讲故事了。让他尽可能多地讲述自己的故事，你可以从旁补上遗漏的词汇。故事能帮他整合大脑的不同部分，达到平衡，同时也能帮他理解整件事情。例如，"我的朋友拿走了我的玩具。这个玩具是我的，但是他想玩，所以他把它拿走了。也许如果我让他把它还给我，他会给我的。或者，我们也可以一起玩玩具。"

❋ **给出理由。** 向宝宝解释你为什么要这样做。当你需要宝宝做一些事情时，你要告诉他这样做的原因。例如，"我知道你可能不想穿外套，但它能帮你保暖，这样你在外面玩就不会感冒了。"或者，"排队结账很累，但我们需要买这些东西来做饭。"

❋ **提供做决定的机会。** 给宝宝尽可能多的机会去做决定。例如，他可以选择穿什么衣服，午餐吃什么蔬菜，玩什么玩具，等等。等他长大到可以理解你的话之后，你还可以让他解释特定决定背后的原因。做简单选择的过程能锻炼宝宝的思维，促进

相应神经网络的形成，同时还能提升他的自信，以此为基础，他就有能力在成长过程中去思考更加困难的问题了。

❋ **教孩子认识大脑。** 西格尔和布赖森建议，当宝宝足够大时，跟他谈谈他大脑的各个部分，他的大脑是如何工作的，以及他怎样才能控制它。

❋ **先连接右脑，再连接左脑。** 当宝宝心烦意乱时，除非你首先满足他的情感需求，否则不管你说什么，他都是听不进去的。如果你能仔细体会宝宝的内心，理解他的感受，你就可以通过温柔的抚摸、同情的表情、关心的语调和不带偏见的倾听来与他建立联系，并且让他知道你理解他的感受。把你的右脑和他的右脑连接起来，这样你才能让你们的左脑相连，让他明白你话中的道理。这样做可以让宝宝以整合的方式来使用他的左脑和右脑。

如同西格尔和布赖森所说，"与大脑的各个部分相比，经过整合的大脑所能完成的工作要多得多。"通过了解宝宝大脑的工作原理以及他现在的发育程度，你可以趁他年幼时教他通过沟通左、右脑来激活他的全部脑力。

学习的基石

宝宝的生存取决于他的学习能力。他生来就拥有一套基本的核心知识,以及记忆力、专注力、智力和收集信息的动力。虽然这些特点是与生俱来的,但他还是需要继续锻炼和强化它们,以此来为他日后的学习打下基础。

核心知识

研究表明,新生儿的生命并不是一张白纸,而是已经对世界有了基本的理解。认知心理学家、婴幼儿认知领域的著名学者伊丽莎白·斯派克(Elizabeth Spelke)博士将这种本能的知识分为了4种"核心认知能力",即物体感、数字感、空间感和语言感。

研究人员继续研究关于婴儿如何学习以及他们了解什么的新理论。有的学者认为,婴儿天生具有4种以上的核心认知能力。例如,他们可能会额外添加社交感。然而,总的来说,科学家已经证实,学习对人类的生存至关重要,而大自然已经为宝宝提供了他成长所需的基本能力。作为父母,在你支持宝宝学习的时候,你可以信任他生来所具有的能力。在宝宝6个月大之前,你的新生儿已经对以下事项有了基本的了解:

❀ **物体感。**他知道物体是完整的,自己不能穿过其他物体。他知道物体永久存在,即使他还看不见它们。

❀ **数字感。**他能估计数量。当你把苹果放进盘子或从中取出时,他知道盘子里多了一个苹果或少了一个苹果。他能识别声响的次数,比如打鼓声或狗叫声。

❀ **空间感。**他能利用物体之间的角度和距离在空间中定位。

❀ **语言感。**他能识别熟悉的声音、抑扬顿挫和语调。他能对声音进行分类,能发出声音,并赋予声音以意义。

记忆

记忆对宝宝的学习必不可少。在出生前，他的记忆就已经开始工作。他会记住子宫里的声音、味道和气味。他的每一次经历都会激发他大脑中的神经元，并将它们与其他神经元连接起来，进而能够使它们同时放电。这一过程不断改变着他的大脑结构。

你的宝宝会把眼前的经历跟过去的记忆联系起来。同样地，他记忆中的经历也会影响他此刻的想法和感受。例如，他过去的想法会影响他现在的想法。此外，他此刻的情绪状态也会影响他对当下经历的记忆。例如，如果你和宝宝很喜欢伴着一支曲子跳舞，那么将来听到同样的曲子时，他仍然可能会感到高兴，只是这其中的原因他可能已经忘记了。

宝宝使用两种类型的记忆，一种是外显记忆，一种是内隐记忆。外显记忆是对过去特定经历的有意识的回忆。当宝宝回忆起他在祖母家的花园里挖土的时候，他对那件事就有外显记忆。

内隐记忆建立在嵌入宝宝大脑的自动感知、情感、身体感觉和行为之上。宝宝不假思索地翻身，坐起来，走路或抛球时，他就是在使用内隐记忆。习惯或来自重复经历的条件性反应使他形成期望。例如，当他回想起与当前经历相关的既往记忆时，他会根据这一记忆判断接下来会发生什么。

内隐记忆是一种全身性的、根深蒂固的记忆类型。它不需要特定事情为什么会发生的理由，因为它与人是否回忆起特定事件毫无关系。内隐记忆可以是积极的，也可以是消极的。例如，在家里感受到爱与安全是宝宝可能会携带到成年的积极内隐记忆。然而，如果他听到你说他很可爱，但不太聪明，他就可能会把这些印象当作事实，然后不明就里地得出结论——他不聪明，这就是消极的内隐记忆。宝宝在18个月大之前只使用内隐记忆。

你可以通过讲故事来把宝宝的内隐记忆转变为外显记忆，以此来帮助宝宝整合他的记忆。当你与宝宝谈论日常经历的细节时，你可以在他的感觉和想法成为内隐记忆之前帮他建立正确的认识。

记忆能帮助你的宝宝理解他的世界，辨别其中的模式，并对未来产生期望。在他建立神经连接和学习的过程中，他的记忆力也会伴随使用而变得更强大，更丰富，更有益。

专注

专注是使用多种感官和大脑的某些部分将注意力引向特定事物的过程。专注能力对学习必不可少。你的宝宝必须屏蔽不必要的刺激，专注于吸收信息，处理信息，并且利用这些信息来解决问题。刚开始的时候，宝宝会很自然地关注他身边熟悉的事物，比如你的声音和面部表情。当他能把注意力集中在一件事情上而忽略其他事情时，他就学会了控制自己的冲动和延迟自己的反应。

婴幼儿时期正是探索世界，开放地接受和应对各种刺激的时候。但是，婴儿确实拥有集中注意力的能力，他们利用这一能力来实现自己的目标，并用他们自己的方式了解世界。

在《能力之路——幼儿的社交与情感的健康发展》（Pathways to Competence: Encouraging Healthy Social and Emotional Development in Young Children）一书中，作者萨拉·兰迪（Sarah Landy）博士和乔伊·奥索夫斯基（Joy Osofsky）博士解释说，幼儿会注意他们感兴趣的东西。他们可以在想要或需要的时候集中注意力。

宝宝集中注意力的能力会持续提高到成年。然而，在他年幼的时候，你仍然可以通过以下方式帮他练习集中注意力：

- 为宝宝提供安静的环境和引人注意的体验。
- 鼓励宝宝选择自己的兴趣爱好。
- 与宝宝直接互动，例如谈话、读故事和玩耍。
- 当宝宝全神贯注于某项活动时，保持你的耐心。
- 跟宝宝玩耍的时候要以他为主。
- 在使用拉链或按扣时，给宝宝更加宽裕的时间来穿衣。
- 给宝宝读或讲述有助于激发想象力的自然主题的故事。

注意力的发展阶段

- 在出生后的前几个月里，宝宝能满足地盯着你的脸看，或者全神贯注地踢挂在上方的玩具，或者饿了的时候不停地哭。在3~6个月大时，他的手势和眼球运动开始拥有共同的关注点。

- 从6个月大到1周岁，宝宝集中注意力的能力会不断增强。他能努力地让自己坐起来，站起来，并开始走路。他可以把注意力集中在一个物体上，然后移动身体去抓它。

- 两岁时，宝宝可能会全神贯注地玩耍或摆弄一个物体。他现在的注意力持续时间大约是7分钟。

- 三岁时，宝宝能按照简单的指示完成任务。他可以坐着看完一部短剧、一部电影或听完一个故事。

智能

约翰·梅迪纳（John Medina）博士在他所写的《让孩子的大脑自由》（Brain Rules for Baby）一书中提醒读者，大脑的主要使命是帮助身体生存。宝宝的大脑控制着他的身体系统，帮助他在这个世界上找到安全、食物和庇护所，并与他人建立关系。为了帮助他生存，他的大脑需要储存和使用知识。梅迪纳把这两个生存功能称为记忆和即兴发挥，它们共同形成人的智能。

过去，科学家认为一个人的智能水平是影响其逻辑、数学和语言表现的不变要素。1905年，法国心理学家阿尔弗雷德·比奈（Alfred Binet）发明了第一个可量化的智能测试，测量以上三个方面的智能。他用笔试中回答问题的能力来评估答题者的思维能力。1983年，随着《智能的结构》（Frames of Mind: The Theory of Multiple Intelligences）一书的出版，霍华德·加德纳（Howard Gardner）博士对智能的定义进行了极大的扩展。通过研究，他发现人们可以利用各种各样的资质、才能和能力（或智能）来学习、使用技能、创造产品和解决问题。最初，加德纳确定了7种智能。后来，他又增加了第8种智能（探知智能）和另外半种智能（存在智能）。加德纳解释说，他之所以把存在智能定义为半种智能，是因为他无法确定大脑中负责存在智能的区域，而且他担心，存在智能会被误解为与宗教信仰有关。以下是加德纳提出的8种半智能：

1. **音乐-节奏智能**。运用音乐和节奏来识别、思考和创造模式的能力。

2. **身体-动觉智能**。运用整个身体来表达想法和流畅地完成任务（如运动、表演和舞蹈）的能力。

3. **逻辑-数学智能**。运用潜在数字系统与模式的能力和采取逻辑方法解决问题的能力。

4. **语言智能**。运用语言表达想法或解决问题的能力；语言天赋。

5. **空间智能**。看到真实空间后在头脑中准确再现先前空间的能力；构建、设计和定位的能力。

6. **人际智能**。与他人联系并理解他们需求的能力。

7. **自知智能**。了解自身，并对自身能力和局限有清晰认识的能力。

8. **探知智能**。对自然世界的敏感性和兴趣。

8.5. **存在智能**。对生活中重大问题进行提问和追索的动力，例如人类为什么存在？我们死后会发生什么？上帝存在吗？

提供自然动机

你可以通过以下方式帮助宝宝保持他的自然动机和他对学习的喜爱：

- 赞扬宝宝的努力，而不是他的成功。例如，你可以说"你画画真用心"，而不是"你画画真漂亮"。对过程的赞扬有助于宝宝学会付出努力，而不是只专注于目标。

- 注意有什么东西能激发宝宝，让他感兴趣，让他兴奋。

- 为宝宝提供激发学习热情的环境。促进学习的环境要光线充足，安静，使用自然材料和操作空间干净。

- 强化自身学习的内在动机，为宝宝做榜样。你对学习的热情是有感染力的，向宝宝展示学习是充满趣味和愉快的。

尽管一些科学家声称加德纳所分类的不是智能，而是才能，但许多教育家发现，加德纳的分类有助于确定特定学生的思维方式以及对他们的最佳教育方式。加德纳反对用一种智能来定义人。他说，每个人都有自己独特的智能组合，虽然其中的某一种可能更为突出。

宝宝对他身边环境的关注告诉你，他是一个有智能的人。虽然他拥有先天能力，但这些能力如何发展在很大程度上取决于你的支持和他所处的环境。作为父母，你可以使用多元智能的概念来识别宝宝的先天能力和学习方式。例如，他的最佳学习方式也许是听音乐或制造音乐（对应音乐-节奏智能），也许是表演（对应身体-动觉智能），也许是看到反映在自然中的某个概念（对应探知智能）。

在宝宝的生命早期，了解他的独特智能组合能帮你支持他的天然兴趣和学习过程。随着他开始上学，这一了解还能帮你为他鼓劲，以及对他的教育发挥指引作用。

动机

你的宝宝需要动机才能学习。学习动机可以是一种内在的自然的愿望，也可以是一种外在的驱动力，比如想成为班里的第一名，想让父母为自己自豪，或者想获得学位。宝宝的学习动机来自他的内心。他不需要鼓动、指引或给他好处来探索和体验他身边的环境。他天生坚持探索，乐于发现，只为得到真相大白所带来的纯粹的快乐和愉悦。除去解决问题之外，他还可能寻求新鲜的挑战。

动力可以来自灵感、求知欲，以及表达想法或找到解决方案的最终满足感，也可以来自需求或不足。根据马斯洛的动机理论，人的动机包括人对生理、安全、爱、自尊和自我实现的需要。这些动机是有等级的，当低层次的需求在一定程度上得到满足时，下一个更高层次的需求才会出现。马斯洛说，人类的求知欲和理解欲既可以服务于人对基本安全的需要，也可以服务于自我实现的需要。

动机是学习的动力。当你鼓励宝宝在没有压力的情况下享受学习知识所带来的乐趣时，他就能变得自动自发，而不是专注于获得"五角星"或其他外在目标。

时刻准备学习

上天给予宝宝的礼物是学习的基础，这些礼物包括核心知识、记忆力和专注力、多元智能和激发宝宝学习动机的与生俱来的好奇心。

作为宝宝的父母，你有机会用安全、爱和有助于他学习的环境来培养他。由于他的经历有助于构建他的大脑，所以，你在他生命前三年里的支持会极大地影响他对于学习的准备。下面是一些帮助他做好学习准备的建议：

❀ 照顾好宝宝的情感需求。你与宝宝之间的健康依恋关系能给予他安全感和信心来鼓励他探索新鲜的体验，集中注意力，以及锤炼战胜困难所需的韧性。

❀ 了解你的宝宝。考虑他的气质、性格、体质（偏阴性还是偏阳性）、智力、优势和喜好。关注他的发展区，这样你才能激发他学习和成长。

❀ 让宝宝知道你理解他的恐惧和挣扎，以此来帮助他克服学习上的障碍。鼓励他认清在学习过程中对他造成负面影响的负面经历。给他学习和成长的空间，同时去除不必要的限制。

❀ 接受并欣赏宝宝的独特天赋，培养属于他自己的兴趣爱好。注意不要给他压力，要允许他按照自己的学习节奏从事自己的兴趣爱好。

相信你的宝宝正沿着他的成长道路茁壮成长。相信他，相信他的能力，同时鼓励他面对前方的挑战。你的宝宝生来就有他自己的独特天赋，在你的支持下，这些天赋会自然而然地展现出来。

宝宝如何学习

直到20世纪80年代，心理学家还认为，新生儿的大脑是一块白板，只能被动地接受环境的影响来获得知识。新生儿也许表现得被动而无知，这是因为他们并不善于表达——他们依赖他人而生存，他们需要帮助来满足自己的需求，他们花很多的时间睡觉，不怎么活动身体，也不会说话。然而，心理学家现在认为，婴幼儿是自身学习过程的有力的积极参与者。

你的宝宝生来就有独立学习的天然动机。凭借执着、本能的好奇心和乐观精神，他努力地了解身边的世界。他的动力来自通过与世界接触而发现新鲜事物的乐趣。

在长大成人之前，人类需要父母的长期照顾。因此，孩子想得到父母的照顾是很自然的事，而父母想照顾他们的孩子也是很自然的事。正是由于这一生物学意义上的支持性关系，你的宝宝才能以不成熟的状态来到这个世界。他的大脑可以慢慢发育，而他也可以充分利用大脑以多种方式学习的能力。

关于婴幼儿如何学习有很多种理论，而科学家们也仍然在进行新的研究来加深对学习过程的理解。然而，无论使用哪种学习方式，大多数心理学家和教育者都认为，对婴儿来说，以下两种学习方式效果最好：（1）通过人际关系与人互动；（2）积极参与直接的体验。

你的宝宝通过与你和其他值得信任的人互动来理解他的世界。你是他的第一任老师和榜样。他看着你，模仿你。你们两者之间的互动为他的学习打下了基础。他需要这种情感上的安全与稳定来与自己和他人建关系，这样他才能集中注意力，展开学习过程，并对自己能够成功产生信心。

需要宝宝全身心积极参与其中的丰富体验对他的大脑发育和学习必不可少。孩子们在实践中学习，即通过直接的亲身经历来学习。你的宝宝每时

每刻都在以某种方式学习。随着他的成长和成熟，他的大脑和学习能力也会不断成熟和提高。通常情况下，父母们都会感受到需要使用以提高学习难度和促进大脑发育为目的的高级玩具来加快早期学习的强大压力。然而，你的宝宝并不需要复杂、昂贵的玩具来提供刺激和体验。简单、便宜的家庭用品，比如锅碗瓢盆、硬纸盒或卷纸芯，同样能促进宝宝的学习。此外，他还可以通过很多种方式获得丰富的感官体验来促进大脑发育，比如置身大自然中，在日常生活中模仿你的动作，自由自在地玩耍，以及做适合他年龄的活动。他需要你（或其他养育者）与他互动，引导他前行。

前苏联心理学家列夫·维果茨基将人的心理机能分为低级心理机能和高级心理机能。以生理成熟为基础的低级心理机能包括对外部刺激所做出的各种反应。与其他动物一样，人也拥有低级心理机能。例如，如果一条狗听到了意想不到的巨大声

响，它就会本能地做出惊吓的反应，而你的宝宝对意料之外的巨大声响也拥有同样的本能反应。涉及低级心理机能的学习方式可能在宝宝出生前或出生后不久开始出现，并且在未来贯穿他的一生。

只有人类拥有通过学习而发展的高级心理机能，例如复杂语言、探究和反思。这些高级心理机能是自动自发的，有目的性的。例如，当你的宝宝两岁左右时，他会更有目的性地解决问题，比如自己去拿饼干。他会有目的地把凳子挪到柜子旁边，爬上凳子，然后打开饼干罐的盖子，拿到饼干。

宝宝最初的学习经历中有低级心理机能的参与，比如通过感官和动作学习，通过环境刺激的反馈学习，以及通过多次重复后的记忆学习。随着宝宝高级心理机能（比如使用符号，集中注意力，主动记忆和逻辑思维）的发展，他的学习经历中也开始包含目的性的思维过程。

这些学习经历是环环相扣的。婴儿通过他的感官和动作感知周围的环境。他能感觉到丝质毯子和棉质毛巾的区别。他能看到你的脸，识别你的声音，并整合这些不同的刺激。他的动作和活动向他的大脑发送信息，并实现认知发展。随着他的成长，他的理解从单纯的感知发展到模仿，并最终能对自身行为所带来的积极反馈和消极反馈做出反应。他通过反复试验学习。如果他扔掉勺子，勺子就会掉到地上。然后，他开始调整自己的行为，以此来适应不同的环境，比如托儿所和自己的家。此外，你的宝宝在记忆信息时也会学习。这些学习方式都需要他的低级心理机能参与其中。

随着宝宝大脑的发育，他会越来越多地运用高级心理机能。他的思维变得更加成熟，他在学习中越来越有主动性，同时开始使用新近获得的反思与理解能力。随着他开始把意义与记忆中的信息联系起来，他也开始形成各种概念。然后，他会学着把先前的学习经验和概念迁移到其他情境当中。他从自己所在的文化中学习如何思考以及思考哪些问题，这一过程会影响他的语言发展。随着语言技能的发展，他将学习通过听、说、读、写、画、观察和肢体语言来交流。玩耍是学习过程中非常有价值的重要部分，在玩耍中，宝宝不仅可以在多个层面上学习，而且还能收获独自探索和学习的信心。对宝宝来说，驱动他以自己的节奏发现自身独特天赋的好奇心只是一种本能。在你的支持下，宝宝可以最大程度地挖掘他的潜力，活出他自己。

以下是我作为母亲、外祖母、幼儿教师和成人领导者所经历的一些学习方式。对我和我的宝宝们来说，探索发现和了解人类潜能的多种可能性是一项令人着迷的课题。

感官整合

当你的宝宝自发地探索和发现他的世界时,他依靠自己的感觉感受器和身体活动从他的环境中获取信息。他以自己的独特方式通过感官获取信息,并通过身体、情感和认知反应来学习。他不会孤立地解释自己的感觉,而是用整合的方式组织大脑所接收的信息。例如,当他吃胡萝卜泥的时候,他会同时看到明亮的橙色,闻到新鲜的味道,尝到甜甜的滋味,感觉到温软的口感,以及听到你喂他的声音。

你的宝宝也有无意识的感觉即躯体感觉,它来自宝宝的身体内部。躯体感觉有以下三种:

- **触觉**。宝宝的皮肤里有触觉感受器,这是他最大的感觉器官。他的皮肤能保护他的身体,能感觉温度、材质、刺激、爱抚、逗弄和不舒服的感觉。

- **前庭觉**。宝宝的前庭系统与他的耳道相连,前庭觉能帮助宝宝调节身体平衡、注意力水平、肌肉张力和情绪状态。

- **本体觉**。这种内在的身体觉知能帮助宝宝在闭上眼睛时知道自己的身体部位在哪里。本体觉能帮助宝宝识别身体的各个部位,以及活动身体时它们与身体的相对关系。

由于感官输入有这么多不同的水平,于是宝宝们的学习方式也就各不相同了。有一种学习模型将视觉学习、听觉学习和动觉(或触觉)学习与不同的感官优势相联系,即,视觉学习主要用图像来标示信息,听觉学习主要用听觉来标示信息,而动觉或触觉学习主要用身体活动和实际经验来标示信息。

随着宝宝的成长,他喜欢的学习方式可能会发生改变。了解宝宝喜欢哪种学习方式有助于你与他沟通和促进他学习。

在不同的情境下,特定的声音或触摸可以唤起宝宝不同的反应。如果他休息得很好,又吃饱喝足,音乐就可能会让他欢笑。但如果他又累又饿,同样的音乐也可能让他烦躁不已。感官输入的三个属性是刺激强度、持续时间和身体部位:

- **刺激强度**。你给宝宝按摩时,他喜欢轻压还是重压?

- **持续时间**。宝宝能安静放松地坐多久?

- **身体部位**。宝宝喜欢有人抚摸他的后背或脚吗?

这些不同的属性可能会随着宝宝所处具体情形的不同而发生变化。你可以为他提供丰富的环境来体验,以此来强化宝宝的感知,但同时也要注意他所需要的刺激强度、持续时间和身体部位。

随着宝宝的成长,他的注意力会从自己的身体转移到外部世界。一开始,他关注饥饿、睡眠和舒适。然后,随着宝宝视力的发展,他开始看到自己周围的世界。在这个阶段,他通过自己的行动来思考。所以,你可以用伴随音乐、童谣、诗歌或歌曲的身体活动来促进他的学习。

感官整合是宝宝身体健康、情绪发展和智力提升的基础。它是结合了其他学习方式的基础性学习方式。

模仿

宝宝通过观察你的动作并做出模仿来间接地学习。在很小的时候,他就能模仿你的面部表情和手势,并且通过模仿他听到的词语来学习语言。这些模仿有可能造就持续一生的行为。

由于宝宝是以开放的方式首次体验他的世界的,所以他不知道如何辨别积极行为和消极行为。你在他面前所做的每一件事都很容易给他留下持久的印象,哪怕只是偶尔做一次。他可能会把相关的图像存入记忆,然后在承担相似角色或面对相似情形时提取这一图像。例如,身为父母的你可能会不知不觉地按照你父母的方式说话或做事。宝宝随时准备照你做的去做,而不是照你说的去做。他总是在观察你,把他看到的和听到的通通记在心里。

父母也会无意识地模仿他们的宝宝,结果会自然而然地形成一种"共舞"和相互模仿的情形。当宝宝对你微笑,你也对他微笑时,他也会再次微笑。如果你拍你的手,他也会拍他的手,然后你也会再次拍你的手。

宝宝也会从与同龄人和除你之外的其他看护者的互动中学习。当宝宝处于积极的、滋养性的熟悉环境时,或者当宝宝过去曾因为模仿而获得奖励时,又或者当他身边有他喜欢的人时,他的模仿学习往往都会增加。如果宝宝看到暴力行为,他对暴力画面的记忆就会感染他产生攻击性的想法、感受和行为。

《你是孩子的第一任老师——鼓励宝宝从出生到6岁的自然发展》(You Are Your Child's First Teacher: Encouraging Your Child's Natural Development from Birth to Age Six)一书的作者拉希马·鲍德温·丹西(Rahima Baldwin Dancy)这样描述幼儿在0~3岁间的发展,"每一个动作,每一幅画面,每一个声音和其他每一种感觉,以及孩子身边的每一种情感都会进入孩子的内心世界。即使孩子并没有在行为中表现出对它们的明显的模仿和复制,这些印象也会在孩子的神经系统中刻下不可磨灭的印记,并且可能会影响孩子整个机体的发育。年幼的孩子没有成年人用作屏蔽印象的缓冲器和过滤器。事实上,婴儿为阻止印象的流动所能做的一切只是睡觉而已。"秉持创始人鲁道夫·斯坦纳的教育哲学,华德福幼儿园的教师们努力以一种既值得模仿又有教育意义的方式行事,他们以身作则,为自己希望教给孩子们的说话和做事方式树立榜样。

通过观察来学习有时并不能立竿见影,但是对宝宝的影响却非常深刻。因为这种学习方式主要是反应性的,它涉及的是低级心理机能。但是,当宝宝决定以与模仿对象相反的方式行事时,他的行为就既可能是反应性的,也可能是有意为之的。如果他拒绝模仿父母的行为,并且不加思考地做出相反的反应,那么他使用的就是低级心理机能。如果他不喜欢父母的行为方式,进而主动选择了另一种方式,那么他使用的就是高级心理机能。

强化

当宝宝啼哭的时候，你的自然反应是给他喂奶，检查他的尿布，或者是看他有哪里不舒服。如果他有需要没有得到满足，或是受到了某种不舒服的外部刺激，他就会哭。从你对他的始终如一的回应中，他学习到，每当他哭泣时，你都会回应他的需求。如果你不回应他的需求，久而久之，他就会停止哭泣，不再用这种方式来寻求你的帮助。重复可以加强宝宝大脑中的神经连接。而与此同时，他不再使用的神经连接最终都会消失。强化是一种使用低级心理机能的学习方式，因为它建立在反应性的基础上。

宝宝通过多次反馈学习身体动作、情绪和智力行为。当他得到积极的反馈（如表扬或奖品）时，他就倾向于重复相同的行为。另一方面，消极的反馈则会降低他重复这一行为的可能性：

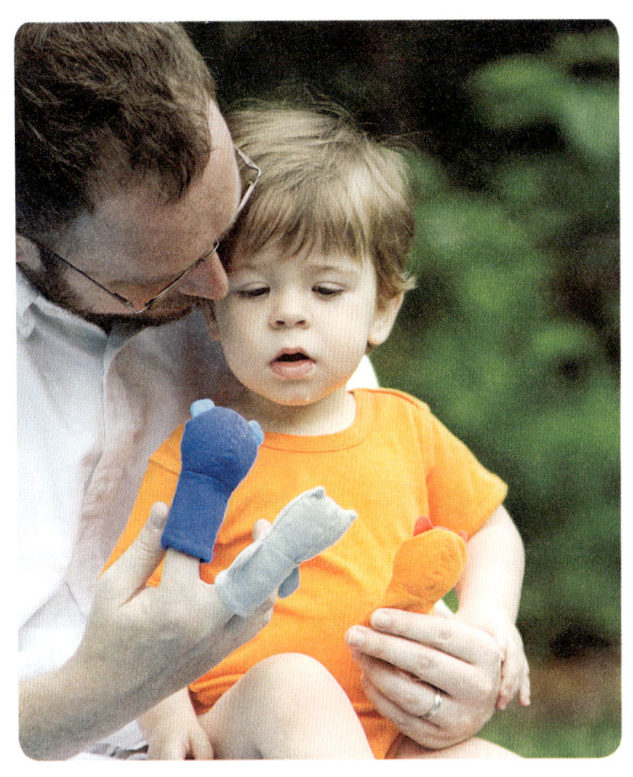

- ❁ **积极的反馈。**如果宝宝有一条毯子，他可以用它来安慰自己，而且反复怀抱毯子能让他感到放松，那么当他需要安慰的时候，他就会学会讨要他的毯子。于是，在舒适这一积极反馈的强化下，他就学会用毯子来获得快乐了。

- ❁ **消极的反馈。**如果宝宝多次在炉子火热的时候碰触它，那么他很快就会发现，这么做对他并没有好处。于是，在疼痛这一消极反馈的强化下，他就学会不再伸手去碰炉子了。

宝宝会在他的记忆中储存重复的经历。当你一遍又一遍地给他读同一个故事时，他就会记住这个故事。刺激的持续时间也会影响宝宝的反应和学习。如果他每天都练习骑三轮车，那么通过反复重复，他就会记住该骑车的方法。

通过强化进行学习也与联系有关。如果你抱着宝宝给他读故事，那么他就可能会把读故事和在你怀里的温暖感觉联系起来。过去，我常常在睡前给埃米和玛丽读故事，就在给她们喂奶的地方。这种睡前母女共处的温暖和舒适与给她们喂奶时的亲密感有异曲同工之妙。

宝宝通过强化学习时，你可以看到他行为上的明显改变。如果他想要一块饼干，而你在给他饼干前让他说"请"，那么他接下来就会向你展示他刚刚学到的新知识。

通过重复来学习可以成为一种条件反射，也就是说，一种宝宝不需要思考就能做出的行动。宝宝第一次学习用勺子吃饭时，他会在反复把食物送进嘴里的过程中全心关注勺子和食物。但是，等他学会这一技能后，他就可以用勺子轻松自如地吃东西了。通过重复和强化学习新知，宝宝将在身体、情感和智力方面习得很多有益的技能和习惯。

宝宝养成的习惯可能会伴随他一生。与食物、卫生、沟通和人际关系有关的习惯可能会成为他的核心认同。长大后，宝宝可能不再需要某些已经习得的习惯。或者，随着时间的推移，有些习惯可能会有负面作用。幸运的是，当宝宝接收到不同的刺激和反应时，他还可以忘记或重新学习一种习惯。宝宝从你的行为、言语和想法中学习，直到有一天他发现了新的认同目标。

适应环境

适应（adaptation）是生物体调整自身以便在它们所处的环境中继续生存的进化过程。借助自己的感官，宝宝以自身的独特方式收集信息，并试图适应他的环境。这一适应过程同时也是宝宝的学习过程。他会以自己的经验和学习过程为基础来自发地调整自己的行为。他自然而然地修改、重塑和重组新的知识，以此来满足自己在环境中的需要。

在发育成熟前，宝宝有很长一段学习时间来帮他适应自己的环境。他通过收集信息并做出相应的调整来帮助自己生存。他也努力磨练韧性和创造力，以此来促进自己成长，同时最大限度地发挥自己的潜力。瑞士心理学家皮亚杰提出了他的儿童认知发展理论，并且提出了"同化"（assimilation）和"调适"（accommodation）等概念。

他说，经过同化和调适达到平衡的过程就是适应。

❀ 同化是宝宝吸收新信息并将其与已有知识相整合的过程。例如，他知道如何吮吸母亲的乳房，当他遇到奶瓶或奶嘴时，他也会借助这一知识，用同样的方式来吮吸。

❀ 当宝宝接收了新的信息，并且运用新的思维方式对已有知识做出调整时，调适就发生了。如果他遇到了陌生的东西，并且学会了用吮吸之外的方式来使用它，那么他的想法就发生了改变。这样一来，他就调适了自己的行为，学到了新的知识。

❀ 当宝宝经过同化和调适而达到平衡时，适应就发生了。如果他既能使用已有的知识，又能改变自己的行为来与新的知识相调适，他就能进入下一个发展阶段。一开始，他满足于自己已有的知识，然而当他接收新知识并且意识到现有知识的不足时，他就会走出自满的状态。当他把旧知识和新知识融合在一起时，他就会重新满足于自己的新思维方式，重新达到平衡状态。

由于神经系统是可塑的，所以人性也是会变化的。你的宝宝能适应各种各样的环境。凭借这一构建和重新组织的适应能力，宝宝的神经系统就拥有了改变和成长的无限潜力。为了培养宝宝在成长和学习过程中的适应能力和韧性，你可以为他提供优良的成长环境，其中包括安全探索和活动的空间、优质的食物和饮水、新鲜的空气和丰富的社会互动。韧性能帮助宝宝克服困难，突破极限，并且能促使他从自己的错误中汲取经验。

由于宝宝拥有可塑性,所以他能学到新的行为方式,同时继续展开创造和发现。宝宝的大脑不仅能对外界刺激做出反应,它也能以同样的方式对自身的反应做出反应。通过质疑自己的想法和做法并努力提高,他能呈现出一副创新和想象的面貌。创造力往往来自于适应的需要,正如一句谚语所说,"需要是发明之母。"这时,适应就从反应性的行为转变成为了有目的的行为。

宝宝的大脑既能适应积极的情形,也能适应消极的情形。如果他能灵活应对,与人合作并积极调适,他就能在这个世界上轻松地生活,因为如此一来,来自环境的阻力就会越来越小。另一方面,如果宝宝适应过度,改变过多,以至于放弃了自己的意愿、需求和兴趣,那么他就可能会压抑自己的潜力。你可以帮助宝宝在过度适应和过度坚持自我之间找到平衡。

适应是一种学习形式,它既可以是反应性的,也可以是有目的的。宝宝在同化和调适时是适应性的,其中涉及低级心理机能。然而,当他通过有意识的改进、创新和创造来适应时,他就是在运用他的高级心理机能。

记忆

记忆是宝宝的另一种学习方式。宝宝的大脑储存信息的能力是无限的,它有大约1000亿个神经元,每个神经元都有数千个突触。储存信息时,他的大脑会形成新的神经通路,同时强化现有的神经通路。

宝宝能接收信息,储存信息,同时也能把信息与已有的知识联系起来,并且在需要的时候提取信息。他可能会把学到的信息分为不同的片段储存在大脑的不同区域。例如,他会把苹果的形状、颜色、气味和味道等信息储存在不同的脑区。当这些脑区被激活时,他记忆中与苹果有关的经验和知识就会在脑海中浮现出来。反复激活相互关联的神经元能增加它们将来同时放电的概率。宝宝多次体验到苹果的各种特征后,他就会对苹果形成整体的概念。

随着苹果这一概念的形成,宝宝就对苹果赋予了意义。也就是说,他能从逻辑上理解苹果是什么,并能把这一理解存档。这时,他就能在书里辨认出苹果的图片,或者在杂货店里找到苹果。当他把苹果与过去的重要经历联系在一起时,他还会为苹果赋予额外的意义。例如,如果你跟宝宝在乡间野餐,你的宝宝在树下捡起了一只苹果并尝到它是甜的,那么随后,他就会把苹果与感觉到甜这一有意义的过往经验联系在一起。包含意义的信息更容易被宝宝记忆。

在反复体验和处理信息的过程中,宝宝会学着为信息赋予意义。他需要时间来处理信息,以便为信息存档,并最终完成学习。如果你能在这个过程中为宝宝提供关注和回应,你就能促进他的学习。

当宝宝第一次通过记忆来学习某样东西的时候(例如认识卡片或唱歌),他也许能够记住这些信息,但他并不了解信息背后的意义。这种机械式的记忆在某些情况下是有价值的,例如背诵字母表或从1数到10。但是,以这种无序的方式储存在他脑中的信息无法提取,所以,死记硬背并不一定能帮他理解信息以及在不同的情境下使用信息。

下一步,宝宝会将这些信息与已有的知识相联系,为它们赋予价值和意义,这样他才能回想和理解这些信息,并且在不同的情境下使用这些信息。如果你每天晚上都给宝宝唱特定的摇篮曲,他就会把这支摇篮曲与睡觉联系起来。这样一来,当他哄自己的布娃娃睡觉时,他也可能会给它唱同一支摇篮曲。正是通过这样的方式,他不断获取知识,并且在各种情境下使用这些知识,同时也把反应性的信息存储转变为有意识的记忆。

机械记忆所得到的信息是无法理解的,这种教育和培养方式不注重宝宝作为学习者的积极作用,它看重的是信息的数量而不是知识的质量。记忆起初是一种反应性的学习方式,使用的是低级心理机能。当宝宝把感觉、意义和已有的知识联系起来时,他就开始使用高级心理机能来处理他所记忆的信息了。

形成概念

当宝宝开始积极学习信息并为之赋予意义时，他就能在已有知识和经验的基础上建立新的想法和概念，并以此来拓展自己的知识了。与听老师讲课相比，他能从自己的经历中得到更加深刻的体会。

宝宝通过他的感官收集信息，然后拿它们与大脑中已有的信息进行比较，寻找其中的相同点和不同点，以此来辨认出各种模式，并赋予它们以意义。当他把事实信息转化为有用的知识时，他在学习中就有了更深的理解力。随后，他会根据有意义的模式以及他已经知晓并认为是事实的信息构建新的知识。

你的宝宝通过将信息组织成不同的类别来发展概念，这些类别能使混乱的头脑井然有序。要做到这一点，他就需要学会深入探究。只有这样，他才能做到真正的理解。当他能够理解多个领域的信息时，他就能进一步理解情境，并且能够将某一领域的信息迁移到其他领域。最后，他还可以借助这些信息来进行逻辑推理，采取行动解决问题，创造新事物，以及质疑和改善某一情形或行为。这时，他的大脑就具备了与自身对话的能力。

为了促进宝宝利用概念框架组织信息，你可以鼓励他将信息"归类"为熟悉的模式，或者借助工具通过创建意义来强化记忆。他喜欢在环境中积极寻找模式，测试假设，并寻求解释。

一旦宝宝建立起知识库并学会对信息进行分类后，他就会创建不同的类别并为之赋予意义，然后将它们与已有的知识相联系，这样他就不仅能记住它们，同时还能运用它们构建和发展新的概念。当他开始能够识别类别和结构时，他就能把它们结合起来，并且有意识地为自己的学习制定策略。通过计划、观察结果和改正错误，他将了解什么是学习，以及自己的学习过程该如何组织。借助丰富的策略，他将在不同的情境中灵活解决问题。即使他的经验是有限的，他的知识基础也可能并不牢固，但他有能力举一反三，解决问题。

这一类型的学习重视独立发现和运用信息，而不是单纯记忆信息。通过形成概念，宝宝能独立发现规则，并能通过解决现实问题构建知识。形成概念比记忆需要更多时间，因为这一过程需要大脑做更多的处理和思考工作。形成概念建立在其他学习方法基础之上，并且运用的是高级心理机能，后者如深思熟虑、解决问题和策略性地思考。

模式

模式是从混乱中创造秩序的一种方法。你可以在自然界中找到各种各样的模式，例如斐波那契数列（1,2,3,5,8,13……）。这一模式可见于菠萝、贝壳、向日葵、艺术、建筑、音乐、语言、思想与行为。

知识迁移

通过知识迁移来学习时，宝宝需要激活已有的背景知识，并将其应用到新的情境中。如果宝宝能够以全新的方式来运用他的知识解决各种问题，他就拥有了创造性思考，解决问题和运用其他高级心理机能的能力。能够把知识迁移到各种情境中的能力是宝宝在生活中取得成功的关键。宝宝迁移知识的能力受很多因素影响。

过去的学习经历对当下的学习既可以产生消极影响，也可以产生积极影响。

知识迁移的方式有两种。一种是把过去学到的知识迁移到现在，一种是把现在学到的知识迁移到未来。宝宝过去学到的知识能影响新知识的学习。如果他能把过去学到的知识迁移到日常生活中，他就能以实际而有意义的方式解决问题。知识迁移所运用的是以意向性思维过程为基础的高级心理机能。

社会互动

维果茨基认为，学习是以世代相传的文化适应为基础的。他认为，儿童由其所处文化的工具、语言和行为所塑造，而且他们的认知发展源于社会经验。尽管世界各地的儿童都可能通过同样的过程学习，但他们学习的内容却受到他们所处文化的影响。

文化影响宝宝与人和事物的互动，并且通过工具、符号、音乐、艺术和语言影响宝宝，进而影响他的认知发展。价值观和信仰因文化而异，宝宝能学到什么内容取决于他所在的社会期望他扮演什么样的角色。在学着处理养育者眼中的重要事项和问题的过程中，他将逐渐理解自己的角色。对他的思维造成更多影响的是日常生活，而不是教育机构。他身边有经验丰富的成年人，他们不仅会教给他知识，也会教给他解决问题的策略，即如何思考以及思考什么。

想一想，在狩猎采集社会、农业社会、工业社会和信息技术社会中长大的孩子们所拥有的智力工具有什么不同。在斐济，孩子可能会学习如何帮助父亲用芦苇编织捕鱼的篮子；在加纳，孩子可能会学习缝制衣服或在家里开商店；而土耳其的孩子则可能会跟父母一起做家务。

受文化影响的学习过程还有社会意识，后者需要你的宝宝运用高级心理机能。此外，受文化影响的还有宝宝对语言的使用，而语言本身就深受文化影响。

过往学习经历的影响

消极影响

- 过去的学习都是死记硬背，毫无意义。
- 过去的学习重复不足，学得不扎实。
- 过去的学习只在一种情境下进行。
- 学习了妨碍学习新技能的技能。

积极影响

- 过去的学习过程重视理解和意义。
- 过去的学习内容已经完全掌握。
- 过去的学习过程是在多种情境下完成的。
- 在新旧知识间建立了许多联系。
- 过去学到的某些技能能迁移到新的学习中。
- 过去的学习内容与新的学习内容有共同部分。

语言

宝宝天生就有语言能力，而且他的大脑会随着这一能力的发展而发育成长。口头语和书面语使人类有别于其他动物。语言能帮助宝宝沟通他的需求，思考和处理信息，以及借助自身的想象力产生新的想法。他一出生就开始学习语言。他学习他所听到的一切语言，而且等他会说话时，他早就已经能听懂别人的话了。

在不同的文化背景下，孩子们学习说话的过程和时间表都大致相同，只是有的孩子会学得快一点，有的孩子会学得慢一点。即便没有正式的指引，你的宝宝也能以他自己的节奏学会说话。大脑内含的先天机制能够让他不接受直接指导就能在生命早期学会复杂的语言技能。美国语言学家诺姆·乔姆斯基（Noam Chomsky）博士说，婴儿生来就懂普遍语法，后者适用于所有人类语言。儿童有发育敏感期，一旦错过，掌握语言的机会就有可能错失。因此，在幼儿时期学习外语是最容易的。梦之窗幼儿园的吉田英子告诉我，讲一门语言的肌肉在三岁之前就开始发育了，过了这个阶段，这些肌肉的运动将难以改变，学习新的发音也会困难很多。

宝宝生命的前几年是学习语言和培养读写能力的最佳时期。在你的帮助下，宝宝会逐渐学会音节、词汇、短语，乃至复杂的句子。18个月大时，宝宝平均每月可以掌握10个词汇。到两岁时，大多数宝宝至少都能说出50~100个词汇。而且，宝宝学习语言的速度会越来越快。到6岁时，大多数宝宝的词汇量就已经突破1万个。在这短短的几年里，你的宝宝将学会理解和创造发音模式，理解许多词汇的意思，并且通过动词时态、名词单复数结构等各种变化，以符合语法的形式构造词汇。在此基础上，他还将学会把这些词汇组合在一起用于交流。

在两岁之前，宝宝不需要运用语言来解决问题，因为他的思维所关注的是感觉、运动和摆弄物品，而不是使用概念和词汇。两三岁时，宝宝开始

用语言来思考，他的思维和语言就融合在一起了。这时，思考与说话是同时发生的。当他大声对自己说话时，他的想法会更加清晰，理解会更深入。他也能通过大声说话来与他人交流。

宝宝首先会学说话，然后才学着思考、绘画、写作和阅读。他会学习自言自语，同时也会发现这么做能帮助自己调节行为。一开始，他的自言自语是可以听到的，但却是说给他自己听的。随着年龄的增长，他会学会在心里默默地、以一种更为简洁的方式跟自己说话。这时，这种在内心发生的对话就成为了一种借助文字进行的自动思维方式，例如"我要把这块拼图放在这里"。当他开始用文字思考的时候，语言就不仅仅是他要掌握的一门技能了，它还是他学习过程的组成部分。

绘画是写作的先决条件，因为它有助于宝宝赋予意义，给物体贴标签，同时记住信息。宝宝画画时，他就是在为写作做准备。起初，他的涂鸦只是身体活动的结果，当他赋予这些涂鸦以意义时，他的画就会成为交流和表达的工具。

我非常喜欢跟宝宝一起玩这样一个游戏。找一些白纸订成一个本子。宝宝先说一个短语或一句话，然后我会把他说的话写在白纸上。接下来，他会这句话下面画一幅画。最后，我会大声朗读出他一开始说的话。

如果宝宝给你讲了一件事，你又把它写了下来，这时，他说的话和想法就会变得更加明确。写下他想法的过程迫使他把自己的想法整理得更有条理、更清晰，因为每次只能写下一个想法。在大声说话的时候，他很容易忘掉自己说过的话，但是，当你把他说的话写下来之后，你就可以一遍又一遍地念给他听。虽然他还不识字，但他仍然可以扮演"阅读者"的角色。

在宝宝语言发展的过程中，你在沟通中所流露出的情感会影响他理解和联想意义的能力。你可以用积极的面部表情、眼神和语调来回应他，以此来让他在表达自己的过程中感到舒适和安全。在宝宝三四个月大的时候，他开始会用微笑和发出奇怪的声音来与你交流。在此之后，你可以跟宝宝展开高质量的对话，比如用心倾听、讲故事、唱歌、问问题和阅读等。这么做能帮宝宝拓展词汇量，锻炼思维过程。

宝宝很早就开始通过语言进行学习了。一开始，这是一个接受性的过程。宝宝通过听、记忆、理解发音和带着玩乐的心态学习发音来完成这一过程。这些活动运用的是宝宝的低级心理机能。当他能够有意识地模仿发音并且能在思考后赋予它们意义时，他运用的就是高级心理机能。

游戏

游戏是宝宝展开学习、促进大脑发育和维系健康的重要组成部分。宝宝的身体、心理和智力发育的所有阶段都是通过游戏来整合的。当他处于感觉运动发展阶段时，他会在游戏中触摸、观察、倾听、移动、模仿和练习。在这当中，他会运用自己的感官去探索。在户外游戏可以让他与大自然建立联系。在那里，他可以进一步运用自己的感官展开探索，锤炼加德纳博士所说的探知智能。在与成年人和其他宝宝游戏的过程中，他将学会分享、协商与合作。

在大约三岁左右时，宝宝会运用他的想象力在角色扮演游戏中扮演成年人。他会学着集中注意力，并且他会在游戏的过程中通过反复尝试来让自己的智力和逻辑思维能力自然而然地提升。在角色扮演游戏中，他可以通过尝试有助于发展自信和适应力的新角色来克服恐惧。宝宝游戏就是为了游戏本身，为了获取单纯的快乐。在他游戏的时候，他会全身心地投入当下。

如果宝宝还没有来得及发展自己的想象力就被迫学习太多信息或学习科学，他们就不得不早早离开他们想象中的世界，从而被剥夺充满幻想的游戏过程。我在梦之窗幼儿园作幼教老师时，园里的孩子大约3~5岁。在那里，游戏是幼儿的主要活动内容，孩子们参加艺术、音乐、戏剧、绘画、讲故事、解决问题和户外活动等各种活动。

史密森尼学会下属的美国国家历史博物馆的勒梅尔森中心（the Lemelson Center）与明尼苏达科学博物馆合作举办了一场名为"游戏中的发明"的展览，它探讨了儿童游戏与发明家、科学家所经历的创新过程之间的相似性。这次展览强调了游戏的以下几个方面：

❀ **假设**。假设能帮助儿童和科学家在了解真实世界与想象世界之间的差异时遨游于两者之间。想象有助于发展创造性思维、灵活性、适应性、共情力和以多种方案解决问题的能力。角色扮演游戏能鼓励人们通过视觉和空间思考，促使他们形成和表达想法。

❀ **解决问题**。改变或调整模式的过程有助于激发新的想法。拼图等游戏能帮助人们区分不同的类别以及理解不同类别之间的联系。这么做能帮助他们发现新的模式，打破旧的模式，并以此来解决问题。

❀ **探索**。不断试验和取得突破有助于人们找到实现特定结果的多种方法。

❀ **协作**。与他人游戏有助于人们学会分享、沟通与合作。与他人交流想法能激发创造力，并有助于产生解决问题的多种方案。

　　通过游戏，发明家培养了毅力、好奇心、想象力、沟通能力和解决问题的能力，这一切都是他们工具箱里必不可少的东西。在这场展览中，勒梅尔森中心提出了一个重要的问题：如果游戏的质量和数量正在发生改变，导致孩子们自由游戏的时间减少，那么这一情形将如何影响未来的发明创造？

　　在紧张繁忙的生活里，我们可能会没有时间自由游戏。自由游戏能为宝宝提供探索未知和满足好奇心的机会。在以自己为中心的游戏中，宝宝积极发起和管理自己的各项活动。这么做能让他按照自己的节奏行动，同时还有助于培养他的独立决策能力，以及让他发现自身的兴趣所在。如果你能陪宝宝一起玩以他为中心的游戏，你就能获得从他的角度看待这个世界的机会，这么做能帮助你更好地理解他的需求，也能让你更有效地与他沟通。

　　室内角色扮演游戏和创造性游戏能放飞宝宝的想象力，而户外游戏则意味着新鲜的空气、明媚的阳光、身体活动、反思和交流。自由游戏的放松性质能够为刚性的固定安排和日程提供平衡。作为父母，你的职责是为宝宝提供安全的环境、丰富的资源和以他为中心的学习机会。

　　游戏涉及各种学习方式，也能同时调动低级心理机能和高级心理机能。我之所以给我的公司起名为"爱普蕾"（I play，字面意思是"我游戏"，是小绿芽公司的前身）。原因就是游戏对宝宝们的健康成长与发展至关重要。我认为，在宝宝们玩耍的时候，他们会找到他们本体的自然状态，即一种在其中行动并融合于其中的临在状态。

兴趣、目标与潜力

宝宝的优点、缺点、天资和禀赋都是独一无二的。他拥有独特的才能来满足他的需要，来帮他在生活中找到意义和目标。最佳的学习方法是不限定方法，同时还能帮宝宝找到最能发挥他潜力的、属于他自己的目标。目标是实现某件事或成为某个人的意图。目标感是拥有幸福所必不可少的东西，它也能给予宝宝克服困难的勇气和力量。

当你帮助宝宝发掘他的热情所在，开发他的天赋和才能时，你就是在帮他寻找促使他学习的天然动力。当他与自己的本体相连接时，仅仅是他的存在就能为他提供知识。他也可以通过做一些他擅长的事情（通常也是对他人有帮助的事情）来发现这种内在的驱动能量。《一厢情愿》（*Wishful Thinking: A Seeker's ABC*）一书的作者、美国神学家弗雷德里克·布赫纳（Frederick Beuchner）说："上帝召唤你去的地方既是你深度的快乐所在，也是世人深切的期望所在。"

你的宝宝擅长什么？他喜欢什么？什么事情能让他兴奋，能激发他天生的好奇心？他对大自然、音乐或玩拼图游戏感到兴奋吗？在帮助宝宝补足弱点的同时，你也可以进一步强化他的天赋能力，以此来帮助他发现他的独特才智并追寻他的梦想。

《心流——最优体验心理学》一书作者米哈里·契克森米哈赖博士在"心流"概念的基础上提出了最优体验理论，"在这样的状态中，人们全身心投入某项活动，似乎不关心其他任何事情。这种体验是如此令人愉快，以至于人们会不惜代价投入其中，而目的也仅仅是这件事本身。"作为父母，你一定知道你的宝宝何时会进入这种十分专注乃至废寝忘食的状态。

健康学习的基本技能

在宝宝年幼、尚且无法独立生活的时候，你有责任确保他安全，给他吃，给他穿，给他关爱。除此之外，你也有责任创造条件来供他锻炼思维。你可以使用我在这一章开头所介绍的促进宝宝心智发育的日常措施，以此来为他营造有益学习和成长的环境。有了健康的食物、充足的睡眠、激发大脑的经历和对你的安全依恋，他才能更加高效地思考和学习。

你可以通过帮宝宝培养健康学习的基本技能来将本章关于大脑发育、学习条件和学习方法的建议付诸实施。当你意识到自己身为教师或指引者的角色时，你就能主动为他的学习过程提供支持。此外，宝宝的学习环境、他所接触的玩具和物品也能对他的学习过程发挥积极的影响。

当你的宝宝在某些方面表现出特别的兴趣或能力时，他的学习模式和学习路径就已经形成了。同时，他也拥有了学习的天然动力。这里列出了一些方法，你可以运用它们来为宝宝的学习过程施加积极的影响。了解了这些学习路径和偏好，他的看护者和老师或许就能在他的整个教育过程中更有效地鼓励他。宝宝的学习能力是帮他开创丰富而有意义的人生和实现潜能的关键。

助力宝宝的学习

作为父母,你在帮助宝宝培养基本学习技能方面扮演着重要的角色。你不仅是他的榜样和老师,你也能帮他营造和选择他的学习环境。在他生命的最初几年里,你也能向他展示你的经验,而这些经验能帮他提升他用于学习的思维工具。最后,你还能为他提供各种资源来扩展他的知识,鼓励他的想象力,锻炼他的大脑,并促使他的思维过程发展到下一个阶段。

父母和老师

我们理解的学习通常指的是专家或老师把知识传授给学生的过程。然而,真正的并且有效的学习是在社会互动,即人与人的积极交流中完成的。作为父母,你是宝宝人际关系的最初参与者。通过交流和模仿,他将学会如何面对整个世界。随后,他还会与朋友、其他看护者和老师建立关系和互动,并在此期间向他们学习。

你可以把自己想象成宝宝的向导,而不是他的老师。如果你能按照他的兴趣来安排他的日常活动,并能通过提问来鼓励他,你就能帮他培养学习热情。在《能力之路》一书中,作者萨拉·兰迪这样写道:"当看护者尊重孩子天生的好奇心和兴趣,以及他们天生对学习和发现的热情时,有效的学习才会发生。"宝宝年幼时,最佳的学习方式就是玩耍。在宝宝生命最初的几年里,程序性或强制性的课程可能会干扰宝宝的自然发展过程,并且阻碍将来更进一步的学习。

在探求和学习的过程中,宝宝有能力自我激励和自我指引。他们需要自由和空间去探索和发现,但他们也需要成年人的指引和帮助。宝宝需要在自主探索和接受你的指引和帮助之间找到平衡,这样他才能用正确的方式满足自己不断变化的需求。你可以通过帮助他在新情况和熟悉的情形之间建立联系来提供指引。你也可以了解他的发展阶段,制定相应的策略,然后为他提供他所需要的能帮他进入下一个发展阶段的体验,即维果茨基所说的"最近发展区",以此来支持宝宝的学习。

作为宝宝的向导，你对他的发展阶段和兴趣的观察、你对他学习过程的关注，以及你的反馈都是他不断进步的关键。如果你能同样充满热情地看待他的兴趣所在，你的快乐就能鼓励他继续探索和学习。苏泽在《大脑是如何学习的》一书中这样写道："如果学生能及时收到关于他们思考结果的具体而正确的反馈，他们就更有可能继续探究、不断调整并坚持下去，直到获得成功。"换句话说，如果你能对宝宝的智力发展做出回应，他就能更投入、更高效地学习。

学习是一个相互的过程，你的宝宝也是你的老师。当你们一同展开学习过程时，他的大脑也以他自身的独特方式处理信息。所以，你也能从了解他想法的过程中学到新的东西。

学习的条件

在埃米出生前（当时我还在日本生活），有一天我看到一位母亲给她的宝宝换尿布。在她换尿布的时候，她的做法给我留下了深刻的印象。她的一举一动都考虑到宝宝的想法。她用的是布尿布，她说布尿布贴在宝宝的皮肤上感觉会很好。而且，她叠尿布的方式也能确保宝宝的皮肤不会受到褶痕的刺激。她在想宝宝的皮肤会是什么感觉。即使在使用布尿布的时候，我也总是把速度放在首位，于是有时就会在宝宝的屁股下面垫上一块皱巴巴的尿布。在我养育宝宝的过程中，以及在我为自己的企业开发产品的过程中，我的脑海里多次浮现出这幅画面。

为宝宝创造最佳学习条件的第一步是从他的角度考虑问题。他有什么感受？什么样的环境最有利于他的学习？宝宝学习环境的质量会影响他的学习体验。整洁、干净、考虑他独特需求的环境很可能更有利于他的茁壮成长。在学习过程中，他喜欢有背景噪音的环境，还是喜欢绝对安静的环境？他喜欢光照强一些，还是喜欢光照弱一些？他在温暖的环境里更高兴，还是在凉爽的环境里更高兴？

宝宝的身体在学习方面有什么偏好？他喜欢坐着学、躺着学，还是通过活动身体学？他喜欢空腹学，还是吃饱了以后学？睡眠时间的长短对他的学习有什么影响？他早上学得好还是晚上学得好？他对压力有什么反应？他目前处于哪一个发育阶段？

如果你能发现宝宝的需求，并且能提供最佳的条件来满足他的身心需求，你就能帮他开辟出一条有助于他吸收和处理信息的平坦大道。为了给宝宝创造有利于学习的最佳内部（身心）条件，你要确保他：

❀ **健康**。宝宝生病时，他的注意力和精力都会集中在如何让他的身体恢复平衡上，而不是如何学习上。你要关注他的身体健康，确保他能得到健康的食物、适度的运动和锻炼、新鲜的空气和来自你的抚摸和按摩。此外，你也要注意他的日常卫生。

❀ **安全**。如果宝宝感到焦虑或紧张，他的精力和想法就会转而去满足他的需求，而不是去探索身边的世界。如果他感到安全，他就会自然而然地把注意力转移到外部世界。通过自由探索，他能获得许多经验，而后者又能增强他的自尊，提高他的自我调节能力。同时，由于他的知识库不断扩大，他会有更大的动力继续学习。

❀ **休息好**。研究表明，睡眠是大脑处理记忆的重要条件，因此也是学习的关键前提。苏泽在《大脑是如何学习的》一书中写道："大脑将信息编码到长期记忆区域的过程发生在睡眠当中，特别是快速眼动期（REM）。"在睡眠期间，宝宝的大脑会回顾白天的经历并将它们储存到记忆当中。"

为了为宝宝提供有利于学习的最佳外部条件，你要确保它的学习环境具备以下要素：

- **稳定和积极的能量。** 引人分心的事物和负面情绪会干扰宝宝的学习过程。混乱、紧张、异常嘈杂的环境很可能会对他的学习产生负面影响。在稳定和积极的环境中，宝宝很容易集中注意力。
- **节奏与平衡。** 规律的生活能让宝宝感到安心。最佳的日常安排一般要包括集中思考的心流时间、运动和呼吸新鲜空气的户外时间和安静的休息时间。
- **游戏空间。** 宝宝在不同的发展阶段会有不同的需求。一处安全、有序、适合他需求的舒适空间能鼓励他探索和参与。你可以在房间里找一个角落，然后用地毯、靠垫、儿童桌椅、玩具箱和架子等物品在那里布置一处游戏空间。他可能会喜欢拥有自己的工作台、创作区、厨房、道具区或玩偶之家。在那里，他可以放置自己的玩具，画画，建造房子和玩角色扮演游戏。你可以在用来存放玩具和物品的架子和篮子上粘贴图片标签，以此来帮他保持整洁。你也可以用婴儿游戏垫来标示游戏空间的范围。
- **新奇的体验。** 多种多样的刺激能激发宝宝的大脑。你可以试着给宝宝吃不常吃的蔬菜，比如欧洲防风草或球芽甘蓝，或者去图书馆找一些有趣的书。新奇的体验能帮助宝宝的大脑保持活跃。
- **参与性的体验。** 最有利于宝宝学习的是主动参与和积极投入，而不是被动地观看媒体。除了陪他一起玩之外，你还可以让他参与到你的日常活动中，比如做饭、打扫卫生、购物和养花种草。
- **自由安排的时间。** 爱因斯坦说过："想象比知识更重要。因为知识局限于我们已经知道和理解的所有东西，而想象则包含了整个世界，以及我们将要知道和理解的所有东西。"当宝宝能自由探索时，他会展现出十足的兴奋和创造力。如果宝宝每天都有自由时间可供他支配，他就能拥有放飞自己梦想的广阔空间。

你可以通过将日常活动转变为学习的良机，以此来为宝宝营造浓厚的学习氛围。例如，你可以让宝宝帮你称量烹饪用的调料，按颜色分类要洗的衣物，以及数数通往邮箱的地砖有多少块。拥抱、幽默和鼓励不仅能为宝宝的日常学习带去温暖的感受，还能在他的脑中化作美好的回忆。

性别平衡

注意性别差异。神经科学家丽莎·埃利奥特博士在她所写的《粉色大脑，蓝色大脑》一书中表示，男婴和女婴的大脑只存在细微的差异。然而，由于大脑的结构来自人的经历，于是成年男性和成年女性的大脑就有了显著的不同。埃利奥特表示："对天才青少年的研究证实，与刻板印象中两性各自擅长的能力相比，智力与学术表现的关联在不存在以上刻板印象的能力方面表现得更为明显。"

在生命的最初几年里，由于宝宝的大脑还处在形成过程中，所以可塑性最强。你要多跟他说话，多听他表达，同时多给他读故事。在身体活动方面，你可以教宝宝学习扔球，用积木搭房子，玩拼图游戏。我们的目标不是完全消除性别间的差异，而是要确保男孩和女孩都能有同样的机会来获得各种各样的学习工具和学习技能。

学习的工具

除了你的指引和良好的内部、外部条件，你的宝宝还需要工具来帮助他学习。这些工具也有内部与外部之分。你可以让宝宝参与一些活动来帮助他发展内部的心智工具。而玩具等外部工具则可以支持，鼓励和丰富宝宝的学习和智力发育过程。

在《心智工具》一书中，作者博德罗娃和梁素瑛写道，维果茨基通过研究得出这个结论："如同实体工具作为身体的延伸扩展人的身体能力一样，心智工具也作为头脑的延伸扩展人的心智能力。"宝宝出生时，他使用的是本能的、反应性的低级心理机能。随着年龄的增长，他会逐渐开始运用高级心理机能来有意识地行动。要想深思熟虑地、有目的地行动，人就需要拥有心智工具，后者如有意识的记忆、专注、逻辑、象征性思维和语言。有了这些工具，你的宝宝就可以阅读、写作、回顾、计划、制定策略、合作，以及展开抽象思维和创造性思维。通过磨练这些工具，他的信息处理和问题解决能力将能够更上一层楼。

通过参与游戏和有益的活动，宝宝的心智工具会得到进一步的提升和发展。这些心智工具能提升他的心智能力，同时，宝宝的游戏工具（玩具）也能提升游戏的效果。

在为你的宝宝挑选玩具时，你需要考虑以下几点：

- **安全**。给婴幼儿的玩具不能存在引发窒息的危险。一般来说，如果玩具能穿过卷纸芯，那么对于三岁以下的宝宝来说就太小了。注意小按钮、磁铁和易碎物品。把超过30厘米长的绳子、丝带或电线移出宝宝的活动空间。2岁以下的幼儿不可以玩带有屏幕的玩具，8岁以下的幼儿不可以玩装有电池的玩具。宝宝玩骑乘玩具时，你要在一旁看护，同时要确保他戴上头盔。

- **天然材料**。由天然和无毒材料制成的玩具含有较少的有害物质，如铅、聚氯乙烯（PVC）和双酚A（BPA）。尽可能选择由安全塑料、生物塑料、硅树脂、不锈钢、有机棉、羊毛或木材制成的玩具。不要选择油漆中含有甲醛的玩具。

- **简单、多用途**。玩具越少越好。学习是积极探索的过程，不限玩法、形式简单的玩具更有助于激发宝宝的想象力。这样的多用途玩具有纸盒、积木、拼插玩具和叠叠杯（从小到大套在一起的一组杯子）。适合用来玩角色扮演游戏的玩具有各种推车、工具包、厨房用具、游戏屋和道具服。带有屏幕的玩具、电子游戏机和电视机无法激发宝宝的想象力。

- **熟悉**。装玩具的盒子往往比玩具本身更能吸引宝宝的兴趣。常见的家庭用品有时也能让宝宝玩很久，给他带去快乐和良性刺激，比如漏斗、面粉筛、木匙、金属碗、金属盆、塑料水管、园艺工具、布片、玉米粉、自制橡皮泥和装有豆子的零食杯。

- **大小适中、契合发展阶段**。契合宝宝年龄和发展阶段的物品或玩具会更加适合。例如园艺工具（铁锹、耙子、喷壶）、厨房用具（碗、勺子、桌子、椅子、玩具灶台、玩具冰箱）和家用工具（锤子、刷子、扫帚）。

- **适用于不同发展阶段**。有些玩具可以陪伴宝宝走过多个成长阶段。在宝宝的不同年龄阶段，结构简单、不限玩法的玩具往往都能引起他的兴趣，并给他带去良性的刺激。例如，两岁的宝宝可能会对推倒积木感兴趣，而四岁的宝宝则可能会用同样的积木来搭一座塔。积木能契合各年龄段宝宝的发展水平，有助于他迈向新的发展阶段。

你可以鼓励宝宝管理玩具，保持玩具整洁有序，并在玩耍后把玩具收起来，以此来教给他日常生活技能。为了不让他对玩具感到厌烦，你可以定期轮换他的玩具。为了宝宝玩得高兴，你可以把他的玩具摆放整齐，或者设置特定的场景来提升他在玩耍中的体验。以下种类的活动有助于促进宝宝的学习：

❀ **感官类活动**。刺激宝宝的触觉，让他接触各种材质的物品，例如柔软的、让人看见就想抱的玩偶和硬硬的、表面光滑的积木。刺激宝宝的视觉，为他搜寻好看、和谐的颜色和图样。刺激宝宝的听觉，给他听柔和的摇铃声，而不是响亮的、容易给他造成过度刺激的电声。刺激宝宝的嗅觉，给宝宝闻天然的而非人造的气味。刺激宝宝的味觉，给他找一些安全的东西品尝，确保他把它们放进嘴里的时候不会感到难受。

❀ **运动类活动**。为宝宝布置一处有边界的安全空间，任由他在里面自由活动。不要用气垫、摇椅、学步车等玩具来限制他的自然活动。骑乘玩具、健身架和球类玩具能帮助宝宝动起来。瑜伽、游泳、跑步、爬行、舞蹈和跳跃等运动有助于锻炼他的大肌肉运动能力，提高空间感知能力。绘画、演奏乐器、折纸、拼图、系纽扣、拉拉链和用餐具吃饭等活动有助于锻炼他的精细运动能力。

❀ **互动类活动**。用毛绒玩具或手偶给宝宝讲故事。你可以用镜子和相册来促进他与自己和他人的互动。另外，做游戏和唱歌也有助于社会互动。

❀ **语言类活动**。跟宝宝说话，给他读故事，唱歌。图书、艺术、互动游戏和对话都能促进语言能力的发展。使用第二语言和宝宝说话或给他听用第二语言唱的歌。

❀ **认知类活动**。给宝宝一些问题来让他解决。整理和分类玩具，拼图和棋盘游戏等活动能鼓励他投入其中，同时能锻炼他的记忆力、专注力、概念形成能力、逻辑与推理能力和数学能力等心智能力。

❀ **创造类活动**。激发宝宝的想象力。艺术用具（蜡笔、粉笔、记号笔、纸、胶水和粘土）、乐器、录音设备和道具服能为他提供表达想象的机会。

❀ **自然探知类活动**。跟宝宝一起探索神奇的大自然。树枝、贝壳、石头、树叶、草、松果、沙子、水、花和菜园里的蔬菜都是大自然赐予宝宝的玩具，它们能刺激他的感官，激发他的想象力。

作为父母，你可以扮演宝宝的老师和向导的角色，为他营造最佳的学习环境，提供内部工具和外部工具，并且鼓励他参加有助于实现他全部潜能的对他有激发作用的活动，以此来促进他健康发育。

 了解关于"儿童安全"的更多信息请访问 growhealthygrowhappy.com

健康学习的 7 条路径

宝宝天生的好奇心是他探索世界、寻求新鲜体验和学习新知的主要动力。在体验各种经历的过程中，他的大脑会不断形成神经连接和学习路径。重复的经历能加强这些发展路径，使它们变得更为稳固并彼此相连，进而为他一生的学习打下基础。

作为父母，你可以一边观察宝宝的自然发展阶段，一边为他提供有助于他成长的、对他有激发作用的各种体验。此外，你也可以通过只是跟宝宝待在一起来增加你与他的接触，加强你们之间的联系，最终达到促进他学习的目的。

为了了解宝宝的与生俱来的学习模式，以及指导他各个方面的学习，我总结了健康学习的7条路径，它们能为你的宝宝提供7种不同的学习体验。如果你能有意识地通过所有7条学习路径为他提供各种刺激和体验，你就能帮他实现自然、平衡和全面的发展。

即便宝宝在某些类别的学习路径上占有优势，但利用全部7条学习路径能让他获得更大的收益。创造这些体验并不一定难以做到、昂贵或费时。了解这些学习路径后，你可以把它们运用到日常生活中。要想强调宝宝的感官类学习路径，你只需花一点时间让他注意面包店里的香味、苹果的滋味或花朵的颜色。要想激发他的运动类学习路径，你只需在抱着他的时候刺激他的脚趾，或者确保他每天都有时间活动身体。

这些学习路径很容易分类、记忆和使用，一般可以分作身体发育、情绪发展和智力发育三个方面。宝宝通过他的感官和运动技能来实现身体发育，通过与自己和他人互动以及借助交流表达自我来实现情绪发展，并且通过提升认知与创造能力来实现智力发育。探索自然的过程融合了身体发育、情绪发展和智力发育所有三个方面的学习路径。虽然在身体逐渐发育成熟的过程中，你的宝宝能自然而然地学习，但他也需要你的关爱和指引，需要你有意识地为他提供相应的体验来最大限度地挖掘他的学习潜力。

这些学习路径并不是彼此孤立、截然不同的。它们是紧密联系、相互依存的。它们共同发挥作

健康学习的7条路径

用,又相互补充。例如,宝宝的感觉和运动能力是结合在一起的,它们在相互促进中共同发展。当宝宝看到地上的玩具并用手捡起来时,他就运用了手眼协调能力,即视觉和运动能力的结合。

贯穿宝宝的不同发育阶段,你会注意到他在不同的年龄专注于特定的发展区域。例如,在生命的第一年里,他专注于感觉和运动能力的发展。在第二年里,他的语言和认知能力增长得更快。在第三年里,他主要发展更为复杂的创造力,同时进一步完善其他发展领域已经习得的技能。在他生命的前三年里,他的社交能力也会越来越强。在这几年里,他还会使用自然探知类学习路径(与其他6条学习路径相结合)。

宝宝的成长是一个生物学过程,遵循特定的时间和顺序。到了特定的发展阶段,他自然就能翻身、爬行和走路。然而,尽管他的自然发育过程可能与其他所有孩子相似,但他也有自己的独特发展过程,存在各种各样的起伏和波动。他可能会在某一个发展领域有些滞后,同时又会在另一个领域有些超前。然后,他也可能会在某条似乎发展缓慢的学习路径上突然加速,获得出人意料的进步。如果你能接纳宝宝独特的自我,并能认清他的发展水平,那么你就不会太过在意他成长缓慢的阶段,你就可以通过促进他的成长来最大限度地挖掘他的学习潜力。

你的宝宝可能有倾向于使用某些特定学习路径的独特天赋。你可以辨识和培养这些天赋,使用他偏爱的学习路径,以此来促进他的学习。你也可以为他提供与其他学习路径有关的体验,以此来帮助他兼顾其他学习路径并取得平衡。例如,如果他擅长认知技能,比如解决问题和搭积木,你就可以给他提供大号积木或玩具,以便使他既能按照自己喜欢的方式玩耍,又能锻炼他的运动和感觉能力。我的外孙佐身体很壮实,于是他的母亲玛丽就利用他对运动的热情来引导他展开其他学习路径的学习。

例如,为了帮助他发展社交技能,玛丽就创造机会来让他在体力游戏中与他的朋友们互动。

为了研究什么样的家庭环境有利于婴幼儿的学习,罗伯特·布拉德利(Robert Bradley)和贝蒂·考德威尔(Bettye Caldwell)设计了家庭环境评估量表(Home Observation for Measurement of the Environment,HOME)。他们的研究结果表明,有益智力发展的家庭环境中的孩子在学业成绩和入学准备测试中得分更高。在这项研究中,他们用来评估家庭环境的指标有:提供有益发展的玩具和多种刺激、借助图书和游戏鼓励语言发展、对宝宝表现出亲切和喜爱、营造稳定的家庭环境和不使用暴力。这项研究证实,在关爱宝宝的看护者的参与下,多种多样的丰富经历能够促进宝宝的学习。

所有学习路径的共同发展能巩固宝宝的基础,挖掘他的学习潜力。熟悉了这些学习路径后,你会变得更有创造力,进而找到独特的方式来把它们融入宝宝的日常生活中。

感官类学习路径

通过感官学习是宝宝所有学习路径的基础。他通过多个感觉系统接收来自环境的刺激。当他还在子宫里的时候，这些系统就已经在刺激下开始发育。感觉信息通过触觉、视觉、听觉、嗅觉和味觉传递给你的宝宝。

作为父母，你可以为宝宝提供大量有利于他使用各种感官的机会，以此来帮助他发展感官类学习路径。例如，你可以引导他闻闻香料的气味，尝尝酸奶的味道，感受木头摸上去的感觉，听听小鸟的叫声，或者看看蓝色的天空。在学习过程中，他可能会对不同的感官类学习路径产生偏好，例如触觉、视觉、听觉、嗅觉和味觉。

触觉

宝宝最早拥有的感觉之一是触觉。在胚胎时期，他的鼻子、嘴唇和皮肤就拥有了这样的感觉能力。在发育过程中，他可能会记住各种各样的早期触觉，例如妈妈亲吻自己时的温馨感，以及爸爸胡子又粗又硬的感觉。

随着宝宝的成长，他的触觉会变得更为灵敏。他开始对温度变得敏感。为了保护自己免受过度的刺激，他可能会在感觉快要受不了的时候把手缩回来。他的触觉也与他的视觉和动觉发展紧密相关。如果他一边触摸某件玩具并且一边看着玩具，或者如果他在触摸玩具的同时活动他的身体，他的不同学习路径就会协同感受不同的刺激。

你可以通过为宝宝提供多次重复的体验来帮助他提升触觉感知能力。注意他衣服的质地以及衣服与他的皮肤相接触时所可能产生的感觉。贴身衣物、肌肤接触、按摩、洗澡、柔软的毛绒玩具和毯子都是触觉刺激的工具。为宝宝提供能任由他在泥里、土里和沙子里自由感受的机会。给他提供不同口感的食物。随着触觉的发展，他将能够以过去的经验为基础预估物品的触感。

视觉

对新生的宝宝来说，视觉是他最为复杂也最不成熟的感觉系统。他的眼睛需要与肌肉和大脑协同工作才能让他拥有视觉能力。出生时，宝宝的视力非常模糊，无法聚焦。在出生后的第一年里，他对颜色的感知能力、视觉敏锐度、聚焦和辨别图案的能力、深度感知能力、立体视觉，以及观察和跟踪运动的能力都会逐渐提升。

你可以通过让宝宝看各种各样的东西来帮助他发展视觉。新生儿特别喜欢看面孔并对面孔做出反应，尤其是在你用表情和动作跟他交流的时候。在出生后的最初几个月里，他会对眼前悬挂的玩偶和运动中的物体做出反应。你可以为他提供色彩鲜艳的玩具，或者在他的婴儿床或墙上放置图片。你也可以通过改变他所处的环境来帮助他识别不同的景象，比如去公园散步或开车带他出去。

听觉

与触觉和视觉一样,宝宝的听觉也是在子宫里开始发育的。到他1岁的时候,他就完全能像成年人一样听到、记住、辨别和回应不同的声音。他的听觉对较大的声响非常敏感,这样的声音可能会惊吓到他。和他说话时,使用较高的音调更能引起他的注意和回应,而使用较低的音调则可以给他抚慰,通常也能让他安静下来。

你可以通过关注宝宝喜欢听什么样的声音来帮他发展听觉。给他听悦耳、有趣的声音,但不要太大声或太过刺激。你可以跟他说话,给他唱歌,读故事。也可以摇摇手摇铃,演奏乐器,或者一边播放你最喜欢的歌曲,一边带着他跟随音乐舞蹈、蹦跳。引导宝宝注意周围环境里的各种声音,尝试模仿这些声音,并且鼓励宝宝也照你的样子做。

嗅觉

宝宝的嗅觉与大脑的联系最为紧密。不同物质的分子混合在一起会形成某种气味。这种气味能刺激宝宝的嗅觉感受器,使后者向他的大脑发送信号。随后,他的嗅觉系统就会唤醒他的相关记忆。就像大海的味道能让你想起过去在海滩的经历一样,当宝宝一边吃奶,一边闻着奶香和你皮肤的气味时,他也会记起过去的舒适感受。在一项研究中,婴儿能从分别沾有5位母亲乳汁的5块布料中分辨出自己母亲的气味。

宝宝的嗅觉是用来保护他的。难闻的气味(比如臭鼬或污水的味道)会让他感到难受。同样,烟味、汽油味、臭鸡蛋味、鱼腥味也能刺激宝宝的嗅觉,使他远离产生气味的源头,从而对自己起到保护作用。

你可以通过关注宝宝所处环境中的气味,并为他提供好闻的气味(例如鲜花和精油的香味、饭菜的香味和大自然的气味)来帮他发展嗅觉。化学香水和人工合成香水的气味与纯天然的气味不同,并且可能对宝宝敏感的鼻子有害,所以,你最好使用纯天然的气味来激发他的嗅觉。

味觉

宝宝的味觉也是在他出生之前开始发展的,这可能会影响他日后的饮食偏好。如果你是母乳喂养,他就可以通过母乳尝到你吃的食物的味道,并且他能尝出母乳和配方奶的不同。虽然味觉和嗅觉是彼此独立的感觉功能,它们也分别有各自的感受器官,但这两个感官系统是相互关联的。味觉能告诉宝宝食物是甜的、咸的、酸的、苦的还是辣的,而气味能影响他对味觉的感受。

宝宝也通过触觉来体验自己的味觉和嗅觉,因为他能感觉到食物和他塞进嘴里的其他物品的不同质地和温度。你可以通过给宝宝提供各种不同口味的食物来帮他发展味觉。他的味觉感受器向他的大脑发送信息来刺激和发展这一路径,而他也从大量的味觉体验中获得新知。

运动类学习路径

运动与宝宝的感官发展密切相关。事实上，运动也被称作第六感官。在会爬或会走之前，无论他想去哪里都要依赖成年人。但一旦学会爬行或走路，他就能有目的地影响自己的环境。例如，会爬或会走后，他就可以主动接近你，这么做能给他安全感，增加有益学习的互动。宝宝的身体活动也与他的认知过程有关。身体运动能发出信息刺激他的大脑，而当大脑产生想法后，它又能让身体把这些想法付诸行动。当他反复把东西掉在地上来让你一遍又一遍地捡起来时，他就是在通过观察因与果的联系来学习。

学会爬和走后，宝宝就获得了能让他用来满足好奇心、探索和学习的运动能力。运动还与他的其他学习路径有关。当他在花园里把球滚给你的时候，他可能会运用到他所有的学习路径。

重复的运动能促使宝宝建立稳固的神经通路，于是对运动的记忆就成为了宝宝提升其他技能的基础。接下来，宝宝还可以将这些技能进一步迁移到更多技能的学习过程中。你可以鼓励他参加有趣的体力活动，以此来帮助他培养大肌肉运动能力、精细运动能力和空间感知能力。

大肌肉运动能力

大肌肉运动能力指宝宝在全身性运动中有意识地、熟练地控制肌肉的能力。大肌肉运动技能包括翻身、爬行、坐、站、走、跑、跳、跳绳、骑三轮车或自行车等技能。宝宝发展大肌肉运动能力的顺序是从头到脚，首先是脑袋，然后是躯干、腿和脚。足够的力量、身体协调能力和平衡能力是大肌肉运动能力的基础。大肌肉运动能力与精细运动能力同步发展，且相互影响。与运动有关的是宝宝的前庭系统，后者通过他的内耳帮他保持身体平衡。前庭系统对宝宝的平衡感和空间感至关重要。

你可以在运动方面为宝宝做表率，同时鼓励他多做运动，以此来帮他提升大肌肉运动能力。你可以跟他一起坐摇椅，荡秋千，通过刺激他的前庭系统来发展他的前庭觉。你可以和宝宝一起趴在地板上，让他带领你在地板上探索。你可以为他按摩，跟他一起做瑜伽等室内运动，为他布置方便他自由探索的安全空间。你也可以给他一根球棒，鼓励他往地板上击球，让他能够通过挥舞球棒感受到自己的力量。此外，你也可以带他去游泳池、公园和树林玩耍。

精细运动能力

精细运动能力是宝宝协调手指、手掌、手腕、脚趾、脚掌、舌头、嘴唇和面部等小肌肉运动的能力。他通过用拇指和食指捏起小物件、抓握勺子等器具、用蜡笔画画、拼拼图、折纸、使用剪刀和演奏乐器等方式来培养运动的灵巧性。他的精细运动技能与大肌肉运动技能是相互促进、协调发展的。

你可以通过按摩宝宝的手指、脚趾、手掌和脚掌来帮他提升精细运动能力。你可以给他吃用手拿着吃的小块食物，并且教他如何把食物送进嘴里。你可以教他如何把麦片从一个杯子倒进另一个杯子。你可以让他在听你讲故事的时候自己拿着书。你也可以教他学画画，弹奏木琴，以及使用筷子。

空间感知能力

空间感知能力是宝宝识别自己在空间中的位置，以及理解不同物体相对于他或相对于彼此的位置关系的能力。在刚刚拥有感觉和运动能力的时候，宝宝可能会把世界理解为伴随动作出现的一系列感觉。随着客体永久性的逐渐形成，他开始理解，客体是独立的实体，即便离开自己的视线也不会消失。这一能把自己与外界相区分的意识是他发展空间感知能力的重要前提。

宝宝能坐起来后，他对周围的环境会有更加清晰的认识，于是他的空间感知能力也会显著提升。此外，爬和走也能带给他全新的视角，让他有能力从整体上理解自己所处的位置。

宝宝的视觉与他的空间感知能力直接相关。在他能感知深度之前，他并不害怕从高处掉落。然而，一旦他学会爬行，并且开始将自己的身体活动与视觉联系在一起时，他就会知道从高处掉落非常危险。当他能自由地移动自己的身体时，他就会理解不同物体的相对位置是如何伴随他的移动而改变的。

本体觉是宝宝感知运动以及闭上眼睛仍然知道自己身体所处位置的能力。如果他过度兴奋或者受到过度刺激，你就可以通过为他的身体施加物理压力来帮他集中注意力并平静下来，比如把你的手紧紧按在他的背上或肚子上。在他出生后的前几个月里，襁褓能为他的身体提供压力来帮他安静下来和睡觉。实际上，无论他几岁，你都可以通过为他按摩或抱紧他来达到同样的目的。宝宝三四岁淘气时，你的一个大大的熊抱就很可能会让他放松和平静下来。

你的宝宝通过独自活动身体和对你的观察和模仿来学习运动技能。你可以通过下面这些方式来帮他发展空间感知能力：

- 为宝宝提供一处界限明确的游戏区域，这么做能使他对这片区域产生特殊的感受。
- 为宝宝提供他可以爬进去的箱子，或者他可以爬上去的台阶或梯子，以此来帮他发展本体觉和前庭觉。
- 陪宝宝一起玩有助于提升手眼协调能力和脚眼协调能力的游戏，以此来帮他在视觉和身体活动之间建立联系。例如，你可以和他用手或脚玩"你拍一，我拍一"游戏。
- 为宝宝指出不同物体的朝向、距离和位置，帮助宝宝认识它们在环境中的位置，以及它们相对于他或相对于彼此的位置关系。
- 让宝宝移动他身体的不同部位或捡拾各种物品。

互动类学习路径

与自己和他人互动是宝宝的主要学习路径之一。随着自我意识的出现，他会开始学习人际技巧，发展情商。他开始意识到自己的存在，增长自信，学习调节自己的情绪，拥有主动性，并且开始关注自己的灵性世界。他通过共情、同情与合作等人际技能和培养鲜明的性格与价值观来提升自己的社交能力。这些个人与人际关系技能是宝宝实现社会性发展的重要根基。

宝宝在生命最初几年里与父母、看护者和家庭成员的关系将决定他的依恋类型。在这一基础上，他还将提升认识自身和与他人合作的能力。这些能力能帮助他倾听、学习和保持专注，从而最大限度地实现他的潜能。你可以为他提供能够促使他认识自身和理解他人的经历，以及有助于他把个人成长与人际关系发展结合起来的经历，以此来帮他发展互动能力。

自我认知能力

宝宝是通过理解和支持自己来发展自我认知能力的。当他发现自己的身体与他人相独立，自己的想法也与别人不同，这时他就会意识到，自己是一个独特的个体。当他能理解客体永久性后，他会开始认识自己，进而形成自我认同。他开始认同自己的身体和产生特定结果的行动。他也会了解自己的性别。随着年龄的增长，他还会学着分辨自己的情绪，并以此来指导自己的行为，培养自己的自主性。这些发现将在他有意识地反思和行动的过程中为他的自尊、自信、勇气和意志打下基础。这一自我认知的学习路径需要善于观察、能肯定宝宝对自我的认识的父母来提供支持。

让宝宝看到镜子里的自己，面对面跟他说话（让他看到你的脸和笑容），叫他的名字，用手指他，或者给他看他的照片，以此来帮他培养自我意识。按摩和介绍他的手指、脚趾、眼睛、耳朵和鼻子等身体部位，以此来鼓励他认识自己的身体。及时回应他的需求和行动，承认他所取得的成绩，以此来对他表示关注。制定清晰、连贯和公平的规则。让宝宝自己做事情，完成简单的家务，这样他就能觉得自己是有价值的和有能力的。

合作能力

与他人成功互动需要宝宝具有理解他人并与他人合作的能力。他通过自己与父母、看护者、兄弟姐妹等亲友之间的人际关系来学习这一能力。在出生后的前几个月里，他就能分辨不同人的面孔和说话的声音。跟其他人在一起时，他会观察和模仿他们的行为，学着跟他们互动。这时的他无法把自己与外界明确区分开来，所以，他把所有人都看作是自己的延伸。

在生命最初的两三年里，宝宝可能不知道如何与其他孩子分享、妥协和协商。不过，他仍然可以通过定期与他人互动来学习社交技巧。为了成功地进行互动，他必须能够理解自己的情绪并且用恰当

的方式表达出来。他还需要知道如何解读和回应人际交往中的暗示。你可以多创造一些机会来鼓励他参与人际互动,以此来促使他增进对他人的理解。

在为宝宝约玩伴的同时,你也要准备一些既能供他们一起玩,又不容易使他们产生矛盾的游戏。你可以借助布娃娃和手偶来演示情感和模拟互动,也可以用你的声音、表情和动作来把宝宝的特定感受表达出来,同时和他讨论他的这一感受。在尊重他人和与他人共情方面,你也要为他树立榜样。最后,你还要找机会让宝宝置身于不同的文化环境当中,以此来让他学习和理解来自其他种族和文化的想法。

语言类学习路径

宝宝的沟通能力在他出生后的前几年里发展得飞快。在他学习肢体语言、听和说中的细微差别时,他的语言能力会突飞猛进。在这一阶段,他的绘画、写作和阅读能力也会显现出来。在生命的前三年里,宝宝更容易像母语使用者那样掌握第二种语言,如果等他上学后再学会困难许多。

宝宝是通过模仿和重复你说的话来了解他的环境和文化的。有一种语言发育理论认为,人类的大脑天生就有学习通用语言的能力。宝宝生来就能快速掌握语言,而不需要学习规则和语法。如果你能激发他的自然本能,你就能最大程度地促进他的语言发育。

各种语言当中都有幼儿能够识别、记忆和分类的表征和符号。当你的宝宝在他的脑海中为这些图像进行组织和分类时,他就是在为语言以及其他认知方面的发展打基础。例如,玩玩具和拼图(包括分类和堆叠)能为他提升思维与沟通能力创造条件。

语言对宝宝在诸多方面的发展都有巨大影响。沟通能力能影响他的互动和想象能力;语言能影响他的认知过程,并且能为他提供实现成功的各种机会;而他对自我、身份和文化的感知也与他的沟通能力密切相关。

你可以通过识别他的发展阶段,并且意识到他从出生起就一直在发展语言技能,来帮他提升沟通能力。你可以通过陪伴,倾听他的声音,给他读故事,回应他的啼哭等暗示来与他沟通。最后,沟通是双向的,这一点非常重要。

肢体语言能力

在宝宝会说话之前，他主要借助他的身体通过语言之外的方式与你交流。他会做出各种面部表情和眼部动作，他会皱起鼻子、遮住眼睛、转身、踢腿、抬腿和弓背。他会用肢体语言告诉你他累了、烦躁了，或者对互动和玩耍感兴趣。他还会解读你的手势、动作等肢体语言，并对它们做出反应。

宝宝的肢体语言是由有意义的动作组成的，这些动作能够对应他日后用口语交流时将使用的表征和符号。一开始，宝宝的部分肢体动作是他无法控制的反射行为。例如，在出生后的前几个月里，只要你拿东西碰他的手掌心，他都会做出抓握的动作。1岁过后，他会发展出有意识地克服自动反射的能力，以此来有目的地行动。这时的他已经学会有意识地抓住一个物体，或者选择不抓住它，而不管它是否碰到了自己的手掌心。

你可以关注并及时回应宝宝通过肢体动作所表达的需要，以此来帮助他掌握肢体语言这一交流工具。你的回应会让他知道，你理解并重视他和他向你传达的信息。注意观察和倾听，努力搞清楚他在表达什么。在会说话之前，他会用一些简单的手势和你交流，比如挥手道别、点头表示"是"，或者摇头表示"不"。宝宝的肢体语言能帮助你了解他的身心状态。就像你能读懂宝宝的肢体语言一样，你也可以通过肢体语言来与他交流你的感受。

听的能力

宝宝在开始说话前很久就开始学习语言了。他通过听你说话时的音调和起伏，通过重复，通过把各种各样的物品和场景与特定的词汇联系起来，来学习词汇。听是一种接受性的交流方式，即使宝宝不知道他听到了什么词汇，也不知道这些词汇的含义，他仍然能感受到话语中所包含的情感。

通过听他人说话，宝宝不需要老师来教就能了解关于语言的各种知识。他就像海绵一样，把你说的话不断地吸收进去。到了一定的时候，他会开始模仿他听到的声音，以及他眼中你的嘴和舌头所做出的动作。学习语言时，他更喜欢直接听你的声音而不是录音。

你可以通过与宝宝交谈，给他讲故事、唱歌、读书来帮他发展听的能力。跟一个刚满月的婴儿谈论你在做什么事，在准备什么饭菜，或者你要去哪里，这么做可能会让你感到有点好笑。但是，在你关注他，并且与他交流的时候，你就肯定并尊重了他。如果你能为他提供听你说话的机会，你就能帮他理解说话的节奏，扩充词汇量，最终掌握能使他与你交谈的语言技能。

说的能力

说话是一种积极的交流形式，因为它涉及发声。在宝宝生命的前三年里，他一开始只会发出简单的声音。然后，随着口腔结构的改变，他的发音会变得更为复杂。宝宝首先会发的是元音，然后是辅音加元音的发音，例如"mama"、"baba"和"dada"。他一般按照下面的顺序学会说话：啼哭、咕哝、尝试发声、牙牙学语、说单个词汇、重复你的话、说两个词汇的句子和短语，以及说3~4个词汇的句子。

语言能力是智力的重要组成部分。宝宝学说话时，他的语言能力和认知能力是相互促进的。在出生后的前18个月里，他会本能地聆听周围的声音，学习语言规则。你可以通过为他提供优良的语言环境来帮他发展语言能力，也可以通过关注和倾听他的表达来提升他对说话的自信。坚持每天跟他说话能帮他积累词汇。重复他的话能表现出你对他的肯定。最后，你也要考虑他目前的语言发展水平，然后提供相应的刺激来推动他进入下一个发展阶段。

读写能力

画画是写作和阅读的基础，它能帮助宝宝把词汇和图像联系起来。一开始，宝宝可能只是把画画作为一种身体活动，而不会把画画与意义联系起来。然后，他会学会做与某件事有关的记号，并且进而把事情与纸上的图案和符号联系起来。如果他能在一个圆圈里画一个点来表示眼睛，或者画几片花瓣来表示一朵花，那么他就把符号和意义联系在了一起。拼图和形状匹配玩具能帮他学习组成字母的基本形状，例如三角形、圆形和正方形。到了某个时候，他就会明白这些符号与文字相关联，而写作和阅读是交流的两种形式。

阅读和写作为宝宝打开了广阔的世界，这一发现足以塑造和改变他的生活。识字是他在学习、交流、生活、事业和财富方面获取成功的关键，也是他承担社会责任和为社会做出贡献的重要条件。识字有助于他处理信息，形成想法和发展想象力。

你可以通过交谈、唱歌、阅读、写作、讲故事、画画和跟他做游戏来帮他学习写作和阅读技能。绘画和写作的材料有蜡笔、记号笔、粉笔、铅笔和手指画颜料。形状匹配玩具能帮他辨认字母。设置一段阅读时间，他看他的书，你看你的书，在享受阅读的乐趣方面为他做榜样。带他去图书馆参加故事会，给他办理属于他自己的阅览证。总之，你要把阅读和写作变成你们可以一起享受的既有趣又放松的时光。

第二语言能力

健康的婴儿生来就具有听、说任何语言的潜力。在出生后的前三年里，如果宝宝能不断地听到两种语言的不同声音，他就能形成像母语人士那样轻松掌握两种语言的神经通路。如果宝宝经常能听到特定的语言，那么他的神经元就会得到发展来辨别和运用这一语言。如果他不常听到这种语言，这些神经连接就会消失。宝宝的大脑由他所听到的东西塑造，他通过反复接触来学习。正规语言教育的最佳学习年龄为6~10岁。10岁过后，学习第二语言就要付出更多的努力。

学习两种或两种以上的语言能够给宝宝带来终身的益处。这么做能增强他的记忆力、创造力、适应力和专注力。同时，这么做也能提高他的读写能力，使他对词汇产生更深刻的理解，拥有更加优秀的阅读技能，同时激发抽象思维。掌握第二语言能让宝宝适应更多的文化，同时拥有社交优势。即使短暂接触第二语言也能为他的认知和学业带来帮助。

你可以通过为宝宝提供接触另一种语言的机会来帮他掌握两种语言，或者把第二语言融入他的日常生活。如果你会说第二语言，那么用这种语言跟他交流是帮他学习这种语言的最佳方式。不管学什么语言，你都可以让他经历同样的学习过程，例如看书，讲故事和唱歌。在词汇之外加入动作、情感和音乐有利于他吸收、联想和记忆新的词汇。陪伴宝宝，跟他一起经历学习一门新语言的探索和发现过程。到讲第二语言的国家旅游，让他沉浸在当地的文化中，做体验式学习。在餐馆吃饭时，用第二语言说出食物的名字，如寿司、薄饼、玉米饼或泰式炒饭，以此来帮他在词汇与事物之间建立联系。

认知类学习路径

宝宝的智力活动包括对知识的学习、记忆和运用。丰富的互动和经历能刺激他的大脑形成促进不同脑区相互沟通的神经通路。他的认知学习路径与其他6条学习路径存在密切关联。在他挥动胳膊、品尝香蕉、对你微笑、听你说话、注视蝴蝶或随着音乐蹦跳的时候,他也在大脑中建立神经连接,并通过这些活动来学习。他的认知类学习路径包括好奇心、记忆力和解决问题的能力。

认知能力能让你的宝宝理解这个世界,并在其中有意识地追寻自我。他一开始只拥有反射性和反应性的低级心理机能,随着发育的进行,他会开始运用高级心理机能来深入思考。他早年的认知发展与他日后的成功关系密切。

你可以通过为他提供有利于激发智力的环境来帮他更多地运用他的认知类学习路径。你可以多跟他聊天,玩鼓励思考的游戏,问他问题,以及一起探索和发现。

好奇心

好奇心是通过探索、发现和搞清世界运转方式的一种发自内心的学习愿望。从出生开始,你的宝宝就对理解新事物非常感兴趣。他拥有的学习机会越多,他的好奇心就越强。发现后的喜悦能使他学习和了解更多的欲望进一步加强。

鼓励宝宝的好奇心能帮他在学习过程中建立自尊和信心，而抑制他的好奇心则会使他的学习积极性降低。如果你对他的好奇心表达了负面的看法或施加了不必要的限制，他就可能会退缩，产生负面感受，进而无法去积极探索。令人不安的环境会让他对尝试新体验感到焦虑和紧张。

如果你能带着一颗童心，并且在烹饪、绘画或户外远足的过程中跟你的宝宝一起探索，你就能在保持好奇心方面为他充当表率。你可以通过为他提供有机会发现新奇事物的有趣环境来帮他培养好奇心。定期轮换他的玩具、墙上的图画和他的书。避免他接触电子玩具，同时用角色扮演游戏、艺术创作与户外活动来激发他的想象力和创造力。以宝宝为中心，鼓励他循着自己的兴趣探索。确保他有丰富的时间自由玩耍，这样他才有机会去追随他自己的想象。

记忆力

记忆力是回忆、识别经验与事物的能力。宝宝的记忆力能帮他记录属于他自己的独特经历，同时把他过去的经历与未来的可能行动联系起来。没有了记忆，生活于他而言就会失去意义。

记忆力是一切学习的基础。宝宝需要记忆力来发展概念，理解因果关系，学习语言和解决问题。有了记忆，宝宝就能从错误中汲取经验，并且在未来调整自己的行为。

你可以跟宝宝分享你经历的一切，引导他关注重要的事件、物品和情形，让他意识到正在发生什么事并能在日后记住它，以此来帮他提升记忆力。重复和意义有利于宝宝提升记忆力。例如，如果你反复跟他谈论某一种动物的叫声，这种声音就会牢牢地印刻在他的脑海里。如果某一经历给了他异常深刻的体验，他就能毫不费力地记住它。

问题解决能力

当你的宝宝饿了或者需要换尿布的时候，他就会啼哭，直到有人来照顾他，他解决问题的能力最初就是这样形成的。他通过因果关系和试错来理解逻辑和学着解决问题。如果没有记忆力，他就会忘记因果之间的联系。要想解决某个问题，他需要明确目标，理解现状，以及知道这两者之间的差距。例如，如果宝宝想从罐子里取出一块饼干，他就可能会遇到一系列困难。如果饼干放得太高，他够不到，他就可能会搬一把椅子站在上面，这样他就能够到饼干罐了。如果宝宝只是日复一日地经历同样的事情，他的大脑也就只会重复已经形成的习惯和模式。而只有在他面临新问题需要解决时，他的大脑才有机会学习新知。此外，解决问题的能力以逻辑和数学技能的掌握为基础。

如果你过分溺爱你的宝宝，导致他没有机会去动脑筋、想办法，他就无法学会独立思考。如果他有机会尝试，失败，再尝试，他就能学会坚持不懈，同时学会如何解决问题。反过来，这些技能又能增强他的适应力，使他变得更加专注、自信和成功。

你可以让他自己做事情，比如让他自己去拿他够不着的玩具，自己吃饭，自己走路，以此来帮他提升解决问题的能力。给宝宝出一些难题，并且询问他如何面对这样的挑战。跟宝宝说话时，要尊重他的想法。你可以找一些简单的任务交给他去完成。你可以多参与他的活动，并且以他的意图为中心。你可以在教他做某件事的时候，把整件事情分解成他能理解的简单步骤，然后清晰地解释这些步骤。同时，你也要在解决问题方面为他做榜样，尝试打破思维定势，创造性地解决问题。此外，你最好还能给他玩能帮他辨认形状和图案、激发思考和强化概念化思维的玩具。

创造类学习路径

在出生后的前两年里,宝宝主要通过他的感官和身体活动来学习。随后,他的想象力开始发展。创造性地游戏先于抽象思维,同时也是后者的基础。听故事、幻想、角色扮演游戏、做手工和听音乐等活动都能帮他建立这一基础。创造力和创新力的基础是从已有的概念和事物中发现新的联系的能力。与创造力有关的素质包括能敏锐感知需要,思维灵活,以及愿意冒险和尝试新事物。创造过程产生的成果或结果有时震撼人心。创新不仅仅是艺术设计,它存在于许多领域,例如问题解决、社会研究、数学和科学。在发展想象力和创造力的过程中,宝宝运用的是高级心理机能,他还能从中发现自己的兴趣和使命所在。

因为开放的探索和游戏是创造性地解决问题和终身学习的基础,所以创造类学习路径与其他学习路径是紧密联系和相互依存的。创造力有助于增强学习和实现目标过程中的灵活性和自信心。另一方面,紧张、恐惧、焦虑和压力则会削弱创造力。

你可以为宝宝提供开阔的空间、不限玩法的玩具和材料,以及自由玩耍的时间,以此来提升他的创造力。你也可以为他提供机会来运用新材料和新思路来学习新知识,掌握新技能。

想象力与艺术能力

想象力和艺术能力都是创造力的表现,都是结合了新想法或新构思的创造性活动。对宝宝来说,给狗戴一顶滑稽的帽子和一副太阳镜,或是用手指做一个手偶,都是想象力和艺术能力的体现。在学习路径的意义上,我把想象力和艺术分为了使用手和眼睛的艺术表达、幻想或角色扮演游戏和讲故事三大类。

在艺术表达的过程中,宝宝能学会了解自己,

进而形成他与世界的关系。通过增进艺术与精细运动技能、空间感知能力、问题解决能力、与他人和自身的互动能力，以及对自然的热爱，宝宝就能推进所有路径的学习，实现全面发展。艺术不仅能帮他开发左脑和右脑，促进整个大脑的整合，还能帮他培养自信、自律、情商和社交能力。

你可以鼓励宝宝参加自发性和创造性的游戏，并且为自由活动提供空间，以此来帮他发展想象力和艺术能力。有些手工活动是根据特定的说明，用特定的材料来制作某样东西，但艺术活动是开放式的，它不是要实现特定的目标或结果。为了帮助宝宝在活动中融入自己的情绪和感受，你可以跟他说，"跟我说说你的画吧。"而不是说，"你画的是什么？"要给他犯错的自由，这样他就不会觉得必须要怎样做才是对的，也不会觉得自己必须做到完美。

对于借助手与眼进行的艺术表现，宝宝可以使用多种艺术形式（例如蜡笔、水彩画、手指画、粘土、铅笔、马克笔和纸）来探索不同的颜色、形状和图样。对于幻想和角色扮演游戏，他可以运用自己的想象力和简单的道具（如围巾、帽子、眼镜和道具服装）。对于另一种类型的角色扮演游戏，他可以与你或他的布娃娃交换角色。讲故事能为他提供提升语言能力和想象力的机会。讲故事时，你可以选择一些童话、童谣、歌曲，以及你或者宝宝自己编的小故事。在很多情形下，讲故事都是一件乐事，无论是在睡觉前还是在坐车的时候都是如此。

音乐能力

音乐能力是通过组合声音来创造节奏、旋律并达成和谐的能力。节奏是日常活动和语言的天然组成部分。古往今来的人们把音乐用于祭祀、礼拜、情感表达、运动协调和社区娱乐等多种社会用途。

听别人说话是宝宝语言发展的必经阶段。正如音乐有音符、节奏和旋律一样，语言也有词汇、短语和句子。歌曲能帮助宝宝轻松地记住读音、词汇和含义。音乐与所有学术课程密切相关，同时也能促进全部7条路径的学习，例如，通过听声音激发感觉能力，通过舞蹈增强运动能力，通过游戏和一起唱歌提升互动能力，通过歌词发展语言能力，通过学习演奏乐器提升认知能力，通过自由发挥激发创造力，以及通过感受大自然的节奏和声响发展对大自然的热爱。

音乐能通过提升内啡肽水平、增加安全感和幸福感来改善宝宝的情绪。它能减慢脑电波的频率，提升记忆力和学习能力，增强他对符号和图像的敏感度。音乐还能通过调节他的脉搏和血压，增强他的耐力，强化他的免疫功能来使他的身体恢复最佳状态。

你可以跟宝宝一起唱歌，跳舞，看演出，也可以为他准备乐器来供他弹奏，以此来帮他发展音乐能力。你可以给他播放各种各样的音乐，让他获得丰富的音乐体验。注意他对音乐的敏感度和接受程度，确保他敏感的耳朵不会受到过大、过量的刺激。

萨拉和埃米

自然探知类学习路径

这一学习路径（包括通过走进自然展开学习）整合了健康学习所包含的其他所有路径。在归纳这一学习路径的时候，我深受霍华德·加德纳的"探知智能"概念的启发。我的自然探知类学习路径与我的自然养育原则十分契合。宝宝对激发他与自然世界产生联系的大自然怀有一种天然的好奇与敏感。他喜欢在沙子和水里玩耍，了解各种动物和植物。

研究表明，经常在户外玩耍的孩子更快乐、更健康、更强壮。身处自然之中能促使你的宝宝尊敬自己和他人，提升创造力，降低压力水平，获取维生素D，以及强化免疫功能。平静的内心状态有助于他为学习做好准备，同时提高学习能力。

通过接触自然世界，你可以鼓励宝宝热爱大自然。

你可以通过收集和展示岩石，建造玻璃水族馆，阅读有关自然的书籍和种植室内绿植来把大自然"搬"进家里。你可以通过经常带宝宝到公园、后院和植物园游玩来促使他更多地接触大自然。你也可以带他去更远的地方，比如去海滩，去郊外野餐、远足和露营。

学习路径		发育阶段	养育方法	适龄玩具
健康学习的7条路径（0~3个月）	👋 **感官类学习路径**			
	味觉	味蕾很敏感；喜欢甜味，不喜欢酸味和苦味；能用嘴和舌头探索。	为宝宝提供大到无法吞咽的柔软物品，这样他就可以用自己的嘴巴来展开探索了。	能放进嘴里的东西：硅胶、橡胶等柔软物品；毛巾布或法兰绒织物。
	嗅觉	能闻到身边的香味；能把头转向好闻的气味，同时躲避难闻的气味；能从许多妈妈的乳汁中认出自己妈妈的乳汁；能凭借肥皂、洗发水或须后水的气味认出自己的看护者。	在婴儿室里的毯子或玩具上滴几滴稀释后的精油；在宝宝的房间放置鲜花，让他闻到做饭的味道；使用天然香料成分的护肤品；用来自看护者的熟悉气味安慰他。	带有香囊的襁褓；婴童用精油香囊或喷雾剂。
	听觉	能对突然的巨大响声表现出惊吓，也能习惯身边的日常噪音；能对高音做出反应；能在轻柔的音乐或摇篮曲中安静下来。	提高音调小声和宝宝说话；给他唱歌；一边跟他说话，一边走动，让他的视线跟随你移动；一边摇摇铃，一边把摇铃移动到不同的地方，让他的视线跟随摇铃移动。	能发出声音的玩具，如通过摇晃或挤压来发出响声的玩具。
	视觉	宝宝在这一阶段是近视眼，眼前的景象由模糊到逐渐清晰；起初只能看到黑色、白色和灰色；首先看到的彩色是红色，3个月后能看到全部颜色；能看到15~30厘米范围内的物体；喜欢看脸；周围视觉强于中央视觉。	拿色彩鲜艳的物体水平移动，让宝宝的眼睛随之转动；给他看长相独特的毛绒玩具或手偶，比如泰迪熊；在他的婴儿床上方挂一个旋转床铃，床铃的颜色对比要强烈一些。	旋转床铃等色彩鲜艳的物品；悬挂玩具；黑白两色玩具；添加红色玩具，接着是绿色玩具，然后是其他颜色的玩具。
	触觉	喜欢拥抱、亲吻等任何肌肤接触；能分辨到不同的材质和温度；饥饿或被抚摸时能表现出觅乳和吸吮反射；开始发展本体感觉，或身体意识。	抱他，亲他，抚摸他；洗澡后按摩他的身体，哺乳时按摩他的两只脚；触摸他身体的不同部位时说出相应部位的名字；始终用同一种方式抱他；用襁褓包裹他，让他感到平静和舒适。	不同质地的玩具；又软又轻的玩具；手铃和脚铃（有助于他把特定肢体运动所产生的声音与肢体本身联系起来）。
	⭐ **运动类学习路径**			
	大肌肉运动能力	能伸展四肢，挥动胳膊和腿，踢腿，将头转向一侧；能用力拍打和伸手去抓东西；展现出手眼协调的初步迹象；坐着时能抬起头；俯卧时能把头抬起45~90度；能把两只手放在一起。	让他趴卧在你的前胸；做瑜伽；帮他在浴缸里游泳；进行身体活动和锻炼；拿一个晃来晃去的东西让他拍。	旋转床铃；悬挂玩具；球；在"俯卧时间"玩的玩具（有助于增强背部和颈部力量）。
	精细运动能力	能用他的手指抓住小物件（例如玩具、衣服和你的手指）；能握拳并张开手指；首先反射性地抓握，然后能有意识地保持抓握。	给他手指、玩具或者一小段丝带或绳子让他来抓。	供他抓握的细长、柱状玩具。
	空间感知能力	感受空间的能力提高；开始理解上与下的区别。	悬挂旋转床铃，使用婴儿健身架，鼓励他用眼睛追踪物体；与他眼神交流；鼓励他拍打、抓握和触摸物品。	旋转床铃、婴儿健身架等悬挂玩具。
	👤 **互动类学习路径**			
	自我认知能力	能仔细观察他的手；能注视镜子里的自己。	把他的手放在他的脸上或肚子上，然后说"手"；把他抱到镜子前并和他说话。	手铃和脚铃；装有镜子的玩具；表现婴儿脸庞的大照片。
	合作能力	能用微笑回应你；喜欢社会互动；开始表现出兴奋的心情；从婴儿推车里四处观察他所处的环境。	跟他保持眼神接触；与他直接互动或者使用布娃娃或手偶跟他互动；对他微笑，在他回应你的微笑时回应他；玩躲猫猫游戏；伸出你的舌头，看他会不会模仿你；模仿他发出的声音。	手偶；有面孔的玩具；有鲜明面部特征的毛绒玩具。

发现与学习 健康学习的基本技能 | 309

健康学习的7条路径（0~3个月）（续表）

学习路径		发育阶段	养育方法	适龄玩具
沟通类学习路径				
	听的能力	跟他说话时，他能听到并认出你的声音，然后把头转向你；听到家里的生活噪音会放松下来，听到外面的噪音会让他紧张。	用轻柔的声音和他说话；把嘴变作圆形，发出"哦"的声音；给他唱歌；先跟他说话，再让他看到你。	能发出响声或音乐的手偶、布娃娃等各种玩具。
	说的能力	能发出"咕咕"或"咯咯"的声音；开始有规律地发元音；能为了表达需要而啼哭；想说话时能发出声音或微笑；累的时候会烦躁、吐奶或啼哭。	回应他的啼哭，满足他的需要；用声音回应他发出的咕咕声；模仿他摇头、微笑等表情和动作。	手偶或毛绒玩具（用于跟他交流）。
	读写能力	听你读故事时能感受语言的声音和韵律。	大声给他读婴儿读物，也可以给他读你读的书、报纸等内容。	柔软的布书和纸书。
	肢体语言能力	能与你保持目光接触；能用整个身体跟你沟通；想跟你玩的时候，他的脸会发红，眼睛睁大，手会张开；累了的时候，他会中断眼神交流，身体一动不动，并且把手拿开。	跟他保持眼神接触；用身体动作回应他，比如摇摆、晃动和跳跃；教他一两个简单的手势；跟他挥手说再见。	手铃和脚铃；有趣的互动围嘴和衣服。
	第二语言能力	能听到并记忆第二语言的语音和语调。	多跟他交流；使用第二语言为他读书；每天用第二语言跟他聊天；重复重点词汇；播放第二语言歌曲；用手偶和毛绒玩具来帮助交流。	图书、音乐、手偶和毛绒玩具。
认知类学习路径				
	好奇心	能用眼睛进行观察和追踪；能对他人或玩具表现出极大的兴趣。	陪他玩游戏：轮番表现出惊讶和高兴的表情；拿一件东西在他面前晃动，然后拿走。	手偶、毛绒玩具和镜子。
	记忆力	能记住你的脸和特定的物品；能记住母乳的味道；能通过身体活动提升记忆力。	用你的脸和其他物品跟他玩躲猫猫游戏；让某样东西消失，然后再次出现；换尿布的时候，帮他做伸展运动等身体活动。	小毯子。
	问题解决能力	能在看到乳房或奶瓶时意识到很快会有奶吃；知道用手击打悬挂的物体后物体会晃动。饿了、累了、受到过度刺激、尿了、热了或冷了都会啼哭。	通过满足他的需求（如吃奶、换尿布、包裹他的身体、帮他把手放到嘴边）来回应他发出的信号；摇摇铃，然后把摇铃给他摇；拿一个玩具让他伸手去抓，然后让他抓到玩具。	摇铃等能发出声音的玩具；毛绒玩具；拥有特殊手感（如粗糙、光滑、柔软、或有弹性）的玩具。
创造类学习路径				
	想象力与艺术能力	开始分辨颜色和形状；喜欢圆形；喜欢整齐和对称的图样。	在他的面前悬挂一些漂亮的东西，比如亮闪闪的勺子，或者玩具、围巾或衣服等五颜六色的东西。	色彩鲜艳、图案对称的玩具。
	音乐能力	喜欢听音乐、节奏和声音；能学习他听到的音乐。	给他唱儿歌、摇篮曲等各种歌曲；反复播放音乐，让他熟悉，偶尔也给他听新的音乐。	有大海、瀑布或鸟鸣等有镇静作用的音乐。
自然探知类学习路径				
	自然探知能力	喜欢听鸟类等动物的叫声；能注意到飘落的树叶；能闻到野外花草的清香；喜欢大自然的广阔和其中的空气、阳光和声响。	把喂鸟器放在窗外，让他观察；用婴儿推车推他去公园散步；把毯子铺在树下，和他一起在毯子上看上面的树叶。	与花、鸟、鱼、虫和蔬菜等动植物有关的玩具和图书。

学习路径		发育阶段	养育方法	适龄玩具
健康学习的7条路径（3~6个月）	👋 **感官类学习路径**			
	味觉	把各种东西都往嘴里塞；能用牙龈咬东西；喜欢甜甜的味道；牙齿即将萌出。	为他提供耐嚼和凉爽的物品供他探索并促进出牙；门牙萌出后开始给他吃固体食物；给他出牙玩具来咬；用牙刷按摩他的牙龈。	出牙玩具；可以咬的项链（父母佩戴）；硅胶牙刷（出牙后使用）。
	嗅觉	能闻出熟悉的气味，如母乳和父母的护肤品；能闻出家里的其他气味。	用浸过柠檬汁和薄荷水的棉球在他的鼻子前面晃动。	带有精油香囊的布制玩具。
	听觉	在处理和辨别声音方面有进步；能听出别人叫他的名字。	跟他交流时使用不同的语调（如温柔、活泼和高兴的语调）；摇动能发出声音的东西来吸引他注意；摇动声音不同的各种摇铃；模仿动物、汽车和火车等各种声源发出的声音。	摇铃、乐器、铃铛。
	视觉	深度感知能力开始发育；视力可达1.0/1.0；中央视觉更加发达。	在黑暗的房间里移动手电筒，让他的视线跟随光线移动；在他的视线范围内悬挂几张彩色图片，每隔几天更换一次；用熟悉的人和物品的照片做成相册。	色彩鲜艳、会动的彩色玩具；手电筒；纸风车；会动的物品（用于练习追视），如皮球和汽车。
	触觉	能分辨硬与软、粗糙与光滑等不同的质地；喜欢拿着衣服拉扯；喜欢在澡盆里玩水。	用不同质地的东西摩擦他的皮肤，例如丝绸、羽毛和棉球；为他按摩，按压穴位，摸他，抱他；洗澡时，用杯子舀水浇在他的身上；把一个软球滚过他的腹部或背部；允许他在餐垫上摆弄食物。	可以在洗澡时使用的泼水玩具和吸水海绵。
	🌐 **运动类学习路径**			
	大肌肉运动能力	能在枕头的支撑下坐起来；能翻身；手眼协调能力进一步发展；仰面躺卧时脑袋能左右转动；俯卧时能抬起头，开始伸直双臂将胸部推离地面；能用手和膝盖支撑身体；肌肉控制能力逐步增长；能用手抓住脚，以及把脚放进嘴里；能扶着人站立；能在澡盆里踢腿。	把他放在毯子上，轻轻地拉毯子的一侧，让他翻过身去；在一只水桶里装满水，把他的两条腿放进去踢水；拿一个玩具放在地板上他刚好够不着的地方，从后面推他，鼓励他伸手去抓玩具；做瑜伽等身体活动；鼓励他做越过身体中线的动作（例如用手触摸身体的另一侧）；说出不同身体部位的名称。	毯子、球；瑜伽垫或游戏垫。
	精细运动能力	能抓住玩具晃动，能把玩具从一只手放入另一只手；能用大拇指和其他手指捡起细小物品；能玩积木；还没有出现惯用手。	给他较细的玩具和物品供他抓握，比如勺子、绳子、面条、麦片圈和小块蔬菜；给他装有少量水的塑料杯；把玩具放在毯子上，鼓励他去抓玩具。	方便他抓握的摇铃等玩具；布块。
	空间感知能力	能伸手去抓玩具；手眼协调能力进一步发展；眼睛和脑袋的转动更加协调；能转过身面向自己感兴趣的东西。	用安全的物品在他眼前慢慢地从左到右、从上到下移动，允许他伸出手去抓到物品；让他俯卧，鼓励他通过伸展、翻转和扭动身体来接近他的玩具；玩"你拍一，我拍一"游戏。	他可以接触的安全玩具；能抓起来扔（例如扔进箱子）的玩具。
	👤 **互动类学习路径**			
	自我认知能力	能在镜子里认出自己，并能发出声音来做出回应。	给他的手和脚套上五颜六色的手套和袜子；在他的视野里放一面坚固的镜子，使他能在其中看到自己（在换衣服的时候可能会很有用）。	五颜六色的袜子、手套和帽子；坚固的镜子；手铃。
	合作能力	在陌生人和熟悉的人面前的表现不同；能听出友善和愤怒的语气。	玩捉迷藏等互动游戏；使用手偶和毛绒玩具跟他互动；鼓励他跟别的宝宝打交道。	捉迷藏玩具（如玩具小松鼠和可供它钻进去的玩具树洞）；手偶、毛绒玩具；有简单婴儿面孔的图书。

学习路径	发育阶段	养育方法	适龄玩具
🗨 **语言类学习路径**			
听的能力	听到巨大的声响时能转过头去；叫他的名字时，他能转过头来看你。	用聊天的语气跟他交流；给他讲故事，唱歌；用手偶和他说话。	手偶、毛绒玩具、能发出声音的玩具、可以播放的音乐；图书（反复给他读）。
说的能力	能尖叫和大喊；能重复你发出的声音；能发出带有辅音的语音，如"叭、叭、叭"和"嗒、嗒、嗒"；能大笑和微笑；面部表情和肢体语言更为复杂。	模仿他发出的声音；说话时让他摸你的嘴；挥手说再见；做一些简单的手势。	手偶或毛绒玩具（用于跟他交流）。
读写能力	喜欢坐在你怀里听你给他讲故事和读书。	让他坐在你怀里，同时给他读杂志和图画书，解释图片里的内容；给他读诗；让他看着你用蜡笔在纸上画画。	柔软的布书、互动式的纸板书或识字卡片；不同质地和颜色的纸（用来捏成纸团）。
肢体语言能力	能通过肢体动作和面部表情（高兴或难过）表达情感和需求；能模仿你的面部表情。	用肢体语言和面部表情来回应他的表情；使用一些简单的手势。	手铃和脚铃；有趣的互动围嘴和衣服。
第二语言能力	能听到并吸收第二语言的语音；能识别重复出现的熟悉短语；能模仿听到的语音。	多跟他交流；一边重复词汇，一边解释；使用第二语言为他读书；每天用第二语言跟他聊天；播放第二语言歌曲；用手偶和毛绒玩具来帮助交流。	图书、音乐、手偶和毛绒玩具。
💡 **认知类学习路径**			
好奇心	能寻找掉落的物品；对手、脚等身体部位感兴趣。	把杯子或小船放进澡盆，让它们漂浮和下沉；洗澡时把水浇在他的头上或背上；为他吹泡泡；给他玩玩偶盒（打开后有东西突然弹出来）；把物品藏在毯子里，然后揭开毯子。	塑料杯或塑料小船；玩偶盒；给他玩简单、天然的玩具，而非结构复杂的高科技玩具。
记忆力	能记住玩具等熟悉的物品；记得自己的名字。	多做身体活动（运动有助于提升记忆力）；跟他玩类似躲猫猫的游戏，用小毯子盖住他的脑袋（或者玩具等物品），然后在掀开毯子的同时说"吓我一跳"；安排轻松、稳定的日程表，方便他猜出接下来会做什么。	小毯子和用作记忆的小玩具；婴儿用相册或熟悉面孔的照片。
问题解决能力	能伸手去抓他面前的玩具；显示出主动性；能用手推开他不想要的东西；知道如何通过打手势吸引你注意或让你做特定的事情；拿走他的玩具时会抗议。	把玩具移到某样东西后面或者从中间穿过，再从另一边出来；教他摇摇铃等能发出声音的玩具；他躺着时，把皮球拿在他的身体上方，鼓励他用手拍球，用脚踢球；把摇铃等能发出声响的玩具藏在毯子下面、他的身后或你的身后，然后发出声音让他寻找；用围巾盖住你的脸，再让他取下。	摇铃等能发出声响的玩具；柔软的积木（供他来打倒）；容易拆卸的玩具；皮球。
⭐ **创造类学习路径**			
想象力与艺术能力	能被不同物品的颜色、图案和形状所吸引；喜欢更复杂的图样并能区分颜色；喜欢色彩鲜艳的图片。	用食物泥在盘子上画手指画；去陌生处所时，给他看色彩鲜艳的图片或装饰；用安全的颜料印下他的脚印；粘贴可移除的大幅墙贴。	颜色鲜艳的图书或识字卡片；安全的颜料；大幅墙贴。
音乐能力	喜欢摇铃或乐器发出的有节奏的、重复的声音；喜欢反复听喜欢的歌曲。	把豆子、摇铃或铃铛装进罐子里摇晃；在音乐中加入身体活动，例如摇摆、跳跃和舞蹈。	能发出声响的摇铃、乐器等玩具；音乐盒；手铃和脚铃。
🌱 **自然探知类学习路径**			
自然探知能力	对植物、动物和户外活动感兴趣。	一边摆弄手偶或毛绒动物，一边发出动物的叫声；带他到户外去探索，接触草地、沙子、泥土、雨、雪和风。	与花、鸟、鱼、虫等动植物有关的玩具和图书；吹泡泡玩具。

健康学习的7条路径（3~6个月）

（续表）

健康学习的7条路径（6~12个月）

学习路径	发育阶段	养育方法	适龄玩具
感官类学习路径			
味觉	把各种东西都往嘴里塞；逐渐开始吃固体食物；会咀嚼和咬东西；牙齿萌出，先萌出中切牙，后萌出侧切牙；能自己用手拿着吃小块食物，能在你的帮助下用杯子喝水。	给他各种口味和质地的食物和安全的物品供他用自己的嘴来探索；用软毛牙刷轻轻地给他刷牙；把冷的出牙玩具和冰冻食物放进保护袋里供他咀嚼；给他吃硬面包片或出牙饼干。	出牙玩具；安全、能放进嘴里的不同质地的玩具；硅胶牙刷或安全牙刷。
嗅觉	对室内或室外的气味或香味敏感；能记住熟悉的气味。	给他机会体会各种天然气味，如食物、野外和人的气味；引导他闻花朵、水果、蔬菜、动物等的天然气味；引导他闻日常生活中的气味，如餐具、洗手液、洗发水和婴儿湿巾的气味；鼓励他闻难闻的气味，如腐烂食物和烧焦吐司的气味。	带有精油香囊的布制玩具。
听觉	听到声音能转过头来，能找到声音的来源；能识别日常生活中的声音，如家里的声音和外面的声音。	给他玩能发出响声的玩具，比如摇铃、钥匙、铃铛、挤压发声玩具和乐器；屏蔽其他声音，让环境安静下来，然后让他听鸟叫声或钟表的滴答声；通过一根管子跟他说话。	摇铃、乐器；装有豆子的瓶子或罐子；挤压发声玩具；锅碗瓢盆。
视觉	视力和图像深度感知进一步提升；眼中的世界更符合现实。	引导他观察不同物体和它们的形状；在他的视线范围内悬挂彩色图片和旗帜，每隔几天更新一次；吹泡泡；在图画书里寻找各种东西，比如飞机和松鼠。	色彩鲜艳、会动的彩色玩具；手电筒；纸风车；吹泡泡玩具；能够滚动或沿轨道运动的玩具。
触觉	能用手感觉不同的大小、形状和质地；喜欢水浇在身上的感觉；能区分冷和热；喜欢在你给他讲故事的时候帮忙拿书和翻页。	玩水（澡盆或水池），如倾倒、喷水和滴水；把不同材质的物品放进一个盒子供他去探索；引导他注意温度不同的东西；为他按摩，摸他，抱他。	洗澡时玩的玩具；不同质地的玩具；沙盘或豆盘；自制橡皮泥。
运动类学习路径			
大肌肉运动能力	能独立坐着；在坐着的时候会用手支撑身体；能独立弓身向前；能用手和膝盖快速爬行，能交叉爬行（左手摸右膝，右手摸左膝）；能爬到家具上和爬楼梯；能自己拽着东西站起来；能独立站着；能扶着你往前走；会滚球；能抓住自己的脚往嘴里放。	练习障碍爬行，用枕头和毯子充当障碍物，让他绕着爬过去，用玩具和零食作为奖励；来回滚动皮球；做瑜伽运动等；鼓励他做穿越身体中线的身体活动，比如让他用右手去拿身体左侧的玩具。	手推玩具、皮球、游戏垫；悬挂玩具或旋转床铃；用绳子牵拉的玩具。
精细运动能力	能用拇指和食指捏起小物件；能用手拿着食物自己吃；能轻松地把玩具从一只手放进另一只手；能单手捡起玩具并拿在手中；能用指头指东西、戳东西；出现惯用手；能扔玩具和堆积木。	用一只小桶和一些小物件玩"装卸"游戏；堆软积木；敲打锅碗瓢盆；帮他拾起小物件（谨防窒息危险）；在澡盆里玩橡皮鸭等漂浮物；不要试图改变惯用手；鼓励自己拿东西吃。	软积木；沐浴玩具；用一根绳子穿在一起的许多大珠子。
空间感知能力	在高处时会害怕掉落；能伸手去拿身后不到的玩具；了解不同物品的相对位置；能在看着某样东西的时候准确地抓到它。	用玩具玩捉迷藏游戏，帮助他意识到物体不会因为他看不见而消失；把东西藏起来让他寻找；让他看远处的东西；让他照镜子。	捉迷藏玩具（如玩具小松鼠和可供它钻进去的玩具树洞）；摔不坏的柔软玩具；能抓在手里的玩具；柔软的图书；容易打开和关闭的容器。
互动类学习路径			
自我认知能力	能对着镜子中的自己微笑，发出咕哝声，会轻拍镜子中的自己；能把两只手攥在一起；能长时间独自耍；能戳自己身体的不同部位；看自己的照片；给自己喂饼干吃。	站在镜子前面和他聊天；指着他身体的不同部位并反复说出它们的名称；让他找到特定的身体部位；玩手指偶游戏。	安全的镜子；装饰有动物、车辆等鲜艳图案的衣服；用颜色鲜艳的袜子做成的露指手套；熟悉的人和物品的照片。
合作能力	叫他的名字会有回应；会拉你衣服上的饰物；开始害怕陌生人以及与你分离；对人很敏感；把玩具给别人；喜欢接近熟悉的成年人；开始跟你逗笑；能注意到他人的感受；开始试探你的底线。	玩躲猫猫游戏；指着你身体部位让他在自己身上找到相同的部位；抑扬顿挫地跟他说话；逗他开心；设置规则；问他问题；晚上跟他聊聊白天的事；互相了解彼此的身体。	手偶或毛绒玩具（用于跟他交流）。

发现与学习 健康学习的基本技能

健康学习的7条路径（6～12个月）（续表）

学习路径	发育阶段	养育方法	适龄玩具
语言类学习路径			
听的能力	能理解"不""去""吃""上""下"等意思；能理解简单的短语和手势。	玩"你拍一，我拍一"等游戏；唱儿歌；做家务时多和他聊天，告诉他你在做什么；给他布置简单的任务；对他说"谢谢"。	手偶、毛绒玩具、能发出声音的玩具、儿歌。
说的能力	知道如何吸引你的关注；能发出双音音节（如"叭叭""嗒嗒"）并赋予它们以意义；能模仿他人的声音，例如咳嗽；能较连贯地牙牙学语；如果你学他发出的声音，他也会反过来学你发出的声音。	学他发出的声音；把手偶套在他的手上或手指上；使用简单的手势来表示特定的物品和事情。	手偶或毛绒玩具（用于跟他交流）。
读写能力	喜欢一边听你讲故事，一边与故事有关的图片（动物、宝宝和物品）。	每天读书给他听，抱着他读，在读书的同时加深感情；帮他翻页；用他的照片做一本简易相册。	柔软的布书、互动纸板书、识字卡片。
肢体语言能力	能使用伸出胳膊等肢体语言来让你抱他；能挥手表示"再见"；能理解并做出某些手势；能遵循简单的指示。	跳舞，鼓励他随着音乐舞动。	手铃和脚铃；有趣的互动围嘴和衣服。
第二语言能力	能听到并吸收第二语言的语音；能识别重复出现的熟悉短语；能模仿听到的语音。	多跟他交流；一边重复词汇，一边解释；使用第二语言为他读书；每天用第二语言跟他聊天；播放第二语言歌曲；用手偶和毛绒玩具来帮助交流。	图书、音乐、手偶和毛绒玩具。
认知类学习路径			
好奇心	对其他宝宝感到好奇；会伸手去抓大人的项链或眼镜；能通过爬行探索房间；充满好奇心，但可能不敢出门。	布置一片封闭空间供他独立爬行；用纸包裹他的玩具放进袋子里，让他自己打开；用一张床单和两把椅子做一条隧道，让他从中间爬过去。	整套量勺和量杯、塑料容器、木勺、有盖的锅；给他简单、天然的玩具，而非结构复杂的高科技玩具。
记忆力	对客体永久性（知道物体在看不见的时候仍然存在）的意识增强；能记住具体的事情，比如他的玩具在哪里；能模仿他人的行为；能记住地点和最近发生的事情；能记住词汇并且将它们与图片联系起来；能回忆过去，想象未来。	玩躲猫猫游戏；让他模仿你的动作；跟他用玩具玩捉迷藏游戏；反复给他读他最喜欢的书，读完一页停下来，让他猜测下一页的内容；一边唱歌，一边做相应的动作。	识字卡片、图书、捉迷藏玩具（如玩具小松鼠和可供它钻进去的玩具树洞）、小毯子。
问题解决能力	能认识到较小的容器能放进较大的容器里；能理解"进去"和"出来"；能集中注意力；对细节表现出更大兴趣；明白戴围嘴意味着要吃饭，穿外套意味着要出门；理解词汇对应着人和物；能注意到因果联系；喜欢扔掉东西，看会发生什么；喜欢这里敲敲，那里打打。	用挤压发声玩具玩"找玩具"游戏；跟他来回拉扯一块布；用玩具玩捉迷藏游戏；跟他开一些意想不到的玩笑（比如试着穿他的鞋，或者装作用他的吸管杯喝水）；让他把一些小东西放进一个容器，然后盖上盖子，摇一摇，接着把东西倒出来，然后从头开始；在他踢腿的时候唱歌，他一停止踢腿你也停下来；让他来回滚动一个小球；给他布置一些每天都要做的、简单的日常任务，如洗手或换尿布。	简单的分类玩具（如形状匹配玩具）、球、叠叠杯（从小到大套在一起的一组杯子）、积木、能发出声音的玩具；捉迷藏玩具（如玩具小松鼠和可供它钻进去的玩具树洞）。
创造类学习路径			
想象力与艺术能力	开始形成意象并记住它们；喜欢体验和尝试不同的颜色、质地和材料。	在他的儿童椅托盘上放一个盛有面粉或玉米粉的"沙箱"；给他几张纸供他撕；用手指蘸颜料画画。	彩色图画书；无毒颜料；幼儿用粉笔。
音乐能力	喜欢一边唱儿歌一边做相应的动作；经常摔玩具，或者用不同的玩具相互撞击。	跟他随着音乐一起蹦跳或舞蹈；播放各种类型的音乐，例如进行曲、摇滚乐、摇篮曲、交响乐、儿歌和爵士乐。反复播放一首他喜欢的曲子，让他充分熟悉它；帮他跟着音乐拍手。	简单的乐器；能发出声音的玩具；音乐。
自然探知类学习路径			
自然探知能力	对鸟类、昆虫等动物感兴趣；喜欢到外面玩耍。	到外面散步；捡起小木棍、石头和树叶并收集起来。	有关鸟类、虫子、鱼虾和植物的玩具与图书；放大镜。

	学习路径	发育阶段	养育方法	适龄玩具
健康学习的7条路径（12～18个月）	**👋 感官类学习路径**			
	味觉	用嘴咬东西的现象减少；可能会挑食；消化系统更加成熟，可以消化更多种类的食物；第一白齿和犬齿开始萌出。	停止使用奶瓶，以此来预防蛀牙；从鸭嘴杯过渡到吸管杯或普通杯子，以此来促进下颌骨发育和语言发展；给他吃新的口味和口感的食物；给他使用用于白齿的磨牙胶；教他刷牙；给他吃一些硬面包或出牙饼干；跟他玩活动口腔和舌头的模仿游戏。	用于白齿的磨牙胶；儿童震动牙刷；能吹响的玩具（如口哨、笛子）。
	嗅觉	能闻出不同的气味；学习过程会受到不同气味影响；化学气味会妨碍学习。	给他闻有助于促进学习的精油（如薄荷、罗勒、柠檬、和迷迭香精油）或促进放松的精油（如薰衣草和甘菊精油）；引导他闻家里和外面的不同气味。	喷洒了精油的布制手偶或毛绒玩具。
	听觉	开始理解语调、重音等非语言信息的意义；被不同物体发出的声音所吸引；可能会捂住耳朵不听他不喜欢的声音；开始表现出对音乐的偏好。	跟着歌曲拍手来体会节奏；播放不同类型的音乐；引导他仔细听平时不容易注意到的声音，比如水从水龙头里滴落或者钥匙插进锁孔的声音。	挤压发声玩具、拨浪鼓、整套量勺等能发出奇特声音的物品；木琴、铃铛、手鼓等乐器。
	视觉	手-眼-身体协调能力、聚焦能力和深度感知能力进一步提升；能用手指图片或物品；能利用扫视从图画中寻找特定的物品。	让他在众多的物品中找出特定的物品，练习扫视；引导他观察远处的东西，如鸟或飞机。	色彩鲜艳、会动的彩色玩具；手电筒；纸风车；吹泡泡玩具；里面有很多小图片的图画书；分装成小袋的小零食，比如谷物零食或葡萄干。
	触觉	会通过触摸来使唤他人；控制大小便的能力提升；尿布湿了会感到不舒服；想自己动手做事；会洗手，盖盖子，拨开糖纸。	赤脚走路，感受脚底的感觉；按摩、刺激穴位，摸他，抱他；给他可以动手操作的物品或玩具（如积木、形状匹配玩具、美术用具）；让他帮你把要买的东西放进购物车，或者把衣服从洗衣机里拿出来。	积木；用来抱的毛绒动物玩具；形状匹配玩具；树叶、花朵、树枝、石头；沙箱或沙坑。
	⭐ 运动类学习路径			
	大肌肉运动能力	能独立行走；能独自站立；弯下腰时，两眼能穿过两腿中间向后看；能蹲下捡东西；能倒着走，也能横着走；能爬到家具上；想爬出婴儿床；会骑四轮玩具；会扔球；能在别人的帮助下爬楼梯；拥有对高度的意识。	鼓励他多做能活动关节和肌肉以及需要保持平衡的活动，如爬行、踢腿、跑步、跳跃、跳舞、散步、游泳、拍水；鼓励他参加投掷、荡秋千、攀爬游戏器材和吊杆等户外活动；做瑜伽等运动；通过设置障碍来鼓励他做穿过身体中线的身体活动（如用右手拿身体左侧的玩具）。	手推玩具或牵拉玩具；防滑袜子；骑着玩的玩具；皮球（用来捡和扔）；幼儿用泳池。
	精细运动能力	能用指尖和拇指捡起面包屑或小物件；能帮助翻书；能推、拉和携带的玩具；能叠放积木（2～3厘米大小）；能用蜡笔做记号；开始用勺子吃饭；能打开抽屉；能用牙刷刷牙或打电话；能把普通的杯子拿在手里。	不要试图影响他的惯用手；给他一块海绵或一块毛巾来让他捏；堆叠纸盒或积木。	橡胶锤；堆叠玩具；形状匹配玩具；图画书；塑料钉板玩具（塑料钉拼图）。
	空间感知能力	会说起不在视线中的物品和人；模仿你的动作和声音；能分辨出镜子里的自己和其他宝宝。	为他留出个人空间；鼓励他的兄弟姐妹不要把脸靠近他的脸，以此来尊重他的个人空间；用桌椅或大箱子组成迷宫和隧道；指出远处的东西，比如高处和低处的东西。	安全的镜子；迷宫和隧道；躲猫猫玩具；装在罐子里的谷物；图书。
	👤 互动类学习路径			
	自我认知能力	能在穿脱衣服的时候与你配合（例如在脱裤子的时候抬胸）；叫他的名字会回应；知道身体各个部位的名称，并且能按照你的要求分别把它们指出来。	玩躲猫猫游戏；在他身后追他玩；与他保持眼神接触；叫他的名字；跟他交流积极情感来促进学习，保持专注；教他如何放松（如深呼吸和伸展）；制作并播放关于他的语音和视频文件；让他看自己的照片；允许他选择穿什么衣服。	道具衣服和饰品；布娃娃（让他说出身体部位的名称）；安全的镜子。
	合作能力	模仿你平时的样子；提建议比下命令更有效；喜欢抱着毛绒玩具或洋娃娃；能把球滚向你；开始懂得轮流玩；想成为众人注目的焦点；能够表达对特定人和玩具的偏好。	陪伴他，注意他向你发出的信号；通过唱歌来创造积极的氛围；讲笑话、制造惊喜；讲故事或者看表情丰富的照片；问他问题，给出具体的、细节丰富的评论；鼓励他与亲戚朋友和兄弟姐妹互动。	表情玩偶；布制相册；适用于平行游戏（在一起玩，但各玩各的）的玩具。

健康学习的7条路径（12~18个月）（续表）

学习路径		发育阶段	养育方法	适龄玩具
语言类学习路径				
	听的能力	能辨认名字，并能把熟悉的人指出来；会大笑；理解口头请求和问候；能记下你说的事情；你可以用更少的儿语和更多的正常语言来与他交流；理解先于表达。	跟他聊聊你在做什么；轻言慢语，用词简单；给他简单的任务；引导他注意户外的声音；去图书馆参加讲故事活动。	图书（供你给他读）；能发出声音的玩具；儿歌。
	说的能力	能在需要帮助时来找你；能重复你说的短语；掌握更多词汇，喋喋不休；说话时能发出更多的音节；能与你交流想法；说话中展现出一定的语调和节奏感。	在他说话的时候跟他交流；鼓励他把词汇组合成短语或句子（例如"还要果汁"）；问他问题；让他重复他说过的话；阻止他人代替他说话。	手偶或毛绒玩具（用于跟他交流）；玩具工程车（问他正在建造什么建筑）。
	读写能力	能指出和拍打书里的图片；对不同的物品能在心中产生意象。	在一天当中找时间"读"不同的材料（不仅仅是幼儿读物），例如，餐馆的菜单和杂货店的招牌；大声朗读时，用手指着文字。	不同手感的布书、互动纸板书、识字卡片；布制相册。
	肢体语言能力	能通过拉你的手或衣服来吸引你关注他；指着某样东西表示他想要；能综合使用手势、面部表情和语音来与你交流。	蹲下身去，跟他在同一水平线上交流；向他解释他要的或用手指的东西是什么；模仿他的手势来肯定他的表达；教给他有用的新手势。	手偶或毛绒玩具（用于跟他交流）；跳舞；表示不同面孔和表情的图片。
	第二语言能力	生来就能区分第一语言和第二语言，所以他能同时学习两种语言的新鲜词汇。	每天用第二语言和他聊天；重复重要的词汇；阅读第二语言图书；播放第二语言歌曲；用手偶和毛绒玩具来促进交流；用第二语言的词汇做游戏。	图书、音乐光碟、视频光碟、手偶、毛绒玩具。
认知类学习路径				
	好奇心	不怕重复；喜欢游戏和探索（用各种方式玩玩具）；喜欢模仿动物的声音；对事物的工作原理感兴趣。	将玩具、物品放入"宝箱"供他探索；用他的玩具玩捉迷藏游戏；鼓励他模仿动物的叫声；给他解释事物的工作原理。	给他玩简单、天然的玩具，而非结构复杂的高科技玩具；放大镜、玻璃容器、水族箱。
	记忆力	对一些事情有持久的记忆力；能记住词汇和短语；能模仿动物的叫声；能在看不见某人和某物的时候回忆起他（它）们；记忆受情感影响；能识别物体及其用途；能找出相同的物品。	多做身体活动来提升记忆力；帮他在过去与现在的相似经历或相似事之间建立起联系；问他问题，以此来激发他的记忆力；用的玩具玩捉迷藏游戏；鼓励他猜测接下来做什么（对于日常安排），或者下一页会讲什么（对于读故事）。	形状匹配玩具、图书。
	问题解决能力	开始理解大与小的概念以及大小不同的东西是如何组合在一起的；能分类和堆叠积木；能转动旋钮，按下按钮；能找出相同的形状；关注现在（未来对他来说是非常模糊的）；能集中注意力2~3分钟；喜欢寻找藏起来的物品；使用试错法解决问题；开始摇头说"不"；需要并期待稳定的日程安排；认识到他的行为能影响你的行为；可能会因为未能解决问题而感到沮丧。	在他身后追着他玩；提供选项供他选择；保持耐心，让他自己做事情，发现他可能需要帮助时再问"需要帮忙吗"；解释和讨论事物的工作原理。	堆叠积木；整套量勺或量杯；形状匹配玩具；玩偶盒（打开时有东西突然弹出来）、气球、吹泡泡玩具、玩具汽车、音乐盒；有口袋或拉链的背包；有不同盖子的各种容器。
创造类学习路径				
	想象力与艺术能力	喜欢把食物、水弄得乱七八糟，爱玩生面团；能假扮其他人；能用铅笔或蜡笔涂鸦；明亮的颜色能促使大脑形成识别颜色的神经连接。	模仿各种动物走路的样子（例如熊、狗、猫、兔子等）；跟他一起跳舞；带他去看木偶戏；带他去图书馆参加讲故事活动。	包含各种形状或真实生活画面的图书；无毒颜料和画刷；儿童粉笔等绘画用具；可移除墙贴纸；带有图案的布料。
	音乐能力	喜欢听各种各样的音乐，能跟着音乐单独或与你一起跳舞；喜欢用玩具或乐器发出有节奏的声音。	一边唱歌，一边做他能模仿的简单动作，或者鼓励他自己做动作；播放各种风格的音乐（例如古典音乐、摇滚乐、爵士乐和儿歌）。	鼓、铃铛、木琴、儿童钢琴、音乐光碟。
自然探知类学习路径				
	自然探知能力	喜欢借助新学会的身体技能探索自然（例如在沙滩上行走，捡起石头和树枝，在草地上打滚）。	跟他一起出去走走，以他的兴趣、方向和节奏为中心；跟他谈论眼前的景色，聊聊前面是什么地方；鼓励他通过触摸来感知大自然。	有关鸟类、虫子、鱼虾和植物的玩具与图书；放大镜；手电筒。

健康学习的7条路径（18~24个月）

学习路径	发育阶段	养育方法	适龄玩具
感官类学习路径			
味觉	第二磨牙萌出；对新鲜的口味（如各种香料）感兴趣。	给他用配备运动瓶盖的水瓶和普通的杯子来促进牙齿和口腔的健康发育；给他白齿牙胶来缓解出牙的疼痛；开始带他去看牙医。	白齿牙胶；幼儿餐具；震动牙刷；吹泡泡玩具；笛子和哨子。
嗅觉	对不同气味的反应不同；开始形成偏好。	外出散步时，把词汇和气味联系起来；做饭时，让他闻闻、尝尝，说说食物的味道，以此来让他把食物和味道联系起来；引导他闻不同的气味。	花、草、水果。
听觉	喜欢模仿各种声音，例如歌曲和演讲中的短语。	一起听周围环境里的声音，问他听到了什么（如风铃声、人们的谈话、晚上蟋蟀的叫声，等等）。	乐器；录音设备；简单歌曲的光碟。
视觉	能循着你指示的方向看某个物品；能用手指他感兴趣的东西；视线能随着物体的移动而移动；对距离的判断更加准确。	让他指某个特定的东西；跟他聊聊什么东西在近处，什么东西在远处；在不同的高度放置吸引眼球的物品；用他的玩具玩捉迷藏游戏；带他去动物园、自然中心、博物馆等地方参观适合儿童参观的展览。	吸引视线的图书；五颜六色的床铃或装饰物；手推玩具或牵拉玩具。
触觉	使用手和手指能刺激肌肉和大脑，有助于建立神经连接；触觉有助于将抽象的想法与实际的体验相结合。	按摩、刺激穴位，摸他，抱他；跟他玩需要动手的游戏；玩拼图、乐高积木等需要用手把东西拼装在一起的玩具。	粘土；手指画颜料；毛绒玩具（用来抱）；音箱（感受震动）；触觉托盘（放置不同手感物品的托盘）。
运动类学习路径			
大肌肉运动能力	能稳定站立；能踢球和用手接球；能把球扔过头顶；上下楼梯时能连续走上或走下台阶（不用停下来换脚）；喜欢蹦跳；能低头躲避；会骑三轮车；能爬出婴儿床；喜欢在公园里荡秋千。	带他参加户外运动（扔球）和室内运动（翻跟头和伸展运动）；做瑜伽等身体活动；鼓励他做跨越身体中线的身体活动；用枕头堆一座"小山"来让他爬过去；用胶带在地上贴一条线，让他在上面走；堆积木；让他帮你搬杂货和做其他家务。	手推玩具或牵拉玩具；骑着玩的玩具、独轮车、园艺工具。
精细运动能力	能旋转前臂转动门把手；喜欢用手挤压东西；会用餐具；会折纸；能做简单的拼图游戏。	找个地方让他用滴管和海绵玩水；让他把小物体塞进小口容器里（例如储蓄罐），锻炼手眼协调能力。	绘图垫；盖子不同的各种容器（供他打开）；衣服可以穿脱的布娃娃。
空间感知能力	进一步理解事物如何组合在一起并能准确判断物品在空间中的位置。	向他询问并不在眼前的玩具或人；把玩具倒放，看他能否发觉，然后鼓励他按照寻常的方式重新摆放玩具。	简单的大块拼图；叠叠杯（从小到大套在一起的一组杯子）。
互动类学习路径			
自我认知能力	知道自己与他人是分离的；有明确的自我认知迹象；会脱衣服；能自己在饭桌边坐下；知道自己的名字；以自我为中心；发脾气；试图控制自己；能感到羞耻和内疚；尝试摆脱对父母的依赖；有时缺乏自信；盯着人或东西看；能注意到自己的身体跟别人的不同之处。	向他表示你理解他的情绪（如高兴、生气或难过）；逗他，吻他；教他一些语言供他表达情感；给他一些做简单选择的机会，比如喜欢吃什么食物、穿什么衣服或玩什么玩具；一家人一起吃饭；在固定的时间抱他。	幼儿餐具和牙刷（促进自我意识的建立）；镜子；角色扮演游戏道具。
合作能力	能察觉到别人需要什么，但还不会交流；可能会独自出门；讨厌被惩罚，特别是在他不清楚为什么要这样做时；在陌生人面前可能会害羞；走路时会牵着父母的手；能独自玩耍或者在别的宝宝身边玩耍（各玩各的）；与陌生人在一起时喜欢围绕在你身边；不合作，不分享玩具；可能会抓人、咬人、发脾气或尖叫。	陪伴他，注意他发出的信息；不要压抑他的情感，如实地表露它；问他问题，以理解他的方式回应他；当他感到不安时，安慰他；引导他为即将到来的社交活动做好准备；在分享玩具、轮流和注意他人感受方面为他做榜样；玩捉迷藏游戏。	互动玩具；与兄弟姐妹分享"礼物"；幼儿有声读物。

健康学习的7条路径（18~24个月）

学习路径		发育阶段	养育方法	适龄玩具
💬 **语言类学习路径**				
	听的能力	对幽默更敏感，能更有效地通过转移话题来分散他的注意力；喜欢反复听，喜欢无意义的儿歌。	外出时，在路上聊聊看到的风景和听到的声音；用幽默的词汇跟他逗笑。	图书和儿歌（为他大声朗读）；能发出声音的玩具；成人用手偶。
	说的能力	会使用部分副词、形容词和介词；要东西时会说东西的名称；会说简单的短语；能跟洋娃娃或毛绒玩具聊天；能回答问题。	鼓励他用语言表达自己的想法；耐心等待他回答你的问题；接打电话时让他跟电话那头的人说"你好"；带他参加唱歌活动。	手偶或毛绒玩具（用于跟他交流）；图书；角色扮演游戏道具。
	读写能力	喜欢翻书和看书；能在书中找到特定的图片；能逐页翻阅；能安静地看书；会让你反复读同一本书。	每天晚上给他读故事；谈论书里的图画；教他新词汇。	不同手感的布书、互动纸板书或识字卡片；柔软的相册；用来写字的蜡笔。
	肢体语言能力	一看到你就会伸出手来；能读懂你的面部表情；能使用更复杂的手势。	放慢你的动作以方便他模仿；在行为举止和姿势方面为他做榜样；跟他一起跳舞。	手偶或毛绒玩具（用于跟他交流）；用来模仿的玩具厨房和布娃娃。
	第二语言能力	能模仿第二语言的发音。	每天用第二语言跟他聊天；重复重点词汇；使用该语言为他读书；播放第二语言歌曲；用手偶和毛绒玩具来帮助交流；用第二语言中的词汇做游戏。	图书、音乐光碟、视频光碟、手偶、毛绒玩具。
💡 **认知类学习路径**				
	好奇心	对水很着迷；喜欢通过摔、摇、敲和扔来了解物品；喜欢迎接不太难的挑战；大脑通过命令身体释放肾上腺素（从而增强大脑活动和警觉性）来对新奇的经历做出反应。	准备一个外出用的游戏袋，定期更换里面的玩具；偶尔做一些非常规的事情（例如穿有趣的衣服、戴帽子或太阳镜来吸引他注意）；调整家具位置；轮换玩具，改变汽车儿童座椅位置，以此来让他保持新鲜感；带他探索大自然；参观博物馆。	给他玩简单、天然的玩具，而非结构复杂的高科技玩具；水族箱；双筒望远镜；自然主题视频；"宝箱"（用来收藏在户外发现的有趣的东西）。
	记忆力	知道物品、人、行为等许多事物的名称和相关词汇；能准确模仿拍手等动作；充满压力的环境会干扰大脑功能，降低处理信息的速度。	给他一些物品来模仿现实生活场景，例如电话、杯子、摔不破的容器；教他放松，例如瑜伽、深呼吸、唱摇篮曲；在他心情不好时降低环境噪音；问他："……在哪里？"	他喜欢并会唱的歌；图书；玩具厨房；装玩具和衣服的整理箱。
	问题解决能力	喜欢通过实验来看看会发生什么；喜欢会弹跳、能发出声音、能发光或变色的东西；能把物体放入容器或从中取出；喜欢挪动家具；能帮你做家务；能组装和拆卸东西；分不清游戏和现实；能理解较为复杂的任务；能显示出偏好和表达意见；能在行动前想象接下来可能会发生什么。	提供可供他拆装的安全的物品或玩具；一起照镜子，互相模仿；做家务时向他寻求帮助，然后感谢他；要有耐心，给他时间去回忆；允许他玩簸箕、扫帚、打不破的盘子、锅和盆；玩拼图和分类玩具来帮他提升专注力；给他提供一些选择；让他决定自己穿什么衣服。	使用坡道和轨道的玩具车；手电筒；纸风车；吹泡泡玩具；可穿脱衣服的玩偶或动物；拼图；盒子；可以打开或解开的物品（如背包、安全带）。
✈️ **创造类学习路径**				
	想象力与艺术能力	能画直线和看图画圆；想象力丰富；喜欢角色扮演游戏，搭房子，挖沙子。	给他一些图片来让他粘贴到白纸上；平常多使用颜色鲜艳的物品（如衣服、餐具、游戏垫和玩具）；给他道具服或旧衣服来玩角色扮演游戏。	美术用品；用来玩想象游戏的简单的木制玩具（玩具房子、玩具厨房）；色彩鲜艳的日常用品；道具服。
	音乐能力	能有节奏地拍手；喜欢听音乐和模仿各种声音；能跟着音乐跳舞；会哼唱；能认出一些乐器；能假装弹奏乐器。	给他彩带或围巾来伴随音乐舞动；用简单或自制的乐器演奏（如沙球、钹、鼓槌、鼓、锅碗瓢盆、铃鼓和筷子）；带他去参加音乐节或观看演出。	鼓、铃铛、木琴、儿童钢琴、音乐光碟。
🌿 **自然探知类学习路径**				
	自然探知能力	喜欢接触大自然里的各种东西，比如泥、沙、石头和水；喜欢去外面寻找大自然的"礼物"。	到户外走走；收集石头、树叶和树枝并分类，然后把它们装进袋子或其他容器。	玩沙子的玩具；漏斗；玩水的玩具；物品展示柜；植物标本或植物图鉴。

（续表）

健康学习的7条路径（24~36个月）

学习路径	发育阶段	养育方法	适龄玩具
感官类学习路径			
味觉	3岁时有20颗牙齿；对不同的口味充满好奇，比如各种调味料。	引导他养成良好的刷牙习惯；让他用普通的杯子喝水；一家人一起用餐，创设家庭用餐仪式；给他吃成年人吃的东西，比如整个苹果。	震动牙刷；口琴；气球（供他吹）。
嗅觉	有喜欢闻和不喜欢闻的气味；仅凭气味就能辨别食物。	教他如何描述他喜欢和不喜欢的气味（比如，"花闻起来很香"，"垃圾闻起来很臭"）；玩气味识别游戏，把能散发出气味的东西（比如薰衣草或爆米花）藏在袜子或小包里，让他根据气味来猜测里面是什么。	喷洒了精油的小毯子或毛绒玩具。
听觉	喜欢反复听喜爱的歌曲和有声读物；能遵循更加复杂的指令。	给他读喜欢的书，唱他喜欢的歌；让他辨别动物的叫声；带他参加唱歌活动。	有关儿歌的图书。
视觉	深度感知能力和手眼协调能力更加成熟。	读能让他在脑海中"看到"故事情景的书；堆叠积木和来回滚动球，以此来提升深度感知能力；跟他一起画画锻炼手眼协调能力；做第一次眼科检查，看是否有视力障碍。	万花筒；双筒望远镜；放大镜；用来寻找各种图案的图画书。
触觉	触觉更加灵敏，对不同物品的质地更加敏感；可能会讨厌衣服（如袜子）摩擦皮肤，并可能把衣服脱掉；可能害怕新的触觉体验，比如潮湿的沙子或黏糊糊的食物。	按摩和刺激他的穴位，摸他，抱他；玩需要动手的游戏；玩拼图、乐高积木和其他需要用手把东西拼装在一起的玩具。	拼图；乐高积木；插片玩具；毛绒玩具（供他来抱）；园艺工具；粘土。
运动类学习路径			
大肌肉运动能力	能两脚腾空跳跃；能踮起脚尖走路；膀胱控制能力提升。	鼓励跨越身体中线的身体活动；跟他玩皮球；一起跳舞。	皮球；骑着玩的玩具；攀爬架；秋千。
精细运动能力	能以正确的姿势握笔；能用笔涂抹；能用积木等简单材料建造更复杂的塔。	引导他用镊子、衣夹、筷子等工具夹起小物品；让他用脚趾头夹起绒毛球；折纸；鼓励他自己穿鞋。	彩纸；能穿脱衣服的洋娃娃；玩具房子；石头（供他来堆叠）。
空间感知能力	能注意到周围的环境和他左右两边的东西；想要占有他身边的东西，并且会毫不犹豫地去抓它们。	鼓励他把玩具放在桌子上面或椅子下面；把一小块零食放进一个透明的塑料瓶里，引导他把瓶子倒过来取出零食；鼓励他使用小凳子去拿高处的东西。	简单的障碍（供他推着或拉着玩具通过）；项链和手镯（供他戴上和取下）。
互动类学习路径			
自我认知能力	喜欢自己吃饭穿衣；想要取悦成年人；喜欢独自一个人，在熟悉的环境中能与父母分开一阵子。	教他一些基本的生活技能，比如把垃圾放进垃圾桶，用海绵擦桌子，用小扫帚扫地，洗澡时给自己擦肥皂，清理玩具；完成上面的事情后给他积极的反馈（强化）。	各种简单的生活用具。
合作能力	不喜欢被强迫；可能不愿意与他人分享玩具；能在别的宝宝身边玩耍（各玩各的）。	问他问题，以理解他的方式回应他；每周找出固定的一天来作为游戏日；在公共场合为他示范正确的社会行为。	需要与他人分享与互动的游戏或玩具；供游戏日使用的各种玩具。

发现与学习 健康学习的基本技能

学习路径	发育阶段	养育方法	适龄玩具
💬 **语言类学习路径**			
听的能力	能听懂的词汇量大幅增加；能听懂电话里的声音。	用3个不同的物品发出声音，然后把它们藏起来，只用其中一个物品发出声音，让他猜是哪一个；跟他说悄悄话；给其他家人打电话（可以真打，也可以是在想象中打）。	能发出声音的玩具；图书（供你给他读）。
说的能力	他问你问题的主要目的是跟你说话，而不是得到答案；能说简单的句子。	鼓励他用语言表达自己的想法；通过与手偶玩耍来提升沟通技巧；与同龄人交往；问他今天过得怎么样；鼓励他告诉你他喜欢的人、东西或事情；跟他聊聊当天发生的事情；打电话给他的（外）祖父母和朋友。	手偶；图书；供游戏日玩的各种玩具；电话。
读写能力	喜欢看商店或餐馆里的标识牌；能认出熟悉事物的标志和符号。	让他从一本书的图片中找出某样东西；一起去图书馆看书，跟他轮流翻页和寻找。	互动纸板书、识字卡片；蜡笔或记号笔。
肢体语言能力	面部表情更加丰富。	在你的动作和手势中加入文字；鼓励他使用口头语言和肢体语言；为他示范什么是得体的手势；一起跳舞。	手偶或毛绒玩具（用于跟他交流）；玩具厨房和布娃娃（用作模仿你的角色扮演）。
第二语言能力	知道哪一种语言是"最重要的"，能本能地掌握一门主要语言。	每天用第二语言跟他聊天；重复重点词汇；使用该语言为他读书；播放第二语言歌曲；用手偶和毛绒玩具来帮助交流；用第二语言中的词汇做游戏；雇佣双语保姆；跟讲第二语言的宝宝一起玩。	图书、音乐光碟、视频光碟、手偶、毛绒玩具。
💡 **认知类学习路径**			
好奇心	对水很着迷；喜欢通过摔、摇、敲和扔来了解物品；喜欢迎接不太难的挑战；大脑通过命令身体释放肾上腺素（从而增强大脑活动和警觉性）来对新奇的经历做出反应。	准备一个外出用的游戏袋，定期更换里面的玩具；偶尔做一些非常规的事情（例如穿有趣的衣服、戴帽子或太阳镜来吸引他注意）；调整家具位置；轮换玩具，吃不一样的饭菜，以此来让他保持新鲜感。	简单、天然的玩具（而非结构复杂的高科技玩具）；户外背包与工具；玩具齿轮。
记忆力	记得半年到一年前发生的事情。	通过活动身体来提升记忆力，学习滚球等运动技能；向他解释为什么想让他做或不做某件事，有意义的信息更容易记忆；通过把新知识与他熟悉的物品或场景相关联来帮助记忆（找出它们的相似之处）。	记忆卡；游戏；简单的拼图；图书；过往经历的照片（跟他聊）。
问题解决能力	知道自己有很多不同的选择；会在选择或决定时犹豫；想知道事物的工作原理。	在吃饭、穿衣、玩玩具等日常生活方面给他提供简单的选择；给他读内容中包含多种选择的图书（例如选择去会发生什么事，选择不去又会发生什么事）；玩捉迷藏游戏；创造成功解决问题的机会以培养自尊；为他设置挑战；玩形状匹配游戏，鼓励他寻找与你手里的物品相同或相似的东西。	叠叠杯（从小到大套在一起的一组杯子）；安全的颜料；简单的拼图；乐器；树叶顺流而下等自然景观；简单的智力玩具；缠绕在一起的绳子；用来够东西的长木棍。
✨ **创造类学习路径**			
想象力与艺术能力	喜欢玩角色扮演游戏；想象力丰富；难以区分幻想与现实；喜欢假扮成动物。	用手偶玩角色扮演游戏；在温暖的天气，给他一桶水和一把刷子，让他在外面画各种东西；把巾、面具、旧衣服和道具服装装进箱子作为道具箱。	玩具厨房；手偶；道具物品；能激发想象的图书；玩具房子；园艺工具。
音乐能力	能更加准确地弹奏乐器；喜欢观看现场音乐表演。	伴随音乐滚球玩；播放节奏感强的音乐，随音乐舞动；通过练习舞蹈或演奏乐器来提高他的音乐能力。	真的乐器；音乐光碟；适合跟着唱歌或跳舞的音乐。
🌿 **自然探知类学习路径**			
自然探知能力	喜欢到外面玩；喜欢在水里玩；对于大自然，总是问"为什么"。	种植豌豆等生长迅速的植物；观察小鸡孵化及蝴蝶破蛹；摘草莓或蓝莓；去农贸市场购物；参观水族馆。	户外玩具，如攀爬架；玩水的玩具。

健康学习的7条路径（24～36个月）（续表）

选择幼儿园

为宝宝选择幼儿园所需要考虑的事情可能会超出你的想象。幼儿园的教育理念会对宝宝的认知发展产生重大影响。不同的幼儿园有不同的教育风格和理念，有的幼儿园强调管教和学习知识，有的幼儿园则以儿童的社会性发展、需求和主动性为中心，强调游戏类的活动。

越来越多的研究肯定了游戏（而非高度标准化的教育）对幼儿的价值。梦之窗幼儿园的教育理念就建立在游戏的基础上（对3～5岁的幼儿来说）。我观察并体会了孩子们丰富的学习体验，这些体验融合在身体活动、探索自然、音乐、艺术和与老师同学的互动当中。幼儿园阶段将是宝宝最初的正式教育经历，在确定选择幼儿园的优先事项时，请记住，你的宝宝主要通过丰富的社会互动和体验来学习。

只要孩子们有机会参与互动和体验，那么即使在标准化的教育环境中，他们也能茁壮成长，学习新知。在考察具体的幼儿园时，你要考虑幼儿园的教育质量、环境、你和宝宝与园方的交流情况，以及花费和距离等实用信息。在确定你的需求和优先事项时，你可以认真分析各种选择，想清楚你希望在宝宝的早期教育阶段扮演什么样的角色。

一份来自宝宝的备忘录

- 不要过分宠爱我。我很清楚，我不应该想要什么就得到什么。我只是在考验你。
- 不要害怕对我严格。我喜欢这样，这让我感到安心。
- 不要让我养成坏习惯。我得靠你早点帮我发现它们。
- 不要让我觉得自己很小。这只会让我更难以长大。
- 不要在别人面前纠正我。如果你私下跟我说，我会更加注意。
- 不要让我觉得犯错有罪过。这会伤害我的自我价值感。
- 不要过度保护我，使我免于承受行为的后果。我有时需要在痛苦中成长。
- 不要在我说"讨厌"的时候过分生气。有时候，我讨厌的不是你，而是你太过强势。
- 不要太过在意我的疾病。有时这会让我产生不必要的担忧。
- 不要唠叨。如果你这样做，我就得假装是聋子来保护自己。
- 不要忘记，我不能像我想象的那样把事情说清楚。所以有时候我会说不明白。
- 不要在我问你问题的时候不回答。如果你这样做，你就会发现我不再问你，转而去找其他人了解信息。
- 不要前后矛盾。这么做会让我感到莫名其妙，会让我对你失去信任。
- 不要告诉我我不应该害怕。害怕是非常真实的感受，如果你试着理解我，你可以做很多事情来安慰我。
- 永远不要暗示你是完美的或绝对正确的。当我发现你两者都不是时，我会无比震惊。
- 永远不要认为向我道歉有失你的尊严。一句真诚的道歉会让我觉得你非常亲近。
- 不要忘记我喜欢尝试。没有它我无法生活，所以请你忍受。
- 不要忘记我成长得有多快。你一定很难跟上我的步伐，但请你努力跟上。
- 不要忘记，没有足够的爱和理解，我就无法健康成长。这你应该知道，是吧？

节选自唐·H.丰特内勒（Don H. Fontenelle）博士的《如何与孩子一起生活——父母如何用积极的态度回应孩子的行为》（*How to Live with Your Children: A Guide For Parents Using A Positive Approach to Child Behavior*）。如需咨询有关丰特内勒博士的其他著作，请与他联系。电话：504-834-6411。地址：517 N. Causeway Blvd., Metairie, LA 70001。

❀ **教育质量**。幼儿园各种生活和学习活动的背后是那里的教育理念。宝宝们的创造力、想象力能得到锻炼吗？课程里包含关于音乐、美术、运动和自然的内容吗？宝宝们每天都能到室外去吗？他们的行动有没有受到各种限制？幼儿园的正餐和加餐供应什么食物？幼儿园有多少幼儿，师生比是多少？幼儿园有良好的声誉吗？有各种执照和认证吗？

❀ **环境**。幼儿园的环境是否干净、安全、有序、让人心情舒畅？幼儿园有供幼儿读书和听故事的图书和场所吗？是否有由安全材料制成的、可用来建造、匹配形状和堆叠的简单玩具？是否有大小适合幼儿玩耍的玩具，比如各种厨具和工具？幼儿园是混龄教学吗？老师们热情、友爱、健康、快乐吗？

❀ **沟通**。课程设计有没有考虑孩子们已经掌握了哪些知识，以此来为他们提供新鲜的体验，让他们能够在现有知识的基础上获得进一步的成长？能否以灵活的方式与老师沟通，以此来使园方与幼儿共同受益？老师与幼儿之间的关系是否是平等的？老师能否回应宝宝的需求并宽容对待宝宝？从老师的表现来看，他们爱孩子们吗？老师的专业背景是什么？你将与老师和行政部门结成什么样的关系？幼儿园的教职员工能否就你与宝宝担心的事情与你进行诚恳、专业的沟通？你觉得你们可以在相互尊重和信任的氛围中共同教育宝宝吗？

❀ **实际情况**。你可以通过考虑实际情况快速缩小选择范围。幼儿园报名需要排队吗？费用是多少？它的位置在哪里？班上的其他孩子都来自哪里？学生来自多种族裔吗？你的宝宝认识别的宝宝吗？放学后，宝宝能与其他孩子一起玩耍吗？你能拼车吗？幼儿园的饮食标准是否契合你的理念？宝宝在幼儿园时，你能否偶尔去看他？幼儿园对雪天有什么特殊的安排？

❀ **研究**。通过了解宝宝的认知需求以及可供选择的几家幼儿园，你可以进一步认清自己的优先事项。向业内人士寻求推荐，并上网查看评论。进行现场考察，与管理者和教职工面谈。寻找各种危险信号，例如混乱的环境或压抑的气氛。

❀ **你的角色**。你可以与幼儿园的教职员工和管理者沟通你的需求，以此来积极地参与宝宝的教育过程。你也可以通过参加幼儿园的活动或捐赠美术用具和食物来支持园方工作。密切关注宝宝的状况，每天接送宝宝时注意幼儿园的环境。留意任何异常变化。问宝宝一些问题，了解他白天在幼儿园时的具体情况。记录有关疾病等你关心的各种问题，并与园方沟通。确保你为宝宝提供了所有必要的物品，比如换洗衣服、食物、防晒霜、太阳帽和药物等各种用品。通过参与宝宝的幼儿园生活，你可以对自己的直觉更有信心，并在他需要你的时候为他提供帮助。对幼儿园来说，你是消费者，所以你可以主动说出你担心的任何问题。

天然有机饮食

婴幼儿饮食基础 325

从菜园到餐桌 341

食物分类 369

菜单计划 525

旅行与假日 551

天然有机饮食

与一块西兰花有关的不仅是它的营养成分,你还要关心它是从哪里来的,它是怎么种的,它又是怎么切,怎么做,怎么端上桌的。所有这些因素都关系到食物所具有的能量以及食物对宝宝的影响。经过切碎和加工后,食物的能量会分散,营养也会流失。健康的食物只有一种配料,那就是食物本身。当你给宝宝吃健康的食物时,你给予他的能量也是健康的。他从食物里吸收能量,这些能量又会进入他身体里的细胞内。这样一来,他就吸收了食物的生命力,同时也让食物成为了自己的一部分。

由于食物在宝宝的成长过程中起着如此重要的作用,所以,我在这本书里花了很大的篇幅来讨论它。食物能滋养宝宝的身体,促进成长,也能影响他的情绪,并且让他的大脑有充足的营养来发育,思考和学习。

我们将在第二篇的内容里全面介绍你所应当知道的针对0~3岁宝宝的喂养知识,其中包括与引入固体食物、准备食物、食物基本信息、菜单计划、外出用餐和度假用餐有关的信息。

- 第4章—"婴幼儿饮食基础"一章将介绍关于完整的食物、容易消化的食物、新鲜的食物、本地出产的食物、传统食物、有机食物和植物性食物的信息。我们还会讨论酸与碱、转基因食物和食物的阴阳属性。在结尾部分,我们还会概要地介绍宝宝身体健康发育所需要的各种营养。

- 第5章—"从菜园到餐桌"一章将介绍准备食物的过程,包括种植、食材与厨具准备、菜单计划和食物采购的详细步骤。这一章的内容还包括与食物的能量、卫生注意事项、蔬菜的清洗与切割、烹饪方法和准备配料有关的信息。这一章还将讨论想要为宝宝引入固体食物时所应当考虑的因素以及关于喂养的各种问题。

- 第6章—"食物分类"一章将介绍8大类不同的食物,它们分别是母乳、谷物、蔬菜、富含蛋白质的食物、水果、发酵食品、调味料和饮料。我们会分节介绍关于各类食物的注意事项、阴阳属性、准备方法和喂养方法。此外,我们还会提供各类食物的食谱。

- 第7章—"菜单计划"一章对菜单计划的6个时间段提出了详细的建议,这6个时间段是6~8个月、7~9个月、9~12个月、12~18个月、18~24个月和24~36个月。

- 第8章—"旅行与假日"一章将介绍如何应对不同于日常的情况,比如旅行和假日。相应地,我们也会介绍旅行餐和假日餐。

第4章
婴幼儿饮食基础

我认为，以自然为导向的饮食原则是健康生活的坚实基础。从小到大，我吃了很多加工食物，其中有肉类、奶制品、糖和含有人工色素和化学添加剂的食品。23岁时，我发现自己行动缓慢，体重超标，同时也缺少对生活的清晰认知和对未来的乐观期待。就在那一年，我通过改变饮食而彻底扭转了我的健康状况。我开始吃植物性食物，比如谷物、蔬菜、豆类和水果，同时几乎不吃动物性食物。我还学会了把阴阳原理运用到饮食当中。我很庆幸自己发现了这些自然法则，它们为我和我的家人带来了健康与活力。在我们遭遇不适和疾病的时候，它们帮助我们恢复了健康。

这一章将介绍有助于你为宝宝选择食物的基本知识，例如自制婴儿食物的好处，什么是容易消化的食物，以及有关植物性食物、传统食物、本地出产的食物、有机食物、非转基因食物的各种信息。在这之后，我们还将介绍能在宝宝体内形成酸、碱物质的不同食物，以及如何帮他保持健康的酸碱平衡。最后，你还会了解如何利用关于食物的阴阳原理来帮助宝宝在整体上实现健康。

宝宝的食物

> "把食物当作你的药物,把药物当作你的食物。"
> ——古希腊医生希波克拉底

食物不仅是药物,也是联系家庭和社区的纽带。食物能传承传统,也能为你带去美好的体验。如果你选择母乳喂养,食物就会为你与宝宝亲密接触提供契机,并且你也可以通过调整你自己的饮食选择来增进他的健康。今天的社会特别强调获取适量宏量营养素(蛋白质、碳水化合物和脂肪)和微量营养素(维生素和矿物质)的重要性,虽然这些方面对宝宝的身体发育至关重要,但它们既不能取代他对食物的感官体验和享受,也不能确保他在饮食方面顺应自然。食物对宝宝身体和心灵的滋养远不是提供适量的营养那么简单。他在幼时吃到的家常饭不仅能为他提供均衡的营养,还能给他带来乐趣和活力。

你在食物采购和烹饪方面的惯常做法会影响宝宝的口味和饮食习惯。为宝宝挑选食物是培养他形成持续一生的健康饮食习惯和口味的绝佳机会。如果你想给宝宝的餐盘添加新的食物,你就要考虑食物的成分、来源和烹制方法,以此来最大限度地促进宝宝的成长和发育。

许多父母都会购买婴幼儿速食食品。如果你很忙,没时间在家给宝宝做饭,或者你们在旅行,这种食物就是非常方便的选择。有些速食食品品牌是罐装或者袋装,使用单一成分的优质有机蔬菜,其中不包含人工香料、增稠剂、防腐剂和添加剂。然而,许多婴儿速食食品并不容易消化,营养价值不高,味道也不好。许多生产商把水果与谷物或蔬菜混合在一起,以此来让食物既好看又可口,但这么做可能会导致宝宝消化不良。

大多数婴幼儿速食食品味道平平,因为在消毒的过程中,它们经过了高温蒸煮。虽然就安全而言,这么做是必要的,但与此同时,这么做也牺牲了食物的味道、重要的营养素和酶。通常,速溶谷物在加工过程中会丢失一部分天然存在的微量营养素。随后,生产商会额外添加这些丢失的营养素,以此来做出补偿。这些强化营养谷物食品所提供的微量营养素可能与未经加工的谷物一样多,但是,与家中自制的全麦谷物食物中所含的营养素相比,人工添加的维生素和矿物质更不容易吸收。完整的谷物能保存几百年而不变质,但速溶谷物却需要防腐剂来保鲜。婴幼儿速食食品的种植、收获、加工、运输和存储都使用工业化的方式,这么做会损害食物的新鲜度,破坏其中的活性成分。

另一种选择是在家里给宝宝做饭吃,你可以选用当地种植的新鲜有机农产品。

自制食物的益处

❋ 营养丰富

你可以为宝宝提供更多种类的谷物、蔬菜、豆类和水果，而不只是速食婴幼儿食品中所包含的有限的几种。这样一来，宝宝就能得到更多种类的重要营养素。与加工食品和精制食品相比，当地当季出产的有机食物能为宝宝提供更多的营养。

❋ 用料安全

在家里为宝宝准备食物时，你清楚地知道食物里有什么，没有什么，因为配料是你选的，食物也是你做的。你知道你在自家厨房里做的食物里没有增稠剂、糖、色素和化学添加剂，你不需要担心食物的安全问题。

❋ 配料简单

宝宝的味蕾很敏感，它们喜欢简单的食物，而非速食食品里的混合食物和调味料。一次只让他尝试一种新的食物有助于宝宝记住不同食物的味道，同时你还能知道这种食物会不会引起过敏反应。如果你给宝宝吃的是多种配料混合在一起的速食食品，那么你就很难确定过敏究竟是由哪种食物引起的。

❋ 美味可口

与罐装或冷冻食品相比，全麦谷物、豆类、新鲜蔬果和天然调味料更加美味可口。尝尝你亲手给宝宝做的食物，自己感受一下。此外，你还可以让宝宝品尝各种天然的味道，以此来刺激他的大脑发育。

❋ 量身定制

宝宝的味蕾像一张白纸。随着他品尝各种新的味道，进而形成自己的口味偏好，你就能知道他喜欢什么味道了。在家自制食物时，你能通过混合和搭配食材做出更符合宝宝口味的食物。

❋ 经济实惠

在为你提供便利的同时，婴幼儿速食食品也并不便宜。只要付出一点点努力，你就既能节约金钱，又能让宝宝吃到更健康的食物。

❋ 方便快捷

自制食物做起来其实很简单。你可以参考选用新鲜、健康食材的食谱，同时用简单的方法烹饪。熟悉操作过程和配料后，你就可以抛开食谱，充满自信地为宝宝准备健康、有营养的食物了。此外，在自制食物的过程中，你并不需要使用什么特别的烹饪器具。

❋ 一劳多得

通过计划和组织，你能在繁忙的工作和生活中高效地完成食物的准备。你可以一次准备多份食物放进冰箱，然后在需要时随时取用。通过菜单计划，你也能更有效、更经济地采购食材和烹饪食物。

❋ 绿色环保

虽然婴幼儿速食食品所使用的罐子可以回收，但塑料容器的最终归宿仍然是垃圾填埋场。在家自制食物时，你基本不需要使用这类容器。当地出产的农产品既不需要长距离运输，也不需要冷链运输。与婴幼儿速食食品相比，自制食物对环境的影响更小。

❋ 增进亲情

跟家人一起做面包是增进彼此感情的良好时机。在为宝宝准备食物时，你可以多准备一些来跟他一同享用（但是调味料要分开放）。跟宝宝一起吃同样的食物能增进家人之间的感情，营造和谐美满的家庭氛围。

天然食物

天然食物是没有因为加工、提纯、添加化学物质而改变状态的食物。它只有一种原料——它本身。自然状态下的新鲜胡萝卜、苹果和米粒都是天然食物，它们当中含有食物本身全部的维生素、矿物质和植物营养素，纤维也是完整的。一份由天然食材搭配而成的食物不仅能提供宝宝身体所需的全部物质，还能使他在更深的心理层面得到满足。而食用加工食品则可能会让宝宝产生一种不完整感，即由于他的身体想要得到缺失的营养而产生的分离感或缺失感。加工食品和精制食品无法给人完整的满足感，于是常常导致暴饮暴食，以此来作出补偿。

加工食品通常是罐装、袋装或冷冻的，包括许多种类的谷物、饼干、薯条、糖果、碳酸饮料和肉干。阅读食品包装上的说明有助于你增加对食物的了解。在食品成分里寻找你认识的食物原料，如果其中有你不认识的成分，那就意味着这种食品很可能不是天然食物。

在上世纪50年代，加工食品因为方便而在美国日益风靡。为了节省时间，汉堡薯条、速食午餐、微波晚餐和盒装蛋糕在规模化的加工、包装和运输条件下大行其道。无论是杂货店、餐馆还是快餐店，里面的加工食品通常都含有大量的盐、糖、人工色素、人造香精、甜味剂和用来延长食品保质期的防腐剂。这些化学添加剂可能会加重婴幼儿的消化系统、肝脏和肾脏的负担，因为对于这些人造成分，他的身体既不知道什么该丢掉，什么该储存，也不知道该如何储存。

据估计，美国人平均每年从加工食品中摄入大约4公斤化学添加剂。加工食品虽然好吃，却没有太多营养，而热量又往往过高。味精等增味剂会让味蕾肿胀，使它们对味道更加敏感。让宝宝过早接触味精这类化学物质和增味剂会让他的味蕾受到极端口味的过度刺激。你可以先让宝宝品尝纯天然的甜味和咸味，以此来帮助他逐渐提高味觉敏感度。

美国农业部和卫生与公众服务部等机构正在推广天然食物。这种食物所提供的营养物质能增强免疫力，预防疾病。天然食品有助于使胰岛素保持在较低水平，进而使宝宝的体重维持在健康范围。天然食物中含有较少的饱和脂肪酸，同时含有较多健康的不饱和脂肪酸，例如能够促进大脑发育和提升免疫力的ω-3脂肪酸。天然食物富含膳食纤维，它能促进消化和排出肠道毒素。全麦谷物含有丰富的B族维生素，它能镇静安神，促进深度睡眠。这一点是所有父母都十分在意的，他们不仅希望宝宝能休息好，同时也希望自己能休息好。由于上面这些好处，你在准备食物上多花的时间最终能节省医药开支，同时减轻对患病的顾虑。

除去有益健康之外，天然食物还比加工食品便宜。虽然烹制天然食物需要你花费更多的心思和时间，但只要选择简单的食谱和烹饪方法，你和家人还是能养成烹制和食用简单、营养又美味的天然食物的习惯的。

容易消化的食物

对未满1周岁的宝宝来说，消化是一大难题，因为他的消化系统尚在发育当中，功能很弱。即便你给他吃最有营养的食物，可如果食物本身无法消化，那么这些营养就毫无价值。每当你开始给宝宝吃新的食物时，你都要考虑以下这几点。

关于消化的指导原则

从简单、天然的植物性食物开始，比如全麦谷物、豆类和蔬菜。

鱼和红肉等动物性食物比植物性食物更难消化，建议满周岁后开始吃。

在烹饪前浸泡谷物和豆类能让它们更容易消化。

彻底煮熟食物能减轻食物对宝宝消化系统造成的负担。

因为宝宝没有牙齿，所以，碾碎的泥状食物更有助于消化。一开始要尽可能碾得碎一些，随着宝宝的成长，你可以根据他的需要让食物颗粒逐渐增大。

给宝宝吃热食，或者给他吃温度近似体温的食物，这样在消化食物时，他的身体就不需要额外耗费能量来加热食物。冰的、凉的食物会加重他消化系统的负担。

一开始，一次只给他吃一种食物，以此来判断这种食物是否会引起过敏反应。单独检查过很多食物后，你才可以把不同的谷物混合起来，或者添加豆类或蔬菜。

避免把水果和谷物、蔬菜或含蛋白质丰富的食物混在一起给宝宝吃，这么做可能导致胃胀气，引起疼痛，使消化功能紊乱。正确的做法是，吃完其他食物后，至少等30分钟再吃水果。

生的水果和果汁可能会损害宝宝的消化功能，引发呼吸系统疾病。鲍勃·弗劳斯（Bob Flaws）建议先把水果煮熟再给未满1周岁的婴儿吃，以此来使食物容易消化。如果一定要吃生的水果，那也要控制数量。

发酵食品和益生菌补充剂不仅有促进消化的作用，同时还能帮助宝宝在消化道里建立有益健康的菌群。

当地当季的新鲜食物

杂货店里的食品平均要在卡车、飞机和冷藏仓库之间辗转2400公里才能到达你的购物车。这一运输过程可能长达两周，我们称之为"食物里程"。有的种植者提早采摘蔬菜和水果，然后使用化学气体催熟，再用防腐剂保鲜。有的种植者使用转基因种子，以此来让果实大小一致，同时延长保质期。由于转基因果实保质期更长，所以更容易被长途运输。但是，转基因食物对人类和生态的长期影响尚不清楚。

近来，许多厨师、营养学家、图书作者等关心美食的人都在积极倡导健康饮食，他们主张食用当地当季的食物，以此来保持身体和生态系统的平衡。在他们看来，当地的食物就是产自附近100英里（约160公里）以内的食物，特别是蔬菜、水果和动物制品等容易腐烂的食物。最近，美国农业部对"当地"一词作了新的定义，即"距离食品种植或养殖地400英里（约640公里）以内，或者与食品销售地同属一个州的区域"。除能缩短食物里程之外，当地出产的农产品通常还要比工业化种植的农产品更营养、更美味。

给宝宝吃当季食物能使他的身体更好地适应天气变化。在炎热的夏天，清爽可口的面条、蔬菜沙拉和蒸煮蔬菜能让宝宝的身体保持凉爽和平衡。在寒冷的冬天，美味的汤食和炖菜又能帮助宝宝的身体保持温暖。

如果你为宝宝选购当地当季的农产品，他就能同时获得美味与营养。这类食物能帮助他的身体和生态系统保持平衡与和谐，同时还能极大地缩短"食物里程"。

放心可靠的传统食品

在今天的冷藏和运输技术出现之前，过去的人们保存食物的手段十分有限。他们只食用当地种植的季节性食物，并且采用传统的烹饪方式。地中海地区以其健康的传统饮食而闻名，当地居民主要吃全麦谷物、时令蔬菜和水果、豆类和当地捕捞的水产品；亚洲地区以大米为主粮；美洲原住民文化和拉丁文化地区以玉米为主粮；许多非洲国家以薯类为主粮；而欧洲地区则以小麦、大麦、小米和燕麦为传统主粮。

大多数古老文化都有积极健康的生活方式，都讲究以适量天然食物为内容的平衡膳食。当一家人围坐在餐桌前分享食物时，他们所奉行的传统饮食礼仪往往是文化传承与家族历史的写照。想一想，哪些菜是你的祖上传下来的？当然，你也可以使用对你有意义的特定食物来建立属于你家的独特习俗和传统。例如每周六早上吃薄煎饼，晚上吃面条，在特殊的节日吃特定的菜肴，夏天吃烧烤，在特定宗教仪式上吃特定的食物。如果你们一次又一次地重复吃这些食物，它们就会凝结为传统。

有机食物

在美国，美国农业部负责制定有机食品的标准。在生长当中，有机作物不使用合成农药或人工化肥，也不使用转基因技术。在有机农场饲养的动物吃有机饲料，不使用生长激素或抗生素，并且比大规模养殖的农场动物享有更宽敞的生活和放牧空间。

一般来说，有机农场的经营遵循生物多样性和可持续性原则。这些原则体现在有关利用土地的各种负责任做法之中，例如作物轮作，使用天然肥料和堆肥，以及采用生态虫害控制法。根据北美有机贸易协会（North America's Organic Trade Association）的说法，有机农业能减少地下水污染，促进植物生长，保持土壤肥力，减少土壤侵蚀。有机或不使用杀虫剂的农业也能减少河流、小溪、海洋和饮用水所遭受的污染。

获得有机认证需要花费大量金钱，而许多没有申请有机认证的小型农场仍然依照有机原则经营。

阅读农产品供应商的资料或者在农贸市场直接与种植者交流可能有助于你做出明智的购买决策。当你食用当地出产的有机蔬菜时,你可以很容易地发现从品质到味道的差异。购买有机食品后,你会对你为宝宝准备的食物更有信心。

优先选择

婴幼儿更容易受到毒素的侵害,因为他们的免疫系统尚未发育完全。有些专家认为,规模化种植的农产品中的毒素水平对大多数健康成年人来说是足够安全的,但他们也承认,即便是低剂量的农药也可能对儿童和孕妇造成不良影响。如果你给宝宝吃动物食品,那么就要记住,规模化养殖的动物可能含有激素、抗生素等化学物质。大多数植物性食物都是水溶性的,而动物性食物是脂溶性的,后者更容易富集这些化学物质。食用动物性食物时,你应当优先选择有机产品。

虽然有机食物更加昂贵,但从长远来看,健康的食品反而可能更便宜。例如,应季有机农产品的价格可能比反季节的非有机农产品更低,这样一来,你就可以把一部分应季有机农产品通过冷冻转移到反季节食用。如果把所有食物都替换为有机产品对你来说开支过大,你就可以选择部分种类的食物优先购买,例如鸡蛋、奶制品、鸡肉和其他肉类,因为这类农产品普遍使用激素和抗生素。

你可以通过查看美国农业部认证的有机印章来检验你所购买的食物是否为有机产品。在当地的农贸市场采购时,你可以就农产品的生产方式直接询问种植者。对一些食物来说,用传统方法种植会更加安全。环境工作小组(Environmental Working Group)是一家关注健康的非营利组织,它发布了一份名为"洁净15种"和"污染12种"的名单。这份名单根据农药污染程度列出了最安全和最不安全的规模化种植农产品种类。

转基因食物

转基因生物是通过生物技术或基因工程的基因剪接技术人工制造的生物。这项技术将来自不同物种的DNA相融合,最终创造出自然界中不存在或无法经由传统杂交手段而获得的新的植物、动物、细菌和病毒物种。大多数转基因作物在设计之初就需要抵御工业除草剂和杀虫剂,同时还要使果实长得更大,更美观,保质期更长。然而,这些蔬菜和水果缺乏非转基因蔬菜和水果的浓郁风味。

"非转基因项目"(Non-GMO Project)是美国的一家非营利组织,它致力于向消费者普及转基因知识,同时为他们寻找非转基因产品的货源。根据这家组织所提供的信息,越来越多的证据表明,转基因食品存在损害健康、破坏环境和侵犯种植者与消费者权益等各种问题。与转基因食品有关的健康风险包括过敏、器质性病变和内分泌紊乱。大多数发达国家并不认为转基因食品是安全的,包括澳大利亚、日本和所有欧盟国家在内的全球近50个国家都对转基因食品的生产和销售实施了限制和禁令。在美国,政府批准转基因食品是因为其所依据的相关研究来自本身就生产和销售转基因食品的企业。

 了解更多关于"转基因食品"的信息请访问nongmoproject.org

洁净 15 种

"洁净15种"中的蔬菜和水果不存在严重的农药等化学污染。健康倡导者、医学博士安德鲁·韦尔(Andrew Weil)表示,在购买蔬菜和水果时,"洁净15种"是安全的,即使它们不是有机种植的。

污染 12 种

"污染12种"喷洒农药最多,于是残留农药也最多。营养学家等健康领域人士建议购买这类食物时选用有机产品。

植物性食物

传统上,亚洲人主要吃米饭、蔬菜和少量动物性食物(奶制品除外)。《中国研究》(The China Study)一书作者、康奈尔大学的科林·坎贝尔(T.Colin Campbell)博士研究了中国各地65个县的6500名中国人,追踪调查了他们在20多年里的饮食与患病情况。他发现,那些主要吃天然植物性食物的被调查者在几种主要疾病(如肥胖、糖尿病、心脏病和癌症)方面发病率最低。相反,那些饮食中包含大量动物性食物（如肉类和奶制品）的被调查者罹患在西方更为常见的主要疾病的可能性要高得多。

在2011年接受《纽约时报》采访时，坎贝尔根据自己的研究结果推荐读者多吃植物性食物。他说："（多吃植物性食物）对预防和治疗多种疾病有非常明显的效果，无论是癌症、心脏病还是糖尿病都是如此。"坎贝尔的研究表明，天然食物能预防和治疗许多严重疾病。他的这本书已经售出50多万册，是美国最畅销的营养学书籍之一。

我家的饮食以植物性食物为主，同时辅以适量动物性食物。除此之外，我还考虑食物的阴阳平衡。梦之窗幼儿园的吉田英子过去常常跟我提起，在吃鱼或其他动物性食物时，如果我少吃米饭，多吃新鲜蔬菜和水果，我就能实现阴阳平衡。她还建议，由于动物性食品能让身体暖和起来，所以冬天可以适当多吃些。

所有的食物不仅都有营养，而且都有能量。与能激发身体活动、提升自信的动物性食物相比，植物性食物所具有的能量更加安静、平和。如果你关注宝宝吃了哪一类食物，你就能认识到食物中的能量对他有怎样的影响，你就可以根据他的需要增减相应种类的食物。

酸与碱

酸性内环境容易滋生疾病，所以，微微偏碱性的内环境是更加健康的状态。宝宝的身体里有用来维持酸碱平衡的缓冲系统。由于它的存在，宝宝吃的食物才不会对他血液的酸碱值产生直接的影响。但是，吃生成碱性物质的食物会使宝宝的身体形成偏碱性的内环境，而吃生成酸性物质的食物则会使他的身体形成偏酸性的内环境。

大多数生长于陆地和海洋的蔬菜都富含维生素和矿物质，它们能对宝宝的身体有碱化作用；与此同时，大多数富含蛋白质和脂肪的动物性食物和精制碳水化合物则对他的身体有酸化作用。全麦谷物和干豆子有轻微的酸化作用，但是，经过浸泡或发芽后，它们的酸化作用就会转变为碱化作用。在发芽的过程中，植物性食物会释放酶和其他植物营养素，结果使自己具有了轻微的碱化作用。给宝宝吃多种多样的全麦谷物有助于宝宝的身体形成偏碱性的内环境。你可以确信，天然食品所具有的通常都是碱化作用，而精制食品所具有的则通常都是酸化作用。

宝宝的身体能够维持平衡状态（稳态），并且能自然而然地使体液的酸碱值微微偏碱性。如果宝宝饮食的酸化作用和碱化作用的综合效果能够与他的血液酸碱值相适应，那么他的身体就会比他食用强烈酸化作用或强烈碱化作用的食物后更容易保持酸碱平衡。

为了帮助宝宝的身体保持酸碱平衡，你可以把全麦谷物和新鲜蔬菜作为他饮食的主要部分。一般来说，极端阴性的食物和极端阳性的食物通常具有酸化作用，而在阴阳属性方面不很典型的食物通常具有碱化作用。

想要列出一份具有酸化作用或碱化作用的食物清单并不容易，因为根据具体情形的不同，有些食物（例如水果）既可以具有酸化作用，也可以具有碱化作用。影响水果对宝宝身体的具体作用形式的因素有：宝宝的身体状况、水果的成熟程度、水果的品质（有机种植或规模种植）和处理方法。此外，食用水果的数量以及水果与其他食物的搭配情况也会影响水果对宝宝身体的作用。如果宝宝的饮食比较均衡，水果也吃得不多，那么水果对他的体液所发挥的就很可能是碱化作用。

左侧的表格显示了哪些常见食物对宝宝的身体有碱化作用，哪些有酸化作用。

除去在多种食物间平衡酸化作用和碱化作用之外，你也可以通过调整他身体的内环境来帮助他的身体保持天然的碱性状态。由于与生活方式有关的多种因素（比如精神压力和污染）也会使他的身体产生酸性物质，所以你要经常带他去户外，呼吸新鲜空气，远离电视和手机等电子设备。这么做能帮助宝宝的身体保持在微微偏碱性的状态。

食物的阴阳平衡

通常，均衡饮食一词是指某种膳食计划，它涉及对宏量营养素和微量营养素的计算。用古老的阴阳观念来把食物作为鲜活的能量来平衡是均衡饮食的另一种方式。由于阴阳能量存在于所有的物质当中，所以宝宝吃的食物也都具有阴阳属性。食物的阴阳平衡能影响宝宝的身心成长和发展，以及他在这一过程中的内心感受。

食物的阴阳分布图显示了一系列常见食物在阴阳属性方面的关系。图的两端是极端情形。吃极端阴性食物会让人同时想吃极端阳性食物，反之亦然。这样的食物搭配例如咸薯片和冷饮、动物性食物和糖。吃这样的食物搭配就像是一只钟摆在极端阴性食物和极端阳性食物之间剧烈摆动。你可以多给宝宝吃一些处于阴阳分布图中心位置附近的食物（主要是谷物和蔬菜），以此来降低这只钟摆的摆动幅度。吃阴阳平衡的食物能防止宝宝的身体承受过大的压力，因为这么做不需要他再去吃阴阳属性相反的食物来做出补偿。

谷物、豆类、海产蔬菜和蔬菜都在阴阳分布图的中心附近。每天吃这些食物有助于让宝宝的膳食维持稳定和均衡。吃中心范围之外的食物会让那只钟摆产生更大的摆动，比如吃了阳性的动物性食物后，人就会自然而然地渴望吃阴性的甜食，吃过

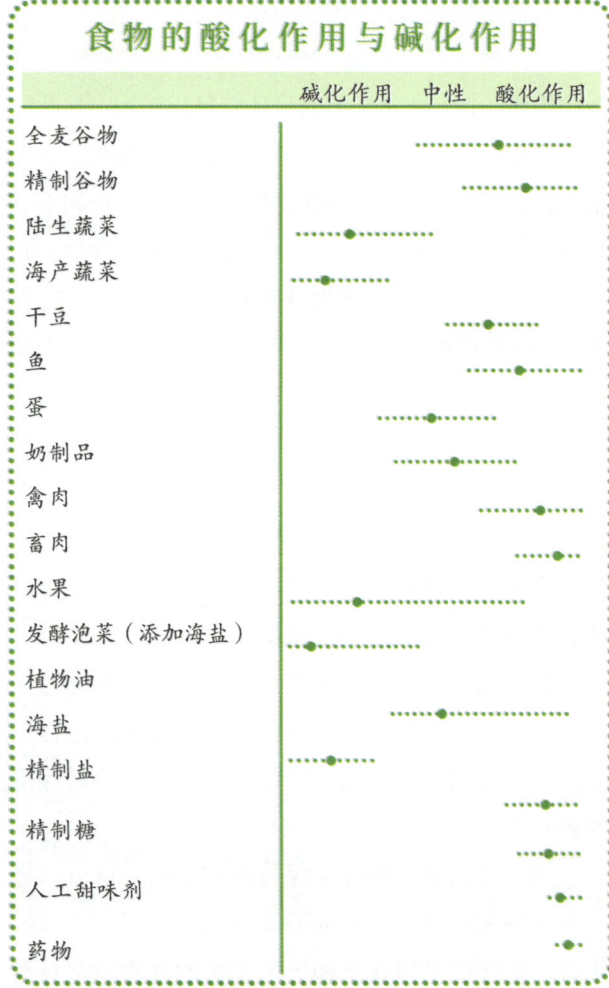

注意：这份关于酸化与碱化作用的食物清单并不全面。

以上表格根据卡尔·费雷（Carl Ferré）所写的《酸与碱》（*Acid Alkaline Companion*）一书整理而来，经乔治·奥萨瓦长寿基金会（George Ohsawa Macrobiotic Foundation）同意使用。了解更多信息请访问OhsawaMacrobiotics.com。

阴性的甜食后，人又会再次渴望吃阳性食物。就这样，钟摆在阴阳之间来回摆动，永无休止。阴与阳也可以是相对的。与谷物相比，蔬菜更显阴性，但与水果相比，蔬菜就会更显阳性。

宝宝生来属于阳性，而且他正在成长当中，所以他通常需要更多的阴性食物来促进成长和发育。下面的图中列出了不同种类的常见食物，中间是可以日常食用的平衡食物，两端是应该避免的极端食物，其余是可以偶尔食用的其他食物。

你可以利用你对阴阳属性的了解来影响宝宝的身体状况，帮助他在失去平衡的时候恢复平衡。例如，如果你的宝宝展现出了过多的阴性特征，比如嗜睡、哭闹或腹泻，那么你就可以让他少吃点阴性食物，例如水果、果汁和糖，这么做能帮助他回到平衡状态。你也可以给他多吃煮熟的全麦谷物和阳性蔬菜，比如根类蔬菜，这么做也能帮助他恢复平衡。

如果你的宝宝表现出了过多的阳性症状，比如多动、易怒、便秘，你就可以给他少吃点盐和动物性食物，以此来让他放松下来。你可以多给他吃一些阴性蔬菜，例如绿叶蔬菜和水果，这么做能帮助他恢复平衡。此外，季节变化、食物的准备和烹饪方法等因素也能在一定程度上影响饮食的阴阳平衡。

阴与阳并不能等同于好与坏。运用阴阳原理没有固定的规则。你可以尝试给宝宝吃不同的食物来观察它们的效果。在琢磨阴阳原理的过程中，如果你能用心关注宝宝真正想吃什么，你就能在他的带领下发现钟摆是如何来回摆动的。你可以给他吃更接近阴阳分布图中心的高质量食物来调节钟摆的摆幅。例如，如果他想吃冰淇淋，你就给他吃水果；如果他想吃咸薯片，你就给他吃低盐食物。无论他渴望吃什么，你都可以充当调解人的角色来帮他实现阴阳平衡。

在记住阴阳原理的同时，你还要通过尝试和观察来帮助自己形成运用这一原理的直觉。理解阴与阳的相互吸引能让你用正确的方式引导宝宝。以上这些建议来自我在自己身上、在女儿和外孙女身上运用阴阳原理的经验。我们将在第6章的内容里进一步介绍关于食物阴阳属性的更多内容和例证。

各种食物的阴阳属性分布图

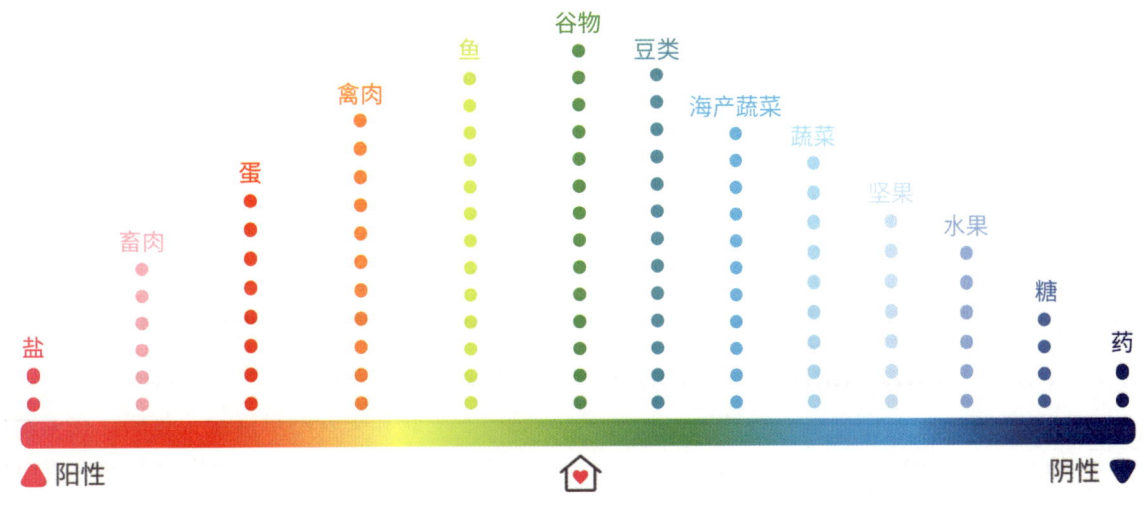

影响阴阳属性的因素 🏠

影响因素	阳性 🔺	阴性 🔻
生长季节	冬季	夏季
生长气候	温带	热带
生长环境	野生	种植
生长时长	较长	较短
生长方向	向下	向上
保质期	较长	较短
个头	较小	较大
形状	圆	扁
质地	较硬	较软
颜色	红色	紫色
含水量	较低	较高
含糖量	较低	较高
含钠量	较高	较低
矿物质含量	较高	较低
脂肪含量	较低	较高
来源	动物	植物
烹饪方法	做熟	生吃
加工方法	自然	化学
阴性食物数量	较少	较多
阳性食物数量	较多	较少

阴与阳总在不断变化,它们不是固定不变的,所以一种食物并不一定是阴性或阳性。每种食物所具有的能量性质都会受到不同因素的影响。以上是一些决定食物阴阳属性的因素,它们能帮你为你的宝宝找到阴与阳的平衡。

宝宝的身体需要什么

营养物质能为宝宝的身体供应能量,以此来促进生长发育,维持身体功能,并且在需要的时候修复和愈合伤口。宝宝的健康饮食包括宏量营养素和微量营养素,例如水和酶。宏量营养素是人体所需能量的主要来源,包括碳水化合物、蛋白质、脂肪、水和矿物质。假如宝宝的身体是一辆汽车,那么宏量营养素就是我们需要经常添加的汽油。微量营养素是维生素、矿物质等对宝宝身体的长期健康非常重要的少量化学物质。如果举汽车的例子,那么这些微量营养素和酶就是防冻液、冷却剂、机油等虽不经常添加但对汽车的长期性能至关重要的液体。

碳水化合物

碳水化合物是宏量营养素,它分为两种,一种是简单碳水化合物,例如葡萄糖和果糖,另一种是复杂碳水化合物,例如淀粉和纤维素。简单碳水化合物的名声不大好,因为它们常常存在于许多由精制面粉和糖做成的加工食品中,例如白面包和各种面条。与此相对应的是,复杂碳水化合物(如存在于全麦谷物、蔬菜、水果和母乳中的碳水化合物)既非常健康又必不可少。简单的碳水化合物会使血糖剧烈波动,而复杂碳水化合物能稳定、持久地为人体提供能量。

蛋白质

蛋白质是另一种宏量营养素,是宝宝身体所需氨基酸的主要外部来源。虽然宝宝的身体也能产生一些种类的氨基酸,但除此之外的氨基酸则必须通过食物获得。氨基酸是人体组织的主要成分,它们对肌肉、皮肤和头发的形成至关重要。在宝宝出生后的前6个月里,母乳能为他提供全部的蛋白质。含有蛋白质的天然植物性食物有谷物、豆类、坚果、种子和蔬菜。奶制品、鸡蛋、鱼和畜肉等动物性食物也含有丰富的蛋白质。

脂肪

脂肪是另一类宏量营养素，它对宝宝大脑、神经系统和眼睛的发育必不可少，同时也对他的免疫系统、血液、血管、肾上腺等器官保持正常功能至关重要。脂肪是很好的能量来源，同时还能滋养宝宝的头发、皮肤和指甲。"好脂肪"存在于椰子、芝麻、橄榄油、坚果、种子、鱼、牛油果、亚麻籽和母乳中。肉类和奶制品（如奶酪）中富含饱和脂肪，它们能堵塞细胞膜，提高血液中的胆固醇水平，因此不是健康饮食的必要元素。

水

水是化学反应发生的溶剂，它对宝宝所有的身体机能都非常重要。水能调节体温、消化和代谢功能。除直接饮水之外，水还可以通过食用新鲜的蔬菜和水果来获得。

维生素

维生素是天然的有机化合物，在蔬菜、谷物、豆类和水果等植物性食物中含量丰富。维生素能促进蛋白质、脂肪和碳水化合物等宏量营养素的吸收。宝宝的健康生长需要很多种维生素。如果你是严格的素食主义者，那就可以考虑补充维生素D和B12。

矿物质

宝宝的身体需要铁、钙、磷、钾、硫、钠、氯、镁等常量矿物质，它们对骨骼的生长和身体功能的维持极为重要。大多数矿物质都能通过均衡的饮食得到充分的补充，这样的饮食包括谷物、绿叶蔬菜、海产蔬菜、坚果、种子、水果干、新鲜水果和味噌汤，此外还可以选择牛奶、酸奶和鸡蛋。矿物质能帮助宝宝调节内分泌和神经系统，同时也对骨骼、牙齿和肌肉生长不可或缺。

酶

酶有调节化学反应的作用，是宝宝的身体里消化碳水化合物、蛋白质和脂肪所必需的物质。酶存在于发酵食物和生食中。高温烹饪和微波炉烹调会破坏酶。

在满周岁之前，宝宝长得非常快，所以他特别需要营养。他需要包含以上营养物质的高质量食物，这样才能在身心两方面实现健康的成长。

膳食补充剂

要想让宝宝拥有健康与活力，你就不能让他的身体缺少微量营养素。与膳食补充剂和强化食品所含的微量营养素相比，天然食物中的维生素和矿物质拥有更高的生物可利用性，而且含量更为适中。就维生素和矿物质而言，生物可利用性指人体消化和吸收微量营养素的难易程度。浸泡、发芽、发酵和烹饪等天然制备方法能增强食物中维生素和矿物质的生物可利用性。经过加工的膳食补充剂和强化食品含有高浓度的维生素和矿物质，进而可能导致宝宝的器官超负荷工作。虽然膳食补充剂和强化食品含有更高水平的维生素和矿物质，但这些维生素和矿物质的生物可利用性往往不及母乳和天然食物中的同类物质，最后只能被宝宝排出体外。硫酸亚铁是许多配方奶中所添加的一种铁元素补充剂，这种物质不仅难以吸收，而且可能引发消化不良和便秘。在给宝宝食用膳食补充剂和强化食品之前，你要与专业人士确认是否有必要这样做。

主要维生素及功能

维生素A是一种脂溶性维生素,对宝宝的免疫系统和视力有重要作用,它还能增强身体的抗感染能力。
代表食物: 橙色蔬菜、橙色水果、绿叶蔬菜和海产蔬菜。

维生素B_1对碳水化合物代谢、能量生产、皮肤健康和神经系统的正常运转必不可少。
代表食物: 全麦谷物、豆类、坚果和种子。

维生素B_2对能量生产、维持神经与免疫系统的正常功能至关重要,同时能促进组织愈合,增进视力。
代表食物: 全麦谷物、豆类、坚果、种子、海产蔬菜和蛋类。

维生素B_3能促进能量生产和碳水化合物、脂肪、蛋白质代谢,提升免疫力。
代表食物: 全麦谷物、豆类和种子。

维生素B_5能促进脂肪和糖转化为能量,它能通过与硫结合形成辅酶A来利用碳水化合物、蛋白质和脂肪。
代表食物: 肉、蔬菜、谷物、豆类、蛋和奶。

维生素B_6是研究最充分的B族维生素,它能通过减少炎症反应来使皮肤保持健康,并且能促进碳水化合物(特别是糖原)的分解。它还能帮助宝宝的神经系统传递神经信号。
代表食物: 鱼、肉、蔬菜、坚果和香蕉。

维生素B_7对碳水化合物、脂肪和蛋白质代谢至关重要,与之相关的最常见的婴儿疾病是乳痂,这是一种长在婴儿头顶的鳞状皮疹。
代表食物: 坚果、牛油果、蔬菜、蛋和奶。

维生素B_9是遗传物质和蛋白质代谢中的重要物质,并且对宝宝体内红细胞的形成作用巨大。
代表食物: 全麦谷物、豆类、坚果、黄色和橙色蔬菜、绿叶蔬菜、浆果和海产蔬菜。

维生素B_{12}是红细胞形成和叶酸代谢过程中所不可缺少的物质。
代表食物: 酸奶、啤酒酵母、鱼、海产蔬菜、蛋和奶。

维生素C是一种抗氧化剂,能帮助宝宝维持免疫功能,并且有助于促进铁元素的吸收。
代表食物: 绿叶蔬菜、牛油果、浆果、瓜类和海产蔬菜。

维生素D能促进钙的吸收和骨骼的钙化。它是宝宝可以在体内合成的唯一一种维生素。母乳喂养的宝宝能吸收很多维生素D,如果再适当晒晒太阳(1周岁以上每天10~15分钟),维生素D就足够了。
代表食物: 牛奶、豆浆、鱼、蛋和海产蔬菜。

维生素E是一种脂溶性维生素,也是高效的抗氧化剂。它能保护宝宝的身体免受有害毒素和致癌物质的伤害,例如汞、铅、苯、硝酸盐、香烟烟雾和污染物。
代表食物: 杏仁、牛油果、燕麦和海产蔬菜。

维生素K能促进血液正常凝固,它是由肠道细菌产生的。
代表食物: 绿色蔬菜和海产蔬菜。

节选自珍妮特·贝辛格(Jeannette Bessinger)与特蕾西·亚布隆-布伦纳(Tracee Yablon-Brenner)合著的《宝宝的最佳饮食》(*Great Expectations: Best Food for Your Baby & Toddler*)。内容版权属于以上两位作者。经斯特林出版公司(Sterling Publishing Co., Inc.)许可再版。

主要矿物质及功能

Ca 钙
钙是宝宝身体里含量最多的矿物质之一。99%的钙储存在骨骼和牙齿中，它对保持骨骼的密度和强度非常重要。
代表食物： 绿叶蔬菜、海产蔬菜、坚果、种子、豆腐和豆类。

Cr 铬
铬对葡萄糖代谢、胰岛素和蛋白质合成非常重要。
代表食物： 全麦谷物、绿色蔬菜、水果和海产蔬菜。

Cu 铜
铜能帮助宝宝的身体使用铁元素来合成血红蛋白，同时与他的味觉关系密切。此外，铜还是骨骼、软骨、结缔组织和皮肤的重要成分。
代表食物： 全麦谷物、豆类、坚果、种子、绿叶蔬菜和浆果。

Fe 铁
铁是宝宝身体里所有细胞都需要的矿物质，对生长发育极为重要。健康的足月婴儿在出生时携带有足够的铁元素，它们能维持3~6个月的使用（前提是母亲在怀孕期间摄入了足够的铁元素）。在这之后，宝宝有可能出现缺铁的情况。
代表食物： 全麦谷物、豆类、坚果、种子、浆果、干果、红糖浆和海产蔬菜。

F 氟
氟化物对宝宝的牙齿发育至关重要，但我们不建议给婴儿补充氟化物，因为过量的氟化物是有毒的。
代表食物： 全麦谷物、蔬菜和水果。

I 碘
碘对维持宝宝甲状腺的正常功能必不可少。
代表食物： 海产蔬菜、鱼和蛋。

Mg 镁
镁能帮助宝宝维持骨骼和牙齿的健康，还有助于促进肌肉放松。
代表食物： 谷物、豆类、坚果、种子、绿叶蔬菜、浆果、干果、红糖浆和海产蔬菜。

Mn 锰
锰参与碳水化合物、脂肪和蛋白质代谢，并且能帮助宝宝维持神经功能的正常运转。同时，它也参与多种酶的合成与激活。
代表食物： 全麦谷物、豆类、坚果和种子。

Mo 钼
钼能帮助宝宝调节身体的酸碱值，同时参与碳水化合物代谢，此外还是牙釉质的组成部分。
代表食物： 全麦谷物、豆类、坚果和种子。

P 磷
磷能提高宝宝骨骼和牙齿的强度，促进能量代谢，同时也是牙釉质的组成部分。
代表食物： 全麦谷物、豆类、坚果、种子、酸奶和海产蔬菜。

K 钾
钾能帮助宝宝维持正常心率，调节体内细胞的渗透压和酸碱平衡。此外，钾对于维持肌肉和神经系统的正常功能也必不可少。
代表食物： 全麦谷物、豆类、坚果、种子、绿叶蔬菜、橙色蔬菜、海产蔬菜、瓜类、浆果和牛油果。

Se 硒
硒能保护宝宝的心血管系统，维持细胞中的体液平衡和肌肉与神经系统的正常功能。
代表食物： 全麦谷物、豆类、坚果、种子、绿叶蔬菜、橙色蔬菜、海产蔬菜、瓜类、浆果和牛油果。

NaCL 氯化钠
氯化钠是一种电解质，对于宝宝在胃里制造盐酸必不可少。它必须与钾保持平衡来保障心血管健康。
代表食物： 绿叶蔬菜、海盐、鸡蛋、鱼、干果和海产蔬菜。

Zn 锌
锌对宝宝的免疫系统、血糖平衡、味觉和嗅觉有十分重要的作用。
代表食物： 坚果、种子和海产蔬菜。

节选自珍妮特·贝辛格（Jeannette Bessinger）与特蕾西·亚布隆-布伦纳（Tracee Yablon-Brenner）合著的《宝宝的最佳饮食》（Great Expectations: Best Food for Your Baby & Toddler）。内容版权属于以上两位作者。经斯特林出版公司（Sterling Publishing Co., Inc.）许可再版。

第5章
从菜园到餐桌

玛丽很小的时候,我喜欢跟她一起在院子里种东西,挖土。她从土里筛出了虫子,接着就对我大叫:"虫子!妈妈!虫子!"此刻,我的脑中仍然回荡着她那可爱的、兴奋的尖叫。种植植物的过程能让你深切地领会到食物是从哪里来的,怎么生长的。如果你家院子里有空地,你就可以种植一些蔬菜,这么做能帮助你的宝宝感受到他与食物和地球之间的联系。如果没有空地,你也可以在花盆中种一些草本植物。百里香、迷迭香和鼠尾草等许多植物都能熬过冬天,每年都能重新发芽。罗勒和欧芹等植物需要每年春天重新种植。甘薯或牛油果长得很快,豆芽还可以在厨房里种。这些长得快的植物能让宝宝直观地看到植物生长的过程。

当你自己种东西吃时,你会自然而言地理解什么叫做有机种植。对于上化肥、喷农药这种事,你在菜市场买菜的时候很难有什么真切的体会,但有了在自家花园种菜的经历,你的这种体会就会真实得多。等你真正种过菜后,你就会发现,给你家宝宝吃施过化肥、喷过农药的蔬菜这种事简直难以想象。在花园里种菜的亲身经历能让你无比真切地理解什么叫做有机种植。

许多学校都在试验让孩子们亲身体验种植过程。孩子们喜欢观察蔬菜生长,这一经历也能让他们更喜欢吃新鲜蔬菜。一些社区还有共享的社区花园,你可以和宝宝一起在里面种点什么。

如果你的宝宝体验过自己种东西吃的过程,他就会把相关的理解运用到所有食物上面。你可以问他,这种东西是在哪里长的?它是怎么长大的?它是怎么加工的?它是怎么运到我们这里的?这些问题能帮助你的宝宝借助食物与大自然建立起联系。我们先讨论食物从哪里来,然后再介绍怎么把它们端上餐桌。这一章的内容有:组织与计划、采购、食物中的能量、卫生、准备食物、烹饪方法、储存、节省时间的技巧、引入固体食物和喂养注意事项,等等。

计划与组织

给宝宝做饭并不困难，稍加计划与组织就不会给你造成负担。准备好基本的厨具和食材，再制定一份菜单计划和购物清单，接着你就能把便捷的烹饪融入你的日常生活了。有了事先的计划，你就能统筹安排宝宝的食物和家人一起吃的食物，同时还能省钱省力省时间。

你并不需要准备特殊的厨具，只要是安全材料制成的都可以。不过，你还是需要提防一些塑料制品。我不建议用塑料炊具烹饪食物，把热食倒进塑料容器，或者用微波炉加热塑料餐盒里的食物，因为塑料遇热会融化，释放出化学物质，导致化学物质渗进食物里。如果你一定要用塑料容器或餐具，那就一定要确保塑料本身是食品级的，而且一定要等食物晾凉了再用。不锈钢、玻璃、陶瓷（无铅）和铸铁是最安全的厨具材料。不要用铝制厨具和涂有不粘涂层（例如特氟龙）的厨具。

这本书里的食谱都很简单，很容易上手。这些食谱涉及许多种类的谷物、蔬菜、豆类和水果，而且贯彻了平衡原则。等你熟悉了原料和烹饪方法后，你就不需要食谱了，到时你就能驾轻就熟地为宝宝做饭了。

要想高效烹饪，你就得腾出地方来专门放置你常用的厨具，好方便你随时取用。找东西是一件很费劲的事，特别是在你抱着孩子的时候。如果你经常需要翻箱倒柜，找这找那，你做起饭来就一定不会快，同时也一定会消耗更多的体力和精神。因此，最常用的物品要放在厨房里最方便的位置。为了让你经常要用到的东西有地方放，你可能需要清理不常使用或者用处不大的东西和器具。

我在日本时的厨房

"在日本时，我的厨房很小，我站在中间就能摸到里面的所有东西。冰箱顶部能放东西，我还在墙上装了架子放书和厨具。热水器很小，是"即用即热"的。因为烘焙在日餐中不很常见，所以我们的厨房里没有烤箱。不过，直树还是捡来了一个小烤箱，一次能做12块饼干，也够用了。我必须计划好我的时间和厨房里的空间，这样我才能在照顾好孩子的日常所需的同时给家人做出营养美味的食物。"

准备食材

在家给宝宝制作天然有机食物所需的食材有：一些基本的干食材、瓶装或罐装食品、新鲜蔬菜和水果。能保存几个月不变质的基本食材有：谷物、豆类、海产蔬菜和调味料。此外，你还应当准备一些方便食用的食物，例如婴儿速食食品、罐装豆类、出牙饼干和速食谷物，以备应急之需。如果你的宝宝已经开始吃固体食物，你就可以在柜子里或架子上腾出一些地方来放置这些基本食材。新鲜的食物可以保存在冰箱里，篮子里，或者放在厨房台面上。一旦你准备好了基本的厨具和食材，你就会发现给宝宝做饭简单得出奇。

存储容器

今天，我们能买到各种各样既好看、用起来又方便的存储容器。寻找陶瓷、不锈钢或玻璃材质的容器，盖子要可以密封，这样既能保持谷物、豆类等基本食材新鲜，又能防止生虫。把谷物、面粉和豆类储存在塑料袋里会增加生虫的危险，因为蛾子能咬穿塑料袋，并且把卵产在里面。玻璃罐是一种经济实惠的容器，可以在杂货店、五金店和厨具店买到，一套12个。12个玻璃罐可能看起来很多，但它们的用途非常丰富。除了储存干食材外，它们还能用来保存做好的食物，例如汤、粥和饮料。瓶身还有容积刻度，这样你就能用它来当量杯，以及按比例混合食物。玻璃罐非常实用，它们能让你保存的各种食材一目了然。

玻璃罐容积大小

- 2夸脱：64盎司或8杯（约1.92升）
- 1夸脱：32盎司或4杯（约960毫升）
- 1品脱：16盎司或2杯（约480毫升）
- 半品脱：8盎司或1杯（约240毫升）
- 半　杯：4盎司（约120毫升）

去文具店买一套标签，把食材的购买日期写在标签上，然后把标签贴到罐子上。

锅碗瓢盆等厨具

不锈钢材质的轻便的锅适合快速烹饪，如煎、煮和蒸。铸铁、搪瓷铸铁或搪瓷不锈钢材质的比较重的锅适合较慢的烹饪方法，如煲汤和炖菜。我不推荐使用铝质平底锅和不粘锅。在储存食物时，我推荐使用玻璃而非塑料材质的容器。如果你在厨房里使用塑料容器，那你就要确保容器所使用的塑料是食品级的，而且食物在放入塑料容器前要先晾凉到室温，这么做能防止塑料中的化学物质渗进宝宝的食物里。竹子、木材、粘土和陶瓷（无铅）是制作厨房用具的纯天然材料。硅胶虽然是人造物，但它来自二氧化硅而非石油，因而也是安全的厨具材料。下面的厨房用具是用作简单烹饪和使用本书食谱所需的主要物品：

食品罐：多种规格的食品罐能方便地把食物储存在食品储藏室或冰箱里。

过滤器：用于淘洗谷物、豆类和过滤食物。

蔬菜刷：天然刷毛不会像塑料刷毛那样损坏蔬菜。这是一种传统的日式刷子，由坚硬的棕榈纤维制成，它能很好地清洁农产品并不会造成损坏。

过滤器：用于淘洗谷物、豆类和过滤食物。

削皮器：用于为蔬菜和水果（如土豆或苹果）去皮，特别是在食材并非来自有机种植的时候。

备料碗：用来盛放切好的蔬果、谷物、酱汁或调味料的小碗。

木砧板或竹砧板：这种砧板最适合切割植物性食物，如蔬菜和水果。切鱼或家禽等动物食物时，我不会用切蔬菜和水果的砧板。砧板要定期清洁，用后要保持干燥，防止滋生细菌。

量杯：不锈钢材质，用来测量配料。

量勺：不锈钢材质，用来测量配料。

菜刀：这是一种锋利的长方形刀，是我最重要的厨房用具之一，由碳钢或不锈钢制成，切起东西来非常省力。

木勺：用于烹调或搅拌烘焙原料。

去皮刀：用于去除农产品的粗糙疤痕、茎或叶。

刮铲：用来刮掉搅拌机旁边的食物泥，也可以用来准备烘焙原料。

剪刀：用于打开真空包装的包装袋或其他盒子和袋子，也方便用来切割蔬菜、鲜花和宝宝的食物。

蒸盘：用于蒸蔬菜和加热冷冻熟食。建议使用不锈钢材质的蒸盘。

炖锅：不锈钢材质，一套2~3个，大小不一，方便烹饪谷物、蔬菜、豆类、水果、汤和饮料。玻璃盖子有助于观察食物情况。

煎锅：不锈钢或铸铁材质，可用水或油煎食物，也方便烹饪鱼或豆豉菜。

砂锅：陶瓷、耐热玻璃、铸铁或搪瓷铸铁材质，可以用来烤蔬菜、鱼和禽肉，或者用来做烤饭。小号砂锅方便为宝宝单独烹饪菜肴，大号砂锅一次能做很多菜。

散热器：用来防止食物粘锅、烧糊。

搅拌机或食物处理机：这是制作糊状食物不可缺少的工具。可以一次做很多然后冷冻起来。制作热食时，建议使用玻璃材质的搅拌杯。

婴儿食品研磨机：用于将食物磨成泥状，并将纤维分离。方便易用，适合每天用来准备新鲜的食物。你可以直接把研磨机里的食物端上餐桌。如果研磨机是塑料材质，那么要等食物晾凉后再使用。

研磨碗：这是一种由粘土制成的碗，里面有很多凹槽，还配有一根木制的研磨棒，用于研磨和捣碎食物，进而制作蔬菜泥、坚果泥和水果泥。

研磨机：用来研磨烘烤过的种子，作为粥或蔬菜的调味品。

擀面杖：用来擀面团做馅饼、饼干或出牙饼干。

烤盘：用来烘烤饼干或出牙饼干。

粗棉布：用于过滤谷物、牛奶或坚果奶，也可以用来挤压姜或豆腐。

未漂白的羊皮纸：用于烘焙，能避免食物粘在烤盘上，可用来烤蔬菜或面粉食物。

定时器：用于测量烹饪时间。

食物分装盒：储存糊状食物的方块容器。小尺寸的盒子（容积约为56毫升）可以在最初引入谷物的几个月里使用，过后可以用来盛放配菜。大一些的宝宝适合使用较大尺寸的盒子（容积约为113毫升），尤其当他吃谷物比较多时。

标签和笔：用于在储存食物的容器上标注食物名称和购买日期。

干食材

全麦谷物、面条、豆类、海产蔬菜、坚果和种子可以散买，也可以成袋购买。这些干食材很适合储存在密封的玻璃罐里。主粮应该放在阴凉处，而且通常不需要冷藏。在理想的情况下，全麦谷物不应该在温度超过27℃的地方存放太久，所以在夏天，我经常把它们存放在冰箱里。在温暖的天气里，米粒、燕麦片和面粉等碾碎的谷物也会发生氧化，所以你要把它们冷藏起来。这么做一来可以保鲜，二来可以防虫。你可以在食品储藏室放置害虫捕捉器，这是一种控制飞蛾的相对安全的做法。

瓶装、罐装和包装食品

日本酱油、梅子醋和油等调味料通常不需要冷藏，这些东西可以放进柜子或放在操作台上。大多数调味料都能在阴凉的地方保存更久。油很容易变质，所以要用深绿色或棕色的玻璃容器来装，以此来防止阳光照射。对于未经高温消毒的日本酱油，打开后要放进冰箱保存。没有经过巴氏杀菌的味噌酱也应该存放在冰箱里。你可以把打开的梅子醋、糙米糖浆和枫糖浆在厨房台面或架子上放好几个月，然后再在冰箱里放更久。盐和梅子最不容易变质，因此不需要冷藏。

蔬菜和水果

距离你家越近的蔬菜和水果越新鲜，越有营养，也越美味。如今，仓储超市里的生鲜和冷冻食品基本来自全国各地和其他国家，伴随食物里程的延长，农产品的新鲜度也会减损。

食物储存的时间越长，它所蕴含的生命力就流失得越多。不易腐烂的蔬菜和水果保存时间较长，所以你可以一次买很多，而容易变质的食物最好能随吃随买，这样的食物才能保证新鲜、美味又健康。

储存新鲜蔬菜和水果

蔬菜或水果	存放位置	是否密封	湿度	备注
绿叶蔬菜	冰箱	密封	潮湿	去除捆扎带。
西兰花、球芽甘蓝、卷心菜	冰箱	半敞或敞开	潮湿	卷心菜能在冰箱外面放几天而不变质。
黄瓜、西葫芦、南瓜、菜豆、豌豆、荷兰豆	冰箱	半敞或敞开	潮湿	南瓜和黄瓜能在冰箱外面放几天而不变质。
胡萝卜、甜菜、芜菁、欧洲防风草	冰箱	半敞或敞开	潮湿	剪掉叶子能存保更久。
甘薯、洋葱、冬瓜、土豆	阴凉处	半敞或敞开	干燥	不要在冰箱里存放。
番茄	操作台	半敞或敞开	干燥	不要在冰箱里存放。
草莓、蓝莓、树莓等浆果	冰箱	半敞或敞开	潮湿	容易压坏，不要堆叠。
哈密瓜、甜瓜、西瓜等瓜类	操作台	敞开	干燥	切开后要放进冰箱保存。
苹果、梨、李子、桃子、油桃、杏、樱桃等温带树木果实	操作台	敞开	干燥	切开后要放进冰箱保存。
柑橘、牛油果、香蕉等热带水果	操作台	敞开	干燥	切开后要放进冰箱保存。
葡萄	操作台	敞开	干燥	切开后要放进冰箱保存。
水果干	阴凉处	密封	干燥	切开后要放进冰箱保存。

饮食与菜单计划

当你给宝宝尝过几次单一配料的谷物或蔬菜食物排除过敏反应后,你就可以试着把食材混合起来给他吃,让他一顿吃好几种食物。为了让食物丰富多样,你可以在每一类食物中只选择一种,这些食物类别有谷物、蔬菜、高蛋白、水果、发酵食品和调味料(例如油、盐、酱、醋、糖、香料和饮料)。你还可以根据季节、天气和你居住的地方来选择偏阳性或偏阴性的食物。此外,不同的烹饪方法也能让食物呈现不同的口感和口味。你可以按照自己的直觉,使用不同颜色、口味和口感的食材和多种烹饪方式来制定一份阴阳平衡的菜单计划。你要考虑一整天或一整周的阴阳平衡,而不仅仅是眼下的这顿饭。计划一周的菜单能帮你节约时间和金钱,让你在购物时目标明确。有了计划,你就能只买需要的东西,记住重要的食材,这样你就不需要反复去商店买这买那了。

根据宝宝的年龄制定适合他的饮食和菜单计划,你要考虑食物颗粒的大小和软硬。即便他已经可以吃大颗粒的硬食物,食物的丰富口味和口感也仍然能让他从中受益。

东亚医学中的五味

你可以借助不同颜色和口味的食材来制作丰富多样的食物。

甜味是宝宝的最喜欢的味道,特别是母乳和天然食品的甜味。甜味能滋养宝宝的身体,维持阴阳平衡。天然的甜味食物有:大米、小米和藜麦等谷物,甘薯、胡萝卜和豌豆等淀粉类蔬菜,红豆、鹰嘴豆和菜豆等豆类,苹果、梨、樱桃和香蕉等水果,以及米糖浆、枫糖浆和蜂蜜(满周岁后吃)等甜味更浓的食物。

酸味是宝宝第二喜欢的味道,同时还能帮他调节体液平衡。酸味食物有葡萄、泡菜、梅子醋和糙米醋。

咸味调料可以在宝宝满周岁后出现在他的食谱中。咸味食物能帮他集中注意力。这类食物有盐、日本酱油、味噌和梅干。

苦味很难得到两岁前宝宝的青睐。按照东亚医学的说法,苦味有镇静的功效,同时还有助于增强体质。苦味食物有生菜、芦笋和巧克力。

辣味可能会令你的宝宝非常着迷(通常在满周岁后)。辣味能把病原体从他的身体里驱逐出去。辣味食物有茴香、韭菜、罗勒、姜、葱、芥末、咖喱和大蒜。

东亚医学中的五色

黄色和橙色	小米、南瓜、胡萝卜、甘薯、南瓜、哈密瓜
黑色、蓝色和紫色	紫菜、裙带菜、黑豆、蓝莓、黑莓
红色	草莓、树莓、番茄
绿色	豌豆、绿豆、西兰花、羽衣甘蓝、西葫芦、牛油果
白色	大米、藜麦、芝麻、豆腐、洋葱、菜花、土豆

宝宝的口味可能会因为他先前吃过某些食物而发生改变。当宝宝处在不同的气候、季节或天气里时，他的口味也可能发生变化。如果他吃了很多甜食，他对蔬菜中淡淡的甜味的喜欢程度就会下降。为了让吃了甜食的身体恢复平衡，这时的他可能会更想吃咸的食物。如果阴冷的冬天让他感到困倦和乏力，那么他对甜味的喜欢程度也会下降，这时的他可能会更想吃咸的食物或动物性食物。如果炎热、晴朗的天气让他充满活力，那么他就可能会更想吃冰淇淋或新鲜水果。当他的口味发生改变时，你要及时觉察并在饮食方面做出调整。

1908年，日本化学家池田菊苗（Kikunae Ikeda）博士发现海藻酱中所含的谷氨酸盐能给食物增加鲜味（umami）。鲜味最早来自一种用昆布海藻做的浓汤，它是日式料理中的一种汤料，用途类似于烹饪

西式菜肴时所添加的鸡汤。鲜味是一种比上面的五味更为复杂的味道。它醇厚、美味、饱含情感，来自特定食材搭配下的多种氨基酸的协同作用。

当富含左旋谷氨酸盐的食物与另一些特定的食物一同烹饪时，结果就会产生这种无与伦比的味道。你可以在日本酱油、味噌、帕尔马干酪、黑橄榄、蘑菇、橄榄油、芹菜等食物中品尝到鲜味。母乳中也含有昆布海藻汤中的鲜味。

味精（MSG）是一种化学物质，它能让廉价、低质的食物中产生谷氨酸盐的味道，但其中并不含有能让食物产生天然鲜味的盐类。

想让宝宝吃得健康又舒服，你就要在计划菜单的时候考虑另一个因素——食物的寒热属性。不同的食物能对宝宝的身体产生温补或去火的作用：

- 冷色（蓝色、绿色和紫色）食物偏寒，而暖色（红色、橙色和黄色）食物偏热。在偏热的食物中，柠檬比酸橙还要偏热。

- 黄瓜和西葫芦等长得很快的食物往往偏凉，而洋葱、萝卜和胡萝卜等生长期较长的食物往往偏热。

- 在烈日炎炎下，寒凉的热带食物能促进宝宝的身体恢复平衡。与之相比，生长在温带的食物往往偏热。美国南部佛罗里达州出产的橙子比北部佛蒙特州出产的苹果更偏寒。

- 食物的寒热属性还与含水分多少有关。与多汁的葡萄相比，干燥、密度较大的食物往往偏热。

如果你购买当地种植的农产品，你就能自然而然地挑到应季食物，这么做能帮助你的宝宝找到平衡。一般来说，性寒的食物在夏天成熟，而性热的食物在秋天成熟。注意，在夏天，牛油果和香蕉能为宝宝的身体去火，他会感到很舒服，但是，在冬天，同样的食物却会让他感到寒冷。注意观察你的宝宝，看他似乎更愿意吃什么，吃什么吃得比较香，盘子里又剩了什么。在你为他制定饮食和菜单计划时，你要考虑食物的颜色、口感和味道等因素，但这并不一定是一件复杂的事。你可以跟随自己的直觉并灵活安排，同时鼓励你的宝宝体验各种各样的食物。如果你制定的菜单能涵盖基本的食物种类，同时还能包含不同颜色和口感的食物，那么这一步就算大功告成了。

采购

我很喜欢我在日本的日常生活，特别是在露天市场购物的经历。我们居住的小公寓的拐角处有一个市场，里面是一排商贩，卖日本家庭主妇每天都需要采购的各种东西。我每周都会用婴儿推车推着埃米去那里购物。那时，我没有用信用卡和支票账户，所以买什么都用现金。在采购前，我会做预算和计划，因为现金是无法透支的。我去各个小店买蔬菜、豆腐、鱼、花和啤酒。为了节省时间，我每周只采购一次，并且让店主把我购买的新鲜蔬菜和水果送到我家里。我的做法让店主感到很惊讶，因为日本妇女通常每天都去店里买菜，以此来买到最新鲜的蔬菜和水果，可店主只是点头说"好的"。我觉得对方可能在想："为什么这个外国人不每天买新鲜蔬菜，而是吃放了好几天的蔬菜？"当时的我非常忙碌，做这样的妥协也值得。

美国的家庭农场已经不像过去那么兴盛了，但是在过去的十年里，把汽车后备箱当货架的车尾市场流行了起来。新鲜的本地食物味道更好，而且比

规模化种植的农产品更有营养。本地市场通常气氛友善，你能直接跟农产品的种植者聊天。如果你带宝宝去采购，你还可以让他真切感受新鲜农产品和烘焙食物的外观和气味。随着宝宝年龄的增长，他还能帮你挑选蔬菜和水果，同时与种植者交流。

采购当地季节性农产品的另一个方便选择是购买社区支持农业（CSA）服务。这通常意味着你要提前付钱给种植者，就像预订一样。每周，你都能去农场或市场取走一箱新鲜农产品。如果你时间不多，那么参加社区支持农业就可能是你想要买到当地当季农产品的有效方式。你还可以去了解当地的种植者、面包师等为社区提供高品质食物的人，这么做能让你增加对食物的感情，同时还能让你体验到你与食物提供者的紧密联系。在当地购买也可以让资金留在你的社区，支持当地种植者，并延续家庭传统。此外，你还可以在志同道合的人们之间找到一种归属感。

如今，天然农产品商店和大多数连锁商店都提供健康饮食服务。他们的货品中通常都有有机农产品，有时还有当地种植的农产品。在美国食品与药品监督管理局的鼓励下，他们在农产品上都标注了种植地。通过这些信息，你不仅能了解农产品的食物里程，你还能了解蔬菜和水果的种植地和它们的生长环境，这是一件很有趣的事情。

虽然需要额外付出时间来称量和包装，但大量购买干食材确实经济实惠。如果你是为全家人采购食材，那么你购买的数量可能会令你额外付出的时间和精力物有所值。不过，预先包装好的食物确实比较方便，假如你只是为你的宝宝采购食材，因而并不需要买很多的话，这样的食物可能会是更合理的选择。

在杂货店，包装和加工食物一般摆放在成排的货架上，而新鲜食材一般摆放在开阔空间。另外，由于早上和晚上的购物者比较少，所以你采购起来会更有效率。如果你在购物前吃了东西，你就不大会把没必要买的食物放进购物车里。给自己留出一些时间来阅读食品标签，这样你就能挑选出质量最高、没有添加剂的食品。此外，你还可以在预算中留一些空间给冲动性消费，比如应季蔬菜和水果、新鲜的鱼，或者新上市的天然小吃，这也是一件趣事。

无论是管理公司还是管理厨房，我的组织原则之一是分类思考。你可以借助这本书中的食物类别来拟定菜单和购物清单。食物类别的章节是按照它们的优先次序排列的，即，谷物、蔬菜、富含蛋白质的食物、水果、发酵食品、调味料和饮料。如果你能按照分类原则检查你的橱柜和冰箱里有哪些食材，进而据此拟定购物清单，那么你的清单就能刚好对应杂货店的相应货架。有了菜单计划和购物清单，你就能为宝宝提供丰富多样的平衡膳食，同时做到减少浪费和经济实惠，因为你知道你需要什么食材，而不是冲动消费。

购物清单

谷物
- ☐ 糙米
- ☐ 糙糯米
- ☐ 小米
- ☐ 藜麦
- ☐ 大麦
- ☐ 苋米
- ☐ 荞麦
- ☐ 玉米
- ☐ 燕麦片
- ☐ 面条
- ☐ 玉米粉
- ☐ 玉米碴
- ☐ 粗麦粉
- ☐ 干麦片
- ☐ 零食

蔬菜
- ☐ 小青南瓜
- ☐ 冬南瓜
- ☐ 日本南瓜
- ☐ 菜豆
- ☐ 荷兰豆
- ☐ 豌豆
- ☐ 黄南瓜
- ☐ 西葫芦
- ☐ 甘薯
- ☐ 胡萝卜
- ☐ 欧洲防风草
- ☐ 洋葱
- ☐ 芦笋
- ☐ 甜菜
- ☐ 芜菁
- ☐ 菜花
- ☐ 白菜
- ☐ 油菜
- ☐ 球芽甘蓝
- ☐ 卷心菜
- ☐ 宽叶羽衣甘蓝
- ☐ 羽衣甘蓝
- ☐ 芜菁叶
- ☐ 豆瓣菜
- ☐ 芹菜
- ☐ 黄瓜
- ☐ 生菜
- ☐ 蘑菇
- ☐ 土豆
- ☐ 秋葵
- ☐ 菠菜
- ☐ 青椒
- ☐ 番茄
- ☐ 茄子
- ☐ 紫菜
- ☐ 裙带菜
- ☐ 昆布海藻
- ☐ 琼脂

高蛋白
- ☐ 芝麻
- ☐ 芝麻酱
- ☐ 豆腐
- ☐ 天贝
- ☐ 红小豆
- ☐ 黑豆
- ☐ 白豆
- ☐ 芸豆
- ☐ 鹰嘴豆
- ☐ 小扁豆
- ☐ 南瓜籽
- ☐ 葵花籽
- ☐ 栗子
- ☐ 杏仁酱
- ☐ 杏仁
- ☐ 花生酱
- ☐ 鱼
- ☐ 奶酪
- ☐ 蛋
- ☐ 禽肉

发酵食品
- ☐ 味噌
- ☐ 梅子醋
- ☐ 日本酱油
- ☐ 酸奶
- ☐ 开菲尔酸奶

保健食物
- ☐ 葛根
- ☐ 梅干

水果
- ☐ 苹果
- ☐ 杏
- ☐ 桃
- ☐ 梨
- ☐ 李子
- ☐ 樱桃
- ☐ 蓝莓
- ☐ 蔓越莓
- ☐ 葡萄
- ☐ 黑莓
- ☐ 树莓
- ☐ 草莓
- ☐ 哈密瓜
- ☐ 甜瓜
- ☐ 西瓜
- ☐ 石榴
- ☐ 猕猴桃
- ☐ 牛油果
- ☐ 香蕉
- ☐ 芒果
- ☐ 木瓜
- ☐ 柠檬
- ☐ 酸橙
- ☐ 油桃
- ☐ 橙子
- ☐ 菠萝
- ☐ 桔子

水果干
- ☐ 苹果干
- ☐ 杏干
- ☐ 醋栗干
- ☐ 桃干
- ☐ 梨干
- ☐ 葡萄干

调味品
- ☐ 海盐
- ☐ 糙米糖浆
- ☐ 日本甘酒
- ☐ 枫糖浆
- ☐ 蜂蜜
- ☐ 芝麻油
- ☐ 橄榄油
- ☐ 亚麻油
- ☐ 椰子油
- ☐ 杏仁油
- ☐ 红花
- ☐ 葵花油
- ☐ 黄油
- ☐ 茴香
- ☐ 月桂
- ☐ 罗勒
- ☐ 莳萝
- ☐ 百里香
- ☐ 薄荷
- ☐ 香菜
- ☐ 欧芹
- ☐ 肉桂
- ☐ 咖喱
- ☐ 大蒜
- ☐ 生姜

烘焙原料
- ☐ 香草
- ☐ 发酵粉
- ☐ 竹芋粉
- ☐ 糙米粉
- ☐ 蛋糕粉
- ☐ 有机白面粉
- ☐ 燕麦粉
- ☐ 冷冻披萨饼皮
- ☐ 全麦粉

酱料
- ☐ 果酱
- ☐ 蛋黄酱(不含精炼油)
- ☐ 无糖番茄酱
- ☐ 天然芥末

饮品
- ☐ 水
- ☐ 大麦茶
- ☐ 菊花茶
- ☐ 米乳
- ☐ 椰子汁
- ☐ 蔬菜汁
- ☐ 果汁

下载购物清单请访问
growhealthygrowhappy.com

食物中的能量

食物不仅都有营养，而且也都有能量，这种生命力与宝宝身体里沿经络运行的气是一回事。有生命力的食物拥有能量，也拥有创造生命的潜力。例如谷物遇到水可以发芽，一些根茎类蔬菜也能长出新的植株，而发酵食物也是由活的生命体组成的。与它们相比，动物性食物和加工食品所拥有的生命力能量就少很多了。

在做饭的过程中，你的身心状态会以积极或消极的方式影响宝宝的食物。你的愤怒和喜悦都会通过食物作用到他身上。

我们住在日本芦屋市的时候，一天清晨，我把埃米交给直树照顾，接着去一家小豆腐店看他们做豆腐。店主一边搅拌着热气腾腾的原料，一边祈祷上天保佑他的豆腐。我能想象到，这些祝福会化作积极的能量传递给顾客。为宝宝做饭时，你也可以有意识地去联想一些充满爱与美好的事物，让积极的能量进入宝宝的食物当中。即使做饭不是你的专长，你也可以努力享受这个发挥创造力的过程。在做饭的同时，你也在创造生活。

产生积极能量的优良烹饪环境

关掉电视，安静、平和的环境能让做饭成为一种放松。

厨房整洁有序，餐具和配料伸手就能拿到，省心省力。

简单的食物做起来方便快捷，而复杂的食物让人身心俱疲。

放慢节奏，这么做有助于你把注意力集中在食物上。

做你感兴趣的食谱能让烹饪过程更有趣味。

食物的准备

良好的卫生习惯对于健康食品的准备至关重要。保持厨房和操作台清洁,做饭前用植物皂洗手,妥善储存食物,这些措施能预防食源性疾病。动物性食物需要多加注意,因为与植物性食物相比,动物性食物更可能含有致病菌。抗菌香皂既能杀死有害菌,也能杀死有益菌,因此不推荐使用。此外,化学清洁剂也可能损害宝宝的健康。盘子上的洗涤剂一定要冲洗干净,接着晾干后再存放或使用。海绵要定期更换,或者在洗碗机中清洗。如果你有洗碗机,那么高温就能为餐具消毒。如果没有,你也可以用热水洗碗。

在烹饪之前,先熟悉一下食谱,然后取出厨具、食材和必要的调味料。看看哪些食物需要先做或者能够提前做。

清洗和浸泡谷物和豆类

根据你的时间安排,你可以提前24~48小时清洗和浸泡干食材。浸泡后的全麦谷物和豆类会发芽,这样的食物更容易消化,而且其中的营养物质的生物可利用性更高。浸泡还有轻微的发酵作用,这也能促进食物消化。你可以购买经过浸泡处理又再次被干燥的食材,它们烹饪起来更为省时。你还可以添加少量泡菜汁或酸奶中的乳清来促进益生菌生长。浸泡完成后,先前的水要沥干,然后换用新水烹饪。浸泡和烹饪谷物并不难,但需要做好计划。做过几次后,这一步或许就会成为给宝宝做饭当中最简单的步骤。

清洗和准备蔬菜和水果

用天然鬃毛刷擦洗新鲜蔬菜和水果。不要使用塑料毛刷,那样可能会擦伤食物。如果有机蔬菜或水果的皮不太硬,你就可以让皮留着,只把硬的疤痕去除,例如胡萝卜、欧洲防风草、黄南瓜、西葫芦和黄瓜。对于另一些蔬果,你要去除它们含有很多纤维的硬皮,例如红薯、甜菜、芜菁、冬南瓜、苹果、梨、牛油果、香蕉和哈密瓜。去掉蔬菜的纤维部分,比如菜豆和豌豆的筋,西兰花、油菜、菜花、羽衣甘蓝等绿色蔬菜的坚硬的茎。去掉草莓、葡萄、浆果、樱桃等水果的柄和核。

切割蔬菜和水果

不同的切割方式会影响食物所具有的能量、口味与平衡。片状、丝状和块状的食物具有不同的气。无论只使用一种食材还是多种食材混在一起烹饪,切成统一大小能让食物熟得更加均匀。如果是做泥状食物,那么切得小些会熟得更快。如果是做宝宝用手抓着吃的食物,你就可以先切成豌豆大小的小块。随着宝宝的手指变得更加灵活,你可以把食物块切得更长些。如果是两三岁的宝宝,你就可以把食物切成简单、有趣的形状,比如星星或花朵的形状。

烹饪方法

你为宝宝做饭的方式会为食物增加能量,后者能影响食物的外观、口味和吃起来的感觉。烹饪改变了食物的味道、口感、温度和化学成分,以此来促进消化。烹饪是对食物的改变。学会用火改变食物对人类社会的发展做出了巨大的贡献。

图书作者、食品专家迈克尔·波伦(Michael Pollan)认为,烹饪不仅是你联系家人与朋友的纽带,而且关联着植物、动物、土壤、种植者、历史和文化。他在《烹饪》(cooking)一书中写道:"要想让美国的食品体系变得更健康、更可持续,那么每个人所能做的最重要的一件事很可能就是夺回对烹饪的控制权。把烹饪重新当作一种享受,一种自立的手段,学着去完成这些每天都要进行的神奇改变,通往美好生活的大门就会向你敞开。"

烹饪改变食物,也能预先消化食物,虽然它可能会破坏一些营养,但它会使剩余的营养更容易吸收,从而提升营养的净吸收率。烹饪能对尚未进入宝宝身体的食物发挥一部分消化作用,这对他尚未发育成熟的消化系统很有好处。不同的烹饪方法对食物的营养价值、能量、平衡和消化率具有截然不同的影响。

学习多种烹饪方法能帮你适应宝宝不断变化的需求和口味。在为他做饭的头几个月里,你只需了解非常简单的烹饪方法。他最早吃的东西必须又湿又软,容易消化。要做出这样的食物,你可以使用煮、水煎、蒸和煲汤等方式。随着宝宝的生长,他会想要吃更多种类的食物,于是你也可以在烹饪过程中添加更多的配料,并且采用更加复杂的烹饪方法。

煮

在宝宝开始吃东西的最初几个月里,我喜欢煮谷物、豆类和蔬菜,因为这是制作食物泥的最简单的方法。烹调前,首先浸泡谷物和豆类,然后煮熟,接着捣成糊状。随着宝宝逐渐长大,对于同样的烹饪方法,你可以使用更少的水,同时省去把食物捣成糊状的步骤。在烹制这些食物的过程中,所有的水都与谷物或豆类混合在一起,这么做能避免营养流失。对蔬菜和水果来说,煮的过程能保留脂溶性营养素,但同时也会损失一部分水溶性营养素。煮能让蔬菜和水果完全熟透,同时还能让食物变得软糯,于是易于做成食物泥。你需要液体来让食物泥变均匀,所以你可以先用水煮再用搅拌机打碎,这么做非常方便。先大火煮沸,然后文火把蔬菜或水果煮软,期间根据需要加水。煮后或蒸后剩余的汤汁既可以当作营养丰富的饮品,也可以冷冻起来供日后做汤用,还能用来稀释食物泥。

水煎

水煎是一种高效健康的烹饪方法,因为它保留了蔬菜的营养和味道。锅里放少量水,烧开。如果加盐的话,放一小撮到水里,然后加入蔬菜或水果。盖上锅盖,煮到食物变软,期间根据需要加水。这是一种快速的烹饪方法,但要注意不要烤焦。当宝宝长到能咀嚼食物的时候,你既可以把蔬菜做成泥状,也可以使用这种烹饪方法,他会喜欢食物的味道的。

蒸

蒸是一种轻度烹饪方式，有助于保留食物的风味和营养。在温暖的天气里，蒸熟的食物让人感觉清爽。这样的食物能用来平衡油腻食物，还能给人愉快和放松的感觉。你也可以用蒸的方式来做食物泥，但要确保食物完全蒸熟，这样才容易消化。如果宝宝的牙已经长好，那么你就可以把蒸作为一种便捷烹饪法。例如把先前做好的食物在蒸笼里蒸一下就可以吃了。不锈钢蒸盘很容易放进锅里，非常实用。当宝宝长到需要吃调味料的年龄时，你就可以在蒸蔬菜时或者在蔬菜刚出锅时加一点盐、酱油或梅子醋在上面。

煲汤

美味的汤既可以首先上桌来刺激消化液分泌，又可以单独作为一餐。蔬菜清汤和蔬菜浓汤能让还不会用勺子的宝宝通过喝来吸收营养。你可以用煮过或煎过的蔬菜、豆类、谷物和海产蔬菜来做汤。裙带菜和昆布海藻含有天然谷氨酸，它们能让汤的味道变得非常鲜美，同时还能为宝宝提供宝贵的矿物质。宝宝6个月时，你可以在汤里加入少量味噌或日本酱油，以此来给汤调味。这些酱料要在烹饪结束时添加，以此来保护健康的活性菌和酶。等所有蔬菜都熟透后，你再把汤打成浓汤。

油炸

油炸就是使用高温油来烹饪。如果你的宝宝已经吃过各种各样的食物，消化系统运转良好，那么油炸食品对他来说很可能就会是一种美味。日式油炸食物（天妇罗）、法式炸土豆（或甘薯）和炸丸子都是可口的选择。炸过的油应当倒掉，不能重复使用，因为它已经氧化，连味道也改变了。

高压烹饪

高压锅是一种密封的锅具，它利用高压下沸水产生的高温蒸汽快速烹饪食物。由于豆子需要很长时间才能煮熟，如果时间不多，你就可以选择使用高压锅。另外，谷物和蔬菜也可以用高压锅来烹饪。

油煎

油煎是一种既营养又美味的烹饪方法。特别是对于以素食为主的饮食，食用油里的优质脂肪能大大提升食物的营养和味道。当你的孩子能咀嚼食物时，这种方法更常用于烹饪整块蔬菜。在锅里加入半茶匙油（约2.5毫升）。加入蔬菜和足够的水。如果使用盐或调味料的话，接着撒进锅里。盖上锅盖，直到蔬菜变软，锅里的水也所剩不多时为止。

烘烤

烘烤能使蔬菜散发出浓郁的香味。红薯可以整个烤,而冬南瓜可以先切成两半,把籽挖出来后再烤。你也可以把各种蔬菜(比如胡萝卜、洋葱、西葫芦和甜菜)切成块来烤。首先预热烤箱至350℃或400℃,然后在烤盘上涂好油,撒上芝麻或者涂一些橄榄油,撒上香菜。为了避免把蔬菜烤干,你可以在蔬菜里加入几汤匙水。为了保持蔬菜湿润,你还可以用砂锅盖或锡箔纸盖住食物,这样烤出来的蔬菜又香又嫩,上面还冒着热气。在冬天,这种烹调方式能给人带去许多暖意。

生食

新鲜的食物含有有益健康的酶,而这些酶在加热的过程中会被破坏。新鲜食物能很好地平衡油腻食物和炎热天气。宝宝吃食物泥的时候,你可以给他吃一些捣碎的新鲜水果,比如牛油果、香蕉和各种瓜。宝宝可以熟练地嚼东西后,胡萝卜条和黄瓜片等新鲜蔬菜也是理想的健康食物。在宝宝刚开始吃新鲜蔬菜和水果的时候,你一定要把食物切得非常小,否则会有引起窒息的危险。

腌

尽管蔬菜在腌制过程中并不需要加热,但时间、压力和盐的共同作用还是会让食物变得更有利于消化。发酵食品和腌菜能为宝宝提供有益健康的细菌,这些细菌不仅有助于增强免疫力,还能帮助消化。在宝宝刚开始吃东西的时候,你可以把腌菜做成泥或者给他喝腌菜汁。等他学会嚼东西后,你就可以把腌菜切成小块端上桌。注意腌菜中的钠含量不要太高,同时还要考虑宝宝的年龄和口味。

烧烤

我们也可以使用高温来烧烤鱼或蔬菜,以此来丰富食物的种类。由于烧烤食物通常比较干,比较硬,不大容易消化,所以我建议宝宝两岁后再吃这种食物,那时他就能嚼得动了。

膨化

米饼、爆米花和膨化谷物是一种方便的小吃。然而,由于它们是在高温下爆熟的,所以含水分很少,不容易消化。你的宝宝可能会非常喜欢吃米饼和膨化谷物。如果他已经能熟练咀嚼,吃得了爆米花,你就可以尝试下面这份食谱,这是直树教给我的。把食用油(椰子油、橄榄油或芝麻油)和玉米粒一起放进锅里,开始加热,并且不断搅拌。当玉米粒开始爆开时,盖上锅盖,同时让锅在火上来回晃动,使玉米粒受热均匀。当爆裂声停止时,加入调味料(如啤酒酵母、日本酱油或梅子醋)。

不同烹饪方法的寒热属性

食物本身具有内在能量属性，它们能对宝宝的身体产生或寒或热的作用。我们借助直觉就能知道，冷冻食物比较寒凉，而热的熟食比较温热。但是，与此同时，不同的烹饪方法也有寒凉或温热的效果。对于同样的食材，如果使用不同的方法烹调，那么结果也会产生不同的能量属性。例如同样是牛奶，做成冰淇淋就是寒凉的，而直接入口的热牛奶就是温热的。以下是不同的烹饪方法对宝宝身体的影响。

食物准备和烹饪过程中的各种因素对食物的阴阳属性都有影响。能使食物偏向阳性的影响因素有食盐、压力、火的大小和时间。能使食物偏向阴性的影响因素有水、油和空气。如果撒些盐在黄瓜上，你就能看到黄瓜逐渐发皱，因为黄瓜在这当中流失了水分。如果用力挤压卷心菜，菜汁也会在压力的作用下流出来。油炸、膨化、高压烹饪、烘烤和烧烤等烹饪方法都使用高温处理食物，因而也会让食物更偏阳性，使它们变得又干又硬。

较长的烹饪时间（如小火慢炖）对食物有温热作用。煎、煮、蒸的过程会用到水，而水能使食物变软，产生寒凉的效果。在沙拉酱中添加食用油，或者在烹饪过程中添加食用油也能对食物产生寒凉的效果，这么做能平衡食盐的温热作用，使食物更容易消化。生的食物通常比熟的食物更偏阴性，因为生的食物没有从火当中吸收热量。烹饪方法的阴阳属性也不是一成不变的，因为你可以混合搭配阴阳两种因素，例如油炸过程中的火和油。

热源对食物的能量属性也有影响。柴炉或篝火等明火的温热作用最明显。燃气灶是日常烹饪中更为平衡和自然的方式，虽然它也是明火，但调节起来非常方便。与明火相比，电力加热对食物的温热作用没有那么明显。但用电的炊具可能容易让食物变干，所以你可能得在做饭当中多加点水。

微波炉加热不够均匀，食物的有些部分可能会过度受热，甚至会烧焦。在微波炉里加热装在塑料容器或包装袋中的食物可能导致塑料融化，进而使毒素进入食物。而且，工作中的微波炉会释放电磁辐射。所以在使用微波炉时，你要确保宝宝远离微波炉。

不同烹饪方法对宝宝身体的影响

生食	寒
蒸	凉或中性
水煎	中性
煮	中性
腌	中性或温
油煎	微温
煲汤	温
烘烤	温
高压烹饪	温
膨化	温
烧烤	热
油炸	热

食物的储存

有了菜单计划、购物清单和基本的厨具后,你就可以方便快捷地为宝宝烹制食物了。如果工作繁忙,你就可以考虑一次花几个小时准备好一周的食物,这么做或许可以帮你节约大量时间和精力。一周头两三天的食物可以放进冰箱的冷藏室,其余的食物可以放进冷冻室。另一种选择是每周做两到三次,每次做得少一些,然后保存在冰箱的冷藏室里,按需取用。如果你的宝宝已经能吃比较稠的食物泥,你也可以一次做多天的谷物和豆类,然后每天做新鲜蔬菜,并且在餐桌上用食物研磨器或研磨碗把它们打碎。有时,大人和小孩也可以一起吃同样的食物,例如浓汤、早餐粥、面条和蒸蔬菜(或烤蔬菜)。

把食物按照单次食用的量分别冷冻是既简单又方便的做法。随着宝宝的成长,他的食量会从30克或60克增加到90克或120克(也与具体的食物种类有关)。如果你用冰块模子或松饼模子分装食物,你就可以把冷冻食物放进更大的储存容器或冷冻袋里。专为储存婴幼儿食物而设计的方形保鲜盒使用起来非常方便,而且有不同的大小和材质。你可以直接在蒸笼或双层蒸锅里加热玻璃保鲜盒,然后不需要换盘子或碗就可以端上桌。使用塑料保鲜盒时,为了避免塑料里的毒素进入食物,你要等食物冷却后再倒入保鲜盒储存,在重新加热食物时,你也要先把盛放食物的塑料保鲜盒换成其他容器。虽然玻璃保鲜盒的用途更多,但塑料保鲜盒更便宜,有很多保鲜盒来储存食物会非常方便。在冰箱冷冻室里储存食物时,你要预先留出食物受冷膨胀的空间。要确保保鲜盒密封,以防食物变干,损失口味和营养。另外,在把食物放进冰箱冷冻室之前,你要确保食物已经晾凉,因为把热的食物放进冷冻室可能会使里面的温度升高。

在冷冻袋或冰块模子上贴上食物泥的名称和冷冻日期。你也可以使用不同的颜色来标注谷物、蔬菜、蛋白质和水果等不同食物种类。如果你使用很多方形保鲜盒并使用不同的颜色来标注,你就能按照营养均衡的原则先把食物搭配好再冷冻。不出一个月,你的宝宝会需要更加粘稠的食物,所以对于同样的食物,你没有必要提前准备太多。此外,储存食物的管理原则是先进先出,以此来让宝宝吃到新鲜的食物。

保质期

在冰箱的冷藏室,熟的谷物和豆类可以保存3~4天,熟的蔬菜和水果可以保存2~3天,熟的鱼肉和禽肉至少可以保存1~2天。生的谷物、豆类、蔬菜和水果等植物性食物可以在冷藏室里保存三个月。鱼肉和禽肉可以在冷冻室里保存1~2个月。豆腐不宜冷冻。对于牛油果、香蕉、哈密瓜和黄瓜等新鲜水果,一旦冷冻,它们的口感、颜色和味道都会发生改变,所以最好生吃。

冰箱冷藏室的温度应该为2℃~3℃,冷冻室的温度应该为-18℃~-12℃。

解冻食物

解冻食物前,如果时间安排得开,你可以先把食物从冰箱冷冻室里拿出来放进冷藏室,然后保存4~24小时。如果时间不够,你就可以用温水来浇装着食物的容器,或者把它在水里浸泡15~20分钟,接着再把冷冻食物泥倒进一个小锅里,加热直到解冻。如果你用的是玻璃保鲜盒,你就可以把装着食物的保鲜盒直接放进蒸笼或双层蒸锅加热。不要在室温下解冻食物,因为细菌会在外面繁殖,而里面仍然是冻住的。由于尚未化开的小块食物可能会造成窒息,所以先前冻透的食物一定要充分搅拌,在给宝宝吃之前还要量一下温度,确保食物已经完全解冻。此外,解冻后的食物不可以再次冷冻。

省时小窍门

如果朋友家的宝宝跟你家的宝宝差不多大,你们就可以一起做饭,这么做既方便又有趣。在紧张忙碌的时候,食用速冻或罐装蔬菜或豆类都是不错的选择。燕麦片和藜麦比大米和小米熟得快,不含麸质的面条也是非常方便的主食选择。高压锅非常适合用来快速烹饪豆类、谷物和蔬菜。

在一次烹饪过程中,你可以同时烹制立即上桌的新鲜食物、在冰箱冷藏室里存放两三天的食物以及放进冷冻室留待日后取用的食物——一箭三雕。提前计划和安排有助于你及时购买做饭所需的各种食材和配料,浸泡谷物、豆类或干果,并且在宝宝想要吃东西的时候准备好食物。

吃东西时,宝宝的唾液会沾到勺子上,如果把勺子放回盛食物的碗里,他的唾液就会开始消化碗里的食物。因此,只要是吃剩的食物必须丢弃。对于冷冻食物,不要加热超过一次。

尝试固体食物

当你的宝宝准备开始吃固体食物时,你可以专门布置一片区域来供他吃饭使用。你要考虑他看着食物和咀嚼食物时的感觉和氛围,最终为他营造出愉快、平衡的环境,以此来帮助他享受吃饭的过程,同时激发他的食欲。

宝宝准备好吃固体食物的迹象

如果你的宝宝能独立地坐着,还能自信地抬起头,并且抓着小东西往嘴边送,那么他就可能已经准备好吃固体食物了。这个时候,他的体重很可能已经是出生时的大约两倍,他会更频繁地吃奶或通过奶瓶喝奶,因为他总是感到饿,母乳和配方奶已经不能满足他的胃口了。他吃奶的频率可能会增加到每天8~10次,两顿间的间隙也不断缩短。如果你的宝宝喝的是配方奶,那么他每天可能会喝超过900毫升奶。他的睡眠周期也可能因为饥饿而缩短。还有一些不大明显的迹象需要注意。他会看着你吃东西,似乎对桌上的食物很感兴趣。他会用嘴做咀嚼的动作,并且会在你吃东西的时候伸手去抓你的食物。不同的宝宝食欲有强有弱,有的宝宝比别的宝宝更早想要吃东西,所以有的宝宝很早就展现出了已经准备好吃固体食物的迹象,而另一些宝宝却需要你耐心等待。此外,切牙萌出也是宝宝已经准备好吃固体食物的重要标志。

美国儿科学会建议婴儿在6个月大左右开始吃固体食物,因为在此之前,母乳所提供的营养仍然非常充足。在宝宝6个月大左右,他的身体开始产生淀粉酶,这表明他的消化系统已经趋于成熟,拥有了能够消化固体食物的能力。他的神经系统功能也有了相当程度的发展。他能感受到嘴里的勺子,并且能做出协调的吞咽动作。他知道自己的肚子是饥还是饱。他的味蕾也已经发育成熟。

每一个宝宝都是具有独特需求的个体,这一结果来自他的先天体质、体型、性别、居住地的方位和气候以及促使成他成为此刻的他的一切因素。因此,对不同的宝宝来说,固体食物完全取代母乳或配方奶的那一天也早晚有别。如果你十分确信你的宝宝不满6个月就能吃固体食物,那么你至少要等到他4个月大的时候再做这样的尝试。如果宝宝的消化系统还不够成熟,消化不了食物,他就会出现消化不良的症状,例如腹绞痛、胀气、便秘或拉稀。梅奥诊所医学博士杰伊·赫克尔(Jay L. Hoecker)说,过早(满4个月前)开始吃固体食物可能会增加宝宝罹患肥胖症的几率。在宝宝从吃奶到吃固体食物的过渡期间，你要与医生保持联系，以此来为他量身设计适合他需求的喂养方式。

吐舌反射

在出生后的最初几个月里，你的宝宝存在一种正常的反射现象。当你碰他的舌头时，他的舌头会做出向外推的动作。这是吮吸动作的一部分，我们称它为吐舌反射。由于这一反射，他无法从勺子里吃食物，因为他不能把食物送到他的口腔后部然后吞咽。在大约4~6个月大的时候，宝宝的吐舌反射会逐渐消失，随后他就可以吃固体食物，而不会把食物推开了。吃奶或用奶瓶喝奶时，宝宝使用的是吮吸动作，但吃固体食物需要学习新的技能，比如吞咽。

咽反射

在大约8个月大的时候，你的宝宝将学会咀嚼。这样一来，他就能吃更大更硬的食物了。当他开始吃这样的食物时，如果食物粘在他的喉咙后面，或者如果又干又硬的食物吃得太多，又或者他吃得太快，他都可能会不由自主地做出"干呕"的反射动作。当他的喉咙或口腔后部受到刺激时，这种反射就会发生，以此来防止窒息。不要让宝宝一个人吃饭，以免他噎到自己。随着宝宝逐渐长大，只吃软的食物泥会让他很难学会咀嚼，这是很多速食婴幼儿食品的通病，它们只有一种软硬度。在这个年龄引入固体食物能帮助你的宝宝练习咀嚼动作，这么做也有助于他的牙齿和下巴的发育。

喂饭区

在家中给你的宝宝设置一处固定的喂饭区，这么做能让他知道什么时候该吃饭了。宝宝自己吃东西的时候，桌面往往会被他弄得一团糟，所以使用容易清洁的桌面会方便很多。如果可能的话，他的椅子最好放在容易清洁的地板上。如果喂饭区铺有地毯或者不防尘，你就可以找一块能防水的塑料垫子铺在上面。如果是地砖或者油毡地板，那么清理起来恐怕要比塑料垫子还要容易。把幼儿高脚椅放在靠近桌子的地方，这样你就可以把食物放在宝宝够不到的地方。把需要用到的工具和餐具准备好，以便当宝宝饿的时候，你随手就可以拿到。如果天气和空间允许，你还可以把高脚椅放在室外，这样清洁起来会更加方便。

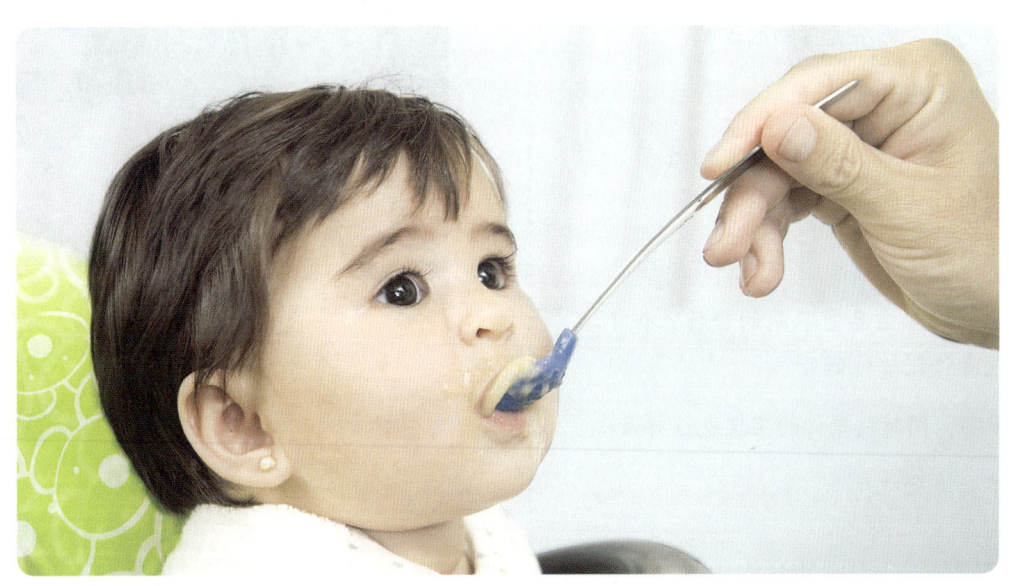

视野与氛围

享受美食是生活的一大馈赠，你的宝宝可以通过美食来体验美味，吸收营养，获得能量，同时还能享受你的陪伴。好看的食物和环境不仅能让宝宝安静下来，同时还能激发他的食欲。风靡全球的"慢食"运动似乎与你家6个月大的宝宝没什么关联，但是，你可以把其中的一些原则运用到宝宝的饮食中。慢食不仅是一种理念，它也是一种生活方式和饮食方式。"慢食"运动是一项国际草根运动，它拥有来自150多个国家的数万名会员。这项运动不仅看重饮食的乐趣，同时也强调保护社区与环境。

 了解关于慢食运动的更多信息请访问 slowfoodusa.org

关于食物准备的小窍门

- 每天至少有一次和家人坐在一起吃饭，不要让电视和电子设备等物品干扰你们。
- 在喂宝宝之前，准备好所有需要用到的东西，以免打断他享受食物的过程。
- 对食物表示感恩。
- 注重食物的外观，选择好看的原料、盘子，摆出好看的造型。
- 通过聊天营造轻松、闲适的就餐氛围。
- 耐心地鼓励宝宝品尝不同的食物，但不要强迫或者许诺给他好处。
- 细嚼慢咽，同时鼓励你的宝宝也这样做。
- 一起享受美食吧！

美国康奈尔大学的一项研究表明，食物的外观（包括食物的颜色、形状和配料）能影响儿童对食物的选择。你对食物的态度也会感染宝宝。他对食物的看法正在形成当中，而且一旦形成就将持续一生。如果你选择在家里用全麦谷物、新鲜蔬菜、豆类和水果为你的宝宝准备食物，那么你就是在用额外付出的努力和心思告诉他什么才是真正健康的上好美味。下面这些措施有助于宝宝形成健康的饮食观念。

いただきます（感恩语）

日语中有一句简洁的感恩语"いただきます"（i-ta-da-ki-ma-su），它感恩的对象包括使食物到达餐桌的所有贡献者，例如土地、雨水、阳光、农人、卡车司机、小贩、店主、厨师、为这餐饭失去生命的动物和植物，以及大自然。这句话的字面意思是"我谦恭地接受"。对生命的敬畏和对生命源泉的感激是你值得在宝宝身上培养的美好品质。

玛丽和埃米在感恩

食物的粘稠度

一开始给宝宝吃固体食物时,食物要在粘稠度上近似母乳或配方奶,这样宝宝才能消化。单一成分的全麦谷物浓汤很容易消化(特别是短粒糙米和小米)。此外,你还可以在食物里加入母乳或配方奶,让食物呈现出宝宝熟悉的味道和粘稠度,以此来帮助他顺利完成从母乳或配方奶到固体食物的过渡。

宝宝对口感和粘稠度的需求会随着他的成长而改变。他用自己的小嘴探索这个世界,所以,当他的吞咽能力有所发展之后,你就可以为他提供各种口感的食物来供他体验了。宝宝通过吃东西来学习的三个阶段对应三种不同的食物,首先是柔滑的食物(6~12个月),然后是酥脆的食物(12~18个月),最后是耐嚼的食物(18个月以上)。

柔滑的食物(6~12个月)。第一个阶段是从液体食物(母乳或配方奶)过渡到熟食。为了让宝宝在开始吃固体食物的几个月里吃到近似液体食物那样的食物泥,搅拌机就成了必不可少的烹饪器具。在这个阶段,他可以尝试一系列新口味和粘稠度,比如最初是质地柔滑的糊状食物,随后是掺水更少的泥状食物,最后是掺水更少、更加粘稠,并且有些许硬度的准块状食物(制作这种粘稠度的食物,使用食物研磨器或研磨碗就足够了)。到他1周岁的时候,他就能学会如何吞咽食物并摄取营养了。当他开始吃东西的时候,他可以用手指拿着食物吃,比如软的蒸熟的蔬菜、块状的豆腐、面条和软的生食(比如牛油果和香蕉),这些食物更容易咀嚼和吞咽。由于宝宝的消化系统还没有发育完全,所以你有必要慢慢地为他引入新的食物,同时密切观察他的反应。

酥脆的食物(12~18个月)。第二个阶段是学会吃一些需要咀嚼的食物,如蒸熟的蔬菜、干麦片、面包、松饼和饼干。他可以吃更大块的手抓食物和少量的成人食物。1周岁后,他的消化系统更加成熟,所以他能逐渐尝试许多从未吃过的食物。给他吃新的食物时,你要密切观察他的反应以确保他不会过敏。在这个年龄,他已经能自己吃饭,也能和其他家庭成员一起吃饭。随着他的牙齿依次萌出,你可以给他吃生的或者经过轻度蒸煮、依然脆嫩的豌豆大小的厚块或长条状的蔬菜和水果,烘烤过的蔬菜以及面粉做的食物,比如面包、饼干和膨化谷物。

耐嚼的食物(18个月以上)。第三个阶段是吃类似成人食物的食物。在这个阶段,宝宝开始可以吃比较耐嚼的食物。在18个月大的时候,他的大部分乳牙已经萌出,所以他能咀嚼很多种食物。不过,给他吃的一些食物可能还是需要你作一番处理,比如切成小块,这样的食物例如鱼、禽肉、米酥、坚果和干果。现在,你的宝宝或许已经形成了自己的口味和偏好。在这个阶段,你很容易就能把给宝宝做饭的过程和给家人做饭的过程结合起来。烹饪时,调味料可以少放些,以此来适合宝宝的清淡口味,其他家庭成员有需要可以另外添加调味料。

每次只尝试一种新的食物

在开始给宝宝吃固体食物的头2~3个月里，食物的种类要尽可能简单，而且对于他从未吃过的新的食物，每次只能尝试一种。只有这么做，宝宝的消化系统接受起来才更容易。你可以从以下几种固体食物开始：（1）谷物，（2）蔬菜，（3）富含蛋白质的食物，（4）水果。通过在品尝水果的甜味之前先品尝蔬菜的味道，这一顺序也有助于你的宝宝喜欢上各种食物的天然味道。每次只给宝宝尝试一种新的食物，以此来确定这种食物是否会引发过敏反应。起初，你的宝宝可能只吃少量的固体食物，然后，他会吃得越来越多，直到超过母乳或配方奶的分量。你可以每隔3~5天给宝宝尝试一种新的食物。

对于一种新的食物，你的宝宝可能需要吃好多次来适应它的味道和口感，而且他也可能会拒绝吃某些食物或某些食物搭配。如果他不吃你喂给他的某一种食物，那可能意味着他当时并不想吃这种食物。如果他饿了，他就会吃，所以没有必要强迫他。过几天或几周后，你可以再试一次，看看他的反应。要定期让宝宝尝试吃有营养的食物，让他有机会喜欢上各种口味，同时还能保证营养，保障身体健康。

宝宝的口味每天都在变化，这也在影响他对食物的偏好。由于他的口味会随着身体状况的变化而改变，所以他此刻不喜欢吃的食物可能过一阵子会变成他喜欢吃的食物。大约70%的儿童基本饮食偏好是在两岁之前形成的。

在引入固体食物的头几周里，你要仔细检查宝宝的尿布，观察他对新食物的反应。当他吃下更多的固体食物后，他的大便会自然而然地发生改变。如果你发现宝宝的体重并没有增加，或者在吃完东西后看起来还是很饿，那就要找医生来确定可能的原因。

我还留着我给埃米和玛丽喂饭时的照片，照片中的我在给她们喂食物泥，神情有些严肃。我还记得，当时我的舌头在嘴唇上动来动去，好像要帮她

食物的温度

《中医儿科手册》（*A Handbook of TCM Pediatrics*）一书作者、中医鲍勃·弗劳斯（Bob Flaws）认为，为了便利食物在宝宝的胃里消化，食物的温度需要达到38℃，接近宝宝的体温。他说，消化过程需要温暖的气或能量，而冰冷、寒凉的食物则会降低消化系统的功能，因为后者必须费力地加热食物，以此来使营养得到吸收。

你可以加热冷冻食物来杀死细菌或病原体，接下来，你需要把加热后的食物晾凉到宝宝的体温，然后才能给他吃。单独吃凉的食物或者凉的食物和热的食物一起吃会导致宝宝的消化功能紊乱。给宝宝吃冷藏或冷冻的食物之前，你可以用不锈钢、硅胶或耐热玻璃材质的蒸锅来加热食物，这么做既简单又安全。在给宝宝吃之前，你要充分搅拌食物，然后测试食物的温度，确保温度在38℃附近。

们舔食或吞下食物。在日程繁忙的时候，你可能不容易放松下来倾听宝宝的需求，但我们的目的是要让宝宝及时开始吃固体食物，同时引导她形成自己的口味，以及对饥饿和饱足的感知。

最初的尝试

鸟类的母亲会把咀嚼过的食物喂给自己的宝宝，而很多国家和地区的古老传统中也有同样的做法。对于这种制作食物泥的方式，你可能会觉得不错，也可能会不喜欢。

在刚开始喂宝宝吃饭的时候，你可以用一把比较长的勺子直接从玻璃保鲜盒、小碗或盘子里舀起食物喂给他。一开始，你得把食物放在宝宝够不到的地方。如果他的手指碰到了食物，他就会把食物抹得到处都是，因为他还不会自己吃饭。当他能够用手拿东西吃的时候，你可以直接把食物放在婴儿椅的托盘上或防水餐垫上。在他学会使用餐具后，为了安全，你最好给他用不易破碎的餐具。而且，他可能还喜欢外观特别的餐具。

最初的尝试

- 你可以先给宝宝喂几分钟奶，让他放松下来但仍然很饿。这时，他的消化液也开始分泌了。

- 洗手后，让宝宝坐进婴儿椅或者坐在你的腿上。

- 在你的指尖放一点食物，让他吮吸你的手指。

- 他可能会用舌头把食物推出来，这是一种生理反射。他可能需要多次尝试后才能学会吞咽。

- 如果他反复多次把食物吐出来，那就说明他还没有做好吃固体食物的准备，你可以过一阵子再作尝试。如果他能顺利地把食物咽下去，你就可以试着用勺子喂他。

应该喂多少

在出生后的头几个月里,你需要经常喂宝宝吃奶,因为他的胃很小,容纳不了太多食物。随着他的胃越长越大,他一次可以吃的食物也越来越多,于是他不再需要经常吃东西。在他开始吃固体食物后,他每天所吃的食物数量可能会有所不同。对宝宝来说,吃固体食物是一种全新的体验,他的身体正在学习如何消化不熟悉的食物。有规律地喂宝宝吃东西能让他的身体在两餐之间得到休息,因为吃东西太频繁会导致吃得过多。宝宝会在饿的时候吃东西,而且他需要时间来消化食物。宝宝能自己吃东西后,他在两餐之间偶尔吃点零食是正常的。但是,用食物来安抚他情绪的做法会导致饮食不规律,养成从早到晚吃个不停的坏习惯,进而让他的消化系统得不到充分的休息。整天吃零食不仅会影响他吃饭时的食欲,还会使他养成一辈子都改不掉的不良饮食习惯。

暴饮暴食还会让宝宝对身体发出的饥饿和饱足信号反应迟钝。他的身体所发出的这些信号能帮助他学会自我调节,养成健康的饮食习惯,从而防止肥胖。在大多数西方文化中,儿童患病更多是因为饮食过量,而不是营养不良。

养成吃固体食物的习惯

到了你的宝宝开始吃固体食物的时候,你很可能已经建立了一些固定的习惯,例如睡觉、起床、小睡、哺乳等等。养成吃固体食物的习惯可以从用固体食物逐步代替喂奶开始做起。你可以从一天给他吃一次开始,然后逐渐增加到一天给他吃三次外加一次加餐。在固定的时间吃饭能让宝宝感到安心,这么做有助于营造安全和秩序感。大约在宝宝9个月大的时候,你可以从按需喂养过渡到在固定时间喂养。在固定的时间吃饭能帮助宝宝的身体适应规律性的生活。

一些父母担心,要让宝宝在固定的时间吃饭,他们就得整天待在家里。偶尔改变吃饭的时间可能会带来一些麻烦,比如当你们出门在外或者没有在平常的时间吃饭时,你的宝宝可能会变得十分暴躁,于是你可能需要一天左右的时间才能让生活完全回归正轨。我喜欢的方式是,首先要有固定的日程安排,其次还要有能力在需要时灵活应对。

喂饭时的注意事项

窒息最容易发生在宝宝1岁以前。下面的这些预防措施能帮你防止宝宝发生窒息:

- ❋ 宝宝吃东西时,你要让他待在你的视线范围内,因为一旦他被食物噎住,你就必须立即采取措施。

- ❋ 喂宝宝吃饭的时候,你要让他坐在桌子旁边,不要让他边走边吃。

- ❋ 鼓励你的宝宝细嚼慢咽。

- ❋ 随时准备好应急电话号码以备不时之需。

检查食物过敏

虽然宝宝不大容易对全麦谷物、蔬菜和大多数水果过敏，但每天记录宝宝所吃食物的种类和数量将有助于你分辨过敏食物。注意宝宝对不同食物的反应，包括大便。对于每种食物，你都要注意宝宝是否有过敏反应。三岁以下的幼儿中有2%~8%存在食物过敏。过敏症状有脸上起皮疹、流鼻涕、打喷嚏、流眼泪、鼻塞、气短、吞咽困难、尿布疹、腹泻、胃痛和吃了某种食物后发脾气，等等。有些宝宝对小麦和玉米过敏，所以在宝宝刚开始吃固体食物的前几个月里，你最好不要给宝宝吃这些谷物。

多达95%的过敏由牛奶、蛋、鱼、坚果、大豆、小麦和玉米引起。为了避免过敏，你可以等宝宝1周岁后再给他吃这些食物，3岁后再给他吃花生。通常，流鼻涕等轻微的症状可能是宝宝对天气变化或生理调适的反应，这样的状况可以不必担心。有时，症状的原因是特定的食物搭配或消化功能紊乱等与食物过敏无关的其他因素。呼吸急促等更为严重的过敏症状需要你立即采取应对措施。如果你怀疑某种食物可能导致宝宝发生了过敏反应，那你就要在一段时间里暂时停止给他吃这种食物。如果反应不严重，你可以在几周或几个月后再次给他吃这种食物，同时密切观察他是否会表现出过敏的症状。如果他的哥哥或姐姐对某种食物过敏，那么你也要密切关注他对这种食物的反应。

下载每日喂养记录请访问
growhealthygrowhappy.com

满周岁前应当避免吃的食物

- 小麦或含有麸质的食物
- 玉米和含有玉米的食物
- 果汁（尤其是未经高温消毒的）
- 柑橘等酸性水果
- 生豆芽
- 脱脂食物
- 花生酱
- 坚果或种子
- 牛奶
- 蛋
- 生鱼
- 贝类
- 汞含量高的鱼
- 熟食肉类
- 加工和油炸食品
- 蜂蜜
- 糖
- 人工甜味剂
- 巧克力
- 碳酸饮料
- 棉花糖
- 口香糖和硬糖
- 冰块

第6章
食物分类

大自然给予人类的第一份食物是母乳（如果有母乳可以吃的话）。母乳能为宝宝提供1岁之前所需的所有营养。在他开始吃固体食物后，各种各样的天然食物又能为他3岁前的健康发育提供所需的营养。这一章的内容将介绍关于8大类食物的详细信息，例如它们如何影响你的宝宝，每一类食物要注意什么问题，其中都包含哪些食物，它们的阴阳属性如何，以及是如何生长的。我们还总结了一份图表，里面列出了何时应当开始给宝宝吃哪一类食物以及相应的食谱。

下面的食物金字塔显示了在这一章中所包含的8个食物类别。按照我推荐宝宝食用的顺序，它们依次是：母乳、谷物、蔬菜、蛋白质、水果、发酵食品、调味料（例如脂肪、盐、甜味剂和香料）和饮料。

如何使用书中的食谱

做熟悉的饭菜时，我很少看食谱，我更喜欢根据灵感和当时的情况选用食材。不过，如果换作我不熟悉的饭菜或者比较特别的饭菜，我就会仔细研究食谱中的每一个细节。

给宝宝准备食物并不是什么难事，你的直觉就会告诉你怎么做，其中也包含很多常识。但是，尽管如此，你还是需要考虑很多事情，比如宝宝的身体状况和他的需求，以及不同的食物对他有怎样的影响。

我的目的是为你提供适用于各类食物的一般烹饪原则和方法。我的食谱分类标准不是宝宝的年龄，而是食物的类别，同时也根据宝宝的年龄和发育阶段做出调整。例如，宝宝在7个月大时吃的藜麦糊和他在12个月大时吃的藜麦糊的粘稠度是不一样的。随着宝宝逐渐长大，他所吃的甘薯糊也逐渐从接近液体状过渡到泥状和块状。这些食谱中所体现的基本原则是你为宝宝做饭的必要基础。我已经尽力使说明简单、清楚、实用，并且可以灵活调整。

为了适应宝宝的口味，同时让他的食物丰富多样，食谱中也提供了可以换用的不同食材和调味料。例如，当你多次用同样的方法浸泡和烹饪谷物后，你就会熟悉烹饪的全过程，这样你就不再需要食谱了，你还可以做出变化和调整来满足宝宝的独特需求。如果你使用当地出产的优质新鲜食材，你就可以用简单有趣的方式为你的宝宝烹饪出既营养又美味的食物。

母乳

为两个宝宝哺乳的过程是我一生中感到最满足的经历之一。我仍然记得,当我那饥饿的小家伙在我怀里使劲喝奶时,我心里有种说不出的满足。我不去想水槽里的脏盘子,因为我知道,我的首要任务是放松,泌乳,喂饱我的宝宝,同时感受我从未体验过的爱意。

刚出生时,宝宝的身体非常柔弱,他完全依赖你生活,因为他对外界的危险毫无抵抗力。他既不会走,也不会爬,也吃不下固体食物。这时,母乳是满足他复杂的生理和情感需求的理想食物。

选择母乳喂养还是配方奶喂养是非常重要的决定,必须认真考虑。如果你选择母乳喂养,那么改为配方奶喂养是很容易的事。但如果一开始就使用配方奶喂养,你想激发自己的身体重新进行母乳喂养就会是一件非常困难的事。在这两种方式之间频繁切换也可能对宝宝造成不良影响,因为奶头和奶瓶的吮吸方式是不同的。如果你和宝宝都很健康,可以进行母乳喂养,那么这就是对你的宝宝最有益的方式。不过,就算母乳喂养无法实现,你也仍然有其他的健康方式可以选择。

母乳的益处

美国儿科学会将纯母乳喂养定义为"婴儿食用母乳时,除在医生的建议下添加维生素和矿物质,或者在必要时添加药物外,不添加任何形式的补充剂(不加水、果汁、其他奶制品和其他食物)"。该学会与美国妇产科医师学会、美国家庭医师学会、母乳喂养医学学会、世界卫生组织和联合国儿童基金会一道,建议妈妈们将母乳喂养作为宝宝的唯一营养来源。此外,健康专家也建议,开始给婴儿喂食固体食物和其他液体食物后,妈妈们应该继续把母乳作为宝宝的主要食物。母乳喂养应该继续作为宝宝饮食的重要组成部分,这一状况至少要持续到宝宝满一周岁。在瑞典,给婴儿喂食除母乳以外的任何食物都是有违道德的行为。为了贯彻这一理念,瑞典的妈妈们有16个月的产假来照顾她们的宝宝,而无法哺乳的妈妈们也有母乳库可以选择。

贝姬、埃米和婴儿期的玛丽

妈妈们能分泌天底下独一无二的乳汁,这种乳汁能满足新生儿所需的全部营养。每一种哺乳动物都有为幼崽分泌乳汁的能力,这些乳汁能够让幼崽在特定的环境中生存和发育。例如,海豹妈妈分泌的乳汁脂肪含量很高,因为它们的幼崽需要大量的脂肪才能在冰水里生存。对人类婴儿来说,智力发育是关键,于是母乳中含有大量能够促进婴儿大脑快速发育的营养物质。

母乳是进化奇迹的绝佳范例。母乳的成分会随着婴儿成长的需要而改变。妈妈们最早分泌的乳汁是初乳,初乳里含有丰富的有助于增强宝宝免疫力的细胞和抗体,以此来保护宝宝易受感染的身体部位,例如鼻子、喉咙、耳朵、肺和消化道。初乳脂肪含量低,同时富含糖和蛋白质,新生儿很容易消化。此外,初乳还是一种天然的泻药,能帮助宝宝进行人生中的第一次排便。初乳还有助于消除可能引起黄疸的胆红素。

初乳只在宝宝出生后的头几天分泌。随后,初乳会转变为过渡乳,颜色变黄,其中含有更加丰富的乳糖。乳糖能非常容易地转化为能量。过渡乳分泌几天后会转变为成熟乳,颜色也会变成乳白色。

成熟乳在每一次哺乳过程中都会发生变化。一开始,妈妈们分泌的是前奶,前奶比较清淡,有助于鼓励宝宝开始吮吸。哺乳即将结束时,乳房会分泌后奶。后奶比较浓稠,其中所含的脂肪和蛋白质是前奶的三倍。母乳中独特的蛋白质、脂肪、碳水化合物、激素、维生素和矿物质比例能促进人类婴儿生长发育。哺乳时,只要你能完成一个完整的哺乳过程(大约持续15~20分钟),你就没有必要担心宝宝是否获得了足够的营养。

碳水化合物

母乳中含有乳糖，这种碳水化合物能为发育中的婴儿提供能量。乳糖还能分解成乳酸，后者能保护他免受有害细菌的侵害。

蛋白质

母乳中的蛋白质分为两种，一种是凝乳，一种是乳清。凝乳蛋白是酪蛋白，它以白色凝块的形式出现，而液体成分是乳清。母乳中凝乳较少，乳清较多。而且与牛奶相比，母乳中的凝乳更柔软，也更容易消化。相比之下，牛奶当中的蛋白质主要是酪蛋白，即凝乳，它们在宝宝的胃里会形成难以消化的胶状凝乳。出生后不到50天，小牛犊的体重就会翻倍，因为它们必须快速成长，才能自己走路去觅食。为了适应这样的生长速度，牛奶中的蛋白质含量明显高于母乳。而我们的宝宝并不需要那么多蛋白质。母乳中已经包含足够的蛋白质和所有的重要氨基酸，例如牛磺酸，这种氨基酸对婴儿大脑和眼睛的发育有至关重要的作用。此外，母乳中也含有能促进营养物质消化和吸收的消化酶。

脂肪

母乳中超过一半的热量以脂肪形式存在，其中包括胆固醇和多元不饱和脂肪酸ω-3、ω-6脂肪酸，它们都是宝宝身体和大脑发育所必不可少的物质。母乳中的脂肪主要存在于后乳中，所以完成一整个哺乳过程能让宝宝喝到更多富含脂肪的后乳。在使用吸奶器泵奶时，哺乳妈妈也要完成完整的哺乳周期，这样才能泵出既有前奶、又有后奶的包含宝宝健康发育所需全部营养的乳汁。

维生素和矿物质

虽然母乳和婴儿配方奶可能含有相同的维生素和矿物质，但与配方奶相比，母乳中的微量营养素拥有更高的生物可利用性。例如，虽然配方奶比天然母乳含有更多的钙、磷和铁，但母乳中的这些重要矿物质的生物可利用性仍然可以使你的宝宝获得足量的营养。你的宝宝能吸收母乳中50%~75%的铁，同时却只能从强化配方奶中吸收4%的铁。为了弥补这些营养物质在配方奶中较低的生物可利用性，配方奶生产商只能在产品中增加维生素和矿物质的含量，然而这么做又会使宝宝不成熟的胃肠道和其他器官承受过大的压力。这些过量的营养素（尤其是铁）会破坏胃肠道的正常平衡，干扰健康菌群的生长，结果可能引发便秘，或者使大便散发出强烈的臭味。

激素

母乳中含有能够影响宝宝大脑发育和行为的激素。研究人员发现，乳房不仅能从血液中吸收激素，并且将它们集中在乳汁中，还能分泌激素。虽然牛奶也能提供宝宝所需的某些营养素，但它无法像母乳那样提供宝宝所需的全部激素。母乳中所含的部分激素如下：

- 褪黑素有助于调节宝宝的昼夜节律，包括食欲。
- 催产素有助于加深亲子感情，同时还能帮助你的宝宝放松，缓解焦虑情绪。
- 甲状腺素能预防先天性甲状腺功能减退症。
- 舒缓激肽能帮助宝宝识别疼痛感。
- 内啡肽有助于宝宝缓解疼痛，改善情绪。
- 胰岛素样生长因子能促进大脑和神经系统的发育，并能使皮肤保持健康。

母乳喂养的优势

在营养方面，母乳喂养的好处是毋庸置疑的，但母乳的优势并不仅仅局限在营养方面。

母乳喂养对宝宝的益处

❊ 建立亲情心理联结

出生后，宝宝能通过吃奶继续与你保持紧密的联系。哺乳能为宝宝提供情感慰藉，同时也是妈妈和宝宝通过肌肤接触建立亲情心理联结的终极形式。

❊ 安全方便，随时饮用

母乳干净卫生，浓度和温度始终适宜。不需要装进奶瓶携带，因而也不需要给奶瓶消毒，或者担心制造奶瓶的材料中含有有毒物质。

❊ 容易消化

由于母乳很容易吸收，所以宝宝的消化系统不需要像喝配方奶那样超时工作。这意味着宝宝可以更少遭遇消化道胀气的困扰，他的主观感受会更舒服，大便也会更柔软。

❊ 提升免疫力

母乳能保护宝宝免受病毒、细菌和真菌等环境因素的威胁。你的免疫系统能识别出致病因子，并且能针对特定的威胁产生特定的免疫防御——抗体，这些抗体能通过哺乳转移到宝宝的身体里。抗体的产生过程非常迅速。接触病原体后，哺乳妈妈只需要几个小时就能用蛋白质合成抗体，并且把抗体通过哺乳输送给宝宝。这些抗体有抗炎功效，它们能对抗与感染相关的肿胀、发热和疼痛。

母乳喂养对妈妈的益处

❊ 有助于恢复身体

哺乳对妈妈的身体也有很大的益处。哺乳能引发子宫收缩，进而减少分娩后的出血，开启产后愈合进程。哺乳能抑制排卵和减少月经，在一定程度上起到自然避孕的作用。不过，哺乳并不是可靠的避孕措施，因为排卵可以随时发生，因而也可能导致受精。哺乳能让妈妈们每天多消耗500卡路里的热量，所以能帮助她们在宝宝5、6个月大时恢复到怀孕前的体重。

❊ 有助于减少疾病

2009年5月，《妇产科学》（*Obstetrics and Gynecology*）杂志发表了一项研究。这项研究发现，选择母乳喂养的妈妈患特定癌症（包括乳腺癌、子宫内膜癌和卵巢癌）的几率显著低于平均水平，她们患骨质疏松症的几率也比较低。持续母乳喂养一年的妈妈患心脏病、糖尿病和高胆固醇的几率也比较低。

❊ 方便

选择母乳喂养能给妈妈们带来很大的便利，特别是当妈妈们需要在夜间或者在路上喂奶的时候。妈妈们无需操心如何携带奶瓶和配方奶等各种问题。你可以在任何时间、任何地点喂你的宝宝，而不必担心如何为他准备食物。

❊ 省钱

母乳是大自然的馈赠，不需要花钱来买。根据《消费者报告》（*Consumer Reports*）的报道，如果选择配方奶喂养，宝宝出生后第一年的喂养成本约为2000美元。如果你购买吸奶器，你将需要花掉150~350美元。此外，母乳喂养的宝宝抗体水平更高，生病几率更小，所以医疗费用更少，父母们也更少需要请假来带宝宝看病。

什么时候断奶

学会走路、出牙、开始吃固体食物等现象都意味着，母乳或配方奶可能已经不再是宝宝获取营养的必要途径。虽然他可能仍然喜欢在睡觉前吃奶或者用奶瓶喝奶，但随着他吃饭越来越规律，是否继续哺乳或者用奶瓶喂养就是妈妈们自己的选择了。大多数母乳喂养的提倡者都推荐以宝宝是否需要为原则来渐进式断奶，因为突然断奶对你和你的宝宝来说都是一件困难的事。2005年，美国儿科学会建议妈妈们在前6个月里只选择母乳喂养，随后逐渐引入固体食物，同时继续母乳喂养至少6个月，到宝宝满周岁。在此之后，只要妈妈和宝宝愿意，哺乳还可以继续下去。世界卫生组织建议妈妈们持续母乳喂养至少两年。

我给埃米喂了18个月的奶，最后是根据她的需要逐渐断掉的。在玛丽1岁零两个月大的时候，我们去了一趟日本。在这期间，她生了病，突然不再吃奶了。原因或许是长途旅行太累，也或许是我吃的食物发生了改变。这对我来说是一件非常棘手的事，因为我不得不使用手动吸奶器来缓解乳房的压力。回到美国后，她确实重新开始吃奶了，但吃的速度没有以前那么快了。随后，她自己就渐渐地不再吃奶了。

有助于促进断奶的食物有：

- 主食（复杂碳水化合物），如谷物和根茎类食物
- 高热量食物（脂肪、油、糖）
- 高蛋白食物（豆类、肉、蛋）
- 富含维生素和矿物质的食物（水果和蔬菜）
- 以上辅食应当为当地出产并且经济实惠

增强免疫力

母乳喂养能增强宝宝的免疫力。母乳中的糖分不仅能为宝宝提供热量，同时也有助于宝宝体内益生菌的生长。其中一种益生菌名叫双歧杆菌，它能抑制有害细菌的生长，例如能导致咽喉、鼻窦、肺部和皮肤感染的金黄色葡萄球菌。益生菌还能把食物颗粒分解为可被小肠吸收的营养物质，进而有助于维护宝宝的身体健康。此外，益生菌还能释放氧气，使肠道环境更偏碱性，这也对宝宝的身体有益，因为偏酸性的肠道环境容易引发多种疾病。《美国临床营养学杂志》（American Journal of Clinical Nutrition）里的一项研究证实，母乳能预防各种炎症，例如结肠炎和非特异性肠炎（克罗恩病）等肠道疾病。

发表于《儿科学杂志》（Journal of Pediatrics）、《美国临床营养学杂志》和《英国医学杂志》（British Medical Journal）等期刊的多项研究显示，母乳喂养宝宝患严重呼吸道和肠道疾病的几率约为配方奶喂养宝宝的四分之一，因危及生命的细菌感染而住院治疗的几率约为后者的十分之一。根据美国儿科学会1997年的一份报告，母乳还能预防婴儿猝死综合征（SIDS）、胰岛素依赖型糖尿病（I型糖尿病）、淋巴瘤和多种慢性消化系统疾病。此外，研究还表明，母乳对过敏、幼年类风湿性关节炎、乳糜泻、肺炎、脑膜炎和某些癌症具有终身预防作用。母乳喂养的宝宝罹患儿童肥胖症的几率也明显低于配方奶喂养的宝宝。与后者相比，母乳喂养的宝宝视力更好，面部肌肉更发达，连牙齿的排列也由于吃奶的原因而更显健康。

母乳的替代选择

由于各种各样的原因，母乳喂养可能不适合你和你的宝宝。如果是这样的话，你就需要给宝宝喝配方奶等母乳替代品。为了模仿母乳，配方奶中已经添加了许多种成分，例如牛奶或大豆、植物油、玉米或糙米糖浆、维生素和矿物质，还可能有其他化学成分。很多配方奶的不饱和脂肪含量很低，而许多以大豆为主要原料的配方奶完全不含胆固醇。一些有机配方奶质量更好些，它们不使用在生产和加工过程中添加了激素或杀虫剂的原料。

从包装方式看，婴儿配方奶有三种类型，它们分别是即食配方奶、浓缩配方奶和配方奶粉。即食配方奶是以液体形式预先包装好的，不需要加水，可以随时给宝宝喝，但是价格也最贵。浓缩配方奶以浓缩液体的形式装在罐子里，喂宝宝前需要兑水，但是价格比即食配方奶便宜一些。最便宜和使用最广泛的配方奶是粉末状的，需要我们加水冲调。如果你选择了需要额外加水的浓缩配方奶或配方奶粉，那么你加的水的质量也会对配方奶造成影响。

从原料看，婴儿配方奶也主要分为三种，它们分别是牛奶配方奶、大豆配方奶和水解牛奶配方奶。它们所含的蛋白质和糖分各不相同。还有一种不大常见的山羊奶配方奶，我们也会在下面讨论。

牛奶配方奶

精制牛奶配方奶是最为常见的配方奶，其中添加了脂肪、维生素和矿物质。为了模仿母乳，牛奶配方奶中的蛋白质经过了处理，因为不满1岁的婴儿很难消化牛奶。牛奶配方奶中的蛋白质主要是酪蛋白（凝乳）和乳清，其中酪蛋白占多数。牛奶中的酪蛋白含量大约是母乳的十倍。牛奶配方奶也分两种，一种给不满1岁的宝宝喝，一种给1岁以上的宝宝喝，以此来满足不同年龄的宝宝在营养和消化吸收难易度方面的需求。1岁以上宝宝所喝的牛奶配方奶具有更低的脂肪和热量含量。

一些牛奶配方奶中添加了母乳中所包含的ω–3、ω–6脂肪酸，例如二十二碳六烯酸（DHA）和花生四烯酸（ARA），它们能促进婴儿神经系统、大脑和眼睛的发育。存在于母乳和牛奶配方奶中的乳糖不仅能为宝宝提供能量，同时还能促进胃对钙的吸收和肠道益生菌的生长。大多数宝宝不会对乳糖起反应，但有些宝宝无法消化乳糖。如果你的宝宝就是这样，他就可能会在食用配方奶后的30分钟到2小时里出现腹痛和腹胀的症状。如果发生了这种情况，你就可以考虑换一种不含乳糖的配方奶。

大豆配方奶

大豆配方奶是母乳和牛奶配方奶的替代品，如果你的宝宝对乳糖不耐受，你也可以考虑大豆配方奶。不过需要注意的是，选择大豆配方奶需要先做试验，因为许多对牛奶配方奶过敏的宝宝也会对大多数大豆配方奶过敏。根据东亚医学理论，豆奶性寒，有可能影响宝宝的消化功能。如果宝宝对大豆配方奶也过敏，你就可以考虑第三种选择——水解牛奶配方奶，它可能会是理想的解决方案。

水解牛奶配方奶

为了便于消化吸收，水解牛奶配方奶中的牛奶蛋白已经被水解为了氨基酸。此外，水解也有部分水解和深度水解之分。这种配方奶由于增加了工序，所以价格也更贵。水解牛奶配方奶的口味没有母乳和其他配方奶那么甜，所以吃过母乳或其他配方奶的宝宝可能不会立即喜欢上它的味道。

山羊奶配方奶

与牛奶相比，山羊奶的脂肪含量更高，乳糖和蛋白质含量更低，凝乳也更软。从理论上讲，这些不同之处加在一起就使山羊奶成为了既不容易过敏又容易消化的乳汁。山羊奶配方奶不适合1岁以下的婴儿喝，但是对于1岁以上的宝宝，你可以偶尔用它来代替牛奶配方奶。

如何进行母乳喂养

开始母乳喂养的最佳时机是宝宝出生即刻。导乐、助产士、哺乳顾问和有经验的家庭成员都能帮助你，让刚出生的宝宝叼住奶头。宝宝出生后，你要让他留在你身边，而不是送他去医院的育婴室，这么做能确保他饿了的时候你能在他身边。

尽管母乳喂养有很多积极的方面，但初为人母的妈妈们确实比较容易在哺乳时感到尴尬和不安。如果你身边的朋友或亲人不能提供相应的支持，那么母乳喂养可能就会成为一件困难的事情。刚开始哺乳时，你可能会感到疼痛，你的乳头可能会破裂、肿胀、发炎，乳腺导管可能会堵塞。你可能会因为奶水不足而担心自己是否有能力哺乳。在进入母亲这个重要的新角色的同时，你也要找到一群理解你、支持你的人，这会很有帮助。你可以向经验丰富的人求助，以此来解决你在哺乳中遇到的各种问题。

你在为宝宝哺乳时所处的环境可能会同时影响你们两个人的感受。混乱嘈杂的环境和刺眼的灯光会让你和宝宝难以放松下来。而安静的环境则有助于乳汁流动，从而能让宝宝更容易地吸取你的营养。你可能会害怕在公共场合哺乳，而且你有时也不大容易找到私密的场所，例如商场里的试衣间或朋友家的空房间。作为应对，你可以在肩膀上搭一条毯子，或者穿一件可以从腰部解开的宽松衬衫。如果你的后背、肩膀和脖子感到紧张，你就可以抽出一些时间来伸展身体，舒缓压力。

医院和保健所通常都有能为你提供帮助的专业人士，例如哺乳顾问，他们能在哺乳方面帮助你，并且会在最初的几周里持续跟踪你的进展。哺乳顾问也能帮你联系到别的新手妈妈和有经验的妈妈们。我过去经常跟别的妈妈们交流，从中我了解了母乳喂养的重要性，以及可能遇到的各种问题和解决方案。

母乳喂养遵循供需平衡法则，宝宝吃得越多，你分泌的乳汁也会随之增多。你的身体和宝宝的身

体是协同的，你的乳房充满乳汁的时候往往也是你的宝宝感到饿的时候，每次喂奶后都是如此。大自然真是太神奇了。

哺乳过程最好有固定的节奏和时长，以此来让宝宝完成哺乳的全过程，这样他就既能喝到前奶，也能喝到后奶，于是获得他所需要的全部营养。虽然哺乳有安抚宝宝情绪的作用（例如在他不舒服或不高兴的时候），但哺乳太过频繁也会使他的消化系统受到过度刺激。《中医儿科手册》作者、中医鲍勃·弗劳斯认为，不规律的喂养模式可能导致宝宝吃得过多和脾脏充血，进而阻塞肠胃。他说，吃得过多和积食可导致腹绞痛、耳痛、咳嗽、感冒和肥胖。他表示，养成规律的哺乳习惯能减少以上病症的发生几率，同时还能为宝宝一生的健康打下基础。如果我的宝宝哭得很厉害，我很难只是为了保持正常的喂养节奏而不去借助喂奶来安抚她们的情绪。不过，我确实养成了包含一定弹性的规律哺乳习惯，以此来让宝宝的消化系统能够在两次哺乳之间得到休息。我发现，这么做能让我的乳房有机会充盈起来，所以我在哺乳时的感觉非常好。同时，这么做似乎也对我的宝宝有好处，因为到了该喂奶的时候，她们确实也已经饿了，这样她们就能一次吃个够，把前奶和后奶都吃到。我发现，保持较为固定的哺乳节奏比随时想吃随时吃更好。在这种方式的帮助下，我的宝宝还学会了用同样的节奏吃固体食物。此外，你自己规律作息也有助于你的宝宝养成同样的习惯。

用奶瓶进行母乳喂养

如果因为工作等原因，你无法在哺乳期间一直陪伴你的宝宝，你就可以事先把奶吸出来放进冰箱，以便他在你不在的时候喝。你吸出的乳汁越多，乳房分泌的乳汁也会越多。吸出来的母乳在冷藏室里可以保存3~5天，在冷冻室里可以保存3~6个月。在给宝宝喂奶前，你要记得先把奶加热。想要在工作间隙找一处隐蔽的场所来吸奶可能并不是一件容易的事，所以在回去工作之前，你最好先联系人力资源部门了解这方面的情况。

用奶瓶喂养母乳或配方奶时，宝宝的爸爸、哥哥姐姐、（外）祖父母和其他养育者都能充当喂养者的角色。用奶瓶喂奶时，你要把宝宝抱得近一些，同时看着他的眼睛，这么做能让他感到安全和舒适，同时还有助于你们加深感情。此外，你要把宝宝的脑袋抬高，以防他吸入过多的空气或乳汁，这会引起胀气和不适。把整个奶嘴放进宝宝口中也能起到防止吸入空气的作用。

哺乳期饮食

与怀孕时一样，在哺乳期间，你吃的食物也会对你的宝宝产生直接的影响。在出生后的6个月里，宝宝的体重会增加一倍。到三岁时，他的体重还会增加一倍。所以，你在哺乳期间所吃的食物将对他的成长和发育产生直接而重大的影响。你的肝脏虽然能把食

母乳喂养小窍门

- 了解母乳喂养的实用知识。
- 获得其他哺乳妈妈的支持。
- 跟宝宝待在一起，以此来及时满足他的需求。
- 营造安静的环境。
- 借助枕头和凳子来使你保持舒适的姿势。
- 多吃能使乳汁有营养的食物。
- 多喝水。
- 通过按需喂养来刺激乳汁分泌。

母乳喂养推荐饮食

每日	偶尔	避免
全麦谷物	烘焙食物	尼古丁
蔬菜	茄属蔬菜	大量酒精
海产蔬菜	热带水果	高剂量维生素
豆类	禽肉（最好是有机的）	人工甜味剂
坚果和种子	优格酸奶	咖啡因
温带水果	开菲尔酸奶	奶制品
热的草药茶	山羊奶酪	软饮料
水		药物（含毒品）
天然原料点心		甜食
多摄入500卡热量		高盐食物
睡眠和休息		节食

物中的毒素过滤掉一部分，但你吃的食物好坏最终还是会影响你的宝宝。大多数医生都会建议你在哺乳期间尽量避免吃某些食物。例如，油炸食物或过咸的食物会使你的宝宝烦躁易怒、体温升高和便秘。酒精、甜食、油腻和辛辣食物会导致宝宝出现腹泻和过敏等症状。婴儿常见的过敏原有牛奶（包括牛奶制品）、玉米、大豆、小麦、花生和多种坚果。常见的过敏反应有皮疹、肿胀、肠胃问题和湿疹。在宝宝出生后的最初几个月里，你只能吃完全熟透的卷心菜、白菜和西兰花等十字花科蔬菜，否则就可能导致宝宝出现消化不良等不适症状。豆类食物容易导致胀气，不过你可以在烹饪豆类时加入一种叫做昆布的干海菜，让它们更容易消化。

你吃的食物也会影响母乳的味道。美国费城儿童医院（Children's Hospital of Philadelphia）的儿科和流行病学助理教授尼古拉斯·斯泰特勒（Nicolas Stettler）说："众所周知，食物的味道会进入母乳当中。"他认为，母乳会影响宝宝未来的饮食习惯，宝宝所接触到的口味种类将影响他未来所喜欢吃的食物种类。因此，你在母乳喂养期间吃营养丰富的各种食物也有助于宝宝在开始吃固体食物的时候喜欢上它们的味道。

吃新鲜、有益健康的食物将有助于你分泌更多的乳汁，让你的宝宝获得更丰富的营养，同时还能帮助你恢复怀孕前的身材。这些食物如清淡的汤食、全麦谷物、豆类、蔬菜（特别是绿叶蔬菜和淀粉类蔬菜）和鱼（含有丰富的必需脂肪酸）。最后，在饮食之外，你还要注意多加休息，放松身心，虽然这对于哺乳期的你来说并不容易做到。

催奶食谱

在为我自己的宝宝哺乳时，我特别喜欢吃简单美味的食物，因为我胃口很好。与怀孕时"给两个人吃饭"相比，为埃米和玛丽哺乳需要我每天摄入更多的热量。把营养丰富的天然食材加水煮软，这样的食物能帮助你分泌更有营养的乳汁。全麦谷物能提供基本的营养素，绿叶蔬菜和海产蔬菜能提供钙等矿物质，高蛋白食物、健康的脂肪、发酵食品和饮料则能帮助你源源不断地分泌宝宝生长发育所需的乳汁。

美味味噌汤

- ♡ 适合哺乳妈妈和工作繁忙的爸爸
- 可做出5~6成人份
- 含有丰富的动物蛋白
- 不含麸质

按照日本的传统,妈妈分娩后要喝鲤鱼汤。这种汤是用新鲜的鲤鱼和大量的蔬菜熬成的,有促进子宫收缩和母乳分泌的作用。下面的这道汤不仅有滋补的功效,而且能让哺乳妈妈吃得既可口又舒心。同时,这道汤还富含钙、蛋白质和鱼油中所具有的ω–3脂肪酸。

1茶匙(约5毫升)芝麻油、橄榄油或椰子油

1杯(约150克)洋葱,切成0.6厘米的小块

$\frac{3}{4}$杯(约110克)芹菜,切成0.6厘米的小块

$\frac{1}{2}$杯(约43克)香菇,切成1.3厘米的小块

$1\frac{1}{2}$杯(约225克)胡萝卜,切成1.3厘米的小块

$1\frac{1}{2}$杯(约225克)西葫芦,切成1.3厘米的小块

$\frac{1}{2}$茶匙(约2.9克)海盐

6杯(约1.4升)水

1茶匙(约2克)干裙带菜或2.5厘米见方的昆布海藻,用60毫升水浸泡5分钟后沥干

1片月桂叶

$\frac{1}{2}$磅(约230克)三文鱼,剥皮去骨,切成2.5厘米见方的小块

4汤匙(约60毫升)白味噌

做法:

1. 将油倒入锅中,一次加入一种蔬菜,慢慢搅拌。
2. 加入海盐,用中火炒5~10分钟。
3. 加入水、海菜和月桂叶。
4. 煮开,然后转小火煮20分钟,或者煮到蔬菜变软。
5. 把鱼放入汤中,煮4~5分钟或把鱼煮熟。
6. 把味噌和30毫升水在一个小碟子里混合,调匀。
7. 加入调匀的味噌,上桌。
8. 为了保护味噌中的乳酸菌,加入味噌后不要继续加热。

其他做法:

- 鱼也可以用另一口锅单独煮,然后再一起上桌。
- 换用脂肪含量高的其他鱼类。

蒸羽衣甘蓝

- ♥ 适合哺乳妈妈和工作繁忙的爸爸
- 2人份
- 素 素食
- 麸 不含麸质

绿叶蔬菜富含维生素A、叶绿素和钙，是哺乳妈妈的优质食物。羽衣甘蓝里也含有丰富的镁，而其中的钙甚至比奶制品中的钙更容易吸收。由于羽衣甘蓝是十字花科蔬菜，所以一定要彻底煮熟，以免引起胀气和造成碘的流失。羽衣甘蓝在寒冷时节生长，是春秋两季的应季蔬菜。

2杯（约300克）羽衣甘蓝，切成1.3厘米的小块

$\frac{1}{2}$ 杯（约120毫升）水

$\frac{1}{8}$ 茶匙（约0.7克）海盐

做法：

1. 将羽衣甘蓝和水放入锅中。
2. 烧开后加入海盐。
3. 煮5~10分钟，或者煮到羽衣甘蓝变软。煮后的羽衣甘蓝还应当是翠绿色。
4. 残留汤汁可单独饮用，也可加入汤或豆类食物中的增加味道和营养。

其他做法：

羽衣甘蓝一般指叶子有很多褶皱的甘蓝，但它也有别的品种。你也可以用宽叶羽衣甘蓝、芥菜或萝卜叶代替羽衣甘蓝，或者混合使用。

麻薯

- ♡ 适合两岁以上宝宝食用
- 可做出10个麻薯（每个57克，约1.1两）
- 素 素食
- 麸 不含麸质

麻薯是日本的传统美食，既可以用于庆祝节日，也能用来帮助哺乳妈妈分泌乳汁、恢复体力。全麦谷物麻薯营养丰富，对妈妈和宝宝都有益处。

"糯"是"粘"的意思，因为这种米很粘。不过，糯米并没有小麦中所含的麸质。麻薯在制作过程中是不加盐的，所以糯米才能更好地糊化并粘连在一起。

麻薯比较耐嚼，所以宝宝要长牙并学会咀嚼后才能吃麻薯。另外，给宝宝吃麻薯的时候，你一定要先把麻薯切成小块。

2 杯（约360克）糙糯米

用来浸泡糯米的水

$2\frac{1}{2}$ 杯（约600毫升）用来煮糯米的水

少量竹芋粉或糯米粉

准备：

先用水浸泡糯米8~24小时。如果时间来不及，糯米至少也要浸泡1小时。

做法：

煮糯米

1. 糯米沥干进锅，加入用来煮糯米的水，大火烧开。
2. 把火调小，煮45分钟到1小时，直到所有水分都被糯米吸收。
3. 最好在锅底使用散热片来防止糯米粘锅或烧糊。
4. 让糯米冷却片刻。

注意：

煮糯米时不要加盐，因为盐会抑制糯米的糊化反应，使米粒发硬。不加盐才能让糯米变得更粘。

捣糯米

1. 把煮熟的糯米放进一只大碗里。
2. 用捣泥器或木槌将糯米捣碎,直到糯米粘成一大团。把糯米团分成10等份,搓成10个糯米球,稍稍压扁,再在上面撒一层竹芋粉或糯米粉。
3. 放置2~4小时,然后放进冰箱冷藏。你可以把麻薯放进烤面包机,等它像棉花糖一样膨胀起来后拿出来,再搭配紫菜和酱油一起吃。或者,你也可以把麻薯放进汤里,让它变得像汤圆一样软。

捣麻薯

捣麻薯是日本一项趣味多多的传统习俗,人们在其中相互协作,增进感情,同时庆祝节日。捣麻薯时,人们会把煮熟的糯米放进一只石头做的大碗里,接着再用大木槌接力锤捣,直到糯米颗粒完全消失,成为光滑细腻的糯米团。人们认为吃麻薯能带来好运。

吉田英子

吉田三郎

谷物

第一次去日本东京上烹饪课时，我住在得津（Tokutsu）家。在炎热的夏夜，我们坐在他家的榻榻米上，通过电视机收看棒球比赛。跟棒球一样，大米也是我在日本生活的重要内容。在得津家人看来，吃白米饭是地位和财富的象征，而吃糙米饭则意味着社会地位较低。于是，我对糙米饭的偏爱让他们大惑不解。他们弄不明白，为什么一个现代美国女孩还吃糙米，于是他们给我起了个绰号叫"糙米女孩"。

在日语里，"大米"（gohan）同时也有"饭"的意思。日本人的一日三餐都把大米作为主食，少了它，一顿饭就不完整。与一餐饭的主角大米相比，蔬菜、鱼、肉等其他菜都是配角。在今天的日本，白米饭十分常见，但是许多个世纪以来，糙米才是人们的主食。

数千年来，谷物在大多数人类文明里都是最为重要的食物。回顾历史，大米和小米一直是亚洲人的主粮，就像苔麸和小米一直是非洲人的主粮一样。在欧洲，大麦、燕麦、小麦和黑麦是传统作物，而中美洲则是玉米的天下。从进化论的角度看，谷物是进化最完全的植物性食物，它们的果实就是种子本身。一些生物学家认为，植物和动物的进化是同步的，在他们看来，人类与谷物是一同进化的。谷物一直是人类饮食的重要组成部分，人类对它的钟爱跨越了漫长的历史与众多的文明。

谷物的益处

许多营养和健康专家提倡人们重新把谷物作为主粮,他们认为这么做对人类和环境都有好处。与肉类和奶制品相比,谷物更经济,在种植、加工、包装和运输过程中所需的能量也更少。

斯坦福大学医学院临床医学教授、儿科医生艾伦·格林(Alan Greene)博士发起了一项叫做"告别白米粥"(White Out)的运动来打破"一开始要给宝宝喝白米粥"的旧观念。他说,给你的宝宝喂白米粥就像喂他吃一勺糖一样,这是垃圾食品。格林建议父母使用天然有机原料自制婴儿食品,这才是最有益健康的做法。

在这一章里,"全麦谷物"一词是指未被碾碎、营养丰富的原生态谷物。例如,糙米和藜麦是全麦谷物,而面粉、面条和面包则是加工谷物。常见的婴幼儿食品速食谷物,甚至有机大米粥都是由经过加工和破碎的谷物制成的。只要不经常吃,那么面条、面包、饼干和燕麦片等用加工谷物制成的食物也是美味而健康的。但是,要想让你的宝宝达到最佳的健康状态,你还是要让全麦谷物回到舞台的中心。

为什么要给宝宝吃全麦谷物

❋ **全麦谷物是有生命的食物。** 如果你在肥沃的土壤里种下一些糙米,并且提供光照、水分和适宜的温度,它们就会生根发芽,长大开花,最后结出更多的种子。谷物被碾碎或磨成面粉后,尽管这时的谷物仍然有营养,但它们所蕴含的生命力却已经失去了大半,很难再发芽了。与此同时,这样的谷物也更容易氧化变质。

❋ **全麦谷物营养丰富。** 全麦谷物当中含有宝宝健康成长所需的全部主要营养素——复杂碳水化合物、蛋白质、脂肪、维生素、矿物质和膳食纤维。全麦谷物中的磷元素是核酸的重要组成部分,而核酸是遗传密码的结构基础。全麦谷物也是维生素B1的重要来源,维生素B1对维持宝宝神经系统的正常功能有重要作用。

谷粒的结构

胚乳是谷粒的主要部分,占整颗谷粒的80%以上,也是甜味的主要来源。

麸皮是谷粒的最外层,其中含有丰富的蛋白质、脂肪、膳食纤维、维生素和矿物质。

胚芽是谷粒中繁殖后代的部分,其中含有大量E族和B族维生素、蛋白质和脂肪,此外还含有丰富的铁、锌等微量元素。

被磨碎的谷粒会立即开始氧化,其中的脂肪开始酸败,最终变质。加工谷物去除了麸皮和胚芽,它们是谷粒中最有营养的部分,除含有丰富的矿物质和膳食纤维外,这两个部位还含有整颗谷粒中超过半数的维生素B1、B2、B3和E。

在加工过程中,所有这些重要营养素都会严重流失,只剩下胚乳。虽然胚乳的维生素和矿物质含量比全麦谷物低很多,但它比麸皮和胚芽含有更多的蛋白质和复杂碳水化合物。所以,只有当谷粒的三个部分都完好无损时,宝宝才能获得谷物的全部营养。大米和白面都是经过加工的谷物,与全麦谷物相比,它们的营养价值都打了很大的折扣。

- **全麦谷物有益健康。** 全麦谷物含有能帮助宝宝调节激素水平的植物雌激素和具有降低胆固醇作用的抗氧化剂。其中的B族维生素对宝宝的造血、神经传导和免疫等生理功能有重要作用。全麦谷物所含的丰富矿物质也有助于宝宝骨骼、肌肉和大脑的健康发育。

- **全麦谷物能稳定血糖。** 全麦谷物属于复杂碳水化合物,后者有助于稳定激素、胰岛素和胰液的分泌,平衡血液酸碱值和血糖水平。全麦谷物能促进宝宝睡眠,于是你也能获得更多的时间休息。此外,作为一类阴阳平衡的食物,全麦谷物也有助于在整体上促进宝宝身体的阴阳平衡。

- **全麦谷物容易消化。** 宝宝的许多身体不适和小病都与肚子疼、胀气、腹泻、便秘等消化系统症状有关。在东亚医学中,这些疾病是由气滞食积引起的。未经加工的全麦谷物对宝宝有食疗作用,全麦谷物容易消化,有暖胃、养胃的作用。此外,全麦谷物中还含有丰富的膳食纤维,它们有促进肠道蠕动的作用。

食用谷物的注意事项

选择谷物时,你要考虑它们是否通过有机方式种植,以及种植地在哪里。你可以买一些已经发芽的谷物。经过浸泡或发芽的谷物不仅容易消化,而且能中和植酸(植酸通常会抑制矿物质的吸收),进而提高铁、锌等营养物质的生物可利用性。此外,你也需要密切观察宝宝是否会出现麸质过敏的迹象或症状,因为谷物中含有麸质。

麸质过敏

麸质(谷蛋白)是一种存在于小麦、黑麦、大麦和斯佩尔特小麦中的蛋白质,一些宝宝很难消化这种物质。麸质像粘着剂,它能吸引许多种过敏原,从而使宝宝的身体很难将它们排出体外。乳糜泻是一种与麸质过敏相关的遗传疾病。这种情况相对少见,但如果父母是乳糜泻阳性,那么宝宝也可能同样如此。

一些自闭症宝宝的父母报告说,在进行无麸质食疗后,孩子们在语言和行为方面的表现都有所改善。新泽西医学院儿科学副教授城之内春三(Harumi Jyonouchi)博士的研究表明,经过严格的无麸质、无酪蛋白、无钠饮食治疗后,91%的自闭症患者病情都有改善。也有人报告说,在开始无麸质、无酪蛋白饮食后,他们的宝宝不仅消化更好了,而且在思维和语言表达方面也表现出了很大的进步。

在埃米和玛丽小时候,当时的我还不知道麸质可能带来哪些负面影响。如果换作今天,我会在她们1岁到1岁半时开始给她们吃谷物糊,同时观察她们的反应。幸运的是,由于人们对麸质过敏的了解越来越多,不含麸质的食物现在已经很容易找到了。

麸质过敏的症状与体征

- 腹痛、慢性腹泻、胀气、恶心
- 疲劳
- 头痛
- 关节痛
- 注意缺陷多动障碍
- 发育迟缓
- 癫痫
- 胃酸反流

谷物的种类

煮软至半流体状的全麦谷物是宝宝刚开始吃辅食时的理想食物。除营养丰富外，煮软的谷物在口感上也与牛奶类似，它们具有天然的甜味，容易消化，而且很少引起过敏。因此，它是宝宝从吃母乳过渡到吃其他食物的理想食物。常见的全麦谷物有短粒糙米、糯米和小米。有时，你的宝宝也会喜欢吃经过加工的谷物，例如燕麦片、各种面条和粗麦粉。如果他没有表现出对麸质过敏的迹象，他就可以吃含有小麦粉的食物。更重要的是，把全麦谷物作为最早给宝宝吃的食物能帮助他形成稳固的味觉和口味偏好，这种偏好将能够持续一生。

糙米

世界上有7000多种水稻。由于整粒稻米外观呈金褐色，所以糙米也叫"褐米"。糙米对宝宝骨骼、肌肉、头发和牙齿的生长和发育有非常重要的作用。

大米是经过碾磨而失去麸皮的糙米。糙米比大米更有营养，它富含纤膳食维、脂肪、B族和E族维生素、铁和钾。大米不含麸质，是最容易消化的谷物之一。我在日本京都梦之窗幼儿园的导师吉田英子说，对于简单的日常食物来说，糙米是最好的选择，因为它能提供身体所需的一切。如果米饭和豆类一起吃，宝宝的身体就能用它们来合成各种蛋白质。糙米可见于大多数杂货店和天然食物店，很容易买到。糙米有三个品种，分别是短粒糙米、中粒糙米和长粒糙米。其中，短粒糙米最柔软，含淀粉最丰富，能煮成粘稠的糊状，所以最常用来给宝宝做食物。

2012年11月，《消费者报告》发表了一份关于大米中砷含量的报告。砷是一种致癌物，最终会通过动物饲料、肥料和家禽粪便进入土壤和水中。环境中有各种污染物，虽然我们无法完全避免这些物质，但我们可以通过浸泡谷物或食用发芽谷物来降低其中污染物的含量。选择各种天然有机谷物有助于你为宝宝的健康打下坚实的基础。你也可以通过吃其他天然或发酵食物来帮助你的宝宝建立起能帮他对抗污染物的强大免疫力。

糙糯米

糙糯米是粘性的，而且味道比短粒糙米或长粒糙米更甜。在日本的新年庆典等特殊场合，人们会用大木槌把糯米捣成麻薯。我特别喜欢用糯米和小米煮粥，或者用糯米和糙米做饭团。

糙糯米对哺乳期的妈妈十分有益，因为它含有的丰富蛋白质和脂肪，能促进母乳分泌。在日本为埃米哺乳时，我们每周都会购买由不同原料做成的手工麻薯。艾叶麻薯里含有一种野生的绿色植物，这种植物含有大量的叶绿素，能让麻薯变成绿色。同时，这种植物还能为妈妈和宝宝补充能够预防疾病的植物营养素。含有黑豆或芝麻的麻薯则含有丰富的蛋白质。放进烤面包机里烤，或者用煎锅煎时，麻薯会像棉花糖一样膨胀。放进汤里，麻薯会变得像汤圆一样软。

小米

说到小米，你可能会联想到鸟食，但这种不含麸质的金黄色谷物对人类也很健康。从非洲到中国，全世界三分之一的人口都在用它当晚餐。小米是碱性食物，富含矿物质，而且能提供人体所需的各种氨基酸。东亚医学认为，小米能缓解晨吐，防止流产。小米非常容易消化，所以它是消化不良时的理想食物。

全世界有许多种小米可供人类食用，其中最常见的是珍珠小米。食用前，先把小米浸泡几个小时，然后煮20～30分钟。与大米相比，小米能吸收更多的水分，所以做小米粥时要加更多的水。小米粥绵软柔滑，容易消化。小米也适合与其他谷物、豆类和蔬菜混合烹饪。

藜麦

印加人把藜麦称为"谷物之母"，他们认为吃这种谷物能延年益寿。藜麦是一种理想的谷物，它富含蛋白质，同时却不含麸质。藜麦含钙量很高，甚至超过牛奶。此外，藜麦还含有丰富的磷、铁、E族和B族维生素，而且容易消化。在烹饪当中，藜麦能增加汤、炖菜和粥的口感，而且很容易煮熟——只需在沸水里煮20～25分钟。给婴幼儿吃时，藜麦里一般要掺其他谷物，因为它的味道比较浓重。

燕麦

燕麦的脂肪含量是所有谷物中最高的，所以除了美味之外，燕麦还具有保暖和扛饿的作用。燕麦是最有营养的谷物之一，含有非常丰富的蛋白质、脂肪和膳食纤维。燕麦适合在寒冷的北方生长，从古代开始，它就是爱尔兰、苏格兰、北欧和俄罗斯等地居民的重要食物。

速食麦片（即食麦片）是经过煮、干燥，再被碾成碎片的燕麦，这一加工过程降低了燕麦的营养价值和口味。这种燕麦食品煮熟需要3～5分钟。

非速食的燕麦片是用整粒燕麦碾压成的。对婴幼儿来说，燕麦片口感粘稠，可以偶尔用来熬制早餐粥或烤制燕麦饼干。燕麦片虽然需要15～20分钟才能煮熟，但在营养和口味方面都要胜过速溶麦片。

钢切燕麦是将整粒燕麦切成两三个小块的燕麦。这种燕麦需要20～30分钟才能煮熟。它比碾压成的燕麦片更美味，也比较耐嚼，口感像坚果。燕麦米是整粒的燕麦，它保留了燕麦中营养丰富的麸皮和胚芽，还可以存放更久。燕麦米的烹调时间和糙米一样长，大约需要50～60分钟。

大麦

在小麦和黑麦更受欢迎之前，大麦是欧洲的主要谷物。大麦富含硒等重要矿物质和色氨酸，但它含有麸质，所以你最好等宝宝满周岁（消化系统更成熟）后再给他吃这种谷物。最常见的大麦是珍珠大麦，麦粒的部分或全部麸皮已经去除。珍珠大麦和大麦片煮软后会成为柔软的胶状物，你可以把它们放进炖菜和汤里吃。此外，大麦粉也可以用来做松饼或饼干。

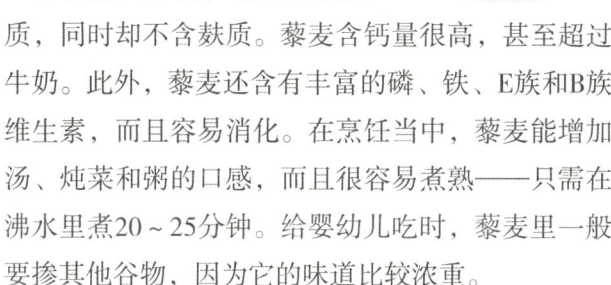

苋米

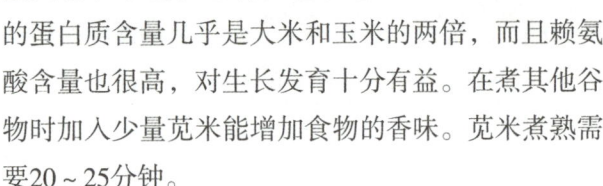

苋米与原产于南美洲的藜麦是亲戚,在植物学中并不属于谷物。苋米的颜色有金黄色、栗色,也有黑色。它的蛋白质含量几乎是大米和玉米的两倍,而且赖氨酸含量也很高,对生长发育十分有益。在煮其他谷物时加入少量苋米能增加食物的香味。苋米煮熟需要20~25分钟。

小麦

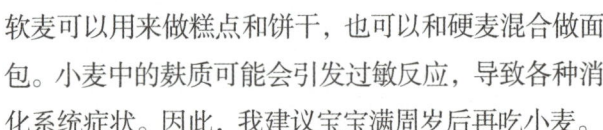

由于面包风行世界各地,小麦已经成为分布最广的谷物。小麦有硬麦和软麦之分,硬麦含有更多的蛋白质,软麦含有更多的碳水化合物。软麦可以用来做糕点和饼干,也可以和硬麦混合做面包。小麦中的麸质可能会引发过敏反应,导致各种消化系统症状。因此,我建议宝宝满周岁后再吃小麦。

小麦的麸皮和胚芽是小麦中营养最丰富的部分。麦麸是麦粒的种皮,富含膳食纤维和蛋白质,能降低血液中的胆固醇含量。小麦胚芽中含有丰富的维生素和矿物质。

碾碎的干小麦可以用来煮粥,也可以用来做中东和地中海地区流行的主食原料布格麦(bulgur)。布格麦是一种全麦,已经经过清洗、蒸煮和干燥,并且被碾碎。布格麦通常由硬粒小麦制成,富含蛋白质、铁、镁和B族维生素。细布格麦可以用来做谷物粥和甜点,粗布格麦适合用来做沙拉和烤饭。布格麦已经是熟食,所以蒸或煮10分钟后就可以食用了。布格麦既营养又方便,可以用来代替普通面条。不过,因为布格麦不是全麦谷物,所以我只建议偶尔给宝宝吃。

荞麦

荞麦长得更像灌木,所以在分类上并不属于真正的谷物,但从营养上说,它与其他谷物是相似的。吃荞麦最多的地区是亚洲,那里出产和消费荞麦面条。此外,欧洲的传统饮食中也有荞麦。

俄罗斯人特别喜欢吃荞麦,因为人吃了它会感觉非常暖和。整粒的荞麦的营养价值非常高,其中含有多种必需氨基酸和极为丰富的赖氨酸,非常有助于蛋白质的合成。荞麦还富含B族维生素和矿物质,是补充胆碱的理想食物。胆碱是B族维生素里的一种化合物,对调节新陈代谢、血压和胆固醇有重要作用。

你可以把整粒的荞麦煮成绵软的、像大米粥那样的荞麦粥,也可以煮荞麦面条来当主食或零食。你也可以用荞麦面粉做薄煎饼来当早餐。荞麦粉最好与不含麸质的燕麦粉或未经增白的全麦面粉混合食用，这样味道会更好。你可以偶尔给宝宝吃荞麦。如果你想改良荞麦的口味，你就可以用荞麦和土豆一起煮粥，或者用荞麦粉做成薄煎饼跟枫糖浆一起吃。荞麦面条冬天可以吃热的，夏天可以吃凉的。此外，荞麦面条也是日本新年夜的节日食品。

玉米、玉米面和玉米碴

玉米中烟酸（一种重要的B族维生素）含量较低，为了弥补这个缺点，你可以把玉米与其他有益健康的谷物、豆类和蔬菜混合食用。宝宝满周岁后，你就可以给你的宝宝吃新鲜玉米或玉米面包、玉米饼和玉米粥了。在此之前，玉米有时会不容易消化，也可能引起过敏，所以玉米要等到宝宝至少满周岁后再吃。宝宝牙齿长好并可以熟练咀嚼后，你就可以给他吃新鲜的玉米棒了。要注意玉米过敏症状，比如皮疹、头痛、胃痛和多动。

无处不在的玉米

很多儿童食品都会添加高果糖玉米糖浆，例如早餐麦片、面条酱汁，甚至罐装汤食。《杂食者的困境》（the Omnivore's Dilemma）一书的作者、健康与食品行业的专家迈克尔·波伦（Michael Pollan）表示，玉米是当今食品的主要成分，不仅用作甜味剂，喂养肉用动物，还用作快餐和加工食品的添加剂。波伦解释说，由于补贴等农业政策的实施，大规模种植的廉价玉米出现过剩，于是食品科学家开始把过剩的玉米加入其他食品当中。这些玉米成分对宝宝没有任何营养价值，而且通常来自转基因玉米。要认真阅读加工食品的标签，以防不满周岁的宝宝吃到含有这种成分的食品。

需要关注的玉米成分

可能影响宝宝健康的常见玉米成分有：

- 泡打粉和玉米淀粉
- 焦糖色（可能含有玉米糖浆）
- 糖粉（霜状白砂糖粉末）
- 玉米糖浆（玉米果糖）
- 糊精和葡萄糖
- 果糖
- 玉米
- 麦芽糊精
- 山梨醇和甘露醇
- 香草精（可能含有玉米糖浆）
- 高果糖玉米糖浆

含有高果糖玉米糖浆的常见食物有：

- 番茄酱
- 薄煎饼糖浆
- 碳酸饮料
- 调味或加糖酸奶
- 面包
- 冷冻披萨
- 罐装汤食
- 沙拉酱
- 苹果酱和水果罐头
- 早餐麦片
- 谷物棒

高果糖玉米糖浆可能引发以下症状：

- 肥胖
- 学习能力和记忆力下降
- 高血压
- 血汞含量升高

谷物是如何生长的

了解谷物的生长过程有助于你弄明白你买的食物从哪里来以及它们对你的影响。同时,这么做也能帮助你和宝宝接触大自然。

苋米

阿兹特克人种植苋米已经有8000多年的历史。苋米植株(千穗谷)是一种高大的阔叶植物,茎比较粗,能长到0.6~2.5米。它结的穗个头很大。穗的颜色有栗色、绿色和金黄色,深浅不一。穗里的种子小而圆,直径约为1毫米。每棵苋米植株约可产苋米30~60克。

玉米

玉米起源于近6000年前的墨西哥。驯化后的玉米植株能长到2.5米高。玉米植株的茎非常粗壮,并且像竹子的茎那样分成许多节。玉米的叶子直接长在茎上,叶子的根部可以结玉米棒,玉米的谷粒就生长在玉米棒上。一株玉米能长出两到三个玉米棒。

燕麦

燕麦最早种植于4000年前。人工栽培燕麦原产于中亚北部,生长在气候偏冷的温带地区。成熟燕麦植株可以长到0.6~1.5米高。这种植物有一根主茎,侧枝呈轮生,侧枝上有小穗。一株燕麦有20~150个小穗,每个小穗可产生1~2粒种子,所以一株燕麦可以结20~300粒种子。

藜麦

人类种植藜麦的历史也有大约4000年左右。藜麦原产于南美洲安第斯山区，能够适应极端的生长条件，例如高寒地带、阳光暴晒、辐射、干旱、霜冻和土壤贫瘠。藜麦并不是一种真正的谷物，但它可以当作谷物食用。成熟藜麦植株高1.2～1.8米，茎的末端有一个大花簇。一株藜麦大约可以结30克种子。

水稻

水稻最早种植于8200～13500年前的中国。水稻是禾本科植物，根呈胡须状，细短而多，叶子细长。水稻通常种植在水田里，可以长到0.6～1.8米高。一株成熟水稻可以长出十几株稻穗，每株稻穗可以产出200～300粒种子。

小麦

人类种植小麦的历史可以追溯到一万多年前，小麦的近亲单粒小麦（einkorn）首先出现在今天的伊拉克地区。小麦需要凉爽、潮湿的生长季节和温暖、干燥的成熟季节。小麦植株的平均高度约为1.2米，一株小麦可以结200粒种子。

谷物的阴阳属性 ♥

谷物是阴阳属性较为平衡的食物，不同谷物之间的差别也不大。影响谷物阴阳属性的因素有脂肪和水分含量、形状、大小和颜色。

玉米含有很多水分，更接近蔬菜。燕麦个头大，脂肪含量高，更显阴性。藜麦蛋白质含量高，所以天然偏阴性，煮熟后比较软。大米阴阳属性比较平衡。糯米软糯发粘，所以更偏阴性。生活在炎热地区的人（比如印度人）喜欢吃长粒大米，因为这种大米对身体有更多的去火作用。短粒大米更偏阳性，因此在秋冬季节更有助于宝宝保持活力和保暖。小麦比较干，对身体有温补作用，因为它生长在较冷的气候中。苋米和小米小而圆，因而偏阳性。荞麦的温补作用最明显，因为它生长在寒冷的气候中。食用荞麦后，人会感到非常暖和。

下图中列出了可日常食用的阴阳属性平衡的谷物和可偶尔食用的偏阴性或偏阳性的谷物。

谷物的做法

在不同的历史时期，世界各地的人们都在把谷物碾碎、晒干、捣烂、煮熟，以此来适应各自的饮食习惯和口味。在烹饪时，全麦谷物最好已经浸泡过，这样的谷物更容易消化。以下是你尝试给宝宝烹饪谷物时可以选择的几种方式。

食物糊和食物泥

为宝宝准备食物的第一种方式是用搅拌机或食物研磨器把食物做成食物糊或食物泥。在宝宝从吃母乳或配方奶向吃固体食物过渡时，你可以根据他的咀嚼能力来调整食物糊或食物泥的粘稠度，比如食物中的水分从多到少，食物的形状从糊状到块状。给宝宝吃的食物一定要彻底煮熟，这样才容易消化吸收。让烹饪完成食物的一部分消化过程，以此来为宝宝的肠胃减轻负担。

谷物的阴阳属性分布图

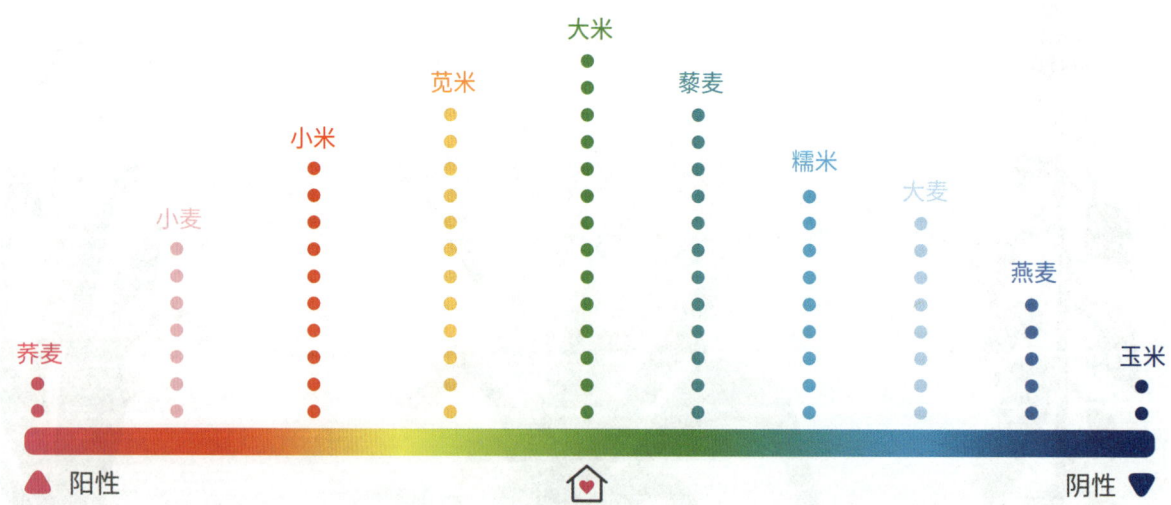

玛丽在野营中制作薄煎饼

嚼着吃的谷物

当宝宝牙齿萌出并能够咀嚼食物后，你就可以在煮谷物的时候少放一些水，并且不把它们做成泥状，而是让宝宝整粒吃。你可以单独烹饪一种谷物，也可以把几种谷物掺在一起，或者把谷物与豆类、蔬菜一起烹饪。

烘焙面食

石磨面粉更有营养，因为与工业化生产中所使用的高速钢辊相比，石磨更能保持谷物的味道和完整性。用于烘焙的最佳面粉原料有全麦通用面粉、全麦糕点面粉、糙米面粉、燕麦面粉和未增白的白面粉。你可以在这本书里找到制作出牙饼干、薄煎饼、松饼、饼干、蛋糕和馅饼的食谱。

面条

面条是一种有趣的食物，世界各地的人们大都喜欢吃。我的家人也喜欢吃各种各样的面条，比如千层面、意大利面、拉面或意面沙拉。他们有时只吃面条加调味料，有时还添加各种蔬菜。对宝宝来说，面条是一种好玩的手抓食物，而且面条湿湿的，软软的，比干的谷物食品（例如饼干和面包）更容易消化。如果你的宝宝已经能坐在他的高脚椅里用手拿东西吃，你就可以给他尝一点面条。一开始，你可以给他吃不含麸质的小块通心粉，这种面条不会引起窒息。然后，你可以把长长的面条切成5厘米长的小段，以方便他用手抓着吃。其他类似面条的面食有蒸饺和古斯粗麦，它们都是制作简单、易于消化的面食。

制作干面条的方法主要有两种，一种是擀切法，一种是挤压法。擀切法适用于自制面食和手工制作的日本面食。挤压法是用机器挤压面团，然后将压出的面条烘干，大多数工业化面食制造商都使用这种方法。

传统的意大利软意面通常都加有鸡蛋，而且不含盐，但是今天，很多全麦品牌的意面中都不再添加鸡蛋。日式面条里没有鸡蛋，而且含盐。小麦粉、藜麦粉、玉米粉、大米粉、荞麦粉和芝麻粉（以及干菜粉）的不同组合能让面条呈现出各种颜色、味道和形状。

你可以用形状各异的面条搭配酱汁、沙拉、烤饭和汤给宝宝食用。宝宝们最爱吃的日式面条有乌冬面、荞麦面、素面、拉面和绿豆面。你可以把它们和汤汁一起端上餐桌，也可以做成面条沙拉，或者把它们炒着吃。对于大一些的宝宝来说，无论有没有酱汁，简单的面条都是美味而有趣的食物。婴幼儿通常更喜欢完全不加调料、或者只加少量调料的面条，例如几滴芝麻油、橄榄油、日本酱油或梅子醋。

面条的烹饪时间通常在3~15分钟之间，做起来比全麦谷物要快。你可以阅读包装上的烹饪时间说明来作参考，但在把锅里的水倒掉之前，你要先确认面条已经彻底煮熟。除烹饪方法之外，面粉的新鲜程度和谷物的质量也会影响面条的口味。

早餐麦片和零食

干的膨化谷物、饼干和米饼是方便给婴幼儿食用的零食。你可以选择不含麸质的谷物,比如燕麦圈和膨化大米,然后把它们装进宝宝的零食杯里。需要注意的是,这些谷物是在高温下烘烤或膨化的,这会使它们变干、变硬,并可能导致便秘。不过,干的谷物仍然是一种健康的零食,也方便在出门时给宝宝吃。此外,美味而酥脆的自制膨化谷物也可以给大一些的宝宝和其他家庭成员当零食吃。

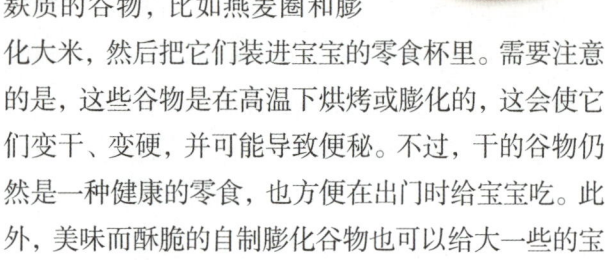

适合宝宝吃的谷物食物

当埃米和玛丽到了该吃固体食物的时候,我开始尝试给她们吃不加盐的糙米。每隔几天,我都会煮一锅软软的糙米粥,并且把吃不完的放进冰箱的冷藏室里。在给宝宝吃之前,我会先取一小份粥加热,然后用搅拌机或食物研磨器打碎。为宝宝准备全麦谷物食物要比准备速食谷物食物花费更多的时间,但这时间花得值得。虽然你要提前把谷物浸泡8~24小时,然后再烹调45分钟到1小时,但你一次可以做很多,吃不完的可以放进冰箱冷藏室冷藏,或者分成单次食用的小份冷冻。一旦你弄明白了整个过程并且开始尝试,你就会发现这是很容易的事。

在日本,大米粥(kayu)是婴儿最早吃的食物。你可以在粥里加入一些母乳或配方奶,以此来促使宝宝从吃母乳过渡到吃固体食物。传统上,日本的妈妈们会先把米嚼碎,然后再喂给她们的小宝宝,就像鸟妈妈喂鸟宝宝一样。妈妈的唾液能初步消化食物,使谷物更偏碱性,这么做有助于增强宝宝的免疫力。你可以选择跳过这一步,转而使用搅拌机或研磨器。

通常,你的宝宝会在6个月大的时候伸手抓你吃的东西,这说明他已经开始对你吃的食物产生兴趣。另外,有牙齿萌出是他准备好吃固体食物的另一个迹象。宝宝的营养状况取决于他的身体对食物的消化和吸收能力,所以他一开始吃的食物要非常柔软,这样才便于消化。你可以用一份糙米加七份水烹煮,然后打碎,这样制作的米糊在粘稠度上很像母乳,而且有自然的香甜味道。

在烹饪前浸泡谷物能使营养物质更容易消化和吸收,同时还能让食物散发出更多的自然香味。一开始给宝宝吃固体食物的时候,你可以考虑用纱布包裹米粥挤压,以此来过滤掉残留的米糠。如果粥对宝宝来说有点太稠,你就再加点水。随着宝宝的成长,你可以逐渐降低水与食物的比例,让粥变得更稠些。

一旦宝宝习惯了糙米的味道后,你就可以开始给他吃其他不含麸质的全麦谷物了,例如小米、藜麦、苋米或燕麦片。你可以将等量的小米和糯米混合,或者将糙米和其他谷物混合,以此来获得多种口味和营养组合。另一种很好的组合方式是70%的大米、20%的小米和10%的藜麦。东亚医学认为,小米很适合拿来给刚开始吃固体食物的宝宝吃,因为它不会给宝宝的消化系统增加太多负担,而且它是偏碱性的食物。

谷物可以单独烹煮,也可以与蔬菜和豆类一起做。你也可以在谷物中添加芝麻、葵花籽或南瓜籽,以此来为食物增加蛋白质。

当你的宝宝7个月大并开始长牙时,他会很喜欢啃干的烤面包和用无麸质面粉做的出牙饼干。在9~12个月大的时候,你可以开始给他吃不含麸质的面条,并在其中添加一些调味料,例如紫菜片或日本酱油、梅子醋或糙米糖浆。满周岁后,你还可以继续给宝宝吃面条、蒸粗面粉,以及以小麦粉、玉米粉或大麦粉为原料的点心。在他一岁半到两岁期间,等他牙齿长好,并且能熟练地咀嚼时,他就能和全家人一起吃整粒的谷物了。

你要帮助你的宝宝喜欢上全麦谷物的味道,这么做将有助于他未来形成敏锐的味觉,拥有健康的消化系统。下面的图表列出了你可以在什么时间开始喂宝宝吃哪些谷物。此外,你还可以在宝宝的食物泥里添加益生菌来帮助消化。

谷物的尝试次序			
	谷物名称	年龄范围	食用频率
	糙米 短粒、中粒、长粒	6~8个月	每日
	糙糯米	6~8个月	每日
	藜麦	6~8个月	每日
	小米	6~8个月	每日
	燕麦 不含麸质	6~8个月	每日
	苋米	7~9个月	每日
	出牙饼干 不含麸质	7~9个月	偶尔
	面包 不含麸质	7~9个月	偶尔
	面条 不含麸质	9~12个月	偶尔
	大麦	12~18个月	偶尔
	小麦 古斯粗麦、面包、面条、干麦片、松饼、饼干、饺子、烤面包条	12~18个月	偶尔
	玉米粉和玉米碴	12~18个月	偶尔
	乌冬面、意大利面	12~18个月	偶尔
	玉米	12~24个月	偶尔
	荞麦 面条或面粉	18~24个月	偶尔

"偶尔"意为：每周2~3次

日常谷物糊

- ♡ 适合适合满6个月的宝宝
- 可供宝宝食用6~8次（每次约60毫升）或3~4次（每次约120毫升）
- 素食
- 不含麸质

年龄范围	水与谷物比例	水	谷物
6~8个月	7:1	560毫升	60克
8~10个月	6:1	480毫升	60克
10~12个月	5:1	400毫升	60克
12~18个月	4:1	320毫升	60克
18~24个月	3:1	240毫升	60克
24~36个月	2:1	160毫升	60克

随着宝宝年龄的增长，你可以把给他吃的食物泥做得越来越稠。一般来说，谷物与水的比例可以如上表所示，但你也可以根据宝宝的需要做出调整。

对你的宝宝来说，从吃母乳到吃固体食物是巨大的转变，而全麦糙米是一种阴阳平衡、营养全面而又容易消化的食物。小米、糯米和藜麦也很有营养，无论是单独烹饪，还是掺在一起烹饪。由于母乳或配方奶既能稀释固体食物，又是宝宝习惯的食物，所以在刚开始给他吃固体食物的时候，你最好在其中掺些母乳或配方奶，以此来方便宝宝从吃母乳或配方奶过渡到吃固体食物。如果需要，你还可以在食物泥中加入富含益生菌的食物和亚麻籽粉。

$\frac{1}{3}$ 杯（约60克）短粒糙米

用来浸泡糙米的水

$2\frac{1}{3}$ 杯（约560毫升）用来煮糙米的水（对6个月大的宝宝来说），要随着宝宝长大逐渐降低水与谷物的比例

$\frac{1}{8}$ 茶匙（约0.7克）海盐（适用于满周岁以上宝宝）

谷物烹饪时长	
60分钟	糯米 糙米 全麦
40分钟	小米 玉米碴
20分钟	藜麦 苋米

你需要烹饪足够长的时间来让食物容易消化。如果你放了足够多的水来避免食物烧焦，你还可以煮更久。此外，烹饪时间也会因为天气、炉子和浸泡时间的不同而不同。

准备：

先用水浸泡谷物8~24小时。如果时间来不及，谷物至少也要浸泡1小时。

做法：

1. 谷物沥干进锅，加入用来煮谷物的水，大火烧开。
2. 调至小火，把浸泡过的谷物煮1个小时，直到所有水分都被谷物吸收。
3. 在锅底使用散热片来防止谷物粘锅或烧糊。
4. 用搅拌机、食物处理机、食物研磨器或研磨碗把谷物打碎或碾碎。
5. 加水、母乳或配方奶，把谷物糊调成适合宝宝年龄的稠度。
6. 随着宝宝长大逐渐降低水与谷物的比例。

超级谷物

- 适合满周岁的宝宝
- 可供宝宝食用6~8次（每次约60毫升）或3~4次（每次约120毫升）
- 素食
- 不含麸质

3 汤匙（约 35 克）短粒糙米

2 汤匙（约 26 克）小米

1 茶匙（约 3.6 克）藜麦

$\frac{1}{2}$ 茶匙（约 3.1 克）芝麻

$2\frac{1}{3}$ 杯（约 560 毫升）用来煮糙米的水（对 6 个月大的宝宝来说），要随着宝宝长大逐渐降低水与谷物的比例

2.5 厘米见方的昆布海藻或 1 茶匙（约 2 克）干裙带菜

$\frac{1}{8}$ 茶匙（约 0.7 克）海盐（满周岁后宝宝）

可选配料：
短粒糙米和小米
小米和糙糯米
小米和藜麦

准备：

先用水浸泡谷物8~24小时。如果时间来不及，谷物至少也要浸泡1小时。

做法：

与"每日谷物"的做法相同，只是要在烹饪中加入海产蔬菜

其他做法：

- 只用一种谷物烹饪或几种谷物混合烹饪，你可以选用糙米、糙糯米、小米、藜麦和燕麦。
- 把谷物和蔬菜混合在一起做成食物泥。
- 在浸泡谷物前加入$\frac{1}{4}$茶匙芝麻、向日葵或南瓜籽，然后把它们和谷粒一起煮，再一起打成泥。
- 在谷物里加入少许紫菜，然后放进搅拌机打碎。你也可以在做好的食物泥上撒上小块的紫菜（紫菜应当是泡开的，这样才便于下咽）。
- 食用前加入$\frac{1}{4}$茶匙芝麻油、橄榄油、亚麻籽油或椰子油。
- 食用前加入几滴梅子醋。
- 食用前加入$\frac{1}{4}$茶匙糙米糖浆或芝麻酱。
- 食用前加入碾碎的烤谷物（适用于超过9个月大的宝宝）。

出牙饼干

- ♥ 适合满10个月的宝宝
- 可做出24块长方形饼干或12块圆形饼干
- 素 素食
- 麸 不含麸质

大多数工业化生产的出牙饼干都是用小麦粉和白糖做的。不过，你也可以用不含麸质和糖的谷物自制全麦出牙饼干。好的出牙饼干吃起来要又干又硬。宝宝吃出牙饼干的时候，你要在一旁密切看护，以免发生窒息。自制的出牙饼干能保鲜1~2周，你可以一次多做一些，并且把多做的那部分冷冻起来。

$1\frac{1}{4}$ 杯（约120克）燕麦粉

1 杯（约90克）糙米粉或速食燕麦片

$\frac{1}{8}$ 茶匙（约0.7克）海盐

$\frac{1}{4}$ 茶匙（约1克）发酵粉

$\frac{1}{3}$ 杯（约83克）苹果酱

2 汤匙（约30毫升）芝麻油

$\frac{1}{4}$ 杯（约60毫升）糙米糖浆

做法：

1. 把烤箱预热到163℃。
2. 找一只碗，把几种干原料在里面混合起来。
3. 再找一只碗，把芝麻油、糙米糖浆和苹果酱在里面拌匀。
4. 把湿原料倒进干原料里，然后搅拌均匀。
5. 混合后的原料应该比较硬（能形成一个球）。撒上燕麦粉，用两手把面团压到0.64厘米厚。
6. 用刀把面团切成大约2.5×7.5厘米的长方形。
7. 把饼干放到烤盘上，饼干之间要留有空隙。
8. 把饼干在烤箱里烤40分钟，期间要给饼干翻面。烤好后，关掉烤箱，让饼干继续在烤箱里放置一个小时。
9. 把饼干放到盘子里冷却。
10. 在无盖容器中存放24小时，让饼干变硬。宝宝出牙时，经过冷冻的出牙饼干还有缓解疼痛的作用。

其他做法：

你可以用酸奶、香蕉泥或蔬菜泥来代替苹果酱。

面条

- ♡ 适合满9个月的宝宝
- 可供宝宝食用8次（每次约57克）
- 素 素食
- 麸 不含麸质

面条并不是全麦食物，因为它多少都经过加工。不过，与面包、饼干等又干又硬的烘焙面粉食品相比，湿湿软软的面条消化起来更为容易。面条是一种方便快捷的食物，也是宝宝喜欢的手抓食物，尤其是形状有趣的面条。在宝宝满周岁前，你要给他吃不含麸质的面条，以此来避免过敏。宝宝满周岁后，你可以开始给他吃小麦粉面条。两岁后，你可以开始给他吃荞麦面条。要密切关注宝宝是否有过敏的迹象，特别是当家里有人对麸质过敏时。

1杯（约120克）全麦面条（贝壳面、通心粉、扁面条、细面条或乌冬面），对不满周岁的宝宝要选用不含麸质的面条

6杯（约1.44升）水

1茶匙（约5毫升）芝麻油、橄榄油或椰子油

$\frac{1}{8}$茶匙（约0.7克）海盐

可选配料：
1汤匙（约15毫升）柠檬汁或橙汁

2汤匙（约30毫升）芝麻油、橄榄油、亚麻籽油或椰子油

$\frac{1}{2}$茶匙（约2.5毫升）梅子醋（对9～12个月大的宝宝而言，满周岁后加倍）

做法：

1. 如果你的宝宝很小，而你又选用长面条，那么你就要在烹饪前先把长面条掰成短面条。
2. 在锅里加水并烧开。
3. 在水里加入油和海盐。
4. 根据包装上的说明，把干面条放进沸水里，煮到面条变软。
5. 把煮熟的面条沥干，然后用凉水冲洗。
6. 把调味料拌匀，然后浇在面条上。

其他做法：

- 加入炒过的蔬菜。
- 在烹饪中加入少许切碎的新鲜（或干的）药草，例如茴香、月桂叶、罗勒、百里香、香菜或欧芹。
- 加入少许紫菜（紫菜应当是泡开的，这样才便于下咽）。
- 加入熟的豆腐块或水煮鱼肉块。
- 将味噌汤或日本酱汤浇在面条上（适合能自己吃饭的宝宝）。

薄煎饼

- ♥ 适合满9个月的宝宝
- 可做出16张薄煎饼（每张直径约8厘米）
- 素 素食
- 麸 不含麸质

薄煎饼是一种有趣的早餐，可以作为在周六或周日早上吃的固定食物。切成小块或长条的薄煎饼也可以用作宝宝最早的手抓食物。宝宝学会用餐具吃饭后，你可以在薄煎饼上添加各种口味的配料。吃剩的薄煎饼很容易携带，也可以当零食吃。你可以用饼干刀做出不同形状的薄煎饼，并且可以用水果和坚果来装扮它。

$1\frac{1}{2}$ 杯（约180克）糙米粉或燕麦粉

$\frac{1}{2}$ 杯（约60克）竹芋粉

2 茶匙（约9.6克）发酵粉

$\frac{1}{4}$ 茶匙（约1.4克）海盐

2 个鸡蛋

$\frac{3}{4}$ 杯（约180毫升）水

2 汤匙（约30毫升）芝麻油，用于拌料

1 汤匙（约15毫升）糙米糖浆

少许香菜（或其他药草）

1 汤匙（约15毫升）芝麻油，用于煎薄煎饼

做法：

1. 找一只碗，把糙米粉或燕麦粉、盐和发酵粉在里面混合在一起。
2. 再找一只碗，把鸡蛋、水、芝麻油、糙米糖浆和药草混合在一起。
3. 把干原料倒进湿原料里，然后适度搅拌，使原料浸湿即可，并有块状物存在。不要搅拌太多。
4. 面糊的稠度要适当，太稠了摊不开，太稀了又无法让煎饼保持足够的厚度（大约0.6厘米厚）。
5. 将烤箱温度调至190℃，如果没有温度显示则调至中火。
6. 将 $\frac{1}{4}$ 杯（约60毫升）面糊倒入烤盘或平底锅里，加热到薄煎饼上面遍布泡沫，边缘变干。
7. 把煎饼翻面，将另一面煎至棕色。
8. 在薄煎饼上涂抹糙米糖浆、枫糖浆或果酱，然后食用。

其他做法：

- 在面糊里加入1杯（约175克）新鲜水果，例如蓝莓、香蕉、树莓、桃或苹果。
- 在面糊里加入1杯（约150克）煎熟的蔬菜，例如洋葱、蘑菇、胡萝卜、豌豆或西葫芦。

油煎饼

- ♥ 适合满周岁以上宝宝
- 🥣 可做出16张油煎饼（每张直径约8厘米）
- 素 素食
- 麸 不含麸质

你可以用冰箱里剩余的谷物、蔬菜和豆子来做油煎饼，并借此来清理冰箱。你可以参照下面食谱中的做法来让你家的原料物尽其用。不同食物的水分含量可能不同，所以要根据需要加水。吃不完的油煎饼可以稍后放进烤面包机里烤成点心吃。宝宝可以用手拿着油煎饼吃。油煎饼也方便打包携带，用于出门在外或学校午餐。

1杯（约150克）蔬菜，去皮并切成1.3厘米的小块

1杯（约120克）竹芋粉

$\frac{1}{2}$茶匙（约2.8克）海盐

1个鸡蛋

3汤匙（约90毫升）水

2杯（约400克）煮熟的糙米、燕麦、小米等谷物

$\frac{1}{3}$杯（约50克）新鲜黑豆

$\frac{1}{2}$杯（约60克）玉米粉

1汤匙（约15毫升）芝麻油，用于煎油煎饼

适量水

做法：

1. 把蔬菜放进平底锅里，加水煮软。
2. 把竹芋粉与盐一起过筛入碗。
3. 再找一只碗，打一颗鸡蛋，然后加入45毫升水，拌匀。
4. 把干原料倒进湿原料里，搅拌均匀。
5. 加入谷物、蔬菜和豆子，搅拌均匀。为了能滚成小球，面糊要做得稠一些。在必要时加水。
6. 在一小碗水里沾湿两手，然后舀出60毫升面糊揉成面球。
7. 把玉米粉放在一只小碗里。把面球放进去，裹上玉米粉。
8. 煎锅调至中火，把裹了玉米粉的面球煎5分钟。
9. 把面饼翻过来，盖上锅盖，调至小火，加热10~15分钟。
10. 趁热食用。将剩余的食物装入密封容器，放入冰箱冷藏。

其他做法：

- 选用不同的谷物、蔬菜和豆子。
- 用小块鱼肉、天贝或豆腐代替豆子。

蔬菜

埃米和玛丽小时候，我想了很多办法来让她们多吃蔬菜。她们自小喜欢吃甜的、富含淀粉的蔬菜，比如红薯、日本南瓜和豌豆，但要让她们吃绿叶蔬菜确实需要我动一番脑筋。我发现，她们喜欢食物糊和酱汁的口感，于是我经常做蔬菜糊来浇在她们的米饭或面条上。蔬菜泥是你的宝宝继谷物之后的理想固体食物，同时也是让大一些的宝宝吸收蔬菜中的丰富营养的良好方式。

"吃蔬菜"是在世界各地的餐桌上被反复重复的一句话，而且，这么说的理由非常充分。根据膳食指南咨询委员会（the Dietary Guidelines Advisory Committee）发布于2005年的报告，食用蔬菜中的膳食纤维、维生素、矿物质和植物营养素能降低常见慢性疾病的患病风险，例如II型糖尿病和心血管疾病。在植物王国里，海产蔬菜所提供的矿物质最为丰富，因而是生长发育中的婴幼儿和儿童的超级食物，它们以极高的营养密度和对整体健康的有益影响而著称。给宝宝吃在陆地上和海洋里生长的各种蔬菜能促进他的发育，而不同的口味也有助于激发他的大脑。更具体地说，自制的新鲜有机蔬菜具有罐装、加工和冷冻食品所无法比拟的生命力和营养密度。

给宝宝吃过柔软的全麦谷物后，你就可以进一步让他尝试吃生长在陆地和海洋的各种蔬菜了。先尝试谷物，然后是蔬菜，这么做能帮助你的宝宝形成敏感的味觉，并且喜欢上能够为他提供丰富营养的各种蔬菜。在尝试水果之前先吃蔬菜，这样一来，水果的甜味就不会淹没他生来对蔬菜的淡淡甜味的喜爱了。

陆生蔬菜的益处

在历史上的大多数传统地区，蔬菜都是一种必不可少的食物，人们把蔬菜与全麦谷物和豆类一起食用。作为膳食纤维、脂肪和抗氧化剂的重要来源，蔬菜也含有丰富的维生素和矿物质，例如维生素A、所有的B族维生素、维生素C、维生素K、钾、磷、镁、钙、硒、铁、锰、铜和锌。蔬菜的营养价值很高，特别是与其他食物相比，它们所含的热量很低。

包含大量蔬菜的饮食能在整体上促进宝宝的健康。蔬菜含有能够有效预防疾病的植物营养素。大多数营养学家建议儿童每天至少吃500克蔬菜，2~3岁的幼儿每天吃150克蔬菜。蔬菜中所富含的膳食纤维有促进消化的作用，能预防积食和疾病。另外，偏碱性的蔬菜也能中和宝宝体内的酸性物质。

哈佛大学护士健康研究和健康专家追踪研究（The Harvard-based Nurse's Health Study and Health

健康的饮食选择

美国糖尿病协会（the American Diabetes Association）提倡多吃非淀粉类的蔬菜来预防糖尿病，例如胡萝卜、西兰花和豌豆。帮助宝宝喜欢上蔬菜的味道有助于他在未来的生活中做出健康的饮食选择，进而降低罹患糖尿病和其他疾病的几率。例如，蔬菜中的维生素A对宝宝的视力发育非常有益。

Professional Follow-Up Study）是迄今为止规模最大、时间最长的关于蔬菜益处的研究项目。14年来，他们跟踪调查了11万名被调查者的健康状况和饮食习惯。研究发现，每天吃8份[①]及以上蔬菜和水果的人患心脏病或中风的几率比一般人群低30%。而且，每日蔬菜和水果的摄入量越高，心血管疾病的发病率就越低。芝麻菜、小白菜、西兰花、球芽甘蓝、卷心菜、羽衣甘蓝、宽叶羽衣甘蓝、芥菜、长叶芦笋和萝卜等深色绿叶蔬菜似乎对健康最有益处。

大多数慢性疾病都是由宏量营养素过剩和微量营养素缺乏引起的。特别是在宝宝的发育阶段，他同时需要从各种全麦谷物和蔬菜中获取宏量营养素和微量营养素。在获取微量营养素方面，你可以运用一种叫做"吃彩虹"的做法，也就是说，你要给宝宝吃各种颜色的食物，从深绿色的西兰花到橙色的胡萝卜，从紫色的甜菜到金黄色的谷物。彩虹中没有白色，而白色食物通常是经过精制或加工的，通常都有很高的升糖指数（血糖生成指数）。给宝宝吃多种颜色的蔬菜能为他将来拥有健康的心脏、消化系统和充沛的体力打下坚实的基础。

---
① 1份为1杯（cup）。——译者注

食用陆生蔬菜的注意事项

选择蔬菜时,你要考虑它们生长在哪里,是否是应季蔬菜,是否为有机种植,以及它们属于哪类植物。

本地种植的有机蔬菜

工业化种植的蔬菜通常会使用化肥、杀菌剂和杀虫剂。为了让蔬菜和水果外观一致,并且能在运输过程中保存更久,种子公司也会对蔬菜和水果的种子进行基因改造。为了提升蔬菜和水果的卖相,延长保质期,商家也会使用石蜡和着色剂等合成化学防腐剂。

埃米和玛丽在菜园里帮忙

蔬菜里的维生素

各种重要维生素主要包含在特定的蔬菜中

维生素 A	芦笋、牛油果、西兰花、胡萝卜、青椒、甘蓝、豌豆、甘薯	维生素 B1 硫胺素	牛油果、豌豆	维生素 B2 核黄素	牛油果、豌豆
维生素 B3 烟酸	洋蓟、芦笋、牛油果、西兰花、胡萝卜、玉米、羽衣甘蓝、利马豆、蘑菇、豌豆、土豆、甘薯	维生素 B5	牛油果、西兰花、胡萝卜、玉米、利马豆、蘑菇、土豆、甘薯	维生素 B6	牛油果、西兰花、胡萝卜、玉米、利马豆、蘑菇、土豆、甘薯
维生素 B9 叶酸	洋蓟、芦笋、牛油果、西兰花、胡萝卜、玉米、羽衣甘蓝、利马豆、蘑菇、豌豆、土豆、甘薯	维生素 B12	海藻、紫菜	维生素 C 抗坏血酸	海藻、紫菜
维生素 D	蘑菇	维生素 E	青椒、西兰花、球芽甘蓝、胡萝卜、甜菜、宽叶羽衣甘蓝、芜菁	维生素 K	青椒、西兰花、球芽甘蓝、胡萝卜、甜菜、宽叶羽衣甘蓝、芜菁

十字花科蔬菜

十字花科蔬菜含有丰富的膳食纤维、维生素和矿物质。不过，这类食物中含有致甲状腺肿因子，生吃可能会影响甲状腺的激素分泌。所以，十字花科蔬菜一定要煮熟才能给你的宝宝吃。在刚开始给宝宝吃固体食物的时候，十字花科蔬菜可能不容易消化，所以，你要等宝宝7~9个月大时再开始给他吃这类蔬菜。吃的时候，你要确保蔬菜已经熟透，同时还要关注宝宝的消化情况。对哺乳妈妈来说，生吃十字花科蔬菜可能会使母乳中的碘含量降低。你可以用蒸、煮、炒、炖等方法来让这类蔬菜熟透。

茄属植物

土豆、番茄、青椒、辣椒和茄子都是茄属植物。茄属植物含有茄碱，这是一种毒性较低的毒素，能引起腹泻、呕吐、幻觉和头痛等症状。我建议你等到宝宝满周岁后再给他吃这类食物，到时还要密切观察他的反应。

茄属蔬菜主要生长在炎热的气候中，属性偏寒。如果你想在含有茄属蔬菜的饮食中达到阴阳平衡，你就可以考虑使用烧烤或油炸等以高温为标志的阳性烹饪方法，或者使用盐或味噌等阳性调味料。番茄和味噌（只需加一点点）是绝配，两者结合能做出营养美味的面条酱料。

草酸

菠菜、瑞士甜菜、欧芹和大黄里都含有草酸，草酸能抑制人体对钙质的吸收。

硝酸盐

你可能听说过，给宝宝吃硝酸盐含量高的蔬菜自制食物是不安全的。然而，宝宝因为吃你给他做的婴儿食物而发生硝酸盐中毒的可能性几乎不存在。不要给不满3个月的宝宝吃硝酸盐含量高的蔬菜（例如菠菜、甜菜、豌豆、南瓜和胡萝卜）。到6个月大时，宝宝的胃里才会形成对抗细菌所需的酸，细菌就不大可能把硝酸盐转化为有害的亚硝酸盐了。

硝酸盐可能来自商业农业区附近受到化肥污染的地下水，也可能来自包装食品中的防腐剂。几乎所有蔬菜都含有硝酸盐，具体含量与生长条件和土壤中的硝酸盐含量有关。有机蔬菜的硝酸盐含量较低，因为它们所生长的土壤不使用化肥。

如果你生活在农业地区，那就不要用井水来冲调配方奶。如果你担心水里有硝酸盐，那就可以咨询医生并进行水质测试。反渗透和蒸馏水过滤器可以去除井水中的硝酸盐。

真菌

真菌既不同于植物、动物，也不同于细菌，它们生长在有机质丰富的土壤里。蘑菇虽然有抗癌作用，但生蘑菇本身也含有致癌物，只有经过烹饪才能消除，所以吃蘑菇前一定要煮熟。你可以给12~18个月大的宝宝吃煮熟的蘑菇。熟蘑菇有解毒和化痰的功效，而且是天然的调味品。

陆生蔬菜的阴阳属性

蔬菜位于日常食物阴阳属性分布图的中心附近。土豆、青椒、辣椒和茄子等茄属植物更偏阴性，因为它们生长在炎热地区，生长中需要大量水，而且它们很软，容易腐烂。真菌长得快，而且也很软，所以也偏阴性。白菇（White mushroom）生长在阴暗潮湿的地方，因此比生长在树皮上的香菇更偏阴性。褐菇（Cremini）和大褐菇（Portobello）的阴阳属性介于白菇和香菇之间。羽衣甘蓝和宽叶羽衣甘蓝等地上蔬菜更容易腐烂。卷心菜和南瓜等地表蔬菜通常不像地下蔬菜那么硬，也比它们更显阴性，但与地上蔬菜相比，地表蔬菜则更硬，也更偏阳性。胡萝卜、甘薯、芜菁和洋葱等地下蔬菜都很结实，通常在较低的温度下生长。除琼脂外，所有海产蔬菜都比大多数陆生蔬菜的铁、钠等矿物质含量高。海产蔬菜的生长地点和生长方式对其阴阳属性有一定影响，但紫菜、裙带菜和昆布海藻的阴阳属性都比较接近。

下图中列出了可供日常食用的阴阳平衡的蔬菜和可以偶尔食用的较偏阴性或较偏阳性的蔬菜。

陆生蔬菜的阴阳属性分布图

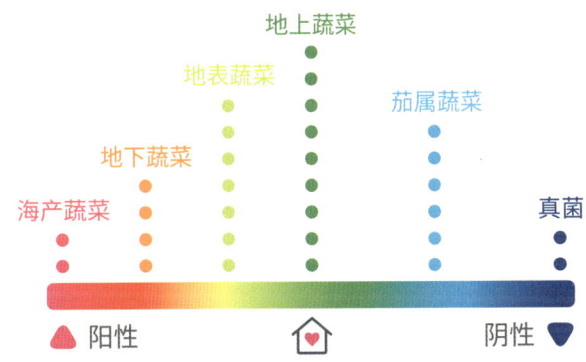

陆生蔬菜是如何生长的

了解陆生蔬菜的生长过程能让我们深入了解它们的营养价值,同时也是我们亲近自然与食物的一种方式。我们可以根据蔬菜的生长情况把它们分为三类:地表蔬菜(圆形蔬菜)、地下蔬菜(向下生长的蔬菜)和地上蔬菜(向上生长的蔬菜)。每种蔬菜都能给宝宝的身体提供不同的能量,给他吃所有这三种蔬菜能帮他保持健康。除了选择不同种类的蔬菜外,你还可以选择不同颜色的时令蔬菜来让宝宝品尝到多种口味,同时吸收各种营养。

地表蔬菜

地表蔬菜长不高,或者就长在地面上,而且里面通常都包裹着种子。例如,如果你的宝宝身心状况不佳,地表蔬菜就能帮他恢复健康。所有类型的南瓜(夏南瓜和冬南瓜)以及黄瓜、西葫芦都属于这一种类。地表蔬菜拥有天然的甜味,而且阴阳协调,因而是宝宝的首选蔬菜。

地上蔬菜

地上蔬菜是植物可以食用的叶、茎、花和芽，例如羽衣甘蓝、宽叶羽衣甘蓝、西兰花、芹菜、豆瓣菜和各种豆子。绿叶蔬菜中的叶绿素能帮助宝宝提高造血功能，其中所含的钙和碱性矿物质也有助于中和宝宝的胃酸。

地下蔬菜

地下蔬菜是根和茎，例如胡萝卜、甜菜、甘薯、土豆、大蒜和洋葱。想一想，胡萝卜、欧洲防风草和芜菁等根茎类蔬菜向下生长并深入土壤，这个过程是不是需要花费很多力气？根茎类蔬菜能为你的宝宝提供力量。这些蔬菜含有丰富的纤维，能帮助宝宝增强消化功能。不少地下蔬菜可以带皮吃，除非皮对宝宝来说太硬，因为皮里也含有丰富的维生素和矿物质。你可以经常给宝宝吃煮熟的甘薯、胡萝卜、欧洲防风草、洋葱、芜菁和甜菜，但是土豆只能偶尔吃，因为土豆是含有茄碱的茄属植物。

海产蔬菜的益处

在日本生活的时候,我很喜欢去市场看各种海产蔬菜,了解它们的颜色、质地和味道。日本人非常看重这种营养丰富的食物,还像美国农业部给牛肉分级一样给海产蔬菜做了分级。在海产蔬菜人均消费量方面,日本在全球首屈一指,但海产蔬菜并非日式料理所独有。美国的新英格兰地区和加利福尼亚州也在大规模种植海产蔬菜,而且世界各地的沿海居民都把这些蔬菜加入开胃小菜、婴幼儿食品和主菜当中。海产蔬菜不仅能用来食用,它们还经常出现在护肤产品当中,并且在冰淇淋、洗发水和牙膏等产品中用作增稠剂。

海产蔬菜富含人体所必需的维生素、矿物质、抗氧化剂和植物营养素,此外还含有可溶性膳食纤维和不可溶性膳食纤维,以及容易消化的蛋白质和健康脂肪。与所有的陆生蔬菜所不同的是,海产蔬菜能提供所有56种人体必需的矿物质,例如钙、碘、铁、镁、钠等宏量元素,以及铜、锰、磷、钾、硒、锌等微量元素。

紫菜是补充膳食纤维、植物基蛋白和ω-3脂肪酸的理想食物。它含有的维生素A比胡萝卜还要多。此外,紫菜还含有丰富的B族维生素、维生素K、钙、碘、铁、钾和有助于增强宝宝神经功能的微量元素。昆布海藻富含膳食纤维、钙、碘、铁、镁、钾、维生素A、B、C和多种微量元素,还能软化豆子等富含蛋白质的食物,进而帮助消化。昆布海藻的含碘量是绿叶蔬菜的150倍,含镁量是后者的8倍。琼脂是一种富含矿物质同时又不含热量的碱性增稠剂,可以用来做酱汁和布丁(一种半凝固状甜品)。

在宝宝0~3岁期间,海产蔬菜对他非常有价值,因为他的身体和大脑正在快速发育。海产蔬菜不仅有助于平衡他身体的酸碱度,它们其中所富含的矿物质还让他的肌肉、神经、头发、皮肤和指甲长得更健康。由于海产蔬菜非常有营养，所以我在给家人做饭时会尽可能选用它们作原料。在埃米和玛丽小时候，我经常把紫菜、裙带菜、昆布海藻和琼脂加进她们吃的食物里。尽管我的母亲和祖母都不常吃海产蔬菜，但我还是决定用昆布海藻代替火腿肉来为豆子调味。我发现，把昆布海藻和豆子一起烹饪能让蛋白质和脂肪更容易消化，从而提高营养的利用率。埃米和玛丽最爱吃的海产蔬菜是紫菜，她们喜欢拿它当零食吃。我家的猫"蒲公英"也喜欢吃紫菜，只要听到打开紫菜包装的声音，它都会凑过来讨要。购买海产蔬菜时，你要选择不含人工色素并且未经漂白的天然产品。只要有点想象力，你就可以把这些来自海洋的健康礼物融入你的日常烹饪中，让宝宝的健康深受其益。

海产蔬菜的阴阳属性

与大多数陆生蔬菜相比，所有海产蔬菜（除去琼脂）都含有更多的可被人体吸收的植物性钙、碘、铁等矿物质。海产蔬菜的生长地点和生长方式对其阴阳属性有一定影响，但紫菜、裙带菜和昆布海藻的优点都比较相似。

海产蔬菜的阴阳属性分布图

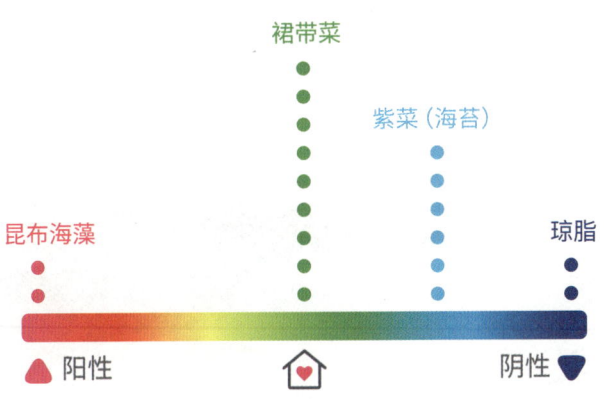

海产蔬菜是如何生长的

大多数海产蔬菜都是既不怕盐分高的海水、又需要陆地生长的植物，所以它们生长在陆地和海洋的连接处。它们需要附着在别的东西上，这样才能获得足够的阳光来生长。

海产蔬菜的种类

紫菜

紫菜也叫海苔,用来包裹寿司卷的像纸一样薄的黑黑的东西就是紫菜。紫菜是手工收获、清洗、切碎,最后铺在竹席上晾晒而成的。优质紫菜呈较深的黑紫色,而劣质紫菜偏绿色。紫菜可用来包裹寿司和饭团,可即食,也可以搭配别的方便食品一起吃。给宝宝吃紫菜时,你可以把紫菜撕成小块撒在米粥里或者拌进食物泥里。如果用作佐料或手抓食物,你也要把紫菜切成小块,同时还要用水湿一下,这么做不仅能让紫菜容易下咽,而且能防止紫菜粘在他的上腭上。

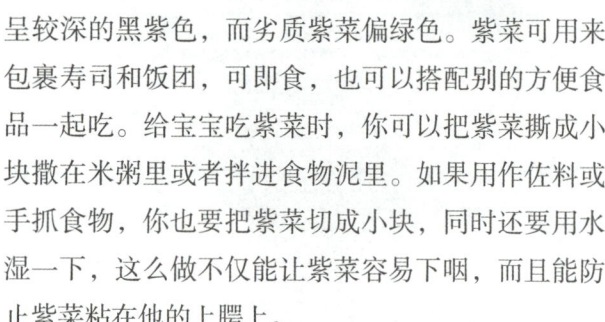

裙带菜

裙带菜是一种呈橄榄绿色的海产蔬菜。泡湿后,裙带菜会像你在海里遇到的海藻一样粘滑。给宝宝做饭时,你可以把裙带菜切成小块,这样它就不会那么滑了。你可以把裙带菜加进汤里,或是与其他蔬菜一起搭配作为配菜,你的宝宝肯定会喜欢吃的。你也可以把裙带菜撒在沙拉上给大一点的宝宝吃。

昆布海藻

昆布海藻是一种灰色的干海菜,食用前需要用水泡发后做熟。昆布海藻含有多种天然谷氨酸盐,即鲜味,它们既能提升食物的味道,又能为食物增加矿物质。昆布海藻可以用作汤、粥、豆类、根茎类蔬菜或瓜菜的调味料。烹饪谷物和豆类时,添加一小块昆布海藻既能减少烹饪时间,同时还能使食物容易消化。你可以把昆布海藻切成2.5厘米长的小条,这样的昆布

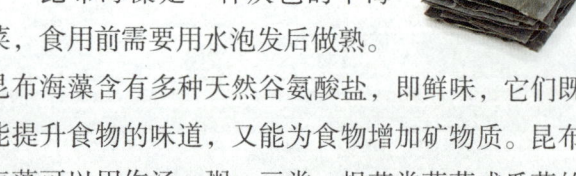

海藻几乎可以添加进任何食物里。在食用前,你要把昆布海藻取出来,或者把它切碎并与其他食物拌匀。市场上也能买到昆布海藻粉(昆布粉),你可以用它来代替食盐。

琼脂

琼脂是一种素食明胶,能代替从牛、马或猪的胶原蛋白中所提取的工业明胶,常见的有棒状、粉状和片状。食用前,你要先用热水来融化琼脂,然后在室温下晾凉,成为凝胶。琼脂无色也无味,可以用来做蔬菜果冻、面食馅料、布丁和水果泥甜点。这样一来,你的宝宝(或者大一些的宝宝)就能吃到清淡、有营养、又容易消化的甜点了。夏天,琼脂食物可以冷藏后食用。在其他季节,琼脂食物可以常温食用。

蔬菜的做法

为你的宝宝做蔬菜似乎是一件很麻烦的事情，但只要使用一些基本的工具，整个过程就可以变得非常简单。宝宝刚开始吃蔬菜的时候，你可以把蔬菜分开做，然后再根据宝宝的口味把蔬菜混合在一起做。此外，你还要根据宝宝的咀嚼能力调整食物的硬度。

食物泥

宝宝刚开始吃的食物泥应当像细腻的浓汤一样，这样才容易消化。这样的食物泥也能帮助年龄较大的宝宝甚至成年人满足口腹之欲。随着宝宝逐渐长大，你可以降低食物中水的比例，让食物泥变得更加粘稠。你可以使用搅拌机、食物研磨器或研磨碗来为你的宝宝制作食物泥。对大一些的宝宝和其他家庭成员来说，类似食物泥的浓汤、蘸酱和酱汁也可以是一大美味。

抓着吃的食物

手抓食物的意义首先是帮助宝宝学习如何吃东西，然后才是为他提供营养。一开始，你可以制作豌豆大小的食物块。当宝宝学会拿起它们放进嘴里吃时，你就可以给他吃块儿大一些的蒸熟的蔬菜，例如胡萝卜或西兰花。你要确保蔬菜熟透。另外在宝宝吃手抓食物的时候，你一定要在一旁照看。

嚼着吃的食物

当宝宝的牙齿长全后，你就可以给他吃煮熟的大块蔬菜了。蔬菜要切成片（烹调前或烹调后）。当他能更加熟练地咀嚼和吞咽，窒息的危险性也进一步下降后，你就可以给他吃嚼起来脆脆的生蔬菜了。

适合宝宝吃的蔬菜食物

在宝宝长到6~8个月大时，他一般就可以开始吃蔬菜了。你可以先给他吃含淀粉较多、口味也偏甜的蔬菜，例如冬南瓜、胡萝卜和豌豆。第一次给宝宝吃蔬菜的时候，你可以把它们做成浓汤或食物糊。在你

的宝宝还没有长牙之前，你可以用水煎、蒸或烘烤的方式让蔬菜变软，然后再把它们打成泥。对于纤维含量高的蔬菜，你可以用搅拌机来把它们打得更碎些。等宝宝长大一些，需要进一步适应硬一些的食物后，你可以用搅拌机、食物研磨器或研磨碗来处理淀粉类蔬菜，后者能做得更稠些。在宝宝长到7~9个月大时，你可以给他吃熟透的十字花科蔬菜，比如西兰花、油菜。宝宝大约9个月大时，他会学会用牙龈咬食物以及用手拿起小块食物。这时，你可以通过水煎或蒸来让蔬菜变软，接着再把它们切成豌豆大小的小块，好方便宝宝用手拿着吃。

熟透的蔬菜更容易消化，可以让宝宝的消化系统不至于负担太重。在宝宝1岁半左右、能熟练咀嚼之前，你要避免给他吃生的蔬菜，因为小块的生蔬菜有引发窒息的危险。在这之后，你可以偶尔给他吃茄属蔬菜，以此来丰富他的食谱。如果你的宝宝一开始没有吃很多蔬菜，那么只要随着时间的推移不断地重新尝试，同时耐心地等待他的味蕾适应新的口味就可以了。在测试宝宝是否对食物有过敏反应时，你可以连续三天给他吃同一种蔬菜，然后再尝试下一种。他的口味有时变得很快，所以他今天吐出来的蔬菜换到下周可能就会是他非常想吃的。宝宝一般都喜欢比较细腻的食物糊，所以你还可以开动脑筋，给他吃类似食物泥的各种浓汤、蘸酱和酱汁。

下面的图表列出了你可以在什么时间开始给宝宝吃哪些蔬菜，以及这些蔬菜的食用频率。

蔬菜的尝试次序		
蔬菜名称	年龄范围	食用频率
小青南瓜	6~8个月	每日
冬南瓜	6~8个月	每日
胡萝卜	6~8个月	每日
菜豆	6~8个月	每日
豌豆	6~8个月	每日
日本南瓜	6~8个月	每日
紫菜	6~8个月	每日
欧洲防风草	6~8个月	每日
甘薯	6~8个月	每日
蜜豆	6~8个月	每日
黄南瓜	6~8个月	每日
西葫芦	6~8个月	每日
油菜	7~9个月	每日
西兰花	7~9个月	每日
球芽甘蓝	7~9个月	每日
卷心菜	7~9个月	每日
菜花	7~9个月	每日
芹菜	7~9个月	每日
白菜	7~9个月	每日
宽叶羽衣甘蓝	7~9个月	每日

"偶尔"意为每周2~3次

蔬菜名称	年龄范围	食用频率
羽衣甘蓝	7~9个月	每日
昆布海藻	7~9个月	偶尔
洋葱	7~9个月	每日
紫甘蓝	7~9个月	每日
芜菁叶子	7~9个月	每日
裙带菜	7~9个月	每日
豆瓣菜	7~9个月	每日
甜菜	9~12个月	每日
紫菜（片状）	9~12个月	每日
芜菁	9~12个月	每日
芦笋	12~18个月	每日
土豆	12~18个月	偶尔
蘑菇	12~18个月	偶尔
黄瓜（生）	18~24个月	每日
生菜（生）	18~24个月	每日
秋葵	18~24个月	偶尔
菠菜	18~24个月	偶尔
青椒	18~24个月	偶尔
番茄	18~24个月	偶尔
茄子	不限年龄	偶尔

"偶尔"意为每周2~3次

日常蔬菜泥

- ♡ 适合满6个月的宝宝
- 可供宝宝食用4次（每次约60毫升）
- 素 素食
- 麸 不含麸质

蔬菜泥是宝宝最早开始吃的简单日常食物之一，烹饪方法有煮、水煎和蒸。无论采用哪种方式，烹饪过程中的汁水都不能浪费，要么添加到其他食物里吃掉，要么另外用杯子喝掉，因为里面有蔬菜的很多营养。先从较稀的、细腻的食物糊开始，然后随着宝宝咀嚼能力的提高，你再制作更加粘稠、甚至呈块状的食物糊。你也可以一次多做一些，并且将多余的食物储存在冰箱的冷藏室里，以供宝宝在接下来的两三天里食用。制作食物泥要使用不锈钢或玻璃材质的锅。如果有需要，你可以在宝宝食用前加入益生菌补充剂。

2杯（约300克）蔬菜，去皮后切成1.3厘米的小块

可选配料：
冬南瓜、菜豆、黄南瓜、蜜豆、西葫芦、西兰花、球芽甘蓝、胡萝卜、甘薯、羽衣甘蓝

做法：

1. 将蔬菜放入锅中，加水淹没蔬菜。将锅盖盖上。
2. 用中火烹调10~20分钟，或直至蔬菜变软。
3. 如果有必要，再加点水——如果锅底的水干了的话。
4. 最好在锅底使用散热片以防止烧糊。
5. 把水沥干，沥出的水留作日后使用。蒸煮的水营养丰富，可以用来烹饪食物泥、汤和谷物食物。
6. 使用搅拌机、食物处理机、食物研磨器、手摇粉碎机或研磨碗打碎食物。

其他做法：

- 在烹饪中加入一片2.5厘米见方的昆布海藻或0.5克干裙带菜。在打碎食物前要拿掉昆布海藻。
- 已经给宝宝尝试过几种蔬菜后，可以把几种不引发过敏反应的蔬菜掺在一起做成食物泥。
- 在烹饪中加入$\frac{1}{4}$茶匙（约1克）切碎的药草（新鲜的或干的），例如茴香、月桂叶、罗勒、百里香、莳萝或欧芹。
- 把蔬菜和谷物一起做成食物泥。
- 紫菜富含铁、钙、碘等矿物质。在制作食物泥的搅拌机中加入紫菜，或者在做好的食物泥上撒上一些紫菜，确保紫菜是泡发过的，这样才方便宝宝吞咽。
- 在食用前加入几滴芝麻油、橄榄油、亚麻籽油或椰子油。
- 宝宝满6个月后，可以在蔬菜泥上撒一些亚麻籽粉。
- 宝宝满7个月后，可以在蔬菜泥上滴几滴梅子醋。
- 宝宝满9个月后，可以在蔬菜泥上撒上烤熟的种子粉末。
- 在烹饪过程中加入$\frac{1}{2}$茶匙（约1.5克）芝麻、葵花籽仁或南瓜籽仁，然后与蔬菜一起打碎。
- 在蔬菜泥里加入芝麻酱，以此来增加食物的蛋白质含量，同时也能让富含纤维的蔬菜拥有细腻的口感。
- 你可以在烹饪当中使用多种蔬菜，例如冬南瓜、菜豆、黄南瓜、蜜豆、西葫芦、西兰花、胡萝卜、甘薯和羽衣甘蓝。

蔬菜奶油汤

- 适合满6个月的宝宝
- 可供宝宝食用8次（每次约60毫升）
- 素食
- 不含麸质

这道汤口感细腻，营养美味。你可以尝试不同的蔬菜搭配方式，但我建议最多选用2~3种蔬菜就可以了。为了让汤的颜色好看，不要把黄色或橙色蔬菜与绿色蔬菜混合在一起。

2杯（约300克）混合蔬菜，去皮，切成2.5厘米的小块

2.5厘米见方的昆布海藻，或者$\frac{1}{4}$茶匙（约0.5克）裙带菜片（在打碎食物前移除）

$\frac{1}{2}$~1茶匙（约2.5~5毫升）芝麻油、橄榄油或椰子油

$\frac{1}{8}$茶匙（约0.7克）海盐（9~12个月大宝宝），$\frac{1}{4}$茶匙（约1.4克）海盐（满周岁的宝宝）

可选配料：
洋葱、胡萝卜和西兰花
洋葱、菜豆和西兰花
洋葱、花椰菜和茴香
南瓜、胡萝卜和洋葱
冬南瓜、胡萝卜和洋葱
豌豆、白菜和洋葱

做法：

1. 用大火把水烧开。加入蔬菜和昆布海藻，根据需要加入或不加海盐。
2. 将火调小，炖10~25分钟，或者直到蔬菜变软。
3. 最好在锅底使用散热片以防止烧糊。
4. 去除昆布海藻，加入芝麻油、橄榄油或椰子油。
5. 用搅拌机或食物处理机把食物打成泥。
6. 把汤倒进碗里或吸管杯里。

其他做法：

- 在汤里加入吃剩的熟谷物糊，如小米泥、藜麦泥或糙米泥。
- 在烹饪中加入少许切碎的新鲜（或干的）药草，例如茴香、月桂叶、罗勒、百里香、莳萝、香菜或欧芹。
- 加入味噌或日本酱油，做成富含蛋白质的浓奶油汤。用量为$\frac{1}{2}$茶匙（2.5毫升，7~12个月）、1茶匙（5毫升，12~18个月）或2茶匙（10毫升，18个月以上）。
- 撒上一些紫菜。紫菜应当是泡发过的，以便于宝宝吞咽。
- 做成蔬菜果冻：在另一口锅中倒入1杯（约240毫升）水，加入$1\frac{1}{2}$汤匙（约7.5克）琼脂片。大火煮开，然后小火煮至琼脂完全融化。倒进蔬菜汤里，拌匀，晾凉。

烘烤蔬菜泥

- ♡ 适合满9个月的宝宝
- 可供宝宝食用8次（每次约60毫升）
- 素 素食
- 麸 不含麸质

烘烤不仅能凸显蔬菜的香味，而且操作起来非常简单。当你的宝宝逐渐长大，能吃更稠的食物泥后，你就可以用研磨碗来研磨食物，这种工具不仅使用方便，而且你还不需要另外找餐具来盛放食物。下面这份食谱仍旧十分简单，你在给家里的其他人做饭时顺手就可以完成它。很多蔬菜都能整颗烹调，或者切成大块烹调。你不一定要先给蔬菜去皮，因为等蔬菜煮熟后，去皮会非常容易。

4 杯（约600克）蔬菜，只用一种蔬菜或把几种蔬菜搭配在一起。去皮，切成5厘米的大块

2 茶匙（约10毫升）芝麻油、橄榄油或椰子油

2～3 汤匙（约30～45毫升）水

$\frac{1}{4}$ 茶匙（约1克）切碎的药草（新鲜的或干的），例如茴香、月桂叶、罗勒、百里香、莳萝或欧芹

$\frac{1}{8}$ 茶匙（约0.7克）海盐（9～12个月大宝宝），$\frac{1}{4}$ 茶匙（约1.4克）海盐（满周岁的宝宝）

可选配料：
甜菜、冬南瓜、黄南瓜、西葫芦、胡萝卜、欧洲防风草、洋葱、甘薯、日本南瓜

做法：

1. 预热烤箱至200℃。
2. 把蔬菜倒进砂锅。
3. 加入食用油、水、药草和海盐（如果你的宝宝可以吃的话）。
4. 盖上铝箔或砂锅盖。
5. 烘烤45分钟至1小时，直到蔬菜变软。
6. 稍稍晾凉后，把蔬菜放入研磨碗磨碎，或者用叉子把蔬菜在碗里捣烂。
7. 煮熟后，蔬菜的体积会缩小到原来的一半左右。

手抓蔬菜

- 适合满6个月的宝宝
- 可供宝宝食用4~6次
- 素食
- 不含麸质

当你的宝宝开始抓东西后，你就可以通过给他吃手抓食物来帮助他发育和补充营养。他喜欢自己吃饭，尽管有时这意味着他会把食物弄得到处都是。在他能熟练咀嚼前，他会先学会用牙床来"嚼"豌豆大小的食物，然后是更大的食物。手抓蔬菜一定要煮熟，以免噎到宝宝。小块的蔬菜既可以单独吃，也可以蘸鹰嘴豆泥和其他豆泥吃。你可以把小块的蔬菜直接放到高脚椅的托盘里或餐垫上。你也可以用蒸、煮、油煎和水煎等方式烹饪小块的蔬菜来给其他家庭成员吃。

2杯（约300克）混合蔬菜，去皮，根据宝宝的年龄把蔬菜切成边长3~7毫米的小丁或长5~8厘米的小条

$\frac{1}{2}$ 杯（约120毫升）水

$\frac{1}{8}$ 茶匙（约0.7克）海盐（满周岁的宝宝）

可选配料：
胡萝卜、西葫芦、西兰花、菜花、南瓜、西葫芦、甘薯、菜豆、蜜豆

做法：

1. 将蔬菜、水和海盐（如果你的宝宝可以吃的话）放进锅里。

2. 为防止烫伤，你要多加一些水来蒸、煮或水煎，但水也不能加太多，否则会浪费蔬菜里的营养物质。烹饪中剩下的汤汁能用来喝，或在烹调时加到其他菜里。

3. 最好在锅底使用散热片以防止烧糊。

4. 要把蔬菜烹至软嫩，但蔬菜的颜色仍然要鲜亮。

5. 熟的小块蔬菜能在冰箱冷藏室里放置2~3天，也可以放进冷冻室供日后食用。

蔬菜酱

- ♡ 适合满9个月的宝宝
- 分量约340克
- 素食
- 不含麸质

下面的慢炖法能让蔬菜吃起来更香,更可口。芝麻酱里的蛋白质既能提升蔬菜酱的味道,又能提升它的营养价值。蔬菜酱能涂在面包或饼干上吃。

$\frac{1}{2}$ 茶匙(约2.5毫升)芝麻油、橄榄油或椰子油

3杯(450克)蔬菜,去皮,切成1.3厘米的小块

$\frac{3}{4}$ 杯(约180毫升)水

1汤匙(约15毫升)芝麻酱

$\frac{1}{8}$ 茶匙(约0.7克)海盐(满周岁的宝宝)

可选配料:
黄南瓜、冬南瓜、洋葱、胡萝卜、菜花、西兰花、欧洲防风草

做法:

1. 烧热油锅,煎蔬菜5分钟。
2. 加入水和海盐(如果你的宝宝可以吃的话),煮沸。
3. 把火调小,煮30分钟,或者煮到蔬菜变软。
4. 最好在锅底使用散热片以防止烧糊。
5. 必要时添加更多的水。
6. 关火,让蔬菜晾凉。
7. 蔬菜晾凉后,加入芝麻酱打碎,直到蔬菜酱变得细腻光滑(需要时可额外加水)。

高蛋白食物

　　埃米开始吃固体食物的时候，我为她仔细准备每一餐饭，以此来确保她吃到天然的健康食物，并且规避一切有害成分。在她出生后的第一年里，我还确保她只吃植物性食物。我们住在日本芦屋的时候，有一天，她在公寓外面玩，一个好心的邻居给了她一个颜色鲜红的热狗。我担心，我那完美无瑕的宝宝已经被这种精加工的高蛋白食物中所包含的化学物质和色素污染了，可埃米却安然无恙。蛋白质是人类生长发育所必需的营养物质，你的宝宝也同样需要。我那好心的邻居之所以送热狗给埃米吃，是因为热狗既好吃又能帮埃米长身体。

　　与碳水化合物和脂肪一样，蛋白质也是宝宝每日饮食的三大营养素之一。蛋白质对人体的各项生理功能至关重要，例如生长、新陈代谢、消化、大脑发育、骨骼强化、组织生长、细胞的营养与修复，以及血液中营养物质与氧气的运输。与脂肪和碳水化合物所不同的是，宝宝的身体并不储存蛋白质，所以当身体需要新的蛋白质时，宝宝必须从外界摄取。如果蛋白质供应不足，宝宝的身体和智力发育就会受到影响。我将在这一章里重点介绍各种高蛋白食物及其营养价值和注意事项。

食用高蛋白食物的注意事项

在历史上的很多地区，人们都以全麦谷物、豆类、陆生蔬菜和海产蔬菜为食。虽然宝宝们的个体需求不同，但大量证据表明，素食也能满足宝宝的生长所需，让他拥有力量与活力，因此动物性营养并非必需。在美国纽约和旧金山，一家名为"星期一运动"（Monday Campaigns）的组织开展了"素食星期一"活动，他们联合了餐饮服务网站、餐馆甚至公立学校在每周一进行素食。只要你能确保让宝宝获得足量且平衡的碳水化合物、蛋白质、脂肪、维生素和矿物质，他就可以在素食的同时茁壮成长。

动物蛋白能为宝宝提供促进生长的优质蛋白。但是，由于我们对动物蛋白的这一特点过于关注，于是动物性食物往往吃得过多。由于身体无法储存多余的蛋白质，所以这些过量的蛋白质就会以脂肪的形式储存下来。此外，与植物性食物相比，动物性食物的饱和脂肪含量往往更高。

在极为丰富的动物性和植物性高蛋白食物中，你一定可以找到既能契合你的生活方式，又能促进宝宝生长发育的健康食物。无论你是严格的素食主义者，还是你经常吃鱼、禽肉和畜肉，你都可以通过认真考虑食物的质量和数量来让你的宝宝实现健康饮食。

第一次吃红小豆的佐

植物性高蛋白食物的种类

植物性高蛋白质食物有三大类——豆类、大豆制品（大豆是一种常见的高蛋白豆类）、坚果与种子。这些富含蛋白质的食物能为你的宝宝提供美味的营养，同时也常见于世界各地的食谱。你可以非常方便地把它们做给宝宝吃。

豆类

豆类是最常见、最实惠，也最有营养的食物之一，因此世界各地的人们都把它们当作重要的食物。尽管豆类含有有益脂肪，但它却不含胆固醇。事实上，豆类中所含的可溶性膳食纤维还能降低胆固醇和心脏病发病率。豆类富含叶酸、钾、铁和镁。叶酸对大脑功能、心理健康和胎儿的生长发育有重要作用。豆类还富含铜、铁、镁、钙、锌和硒等微量元素。

超市和天然食物商店里通常都有各种各样的干豆和速食豆类。与速食豆类相比，干豆（特别是泡出芽后）含有更少的钠和防腐剂，同时也更有营养。速食豆类更加方便，一些有机品牌的速食豆类并不添加钠和防腐剂，其中还含有昆布海藻来帮助消化。即使人们已经意识到了双酚A的危害，但许多速食食品仍然含有这种化学物质，所以，你要选用不含双酚A的产品。煮干豆子需要花费一些时间，但它们比速食豆子更好吃。你可以一次做很多，然后冷冻起来供日后食用。或者，你也可以用高压锅来缩短烹饪时间。为了帮助你的宝宝消化豆类，你可以选用发芽的豆子，并且预先把它们浸泡8~24小时，接着在烹饪时加入一小块昆布海藻。

大豆制品

大豆是一种富含蛋白质的豆科植物，常被用来代替肉类和奶制品。味噌和天贝等使用整粒大豆并与盐一起发酵的大豆制品比未发酵的大豆更有营养。与生的十字花科蔬菜一样，未发酵的大豆也含有致甲状腺肿因子，其中的植酸还会阻碍宝宝对铜、锌、铁等重要矿物质的吸收。大豆中含有植物雌激素，有人认为这种物质会导致内分泌功能紊乱。大豆能做成各种适合宝宝吃的食物，可以适量食用。

豆腐

豆腐是亚洲的一种重要食物，做起来非常容易，可以用作宝宝最早吃的蛋白质食物。豆腐又软又滑，吃起来毫不费力。由于豆腐是用未发酵的大豆做的，所以，你要让豆腐彻底熟透才能给宝宝吃，以此来促进消化。这种食物可以偶尔给宝宝吃一点。

味噌

味噌是一种高度浓缩的蛋白质来源，其中含有17种氨基酸和微量营养素。它有降低血液胆固醇含量和帮助消化的作用。味噌是用发酵过的大豆做的，每汤匙（约17克）味噌含有2克蛋白质。

天贝

天贝源自印尼，是一种用脱皮并煮熟的大豆与一种真菌混合发酵而成的饼状食物。它蛋白质含量高，咬起来像坚果，味道很淡，可以搭配各种调味料。在煎之前，先把天贝蒸一下，这么做既能帮助天贝入味，同时也能让它熟得更透些。天贝独特的发酵工艺使它成为补充益生菌的良好来源。此外，天贝饱和脂肪含量低，膳食纤维含量高，同时还含有大量B族维生素、铁、钙和卵磷脂。

坚果与种子

坚果与种子是植物蛋白的重要来源。同时，在所有的天然食物中，坚果与种子所含的必需脂肪酸也是最多的。与蔬菜和水果一样，坚果与种子也有季节性。腰果、巴西栗和夏威夷果生长在温暖的气候中，脂肪含量较高。芝麻、葵花籽、南瓜籽、栗子和杏仁生长在寒冷的气候中，含有适量的健康脂肪，宝宝消化起来会更容易。美国儿科学会警告不要给三岁以下幼儿食用花生或花生酱。给宝宝吃坚果和种子的时候，你要密切观察他是否会出现过敏反应的症状，特别是在你家里已经有人对坚果过敏的时候。

坚果是维生素E的最佳来源之一，而维生素E对神经发育至关重要。坚果还富含抗氧化剂，有助于增强免疫力。此外，坚果中的ω-3脂肪酸还有助于预防心脏病和糖尿病。在宝宝出牙之前，你可以给他喝坚果牛奶或者给他吃坚果黄油，你也可以把坚果和谷物一起煮，然后一起打成泥。等宝宝能熟练咀嚼后，你就可以把整粒的坚果或坚果片用作他的零食和调味品。与生吃相比，先把坚果在烤箱里烤一下或者在锅里煮一下会更容易消化。坚果和种子一旦去壳或去皮就可能变质，流失营养。所以，在给宝宝吃之前，你要先尝一尝它们的新鲜程度。如果你一次磨碎了很多坚果或种子，你就可以把它们冷冻起来防止变质。

杏仁

杏仁比其他坚果含有更多的营养。杏仁富含维生素E、钙、烟酸、铁、磷、锌、硒、铜和镁。与其他坚果一样，你也可以把它们烤熟并磨碎后加入食物泥当中。你也可以把杏仁做成营养丰富的坚果酱和杏仁奶。与许多果汁一样，杏仁奶仍然含有坚果中的糖分，但同时却损失了整粒坚果中所含的有益健康的膳食纤维和维生素。

栗子

栗子的碳水化合物含量高，脂肪含量低，是最容易消化的坚果。有人还用栗子来治疗腹绞痛和消化系统疾病。新鲜的栗子、干栗子和速食栗子都能煮熟后捣碎做成有益健康的食物泥。

芝麻

芝麻能提升食物的香味，也可以磨碎并与油混合制成芝麻酱。添加了芝麻酱或磨碎的芝麻的蔬菜泥不仅蛋白质和脂肪含量更高，而且味道更好，口感也更细腻。芝麻不仅含有丰富的维生素B1、钙、铜、铁、镁、锰、磷、锌等营养素，它还富含有益健康的膳食纤维，这种物质有降低胆固醇和血压的作用。你可以先把芝麻烤熟，然后磨碎撒在粥上，也可以把生芝麻和谷物一起煮熟后再做成食物泥。

葵花籽

葵花籽富含不可溶性膳食纤维、蛋白质、脂肪、维生素E、矿物质和植物营养素。葵花籽有多种食用方式，既可以碾碎后撒到宝宝的谷物糊上，又可以到他两三岁时作为富含蛋白质的零食。葵花籽富含能降低胆固醇的植物甾醇，同时也含有丰富的胆碱，后者能促进记忆和认知功能。你可以把葵花籽烤熟，磨碎后撒在粥上，也可以把生的葵花籽和谷物一起煮熟后再做成食物泥。

南瓜籽

南瓜籽的蛋白质含量高，每28克南瓜籽里含有9克蛋白质。同时，南瓜籽也是钙、铁、磷、锌、ω–3脂肪酸、维生素A和B族维生素的极佳来源。你可以把南瓜籽烤熟，磨碎后撒在粥上，也可以把生的南瓜籽和谷物一起煮熟后再做成食物泥。

亚麻籽

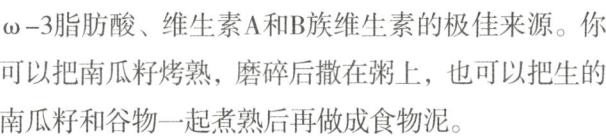

亚麻籽是α–亚麻酸（ω–3脂肪酸中的一种）含量最丰富的食物之一。α–亚麻酸能增强宝宝的免疫力，促进大脑发育，同时保障心血管健康。你可以用搅拌机把亚麻籽打碎，然后加入宝宝的谷物糊里，以此来增加食物的蛋白质和必需脂肪酸含量。同时，亚麻籽也有促进消化的作用。

奇亚籽

奇亚籽是另一种富含膳食纤维、蛋白质、α–亚麻酸和钙、锰、磷等矿物质的食物。在水中浸泡后，这些小小的籽粒周围会形成一层薄薄的凝胶，吃起来口感像是鱼子酱。奇亚籽营养丰富，是一种超级食物。

动物性高蛋白食物的种类

因为宝宝在一岁前的主要蛋白质来源是母乳或配方奶，所以在这段时间里，你不需要给宝宝补充动物性高蛋白食物。动物性蛋白质比植物性蛋白质更难消化，所以，我建议等宝宝满周岁后再给他吃这类食物。如果一定要吃的话，我也建议你在质量和营养价值方面多加了解，以此来为他做出最健康的选择。

牛奶和奶制品

埃米和玛丽不经常食用牛奶或奶制品，但她们偶尔会吃酸奶、奶酪和冰淇淋。她们很喜欢奶油的味道。奶制品是很好的蛋白质来源，但它们也有许多健康风险。美国儿科学会警告，对于1岁以下的婴儿不可以使用奶制品代替母乳。过早食用牛奶会导致腹绞痛、缺铁和食物过敏。奶制品中的牛奶蛋白、糖和饱和脂肪可能会引发中耳炎、鼻窦炎、肺炎和消化系统疾病。给宝宝食用奶制品也可能导致肥胖症和心脏病等慢性疾病。

乳糖是牛奶等奶制品中所含的一种天然糖。小肠内壁细胞能分泌一种叫做乳糖酶的酶类物质，这种物质能把乳糖分解成为能被毛细血管吸收的化合物。如果人体无法分泌足够的乳糖酶来分解乳糖，这就是乳糖不耐症，进而引发一系列肠胃症状。

有些宝宝生来就无法分泌乳糖酶。更常见的情形是，不少宝宝可能会在大约两岁后出现乳糖不耐受，因为到那个时候，他们的身体会减少乳糖酶的分泌。当宝宝体内乳糖酶含量降低或完全没有乳糖酶时，奶制品就会引起恶心、腹痛、腹泻和腹胀等症状。这些症状通常发生在食用或饮用奶制品后30分钟到2小时之间。奶酪虽然能为宝宝补充蛋白质，但其中也含有大量饱和脂肪和胆固醇。

益生菌奶制品

益生菌奶制品有优格酸奶和开菲尔酸奶，其中含有能促进消化的活菌。在发酵过程中，牛奶中的乳糖已经被细菌分解，所以这类奶制品更容易消化。如果你选择益生菌酸奶，那就一定要选择含有活菌的酸奶。有些酸奶采用巴氏杀菌法，这么做会杀死益生菌。此外，调味酸奶往往含有高浓度的糖。在为你的宝宝购买酸奶之前，你一定要认真阅读商品标签。

奶制品的阴阳属性

决定奶制品阴阳属性的因素有液体、脂肪和盐的含量。牛奶是液体，因此更偏阴性。干酪又硬又干又咸，因此更偏阳性。黄油含有更多脂肪，因此比液态的酸奶更偏阴性，同时也比软酪更偏阴性。下图中既有可以经常给宝宝吃的阴阳平衡的食物，也有更偏阴性或更偏阳性的只能偶尔食用的食物。

奶制品的阴阳属性分布图

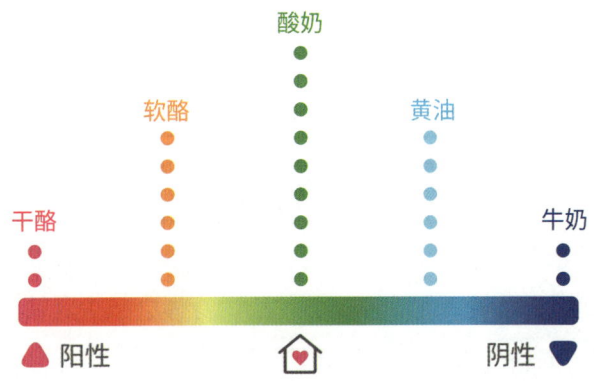

鱼

如果你选择给你的宝宝吃动物性食物，那就可以等他满周岁后给他吃少量的鱼肉。鱼肉是有益健康的蛋白质来源。鱼肉脂肪含量低，蛋白质含量高，而且有些鱼类还含有ω-3脂肪酸。这是一种不饱和脂肪酸，能减少全身的炎症反应，同时还有降低甘油三酯（可导致动脉硬化的物质）、降血压、减少血液凝固、增强免疫力的作用。ω-3脂肪酸还能提高思维清晰度和学习能力，因此鱼肉也经常被称为"大脑食物"。ω-3脂肪酸中最重要的是一种叫做二十二碳六烯酸（DHA）的物质，这种物质对宝宝在子宫内及出生后的大脑和眼部组织发育至关重要。与咸水鱼相比，大多数淡水鱼的ω-3脂肪酸含量都比较低，但有些品种的淡水鳟鱼的ω-3脂肪酸含量相对较高。ω-3脂肪酸含量最高的鱼类是富含脂肪的咸水鱼，如三文鱼、沙丁鱼和胡瓜鱼。作为一种美味且相对经济的鱼，三文鱼是有益宝宝健康的理想食物。

食用鱼肉的益处和风险

咸水鱼体内的汞含量要高于淡水鱼。在过去的半个世纪里，工业化已经使海洋中的汞含量显著上升。汞一旦进入水道就会被某些细菌吸收，并被后者转化为甲基汞。这一转变对人类尤其重要，因为人类非常容易吸收甲基汞，因而特别容易受到这种物质的影响。

当大型鱼类捕食受到污染的小型鱼类时，汞就会沿着食物链向上富积。在这当中，汞并不会溶解或分解，而是以越来越高的浓度积聚。大型金枪鱼、剑鱼、鲨鱼和鲭鱼等捕食性鱼类的汞含量最高，而白鲑的汞含量最低。汞对孕妇、婴幼儿的危害非常大。

2006年，哈佛大学公共卫生学院的研究人员对鱼肉和人类健康的关系进行了全面的分析。他们研究了ω-3脂肪酸对健康的主要作用以及汞、多氯联苯（PCBs）和二恶英对成人、婴儿和幼儿的健康风险。结果显示，每周吃适量鱼肉可以将死于冠心病的风险降低36%。研究发现，为了平衡食用鱼肉的益处和摄入汞的风险，育龄妇女、孕妇、哺乳妈妈和幼儿每周应该吃两次鱼，同时避免食用以下4种鱼：方头鱼、鲭鱼、鲨鱼和剑鱼。这些发现与美国食品与药品监督管理局和美国国家环境保护局（EPA）的建议一致。

野生鱼与养殖鱼

大多数养殖鱼是用粗鱼粉和富含多氯联苯的鱼油养大的。多氯联苯是广泛运用于工业和机械领域的一种化学品，例如油漆、密封剂和冷却剂中都有这种物质。于是，养殖的廉价三文鱼不仅脂肪含量高、而且含有更多的多氯联苯。根据美国农业部的数据，养殖三文鱼的脂肪含量比野生三文鱼高52%。野生的阿拉斯加三文鱼瘦肉更多，因为它们吃的是污染物含量较低的太平洋鱼类。

三文鱼的养殖使这种鱼成为了美国第三常见的鱼类。然而，美国环境工作小组（Environmental Working Group）对政府数据的一份分析发现，养殖的三文鱼很可能是美国当前食品供应中受多氯联苯污染最严重的蛋白质来源。上世纪70年代末，美国禁止了多氯联苯的生产。根据联合国关于有机污染物的国际公约，多氯联苯也是人类计划在全球逐步淘汰的化学污染物之一。

鱼肉的阴阳属性

影响鱼肉阴阳属性的部分决定因素有它们的活动水平、脂肪含量、饮食状况和生长环境。

相对而言，鱼肉比蔬菜更偏阳性，所以它们对宝宝的作用主要是温补。但是，鱼的种类不同，它们的阴阳属性也不尽相同。比较活跃的鱼更偏阳性，螃蟹、虾等活动较少的贝类脂肪含量更高，因此更偏阴性。草食性鱼类偏阴性，而肉食性鱼类偏阳性。靠近海岸线的淡水是偏阴性的生长环境，而深海的盐水则是偏阳性的生长环境。剑鱼、金枪鱼等咸水鱼比鳟鱼等淡水鱼更偏阳性，而鳟鱼则更偏阴性。下图中既有可以经常给宝宝吃的阴阳平衡的食物，也有更偏阴性或更偏阳性的只能偶尔食用的食物。

鱼肉的阴阳属性分布图

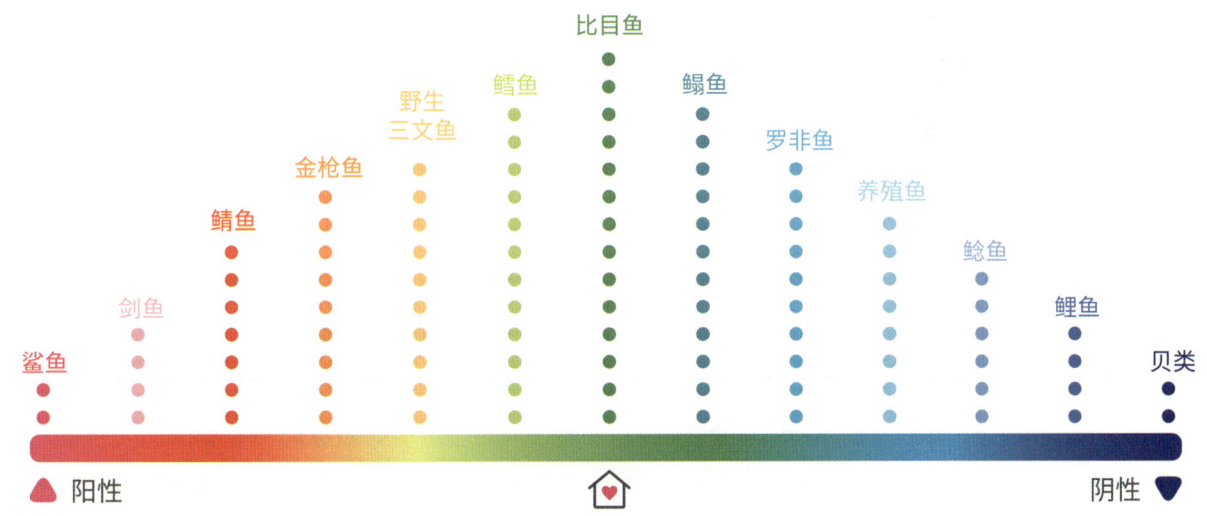

鸡肉

如果你想在宝宝的饮食中加入肉类,那么禽肉比牛肉更好。例如,去皮鸡肉能为宝宝提供蛋白质、B族维生素、硒、磷和多种必需氨基酸。而且与红肉相比,鸡肉的胆固醇和脂肪含量要低很多。

与工业化农场里的鸡相比,采用有机方式放养的鸡更加健康,它们的生长环境也更人性化、更卫生。大规模饲养的鸡被关在仓库的狭小笼子里,因而无法接触自然的阳光和新鲜的泥土。为了防止它们相互打斗争抢空间,它们的喙也被部分剪掉。同时,养殖者还会给它们注射一系列抗生素,以此来预防由它们的恶劣生活环境所引发的疾病。

你可以向当地农场主购买有机肉类,这样的食物不会受到工业化养殖中所常见的抗生素、化学物质和疾病的污染。除了有机产品标签,你还可以在鸡肉包装上寻找各种人道饲养认证。人道饲养认证

能确保动物在良好的环境中生长,不被残忍对待。给你的宝宝吃禽肉时,你一定要把鸡肉或火鸡肉切成小块,同时去除所有鸡骨和鸡皮。

鸡蛋

鸡蛋营养特别丰富,蛋白富含蛋白质,蛋黄富含脂肪。此外,鸡蛋还能为宝宝提供多种维生素,例如维生素A、B4(胆碱)、B7(生物素)、B9(叶酸)、B12(钴胺素),以及碘、铁、磷、钾、硒、锌等矿物质。鸡蛋里还含有大量的钠。鸡蛋是最常见的食物过敏原之一,它导致的过敏症状最常出现于不满周岁的婴儿。蛋白含有很多蛋白质,会让不少宝宝过敏,于是很多儿科医生都建议宝宝满周岁后再吃蛋白。

在大多数情况下,宝宝到5岁后就不会对鸡蛋过敏了。偶尔吃点鸡蛋能让你的宝宝得到多种不易从植物性食物中获取的维生素。此外,鸡蛋中蕴含着强大的生命力,因为它拥有长成一只小鸡的潜力。与鸡肉一样,购买鸡蛋也要仔细阅读标签。我会在下面的内容里详细解释。

有机鸡蛋来自用有机饲料喂养的鸡,这种饲料不含动物副产品、合成肥料、杀虫剂和其他化学添加剂。此外,产蛋鸡所用的有机饲料中也没有转基

玛丽和埃米

每年夏天,埃米和玛丽都会去密西西比州看望他们的外祖父母。这趟旅行的亮点之一是在圆桌餐厅(Round Table Restaurant)享用配有土豆泥和酱汁的炸鸡。这是一道南方菜,摆在桌子中间的大转盘上。她们喜欢旋转转盘,也喜欢吃美味、多汁的鸡腿。

因食物，而且，这些鸡只会在遭受感染的情况下才会被注射抗生素。如果你买有机鸡蛋，你就知道产蛋鸡是在人道的条件下饲养的，而鸡蛋里一般也不含抗生素等化学物质。

根据美国农业部的规定，"自由放养"（Free range）意味着鸡可以进入某些开阔空间，但它没有规定这样的开阔空间有多大，以及鸡在里面待多久。自由放养并不等同于野外放养，在大多数情况下，这些鸡仍然是在土地、水泥或砂石地面上饲养的。

"无笼"（Cage-free）是指不把产蛋的母鸡关在笼子里。这样的鸡通常养在一处没有笼子的空间里，非常拥挤，鸡也不能到外面去。因此，不使用笼子也不能保证鸡一定会受到人道的对待。

"有机"（Organic）鸡肉和鸡蛋的标准是最高的。尽管这样的产品价格更高，但它们是我信任的喂养宝宝的唯一选择。由于非有机的动物食物可能含有抗生素和生长激素，因此与植物性食物相比，动物性食物是否为有机产品的重要性就更加凸显了。

畜肉

根据美国饮食协会（American Dietetic Association），牛肉是蛋白质、维生素A、B族维生素和锌的最佳食物来源之一。牛肉能为宝宝提供大量 ω-3 脂肪酸和很容易进入血液的铁。然而，这些营养物质对宝宝身体的负面影响却是许多植物性食物所没有的。与谷物或豆类食物相比，牛肉需要更长的时间消化，其中的饱和脂肪含量也高于植物性食物。此外，过量食用畜肉（红肉）还可能引发心脏病、肥胖症和结肠癌。

美国市场上99%的牛肉来自大型的工业化农场。这些牛来自人工授精，吃的是转基因谷物。此外，由于很多牛养在一起，非常拥挤，而且还要快速生长，饲养者就得给它们喂食抗生素和合成激素，如重组牛生长激素（rBGH）。这些激素会残留在牛的脂肪里，并最终进入消费者的肚子里。另外，工业化饲养的肉牛也需要耗费大量自然资源。例如，每生产一磅（约454克）牛肉需要用掉近2500加仑（约9460升）水和大约三磅（约1.4千克）谷物饲料。

与此相对应的是，有机饲养的肉牛不使用抗生素和生长激素，它们吃有机饲料和有机谷物，而这些饲料和谷物也是由经过认证的工厂加工的。不过，有机饲养并不意味着它们是在长有新鲜牧草的牧场上饲养的。牛的天然食物是各种草，它们的肠胃并不适合用来消化玉米，但玉米却是工业化养殖牛的主要饲料。即便牛肉没有经过有机认证，吃草也是牛更加自然和健康的生活方式，以这种方式生产的牛肉也具有更高的营养价值。在美国，只有大约1%的畜肉产自家庭农场。与工业化农场饲养的动物相比，来自小型家庭农场的动物更有可能是吃草长大的，并且更有可能得到了人道的对待。

肉类的阴阳属性分布图

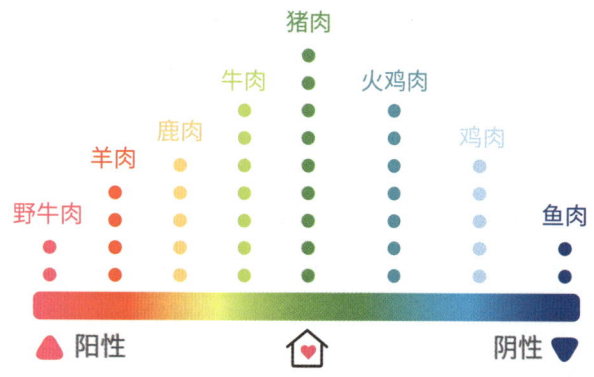

肉类的阴阳属性

肉类的阴阳属性分布遵循一条从鱼类到哺乳动物的进化路线。首先出现的是鱼类。鱼大多有鳞和鳃,生活在水下,卵生。随后出现的是鸟类。有羽毛和两条腿,生活在陆地,能下有硬壳的蛋。最晚出现的是哺乳动物。哺乳动物的血是红色的,它们的肉最偏阳性。哺乳动物越活跃,它们的肉就越偏阳性。与禽肉和红肉相比,鱼肉更偏阴性。

如果你打算给你的宝宝吃动物性食物,鱼肉便是阴阳平衡的最佳选择,可以每天或每周吃,而鸡肉和火鸡肉只适合偶尔吃。牛肉和猪肉明显呈阳性,所以最好不要给不满周岁的宝宝吃。上图中既有可以经常给宝宝吃的阴阳平衡的食物,也有更偏阴性或更偏阳性的只能偶尔食用的食物。

适合宝宝吃的高蛋白食物

由于宝宝在出生后的头两年里长得非常快,所以他们需要摄入大量的蛋白质。在出生后的第一年里,宝宝每磅(约454克)体重需要1克蛋白质。到12~15个大月时,宝宝每磅体重所需要的蛋白质量会减少到0.5克。

在宝宝出生后的第一年里,母乳或配方奶是主要的蛋白质来源。不过,你可以在他6个月大后开始给他吃一些柔软的高蛋白食物。对6~8个月大的宝宝来说,熟透的豆腐很容易消化,这是他可以吃的第一种高蛋白食物。对7~8个月大的宝宝来说,你可以给他吃熟的干豆子,例如小扁豆、鹰嘴豆和红小豆,以及做熟并磨碎的种子,例如芝麻、葵花籽和南瓜籽。等宝宝9个月大后,你可以给他吃一些由全脂牛奶发酵而成的优格酸奶或开菲尔酸奶。

在刚开始给宝宝吃高蛋白食物时,你一次只能喂他吃一种,因为在同一餐饭里吃不同种类的高蛋白食物可能会导致宝宝消化不良。过一阵子,你应该就能找到能够在营养和口味方面同时满足宝宝需求的高蛋白食物、谷物和蔬菜的搭配方式。

下面的图表列出了你可以在什么时间开始给宝宝吃哪些高蛋白食物,以及这些高蛋白食物的食用频率。

高蛋白食物的尝试次序		
高蛋白食物名称	年龄范围	食用频率
芝麻（磨碎）	6~8个月	每日
芝麻酱	6~8个月	每日
豆腐	6~8个月	偶尔
红小豆	7~9个月	每日
黑豆	7~9个月	每日
栗子	7~9个月	每日
鹰嘴豆	7~9个月	每日
亚麻籽（磨碎）	7~9个月	每日
小扁豆	7~9个月	每日
南瓜籽（磨碎）	7~9个月	每日
葵花籽（磨碎）	7~9个月	每日
白豆	7~9个月	每日
酸奶（有机）	9~12个月	偶尔
杏仁酱	12~18个月	每日
鸡蛋（有机）（可选）	12~18个月	偶尔
鱼（野生）（可选）	12~18个月	偶尔
天贝	12~18个月	偶尔
奶酪（有机）（可选）	12~18个月	偶尔
杏仁	18~24个月	偶尔
禽肉（有机）（可选）	18~24个月	偶尔
牛肉和猪肉（有机）	18~24个月	偶尔
花生酱（非氢化）	24~36个月	偶尔
花生	24~36个月	偶尔
养殖鱼	所有年龄	避免
非有机动物食物	所有年龄	避免

"偶尔"意为每周2~3次

嫩豆腐葛根糊

- ♡ 适合满6个月的宝宝
- 可供宝宝食用4次（每次约60毫升）
- 素 素食
- 麸 不含麸质

嫩豆腐的口感像奶油，它是宝宝容易消化的第一种高蛋白食物。葛根糊是碱性的，对健康有益，而且它吃起来有滑滑的口感。昆布海藻含有丰富的矿物质，而日本酱油则能让豆腐更容易消化。为了便于消化，豆腐一定要煮熟才能给宝宝吃。

2.5 厘米见方的昆布海藻

$\frac{1}{2}$ 杯（约 120 毫升）水

$\frac{1}{2}$ 块（约 160 克）嫩豆腐，切成 2.5 厘米见方的小丁

不含麸质的日本酱油 1 茶匙（约 5 毫升，6～12 个月大）或 2 茶匙（满周岁后）

1 汤匙（约 8.5 克）葛根粉

1 汤匙（约 15 毫升）水（用来溶解葛根粉）

做法：

1. 用 $\frac{1}{2}$ 杯（约120毫升）水在锅里浸泡昆布海藻5～10分钟。
2. 加入豆腐块和日本酱油。
3. 烧开，然后小火慢炖10分钟。
4. 在炖豆腐的时候，用1汤匙水把葛根粉溶解在另一个碗里。搅拌，让葛根粉彻底溶解，然后才能把它加入热的食物当中。
5. 把溶解有葛根粉的水倒进锅里，搅拌至透明。
6. 取出，冷却，即可食用。

其他做法：

- 用竹芋粉代替葛根粉。

烤种子和坚果

- 适合满7个月的宝宝
- 可做出约150克烤坚果或烤种子
- 素食
- 不含麸质

坚果和种子既可以为谷物或蔬菜食物补充蛋白质,又可以用作调味品和零食。在烹饪前,把它们和谷物一起浸泡,或者和蔬菜一起煮,做熟后打成泥。宝宝满周岁后,你可以把坚果和种子烤熟,磨碎,然后撒在谷物或蔬菜上作为调味品。在宝宝可以吃完整的坚果和种子后,你可以把它们与水果干和谷物混合在一起作为零食。与生吃时相比,坚果和种子所含的油脂在做熟后更容易消化。

1杯(约150克)坚果或种子

用来浸泡坚果或种子的水

可选配料:
芝麻、葵花籽、南瓜籽、亚麻籽、杏仁

做法:

1. 预热烤箱至120℃。
2. 在碗里浸泡坚果或种子30分钟。
3. 冲洗,然后沥干。
4. 把坚果或种子撒在烤盘上或砂锅里。
5. 放入烤箱烤20分钟。搅拌,再烤20分钟。再次搅拌,再烤10～15分钟,或者直到坚果或种子熟透。
6. 晾凉,放入密封容器储存。
7. 用手摇研磨机或磨碗研把坚果或种子磨碎,然后撒在谷物或蔬菜食物上,或者作为零食单独食用。

其他做法:

- 在谷物里加入少量芝麻、葵花籽、亚麻籽或南瓜籽,然后一起浸泡,做熟,打碎,直到变成细腻的食物泥。
- 在食物泥里加入芝麻酱能增加食物的蛋白质含量,同时还能使富含纤维的蔬菜变得像奶油一样细腻。
- 你也可以用厚平底锅在炉子上烘烤坚果或种子。将锅调至中温,加入坚果或种子,搅拌至食物熟透。

全麦豆糊

- ♥ 适合满9个月的宝宝
- 可供宝宝食用4次（每次约60毫升）
- 素 素食
- 麸 不含麸质

豆子营养丰富，特别是能为宝宝提供植物性氨基酸。9个月大的宝宝就能吃豆糊了，而其他家庭成员则可以用蔬菜（无论生熟）、薯片或饼干蘸豆糊吃，或者把豆糊涂在面包上做三明治。宝宝再长大一些后，他也可以以同样的方式吃豆糊。

用昆布海藻烹饪豆子不仅能为食物补充矿物质，而且还能软化蛋白质，使其更容易消化。我的一位日本朋友告诉我，煮豆子时会产生泡沫，这些泡沫会让豆子不容易消化，所以把它们去除会更有益于健康。

豆糊容易携带，可以在路上当零食吃。你可以提前把干豆子泡一夜，也可以使用高质量的不含盐的罐装豆子。两三岁的宝宝大都喜欢吃这种食物糊，所以这是让他们吃豆子和蔬菜的好办法。当宝宝可以咀嚼后，你可以用同样的方法来做豆子和蔬菜，只是不需要再把它们打碎了。

红小豆：

$\frac{1}{4}$ 杯（约50克）干的红小豆

$1\frac{1}{2}$ 杯（约360毫升）水（满周岁的宝宝减半）

2.5厘米见方的昆布海藻

1杯（约150克）冬南瓜，去皮，切成1.3厘米的小块

1茶匙（约5毫升）芝麻油、橄榄油或椰子油

$\frac{1}{8}$ 茶匙（约0.7克）海盐（9~12个月大宝宝），$\frac{1}{4}$ 茶匙（约1.4克）海盐（满周岁的宝宝）

小扁豆：

$\frac{1}{4}$ 杯（约50克）干的小扁豆

$1\frac{1}{2}$ 杯（约360毫升）水（满周岁的宝宝减半）

2.5厘米见方的昆布海藻

1杯（约150克）胡萝卜，切成1.3厘米的小块

1茶匙（约5毫升）芝麻油、橄榄油或椰子油

$\frac{1}{8}$ 茶匙（约0.7克）海盐（9~12个月大宝宝），$\frac{1}{4}$ 茶匙（约1.4克）海盐（满周岁的宝宝）

鹰嘴豆：

$\frac{1}{4}$ 杯（约50克）干的鹰嘴豆

$1\frac{1}{2}$ 杯（约360毫升）水（满周岁的宝宝减半）

2.5厘米见方的昆布海藻

$\frac{1}{2}$ 杯（约75克）洋葱，去皮，切成1.3厘米的小块

1茶匙（约5毫升）芝麻油、橄榄油或椰子油

$\frac{1}{8}$ 茶匙（约0.7克）海盐（9~12个月大宝宝），$\frac{1}{4}$ 茶匙（约1.4克）海盐（满周岁的宝宝）

准备：

把干豆子在水里浸泡一夜。

做法：

1. 把豆子等原料一起倒进锅里，大火烧开。撇去浮沫，转小火慢炖，盖上锅盖。
2. 煮45分钟到1个小时，或者直到豆子和蔬菜变软。加入海盐（如果你的宝宝可以吃的话），再煮5分钟。如果一开始就加盐，豆子会煮不软。对于整粒的豆子，煮到水被基本吸收。
3. 最好在锅底使用散热片以防止烧糊。
4. 去除昆布海藻。
5. 如果做食物泥，你就可以用食物处理机、食物研磨器或食物粉碎机来打碎食物。必要时可加水。如果做手抓食物或者准备给满周岁的宝宝吃，你就可以给他吃整粒的豆子。

其他做法：

- 如果时间来不及，你可以用一罐15盎司（约425克）的未加盐的熟豆子代替干豆子，加入蔬菜和调味料，煮10分钟，或者煮到蔬菜变软，然后打碎。
- 如果做食物泥，你可以在给宝宝吃前加点芝麻酱，以此来让食物泥的口感更加细腻，同时增加食物中的蛋白质含量。
- 在烹饪中加入$\frac{1}{4}$茶匙（约1克）切碎的药草（新鲜的或干的），例如茴香、月桂叶、罗勒、百里香、莳萝、香菜或欧芹。
- 添加味噌或酱油来为食物增加益生菌，对于9~12个月大的宝宝可添加$\frac{1}{4}$茶匙（约1.25毫升），对于满周岁的宝宝可添加$\frac{1}{2}$茶匙（约2.5毫升）。

天贝

- ♥ 适合满9个月的宝宝
- 🥣 可供宝宝食用6次（每次约57克）
- 素 素食
- 麸 不含麸质

天贝也叫丹贝或天培，是印度尼西亚的一种传统食品，由发酵的大豆制成，可用于给宝宝补充益生菌。你可以在天然食物商店或超市的冷藏区找到这种食物。虽然天贝本身有独特的味道，但只有添加了其他配料（如日本酱油、蔬菜和药草），它才能成为一道开胃菜。为了使它便于消化，你需要小火烹饪天贝至少20分钟，因为它是一种豆制品。此外，天贝也是一种发酵食品，所以能为宝宝补充益生菌。

对于9～12个月大的宝宝来说，食谱中的食物既可以打碎做成食物泥，也可以做成小块的手抓食物。此外，这种食物也可以供其他家庭成员食用，只要根据口味添加日本酱油等调味料就可以了。

2杯（约300克）胡萝卜，切成0.6厘米的小块

1汤匙（约15毫升）芝麻油、橄榄油或椰子油

约227克天贝，切成0.6厘米的小块

$\frac{1}{4}$茶匙（约1克）切碎的百里香（新鲜的或干的）

2.5厘米见方的昆布海藻，浸泡在1杯（约240毫升）水中

无麸质日本酱油$\frac{1}{2}$茶匙（约2.5毫升，9～12个月大宝宝），1茶匙（约5毫升，12～18个月大宝宝），2茶匙（约10毫升，18～24个月大宝宝）

做法：

1. 把油和胡萝卜放入煎锅，中火煎5分钟。
2. 加入天贝，继续煎5分钟。
3. 加入百里香、昆布海藻、水和日本酱油。
4. 盖上锅盖，小火炖20分钟。
5. 最好在锅底使用散热片以防止烧糊。

其他做法：

- 添加或选用其他蔬菜，例如洋葱、芹菜、青椒、蘑菇。
- 在煎熟的蔬菜上添加$\frac{1}{4}$茶匙（约1.25克）大蒜（对于满周岁后的宝宝）。
- 把天贝切成10厘米见方的方块，用洋葱代替胡萝卜，夹在面包里做成三明治或素食汉堡。
- 用其他药草代替百里香，例如茴香、月桂叶、罗勒、莳萝、香菜或欧芹。

清炖鱼

- ♥ 适合满周岁后的宝宝
- 可供宝宝食用4次（每次约57克）
- 含有丰富的动物蛋白
- 不含麸质

如果你想给宝宝吃动物性食物，你就可以用这道既简单又富含蛋白质的菜来作为开始。它口味温和，做起来也非常容易。它可以根据家人的口味调整佐料或单独制作酱料。需要时可以多做几份。此外，野生鱼比养殖鱼更有营养。

$\frac{1}{2}$ 杯（约100克）鱼，切成1.3厘米的小块

$\frac{1}{4}$ 杯（约60毫升）水

1茶匙（约5毫升）柠檬汁

$\frac{1}{8}$ 茶匙（约0.7克）海盐

$\frac{1}{4}$ 茶匙（约1克）切碎的药草（新鲜的或干的），例如茴香、月桂叶、罗勒、百里香、莳萝、香菜或欧芹

可选配料：
鳕鱼、幼鳕鱼、大比目鱼、黑线鳕、比目鱼、三文鱼、红鲷鱼

做法：

1. 把鱼用凉水洗净，去皮去骨。
2. 把水、柠檬汁、海盐和药草放进锅里，大火烧开。
3. 调为小火，加入鱼。
4. 最好在锅底使用散热片以防止烧糊。
5. 煮5分钟，或者煮到鱼肉变软。不要煮太久。
6. 单独食用或者与蔬菜或谷物混合食用。

> 了解关于海产品可持续性的信息请访问seafoodwatch.org

水果

在日本生活期间，我在东京参加了天然食品烹饪课程。一天，老师宣布我们要做的菜单里有一道草莓沙拉。那是一个炎热的夏日，一想到这种鲜美多汁的水果，我就馋得直吞口水。然而，烹饪完成后，我却失望地发现，每个人的菜里都只有半颗草莓，我都舍不得吃下去。在日本，由于成本高，数量少，新鲜水果是一大美味，而分量也出奇地小。后来，当埃米快出生时，我每天都会从当地市场上买一篮新鲜的草莓来犒赏自己。它们香甜可口，美味多汁，总是能为怀孕后期五心烦热的我送来清凉的慰藉。

水果吃起来甘甜爽口，既能提神醒脑，又有助于放松心情。水果的这些特性对你的宝宝有药用价值，因为它们能平衡他的阳性体质。水果的脂肪含量低，膳食纤维、维生素和矿物质含量高。它们富含许多重要的营养物质、植物营养素和抗氧化剂，同时还含有很多水分。水果的天然甜味也能给宝宝带去健康的快乐和享受。只要不吃太多，水果就能为宝宝的饮食提供甘甜的味道和天然的益处。

然而，当水果在宝宝的饮食中占据中心位置时，或者当大量水果与其他食物混合在一起吃时，水果就可能引发消化不良。作为宝宝最先开始吃的食物之一，水果的营养价值并不足以支持宝宝的生长发育，这一点与谷物和蔬菜不同。《中医儿科手册》作者鲍勃·弗劳斯说，如果宝宝吃太多水果，他就可能对其中的糖分上瘾，他的消化功能也可能因此遭受损伤。为了不影响消化和肠胃功能，水果要分开吃（吃完正餐后至少30分钟），并且不能与其他食物同吃，在食用数量上也要有所限制，不能超过谷物和蔬菜的食用量。不同水果对宝宝身体的影响也会因为天气、气候和食用方式的不同而不同——新鲜的水果在炎热的夏日能让人感到清爽，而暖暖的烤苹果则能在冬天里让宝宝的身体保持平衡。作为一位祖母，我很高兴看到我的外孙佐把大块的西瓜当甜点吃。

水果的益处

水果的热量和脂肪含量低，其中的天然糖分还能满足宝宝生来对甜味的喜爱。水果富含膳食纤维、维生素、矿物质、酶、植物营养素和抗氧化剂。水果也很容易消化，其中的糖分还能为宝宝的身体快速补充能量。水果中含有大量抗氧化剂，它们能清除宝宝血液中的自由基，强化免疫功能。抗氧化剂含量最高的水果有独特的明亮颜色，例如蓝莓、树莓、樱桃和葡萄。

虽然水果与消化速度不同的食物（如谷物、蛋白质和蔬菜）同吃会导致消化问题，但分开吃却能帮助消化。水果能为宝宝提供可溶性膳食纤维，这种物质能吸收宝宝消化系统中的水分。不可溶性膳食纤维能促进胃肠蠕动，有助于预防和减轻便秘。柠檬、酸橙和葡萄柚等酸性水果能刺激胆汁分泌，进而使宝宝的身体能够更加有效地分解和消化蛋白质和脂肪。我建议宝宝满周岁后再吃柑橘类水果。吃的时候，你要观察他的反应，他可能会出现轻微的皮疹或消化不良等症状。

水果中高浓度的天然糖分有可能对宝宝的健康造成明显的影响。吃水果过多有可能使他的大便成为绿色，即偏阴性。另一方面，熟的或新鲜的水果有助于宝宝缓解紧张情绪和便秘。

食用水果的注意事项

选择水果时，你要考虑它们是否是有机水果，产地在哪里，是否为应季水果，有没有使用催熟剂。

有机水果

桔子、苹果和香蕉等在美国最受欢迎的水果经常大量使用化学肥料和杀虫剂。化学物质也许没有进入水果内部，但水果的生长和质量仍然会受到影响。个头大又有光泽的水果并不总是最好吃或最有营养的，它们可能只是经过了基因改造，在外观上显得更漂亮而已。要尽可能给你的宝宝购买有机水果，尤其是对于那些无法去皮的水果来说。你可以参考前面章节里提到过的"洁净15种"和"污染12种"榜单来优先考虑购买哪些种类的有机水果。

当地当季水果

你能给宝宝吃的最有营养的水果就是你所在地区的应季水果。水果新鲜时，其中的维生素和植物营养素的活力最高。购买当地水果可以在一定程度上避免买到已经采摘很久、采摘时还没有完全成熟的水果。新鲜的本地水果对宝宝的健康更为有益，而且吃起来味道也更好。

自然成熟水果

有些水果（例如香蕉和牛油果）在收获后会变甜，所以你可以在它们比较硬、表皮还稍稍发绿的时候购买，然后让它们在家里熟透。对其他的大多数水果来说，它们当中的淀粉不会在采摘后变得更甜，因为它们一旦摘下来就无法继续成熟了。如果你买了没有熟透的水果，那就让它们在室温下成熟后再给宝宝吃。

富含膳食纤维的十大水果

水果名称	分量	热量（卡）	纤维含量（每100卡）
树莓	1杯	60	8克
黑莓	1杯	74	7.6克
草莓	1杯	45	3.4克
李子	1/2杯（熟的）	113	7克
木瓜	1个（中等大小）	118	5.5克
橙子	1个（中等大小）	50	3克
苹果	1个（中等大小）	81	3.7克
梨	1个（中等大小）	98	4克
无花果	5个（干的）	237	8.5克
牛油果	半个	150	4克

（资料来源：askdrsears.com）

水果的种类

温带水果

温带水果生长在落叶树、藤蔓、灌木和地上。温带地区通常有相同长度的冬季和夏季。北温带从北纬23.5度的北回归线延伸到北纬66.5度的北极圈。南温带从南纬23.5度的南回归线延伸到南纬66.5度的南极圈。香蕉和牛油果等热带水果害怕霜冻。亚热带水果虽然需要温暖的生长环境,但它们也可以在轻度霜冻中存活。最常见的亚热带水果是橙子、葡萄柚、柠檬和酸橙。

热带水果

热带水果通常都有一层厚厚的、不能食用的皮,这样的皮能防止水果在炎热的气候中失去水分,同时还能保护水果免受捕食者的伤害,例如猴子和鸟类。椰子、牛油果和香蕉的皮要比苹果和梨的皮厚。温带水果往往硬而多汁,而且含有很高的糖分,如此才有利于种子生长。

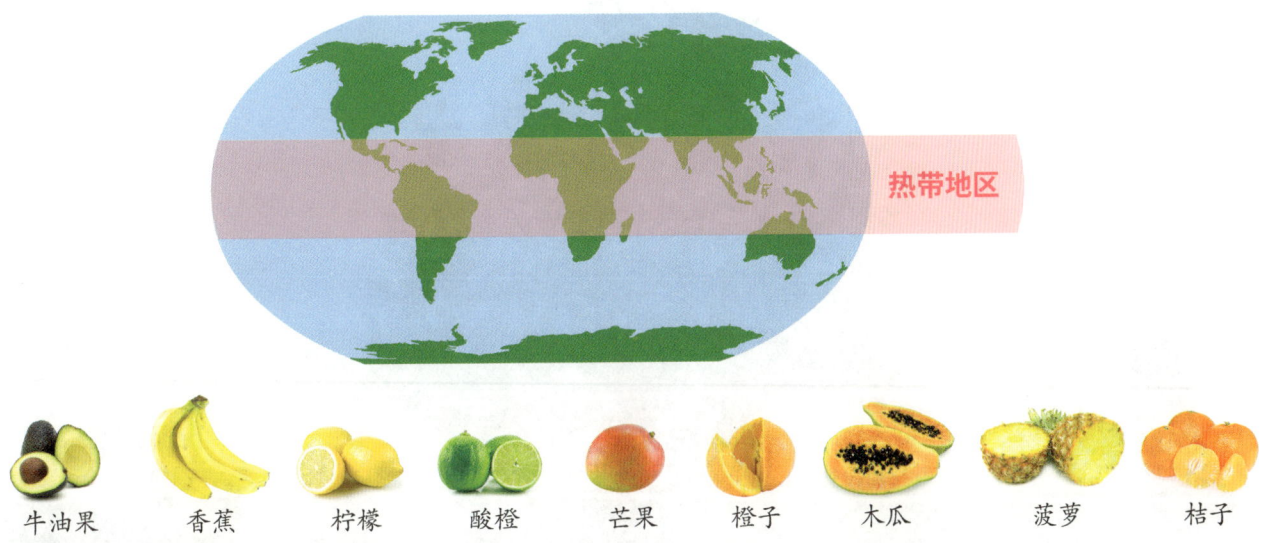

水果是如何生长的

了解水果的生长过程有助于你加深对宝宝所吃食物的理解，明白它们从哪里来以及它们对宝宝的影响。同时，这么做也能帮助你和宝宝接触大自然。宝宝吃水果的过程也是吸收能量的过程。水果有的长在藤蔓上（葡萄），有的长在灌木上（蓝莓），有的长在地上（草莓），还有的长在树上（苹果）。

藤本水果
葡萄和猕猴桃

灌木水果
蓝莓、蔓越莓

乔木水果

温带乔木水果： 梨、苹果、杏、樱桃、桃、油桃、李子和石榴

热带乔木水果： 香蕉、柠檬、酸橙、桔子、橙子、菠萝、牛油果、芒果和木瓜

地表水果

草莓、哈密瓜、西瓜和蜜瓜

水果的阴阳属性

水果通常比蔬菜和谷物更偏阴性,因为它们往往更甜。许多水果都有多种影响阴阳属性的因素,所以要明确定义阴阳属性是非常不容易的。例如,苹果长在树上,虽然它们向上生长(偏阴性),但是由于它们生长在凉爽的气候当中,所以果实又小又硬(偏阳性)。苹果比生长在炎热天气里的甘甜多汁的西瓜更偏阳性。

影响水果阴阳属性的因素有水分含量、生长气候和季节、生长方向、大小、颜色和形状。确定水果阴阳属性的最简单的方法是比较它们的升糖指数(GI),即食物中的糖分对血糖的影响大小。

你可以拿秋天收获的个头较小的偏阳性的苹果和夏天收获的个头较大的偏阴性的西瓜做个比较。香蕉和菠萝等热带水果更偏阴性,因为它们生长在炎热的气候里。而且,由于它们对身体有去火的作用,所以能帮助人们在炎热的天气里保持阴阳平衡。

大多数温带水果含糖量都比较低,例如苹果、梨、李子、桃、樱桃、浆果和口感发酸的热带柑橘类水果。含糖量中等的水果是口感发甜的热带水果,例如香蕉、芒果、木瓜、菠萝、葡萄、哈密瓜和杏。含糖量最高的水果是西瓜和枣。不过,由于枣的含糖量比西瓜高得多,所以枣的升糖负荷(GL,即经过含糖量加权的GI)也比西瓜高得多。此外,水果的含糖量也与自身的成熟程度有关。

烹饪方法也会影响水果的阴阳属性。干的或熟的水果比凉的新鲜水果更偏阴性。下图中列出了可日常食用的阴阳属性平衡的水果和可偶尔食用的偏阴性或偏阳性的水果。

水果阴阳属性的影响因素

影响因素	阳性 ▲	阴性 ▼
个头	大	小
收获季节	春季、夏季	秋季、冬季
汁液	多	少
含糖量	高	低

水果的阴阳属性分布图

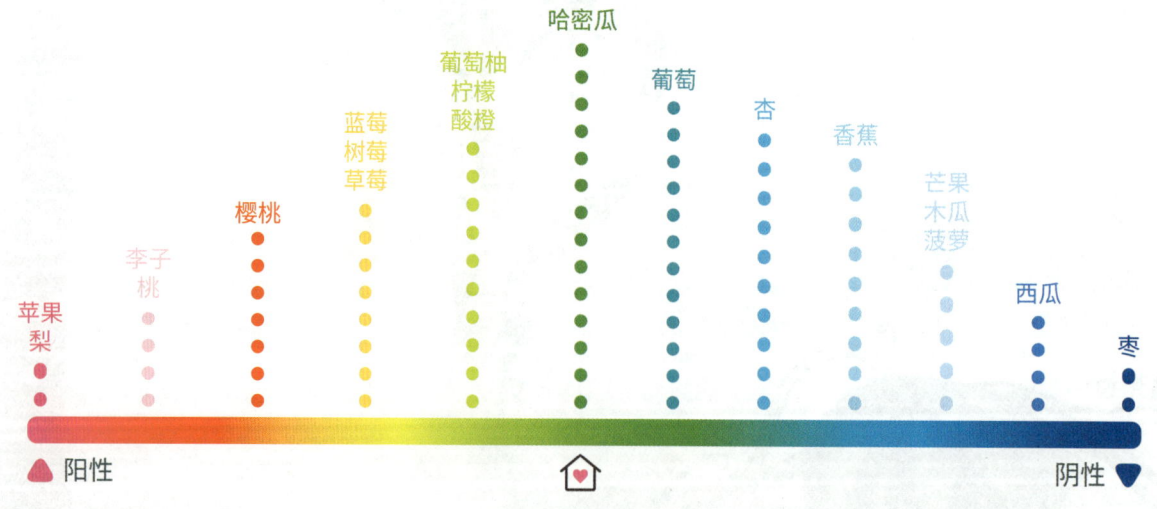

水果的做法

水果的做法有很多种，每种做法对宝宝的健康都有不同的益处。

熟水果泥

与新鲜水果相比，熟的水果含有更少的水分，吃起来也更甜。烹饪的过程也能改变水果的寒凉属性，让它们更容易消化。苹果酱、梨酱和烘烤水果制作起来非常简单，你可以把它们放进冰箱冷藏室里保存两三天，也可以多做一些冷冻起来供日后食用。葛根粉是一种碱性食物，对宝宝有镇静作用。你可以拿新鲜水果与苹果汁（或水）、葛根粉一起煮，这种食物简单、美味又健康，既能安抚生病的宝宝，又能用来填充馅饼和装饰蛋糕。

新鲜水果

新鲜的水果是一种既好吃又提神的美食，尤其适合在炎热的夏天食用。新鲜水果对宝宝的身体有去火的作用，有助于抵消炎热天气的影响。水果生吃能让你的宝宝感到放松、平静和凉爽。

果冻

在埃米和玛丽大约8个月大的时候，我用琼脂给她们做了美味的果冻。把水果泥（或新鲜水果）与琼脂、稀释后的果汁混合，你就能做出口感细腻的美味甜点了。你可以根据宝宝的年龄调整食谱。其他家庭成员也可以享用这种天然、健康的食物。

干果

葡萄干、醋栗干、杏干和樱桃干都是脱了水的新鲜水果。由于是干燥的过程中失去了水分，所以干果比新鲜水果更甜，也更偏阳性。由于干果非常甜，所以你可以把它们放在水里煮，然后再用这些水来充当其他食物的甜味剂。熟的干果能做成食物泥单独吃，也可以和面包、饼干一起吃。

通常，工业化生产的干果会添加二氧化硫。二氧化硫是一种防腐剂，这种物质能使干果的颜色变浅。有些人对这种物质非常敏感，进而发生过敏反应。有的干果在脱水前用热水烫过，这种干果的味道和营养都会差一些。有机干果不含硫，颜色较深。有机干果的保质期不如含防腐剂的干果长，但你可以借助冷冻来延长保质期。

果酱

在我怀玛丽的那个夏天，我有了做52罐果酱的想法，也就是在一年当中每周吃一罐果酱。有很多个清晨，我都会和埃米提着桶，戴着太阳帽，去附近的田地里摘草莓、蓝莓和树莓。我们一边吃，一边摘，然后回到家，把它们煮熟，装进罐子。玛丽出生后，我们并没有每周都吃一罐果酱，但我们确实吃了好几年美味的自制果酱。你永远都猜不到，怀孕中的黄体酮会让你产生哪些新想法！

果酱是由整个水果做成的，包括水果的种子和果皮。用蓝莓、草莓、黑莓、树莓、桃和杏都能做出美味的果酱。果酱里还可以添加糙米糖浆、枫糖浆或蜂蜜等甜味剂，或者果胶、竹芋粉或葛根粉等增稠剂。大多数包装好的全果果酱、苹果酱或梨果酱都是用水果泥慢火熬成的，不额外添加甜味剂。果酱不仅是宝宝喜爱的一种健康的甜食，同时也适合用来做坚果酱和果冻三明治。

响消化，但苹果是个例外，它可以和蔬菜或谷物一起吃而不会引起消化问题。熟的水果更容易消化，所以你可以把它们加到糙米布丁等谷物食物里。

适合宝宝吃的水果

如果你的宝宝7~9个月大，你就要把熟的水果跟其他容易消化的食物分开来给他吃。熟的苹果、杏、浆果、桃、梨、李子和干果在常温下食用是甜的。如果你的宝宝9~12个月大，你可以继续给他吃这些熟水果，同时加入一些可以打碎的柔软的新鲜时令水果，例如浆果、西瓜、哈密瓜、葡萄、牛油果、木瓜、芒果和香蕉。宝宝满周岁后，你可以给他吃一些个头很小的水果，例如蓝莓、樱桃和黑莓。你也可以给他切一些新鲜的比较硬的水果，例如苹果、杏、梨和柑橘类水果。到1岁半，宝宝能熟练咀嚼的时候，你可以给他吃一些需要咀嚼的干果，比如葡萄干和梅干。为了便于消化，你要在宝宝吃完谷物、蔬菜和豆类食物半小时后再给他吃水果。下面的图表列出了你可以在什么时间开始给宝宝吃哪些水果，以及这些水果的食用频率。在所有这些阶段，你要特别注意把小而圆的水果切成两半，并且要把所有的果核去除，否则会有引发窒息的危险。

果汁

水果榨汁后少了膳食纤维和部分营养，而甜度和寒凉属性却增加了。你可以把稀释过的果汁给宝宝当饮料喝，或者把它用作其他食物的甜味剂，这么做能降低纯果汁的甜度。然而，作为日常饮料，喝太多果汁也会给你的宝宝带来各种问题，例如腹泻、儿童肥胖症和蛀牙。

水果与其他食物的搭配

有些食物能一起吃，有些则不然。与水果相比，碳水化合物、蛋白质和脂肪需要更长的消化时间。如果你同时给宝宝吃水果和谷物、蔬菜、豆子等需要长时间消化的食物，宝宝的消化道中就会产生很多气体，进而可能引起消化不良、腹痛和打嗝等症状。消化大多数蔬菜所需的酶与消化水果所需的酶不同，所以，把蔬菜和水果混起来吃会影响酶发挥作用，进而阻碍宝宝对营养的吸收。

如果你想在谷物、豆类或蔬菜中添加甜味剂，那么可以选用更容易消化的糙米糖浆，因为后者来自谷物。水果容易影

正在吃草莓的埃米

水果的尝试次序				
	水果名称	年龄范围(熟)	年龄范围(生)	食用频率
	苹果（有机、鲜果或干果）	7~9个月	18~24个月	每日
	杏（鲜果或干果）	7~9个月	18~24个月	每日
	黑莓	7~9个月	18~24个月	每日
	香蕉	7~9个月	9~12个月	偶尔
	蓝莓	7~9个月	18~24个月	每日
	樱桃（去核）	7~9个月	18~24个月	每日
	醋栗（鲜果或干果）	7~9个月	18~24个月	每日
	油桃（有机）	7~9个月	18~24个月	每日
	桃（有机、鲜果或干果）	7~9个月	18~24个月	每日
	梨（鲜果或干果）	7~9个月	18~24个月	每日
	李子	7~9个月	18~24个月	每日
	梅子（鲜果或干果）	7~9个月	18~24个月	每日
	葡萄干	7~9个月	18~24个月	每日
	树莓	7~9个月	18~24个月	每日
	草莓（有机）	7~9个月	18~24个月	每日
	牛油果	–	9~12个月	偶尔
	哈密瓜	–	9~12个月	每日
	葡萄（有机，去籽）	–	9~12个月	每日
	蜜瓜	–	9~12个月	每日
	猕猴桃	–	9~12个月	每日
	芒果	–	9~12个月	每日
	木瓜	–	9~12个月	每日
	西瓜	–	9~12个月	每日
	酸橙、柠檬	–	18~24个月	偶尔
	橙子	–	18~24个月	偶尔
	菠萝	–	18~24个月	偶尔
	桔子	–	18~24个月	偶尔
	石榴	–	24~36个月	偶尔

"偶尔"意为每周2~3次

★ 注意果核、籽粒和果皮，严防窒息风险。

果酱

- ♡ 适合 满7个月的宝宝
- 可供宝宝食用8次（每次约60毫升）
- 素 素食
- 麸 不含麸质

苹果酱是传统上给宝宝吃的第一种水果，但其他家庭成员也可以享用它。你可以用其他水果代替苹果，或者添加其他水果来做成各种口味的果酱。苹果可以与各种水果搭配食用。

5 杯（约 870 克）水果，去皮，去核，切成 2.5 厘米的小块（保留有机水果的柔软外皮）

$\frac{1}{2}$ 杯（约 120 毫升）水

$\frac{1}{8}$ 茶匙（约 0.7 克）海盐（适用于满周岁的宝宝）

可选配料：
梨、桃、李子、蓝莓、黑莓、草莓、树莓、樱桃、香蕉（单独食用或搭配食用）

做法：

1. 把水果、水和海盐（如果宝宝可以吃的话）放入平底锅中，用中低温加热。
2. 煮20分钟，或煮至水果变软。
3. 用搅拌机、食物处理机、手摇粉碎机、食物研磨器或研磨碗把食物打成泥。

其他做法：

- 把切好的水果、水和海盐（如果宝宝可以吃的话）一起放进瓷盘或玻璃盘，在177℃下烘烤30分钟。

葛根水果糊

- ♡ 适合满7个月的宝宝
- 可供宝宝食用8次（每次约57克）
- 素 素食
- 麸 不含麸质

葛根粉搭配水果能做成凝胶状的水果布丁，既可以单独食用，也可以用来填充馅饼和装饰蛋糕。不管在什么食物当中，葛根粉的碱化作用都有益健康，而且葛根粉还有安抚宝宝的作用。你可以根据宝宝的年龄调整所用水果的种类。

2 杯（约 350 克）水果，去皮，去核，切成 1.3 厘米的小块（保留有机水果的柔软外皮）

$\frac{1}{2}$ 杯（约 120 毫升）水或不加糖的苹果汁

$\frac{1}{8}$ 茶匙（约 0.7 克）海盐（适用于满周岁后的宝宝）

2 汤匙（约 17 克）葛根粉

$\frac{1}{4}$ 杯（约 60 毫升）用来溶解葛根粉的水

可选水果配料：
苹果、梨、桃、李子、香蕉、草莓、蓝莓、树莓

可选果汁配料：
梨汁或葡萄汁

做法：

1. 把水果、水和海盐（如果宝宝可以吃的话）放进锅里。
2. 煮沸，然后小火煮至水果变软。最好在锅底使用散热片以防止烧糊。
3. 如果你的宝宝只能吃食物泥，你就把水果倒进搅拌机或研磨碗里，打成他喜欢的粘稠度，然后再把果泥倒回刚才的锅里。
4. 用另一只碗加水溶解葛根粉。搅拌，使葛根粉彻底溶解。
5. 将溶解有葛根粉的水加入小火慢炖的水果中，搅拌至透明。

其他做法：

- 尝试不同的水果搭配。
- 用竹芋粉代替葛根粉作为芡汁原料。
- 如果想让水果糊的口味更甜，你可以另外添加糙米糖浆或枫糖浆。
- 如果用作甜点，你可以用苹果汁代替水（适用于满周岁后的宝宝）。
- 用来填充馅饼或装饰蛋糕时，你可以制作双倍的分量，再加入 $\frac{1}{3}$ 杯（约 80 毫升）枫糖浆。

干果泥

- 适合 满7个月的宝宝
- 可供宝宝食用7~8次（每次约57克）
- 素食
- 不含麸质

干果泥可以用来替代新鲜水果，特别是它保存方便，可以随时取用。经过干燥后，水果的甜味会增加，所以你也可以在吃面包或饼干的时候把它当果酱用。确保你买的水果没有经过硫磺熏蒸。苹果口味较淡，不像葡萄干那么甜，所以适合与其他水果搭配食用。

$\frac{2}{3}$ 杯（约80克）未经硫磺熏蒸的苹果干

$\frac{1}{3}$ 杯（约50克）未经硫磺熏蒸的杏干、梅干或葡萄干

$1\frac{1}{2}$ 杯（约360毫升）用于浸泡干果的开水

$\frac{1}{8}$ 茶匙（约0.7克）海盐（适合满9个月的宝宝）

$\frac{1}{2}$~1杯（约120~240毫升）用于烹饪和混合食物的水

可选配料：
杏干、桃干、梨干

做法：

1. 把水果干和海盐（如果宝宝可以吃的话）放入锅中，倒入开水，盖上锅盖。
2. 浸泡15分钟后取出水果干。
3. 把浸泡过的水果干切成1.3厘米的小块，然后放回锅中。
4. 把水烧开。
5. 必要时加水，如果锅底的水干了的话。
6. 小火慢炖30分钟，或者直到水果干变软。
7. 最好在锅底使用散热片以防止烧糊。
8. 用搅拌机、食物处理机、食物研磨器、手摇粉碎机或研磨碗把水果干打碎或碾碎成水果泥。

蒸水果

- ♡ 适合满9个月的宝宝
- 🥣 可供宝宝食用8次（每次约57克）
- 素 素食
- 麸 不含麸质

这是一份非常简单的食谱，可以用大多数水果来做。在寒冷的天气里，熟水果对身体有温补作用，因此比生水果更适合日常食用。此外，熟水果（例如香蕉）的天然甜味也更加浓烈。小片或小块的熟水果很适合用来给宝宝当手抓食物或外出时吃的方便食物。你可以根据宝宝的年龄换用不同种类的水果。

2杯（约350克）水果，去皮，去核，切成1.3厘米的小块

$\frac{1}{4}$ 杯（约60毫升）水

$\frac{1}{8}$ 茶匙（约0.7克）海盐（适合满9个月的宝宝）

可选配料：
苹果、梨、桃、李子、香蕉、草莓、蓝莓、树莓

做法：

1. 把水果、水和海盐（如果宝宝可以吃的话）放进锅里。
2. 大火煮开，然后用文火煮20~30分钟，或者煮至水果变软。
3. 最好在锅底使用散热片以防止烧糊。

果冻

- ♥ 适合满7个月的宝宝
- 可供宝宝食用12次（每次约57克）
- 素 素食
- 麸 不含麸质

琼脂是一种提取自海产植物的天然植物明胶，用它做的果冻口感细腻，清冽爽口。适合用来消除油腻和降温解暑。琼脂有干粉状、片状和块状，它们都能溶解在液体里成为凝胶。

4杯（约960毫升）未额外添加甜味剂的果汁

3汤匙（约45克）琼脂片

2杯（约240克）新鲜水果，去皮，去核，切成1.3厘米的小块（可选用各种水果）

$\frac{1}{8}$茶匙（约0.7克）海盐（适合满9个月的宝宝）

可选配料：
草莓、蓝莓、树莓、黑莓、桃、杏、苹果、李子、梨、香蕉

做法：

1. 把果汁、琼脂片和海盐（如果宝宝可以吃的话）放进锅里。
2. 大火煮沸，然后文火煮10分钟，或者煮到琼脂溶解。
3. 需要时加入水果，然后用文火煮至水果变软。大概需要煮5分钟，视水果种类而定。
4. 最好在锅底使用散热片以防止烧糊。
5. 把锅里的食物倒进食物保鲜盒等其他容器，然后放进冰箱冷藏，直到食物成为凝胶。

其他做法：

- 使用2杯（约480毫升）水和2杯果汁。
- 把锅里的食物倒进其他容器后再加入水果。
- 用胡萝卜汁代替果汁。
- 用蔬菜汤代替果汁，同时用蔬菜代替水果。

新鲜水果

- ♥ 适合满9个月的宝宝
- 可供宝宝食用5~6次（每次约57克）
- 素 素食
- 麸 不含麸质

新鲜、成熟的应季水果吃起来非常甜，特别是本地出产的水果。牛油果、香蕉、草莓、哈密瓜、西瓜和蜜瓜可以每天捣碎了生吃。偶尔，你也可以在炎热的天气里给宝宝吃木瓜、芒果、猕猴桃等热带水果。宝宝12个月大时，你可以给他吃黑莓、树莓和蓝莓，这些水果非常适合宝宝用来练习用手拿东西吃。宝宝1岁生日后，如果他健康状况良好，你就可以偶尔给他吃一点橙子、桔子和菠萝等柑橘类水果。

宝宝学会咀嚼后，你可以把水果切成他一口能吃下的小块，以防引发窒息。苹果、梨、桃、李子、杏、油桃等水果既是方便的零食，也适合装进保鲜盒携带。需要注意的是，在给宝宝吃水果前，你一定要把樱桃核和葡萄籽去掉。

发酵食物

我在日本怀着埃米的时候，幼儿园一名幼童的家长送给我一张伊势丹（Isetan）百货公司面值1万日元（约合人民币628元）的购物礼券。你可以花上一整天来逛这座7层高的百货大楼，购买最新的时装、各种家庭用品，以及传统日本和服和手工艺品，并在地下一层找到你能想象得到的各种日本美食。然而，我却把礼券全部花在了一个卖手工泡菜的摊位上。在我两次怀孕期间，我忍不住想吃那些富含益生菌的泡菜，想品尝它们酸酸的、咸咸的味道，它们让怀孕中的我得到了极大的满足。

埃米在渡边医生的小诊所出生后，我吃的第一顿饭就是一碗味噌汤。味噌是一种酱料，由发酵的大豆、曲霉、盐和大米（或大麦）制成。味噌常用作汤底，有促进哺乳妈妈泌乳的作用。喝了这种咸汤后，我感觉自己的消化道里充满了有益健康的益生菌。三年后，玛丽在我家出生时，杰夫·泰特（Jeff Tait）医生、我的丈夫直树、我的母亲、一个朋友和埃米一起剪断了玛丽的脐带。玛丽出生后，所有人都用生日蛋糕和香槟酒表示庆祝，而我却想喝味噌汤。

在世界各地，人们都把发酵作为一种保存食物的方法，同时也以此来促进消化。德国人和韩国人把卷心菜发酵成酸菜和泡菜，日本人把大豆发酵成味噌，法国人制作奶酪，希腊人酿制酸奶，非洲人用小米做酸粥，印度人制作甜酸酱。

然而，在过去的半个世纪里，许多传统的发酵食品都因为巴氏灭菌法而消失了。今天的泡菜和酸菜大多是用醋做的，而不是采用传统方法用细菌或真菌发酵而成的。大多数面包使用的是工业化生产的酵母，而不是酸面团等天然物质。为了灭杀细菌，大多数加工食品都经过了巴氏灭菌法处理。巴氏灭菌法不仅杀死了有可能产生危害的细菌，同时也破坏和杀死了食物中有益健康的营养物质和有益细菌。

与此相对应的是，发酵能促进有益细菌的生长。在这当中，有益细菌也能帮助我们分解碳水化合物、蛋白质和脂肪，并且将糖类物质转化为乳酸或酒精。发酵食物是一种益生菌食物。"益生"的意思是"有益健康"，所以我们把益生菌称作"人类的朋友"。正是因为这一原因，我们才要尽早给宝宝吃传统的发酵食物，这么做能帮助他提升免疫力，并且为他一生的健康打下基础。益生菌不仅有促进消化的作用，它们还能帮助我们抑制有可能产生危害的细菌和病毒的生长。

有益菌

宝宝在子宫里的时候，他的肠道里是没有细菌的。出生时，他会在通过产道的时候从母亲那里得到细菌，并开始形成他自己独特的肠道菌群。产道里有很多微生物，它们能把从中通过的宝宝包裹起来，并进而帮助他建立肠道菌群。如果他是通过剖腹产出生的，那么他身上的细菌就主要来自母亲的皮肤，而不是产道。产道里含有更多的乳酸菌，这种细菌能帮助宝宝消化母乳。通过剖腹产出生的宝宝和无法吃到母乳的宝宝（母乳中也含有益生菌）可能需要额外补充益生菌来帮助他们建立肠道菌群。

大约10%～30%的孕妇携带B组链球菌（GBS），这是一种寄生在产道和肠道里的细菌。虽然B组链球菌通常对健康的成年人无害，但它可能在分娩时感染新生儿。预防B组链球菌感染的常规措施是让孕妇在分娩前接受抗生素治疗，以此来保护婴儿。但抗生素既能杀死有害菌，也能杀死有益菌，所以在这种情况下，分娩后的妈妈可以通过服用益生菌和食用发酵食物（如味噌汤或酸奶）来补充有益菌。

母乳（特别是初乳）是宝宝最早吃到的益生菌食物。母乳中含有大量有益菌，能帮助宝宝建立属于他自己的肠道菌群。除母乳外，发酵食物和益生菌补充剂也能为你的宝宝补充有益健康的细菌，进而促进他的消化和吸收功能，同时增强免疫力。

人体的肠道、口腔和皮肤生活着超过100万亿个有益菌。这些细菌是共生关系，它们在进化过程中既相互作用，也相互依赖。它们不仅能帮助人类分解食物，同时还能对抗病毒、真菌、病原体和毒素，进而保护消化道。它们一方面能激发人体的免疫力，一方面又能抑制有害微生物生长，从而帮助免疫系统对抗疾病。与此同时，消

化道里的稳定环境也能让有益菌从中受益。生活在皮肤上的有益菌能帮助人体抵御各种微生物，同时也能从皮肤表面获取营养。细菌需要食物才能在没有氧气的环境中生存，而人类需要益生菌对免疫系统的刺激作用来抵御有害细菌。

卫生假说

在过去的一个世纪里，"微生物理论"逐渐主导了西方社会的医学实践。这种理论认为，当人体免疫功能低下时，体表的细菌就会攻击人体，进而引发疾病。于是，人们开始害怕细菌，进而普遍使用抗菌皂等各种清洁产品来消灭来自外界的细菌。

人类还使用抗生素来对抗细菌。在对抗威胁生命的细菌性感染时，抗生素确实非常有用。但过度使用抗生素则会导致细菌耐药性增强，同时增加各种风险和副作用。与抗生素有关的耐药性是当今世界最紧迫的公共卫生危机之一。不少医学与科学专

业人士把这种现象称为卫生假说。他们认为,自身免疫性疾病、肠易激综合症、炎症性肠病、哮喘等疾病的发病率升高与人体接触土壤和水中微生物的机会降低有关。由于各种抗菌剂、清洁剂和抗生素的使用,人体接触不到足够的微生物,自然的平衡状态也随之被打破了。

发酵食物的益处

由于西方社会非常重视细菌的危害,所以整个社会严重依赖抗菌皂、抗生素、巴氏灭菌法等清洁方式,可这些产品和做法往往也会在杀死有害菌的同时杀死有益菌。实际上,我们还可以通过加强营养和食用富含益生菌的食物来提高宝宝的免疫力。

宝宝最早是通过产道和母乳获得益生菌的。这两大渠道能让宝宝自然而然地建立起对抗疾病和感染的免疫力。不过,如果宝宝是通过剖腹产出生的,或者他由于某种原因吃不到母乳,那么他就可以通过食用发酵食物和益生菌补充剂来增强免疫力。它们不仅能帮助宝宝预防感染,促进他从疾病中康复,还有助于他消化食物,吸收营养,同时排出体内的毒素。

提升免疫力

发酵食物中的活菌能激发宝宝的免疫系统产生抗体。它们分布在小肠内壁,对有害病原体有阻隔作用。有的发酵食物能产生抗氧化剂来对抗体内的自由基,同时帮助人体吸收营养来提升免疫力。在《发酵圣经》(The Art of Fermentation)一书中,作者桑德尔·卡茨(Sandor Katz)表示,益生菌能预防和治疗消化道疾病,同时降低上呼吸道疾病的发病率,并缩短病程。由于益生菌在提升免疫功能和对抗感染方面的重要价值已经得到证实,研究人员正在进一步研究益生菌对儿童常见疾病的影响,例如消化道和呼吸道疾病、腹绞痛和湿疹。

促进疗愈

益生菌能促进宝宝身体自愈，调节多种身体功能。益生菌能通过补充肠道菌群来为宝宝的身体营造有助于抵御各类病原体侵袭的内环境，例如寄生虫、真菌和引发腹泻的细菌，同时减轻食用受细菌污染的食物可能造成的负面影响。发酵食物和益生菌补充剂能使被抗生素、加工食品和精制糖打乱的消化系统恢复正常功能。益生菌还有助于预防和缓解服用抗生素所可能导致的腹泻，使肠道菌群恢复平衡。

益生菌食物中的活菌还有助于治疗麸质不耐受、肠易激综合征、由抗生素造成的腹泻、酵母菌感染和哮喘。吃发酵食物还能降低宝宝对甜食的喜爱。《身体生态饮食》（*The Body Ecology Diet*）一书作者唐娜·盖茨（Donna Gates）表示，发酵食物中的益生菌以益生元和糖为食，因此能减少糖对身体的负面影响。

促进消化

发酵是酵母菌或细菌等活性酶分解和代谢有机化合物的过程。促进发酵过程的益生菌能帮助人体消化食物，分解某些难以消化的化合物。乳糖不耐症患者之所以可以吃发酵的奶制品，是因为奶制品中的乳糖已经被转化为了更容易消化的物质。经过发酵的奶酪、优格酸奶和开菲尔酸奶中都含有能分解乳糖的活菌。与此同时，活菌也能分解植酸。植酸能与谷物中的某些矿物质结合，使后者更难吸收。例如，酸菜和糙米一起吃能增加钙、铁、镁、锌等矿物质的生物可利用性。大豆含有丰富的蛋白质，但一般较难消化，而经过发酵的大豆食物则比较容易消化，例如味噌和天贝。最后，发酵食物还能为肠道补充有益健康的细菌和酸性物质，它们都是消化道健康的守护者。

什么是益生元

益生元是人体无法消化，但同时却有助于有益菌生长，增加其活性的食物成分。细菌到达大肠后，益生元会刺激有益菌生长。与益生菌补充剂不同，益生元的作用对象是已经存在于消化道的微生物，为目标微生物充当"食物"。

益生元天然地存在于母乳、全麦谷物、芦笋、洋蓟、韭菜、大蒜、洋葱、豆类和水果中。益生元也是许多食物的配料，例如酸奶、早餐麦片、面包、营养棒、饮料、水和某些婴儿配方奶。

包括联合国粮农组织（FAO）和国际生命科学学会（ILSI）在内的国际科学界正在积极研究益生元，它们正在越来越多地被人类用作食物配料和营养品。

 了解关于益生元的更多信息请访问 growhealthygrowhappy.com

解毒

发酵过程还能清除食物中的毒素。益生菌能充当抗氧化剂,寻找并摧毁癌细胞前体——自由基。乳酸菌等发酵食物中的有益菌还能抑制沙门氏菌、大肠杆菌等能引发腹泻的有害菌的生长。

虽然益生菌和发酵食物有很多好处,但它们也不是治疗所有疾病的"灵丹妙药"。益生菌的抗感染作用只能暂时存在,因为益生菌无法长久停留在宝宝的消化道中。威斯康辛大学儿科学教授、医学博士弗兰克·格里尔(Frank R. Greer)表示:"一旦你停止摄入益生菌,无论是食物中的益生菌还是药物中的益生菌,它们都会从消化道中消失,从而使微生物的水平回归从前。"因此,只有经常给宝宝吃发酵食物才有助于他的免疫力长期维持在较高水平。

食用发酵食物的注意事项

微生物所生活的物理环境会影响它们的生存与繁殖。在自制发酵食物或购买酸奶、泡菜或益生菌补充剂时,你要考虑下面这些因素。

温度

温度能影响益生菌的生存。运输、储存过程中45℃~55℃的温度和巴氏灭菌法能杀死细菌,而低温则有助于保持菌群稳定,因为低温能让细菌进入休眠状态。冷藏能抑制发酵食物和益生菌补充剂里的生命体生长,而温暖潮湿的环境则能让它们进入活跃状态。反复冷冻有可能破坏细胞膜,因此不利于益生菌生存,但冷冻本身并不会杀死益生菌,因此这么做可以使酸奶等发酵食物保存更久。

湿度

湿度和温度可以相互影响,它们也共同影响益生菌的生存。随着温度升高,湿度对益生菌的影响也会增大。湿度越大,益生菌的存活率越低。在干燥状态下,益生菌的活力在常温下可以保持12个月或更久。自来水中的氯可能会杀死益生菌,所以在制作发酵食品时,你要使用凉白开或井水。

氧气含量

氧气对大多数益生菌的生存和生长都是有害的。发酵最好在无氧状态下进行,这时益生菌生长最快。而氧气的存在则有可能中断和干扰发酵过程。制作泡菜时,用盐水浸泡蔬菜或水果有助于隔绝泡菜与氧气,进而防止食物腐败。

酸碱度

美国阿贡国家实验室(Argonne National Laboratory)的特鲁迪·瓦塞纳(Trudy Wassenaar)

细菌、酵母菌和霉菌

能够开启发酵过程的微生物有三种，它们分别是细菌、酵母菌和霉菌。

细菌是有细胞壁但没有细胞核的单细胞微生物，它们以食物中的淀粉和糖为食，既可以用来发酵，也可以引发传染病。细菌几乎可以生活在任何环境当中，例如土壤、酸性温泉、放射性废物、海水、地壳深处、同温层和其他生物体内。人体内既有有益细菌，也有有害细菌。

酵母菌是单细胞真菌，通过出芽或分裂进行无性繁殖。酵母菌广泛分布在自然界中，例如空气、土壤和恒温哺乳动物的肠道。和细菌一样，酵母菌也有有益菌和有害菌之分。例如啤酒酵母菌是有益菌，而能引发皮肤和粘膜感染的白假丝酵母菌是有害菌。

霉菌是多细胞真菌，它们在潮湿的环境中生长，主要通过孢子繁殖。只要有适当的水分、营养和温度，霉菌的孢子就可以生长在任何地方。部分霉菌在被人体吸入或摄入时会引发毒性反应。有益的霉菌可用于食品生产，它们能充当酶来分解淀粉，使其更易吸收。

降低酸碱值可能会杀死某些细菌，但新的细菌也可能在新的酸碱值下生长。你可以使用乳清、柠檬汁和醋来增加食物的酸度。

所接触物质的化学性质

制作发酵食物的过程中会产生酸，而酸可能会与其他物质发生化学反应。化学性质活泼、容易与酸发生反应的物质有铝、黄铜、纯铜、铁、锌和某些种类的塑料。化学性质不活泼，不容易与酸发生反应的物质有搪瓷、食品级塑料、玻璃、尼龙和不锈钢。不要使用含有双酚A的塑料，同时要确保塑料不容易分解。

咸度

在蔬菜和水果上撒盐能让蔬菜和水果里的水分渗出来，形成天然的盐水。盐水有利于乳酸菌生长，却不利于有害菌生长，所以是一种天然的防腐剂。除此之外，盐还能起到提升口味的作用。你也可以把食物放进盐水里浸泡（要使用不含氯的凉白开或井水）。如果食物本身含水少，无法通过渗出水分形成足够的盐水，你就可以用盐自制盐水。

发酵方式

发酵食物是大多数工业化食品的对立面，因为发酵过程增加了食物中天然营养素和酶的含量，而大多数工业化食品却在生产的过程中失去了原本所包含的很多营养。在发酵过程中，微生物能产生维生素K和硫胺素、核黄素、烟酸、生物素和叶酸等B族维生素，进而提升食物的营养价值。味噌就是经过发酵的大豆。经过这一过程，味噌不仅蛋白质含量增加，而且也更容易被宝宝消化和吸收。

与此同时，发酵也能让食物不易被微生物腐败和产生各种毒素，因此也有助于延长食物的保质期。与牛奶相比，开菲尔酸奶和优格酸奶能保存更

说，所有细菌都需要特定的酸碱度才能存活，这一酸碱值会因为细菌种类的不同而呈现出巨大差异。环境酸碱度的巨大改变往往会杀死在其中生存的细菌。同时，细菌也很难在酸性很强的水果或碱性很强的蔬菜中存活。肉类的酸碱值呈中性，更容易滋生致病菌，因此需格外注意。

久,而酸菜和泡菜甚至能保鲜好几个月。因此,把夏天的蔬菜做成泡菜留到冬天吃是非常有智慧的做法。发酵既可以通过自然存在的细菌、酵母菌和霉菌进行,也可以通过在食物中加入发酵剂进行。常见的发酵形式主要有三种,它们分别是酒精发酵、醋酸发酵和乳酸发酵。无论在哪一种情况下,食物的酸性都会增加,进而使有害菌无法大量繁殖。

酒精发酵和醋酸发酵

酒精发酵能把谷物或水果转化为酒精饮品,例如啤酒、葡萄酒和清酒(日本米酒)。在这一过程中,酵母菌在无氧条件下把糖(葡萄糖、果糖或蔗糖)转化为酒精。在有氧条件下,酒精还可以在醋酸菌的作用下进一步发酵成为醋酸,这就是醋酸发酵。醋酸发酵的食物有苹果醋、意大利黑醋、米醋和红酒醋,等等。

乳酸发酵

乳酸发酵是酵母菌和细菌(如乳酸菌)把食物中的糖和淀粉转化为乳酸的过程。与前两种发酵方式所得的食物相比,乳酸发酵所得的食物更有营养。乳酸并非来自乳汁,而是由葡萄糖分解而成,乳酸存在于各类生命体中。乳酸能促进消化,改善血液循环,增强胰腺功能。人体利用乳酸的方式有食用乳酸发酵食物、益生菌补充剂和用乳酸涂抹皮肤。

发酵食物的种类

为宝宝补充益生菌的途径有很多种，你可以给他吃发酵食物，例如腌菜和味噌，也可以给他吃益生菌补充剂。自制发酵食物是既简单又实惠的做法，不需要购买昂贵的设备或原料。而且，自制的发酵食物味道独特，吃起来非常爽口。宝宝吃的发酵食物种类越多，他所接触到的益生菌种类也就越多，这些不同种类的益生菌将为你的宝宝带去各种各样的益处。要想让你的宝宝拥有健康的肠胃，最有效的做法是既给他使用益生菌补充剂，又给他吃发酵食物。

在自制或购买发酵食物时，你要记住这种食物的精华在于其中的活菌。不要购买有"巴氏灭菌法"字样的发酵食物，这意味着这种食物已经被加热到过微生物无法存活的温度。如今，许多酸奶产品都标明"含有活菌"，这样的酸奶是为宝宝补充益生菌的理想选择。你可以购买未经巴氏灭菌法消毒的发酵食品，也可以在家自制发酵食物。桑德尔·卡茨在他所写的《发酵圣经》一书中驳斥了一条流言，即肉毒杆菌毒素中毒是由食用自制腌菜造成的。实际上，这是因为食物本身受到了污染，而后又加热不彻底（要么加热温度不够高，要么加热时间不够长）造成的。发酵用的活菌并不会产生肉毒杆菌毒素。下面是你可以给宝宝吃的各种发酵食物及其制作方法。

发芽谷物与豆类

全麦谷物和豆类中含有植酸，这种化合物能阻碍钙、铁、镁、锌等矿物质的吸收，进而导致矿物质缺乏。

你可以在烹饪前浸泡谷物和豆类，甚至使它们发芽，这个过程能起到轻微发酵的作用，不仅可以中和植酸，分解大分子糖类物质，还能增加矿物质的吸收率。你可以在烹饪前把燕麦、糙米、小米、藜麦或大麦浸泡8~24小时。这一过程能使谷物发酵，使其更容易消化，同时还能促进各种营养物质的吸收。长时间浸泡谷物和豆类能让它们发芽，这个过程进一步降低食物中的植酸含量，同时产生维生素C。

甘薯泥

甘薯泥是由烤甘薯与少量优格酸奶或开菲尔酸奶一起发酵48小时做成的。

甘薯泥是一种低盐发酵食物，它很软，也很美味，很适合给刚开始吃固体食物的宝宝吃。

味噌

味噌对人体健康有很多益处，例如帮助消化，抵消毒素影响。乳酸菌等重要微生物很适合在味噌中生存，它们还能赋

予味噌以独特的味道，例如鲜味。味噌富含蛋白质，是B族维生素、维生素K、氨基酸、抗氧化剂、锰和锌的理想来源，其中还含有至少160种有益菌。味噌常用来添加到汤中，也可以作为调味料添加到蘸料、酱汁、蔬菜、鱼肉和谷物中。味噌有好多种，钠含量低、通常发酵一年或更短的味噌最适合用来给宝宝吃，比如甜的白味噌。

梅子醋

梅子醋是由梅子发酵而成的，可作为有益健康的调味料用于糙米糊、面食、蒸蔬菜和沙拉当中。梅子醋不是真正的醋，因为它含有盐，而且味道很独特，既有水果味，又有酸味和咸味。梅子醋能用来中和酸性物质，而且它具有

酸梅的许多药用特性，只是含水更多一些。因为梅子醋比较咸，所以婴幼儿不能多吃。我第一次吃梅子醋是在怀孕的时候，它的碱性和酸味大大减轻了我早晨的恶心感觉。直到今天，我仍然很喜欢梅子醋的味道。

日本酱油与普通酱油

日本酱油是一种同时具有甜味和咸味、同时略带酸味的发酵调味品，它是由大豆、盐和水酿制成的。酿制日本酱油还需要用到味噌制作过程中上浮到表面的液体。传统的日本酱油酿造时间超过一年，与24小时即酿造完毕的化工酱油很不相同。普通酱油用的是小麦曲（酵母），而日本酱油不含小麦成分，因此通常也不含麸质。在酿造过程中，植物蛋白能在分解后释放出氨基酸，进而赋予食物以鲜味。此外，未经巴氏灭菌法消毒的普通酱油也能保留其中有益健康的活菌成分。你可以用日本酱油和普通酱油来给汤、蔬菜和高蛋白食物（如豆类）调味。

泡菜

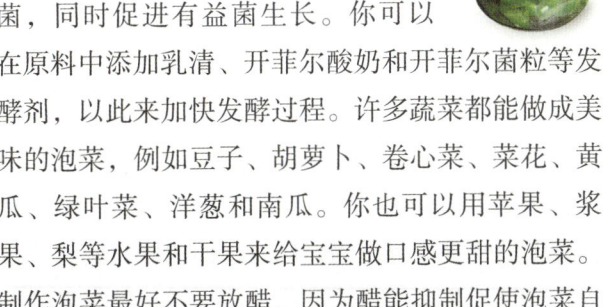

你既可以用少量海盐，也可以用裙带菜和昆布海藻来发酵泡菜。海盐或海产蔬菜中的钠能杀死有害菌，同时促进有益菌生长。你可以在原料中添加乳清、开菲尔酸奶和开菲尔菌粒等发酵剂，以此来加快发酵过程。许多蔬菜都能做成美味的泡菜，例如豆子、胡萝卜、卷心菜、菜花、黄瓜、绿叶菜、洋葱和南瓜。你也可以用苹果、浆果、梨等水果和干果来给宝宝做口感更甜的泡菜。制作泡菜最好不要放醋，因为醋能抑制促使泡菜自然发酵的有益菌的生长。如果你懒得自制泡菜，那就可以购买不加糖和醋的自然发酵的泡菜。

水开菲尔（缇比茶）

水开菲尔由开菲尔菌粒配制而成。开菲尔菌粒是一种细菌和酵母菌培养物，既能用作发酵剂，也能与甜味剂、干果、柑橘类水果和过滤水混合制成饮料。开菲尔菌粒中的微生物以糖为食，它们能把糖分解为乳酸、酒精和二氧化碳，进而使饮料中生成少量碳酸。不同的开菲尔菌粒能配制出微生物配比不同的不含乳糖成分的益生菌饮料。自来水中的氯和干果中的亚硫酸盐能抑制发酵过程。你可以从网上或天然食物商店购买开菲尔菌粒。如果你的朋友家里有现成的开菲尔菌，你也可以找朋友索要。此外，你也可以在做泡菜的时候把开菲尔菌粒当发酵剂用。

优格酸奶、开菲尔酸奶和乳清

优格酸奶是源自欧洲东南部、土耳其和中东地区的传统食品，也是全世界最受欢迎的发酵食品。在过去，它的味道通常是咸的。在今天的美国，优格酸奶里一般会添加水果或白糖，因此吃起来是甜的。优格酸奶是由活的乳酸菌与牛奶一起发酵而成的。购买酸奶时，你要挑选由有机全脂牛奶制成、不含糖、未经巴氏消毒、含有"活菌"的酸奶品牌。注意产品的有效期，因为益生菌的活性会随着时间的推移而减弱。

开菲尔酸奶（dairy kefir）是一种产自东欧的饮料，原料可以是不同种类的乳汁或植物乳液，例如牛奶、山羊奶、糙米浆、杏仁露、椰子汁或大豆奶。首先把"菌粒"（即细菌和酵母菌菌落）加入到乳汁或植物乳液里，然后发酵过程就会开始。虽然开菲尔酸奶会产生黏液，但这种黏液能包裹消化道，保护有益菌进入肠道，并在肠道中定植。开菲尔酸奶的粘稠度近似优格酸奶，味道微酸。开菲尔酸奶有许多种口味，但这些非原味的开菲尔酸奶通常都会添加白糖。你可以在开菲尔酸奶里添加天然调味剂，例如煮熟的蓝莓、草莓、树莓，以及糙米糖浆。要尽可能购买由有机全脂牛奶制成的无糖开菲尔酸奶。

通常，对乳糖过敏的人都能喝开菲尔酸奶，因为其中的有益微生物能消耗掉大部分乳糖。如果你打算给宝宝吃发酵奶制品，我建议你选用由全脂牛奶制成的产品。三岁以下的婴幼儿更适合饮用全脂牛奶，而发酵奶制品中的乳酸杆菌能促进消化。开菲尔酸奶要从少量开始尝试，同时你还要密切观察宝宝身体的反应。

乳清是从牛奶、优格酸奶或开菲尔酸奶中分离出的稀薄液体。如果你用棉纱包裹优格酸奶或开菲尔酸奶，那么面纱下方流出的液体就是乳清。只需在室温下放置几个小时，优格酸奶或开菲尔酸奶中的凝乳和乳清就可以分开，你可以很容易地把乳清倒出来。乳清中含有丰富的活菌，因此可以作为发酵剂使用，例如在制作泡菜和甘薯泥时。在烹饪前，你也可以在浸泡谷物的水中加入乳清。

酸梅

酸梅是用新鲜的梅子、海盐和红紫苏叶发酵而成的，是一种能促进消化的食物，因为它能激发身体分泌消化酶，同时中和胃酸。由于具有强大的抗菌力，这种食物还能增强人体对咳嗽、流感、感冒、发烧和咽痛等病症的抵抗力，可以用作天然的抗生素。酸梅对很多小病都有疗效，因为它们能中和体内的酸性物质。紫苏叶富含维生素E、维生素K、铁和锌。它们常被用作天然的防腐剂和染色剂。由于含盐量高，酸梅还能延长饭团的保质期。所以，你可以在饭团中加入少量的酸梅来给满周岁的宝宝吃，或者把它们用作药物。由于酸梅非常咸，所以一次只能给宝宝吃一点点，而且宝宝必须满周岁后才能吃。或者，在给宝宝吃酸梅前，你也可以先用水把酸梅泡一泡，以此来去除一部分盐分。

天贝

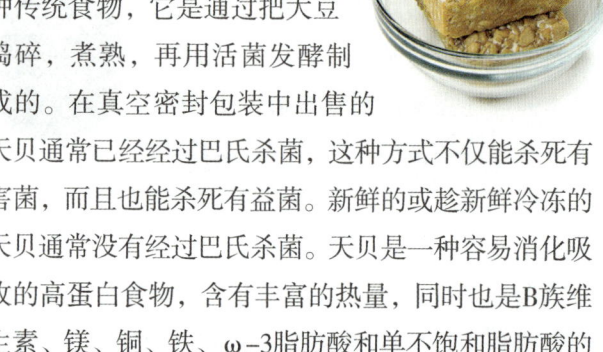

天贝是印度尼西亚的一种传统食物，它是通过把大豆捣碎，煮熟，再用活菌发酵制成的。在真空密封包装中出售的天贝通常已经经过巴氏杀菌，这种方式不仅能杀死有害菌，而且也能杀死有益菌。新鲜的或趁新鲜冷冻的天贝通常没有经过巴氏杀菌。天贝是一种容易消化吸收的高蛋白食物，含有丰富的热量，同时也是B族维生素、镁、铜、铁、ω-3脂肪酸和单不饱和脂肪酸的重要来源。此外，天贝当中还含有一种能提升免疫力的天然抗生素。与豆腐相比，天贝的营养价值更高，吃法也更多。在开始给宝宝尝试发酵食物的时候，你可以用天贝做成素汉堡、烤肉串和三明治等食物给他吃。天贝本身味道很淡，所以需要蘸料或另外添加佐料，比如酱油或味噌，这样才更有味道。天贝需要文火煮至少20分钟，这样大豆才能熟透，变软，才方便宝宝咀嚼和消化。用水蒸天贝能让天贝的外层变松软，因此更容易吸收调味料。

发面团

在烘焙酵母广泛使用之前，做面包一直用的是发面团（面肥）。发面是天然酵母菌和乳酸菌消化一部分谷物，同时使面包胀大的天然过程。市场上售卖的烘焙酵母能将面粉里的糖发酵，同时释放出二氧化碳和乙醇，以此来使面团胀大。烘焙酵母无法在酸性环境中生存，但发面团里的天然酵母可以。天然酵母面包是用发面团、面粉和水混合并发酵制成的。你必须每天给发面团"喂"面粉和水,这样的发面团可以在冰箱里冷藏好几个月。你可以用发面团来制作煎饼、面包、松饼、烤饼等各种烘焙食品。

奶酪

制作奶酪的发酵方法有很多种。白软干酪、农夫乳酪和法式酸奶油等软质成熟奶酪都是用细菌发酵的。未经巴氏灭菌的软奶酪中含有丰富的活菌。奶酪放置时间越长,其中的活菌数量就越少。不过,由生奶或未经巴氏灭菌的原料奶制成的陈年奶酪例外,这种奶酪中的益生菌通常能存活更久。

益生菌补充剂

婴幼儿益生菌补充剂有胶囊、菌粉和菌液等形式。由于它们属于膳食补充剂,所以不受美国食品与药品监督管理局监管。不过,美国食品药品监督管理局还是发布了一份简短的生产商指南。在刚开始吃的时候,益生菌补充剂可能会引发胀气,但身体适应新的细菌后就会好转。除此之外,它几乎没有副作用。

在为宝宝挑选益生菌补充剂时,你要认真阅读商品标签,了解它的用途、用法、用量、菌株种类、菌落形成单位(CFU,用作计算活菌数量)以及如何贮存。要确保益生菌补充剂中不含奶制品、麸质、小麦、玉米、大豆和转基因成分。此外,你还要检查它是否有抗酸和抗胆汁的能力,以此来确保微生物通过胃部后仍然能存活。益生菌补充剂应当存放在阴凉的地方,同时使用不透明的罐子或容器来避免光照。将益生菌补充剂冷藏能延长其中微生物的寿命和有效期。有任何疑问,你都可以联系产品生产商咨询食用建议和用量。你也可以向医生寻求建议。

益生菌补充剂问与答

问:益生菌补充剂有副作用吗?

答:美国儿科学会表示,健康的足月婴儿一般不会因为大量服用益生菌而受到不良影响。不过在急性疾病发作期间,你可能需要停止使用益生菌补充剂。

问:孩子在服用抗生素,益生菌补充剂能起到什么作用?

答:抗生素既能杀死有害菌,也能杀死有益菌。在孩子服用抗生素后给他吃益生菌能帮他补充有益菌。尽可能在两顿抗生素之间吃益生菌,这么做能让益生菌有更大的机会存活。吃完抗生素以后,你要继续给宝宝吃益生菌至少1~4周。

问:我的孩子最好吃哪种益生菌补充剂?

答:乳酸菌和双歧杆菌能帮助宝宝构建健康的肠道菌群,好的益生菌补充剂应当至少有这两个菌种。

问:我家孩子几岁可以吃益生菌补充剂?

答:如果你是母乳喂养,那么你的乳汁里本身就有天然的益生菌。想补充益生菌的话,你可以自己吃发酵食物或者益生菌补充剂。在出生后的第一年里,你的宝宝正在构建他独有的肠道菌群。1岁以后,他的菌群就基本稳定了。你可以在他1岁前帮他构建最初的菌群,并且在此之后帮他维持菌群稳定。孩子在大约6个月大的时候开始吃固体食物,到时你可以在他的食物糊里添加益生菌补充剂,这么做能帮他提高免疫力,预防疾病。在他满6个月之前,如果他不是通过产道出生的,或者他吃的是配方奶,你就可以考虑给他选择额外添加益生菌的配方奶。

问:我应该给我家孩子吃多少益生菌补充剂?

答:从他6个月大到满3岁期间,你可以每天给他吃50亿个菌落形成单位(CFU)的益生菌。

含有益生菌的零食和饮料

目前,市面上有很多含有益生菌的零食和饮料,例如杂粮棒、巧克力、披萨、康普茶和水开菲尔。不过,这些食物通常都含有精制糖,所以在给你的宝宝吃之前要仔细查看成分标签。

醋

含糖液体在有氧条件下通过醋酸菌发酵法发酵后的产物就是醋。过去,醋的原料都是当地出产的作物。例如葡萄做成香醋,苹果做成苹果醋,大米做成米醋。与现在市面上的醋不同,过去的醋不需经过巴氏灭菌,因此传统工艺制成的醋更加有益健康,甚至有药用价值。买醋的时候,你要选择带有"未过滤"、"未经巴氏灭菌"、"传统发酵"或"木桶熟化"字样的产品。醋怕热,也怕由化学性质活泼的材料制成的容器。由于醋比较酸,所以宝宝一般在一岁或两岁前都不喜欢醋的味道。你可以给宝宝少吃一点,让醋发挥分解食物中多余脂肪和消食化积的作用。

发酵食物的阴阳属性

想要给宝宝找含钠低的发酵食物吃可能不是一件容易的事。下面这张图中的发酵食品能帮助消化,补充肠道细菌,它们的钠含量各不相同。食物制作过程中的时间、盐、烹饪和压力等因素能让食物偏阳性。其他影响因素有食物的含水量和硬度。例如,酸奶的发酵时间可能一天都不到,而味噌和奶酪的发酵时间可能会长达一两年。

软的奶制品是偏阴性的,例如开菲尔酸奶和优格酸奶,而且它们不含盐。天贝比较硬,钠含量很低,但烹饪中通常会添加咸的调味料。泡菜在腌制过程中的用盐量和腌制时间会影响泡菜的阴阳属性。梅子醋和日本酱油虽然是液体,但它们的钠含量非常高。味噌是一种粘稠的糊状

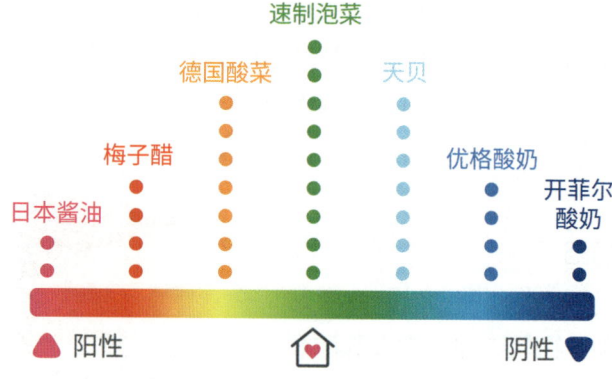

发酵食物的阴阳属性分布图

物,有多种口味,钠含量也各不相同。上图中列出了可日常食用的阴阳属性平衡的发酵食物和可偶尔食用的偏阴性或偏阳性的发酵食物。

适合宝宝吃的发酵食物

如果你的宝宝是顺产的,那么他就能立即享受到益生菌的好处,因为产道里有益生菌。为了帮助宝宝提高免疫力,母乳里也含有益生菌。最初的母乳是初乳,初乳中含有40%的益生菌。如果你的宝宝是剖宫产,或者吃的是配方奶,又或者你在生产期间使用了抗生素,那么你就可以在医生的指导下给宝宝吃益生菌补充剂。如果你是母乳喂养,你就可以自己吃益生菌补充剂和发酵食物来提升你和宝宝的免疫力。

给不满1岁的婴儿寻找发酵食物并不是一件容易的事,因为这些食物要么是咸的,比如味噌、酱油、酸梅和酸黄瓜,要么是用奶制品做的,比如优格酸奶和开菲尔酸奶。我为婴幼儿准备了一些既不包含奶制品,同时钠含量也很低的发酵食物食谱。

如果你的宝宝有消化不良的症状,那么你就可以通过给他吃发酵食物来帮他恢复肠道菌群。如果他必须服用抗生素或者正在住院,那么他也可以从自然发酵的食物和益生菌补充剂中获益。此外,发酵食物也适合在旅途中或者在可能受到各种病原体侵袭的

时候吃。你的宝宝可以在他6~8个月大的时候开始吃一些发酵食物。在他6个月大的时候，你可以把给他做谷物糊的谷物预先浸泡一下，以此来达到让谷物轻微发酵的目的。你可以尝试给他吃少量的甘薯泥，也可以把益生菌补充剂加入他的谷物糊或蔬菜泥里。在他大约7个月大的时候，你可以给他吃添加有极少量的味噌或日本酱油的食物糊或蔬菜泥。你也可以在他的食物中加入泡菜或泡菜汁，以此来帮他促进消化。这些食物虽然含盐，但其中的钠含量比直接放盐少。不过，对于这个年龄的宝宝，你还是只能使用很少的盐。水开菲尔、优格酸奶和开菲尔酸奶可以在宝宝9个月大的时候给他吃。在宝宝满周岁左右，你可以开始给他吃天贝三明治、炖菜或烤饭。你也可以继续在他的食物中加入各种发酵食物，例如泡菜、日本酱油、味噌和梅子醋。

随着宝宝的成长和饮食的改变，他的肠道菌群也会随之改变。到两三岁时，大多数宝宝的肠道菌群都会变得非常稳定。那时，宝宝的免疫系统也会发育得非常成熟。宝宝出生后的两到三年是你帮他构建肠道菌群进而提升免疫力的绝佳机会。

下面的图表列出了你可以在什么时间开始给宝宝吃哪些发酵食物，以及这些发酵食物的食用频率。

发酵食物的尝试次序

发酵食物名称	年龄范围	食用频率
发芽谷物	6~8个月	每日
甘薯泥	6~8个月	偶尔
益生菌补充剂	6~12个月	每日
味噌（低钠）	7~9个月	每日
梅子醋	7~9个月	每日
日本酱油（低钠）	7~9个月	每日
泡菜（低钠）	7~9个月	每日
水开菲尔	7~9个月	偶尔
优格酸奶或开菲尔酸奶（可选）	9~12个月	偶尔
天贝	12~18个月	偶尔
酸梅	12~18个月	偶尔
天然发酵面包	12~18个月	偶尔
奶酪	12~18个月	偶尔
含有益生菌的零食	12~18个月	偶尔

"偶尔"意为每周2~3次

味噌汤（日本酱汤）

- ♡ 适合满7个月的宝宝
- 可供宝宝食用8次（每次约60毫升）
- 素 素食
- 麸 不含麸质

　　味噌汤（日本酱汤）既有益肠胃，又能安抚宝宝的情绪。味噌里的乳酸菌不仅能促进消化，还能中和酸性物质。由于味噌和日本酱油含有较多的钠，所以一开始要严格控制食用量。等宝宝长大一些后，你可以酌情增加使用量。

2.5厘米见方的昆布海藻或1茶匙（约2克）干裙带菜

3杯（约720毫升）水

1杯（约150克）蔬菜丁

味噌或日本酱油 $\frac{1}{2}$ 茶匙（2.5毫升，针对7～12个月的宝宝）、1茶匙（5毫升，针对12～18个月的宝宝）或2茶匙（10毫升，针对18个月以上的宝宝）

1汤匙（约15毫升）用来调制味噌的水

可选配料：
洋葱、胡萝卜、黄南瓜、西葫芦、西兰花、卷心菜、白菜、羽衣甘蓝、甜菜、菜豆

做法：

1. 把水倒进锅里，加入昆布海藻或干裙带菜，大火烧开，然后转小火煮5分钟。

2. 加入蔬菜丁，继续煮20～25分钟。

3. 在一个小碟子里把味噌与1汤匙（约15毫升）水混合后调匀，然后倒进汤里。为了让味噌里的乳酸菌存活，加入味噌后不要再烧开。

4. 对于7～9个月大的宝宝，把食物打成泥。对于满9个月的宝宝，根据宝宝的咀嚼能力把蔬菜切成小块。

5. 趁热给宝宝吃。

其他做法：

- 加入 $\frac{1}{4}$ 茶匙（约1克）切碎的药草（新鲜的或干的），例如茴香、月桂叶、罗勒、百里香、莳萝或欧芹。

- 撒上一些紫菜。紫菜应当是泡发过的，以便于宝宝吞咽。

- 在烹饪当中加入几块豆腐。豆腐至少要煮5分钟。

甘薯泥

- ♥ 适合满7个月的宝宝
- 可供宝宝食用8次（每次约57克）
- 素 素食
- 麸 不含麸质

未经巴氏灭菌的酸奶中含有活的乳酸菌，所以能用作发酵剂来制作低钠发酵食物，同时还不具有一般奶制品可能引发的副作用。用这种方法做成的食物吃起来会有一种淡淡的发酵味道。

3 杯（约 450 克）甘薯（1～2 个生甘薯）

$\frac{1}{8}$ 茶匙海盐（约 0.7 克，针对 9～12 个月大宝宝）、$\frac{1}{4}$ 茶匙茶匙（约 1.4 克，针对 12～24 个月大宝宝）或 1 茶匙（约 5.6 克，针对两岁及以上宝宝）

1 汤匙（约 15 毫升）不加糖、未经巴氏灭菌的原味酸奶

做法：

1. 预热烤箱至200℃。
2. 把整只甘薯烤1个小时。
3. 用叉子将烤熟的甘薯去皮并捣碎。
4. 加入海盐和酸奶。
5. 把甘薯泥倒进玻璃或陶瓷容器里，摊开。
6. 找一个结实的塑料袋装满水，袋口扎紧，不要漏水，然后把它压在红薯泥上。装满水的塑料袋应完全覆盖甘薯泥，防止其与空气接触。
7. 盖上盖子。
8. 在温暖的地方放置48小时并品尝。
9. 放进冰箱冷藏以保鲜。

海菜味泡菜

- ♥ 适合满7个月的宝宝
- 可供宝宝食用16次（每次约28克）
- 素 素食
- 麸 不含麸质

这份食谱对婴幼儿非常有帮助，因为食物中含有对健康非常有益的活菌。裙带菜能为宝宝提供矿物质，同时也能提供发酵过程中所需的部分盐分（盐的用量已经尽可能降低）。天然发酵的泡菜中含有活性酶成分，它们能促进消化液分泌，杀灭致病菌，并且促进双歧杆菌等有益菌生长。

$\frac{1}{2}$ 茶匙（约2.8克）海盐

1汤匙（约6克）裙带菜片，用2汤匙（约30毫升）水浸泡10分钟

2杯（约300克）蔬菜，切成薄片

1汤匙（约15毫升）不加糖、未经巴氏灭菌的原味酸奶或乳清

用来浸泡蔬菜，使其与空气隔离的水

可选配料：
卷心菜、胡萝卜、黄南瓜、紫甘蓝、黄瓜、西葫芦、甜菜

做法：

1. 在浸泡裙带菜的水里加入海盐和酸奶（或乳清），搅拌均匀。
2. 把蔬菜放进陶瓷碗、玻璃碗或泡菜坛子里。
3. 把搅拌好的混合液倒在蔬菜上，拌匀。
4. 拿一只盘子放在蔬菜上面，再在盘子上压一个重物，以此来把蔬菜的汁液压出来。
5. 用手压几下盘子，然后盖上棉质毛巾。
6. 一天之后，如果水没有盖住蔬菜，那就加水把蔬菜与空气隔离。
7. 根据天气情况，把碗或坛子在温暖、避光的地方放置3~4天。
8. 拿掉毛巾和重物。用手挤压蔬菜，挤出液体。
9. 将泡菜和汁液分别倒入两个240毫升或一个480毫升的广口瓶里，然后放进冰箱冷藏。最多可冷藏两周。
10. 把泡菜汁浇在宝宝的其他食物上。根据需要，把泡菜打成泥或者直接给宝宝吃。

水果泡菜

- 适合满9个月的宝宝
- 可供宝宝食用16次（每次约28克）
- 素食
- 不含麸质

这份食谱很像用蔬菜做的泡菜，只不过原料是水果，因此味道也比较特别。同样，盐的用量已经尽可能降低。发酵后的泡菜能帮助你的宝宝提升免疫力。

$\frac{1}{2}$ 茶匙（约2.8克）海盐

2杯（约350克）水果，切成薄片

1汤匙（约15毫升）水，用来稀释酸奶

1汤匙（约15毫升）不加糖、未经巴氏灭菌的原味酸奶或乳清

用来浸泡水果，使其与空气隔离的水

可选配料：
苹果、梨、李子、桃、蓝莓、草莓、树莓、芒果

做法：

1. 在一只小碗里把海盐、酸奶和水混匀。
2. 把水果放进陶瓷碗、玻璃碗或泡菜坛子里。
3. 把酸奶、海盐和水的混合物倒在水果上。用两只手向下挤压水果。
4. 盖上棉质毛巾或盖子。
5. 根据天气情况，把碗或坛子在温暖、避光的地方放置2~3天。
6. 加入水，把水果与空气隔离。
7. 最多可以在冰箱里冷藏两周。
8. 把泡菜汁浇在宝宝的其他食物上，或者把泡菜打成泥给宝宝吃。

水开菲尔

- 适合满6个月的宝宝
- 可制作出近1升水开菲尔
- 素食
- 不含麸质

这种简单的饮品能帮助宝宝提升免疫力,同时不含奶制品和盐。它虽然用糖制成,但有益菌已经把糖分解,因此它没有含糖饮料的副作用。水开菲尔含有40多种不同的细菌和酵母菌,而一般的益生菌补充剂只有10种左右。

水开菲尔的发酵剂与开菲尔酸奶的发酵剂不同。它是一种白色或淡黄色颗粒,像小块的明胶。刚开始做水开菲尔的时候,你只能购买这种发酵剂或者从朋友处获得。这种颗粒能生长,你可以把它们保存起来多次使用。同一批发酵剂最多可以在冰箱里冷藏两周。

4杯(约960毫升)凉白开

$\frac{1}{4}$杯(约60毫升)枫糖浆、糙米糖浆或有机蔗糖

横着从中间切开的半只柠檬

1汤匙(约9克)不含硫的葡萄干

2.5厘米见方的昆布海藻、1茶匙(约2克)干裙带菜,或者1茶匙(约5.6克)海盐

$\frac{1}{4}$杯开菲尔菌粒

做法:

1. 把水倒入一个大的玻璃瓶或陶瓷瓶。
2. 加入糖浆、柠檬、葡萄干和海产蔬菜。小心地加入开菲尔菌粒。
3. 确保混合液距离瓶口至少5~7.5厘米高。
4. 在瓶口盖一块松软的棉布,用橡皮筋固定。有氧环境能促使发酵开始。
5. 把瓶子在18℃~28℃的环境里避光放置24~72小时。用盖子密封瓶口,然后放入冰箱冷藏24~48小时。
6. 用粗棉布或尼龙滤网等不含金属的工具过滤液体。丢弃柠檬和水果。留存开菲尔菌,供将来制作新的水开菲尔。

制作水开菲尔的注意事项

* 金属能与开菲尔菌发生反应,所以要使用陶瓷、玻璃、木头、硅胶或塑料材质的容器。

* 自来水中的氯能杀死发酵所必需的有益菌。即使过滤水有时也含有氯和氟,所以要使用凉白开来制作水开菲尔。

* 由于过滤水在蒸馏过程中失去了矿物质,所以你可以通过添加一小块海产蔬菜、一个鸡蛋壳或少量海盐来补充矿物质。

* 发酵过程会产生气体,所以容器不可以密封,否则盖子可能会破裂。

* 水开菲尔需要糖来激活菌粒进行发酵。枫糖浆、糙米糖浆和有机蔗糖都是健康的选择。人造的或不含碳水化合物的甜味剂无法激活菌粒,不能用来发酵。蜂蜜有抗菌作用,会影响开菲尔菌粒生长,所以不宜用作发酵所需的甜味剂。

7. 将过滤后的液体装瓶并冷藏,以供随时饮用。

8. 要想增加碳酸来满足大一些的宝宝的口味,你可以把过滤后的液体储存在密封的瓶子里,在室温下保存两天,然后再放进冰箱冷藏,这么做能让水开菲尔里溶解更多的二氧化碳。

9. 重复以上步骤,用留存的开菲尔菌制作新的水开菲尔。

10. 市场上也有脱水的开菲尔菌粒售卖,你需要一些时间来溶解它们。另外留存的开菲尔菌需要你每隔两三天给它们添加一些糖,以此来帮助它们生长,同时防止它们变成醋。

脂肪与调味料

日本京都的梦之窗幼儿园附近有一座寺庙，里面有一种叫做怀石料理的日餐。这种料理既是一种烹饪方法，也是一种艺术。怀石料理重视食物的味道、口感、颜色和摆放，是能够反映自然世界的新鲜本地菜肴。我在那里吃过几次午餐，我至今仍记得用餐时的感官体验和餐后所感受到的平静与满足。这些午餐让我联想到了日本育儿杂志上那些色彩缤纷的婴儿食物照片。日本料理讲究色、香、味和口感，即使是给6个月大的宝宝吃的食物也是如此。

宝宝运用他的感官探索外部世界，每当他使用这些感官时，他的大脑都会形成新的神经连接。在大约6个月大的时候，他会在固体食物中发现一个有滋有味的全新世界。他的味觉无比敏锐，你觉得淡而无味的食物可能会给他的味蕾带去强烈的刺激。天然而新鲜的有机食物本身就含有微妙的味道，这些味道还可以在油、海盐、甜味剂、药草和香料等天然调味料的作用下进一步加强。一开始，天然的新鲜食物本身就能让宝宝感到兴奋和满足，但是随着他的成长和发育，他也会逐渐喜欢上各种调味料的味道。这些调味料不仅能刺激他的味蕾，还能为他提供多种营养，激发他的情绪反应，以及促进大脑发育。

通过吃母乳或配方奶，你的宝宝能获得他所需要的全部营养。开始吃固体食物后，他还需要高质量的脂肪、天然甜味剂和少量的盐来保障他的健康成长和发育。此外，他还需要药草和香料来提升食物口味，激发食欲。

这一章的内容会介绍哪些食物中含有健康的脂肪，吃盐要注意什么问题，天然甜味剂有哪些，以及宝宝适合吃哪些既健康又美味的药草。读完这一章后，你就能知道如何来让你的宝宝体验这些新口味，进而让他喜欢上丰富多样的食物。

脂肪

必需脂肪酸（EFA）对宝宝的免疫系统、神经系统和心脏的健康运转至关重要。健康的脂肪能帮助宝宝的身体吸收维生素，分泌各种激素，并且保护他的神经。同时，脂肪也能为身体供给热量，而且对大脑和身体的成长和发育必不可少。必需脂肪酸是宝宝的身体需要却无法通过自身合成的脂肪酸，因而只能从食物中获取。

脂肪的益处

脂肪中的必需脂肪酸能调节心率、血压、凝血、生育、受孕和免疫等多项生理机能。它们对宝宝的神经发育和感觉系统的成熟尤为重要。此外，它们还能激发皮肤和毛发生长，维持骨骼健康，调节新陈代谢。ω-3和ω-6脂肪酸是两种重要的必需脂肪酸，它们对多项生理机能有重要意义，例如细胞膜的形成与修复，以及有害代谢废物的排出。ω-9脂肪酸不是必需脂肪酸，因为身体能通过ω-3和ω-6脂肪酸来合成它。缺乏必需脂肪酸可能会导致宝宝发育迟缓、易受感染和伤口迁延不愈。

ω-3脂肪酸存在于亚麻籽、奇亚籽、鱼肝油、核桃、新鲜小麦胚芽和三文鱼中。ω-6脂肪酸存在于各种食用油中，例如芝麻油、红花油和葵花籽油。白豆、红腰豆（大红豆）、大豆等各种干豆也含有少量的ω-3和ω-6脂肪酸。

对宝宝来说，健康的脂肪能促进身体健康成长、推动情感和智力发育。脂肪是自然界中能量密度最高的营养物质来源。在宝宝的身体里，脂肪也发挥着极为重要的作用，它是所有细胞的细胞膜的组成部分，对大脑发育和激素分泌都至关重要。此外，脂肪还有润滑皮肤、关节和血管，固定重要器官，抵御外界温度变化的作用。健康的脂肪能为宝宝提供维生素E，后者能促进血液流动，防止凝血，提升宝宝的免疫功能。最后，

食用健康脂肪能更为长久地为宝宝提供能量，还能让他感到舒适和满足。用脂肪烹饪还能让食物变得更加鲜美。

食用脂肪的注意事项

尽管脂肪对健康有很多好处，但它也有健康与否的分别。不健康的脂肪容易引发消化不良，提高胰岛素水平，减慢新陈代谢，阻碍机体对维生素和矿物质的吸收。它们会增加体内"坏"胆固醇或低密度脂蛋白（LDL）的含量，这种胆固醇能在动脉中堆积，阻碍血液流动。同时，不健康的脂肪也能降低"好"胆固醇或高密度脂蛋白（HDL）的含量，这种胆固醇能使低密度脂蛋白的含量维持在较低水平。摄入不健康的脂肪也会导致甘油三酯升高，增加中风危险。下面，我们会分别介绍这两类脂肪以及它们的辨别方法。

健康的脂肪是不饱和脂肪，在室温下通常为液态。不饱和脂肪分为两类，分别是多不饱和脂肪（PUFA）和单不饱和脂肪（MUFA）。多不饱和脂

肪对大脑的生长和发育有重要作用，适量食用对健康有益。多不饱和脂肪通常分为ω–3脂肪酸和ω–6脂肪酸两类，它们富含于植物油、多脂鱼和某些坚果当中。单不饱和脂肪能降低"坏"胆固醇的含量，提升"好"胆固醇的含量，同时还能提升免疫力，降低胰岛素抵抗（胰岛素敏感性不足）。这种脂肪酸富含于橄榄油、牛油果和多脂鱼中。

饱和脂肪主要存在于动物性食品中，例如肉、蛋、黄油和奶制品。饱和脂肪在室温下通常为固态，这种脂肪难以消化，而且胆固醇含量很高。常见的动物性饱和脂肪有黄油(通常由牛奶制成)、猪油、牛油和鹅油。饱和脂肪也有植物性的，例如棕榈油和椰子油。植物性饱和脂肪比动物性饱和脂肪更健康，也更容易消化。

完全氢化油和部分氢化油(反式脂肪)是向液态油脂中注入氢气后得到的油脂。这种油脂的化学性质更为稳定，在室温下为固态。氢化反应能延长油脂保质期，防止油脂像天然的花生酱那样分离为固体和液体。氢化油脂价格低廉，而且能让烘焙食品和加工食品具备某些优点，例如改良烘焙食品的口感和口味。于是，许多食品生产商都开始使用氢化植物油。氢化脂肪常被用于油炸快餐和餐馆，因为它们能耐高温，保质期也更长。但是，这些脂肪会增加"坏"胆固醇的含量，降低"好"胆固醇的含量。

在美国，法律对生产商标注反式脂肪的规定已经变得更加严格和透明，但如果单份食品中反式脂肪的含量低于0.5克[①]，那么法律也允许生产商将食品标注为不含反式脂肪。因此，许多生产商开始换用精炼植物油，如棉籽油和大豆油，而它们也并不比反式脂肪健康多少。大多数向天然食物商店供货的生产商已经用高质量的食用油来取代了部分氢化油（反式脂肪），但要确定这一点，你仍然需要仔细查看标签。如果配料标签里标注的是完全氢化油，那么这种食品应该是不含反式脂肪的。如果配料标签里标注的是部分氢化油，那么这种食品就含有反式脂肪。

反式脂肪

可能含有反式脂肪的8大食品	购买食品的8条提示
• 各种酱料，如人造黄油、花生酱、沙拉酱。	• 认真阅读标签，选择不含氢化油的食品。
• 包装食品，如蛋糕、酥饼、饼干。	• 自己做饭。
• 方便食品，如方便面、方便汤、速溶咖啡。	• 不去连锁餐厅和快餐店。
• 油炸食品，如薯条、薯片、汉堡、炸鸡、油条。	• 在当地的面包店买现制面包。
• 冷冻食品，如冷冻薯条、冷冻披萨。	• 购买现制坚果酱。
• 烘焙食品，如面包、蛋糕、蛋挞。	• 食用天然油脂，例如橄榄油和芝麻油。
• 西式餐点，如酥皮浓汤、焗烤食物。	• 在餐馆里点现烤的鱼或肉。
• 各种零食，如巧克力、糖果、爆米花、能量棒。	• 自制爆米花。

---
①中国国家标准为每100克或100毫升含量低于0.3克可标注为不含反式脂肪。——译者注

脂肪的氧化

当暴露在空气、光照和高温下时，油脂会发生氧化和酸败。食用这样的油脂会使大量自由基进入体内，同时还可能引发消化不良，破坏维生素B和维生素E，损伤细胞内的遗传物质脱氧核糖核酸（DNA）。如果油脂气味改变，颜色加深，那么就可能已经发生了酸败。

每一种油脂都有特定的氧化和分解温度，也就是烟点。达到这一温度后，它的营养价值就会降低，味道也会发生改变。这时，油脂会冒烟，刺激人的眼睛和喉咙，同时释放出有害物质和自由基。油脂的烟点高低与油脂的种类和精炼程度有关。精炼油的烟点更高，特别是颜色较浅的精炼油，后者常可用于油炸等高温烹饪。

油脂的储存方式能影响油脂的酸败速度。由于油脂在光照下更容易变质，所以你要把油存放在不透明的容器中。你还要使用玻璃容器，而不是塑料容器，以防塑料溶解到油里。如果你为了图方便而把油放在炉子附近，那里过高的温度也会缩短油脂的保质期。由于高温会加快油脂的酸败速度，所以你要把油脂存放在阴暗、凉爽的地方。

各种非精炼油料的烟点

油	烟点
杏仁油	216℃
黄油	121℃–149℃
椰子油	177℃
亚麻籽油	107℃
橄榄油	191℃
芝麻油	177℃
红花油	124℃
葵花籽油	124℃

脂肪的种类

不论宝宝吃的食物来自自家厨房、商店还是餐馆，他每天摄入的脂肪类型都会影响他的身心成长和发育。植物脂肪可以通过压榨橄榄等食物或使用化学溶剂来提取。使用压榨方法能保持食物的大部分风味和营养，而高温和化学处理方法则会使食物损失很多营养。虽然精炼植物脂肪保质期更长，但脱胶、漂白和除臭等加工方法也会使食物的色、香、味和其中的不饱脂肪酸遭到破坏。常吃未经精炼的植物油不仅能获得更加丰富的营养，而且不会有副作用。但精炼植物油的烟点更高，能承受更高的温度。此外，酥油和黄油是由动物脂肪制成的优质油脂。

芝麻油

芝麻油是由芝麻经压榨制成的。芝麻油有两种，一种是由生芝麻做的生芝麻油，一种是由熟芝麻做的熟芝麻油。熟芝麻油的味道更重，所以生芝麻油更适合宝宝的口味。芝麻油中含有抗氧化剂、维生素B6、维生素E、钙、铜、铁和镁等营养素。它还富含植物性必需脂肪酸之一的亚油酸，这种脂肪酸有消炎和预防慢性病的作用。芝麻油的化学性质也比其他油脂稳定，所以能用于高温烹饪。此外，芝麻油也有滋润、治疗和抗氧化的作用。在日本和中国，芝麻油是传统的护肤品和化妆品。我不仅给宝宝吃芝麻油，也用它来治疗她们的红屁股，给她们当护肤品。

特级初榨橄榄油

特级初榨橄榄油是最纯净、最天然的橄榄油。它来自橄榄的第一次冷榨，因此含有最丰富的维生素E等抗氧化剂，而且酸度极低。橄榄油的加工过程完全不需要加热，所以橄榄油是唯一一种可以真正冷榨的油脂。冷榨过程不使用化学物质，只使用压力，所以能生产出高质量的低酸度橄榄油。初榨橄榄油和特级初榨橄榄油同样营养丰富，只是前者所用的原料的品质不及后者，导致酸度比后者高0.5%。橄榄油可以在低火或中火下烹饪，也可以凉拌使用。

亚麻籽油

亚麻籽油和亚麻籽粉中含有极为丰富的ω-3脂肪酸，其单位含量仅次于鱼肉。此外，亚麻籽油中也富含可溶性膳食纤维、蛋白质、ω-6和ω-9脂肪酸、B族维生素和矿物质。宝宝身体的几乎所有系统都能从亚麻籽油中获益。亚麻籽油有治疗作用，能增强免疫力，补充体力，同时还有预防高血压和消炎的作用。亚麻籽油是一种健康的食用油脂，也可以用来给宝宝治疗便秘。亚麻籽油烟点低，价格高，适合凉拌，不适合用作高温烹饪。

奇亚籽油

奇亚籽油由奇亚籽制成，其ω-3脂肪酸含量仅次于亚麻籽。除此之外，其中ω-3和ω-6脂肪酸的比例也非常适合人体的需要。奇亚籽和奇亚籽油能滋润干燥皮肤、治疗便秘、缓解紧张情绪、治疗失眠和提升注意力水平。

杏仁油

杏仁油含有丰富的矿物质和维生素B、E，它还有助于降低胆固醇。杏仁油的烟点很高，因此不仅可以用来制作凉拌菜，也可以用来烤面包。你也可以在为宝宝按摩时使用杏仁油，或者用它来给宝宝作润肤露。需要注意的是，如果你的宝宝对坚果过敏，那么杏仁油有可能会让他产生过敏反应。

椰子油

虽然椰子油属于饱和脂肪，但它仍然是一种健康的油脂。椰子油里含有与母乳成分相同的月桂酸，这种物质能对抗病毒，维持大脑和免疫系统的正常运转。月桂酸还能让人体的有益胆固醇（高密度脂蛋白）水平升高。椰子油可以在高达190℃的烘烤温度下保持稳定。和杏仁油一样，椰子油也含有大量维生素E，这对滋养皮肤很有好处。

红花油

红花油是从红花植株的种子里提取的。红花油有两种，一种富含单不饱和脂肪，另一种富含多不饱和脂肪。这两种类型都可用于烹饪，但由于第一种烟点更高，所以用得也更多，是油炸食物的理想选择。红花油含有丰富的ω-6脂肪酸、亚麻酸、维生素E和维生素K。

酥油

酥油是一种澄清的黄油，看起来像液体黄金，通常用于烹饪印度菜。酥油中ω-3和ω-6脂肪酸的比例非常适合人体的需要。此外，酥油脂肪含量高，不易氧化，烟点高。由于乳糖含量低，部分对乳糖过敏的人可以食用酥油。酥油保质期长，不需要冷藏。

黄油

黄油是一种饱和脂肪，其中富含维生素A和维生素D。不加盐的有机酸黄油比加盐的黄油更容易消化，而且其中不含色素，产出原料奶的奶牛也不会使用生长激素。工业化生产的黄油可能含有食用色素，但美国食品与药品监督管理局不允许黄油含有其他防腐剂或添加剂。黄油中的乳糖会使对这种物质过敏的宝宝发生过敏反应。因此，你最好等宝宝满周岁后再给他吃黄油。

猪油

猪油是猪的脂肪，常用来制作起酥油，因为猪油烟点高，而且能做出酥软的饼皮。为了延长保质期，猪油常被氢化处理，同时还会添加漂白剂、除臭剂、乳化剂和抗氧化剂，例如丁基羟基甲苯（BHT，一种化学防腐剂）。早餐棒、蛋糕和曲奇饼等许多袋装烘焙零食都含有起酥油。

菜籽油

菜籽油是从油菜籽中提取出来的，但美国和加拿大的油菜基本都是转基因作物，最早出现于上世纪70年代的加拿大。菜籽油是一种单不饱和脂肪，其中含有少量ω-3脂肪酸。但是，经过精炼，菜籽油中的反式脂肪含量可以高达40%。尽管菜籽油通常用于烹饪和食品工业，但它也用作驱虫剂等工业用途。由于生产成本低，许多预制食品都使用菜籽油。在为宝宝购买食物时，你要认真检查商品标签，看成分里是否列有菜籽油。尽量不要给你的宝宝吃含有菜籽油的食物。

适合宝宝吃的油脂

在你为宝宝哺乳或给他吃配方奶的时候,你不需要在他的饮食中加入油脂。等宝宝长到6~8个月大、可以吃固体食物的时候,你可以在谷物、蔬菜和豆泥中加入少量健康的非精炼油脂。未经精炼加工的芝麻油、橄榄油和亚麻籽油是你的宝宝摄取必需脂肪酸的理想来源。此外,豆类、牛油果、豆腐、芝麻酱、鱼、磨碎的烤种子和坚果中也都含有健康的脂肪。在第一次给宝宝吃这些食物(特别是坚果)的时候,你要特别留意宝宝是否会发生过敏反应。

你的宝宝在6~8个月大时就可以开始吃一些油脂了。下面的图表列出了你可以在什么时间开始给宝宝吃哪些油脂,以及这些油脂的食用频率。

油脂的尝试次序		
油脂名称	年龄范围	食用频率
芝麻油	6~8个月	每日
亚麻籽油	6~8个月	每日
特级初榨橄榄油	7~9个月	每日
奇亚籽油	12~18个月	每日
杏仁油	12~18个月	每日
椰子油	12~18个月	每日
红花油和葵花籽油	12~18个月	偶尔
酥油	12~18个月	偶尔
黄油	12~18个月	偶尔
猪油	所有年龄	避免
菜籽油	所有年龄	避免

"偶尔"意为每周2~3次

盐

盐不仅能使你的宝宝精力充沛，还能为他的身体活动提供能量。盐非常重要。历史上，盐一直是重要的贸易品，甚至被当作工钱发放。天然盐有巨大的治疗和营养功效，但提纯并去除矿物质后，盐中过量的钠却可能危害健康。精制盐与天然海盐的质量是不同的。此外，宝宝吃盐的数量也会影响他的身心健康。

婴幼儿对盐非常敏感，控制盐的摄入量是宝宝饮食非常重要的方面。除去盐本身的营养作用外，宝宝所摄入盐的质量与数量也会影响他对其他食物的喜好。例如，吃咸食会使他口渴，进而使他想吃甜食或水果。但吃盐过多则可能使宝宝出现易怒、失眠、便秘、紧张等不适症状。

虽然盐对宝宝必不可少，但要做到适量摄入也不是一件容易的事。考虑到盐的成瘾性，你可能很难确定到底多少可以叫做适量。快餐和餐馆食物所含的盐分明显多于家中自制的天然食物，所以在外就餐时，你很难控制宝宝对盐的摄入量。不过，如果选择在家做饭，你就能方便地调节宝宝的吃盐量，同时还能观察盐分对宝宝身心状态的影响。

盐的益处

盐吃起来是咸的，这是因为其中有钠。宝宝身体的正常运转离不开钠，因为它控制着体液平衡，调节着他的血压和血容量，支持着神经冲动的传导，并且影响着肌肉的收缩和舒张。盐不仅能帮助宝宝的身体保持健康的酸碱平衡，还能充当消化剂和关节润滑剂。此外，海盐中的大量微量元素还能帮助他的身体修复受损细胞，对抗炎症。

某些种类的盐还有健脑和改善思维能力的作用。尽管身体需要盐，但吃盐过多又会给宝宝带去危害，例如导致血压升高以及损害肾功能。吃盐过多也会使你的宝宝变得紧张、易怒。盐也有成瘾性，能使人形成对咸食的周期性依赖。例如吃咸食后想吃甜食，吃甜食后又想吃咸食。

使用盐的注意事项

盐一旦放进食物当中就看不见了，所以你很容易低估这种东西的影响。它常常隐藏在你意想不到的地方，然后悄无声息地对你的宝宝产生影响。所以，宝宝究竟吃了多少盐非常难以计算。只有在你亲自给宝宝做饭吃的时候，你才能知道他会吃到多少盐。而且，你还能观察他的身心状态和行为表现，以此来调整用盐量。如果你给他吃买来的现成食物，你就不大容易知道他究竟摄入了多少钠。你可以通过观察宝宝的大便来评估他是否摄入了适量的盐。

学校午餐中的盐

学校午餐中的钠大部分来自精制盐，而不是宝宝身体所需要的有营养的天然盐。2012年1月，美国农业部修订了学校膳食的营养标准，并对钠含量做出了新的限制。他们制定了一个目标，要在未来10年内将学校膳食中的钠含量降低50%。

加工食品和预包装食品

日常饮食中的大多数钠来自经过加工、罐装、冷冻或包装的食品，这些食物有商店里售卖的面包、袋装零食和糖果，以及酱油、番茄酱、蛋黄酱、芥末、橄榄和泡菜等调味品。比萨饼等各种速食食品也含有大量的钠。如果你的宝宝经常吃加工食品、预包装食品和来自餐馆的食品，他就可能会摄入过量的钠。

你可以在购买预包装食品时认真查看营养成分标签上的钠含量。同时，你还可以把标签里的钠含量换算成你熟悉的度量单位。例如600毫克钠=1/4茶匙（约1.4克）盐。你可能会在市场里见到"无钠"或"低盐"食品，但是对宝宝来说，这些食品当中的盐分仍然太多。以下是这些营销术语的详细解释：

- ❋ **不含钠或盐**：一人份食物中的钠含量低于5毫克。

- ❋ **超低钠**：一人份食物中的钠含量不高于35毫克。

- ❋ **低钠**：一人份食物中的钠含量不高于140毫克。

- ❋ **减钠**：一人份食物中的钠含量至少低于市场标准25%（与同类产品比较）。

- ❋ **轻钠**：一人份食物中的钠含量至少低于竞争品牌50%（与同类产品比较）。

- ❋ **不加盐**：在生产通常含有盐的食品的过程中不额外添加盐（由于其他成分的关系，一些食物的钠含量仍然很高）。

母乳或配方奶中的盐

在母乳喂养期间，哺乳妈妈所吃的一切东西都会影响宝宝的营养平衡，盐也不例外。配方奶中也含有盐，而且不同配方奶的含盐量也可能不同。

了解宝宝吃了多少盐的方法之一是检查他的大便。对于母乳喂养的宝宝来说，健康的大便呈金黄色，非常柔软。如果大便呈深棕色或质地较硬，那就可能意味着你的母乳或他的配方奶太咸。如果他的大便呈绿色、不成形，你或者你的宝宝就可能吞下了太多的水果、果汁、液体食物或油脂，或者没有摄入足够的盐。

盐的种类

钠是精制食盐和海盐的主要成分，但这两种盐的生产方式、矿物质含量、味道和对宝宝身体的影响都有所不同。下面，我们来分别介绍这两种盐。

精制食盐

食盐是从地下的岩石中开采出来的，它含有

99.5%的氯化钠，其中还添加有用来防止结块的化学物质、用来补碘的碘化钾和用来稳定碘的糖。在高温精制的过程中，食盐中的天然微量矿物质会丢失。这种盐常见于工业食品，过多摄入会损害健康。精制食盐中缺乏矿物质，同时还额外添加了化学物质，所以并不适合给宝宝食用。

海盐

天然海盐的钠盐含量约为98%。海盐是从海水中蒸发出来的，其中含有丰富的微量元素和矿物质，例如氯、钙、镁、钾和碘，因而比精制食盐更有利于宝宝的成长和发育。不过，海盐中的碘含量明显低于加碘食盐。海盐中的氯能激活淀粉酶，而后者对碳水化合物的消化必不可少。海盐中的矿物质能提升宝宝的免疫力，增进肝脏、肾脏和肾上腺的生理功能。此外，海盐也能凸显谷物、蔬菜和豆类食物的天然味道，同时激发宝宝的食欲。目前，美国农业部的有机认证只针对植物性或动物性食物，并不针对盐等矿物质。所以，你可以挑选来自其他国家的带有有机认证的盐类产品。

适合宝宝吃的盐

在宝宝满周岁前，你没有必要在他的日常饮食中添加盐。因为这个年龄的宝宝在大部分时间里不是坐着就是躺着，他的身体根本无法把盐代谢掉。只有在他能自由活动身体之后，他才能通过排汗来把盐排出体外。在使用油、面粉和大量的水烹饪时，你可能需要添加少量的盐来保持平衡。虽然你可以在宝宝很小的时候（7~9个月大）给他吃极少量的发酵食物，例如日本酱油、梅子醋、味噌和泡菜，但由于它们仍然是咸食，所以你还是要谨慎为之，同时还要密切关注宝宝的反应。宝宝1~2岁时，他开始可以和家里的其他人吃同样的食物，只是要少放些盐。你可以在做饭时加入少量的盐，然后先为宝宝盛出一部分，再在剩余的食物中加入更多的盐等调味料来给家里的其他人吃。你也可以用一小块2.5厘米见方的紫菜或昆布海藻代替食盐，以此来达到促进消化和提升口味的作用。宝宝两岁后，他就能吃成人所吃的几乎所有食物了。宝宝吃盐越多，他就越想吃脂肪和糖。虽然这两种物质对健康发育非常重要，但吃盐过多还是可能会导致他摄入过量的脂肪和糖。

在烹饪过程中添加的盐比烹饪后添加的盐更容易代谢。不同的季节和温度也会影响宝宝对盐的需求。在寒冷的天气里，盐是身体产生热量的必需物质。而在炎热的天气里，身体对盐的需要就会少一些。每个宝宝都是不同的，所以你要通过试错和关注他的反应来帮助他保持平衡。

甜味剂

埃米小时候,我们经常去当地的教堂,那里常在礼拜结束后组织社交活动。那时,教堂大厅的桌子上会摆满潘趣酒和各式各样的饼干。有一次,埃米伸手去拿饼干,可饼干却被桌子另一边的一个人从她手里拿去了——那个人就是我。作为一个小孩子,她不明白为什么那些甜甜的饼干不可以吃。我发现,想要看住两个女儿不吃甜食是一件非常困难的事情,因为这种食物几乎无处不在!

虽然我努力控制她们对糖的摄入,但我希望我当时能放松一些,能允许她们在生日聚会和社交活动中偶尔吃点甜食。这样一来,她们就会有机会感受到甜食的负面影响,随后,我也可以通过补救措施来使她们恢复平衡。她们现在说,小时候不让她们吃甜食让她们长大后更想吃甜食了。对宝宝来说,社交场合的甜食既是一种诱惑,也能帮助她们融入社交生活。作为父母,你可能会发现你很难在诱惑和管教之间找到既和谐又健康的平衡。

但是,我确实认为,不让宝宝吃甜食,进而培养他对天然甜味剂的喜爱是你所能给他的最珍贵的礼物之一。给宝宝吃天然的零食和甜点既能满足他对甜食的渴望,又能让他远离精制糖的伤害。如果你能引导宝宝喜欢上天然食物的口味,他就能体会到其中的美妙和精制糖所导致的不适,进而通过感受因与果的天然联系来获得新知。你也能通过限制他吃盐来抑制他对甜食的渴望。

甜味剂的害处

精制白糖含有超过99.9%的蔗糖，没有任何营养价值——没有复杂碳水化合物，没有膳食纤维，没有蛋白质，没有维生素，也没有矿物质。糖会导致体重增加和肥胖，还会扰乱宝宝的胰岛素水平。与能够持续提供能量的全麦谷物和高蛋白食物不同，精制糖能在顷刻间转化为能量。当所有的糖都被代谢光后，身体的能量水平又会断崖式下跌，那种感觉就像是油箱里的油突然被放光了一样。

精制糖能抑制免疫功能，进而让你的宝宝容易患上感冒和各种感染。这是因为葡萄糖和维生素C有相似的化学结构，于是当血糖水平升高时，白细胞获得维生素C的能力就会降低。这样一来，白细胞抵御病毒和细菌的能力也就随之降低了。

精制糖的另一大负面影响是蛀牙，这种情形可以发生在很小的宝宝身上。长期吃精制糖的宝宝非常容易发生蛀牙。美国牙科协会认为，只要糖接触到口腔，细菌就会产生酸性物质，开启蛀牙进程。

婴幼儿需要天然的甜味剂，而且，他们能通过各种食物获得它们，例如含有复杂碳水化合物的谷物和豆类，以及胡萝卜、甘薯和冬南瓜等淀粉类蔬菜。除此之外，你还可以给你的宝宝吃含有糙米糖浆的甜食和用发酵大米制成的日本甘酒。你还可以在烘焙食物和甜点里使用蜂蜜和枫糖浆。

使用甜味剂的注意事项

研究证实，精制糖是肥胖症在全球蔓延的罪魁祸首。美国疾病控制中心（Centers for Disease Control）表示，截至2012年，美国满20岁的成年人中有35.7%患有肥胖症。而且，这一情形正在越来越多地波及到婴幼儿，超重的婴儿只有6个月大。超重和肥胖的儿童会有更大的几率罹患慢性疾病，例如心脏病、高血压、高胆固醇、II型糖尿病和哮喘。

医学博士罗伯特·勒斯蒂格（Robert Lustig）是加州大学旧金山分校医学院的儿科专家，专门研究儿童肥胖问题。2009年，他进行了一项研究，找到了大量食用精制糖与儿童肥胖率增加之间的联系。这项研究得出的结论是，糖是一种能让人成瘾的毒素，因而需要对精制糖进行监管。目前，美国食品与药品监督管理局尚未对糖进行监管，也没有对这一成分在营养成分标签里的每日推荐摄入量做具体规定。

白糖、红糖、粗糖、蔗糖、玉米糖浆和果糖都是精制糖。有机或工业化的种植和包装过程并不区分所使用的是否为精制糖。阿斯巴甜、三氯蔗糖、糖精等人工甜味剂号称能帮助人实现无糖饮食，控制体重，但这类糖比一般的糖要甜得多，因此不建议孕妇、哺乳妈妈和婴幼儿食用。

高果糖玉米糖浆

高果糖玉米糖浆（HFCS，有时也叫玉米糖）已经成为碳酸饮料和果味饮料中的常见成分。尽管它是加工食品和饮料中最常添加的甜味剂，但它也与一系列健康问题有密切的关联。美国普林斯顿大学的一个研究小组发现，当实验动物摄入相同数量的糖时，食用高果糖玉米糖浆的动物明显比食用普通蔗糖的动物增重更多。他们还发现，食用高果糖玉米糖浆的动物体内的脂肪和甘油三酯含量也更高。这一证据显示，软饮料和加工食品中越来越多地使用高果糖玉米糖浆可能导致了肥胖症及相关疾病发病率的升高。而且，高果糖玉米糖浆一般都含有转基因成分。

升糖指数

碳水化合物消化后，葡萄糖会进入宝宝的血液，进而成为他身体的主要能量来源。升糖指数能反映特定食物在2~3小时内所释放葡萄糖的数量。复杂碳水化合物和豆类等食物释放葡萄糖较慢，能持续而稳定地为身体提供能量，这类食物的升糖指数较低。含有精制糖的水果和食物能迅速释放葡萄糖，导致能量水平急剧上升和下降。具有这一特征的食物升糖指数较高。

甜味剂的种类

天然甜味剂能为宝宝提供自然且可口的甜味，同时不会刺激他的消化系统和神经系统。

糙米糖浆

糙米糖浆的甜度是精制白糖的三分之一，味道略甜，类似于奶油糖果。这种糖的保质期很长，并且不会像蜂蜜那样结晶。你可以用它来给粥和甜点调味，以及为烘焙食物增加酥脆的口感。糙米糖浆适合用作最早给宝宝吃的甜味剂。

日本甘酒

日本甘酒是日本的传统甜味饮料，由发酵的大米制成，富含复杂碳水化合物、膳食纤维和B族维生素（烟酸和硫胺素）。你既可以把日本甘酒加入浓稠的奶油状食物中，把它当布丁一样吃，也可以把它用作甜味剂。

不同甜味剂的升糖指数

甜味剂	升糖指数
龙舌兰蜜	15~30
果糖	17
糙米糖浆	25
原蜜（未加工蜂蜜）	30
椰糖	35
苹果汁	40
大麦芽糖浆	42
日本甘酒	43
蔗汁	43
有机蔗糖	43
枫糖浆	47
浓缩蔗汁	54
糖蜜	55
粗糖	55
可乐和碳酸饮料	65
玉米糖浆	70
精制蜂蜜	75
精制蔗糖	75
高果糖玉米糖浆	87
葡萄糖	100
麦芽糊精	150

玛丽和埃米

枫糖浆

枫糖浆由糖枫树的树汁熬制而成。这种糖浆富含锰、锌和54种有益健康的化合物,例如能够抑制II型糖尿病相关酶的抗氧化剂。尽管枫糖浆本身就是甜的,但不少工业化生产的枫糖浆仍然额外添加了高果糖玉米糖浆。购买枫糖浆时,你要认真检查标签,确保货真价实。就质量和营养而言,食用不同等级的枫糖浆并没有什么差异,但有机枫糖浆还是能确保枫树不被人施用农药和化肥。由于枫糖浆在熬制过程中需要经过长时间的煮沸,所以肉毒杆菌的孢子无法在其中生长。你可以在宝宝满周岁前给他吃枫糖浆。

蜂蜜

蜂蜜比精制白糖含有更多的热量,并且能够以极快的速度进入血液当中。由于蜂蜜是酸性食物,升糖指数高,还可能含有肉毒杆菌孢子,所以未满周岁的宝宝应当避免食用蜂蜜。满周岁后,宝宝的肠道就已经足够成熟,可以应对可能存在的肉毒杆菌孢子了。你可以用蜂蜜来充当烘焙食物或甜点中的甜味剂。

糖蜜

糖蜜是一种粘稠、味道浓烈的糖浆,长期以来一直在传统食物中扮演着甜味剂的角色。有些种类的糖蜜可用作"食用糖浆"或加入熟食当中,另一些种类的糖蜜则常用于烘焙。糖蜜的味道很重,会影响食物的味道。黑色的糖蜜富含钙、铁和钾。糖蜜也可能含有肉毒杆菌孢子,所以不建议一岁之前的宝宝食用。

椰糖

椰糖是一种未经提炼的带有焦糖味的红糖,它是椰树花的花蜜经冷凝和干燥后制成的天然红糖。你可以把椰糖用于谷物、甜点和烘焙食物。椰糖升糖指数低,营养丰富,还能为宝宝长时间地提供能量。

有机蔗糖

有机蔗糖是由有机种植的甘蔗制成的。这种糖虽然看上去是褐色的，但仍然是精制糖，因此只能给满两岁的宝宝吃，而且不能多吃。天然食物商店里的许多商品都含有这种成分，所以你要仔细检查商品标签。

赤砂糖

赤砂糖（Brown sugar）是添加了糖蜜的精制糖。与其他种类的糖相比，赤砂糖一般是工业化生产的，其中常添加色素和化学物质，所以不适合宝宝食用。

龙舌兰蜜

龙舌兰是一种植物，原产于墨西哥和美国西南部，还有一些品种生长在非洲南部。龙舌兰植株有多个部分可以食用，汁液可用作甜味剂。但是，商店里售卖的大多数龙舌兰蜜并不是由这种植物制成的，而是用化学方法生产的，其营养价值甚至还不如高果糖玉米糖浆。

甜菊糖

甜菊糖由原产于南美洲的一种植物制成，数百年来一直被人类用作甜味剂。在美国，只有一种高度精制的甜菊糖被作为商用食品甜味剂批准上市。关于甜菊糖对婴幼儿和儿童的安全性，目前的研究还不够充分。

精制白糖

精制白糖中含有99.9%的蔗糖，是借助化学方法从甘蔗、甜菜或玉米中提炼出来的，甜度很高。白糖是许多加工食品的组成成分，但没有任何营养价值。

甜味剂的阴阳属性

化学成分、加工方法和升糖指数是影响甜味剂阴阳属性的三大因素。人工甜味剂和高果糖玉米糖浆含有化学物质，而且比精制白糖经过了更多的加工，所以最偏阴性。接下来是精制糖，尤其是用化学方法精制的糖。有机蔗糖的精制程度没有精制白糖那么高，所以比后者更偏阳性。接下来是枫糖浆和糖蜜，因为它们更加天然。蜂蜜来自花蜜，由于蜜蜂在蜂蜜中添加了很多酶类物质，所以蜂蜜更偏阳性。糙米糖浆是

甜味剂的阴阳属性分布图

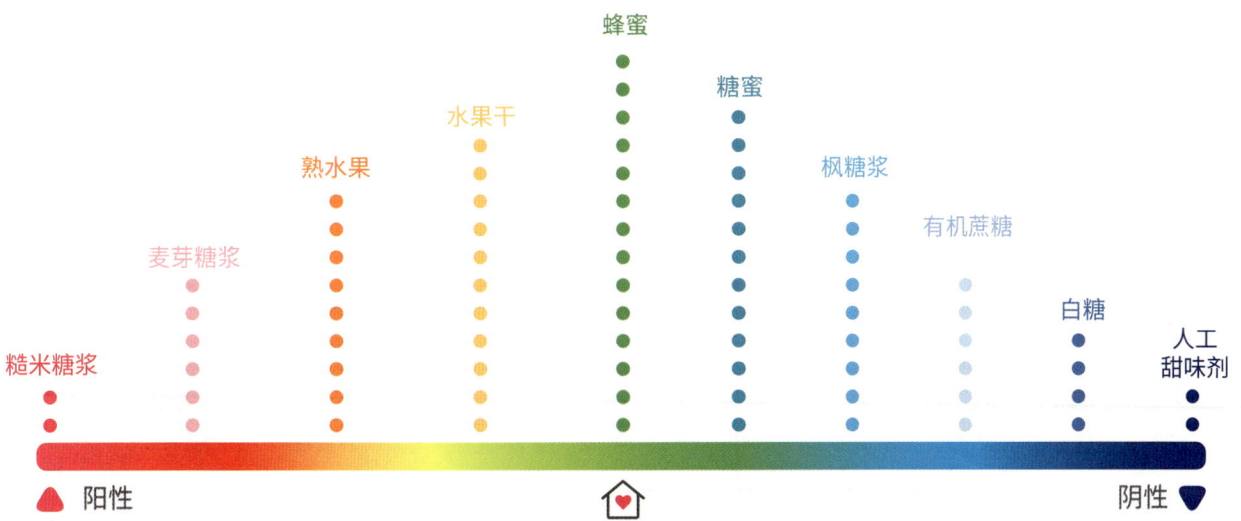

一种温和的甜味剂，由谷物制成，升糖指数较低，代谢较慢，所以更偏阳性。日本甘酒是由整粒糙米制成的，所以在甜味剂中最偏阳性。

上一页的图中列出了可供日常食用的阴阳平衡的甜味剂和可以偶尔食用的较偏阴性或较偏阳性的甜味剂，以及应当避免食用的极端阴性或极端阳性的甜味剂。

适合宝宝吃的甜味剂

一开始，你可以先给宝宝吃糙米糖浆，这是一种温和的天然甜味剂。在他6个月大左右，你可以在他的谷物糊里加入少量糙米糖浆。在这一年龄，你也可以在他的谷物糊里加一点日本甘酒，以此来增加食物的甜度。到他9个月大左右，你可以开始在他的食物中添加枫糖浆，这种糖浆的味道比糙米糖浆更甜。蜂蜜属于动物性食品，因为它是由蜜蜂酿造的。蜂蜜有一种独特的甜味，是烘焙食物和甜点的天然甜味剂。未满周岁的宝宝不可以吃蜂蜜，否则可能发生肉毒杆菌中毒。糖蜜也要在宝宝满周岁后才可以给他吃。

下面的图表列出了你可以在什么时间开始给宝宝吃哪些甜味剂，以及这些甜味剂的食用频率。

甜味剂的尝试次序		
甜味剂名称	年龄范围	食用频率
 糙米糖浆	6～8个月	每日
 日本甘酒	6～8个月	每日
 枫糖浆	9～12个月	偶尔
 蜂蜜	12～18个月	偶尔
 糖蜜	12～18个月	偶尔
 椰糖	12～18个月	偶尔
 有机蔗糖	所有年龄	避免
 龙舌兰蜜	所有年龄	避免
 甜菊糖	所有年龄	避免
 赤砂糖	所有年龄	避免
 精制白糖	所有年龄	避免

"偶尔"意为每周2～3次

药草与香料

东西方文明都把植物用作调味和治疗。世界各地的人们用罗勒、香菜、欧芹、薄荷、莳萝和大蒜（尽管从植物学上说，大蒜更像是蔬菜，例如洋葱和葱，但大蒜常被用作调味料）等药草来为食物调味。欧洲、东亚和印度都有使用药草的传统。很多精油中也添加了药草，以此来实现特定的味道，达到疗愈、静心的作用。

药草是草本植物的叶子，富含维生素和矿物质。这些植物往往生长在温带。而香料一般是植物的根、茎、花、皮或种子，通常产自热带。药草和香料能提升食物的味道和营养价值，例如提升维生素、矿物质的含量，使食物具有治疗作用。在许多国家，婴儿最早吃的食物里就有药草和香料。例如，泰国婴儿食用椰汁、柠檬草和罗望子，印度婴儿吃咖喱，意大利婴儿吃罗勒和牛至，法国婴儿吃百里香和迷迭香。

在家里给宝宝做东西吃时，你可以尝试使用不同的药草和香料来制作不同口味的食物。婴儿通常喜欢吃做起来极其简单的食物，不过当宝宝满周岁后，他就可能会厌倦平常食物的味道。这时，你就可以借助药草和香料来让他重新对食物产生兴趣。

药草和香料的益处

药草能提升食物的口味和营养价值，还能治疗多种疾病。药草和香料能让谷物、蔬菜、豆类和鱼类食物呈现出不同的口味和风味，它们还能帮助宝宝的身体对抗细菌和毒素，加强免疫防御。此外，药草和香料还有降胆固醇，降血压和降血糖的作用。由于宝宝的身体很小，所以与成人相比，药草和香料能对他们产生更大的作用。一开始，你最好只在给宝宝吃的食物中添加少量药草和香料，并且密切关注他的反应。药草和香料能丰富宝宝的用餐体验，还能促使他减轻对盐和糖的依赖。

药草的种类

所有的药草都能在某些方面对食物产生作用。新鲜的药草有的味道清淡，有的味道浓烈。除去调味作用外，大多数药草还有药用价值。

茴香

茴香有一种清香的泥土味。新鲜的茴香植株或晒干的种子可以用来泡茶，这种茶能刺激乳房分泌更多的乳汁，也能帮助宝宝缓解腹绞痛和消化不良的症状。此外，茴香还有促进肌肉放松的作用。新鲜的茴香苗可以和谷物或蔬菜一起煮，使食物既美味又有益健康。

月桂叶

平常使用的月桂叶一般都是干叶，这种药草有助消化的作用。你可以在烹饪开始时把月桂叶加到谷物、汤和豆类食物中，然后在上桌前把它们取出。干月桂叶还有驱虫的作用，你可以把它们放在架子上或橱柜的抽屉里。

罗勒

罗勒是一种口味类似薄荷的药草。罗勒有很多种，每一种都有独特的味道和芳香。罗勒（无论是干罗勒还是鲜罗勒）很适合搭配谷物、蔬菜、豆类和鱼类食物。经过烹饪的罗勒味道不减反增，所以要适量使用，这一点与许多药草不同。

百里香

百里香与薄荷同属一个科，味道香辛，能用来提升汤、蔬菜和酱汁的口味。百里香要在烹饪即将结束时添加，否则会减损味道。百里香有温热的作用，所以经常用于冬季。

薄荷

薄荷是一种有清凉作用的药草，味道清爽。用于烹饪的最常见的两种薄荷是胡椒薄荷（pepermint）和绿薄荷（spearmint）。虽然新鲜薄荷的薄荷醇味能盖过某些食物的味道，但它也能为谷物、水果和蔬菜增添清新的口味——特别是在夏天。

柠檬草

柠檬草是一种气味芳香的药草，用来给蔬菜、汤和茶增添口味。柠檬草茶有缓解鼻塞和腹泻的作用。

香菜

香菜是一种美味可口的抗氧化剂和助消化剂。淡的香菜茶能用来治疗腹绞痛。大一些的宝宝可以通过嚼香菜来帮助消化。香菜还有刺激母乳分泌的作用。

欧芹

欧芹跟胡萝卜、芹菜是亲戚，富含叶绿素、维生素A、维生素C和铁。你可以把切碎的欧芹撒到蒸熟的蔬菜上或汤里。

香料的种类

在出生后的头几个月里，宝宝可能不喜欢辣椒等口味浓烈的香料，但你可以在给他吃的食物中添加口味温和的香料。

肉桂

肉桂是一种甜味香料，常用于甜点和谷物。肉桂有温热的作用，所以能促进消化和血液循环。此外，肉桂中还含有丰富的抗氧化剂。在医学上，肉桂常用来治疗腹胀和腹泻。

咖喱

咖喱是多种香料的混合物，有温暖身体、促进消化的作用。少量的咖喱有一种淡淡的甜味，所以很受两三岁宝宝的欢迎。我在梦之窗幼儿园工作时，我和孩子们都喜欢那里的咖喱饭。我还学会了用日语来说咖喱饭，这样我就能知道什么时候可以再次吃到它了。大多数咖喱中含有孜然、姜黄、香菜、红辣椒和葫芦巴，此外还可能含有姜、芥末籽、茴香籽、肉桂、肉豆蔻、葛缕子、丁香、小豆蔻等香料。

大蒜

大蒜富含维生素和矿物质，还有抗菌和抗真菌的特性，所以大蒜能用来对抗感染和杀菌。但是，大蒜味道很重，刺激性很强，所以吃前一定要完全做熟，而且要等宝宝满周岁后再给他吃。

生姜

生姜对身体有温热作用，味道辛辣。生姜能缓解消化不良、胃部不适、晕车晕船和恶心等症状。它还能使鱼肉和油炸食品中的油脂更容易消化。不过对你的宝宝来说，生姜的味道可能会显得过于浓重，所以你可以在果汁里添加少量生姜，或者在烹饪时把生姜用作调料。

香草

香草是一种兰科植物的豆荚样果实，是鲜豆荚在大约6个月的时间里发酵而成的（把鲜豆荚浸在热水里，然后裹上布干燥，最后储存起来发酵）。发酵过程能产生酒精，香草精里的酒精就是这么产生的（这种酒精能用来帮助宝宝应对出牙产生的疼痛，用法是直接把香草精涂抹在疼痛的牙龈上）。香草能治疗胃痛，缓解紧张，提升幸福感。有的香草不含酒精成分，味道也会淡一些。对婴幼儿来说，香草是一种美味可口的调味料，你可以把香草用在烘焙食物、布丁和甜点当中。

啤酒酵母

虽然啤酒酵母不属于药草，但它也是一种美味的调味料，外观呈粉末状、干片状或液体状。啤酒酵母富含蛋白质、B族维生素和矿物质，并且含有大量活菌。啤酒酵母有降低胆固醇，为肠道补充健康菌群，帮助消化，促进糖和淀粉分解的作用。你可以把啤酒酵母撒在粥里，以此来让食物更有营养。

酱料

蛋黄酱、番茄酱、芥末酱和醋都是三明治和各种小吃中常见的酱料。

工业生产的蛋黄酱通常含有大豆油、蛋黄、白糖、防腐剂和增味剂。一些天然食物品牌会使用有机原料,比如用蜂蜜代替白糖,或者用橄榄油代替大豆油。要认真查看配料表,以确保蛋黄酱里不含菜籽油。此外,你要等宝宝1岁或1岁半后再给他吃蛋黄酱。

虽然番茄酱不含脂肪,但市面上的很多番茄酱产品都含有大量的糖,更确切地说,是高果糖玉米糖浆。我在几年前认识的一位儿科医生建议,在给宝宝治疗各种疾病时,首先要做的就是停止给他吃番茄酱。他认为,番茄酱中的糖分是许多儿童身心疾病的病因。虽然一些有机番茄酱用有机蔗糖代替了玉米糖浆,但它们的含糖量可能仍然很高。所以,在购买番茄酱之前,你一定要认真查看商品标签。

芥末酱里含有芥子和姜黄,但也可能含有盐、防腐剂、香料、白糖和增味剂。你可以在天然食物商店里买到由天然原料制成的芥末酱,你可以用它们来丰富宝宝的口味。宝宝1岁或1岁半后,你可以试着在给他吃的三明治或酱汁里加一点芥末酱,看他是否喜欢这种味道。

适合宝宝吃的药草和调味料

如果你是母乳喂养,那么你的宝宝就会通过你分泌的乳汁尝到你吃的药草和香料。一些药草有药用价值,例如茴香和洋甘菊。你可以用它们泡茶给6~7个月大的宝宝喝,以此来起到助消化和缓解腹绞痛的效果。如果你的宝宝还不到6个月大,茶就要尽量清淡,而且每次要少喝。你也可以向医生寻求相关的建议。

宝宝9个月大后,你就能在给他吃的谷物或蔬菜中加入味道温和的药草,来起到调味和增加营养的作用。第一次给宝宝吃某种药草或香料时,你也要像第一次给他吃其他食物那样,一次只尝试一种药草或香料,然后等待三天,以此来确保这种药草或香料不会引发过敏反应。宝宝满周岁后,你可以给他尝试味道更加强烈的药草和香料,同时也要关注过敏反应的迹象。

下面的图表列出了你可以在什么时间开始给宝宝吃哪些药草和香料,以及相应的食用频率。

药草和香料的尝试次序			
	药草和香料名称	年龄范围	食用频率
	茴香	6~8个月	每日
	月桂叶	9~12个月	每日
	罗勒	9~12个月	每日
	百里香	9~12个月	偶尔
	薄荷	9~12个月	每日
	柠檬草	9~12个月	每日
	香菜	9~12个月	偶尔
	香草	9~12个月	偶尔
	欧芹	12~18个月	偶尔
	肉桂	12~18个月	偶尔
	咖喱	12~18个月	偶尔
	大蒜	12~18个月	偶尔
	生姜	12~24个月	偶尔

"偶尔"意为每周2~3次

适合宝宝吃的甜点和零食

健康的甜点能为你的宝宝提供快乐与满足,同时却不会让他摄入精制糖。果汁、糙米糖浆、枫糖浆和蜂蜜等天然甜味剂对宝宝身体的影响与精制糖不同。虽然各种熟的、冷冻的、新鲜的水果很适合爱吃甜食的宝宝,但偶尔给他吃一些烘焙食品(比如饼干、松饼、馅饼和蛋糕)也是很有趣的。糙米布丁和古斯粗麦蛋糕制作起来简单便捷,而且由于它们比较松软,所以比烤干的甜点更容易消化。宝宝可以熟练咀嚼后,你就可以给他吃脆脆的米饼了,而且这种米饼也很容易制作。这些甜点都有天然的甜味,并且不像精制糖那样甜得发腻。它们很适合用来培养宝宝吃甜食的健康习惯。

糙米布丁

- ♥ 适合满周岁的宝宝
- 可做出12份（每份约113克）
- 素 素食
- 麸 不含麸质

糙米布丁是一种把剩米饭做成既健康又美味的甜点的便捷选择，或者，你也可以在做米饭时故意多做一些。如果米饭做得太硬或太软，那么你也可以通过调节水分来把它们变成好吃的糙米布丁。

1 汤匙（约 8.5 克）芝麻酱

2 汤匙（约 30 毫升）水来稀释芝麻酱

$2\frac{1}{2}$ 杯（约 500 克）做熟的短粒糙米

$1\frac{1}{2}$ 杯（约 360 毫升）水

$\frac{1}{2}$ 杯（约 120 毫升）糙米糖浆

$\frac{1}{2}$ 茶匙（约 2.5 毫升）香草精

$\frac{1}{4}$ 杯（约 40 克）葡萄干

$\frac{3}{4}$ 茶匙（约 4.2 克）海盐

1 茶匙（约 2.8 克）肉桂粉

做法：

1. 预热烤箱至180℃。
2. 找一只碗，用2汤匙（约30毫升）水稀释芝麻酱，调匀备用。
3. 把所有材料倒进砂锅或玻璃盘，拌匀，盖上盖子或铝箔。
4. 把砂锅放进烤箱，烘烤50分钟。
5. 拿掉盖子或铝箔，重新把布丁放回烤箱，再烘烤15分钟，把多余的液体烤干。
6. 冷却15分钟后上桌。这道布丁既可以热吃，也可以常温吃。

其他做法：

- 如果想让布丁变得更甜，你可以用$\frac{1}{4}$杯（约60毫升）枫糖浆代替糙米糖浆。

苹果酱松饼

- 适合满周岁的宝宝
- 可做出12~15只松饼
- 素食

松饼是健康美味,吃起来让人心情舒畅的食物。由于松饼是一块一块的,所以宝宝吃起来不会弄得到处都是,而且外出很容易携带。新鲜的松饼非常好吃。对于几天前做的松饼,你可以把它们切成两半,然后放进烤箱烘烤后再给宝宝吃。

$1\frac{1}{2}$ 杯(约360毫升)全麦蛋糕粉

$1\frac{1}{2}$ 杯(约360毫升)未漂白的面粉

$\frac{3}{4}$ 茶匙(约4.2克)盐

2 茶匙(约9.6克)发酵粉

2 颗打好的鸡蛋

2 杯(约480毫升)苹果酱

$\frac{1}{4}$ 杯(约60毫升)蜂蜜

$\frac{1}{3}$ 杯(约80毫升)芝麻油或杏仁油

$\frac{1}{3}$ 杯(约80毫升)水

1 杯(约175克)苹果(去皮,擦成丝)

做法:

1. 预热烤箱至204℃,为松饼模涂抹足够的食用油。
2. 将面粉、盐和发酵粉混合过筛。
3. 找一只大碗,放入鸡蛋、苹果酱、蜂蜜、油和水,拌匀。
4. 把擦成丝的苹果倒进碗里。
5. 把干的原料倒进碗里,拌匀。
6. 用勺子把混合物倒进松饼模,倒2/3满。
7. 烘烤20~25分钟,或者直到牙签插入中心并能干净地拔出来。
8. 重新加热时,用铝箔把松饼包起来,放入烤箱烘烤5分钟。

燕麦饼干

- 适合满周岁的宝宝
- 可做出24块饼干
- 素食
- 不含麸质

在美国，自制燕麦饼干是传统的零食，它们不仅有益健康，而且酥脆可口。你可以不时地制作一些，以供宝宝在家里或外出时作为方便的零食食用。

$\frac{1}{2}$ 杯（约120毫升）糙米粉

$\frac{1}{2}$ 茶匙（约2.8克）盐

$\frac{1}{4}$ 茶匙（约0.7克）肉桂粉

2杯（约480毫升）速食麦片（不含麸质）

$\frac{1}{2}$ 杯（约120毫升）枫糖浆或蜂蜜

$\frac{1}{4}$ 杯（约60毫升）芝麻油或杏仁油

$\frac{3}{4}$ 杯（约180毫升）水

1茶匙（约5毫升）香草精

$\frac{1}{4}$ 杯（约40克）葡萄干（用45毫升热水浸泡20分钟）

做法：

1. 预热烤箱至180℃，为烤盘涂抹少量食用油。
2. 将糙米粉、盐和肉桂粉混合过筛，然后加入燕麦片。
3. 找一只大碗，放入枫糖浆、油、香草精和水，拌匀，然后混入葡萄干（连同浸泡葡萄干的水）。
4. 把干原料加入湿原料当中，拌匀。
5. 必要时加水，使混合物保持糊状（但依然浓稠）。
6. 用勺子每次舀1汤匙（约15毫升）面糊倒在烤盘上。
7. 烘烤15分钟，或者烤到饼干边缘变成棕黄色并且中间变硬。

其他做法：

- 如果不担心小麦过敏，你可以用未漂白的白面粉代替糙米粉。
- 用2颗鸡蛋和 $\frac{1}{4}$ 杯（约60毫升）水代替原料中的3/4杯（约180毫升）水。

动物饼干

- 适合满周岁的宝宝
- 可做出24块饼干
- 素 素食

动物饼干适合各种场合和节日，例如圣诞节、万圣节、情人节。你可以用不同的饼干刀做出丰富多彩的各种形状的饼干。

$\frac{1}{2}$ 杯（约120毫升）未漂白的小麦粉

1 杯（约240毫升）全麦蛋糕粉

$\frac{1}{2}$ 茶匙（约2.8克）盐

1 茶匙（约4.8克）发酵粉

2 颗打好的鸡蛋

1 茶匙（约5毫升）香草精

$\frac{1}{2}$ 杯（约120毫升）枫糖浆

$\frac{1}{3}$ 杯（约80毫升）经过冷藏的芝麻油或杏仁油

做法：

1. 将两种面粉、盐和发酵粉混合过筛，放进一只大碗里。
2. 再找一只碗，放入打好的鸡蛋、枫糖浆、油和香草精，拌匀。
3. 把湿原料加入干原料当中，同时搅拌。
4. 用两只手把面团在碗里揉成一个球，然后盖上湿毛巾，冷藏1小时。
5. 预热烤箱至190℃，为烤盘涂抹少量食用油。
6. 从冰箱里取出面团，把面团分成两半，用手将其中一半压扁，放在撒有少量面粉的砧板上（面粉撒多了会让饼干变硬）。
7. 用擀面杖把压扁的面团擀成0.65厘米厚的面饼。
8. 用饼干刀在面饼上切出各种形状的饼干，然后转移到烤盘里。重复上面的步骤，切出更多的形状。
9. 烘烤12～18分钟，直到饼干成为棕黄色。

水果馅饼

- 适合满周岁的宝宝
- 可做出 2 张直径 8 英寸（约 20 厘米）的水果馅饼
- 素食

水果馅饼是全家人都能享用的既清淡又健康的甜点。如果你喜欢烘焙并且有足够的时间，你就可以自制饼皮。如果不是这样，那么全麦或无麸质的速冻饼皮就是方便而快捷的选择。在这份食谱当中，冷藏的食用油和冰水是让饼皮酥脆可口的关键。你可以根据具体情形尝试一种或多种水果。按照这份食谱，你可以做出 2 张单面水果馅饼，或者 1 张双面水果馅饼。如果是前者，你就要么一次做两张馅饼，要么把其中的一张饼皮冷冻起来供日后使用。你也可以一次做多张尺寸小一些的馅饼。

饼皮配料：

2 杯（约 480 毫升）未漂白的面粉，以及少量用来防止粘连的面粉

$\frac{1}{2}$ 茶匙（约 2.8 克）盐

$\frac{2}{3}$ 杯（约 160 毫升）经过冷藏的椰子油或芝麻油

4 汤匙（约 60 毫升）冰水

馅料配料：
使用你选择的水果制作的双倍份量的葛根水果糊

做法：

1. 预热烤箱至 232℃。
2. 制作饼皮时，将面粉和盐混合过筛，放进一只大碗里。
3. 用一把叉子往烤盘里涂抹凉油。
4. 先在碗里加 2 汤匙（约 60 毫升）冰水，然后根据需要加入更多的冰水。
5. 在制作面团的过程中，尽量少用手接触面团，以免手部的热量使面团升温。
6. 在案板上撒一点面粉，把面团擀成面饼。
7. 把擀好的面饼小心地放进专门做馅饼的圆形烤盘里，然后用手捏烤盘的边缘，让饼皮形成好看的花纹，同时也把多余的饼皮去除。
8. 在饼皮上撒一些面粉，以免水果馅里的水分把饼皮浸软。
9. 烘烤饼皮 15 分钟，或者直到饼皮成为金黄色，然后晾凉。
10. 饼皮晾凉后，加入水果馅，然后放入冰箱冷藏，直到馅料凝固。

其他做法：

- 用蔬菜代替水果。加入 2 汤匙（约 30 毫升）酱油和切碎的药草来调味。你也可以在馅料中加入高蛋白食物，例如天贝、豆腐、豆子、鱼肉或鸡肉。把蔬菜馅倒入饼皮，盖上另一张饼皮，然后烘烤 45 分钟。

古斯粗麦蛋糕

- 适合满周岁的宝宝
- 可做出1张直径8英寸（约20厘米）的蛋糕
- 素 素食

这种蛋糕制作简单。由于古斯粗麦没有像面粉那样经过精制，而且蛋糕是湿的而不是干的，所以它比烤蛋糕或饼干更容易消化。古斯粗麦是用小麦做的，所以要等到宝宝满周岁后再给他吃，以免引起起麸质过敏。

$2\frac{1}{2}$ 杯（约360毫升）苹果汁

$\frac{1}{4}$ 茶匙（约1.4克）海盐

1杯（约180克）古斯粗麦

$\frac{1}{4}$ 杯（约40克）不含硫的葡萄干

做法：

1. 把苹果汁煮开，加入葡萄干和海盐。
2. 一边搅拌，一边加入古斯粗麦，然后煮开，保持沸腾2~3分钟。
3. 关火，把锅里的食物倒进8英寸（约20厘米）的圆形或方形蛋糕烤盘里，晾凉。
4. 晾凉后的古斯粗麦会成为胶冻状，你可以把它们切成小份给宝宝吃。

其他做法：

- 不加葡萄干，把它和葛根水果糊一起吃。
- 用其他干果代替葡萄干，如干的杏、樱桃或黑莓。

聚会蛋糕

- ♥ 适合满周岁的宝宝
- 可做出1个直径8英寸（约20厘米）的圆形或方形蛋糕（或者12～16个纸杯蛋糕）
- 素 素食

多年来，每逢生日、节日和各种庆祝活动，我都会制作这种蛋糕。至于做了多少次，我已经记不清了。它总是很受欢迎，无论是普通版还是添加了酱料的特别版，也无论是做成生日蛋糕还是纸杯蛋糕。葛根水果糊搭配新鲜水果不仅色香味俱全，而且还能制造喜庆气氛。

3 个鸡蛋

$\frac{2}{3}$ 杯（约160毫升）芝麻油、杏仁油或红花油

1 杯（约240毫升）糙米糖浆或蜂蜜

2 杯（约360克）全麦蛋糕粉

1 杯（约180克）未漂白的蛋糕粉

$1\frac{1}{2}$ 茶匙（约7.2克）发酵粉

$\frac{3}{4}$ 茶匙（约4.2克）海盐

1 杯（约240毫升）酸奶或杏仁奶

水（可能会用到）

1 茶匙（约5毫升）香草精

糖霜配料：
使用一种或多种水果制作的双倍份量的葛根水果糊

做法：

1. 预热烤箱至190℃。准备两只8英寸（约20厘米）的圆形或方形蛋糕烤盘，抹上食用油和面粉。
2. 找一只大碗，在里面加入鸡蛋、食用油、枫糖浆或蜂蜜，拌匀。
3. 把面粉、发酵粉和海盐筛入另一只碗中。
4. 把一小部分干原料加入湿原料当中，拌匀。
5. 加入部分酸奶或杏仁奶。继续一边搅拌，一边交替加入干原料和酸奶或杏仁奶。必要时加水，以此来让蛋糕糊不至于太干。
6. 一边搅拌，一边加入香草精。
7. 把面糊倒进涂抹了食用油和面粉的烤盘里，烘烤30分钟，或者直到勺子插入蛋糕中心并能干净地拔出来。然后晾凉。
8. 在两块蛋糕上分别涂抹葛根水果糊，然后把其中一块蛋糕叠到另一块蛋糕上。

其他做法：

- 做水果酥饼时，先切一块10厘米见方的蛋糕，上面放上切好的新鲜水果、日本甘酒米糊或者用枫糖浆充当甜味剂的酸奶。
- 用奶油芝士来充当其中一层糖霜或全部两层糖霜。把12盎司（约336克）奶油芝士（软化后）、$\frac{1}{3}$杯（约80毫升）枫糖浆和1茶匙（约5毫升）香草精混合。如果想要特别的口味，你还可以在奶油芝士糖霜上再加$\frac{1}{3}$杯（约60克）可可粉来制作巧克力口味的蛋糕。
- 用松饼模做纸杯蛋糕，上面用奶油芝士作糖霜。

脆米块

- ♥ 适合1岁半以上的宝宝
- 可做出24个5厘米见方的脆米块
- 素 素食
- 麸 不含麸质

脆米块好吃又好做,不仅适合全家人平时当零食吃,也适合在节假日和聚会中用来撬动人们的味蕾。制作脆米块时,三四岁的宝宝们会很喜欢给你当小帮手,因为它做起来实在太简单了。

1杯(约240毫升)糙米糖浆

1杯(约200克)杏仁酱或芝麻酱

$\frac{1}{4}$茶匙(约1.4克)海盐

$\frac{1}{4}$茶匙(约1.3毫升)香草精

6杯熟脆米麦片(crispy rice cereal)

做法:

1. 将糙米糖浆、坚果酱、海盐和香草精倒入一口大平底锅中,拌匀,以中火烹饪。
2. 把锅从火上取下,放置5分钟。
3. 一边搅拌,一边加入熟脆米麦片。
4. 把锅里的食物倒进30×20厘米的烤盘里,然后用手按压。
5. 放置10~15分钟后,把烤盘里的食物切成5厘米见方的脆米块。

饮料

在我曾经工作过的日本梦之窗幼儿园,那里的"万应灵药"是一种叫做"ume-sho-ban"的药茶,其中有酸梅、日本酱油和番茶(一种低咖啡因绿茶)。不论幼儿园的孩子们出现外伤、胃痛,还是情绪波动,这种传统的日本药茶都能对他们起到安抚作用。这种药茶很像西方文化中的鸡汤。虽然世界各地的习俗不同,但饮料在保持体液平衡方面都扮演着极为重要的角色。

在出生后的第一年里,宝宝的营养主要来自母乳或配方奶。他不需要喝太多其他液体,以防后者挤占胃部空间,导致他喝不下足够的对生长发育极为重要的母乳或配方奶。如果宝宝喝配方奶,那么他的肾脏可能会需要他摄入少量其他液体来排出配方奶中多余的盐分。开始吃固体食物后,他也能通过谷物、蔬菜和水果等食物摄入水分。

在满周岁前,宝宝所喝的其他液体逐渐增多,但母乳或配方奶仍然是他在这一阶段摄入水分的主要途径。

配方奶喂养的宝宝从出生第一天就开始喝水,而母乳喂养的宝宝则是间接饮水。如果你正在哺乳当中,你就要多喝水和其他不含甜味剂、发酵粉和咖啡因的饮料,以此来确保自己的身体不缺水。健康、洁净的饮水固然必不可少,但汤汁和食物糊等液体或半液体食物也非常重要,因为在补水之外,它们还能为宝宝的身体提供大量维生素和矿物质。此外,在补水之外,大麦茶等草药茶也能中和宝宝体内的酸性物质,而椰汁、米浆、坚果奶、豆奶、牛奶、山羊奶、日本甘酒、蔬菜汁和水果汁也能为宝宝的身体提供大量营养。

饮料的益处

水和各种液体对宝宝身体功能的正常运转必不可少,例如防止脱水,维持体温,排泄废物,润滑关节和肌肉。液体很容易吸收,能快速进入体内,同时也能通过粪尿和汗水排出体外。

水中可能含有微量的矿物质,这取决于水源本身。然而,由于不同水源的矿物质含量各有不同,因此我们不能依靠水来为宝宝补充特定的矿物质。我们要做的是确保宝宝的饮水不含污染物。

在大约一岁左右,由于身体活动增多,宝宝会开始吃更多的固体食物,同时减少母乳或配方奶的摄入,这时他就需要摄入更多的液体。为了满足各种身体活动和运动的需要,他还需要能量和各种营养物质。他还可能在出汗的过程中丢失体液、营养物质和维持细胞正常功能所需的电解质。而饮料既能帮他补充水分,也能为他提供一部分营养物质和能量。在大热天、飞机旅行途中,或者当宝宝腹泻、发烧或呕吐时,很容易发生脱水,这时你要特别注意给他补充水分。

饮料的温度

根据东亚医学,空腹喝冷的饮料会导致消化不良。常温或温度接近体温的饮料对宝宝消化系统的冲击较小。

饮料的种类

一旦宝宝开始喝母乳或配方奶以外的饮料后，你就要考虑各种不同的选择了。大多数饮料的主要成分是水，所以，保证家庭饮水的质量是最重要的一步。在美国，大部分水源都非常安全。你可以了解家里饮水的水质并做出必要的调整。

水

虽然水里既没有热量，也没有营养物质，但它是生命活动所必需的物质，因为宝宝的身体70%是水。母乳喂养的宝宝不需要额外补水，直到他开始吃固体食物。那时，他的肾脏会需要更多的水来维持正常功能。宝宝的肾脏能过滤血液，将细胞产生的代谢废物排出体外，例如尿酸、尿素、一部分无机盐和多余的水分。不同宝宝对水分的需求也各不相同，这要取决于他的活动水平、天气、季节、食物和饮料的种类。你的宝宝需要足够的水分来防止脱水，但也不能摄入太多，否则会导致他不想吃奶。

如果你的宝宝总是想喝水，你就要关注他吃了多少盐。饭菜和零食中的盐分能在很大程度上决定宝宝对水分的需求。摄入水分过多可能会导致一种叫做水中毒的罕见病症，后者可能会干扰消化功能和身体对营养物质的吸收。约翰斯·霍普金斯儿童中心急诊科主任、医学博士艾伦·沃克说，对于不满周岁的婴儿来说，每天就算只喝90毫升水也可能会显得过多。如果你带宝宝去游泳，你要确保他不会吞下太多的水。婴儿水中毒的部分症状有：体温低、面部肿胀、嗜睡、易怒和惊厥。

矿泉水

我们这里说的矿泉水是一种瓶装水。它是从地下涌到地表的水，其中含有许多天然矿物质和微量元素。市面上的矿泉水也可能取自地下矿泉。

纯净水

纯净水是经过净化或过滤处理的水，例如木炭过滤、蒸馏或反渗透，以此来去除细菌并溶解水中的固体。许多瓶装水都是经过净化的纯净水。

自来水

自来水是通过管道输送到家里的水。这种水在法律上必须符合美国国家环境保护局制定的基本标准。根据美国非营利组织环境工作小组的说法，自来水中可能含有许多化学污染物，例如微量的铝、砷、石棉、镉、铅和汞。因此，你需要了解当地供应的水从哪里来，可能会接触到哪些污染物，这对于确保宝宝的饮水质量至关重要。如果你对当地的水质有任何担忧或疑问，那就可以联系相关机构检查水的重金属、无机物、消毒剂副产品和挥发性有机化合物的含量。

> 💡 了解你所在地区的水质信息请访问环境工作小组网站ewg.org

煮沸的水和过滤水

你可以通过煮沸或过滤自来水来用于饮用和烹饪，这种水特别适合婴幼儿、孕妇和哺乳妈妈。你可以把自来水煮沸一分钟，以此来杀灭其中的细菌和病毒，然后放入冰箱冷藏（最多两天）。你可以先把水加热（但不要太热），或者让水在室温下自然升温，然后再给你的宝宝喝。

如果你使用的是过滤水，那么除非水管破了，否则是没有必要煮沸的。美国国家卫生基金会（NSF）是一家非营利组织，它不仅推动各项安全标准的制定，还通过检测来确认饮用水系统是否符合各项标准。有些标准涉及产品所用材料的安全性，有些标准则涉及产品性能。在购买净水器和净水系统时，你要寻找达到美国国家卫生基金会材料安全标准和性能标准的产品。净水系统一般安装在以下两个位置，一是用水处，例如厨房水槽，二是入水口，如整幢房子的入水口。

在用水处使用的净水器一般安装在厨房水槽的上方或下方。这种净水系统一般使用活性炭滤芯来吸附杂质。虽然滤芯需要定期更换，但操作起来非常简单。对于大多数家庭来说，这是最实惠也最实用的净水系统。

反渗透净水器是在用水处使用的净水系统。水先经过前置活性碳过滤器，滤掉水中的杂质、挥发性有机物和氯。然后，水分子在压力作用下透过半透膜，将矿物质和大分子物质滤除。过滤后的水会进入储水桶。储存水是非常必要的，这样你才能在打开水龙头的时候随时有水可用。离开储水桶后的水还会经过后置活性碳滤芯过滤，以此来去除来自储水桶里生长的无害细菌的味道。净水器能去除农药、除草剂、杀虫剂、氯、铁、铅、氟化物等有毒有害成分。不过，净水器也会去除有益的矿物质，例如钙和镁。

在入水口使用的过滤系统安装在房屋的主进水管道处。这种过滤器的设计目的是去除大量污染物，以此来让全家各处都能用到更加洁净的水，包括浴缸、淋浴器和浴室脸盆。它拥有强大的净化能力，不仅能过滤水中的杂质，还能去除其中的大部分矿物质，使硬水成为软水。

如果你发现你所使用的水有问题，对健康不利，你就可以咨询你所在地区的专业人士。对水质进行测试后，你可以选用特定的净水系统来满足你的具体需求。对于大多数城市，你只需在厨房水槽处安装一台净水器就能提高饮用水的质量，只是要记得按照说明书的要求及时更换净水滤芯。

 了解水质检测的更多信息请访问水质协会（Water Quality Association）网站wqa.org

饮用自来水的注意事项

水是世界上最丰富的自然资源之一，但是，我们今天所使用的自来水却可能含有一些人为添加的化学物质，例如氯和氟化物。自来水中也可能含有其他有毒有害物质，例如农业中使用的杀虫剂和除草剂、以及个人护理用品和各种药物中所含的化学物质。在不同地区，自来水（或称市政用水）的水质也不尽相同。在发达国家，自来水通常是安全的，但使用净水系统还是能为我们的用水安全增加一重保障。如果你所居住的地区是采矿区或工业区，或者那里在大量使用农药和除草剂，你就需要去详细了解当地的水质状况。

自来水中常会添加氟化物来保护牙釉质，很多

牙膏中也含有氟化物。大多数人既不使用净水系统，也不知道他们所饮用的自来水中是否添加了氟化物。不过，如果市政当局在自来水中添加了氟化物，他们就得通过年度供水报告告知公众。你也可以找当地的检测机构以较低的花费检测水中的氟化物含量。

2006年，美国牙科协会（ADA）建议父母尽量不使用含氟水冲调婴儿配方奶，因为过多接触氟化物可能会导致氟中毒或使牙釉质产生斑纹。由于婴儿体型小，肾脏无法排出氟化物，所以极易受这种物质影响。一般的净水器无法去除氟化物，除非是反渗透净水器或活性氧化铝净水器。

此外，城市自来水中也经常添加氯和氯胺，以此来防止疾病传播。虽然这些物质能防止相关疾病的大规模爆发，但是，每天给你的宝宝喝这样的水并不利于健康。大多数净水系统都能有效地去除水中的氯。

由于私自开采的井水可能没有经过处理，也不接受政府监管，所以应该定期检测。你也可以联系当地的环境保护局等相关机构来了解信息。

 了解关于饮水安全的更多信息请访问 wqa.org

饮用瓶装水的注意事项

与自来水或经过净水系统处理的水相比，瓶装水不仅优点有限，而且缺点多多。虽然有的瓶装水纯净而有益健康，但许多检测都在瓶装水中发现了污染物。此外，塑料瓶本身也存在缺点，一是其中的化学物质容易渗入水中，二是塑料瓶污染环境，三是运输成本高。塑料中有一种叫做双酚A（BPA）的毒素，它可以直接渗入饮用水中。此外，塑料水瓶中也可能含有聚氯乙烯（PVC）或聚苯乙烯（PS）。

安全性更高的塑料有聚对苯二甲酸乙二醇酯（PETE）、高密度聚乙烯（HDPE）和聚丙烯（PP）。聚对苯二甲酸乙二醇酯仅供制造一次性产品，不能多次使用。尽管这些塑料相对安全，但仍然可能对健康不利。在高温、光照、脂肪和酸的作用下，塑料的分子活性都会增加，并能以液体或气体形式向周围环境释放毒素。

蔬菜汤

蔬菜汤既含有丰富的营养,又有补水的作用。蔬菜汤是煮蔬菜后剩余的汤汁,兼具水与蔬菜的益处,营养丰富,是婴儿的入门饮品。蔬菜汤是让你的宝宝熟悉蔬菜的味道并且养成吃蔬菜习惯的简单方式。你可以从一次只使用一种蔬菜开始,然后逐步增加蔬菜的种类,使蔬菜汤里同时存在各种各样的蔬菜,例如地下蔬菜、地上蔬菜和地表蔬菜。你也可以在蔬菜汤里加入裙带菜片、昆布海菜或绿叶蔬菜来进一步增加食物中的维生素和矿物质含量。

蔬菜浓汤

蔬菜浓汤是给你的宝宝吃蔬菜的另一道简单菜肴。它与蔬菜汤的不同之处在于它保留了蔬菜中的膳食纤维。烹制蔬菜浓汤时,要先把蔬菜煮熟或蒸熟,然后打碎,做成浓汤。要在微温或常温下食用。

药草茶和大麦茶

在埃米和玛丽小时候,我常给她们喝药草茶或大麦茶。有时候,我还会在她们的茶里加一点苹果汁充当甜味剂。这种茶能中和宝宝身体里的酸性物质,维持消化和神经系统健康,因此也有一定的治疗作用。饮料太凉会刺激宝宝的肠胃,所以要在常温或微温时喝,这样才便于消化。菊花茶和茴香茶不仅有助消化的作用,还能让你的宝宝睡得更香。大麦茶属于碱性饮料,但由于其中含有麸质,所以你可以等宝宝满周岁后再给他喝。薄荷茶有去火作用,有助于缓解胃胀气和消化不良。

日本甘酒

日本甘酒是日本的一种传统饮品,由发酵的糯米制成。米曲是一种酵母菌(酶),能分解碳水化合物,使大米呈现天然的甜味。日本甘酒既可以作为布丁食用,也可以经过稀释制成热饮,还可以在烘焙中充当甜味剂。对哺乳妈妈来说,日本甘酒有促进乳汁分泌的作用。而在婴幼儿眼里,日本甘酒也是一种美味的饮品。此外,日本甘酒还含有丰富的复杂碳水化合物、膳食纤维和维生素B_1(硫胺素)、B_3(烟酸)等B族维生素。

米浆

米浆由糙米制成,拥有全麦谷物的许多特性和营养价值。米浆不含酪蛋白和乳糖,是所有牛奶替代品中最不容易引发过敏的食物。如果宝宝对坚果过敏,那么米浆也是很好的替代选择。

和糙米一样,米浆也富含B族维生素,特别是维生素B_3和B_6(吡哆素),它们能促进新陈代谢,维持神经系统功能的正常运转。米浆当中也富含镁,这种微量元素有助于维持健康的血压和肠道功能。此外,米浆里的脂肪是不饱和脂肪,很多证据都已经证明,它们能有效降低血液中的胆固醇含量。

米浆富含碳水化合物,其含量是豆奶的3~4

倍，所以在给宝宝喝之前，你要先用水稀释米浆。购买米浆时，你要尽可能选择有机米浆。最后，米浆虽然可以用作饮料，但不能代替母乳或配方奶。

椰汁

椰汁是椰子里的水状液体，富含抗氧化剂、氨基酸、酶、B族维生素和维生素C，以及水合作用所需的主要电解质，例如钠、钾、钙、镁和磷。椰汁口味清爽甘甜，很受宝宝们喜欢。在大热天和体力活动后，你可以让宝宝通过饮用椰汁来补水。由于椰汁电解质含量高，而热量、碳水化合物和脂肪含量低，所以它是天然的运动饮料。椰汁可以直接从椰子里喝，你也可以购买金属罐、利乐包或塑料瓶包装的椰汁。

蔬菜汁

由于蔬菜汁是生的，所以它不像煮熟的蔬菜那样容易消化。而且，蔬菜汁里去除了膳食纤维，所以营养成分不如蔬菜完全。然而，无论单独饮用还是与其他蔬菜汁混合饮用，拥有胡萝卜天然甜味的胡萝卜汁都非常好喝。有时，你也可以用新鲜蔬菜汁来为宝宝清热解暑，特别是在夏天。你可以用电动榨汁机自制蔬菜汁，也可以用高性能的搅拌机来制作更加粘稠、其中含有蔬菜纤维的蔬菜汁，让蔬菜汁的营养成分更加全面。

果汁

如果你的宝宝吃了完整的水果，比如苹果或桔子，他就会在摄入糖分的同时摄入膳食纤维、水、抗氧化剂和其他营养物质。这时，这些糖分会在他的肠道中缓慢分解和消化。但是，榨一杯苹果汁通常需要使用6~8个完整的苹果，所以苹果汁是失去膳食纤维的浓缩的苹果，其中含有高浓度的果糖。这些糖分可以迅速进入他的血液当中，进而提升他的胰岛素水平。众所周知，血糖和胰岛素水平升高会导致情绪波动，并且可以引发许多严重疾病，例如糖尿病和肥胖症。

经常给宝宝喝苹果汁会降低他对其他营养丰富的食物的食欲，使他的味觉变得迟钝，导致他希望所有的食物都像苹果汁一样甜。虽然你的宝宝仍然可以从苹果汁中吸收热量，但这些热量来自糖分或碳水化合物，而并非来自蛋白质和脂肪。这么做可能会导致宝宝对甜食成瘾，还可能导致其他问题。

根据美国儿科学会的说法，喝太多果汁会导致肥胖、蛀牙，以及腹泻、腹胀和腹痛等肠胃问题。

最近的研究发现，苹果汁中的砷含量超过了美国食品与药品监督管理局关于果汁重金属含量的规定。为了确保果汁中的砷不超标，你应选择原产地国有严格安全规定的有机果汁。要认真阅读产品标签，确保果汁里没有添加白糖、高果糖玉米糖浆、食用色素和化学成分。

美国儿科学会推荐果汁

- 给宝宝喝的果汁应该是经过巴氏灭菌的、果汁含量为100%的纯果汁，而不是添加了色素或甜味剂的果汁饮料。
- 不应该给不满6个月的婴儿喝果汁，不过不少儿科医生建议便秘幼儿可以喝少量果汁。
- 6~12个月大的婴儿每天最多可以喝120~180毫升果汁，但只能用杯子喝，不能用奶瓶喝，因为用奶瓶喝含糖饮料可能会导致蛀牙。
- 1~6岁幼儿每天只能喝120~180毫升果汁。
- 年龄较大的儿童每天最多可以喝240~360毫升果汁。
- 应该鼓励宝宝吃完整的水果，而不是喝果汁。

从积极的方面来看，果汁是一种有助于提神的饮品。你可以用水或茶来稀释果汁，以降低其中的含糖量。果汁也可以在各种甜点中充当甜味剂。此外，果汁也有帮助宝宝缓解便秘和舒缓紧张情绪的作用。

杏仁奶和芝麻糊

杏仁奶和芝麻糊营养丰富、富含蛋白质，是能够用来替代动物乳汁的植物性食物。杏仁奶和芝麻糊富含维生素E、钙、铜、铁、镁、锰、磷、钾、硒和锌。这些营养物质天然地存在于自制的坚果奶中，而市面上的一些坚果奶还额外添加营养素。坚果奶含有丰富的ω-3脂肪酸和类黄酮，它们是能够增强免疫力，预防心脏病、多种癌症等退行性疾病的强效抗氧化剂。坚果奶的饱和脂肪含量和热量都非常低，而且不含胆固醇。此外，坚果奶中也不含乳糖和酪蛋白，也不会导致血糖急剧升高。

杏仁奶和芝麻糊很容易制作。把1/3杯（约40克）坚果或种子在1杯（约240毫升）水中浸泡一夜，烹煮15～20分钟，然后搅拌至糊状，食物就做好了。坚果奶的主要问题是容易引发过敏。所以，你要先给宝宝尝一点点，看他是否会出现过敏反应。在给宝宝食用坚果奶时，要尽可能挑选有机产品或在家中自制，另外不要用它来代替母乳或配方奶。

豆奶

由于豆奶饱和脂肪含量低，而且不含胆固醇，所以常用来替代牛奶。豆奶中也不含乳糖和酪蛋白，所以也不会像牛奶那样引发过敏反应。不过，豆奶是否是一种健康的牛奶替代品仍然存在争议，特别是对男孩来说，因为大豆蛋白中含有类似雌激素的异黄酮。一些婴幼儿很难消化豆奶。豆奶可以偶尔喝，但不能用来替代母乳或配方奶。

不同饮料的比较

每240毫升含有	牛奶 （全脂）	豆奶 （未添加甜味剂）	杏仁奶 （未添加甜味剂）	米浆 （未添加甜味剂）	椰汁 （未添加甜味剂）
热量	148千卡	131千卡	30千卡	90千卡	70千卡
脂肪	8克	4.2克	2.5克	2.5克	4.5克
饱和脂肪	4.6克	0.5克	0克	0克	4克
胆固醇	24毫克	0毫克	0毫克	0毫克	0毫克
钠	105毫克	124毫克	160毫克	130毫克	15毫克
碳水化合物	12克	15克	<1克	15克	8克
膳食纤维	0克	1.5克	<1克	0克	1克
糖	12克	10克	0克	<1克	7克
蛋白质	8克	8克	1克	<1克	0克
维生素A	7%	0%	10%	10%	10%
维生素C	0%	0%	0%	0%	0%
钙	27%	6%	45%	30%	10%
铁	0%	8%	2%	0%	4%

*每日摄入量百分比以每日摄入2000千卡热量为参照。表中数值来自普通品牌产品。

牛奶

牛奶富含蛋白质、钠和钾。牛奶中有一种蛋白质叫酪蛋白，它可能会让宝宝发生过敏和慢性便秘。牛奶中的维生素C含量低，含钙高，不利于身体吸收铁，因而可能会导致贫血。过早喝牛奶也容易让宝宝患上I型糖尿病和儿童肥胖症。

哈佛医学院营养系主任、医学博士沃尔特·威利特（Walter C. Willett）在他所写的《饮食与健康》（Eat, Drink, and Be Healthy）一书中指出，全世界有75%的成年人（其中包括5000万美国人）无法消化乳糖。饮食中含有乳糖可能会导致一系列肠胃问题，例如腹泻、便秘、恶心和腹胀。美国儿科学会建议父母不要给未满周岁的婴儿食用牛奶或牛奶制品。此外，备受尊敬的美国"婴儿医生"、医学博士本杰明·斯波克（Benjamin Spock）在去世前出版的最后一本著作中也修改了他对于牛奶的建议，他建议父母不要给两岁以下的婴幼儿食用牛奶。

牛奶的化学组成能够满足小牛犊对营养的需求，但它无法像母乳或配方奶那样满足未满周岁的宝宝对营养的需求。如果你想在宝宝满周岁后给他喝牛奶，那么一定要选择有机全脂牛奶。脱脂牛奶和低脂牛奶中盐与蛋白质含量高，脂肪等能够产生饱足感的营养物质含量低。非有机牛奶和奶制品中还含有重组牛生长激素（rBGH）（用来提升产奶量）和抗生素（用来抗感染）。

山羊奶

山羊奶不像牛奶那么容易引起过敏，而且其中含有更多亚油酸等有益健康的脂肪酸。对于6个月大的宝宝来说，山羊奶是一种健康、营养丰富的液体食品，但山羊奶也有缺点，所以不能用来替代母乳或配方奶。

山羊奶最大的问题是蛋白质含量高，甚至高过牛奶。蛋白质进入血液后就会变成酸，而酸必须由肾脏来代谢和清除。山羊奶中的大量蛋白质会加重婴幼儿肾脏的负担。

儿童和青少年可以偶尔食用山羊奶来补充营养，但这种奶不能用来代替婴幼儿所喝的母乳或配方奶。虽然山羊养殖者一般不使用抗生素和生长激素，但有机山羊奶和拥有无抗生素和生长激素认证的山羊奶显然是更好的选择。

碳酸饮料

大多数碳酸饮料都含有精制糖、咖啡因和人造色素，这对年幼的宝宝来说完全没必要，而且还有害。这些物质没有营养价值，还会导致肥胖和糖尿病，所以要尽量避免。天然的碳酸饮料是用果汁来充当甜味剂的，可以偶尔拿来给宝宝喝。要注意查看配料表，因为不少天然碳酸饮料里也含有精制糖。

饮料的阴阳属性

饮料是液体,所以大体上偏阴性。不过,影响饮料阴阳属性的因素有很多,例如糖、盐和脂肪的含量,以及制作过程(是生的还是熟的)。

碳酸饮料通常都含有精制糖,此外还可能含有其他化学物质或人造甜味剂,所以最显阴性。其后依次是糖分很高、膳食纤维较少的浓缩生果汁,脂肪含量高的植物性饮料——豆奶,脂肪和乳糖含量高的动物性饮料——牛奶,未经浓缩、富含微量矿物质的热带天然饮品——椰汁,虽然经过浓缩但含糖量低于生果汁的新鲜蔬菜汁,脂肪含量较高但含糖量较低的杏仁奶和米浆。药草茶的阴阳属性因香草种类不同而异,但通常阴阳平衡。熟的蔬菜汁更偏阳性,因为整个蔬菜都煮过了。大麦茶是烘烤过的谷物,所以比药草茶更偏阳性。山羊奶比其他动物乳汁含有更多的钠和更少的脂肪,因此更偏阳性。

下图中列出了可供日常食用的阴阳平衡的饮料和可以偶尔食用的较偏阴性或较偏阳性的饮料,以及应当避免食用的极端阴性或极端阳性的饮料。

适合宝宝喝的饮料

宝宝开始吃固体食物后,你就可以用勺子或吸管杯来为他少量补水。对于未经过滤的水,最安全的处理方式是煮沸并冷却到室温。

宝宝满6个月后,你可以给他喝一些既能提供营养又能防止脱水的饮料,例如蔬菜汤、蔬菜浓汤、日本甘酒、米浆、大麦茶和药草茶。这些饮料可以常温饮用,也可以加热至与母乳或配方奶相近的温度饮用。

宝宝满周岁后,母乳或配方奶已经不是他摄取水分的唯一来源,这时你可以开始给他喝少量其他饮料,例如椰汁、稀释后的果汁(不额外添加糖)、新鲜蔬菜汁、杏仁奶、芝麻糊(首先要确定宝宝对坚果不过敏)和豆奶(极少量)。如果你要给他喝牛奶或山羊奶,那么一定要选择有机产品。

下面的图表列出了你可以在什么时间开始给宝宝喝哪些饮料,以及相应的食用频率。

饮料的阴阳属性分布图

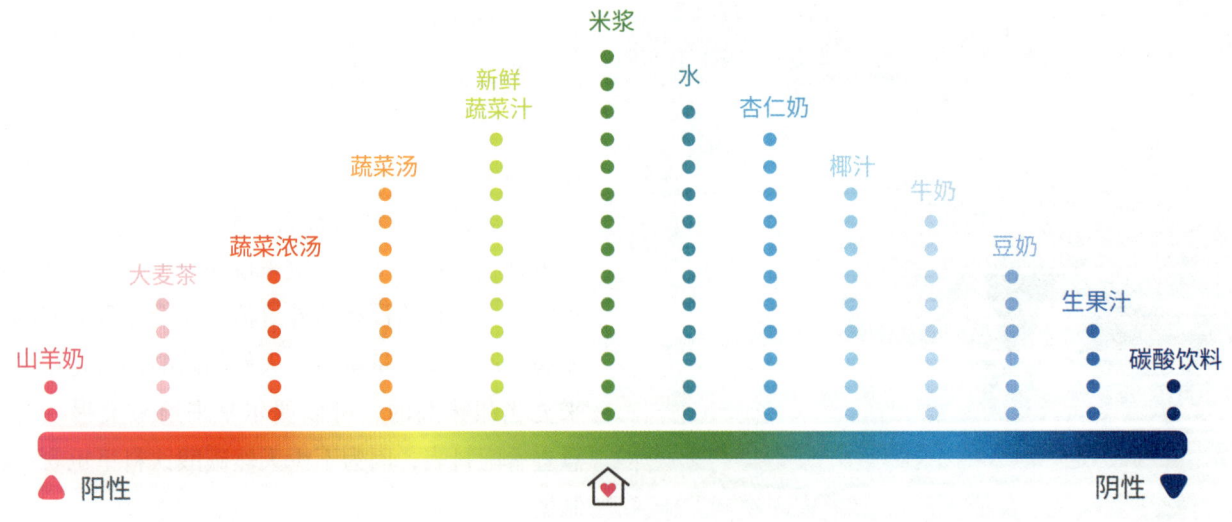

饮料的尝试次序			
	饮料名称	年龄范围	食用频率
	水	6~8个月	每日
	蔬菜汤	6~8个月	每日
	蔬菜浓汤	6~8个月	每日
	大麦茶、菊花茶、茴香茶	6~8个月	每日
	日本甘酒	6~8个月	每日
	米浆	6~8个月	偶尔
	椰汁	12~18个月	偶尔
	新鲜蔬菜汁	12~18个月	偶尔
	果汁（稀释）	12~18个月	偶尔
	杏仁奶或芝麻糊	12~18个月	偶尔
	豆奶	12~18个月	偶尔
	牛奶	12~18个月	偶尔
	山羊奶	12~18个月	偶尔
	碳酸饮料	所有年龄	避免

"偶尔"意为每周2~3次

饮料食谱

在宝宝满周岁前，母乳或配方奶是他的主要饮料，只是配方奶喂养的宝宝要比母乳喂养的宝宝需要摄入更多液体。过滤水是很好的入门饮料，你也可以用蔬菜汤来给他充当饮料。大麦茶和药草茶是有益健康的碱性饮品，适合日常饮用。日本甘酒是日本的传统饮料，拥有天然的甜味，不仅可以拿来给宝宝喝，还能用作甜味剂。如果你没时间自制日本甘酒，你就可以购买冷冻或真空包装的半成品。

蔬菜汤

- ♥ 适合满6个月大的宝宝
- 可做出约480毫升蔬菜汤和可供宝宝食用4次（每次约60毫升）的蔬菜泥
- 素 素食
- 麸 不含麸质

这份食谱能做出两种食物，分别是蔬菜清汤和蔬菜泥。你可以用碗或吸管杯来盛蔬菜汤。

1 杯（约 150 克）混合蔬菜，切成 2.5 厘米的小块

4 杯（约 960 毫升）水

2.5 厘米见方的昆布海藻或 1 茶匙（约 2 克）裙带菜片

$\frac{1}{8}$ 茶匙（约 0.7 克）海盐（9～12 个月大）或 $\frac{1}{4}$ 茶匙（约 1.4 克）海盐（满周岁）

可选配料：
以下 1～3 种蔬菜：西兰花、胡萝卜、黄南瓜、洋葱、豌豆、卷心菜、羽衣甘蓝、甘薯、冬南瓜、日本南瓜

做法：

1. 将所有食材放进锅里，大火烧开，然后小火煮20～25分钟。
2. 滤出清汤。
3. 把蔬菜放入搅拌机、食物处理机或食物研磨器中打成泥，然后单独食用。

大麦茶

- ♥ 适合满7个月大的宝宝
- 可做出约240毫升大麦茶
- 素 素食

大麦茶不仅具有抗氧化的特性，富含植物营养素，还能给人带来舒适感。大麦茶含有8种必需氨基酸，同时含有丰富的维生素、膳食纤维和矿物质。大麦茶能缓解感冒和发烧症状，因为它能排出身体毒素，抑制细菌生长。你可以把做好的大麦茶放进冰箱保存几天。由于大麦含有麸质，而未满周岁的宝宝消化功能尚未发育完全，可能无法消化麸质，所以你要等他满周岁后再给他喝这种茶。

2 汤匙（约 20 克）烤熟的大麦

2 杯（约 480 毫升）水

做法：

1. 把大麦和水放进锅里，大火烧开。
2. 调至小火，煮5分钟。
3. 晾凉，过滤，最后倒进鸭嘴杯、吸管杯或普通杯子里。

药草茶

- ♥ 适合满7个月大的宝宝
- 可做出约480毫升药草茶
- 素 素食

2 杯（约 480 毫升）水

1 个茶包、1 茶匙（约 0.7 克）干的药草，或 1 汤匙（约 1.4 克）切碎的新鲜药草

可选配料：
薄荷、柠檬草、香蜂叶、洋甘菊、茴香、覆盆子叶（树莓叶）

茶是一种碱性饮料，适合婴幼儿日常饮用。茶不像果汁那样含有可能会导致蛀牙等健康问题的糖分。不同的药草茶有不同的性质和功用，你可以尝试给宝宝喝不同种类的药草茶。

做法：

1. 把水倒进锅里，烧开。
2. 关火，加入茶包或药草，浸泡5分钟。
3. 晾凉，过滤，最后倒进鸭嘴杯、吸管杯或普通杯子里。

日本甘酒

- ♡ 适合满6个月的宝宝
- 可供宝宝食用16次（每次约60毫升）
- 素 素食
- 麸 不含麸质

日本甘酒是一种比较稠的饮料，味道甘甜，既可以加热喝，也可以冷藏喝，在日本很受大人和孩子欢迎。你可以在天然食物商店里买到日本甘酒，有冷藏的、冷冻的，还有真空包装的。市面上的日本甘酒很可能已经经过巴氏杀菌，这个过程能杀死乳酸菌。不过，这样的日本甘酒仍然具有一种天然的甜味，喝起来非常可口。自制的日本甘酒是用煮熟的糯米和用作发酵剂的日本酒曲（米麹、米花）发酵成的。日本酒曲是生长有曲霉菌丝的大米，用于制作清酒、味噌等传统日本发酵食品，可以从网上购买。

1 杯（约180克）糙糯米

用于浸泡糯米的水

2 杯（约480毫升）用于煮糯米的水

$\frac{1}{2}$ 杯（约90克）日本酒曲

$\frac{1}{2}$ 杯（约120毫升）用于发酵过程的水

$\frac{1}{8}$ 茶匙（约0.7克）海盐

准备：

用水浸泡糯米8~24小时。如果时间已经不够，那么至少也要浸泡1小时。

做法：

1. 把浸泡糯米的水滤掉，然后把米和水倒进锅里，大火烧开。
2. 把火调小，煮45分钟到1小时，直到所有水分都被米粒吸收。
3. 在锅底使用散热片来防止糯米粘锅或烧糊。
4. 把糯米饭放进碗里，搅拌，使米粒散开，然后晾凉。
5. 等糯米冷却后，加入日本酒曲，拌匀，再加入 $\frac{1}{2}$ 杯（约120毫升）水。

6. 把烤箱预热至46℃～57℃。如果你的烤箱无法设置这么低的温度，那就用最低温度预热，然后把烤箱关掉。用毛巾把碗包裹起来放进烤箱。

7. 每隔一段时间，把碗从烤箱里取出，重新加温，再把碗放回。重复以上步骤，直到食物产生甜味。这一过程可能需要6～10个小时。

8. 每2小时搅拌一次。

9. 等食物发酵完毕后，加入海盐，然后搅拌成均匀细腻的日本甘酒。

其他做法：

- 制作饮料时，你可以拿2汤匙（约30毫升）日本甘酒糊兑$\frac{1}{4}$杯（约60毫升）水。在大热天里，喝冷藏的日本甘酒能让人感到非常清爽，而在寒冷的天气，喝热的日本甘酒又能让人感到阵阵暖意。

- 制作甘酒布丁时，你可以找一口小锅，加入$\frac{1}{4}$杯（约60毫升）水和1杯（约240毫升）日本甘酒，加热。再找一只碗，加入1汤匙（约8.5克）葛根粉或竹芋粉和1汤匙（约15毫升）水，搅拌，直到粉末彻底溶解。把碗里的混合液倒进锅里，搅拌至透明。你也可以在烹饪过程中加入$\frac{1}{4}$茶匙（约1.3毫升）香草精和（或）1茶匙（约3.3克）葡萄干，以此来提升口味。你也可以用日本甘酒充当其他食物的甜味剂。

第7章
菜单计划

刚开始为宝宝准备食物的时候，你可能确实需要动一番脑筋。不过，等你有了一些实际经验后，你就能轻易察觉到宝宝想吃什么，你还能跟随自己的直觉制作出既营养又美味的食物。

一开始，你可以给宝宝吃最简单、最初步、几乎是液体的食物，然后随着时间的推移，你可以继续给他尝试更多种类以及各种口味和口感的食物。对宝宝来说，出生后的头几年是他的身体和心智成长最快的时期，所以这段时期的饮食质量能对他的成长施加非常大的影响。

在宝宝6～9个月大期间，他对不同食物的接受程度很难预料，所以我们在这本书里提到的年龄范围是存在重叠之处的，例如6～8个月和7～9个月。有些宝宝胃口好，吃什么都津津有味，而有些宝宝则只是把食物当作玩耍和探索的对象，他们要再过好几个月才能真正把食物当食物吃下去，吸收到其中的营养。其他影响因素有是否为母乳喂养，有没有断奶，以及宝宝的年龄、性别、体型和健康状况。在刚开始吃固体食物的时候，你的宝宝可能吃不了太多，他可能只是在熟悉各种食物的口感，以及学习如何吞咽，于是他仍然主要从母乳或配方奶粉中获取大部分营养。到下一阶段，食物对他来说才会真正成为一种营养摄取方式。

你可以通过菜单计划了解你可以在宝宝出生后的前三年里给他吃什么。我把这一时期又分为了以下几个阶段：6～8个月、7～9个月、9～12个月、12～18个月、18～24个月和24～36个月。

6~8个月宝宝的饮食

生长发育

你的宝宝会坐在婴儿椅里伸手去抓食物,同时牙齿开始萌出。

饮食习惯

每天吃2~3次固体食物。

用指尖或勺子给他吃兑了水的绵软食物糊。

饮食构成

下面的饼状图显示了你的宝宝在这个阶段所需各类食物的比例。

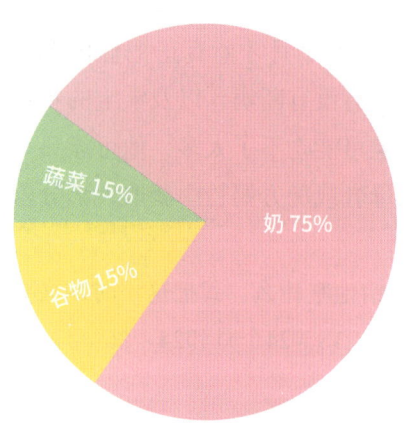

先吃蔬菜,再吃水果,这么做能培养宝宝对食物味道的感知能力,同时也能让他喜欢上蔬菜的淡淡甜味。此外,水果搭配谷物或高蛋白食物容易引发胀气。所以,你要等宝宝开始吃固体食物4~6周后再给他吃水果。给宝宝吃过谷物和蔬菜后,你接下来要给他尝试的食物是富含蛋白质的柔软食物,例如熟豆腐和芝麻酱,或者把芝麻和谷物一起煮。预先浸泡谷物能让谷物微微发酵,这样的谷物不仅更容易消化,而且其中还含有能帮助宝宝消化食物的益生菌。地瓜泥是一种不加盐的发酵食品,也适合宝宝食用。宝宝满6个月后,你就可以在他的谷物或蔬菜里添加益生菌补充剂来帮他提升免疫力,你可以向医生咨询具体的做法。

你可以把芝麻油、橄榄油、椰子油和亚麻籽油等天然油脂添加到宝宝的食物糊里,以此来为他补充脂肪。未经精炼的优质油脂对宝宝的健康十分有益,它们对身体的影响与氢化植物油、菜

开始的时候,即在宝宝6~8个月大期间,你一次只需给他吃一种食材。通常来说,粗粮,不论糙米还是小米,都是很好的入门辅食,因为谷物糊与母乳(或配方奶)的口感比较相似。然后,你可以开始给他吃某种蔬菜。再然后,你可以把两种谷物搭配在一起,例如糯米和小米。虽然宝宝一般不会对单种谷物或蔬菜过敏,但如此逐一尝试并观察他的反应确实有助于你锁定相应的致敏食物。一开始,你可以给宝宝吃的蔬菜有南瓜、西葫芦、甘薯、豌豆和紫菜。

糙米糊、胡萝卜泥、豌豆泥和豆腐泥

籽油等精炼油脂或过度加工的油脂截然不同。有时，你也可以在宝宝的食物糊里添加少量全麦谷物甜味剂，例如糙米糖浆或日本甘酒，以此来增加食物的甜味，让宝宝吃得更香。你可以添加茴香来调味和促进消化。药草茶和煮蔬菜的汤汁是碱性饮料，你可以用它们来充当宝宝的入门饮料。你也可以给宝宝喝少量水来防止他脱水，特别是在大热天。一开始，你可以每天早上给他吃一顿辅食，然后根据他的食欲和发育状况逐渐增加喂食的次数和食物的数量，例如从1/2茶匙增加到1茶匙、1汤匙、2汤匙，乃至更多。给宝宝吃固体食物的时候，你要允许宝宝探索自己喜欢的饮食习惯和所需的食物数量。

6～8个月的饮食

奶	母乳或配方奶仍然是多种营养物质的主要来源		水果	先蔬菜后水果，以此来提升宝宝的味觉感知能力 避免给宝宝吃
谷物 每次28～57克 每天2～3次	全麦谷物糊——糙米、糙糯米、藜麦、小米、无麸质燕麦；一次一种；1份谷物7份水		发酵食物	母乳或配方奶中含有益生菌；经过浸泡的谷物、低钠味噌汤、泡菜汁、益生菌补充剂
蔬菜 每次30～60毫升 每天2～3次	蔬菜汤、蔬菜浓汤、熟的蔬菜汁；避免给宝宝吃十字花科蔬菜和洋葱		调味料 每次1/4茶匙 （约1.3毫升） 每天1～2次	微甜的味道，不使用精制糖和精制盐；糙米糖浆、日本甘酒、茴香、芝麻油、橄榄油、亚麻籽油
地上蔬菜	豌豆、菜豆			
地下蔬菜	胡萝卜、甘薯			
地表蔬菜	日本南瓜、橡果瓜、冬南瓜、黄南瓜、西葫芦		饮料 每次30～60毫升 每天1～2次（热天增加饮用次数）	水、蔬菜汤、蔬菜浓汤、药草茶、日本甘酒
海产蔬菜	紫菜			
高蛋白食物	母乳或配方奶、熟豆腐、全麦谷物、烤熟并碾碎的芝麻、芝麻酱			

2汤匙=1盎司=$\frac{1}{8}$杯 | 16汤匙=8盎司=1杯 | 1茶匙=5毫升 | 1汤匙=15毫升

注：以上只是一般性建议，你需要根据宝宝的体质、年龄、性别和当地的气候、季节等情况做出调整。是否为母乳喂养和断奶早晚也会影响宝宝对食物的需求。

6~8个月	第1周	第2周	第3周	第4周（周一到周三）	第4周（周四到周日）
清晨	• 母乳或配方奶	• 母乳或配方奶	• 母乳或配方奶	• 母乳或配方奶	• 母乳或配方奶
上午	• 母乳或配方奶	• 母乳或配方奶	• 30~60毫升添加有母乳或配方奶的糙米糊 • 母乳或配方奶	• 30~60毫升添加有母乳或配方奶的糙糯米糊或小米糊 • 母乳或配方奶	• 30~60毫升添加有母乳或配方奶的糙米糊或小米糊 • 母乳或配方奶
中午	• 30毫升添加有母乳或配方奶的糙米糊 • 母乳或配方奶	• 30毫升添加有母乳或配方奶的糙米糊 • 母乳或配方奶	• 30毫升添加有母乳或配方奶的糙糯米糊或小米糊 • 28~57克冬南瓜泥 • 母乳或配方奶	• 30~60毫升添加有1.3毫升芝麻油和1.3毫升糙米糖浆或日本甘酒的糙糯米糊或小米糊 • 28~57克冬南瓜泥 • 28~57克菜豆泥 • 30~60毫升蔬菜汤、水或药草茶 • 母乳或配方奶	• 30~60毫升添加有1.3毫升芝麻油和1.3毫升糙米糖浆或日本甘酒的糙米糊或小米糊 • 28~57克胡萝卜泥 • 28~57克蜜豆泥 • 30~60毫升蔬菜汤、水、药草茶或水开菲尔 • 母乳或配方奶
下午	• 母乳或配方奶	• 母乳或配方奶	• 母乳或配方奶	• 母乳或配方奶	• 母乳或配方奶
晚上	• 母乳或配方奶	• 30毫升添加有母乳或配方奶的糙米糊 • 28~57克冬南瓜泥 • 30毫升冬南瓜汤或水 • 母乳或配方奶	• 30毫升添加有母乳或配方奶的糙糯米糊或小米糊 • 28~57克冬南瓜泥 • 28~57克菜豆泥 • 30~60毫升蔬菜汤或水 • 母乳或配方奶	• 30~60毫升添加有1.3毫升芝麻油和1.3毫升糙米糖浆或日本甘酒的糙糯米糊或小米糊 • 28~57克胡萝卜泥 • 28~57克蜜豆泥 • 30~60毫升蔬菜汤、水或药草茶 • 母乳或配方奶	• 30~60毫升添加有1.3毫升芝麻油和1.3毫升糙米糖浆或日本甘酒的糙米糊或小米糊 • 28~57克黄南瓜泥 • 30~60毫升蔬菜汤、水、药草茶或水开菲尔 • 母乳或配方奶
睡前	• 母乳或配方奶	• 母乳或配方奶	• 母乳或配方奶	• 母乳或配方奶	• 母乳或配方奶

(续表)

6~8个月	第5周(周一到周三)	第5周(周四到周日)	第6周(周一到周三)	第6周(周四到周日)
清晨	• 母乳或配方奶	• 母乳或配方奶	• 母乳或配方奶	• 母乳或配方奶
上午	• 30~60毫升添加有母乳或配方奶的糙米糊、小米糊或藜麦糊 • 母乳或配方奶	• 30~60毫升添加有母乳或配方奶的糙糯米糊或小米糊 • 母乳或配方奶	• 30~60毫升添加有母乳或配方奶的糙糯米糊或小米糊 • 母乳或配方奶	• 30~60毫升添加有母乳或配方奶的糙糯米糊或小米糊 • 母乳或配方奶
中午	• 30~60毫升添加有1.3毫升芝麻油和1.3毫升糙米糖浆或日本甘酒的糙糯米糊或小米糊 • 28~57克黄南瓜泥 • 30~60毫升蔬菜汤、水、药草茶或水开菲尔 • 母乳或配方奶	• 30~60毫升添加有1.3毫升芝麻油和1.3毫升糙米糖浆或日本甘酒的糙糯米糊、小米糊或藜麦糊 • 28~57克甘薯泥 • 30~60毫升蔬菜汤、水或药草茶 • 母乳或配方奶	• 30~60毫升添加有1.3毫升芝麻酱和2~3滴梅子醋的糙糯米糊、小米糊或藜麦糊 • 28~57克胡萝卜泥 • 28~57克西葫芦泥 • 30~60毫升蔬菜汤、水或药草茶 • 母乳或配方奶	• 30~60毫升添加有1.3毫升芝麻油的糙糯米糊或小米糊 • 28~57克甘薯泥 • 28~57克菜豆泥 • 28~57克豆腐 • 30~60毫升蔬菜汤、水或药草茶 • 母乳或配方奶
下午	• 母乳或配方奶	• 母乳或配方奶	• 母乳或配方奶	• 母乳或配方奶
晚上	• 30~60毫升添加有1.3毫升芝麻油和1.3毫升糙米糖浆或日本甘酒的糙米糊、小米糊或藜麦糊 • 10厘米见方的紫菜 • 28~57克甘薯泥 • 30~60毫升蔬菜汤、水、药草茶或水开菲尔 • 母乳或配方奶	• 30~60毫升添加有1.3毫升芝麻油和1.3毫升糙米糖浆或日本甘酒的糙米糊、小米糊或藜麦糊 • 10厘米见方的紫菜 • 28~57克胡萝卜泥 • 28~57克西葫芦泥 • 30~60毫升蔬菜汤、水或药草茶 • 母乳或配方奶	• 30~60毫升添加有1.3毫升芝麻油和1.3毫升糙米糖浆或日本甘酒的糙米糊、小米糊或藜麦糊 • 10厘米见方的紫菜 • 28~57克甘薯泥 • 28~57克菜豆泥 • 30~60毫升蔬菜汤、水或药草茶 • 母乳或配方奶	• 30~60毫升添加有1.3毫升芝麻油和1.3毫升糙米糖浆或日本甘酒的糙米糊、小米糊或藜麦糊 • 10厘米见方的紫菜 • 28~57克黄南瓜泥 • 28~57克菜豆泥 • 30~60毫升清淡味噌汤、蔬菜汤、水或药草茶 • 母乳或配方奶
睡前	• 母乳或配方奶	• 母乳或配方奶	• 母乳或配方奶	• 母乳或配方奶

7～9个月宝宝的饮食

生长发育

你的宝宝会尝试站起来,伸手去抓食物和餐具,抓握瓶子和勺子,可能还会用杯子喝水。

饮食习惯

每天吃2～3次固体食物、1次零食。
柔软、浓稠的粗糙食物糊。

饮食构成

下面的饼状图显示了你的宝宝在这个阶段所需各类食物的比例。

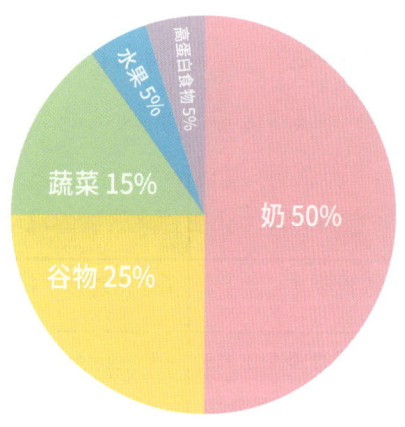

7～9个月大的宝宝能吃更多种类的蔬菜,例如西兰花、菜花、菜豆、羽衣甘蓝、卷心菜和油菜。这些十字花科蔬菜含有许多营养,但需要彻底煮熟,因为这样才容易消化,同时也有助于身体吸收碘。食用不同颜色和形状的多种蔬菜能确保你的宝宝摄入种类丰富的维生素和矿物质。紫菜、裙带菜和昆布海藻等海产蔬菜能让谷物、汤、蔬菜和豆类食物更有味道,更容易消化,同时还富含多种矿物质。

你可以在给宝宝吃的食物里添加2.5毫升芝麻油或橄榄油,以此来为宝宝补充必需脂肪酸,促进大脑发育。宝宝开始吃全麦谷物和蔬菜后,他的牙齿也开始萌出(通常在7～8个月大左右),这时你要给他吃不含盐和麸质的出牙饼干。宝宝吃饼干时,你一定要在一旁看护,以免他噎到自己。

宝宝的入门水果可以是熟的苹果、梨和桃,也可以是煮熟并打成泥的水果干。为了便于消化,水果要与谷类、蔬菜和高蛋白质食物分开吃。宝宝长到大约8～9个月大时,你要开始给他吃豆类食物,例如小扁豆、红小豆、黑豆和白豆。干豆和豆制品(如豆腐和天贝)中含有丰富的蛋白质,能为宝宝提供植物性必需氨基酸。除能为宝宝提供矿物质外,紫菜也富含蛋白质。你可以把紫菜切成小块放进浓汤里,增加后者的营养价值。你也要给宝宝吃有助于提升免疫力的发酵食品,例如低钠甜白味噌汤、泡菜汁和水开菲尔。

美国斯坦福大学医学院临床医学教授、《养育绿色宝宝》(*Raising Baby Green*)一书作者、医学博士艾伦·格林表示,1岁左右的宝宝会患上恐新症,也就是会对新的口味和食物产生戒备和恐惧心理。在此之前,他们会把各种东西塞进嘴里,进行学习和探索。因此,满周岁前是让宝宝喜欢上各种食物和口味的大好时机。我们要把握住这个窗口期,尽可能让宝宝品尝丰富多样的谷物、蔬菜、豆子和调味料。

西兰花泥、小米和大米糊、红小豆泥和甘薯泥

7～9个月的饮食

奶	母乳或配方奶仍然是多种营养物质的主要来源	水果 每次28～57克 每天1次	你可以把少量熟水果泥或水果干泥用作宝宝的零食，在吃过谷物、蔬菜或高蛋白食物至少30分钟后吃
谷物 每次57～85克 每天3次	全麦谷物糊——糙米、糙糯米、藜麦、小米、无麸质燕麦、苋米；使用多种谷物丰富口感，均衡营养；1份谷物6份水；无麸质面包、无麸质出牙饼干	熟的温带水果	苹果、梨、杏、樱桃、桃、李子、油桃、草莓
		熟的水果干泥	苹果干、葡萄干、醋栗干、杏干、桃干、梨干
蔬菜 每次30～60毫升 每天2～3次	蔬菜汤、蔬菜浓汤、熟的蔬菜汁、蔬菜泥		
地上蔬菜	豌豆、菜豆、蜜豆、羽衣甘蓝、宽叶羽衣甘蓝、芽球甘蓝、西兰花、菜花、卷心菜、豆瓣菜、白菜、油菜、芜菁叶、紫甘蓝、芹菜；十字花科蔬菜要熟透	发酵食物 每次60毫升 每天1次	母乳或配方奶中含有益生菌；经过浸泡的谷物、低钠味噌汤、水开菲尔、泡菜汁、益生菌补充剂
地下蔬菜	胡萝卜、甘薯、欧洲防风草、洋葱	调味料 每次1/4茶匙 （约1.3毫升） 每天2～3次	微甜的味道，不使用精制糖和精制盐；糙米糖浆、日本甘酒、茴香、芝麻油、橄榄油、亚麻籽油
地表蔬菜	日本南瓜、橡果瓜、冬南瓜、南瓜、黄南瓜、西葫芦		
海产蔬菜	紫菜、裙带菜、昆布海藻、琼脂		
高蛋白食物 每次28～57克 每天2次	母乳或配方奶、熟豆腐；全麦谷物；烤熟并碾碎的芝麻、葵花籽、亚麻籽；芝麻酱；碾碎的栗子、鹰嘴豆、小扁豆、黑豆、红小豆	饮料 每次30～60毫升 每天2～3次（热天增加饮用次数）	水、蔬菜汤、蔬菜浓汤、药草茶、日本甘酒

2汤匙=1盎司=$\frac{1}{8}$杯 ｜ 16汤匙=8盎司=1杯 ｜ 1茶匙=5毫升 ｜ 1汤匙=15毫升

注：以上只是一般性建议，你需要根据宝宝的体质、年龄、性别和当地的气候、季节等情况做出调整。是否为母乳喂养和断奶早晚也会影响宝宝对食物的需求。

7~9个月	星期日	星期一	星期二	星期三
清晨	• 母乳或配方奶	• 母乳或配方奶	• 母乳或配方奶	• 母乳或配方奶
上午	• 60~90毫升添加有1.3毫升芝麻酱和1.3毫升糙米糖浆或日本甘酒的糙糯米糊或小米糊 • 60毫升水开菲尔或味噌汤 • 母乳或配方奶	• 60~90毫升添加有1.3毫升芝麻酱和1.3毫升糙米糖浆或日本甘酒的糙糯米糊或小米糊 • 60毫升水开菲尔或味噌汤 • 母乳或配方奶	• 60~90毫升添加有1.3毫升芝麻酱和1.3毫升糙米糖浆或日本甘酒的糙糯米糊或小米糊 • 60毫升水开菲尔或味噌汤 • 母乳或配方奶	• 60~90毫升添加有1.3毫升芝麻酱和1.3毫升糙米糖浆或日本甘酒的糙糯米糊或小米糊 • 60毫升水开菲尔或味噌汤 • 母乳或配方奶
中午	• 60~90毫升添加有1.3毫升芝麻油和2~3滴梅子醋的糙糯米糊或小米糊 • 添加10厘米见方的紫菜的糙米糊 • 28~57克胡萝卜泥 • 28~57克菜豆泥 • 28~57克红小豆泥 • 30~60毫升泡菜汁、蔬菜汤、水或药草茶 • 母乳或配方奶	• 60~90毫升添加有1.3毫升芝麻油和2~3滴梅子醋的糙糯米糊或小米糊 • 添加10厘米见方的紫菜的糙米糊 • 28~57克甘薯泥 • 28~57克西兰花泥 • 28~57克红小豆泥 • 30~60毫升蔬菜汤、水或药草茶 • 母乳或配方奶	• 60~90毫升添加有1.3毫升芝麻油和2~3滴梅子醋的糙糯米糊或小米糊 • 添加10厘米见方的紫菜的糙米糊 • 28~57克黄南瓜泥和洋葱泥 • 28~57克羽衣甘蓝泥 • 28~57克鹰嘴豆泥 • 30~60毫升蔬菜汤、水或药草茶 • 母乳或配方奶	• 60~90毫升添加有1.3毫升芝麻油和2~3滴梅子醋的糙糯米糊或小米糊 • 添加10厘米见方的紫菜的糙米糊 • 28~57克欧洲防风草泥 • 28~57克紫甘蓝泥 • 28~57克鹰嘴豆泥 • 30~60毫升蔬菜汤、水或药草茶 • 母乳或配方奶
下午	• 30~60毫升苹果汁 • 母乳或配方奶	• 30~60毫升苹果汁 • 母乳或配方奶	• 30~60毫升苹果汁 • 母乳或配方奶	• 30~60毫升苹果汁 • 母乳或配方奶
晚上	• 60~90毫升添加有1.3毫升芝麻油和1.3毫升糙米糖浆或日本甘酒的糙糯米糊或小米糊 • 28~57克甘薯泥 • 28~57克西兰花泥 • 30~60毫升蔬菜汤、水或药草茶 • 母乳或配方奶	• 60~90毫升添加有1.3毫升芝麻油和1.3毫升糙米糖浆或日本甘酒的糙糯米糊或小米糊 • 28~57克黄南瓜泥 • 28~57克羽衣甘蓝泥 • 30~60毫升蔬菜汤、水或药草茶 • 母乳或配方奶	• 60~90毫升添加有1.3毫升芝麻油和1.3毫升糙米糖浆或日本甘酒的糙糯米糊或小米糊 • 28~57克欧洲防风草泥 • 28~57克紫甘蓝泥 • 30~60毫升清淡味噌汤、蔬菜汤、水或药草茶 • 母乳或配方奶	• 60~90毫升添加有1.3毫升芝麻油和1.3毫升糙米糖浆或日本甘酒的糙糯米糊或小米糊 • 28~57克甘薯泥 • 28~57克菜花泥 • 30~60毫升蔬菜汤、水或药草茶 • 母乳或配方奶
睡前	• 母乳或配方奶	• 母乳或配方奶	• 母乳或配方奶	• 母乳或配方奶

7～9个月	星期四	星期五	星期六
清晨	• 母乳或配方奶	• 母乳或配方奶	• 母乳或配方奶
上午	• 60～90毫升添加有1.3克芝麻酱和1.3毫升糙米糖浆或日本甘酒的糙米糊、小米糊或藜麦糊 • 60毫升水开菲尔或味噌汤 • 母乳或配方奶	• 60～90毫升添加有1.3克芝麻酱和1.3毫升糙米糖浆或日本甘酒的糙米糊、小米糊或藜麦糊 • 60毫升水开菲尔或味噌汤 • 母乳或配方奶	• 60～90毫升添加有1.3克芝麻酱和1.3毫升糙米糖浆或日本甘酒的糙糯米糊或小米糊 • 60毫升水开菲尔或味噌汤 • 母乳或配方奶
中午	• 60～90毫升添加有1.3毫升芝麻油和2～3滴梅子醋的糙米糊、小米糊或藜麦糊 • 添加10厘米见方的紫菜的糙米糊 • 28～57克甘薯泥 • 28～57克菜花泥 • 28～57克豆腐 • 30～60毫升蔬菜汤、水或药草茶 • 母乳或配方奶	• 60～90毫升添加有1.3毫升芝麻油和2～3滴梅子醋的糙米糊、小米糊或藜麦糊 • 添加10厘米见方的紫菜的糙米糊 • 28～57克胡萝卜泥 • 28～57克菜豆泥 • 28～57克豆腐 • 30～60毫升蔬菜汤、水或药草茶 • 母乳或配方奶	• 60～90毫升添加有1.3毫升芝麻油和2～3滴梅子醋的糙糯米糊或小米糊 • 添加10厘米见方的紫菜的糙米糊 • 28～57克冬南瓜泥 • 28～57克西兰花泥 • 28～57克红小豆泥 • 30～60毫升蔬菜汤、水或药草茶 • 母乳或配方奶
下午	• 30～60毫升苹果汁 • 母乳或配方奶	• 30～60毫升苹果汁 • 母乳或配方奶	• 30～60毫升苹果汁 • 母乳或配方奶
晚上	• 60～90毫升添加有1.3毫升芝麻油和1.3毫升糙米糖浆或日本甘酒的糙米糊、小米糊或藜麦糊 • 28～57克胡萝卜泥 • 28～57克菜豆泥 • 30～60毫升蔬菜汤、水或药草茶 • 母乳或配方奶	• 60～90毫升添加有1.3毫升芝麻油和1.3毫升糙米糖浆或日本甘酒的糙米糊、小米糊或藜麦糊 • 28～57克冬南瓜泥 • 28～57克西兰花泥 • 30～60毫升蔬菜汤、水或药草茶 • 母乳或配方奶	• 60～90毫升添加有1.3毫升芝麻油和1.3毫升糙米糖浆或日本甘酒的糙糯米糊或小米糊 • 28～57克黄南瓜泥 • 28～57克菜豆泥 • 30～60毫升清淡味噌汤、蔬菜汤、水或药草茶 • 母乳或配方奶
睡前	• 母乳或配方奶	• 母乳或配方奶	• 母乳或配方奶

9～12个月宝宝的饮食

生长发育

你的宝宝能站起来，学着使用餐具和训练杯，拨弄食物，把食物扔到地上，或者把食物涂抹得到处都是。

饮食习惯

每天吃3次固体食物、1次零食。
柔软、浓稠的粗糙食物糊。

饮食构成

下面的饼状图显示了你的宝宝在这个阶段所需各类食物的比例。

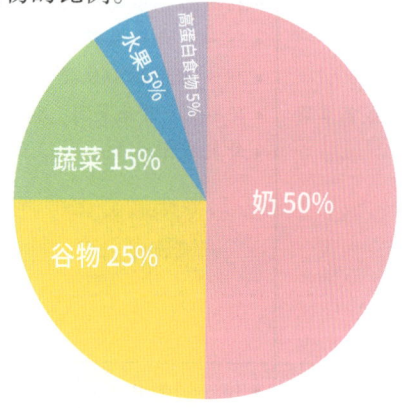

宝宝长到9～12个月大时，你要继续给他吃食物糊，只是水要少放一些，让食物颗粒更大些，以此来锻炼他的咀嚼能力。

此时，宝宝的消化系统已经发育得更加成熟，这使得他能够消化柔软的或碾碎的新鲜水果，例如哈密瓜、葡萄、牛油果和香蕉。如果你给他吃的水果里有果核，那就要事先去掉。大约在这个时候，宝宝或许就能开始吃可供他捏起来送进嘴里的不含麸质的面食、烹软的蔬菜等"手抓食物"了。你可以尝试给他吃甜菜、芜菁甘蓝、胡萝卜、西兰花、豌豆和黄南瓜。你也可以用小块的紫菜来点缀谷物糊，但紫菜必须是泡发过的，这样紫菜就不会粘在他的口腔里。有时，你也可以给宝宝喝点开菲尔酸奶和优格酸奶，为他补充益生菌。此外，你还要提防窒息的风险。在宝宝吃东西的时候，你一定要在一旁看护。

入门手抓食物

在宝宝开始吃辅食的最初几个月里，你在喂宝宝时很有必要把食物放在他够不到的地方。不过到大约8个月大时，宝宝已经吃过细腻的食物糊和粗糙的食物糊，接下来，我们就要给他吃他可以自己拿起来吃的软软的小块食物了。手抓食物能帮助宝宝培养双手的灵活性，同时还能激发宝宝养成独立用餐的习惯，在饮食方面形成一定的自主性。

你可以用豌豆大小的小块食物来充当宝宝的入门手抓食物。考虑到他对于营养的需求，你可以继续把食物糊放在他够不到的地方喂他吃，但一旦他开始自己抓东西吃了，你就可以直接把手抓食物放在婴儿椅托盘或餐垫上，或者用一只摔不碎的盘子来盛放食物。随着时间的推移，你可以逐渐增加手抓食物的种类和口感，例如切碎的食物、豌豆大小的食物、棒状或块状的食物、硬的饼干和面包，以及水果、豆子和各种面条。

一开始，宝宝总会把食物弄得到处都是，你可以从中学习，积累经验。我女儿玛丽开始自己吃东西的时候正好是夏天，所以我总是先把她的婴儿椅搬到外面再喂她吃东西，这样就省去了很多清理工作。

羽衣甘蓝泥、红小豆泥和冬南瓜泥；面条、蔬菜汤和哈密瓜

9～12个月的饮食

奶	母乳或配方奶仍然是多种营养物质的主要来源	水果 每次57克 每天1～2次	你可以把少量熟水果泥、水果干泥或新鲜水果用作宝宝的零食，要在吃过谷物、蔬菜或高蛋白食物至少30分钟后吃
谷物 每次60～120毫升 或57～113克 每天3～4次	全麦谷物糊——糙米、糙糯米、藜麦、小米、燕麦、苋米；使用多种谷物丰富口感，均衡营养；1份谷物5份水；无麸质面条或面包、无麸质出牙饼干	熟的温带水果	苹果、梨、杏、樱桃、桃、李子、油桃、草莓
		熟的水果干泥	苹果干、葡萄干、醋栗干、杏干、桃干、梨干
蔬菜 每次60毫升或57克 每天3～4次	蔬菜汤、蔬菜浓汤、熟的蔬菜汁、蔬菜泥、蒸煮蔬菜	碾碎的新鲜温带水果	苹果、梨、杏、樱桃、桃、李子、油桃、葡萄、哈密瓜、西瓜、蜜瓜
地上蔬菜	豌豆、菜豆、蜜豆、羽衣甘蓝、宽叶羽衣甘蓝、芽球甘蓝、西兰花、菜花、卷心菜、豆瓣菜、白菜、油菜、芜菁叶、紫甘蓝、芹菜	碾碎的新鲜热带水果	牛油果、香蕉、木瓜、芒果
地下蔬菜	胡萝卜、甘薯、欧洲防风草、洋葱	发酵食物 每次30～60毫升 每天1～2次	母乳或配方奶中含有益生菌；经过浸泡的谷物、低钠味噌汤、泡菜汁、水开菲尔、2～3滴梅子醋、开菲尔酸奶或优格酸奶、益生菌补充剂
地表蔬菜	日本南瓜、橡果瓜、冬南瓜、南瓜、黄南瓜、西葫芦	调味料 每次1/4茶匙 （约1.3毫升） 每天3～4次	微甜的味道，不使用精制糖和精制盐；糙米糖浆、日本甘酒、芝麻油、橄榄油、椰子油、亚麻籽油、少量盐、罗勒、月桂叶、莳萝、茴香、柠檬草、薄荷
海产蔬菜	紫菜、裙带菜、昆布海藻、琼脂		
高蛋白食物 每次28～57克 每天2次	母乳或配方奶、熟豆腐；全麦谷物；烤熟并碾碎的芝麻、葵花籽或亚麻籽；芝麻酱；碾碎的栗子、鹰嘴豆、小扁豆、黑豆、红小豆	饮料 每次60毫升 每天3～4次（热天增加饮用次数）	水、蔬菜汤、蔬菜浓汤、药草茶、米浆、日本甘酒

2汤匙=1盎司=$\frac{1}{8}$杯 ｜ 16汤匙=8盎司=1杯 ｜ 1茶匙=5毫升 ｜ 1汤匙=15毫升

注：以上只是一般性建议，你需要根据宝宝的体质、年龄、性别和当地的气候、季节等情况做出调整。是否为母乳喂养和断奶早晚也会影响宝宝对食物的需求。

9～12个月	星期日	星期一	星期二
清晨	• 母乳或配方奶	• 母乳或配方奶	• 母乳或配方奶
上午	• 85克添加有1.3克芝麻酱和1.3毫升糙米糖浆或日本甘酒的糙米糊 • 60毫升水开菲尔或味噌汤	• 85克添加有1.3克芝麻酱和1.3毫升糙米糖浆或日本甘酒的糙米糊 • 60毫升水开菲尔或味噌汤	• 85克添加有1.3克芝麻酱和1.3毫升糙米糖浆或日本甘酒的燕麦糊 • 60毫升水开菲尔或味噌汤
中午	• 60～120毫升添加有1.3毫升橄榄油和1.3毫升糙米糖浆或日本甘酒的糙米糊或小米糊 • 57克蒸黄南瓜 • 57克蒸菜豆 • 57克牛油果 • 30毫升泡菜汁 • 60毫升蔬菜汤、水或药草茶	• 57～113克添加有1.3毫升橄榄油和2～3滴梅子醋的意大利细面条 • 10厘米见方的紫菜 • 57克蒸胡萝卜条 • 57克蒸西兰花 • 57克小扁豆泥 • 30毫升泡菜汁 • 60毫升蔬菜汤、水或药草茶 • 母乳或配方奶	• 60～120毫升糙米糊或小米糊 • 57克鱼肉（素食者用熟的豆腐或天贝代替） • 57克蒸芦笋 • 57克煎蘑菇 • 30毫升泡菜汁 • 60毫升蔬菜汤、水或药草茶 • 母乳或配方奶
下午	• 57克烤苹果 • 57克不含麸质的奥利奥全麦脆麦圈（O's cereal） • 母乳或配方奶	• 57克香蕉泥 • 60毫升优格酸奶 • 母乳或配方奶	• 60毫升胡萝卜汁 • 57克爆米花 • 母乳或配方奶
晚上	• 85克添加有1.3毫升橄榄油和2～3滴梅子醋的意大利细面条 • 10厘米见方的紫菜 • 57克蒸胡萝卜条 • 57克蒸西兰花 • 60毫升小扁豆泥 • 30毫升泡菜汁 • 60毫升蔬菜汤、水或药草茶 • 母乳或配方奶	• 85克糙米糊或小米糊 • 57～113克鱼肉（素食者用熟的豆腐或天贝代替） • 57克蒸芦笋 • 57克煎蘑菇 • 60毫升蔬菜汤、水或药草茶 • 母乳或配方奶	• 1根玉米 • 57克土豆泥 • 57克蒸卷心菜 • 57～113克黑豆泥 • 30毫升泡菜汁 • 60毫升味噌汤、水或药草茶 • 母乳或配方奶
睡前	• 母乳或配方奶	• 母乳或配方奶	• 母乳或配方奶

(续表)

9~12个月	星期三	星期四	星期五	星期六
清晨	• 母乳或配方奶	• 母乳或配方奶	• 母乳或配方奶	• 母乳或配方奶
上午	• 85克添加有1.3克碾碎的烤种子和1.3毫升糙米糖浆或日本甘酒的燕麦糊 • 60毫升水开菲尔或味噌汤	• 85克添加有1.3克碾碎的烤亚麻籽和1.3毫升糙米糖浆或日本甘酒的糙米糊、小米糊或藜麦糊 • 60毫升水开菲尔或味噌汤	• 85克添加有1.3克碾碎的烤亚麻籽和1.3毫升糙米糖浆或日本甘酒的糙米糊、小米糊或藜麦糊 • 60毫升水开菲尔或味噌汤	• 85克添加有1.3克芝麻酱和1.3毫升糙米糖浆或日本甘酒的糙糯米糊 • 60毫升水开菲尔或味噌汤
中午	• 1根玉米 • 57克土豆泥 • 57克蒸卷心菜 • 57克黑豆泥 • 30毫升泡菜汁 • 60毫升味噌汤、水或药草茶 • 母乳或配方奶	• 57~113克添加有日本酱油的乌冬面 • 57克烤甘薯 • 57克蒸豆瓣菜 • 30毫升泡菜汁 • 60毫升蔬菜汤、水或药草茶 • 母乳或配方奶	• 60~120毫升糙米糊 • 57~113克蒸天贝和胡萝卜 • 57~85克蒸菜豆 • 30毫升泡菜汁 • 60毫升味噌汤、水或药草茶 • 母乳或配方奶	• 2个糙米饭团 • 57~113克添加有芝麻油或橄榄油和梅子醋的蒸蔬菜（多种蔬菜搭配） • 30毫升泡菜汁 • 57克红腰豆泥 • 60毫升味噌汤、水或药草茶 • 母乳或配方奶
下午	• 57克熟蓝莓 • 1块燕麦饼干 • 母乳或配方奶	• 60毫升熟梨糊 • 60毫升优格酸奶 • 母乳或配方奶	• 60毫升椰汁 • 1块燕麦饼干 • 母乳或配方奶	• 60毫升稀释后的果汁 • 60毫升优格酸奶 • 1块糙米饼干 • 母乳或配方奶
晚上	• 85~113克添加有日本酱油的乌冬面 • 57克烤甘薯 • 57克蒸豆瓣菜 • 30毫升泡菜汁 • 60毫升水或药草茶 • 母乳或配方奶	• 90-120毫升糙米糊 • 57~113克蒸天贝和胡萝卜 • 57克蒸菜豆 • 30毫升泡菜汁 • 60毫升味噌汤、水或药草茶 • 母乳或配方奶	• 1~2个糙米饭团 • 85~113克添加有芝麻油或橄榄油和梅子醋的蒸蔬菜（多种蔬菜搭配） • 30毫升泡菜汁 • 57~113克红腰豆泥 • 60毫升味噌汤、水或药草茶 • 母乳或配方奶	• 85~113克添加有多种蔬菜的意面沙拉 • 57克牛油果泥 • 60毫升清淡味噌汤、水或药草茶 • 母乳或配方奶
睡前	• 母乳或配方奶	• 母乳或配方奶	• 母乳或配方奶	• 母乳或配方奶

12~18个月宝宝的饮食

生长发育

你的宝宝开始走路,自己用勺子吃饭。勺子抓得更牢了,杯子拿得更稳了,洒出来的食物也更少了。不过,他可能不喜欢老老实实地待在椅子里吃东西。

饮食习惯

一日3餐,1~2次零食。
切成小块的柔软食物。
手抓食物、汤。

饮食构成

下面的饼状图显示了你的宝宝在这个阶段所需各类食物的比例。

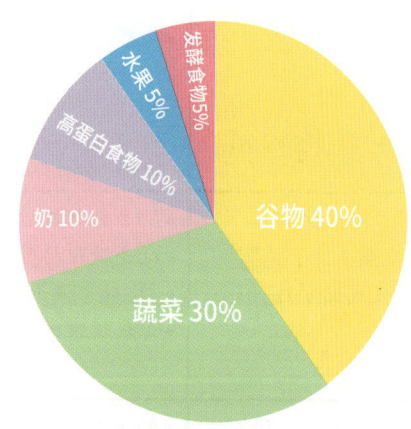

宝宝长到12~18个月大时,你吃的很多食物他也可以吃了,只是要放更少的盐,并且要切成小块。由于他的消化系统更加成熟,不再那么敏感,你也可以逐渐给他尝试新的食物,同时继续观察是否会发生过敏反应。

宝宝满周岁后,他就能逐渐尝试许多常见的可能导致过敏的食物了,例如小麦、玉米、大麦、蜂蜜、果汁(开始时要用等量的水来稀释)、柑橘类食物和坚果酱。这时,他可以开始吃的蔬菜有蘑菇、土豆和芦笋。你也可以给他吃鱼、蛋和牛奶制品等动物性食物。豆豉不仅能用来补充蛋白质,而且它是一种发酵食物,其中含有丰富的益生菌。枫糖浆和蜂蜜可以用在烘焙食品和煎饼上,增加它们的甜味。

黄油、杏仁油、红花油和葵花籽油可以作为烘焙原料,有时也可以在烹饪中用作调味料。你可以给宝宝尝尝不同的药草和香料,例如大蒜、咖喱和肉桂,看他是否喜欢它们的味道。在日本,大麦茶是深受很多宝宝喜爱的一种健康的碱性茶。但是由于大麦含有麸质,所以我建议等宝宝满周岁后再给他喝大麦茶。在给宝宝尝试新食物的同时,你要密切关注他在身体和情绪上的反应。

在给家人做饭时,你要单独给宝宝的食物添加调味料,或者先给宝宝的食物添加调味料,特别是盐和含盐的调味料,以此来避免他摄入太多盐分。在他会爬、会走后,他的身体能代谢掉更多的盐,而且由于他喝母乳或配方奶粉更少,从中摄入的钠也有所减少,所以你需要给他补充一些海盐来促进大脑和身体发育。虽然盐对生长发育非常重要,但吃盐过多不仅会引发一系列健康和行为问题,还会促使他痴迷过甜和过咸的食物。加工食品和快餐食品中含有大量的钠,例如比萨饼、薯条和鸡块。要想确保你的宝宝不会在这么小的年龄就摄入太多盐分,你就得在家中自制健康的饮食和零食给他吃。

黄南瓜、天贝、油煎饼和油菜,甜点是桃子果冻

12～18 个月的饮食

类别	内容	类别	内容
milk 乳汁	母乳或配方奶在提供营养方面的重要性已经下降，它们的作用更多体现在情感支持上	水果 每次57克 每天1～2次	你可以把少量熟水果泥、水果干泥或新鲜水果用作宝宝的零食，在吃过谷物、蔬菜或高蛋白食物至少30分钟后吃
谷物 每次120毫升或113克 每天3～4次	全麦谷物——糙米、糙糯米、藜麦、小米、燕麦、苋米、大麦、古斯粗麦、玉米（玉米碴、玉米粉）；尝试给宝宝吃小麦；使用多种谷物丰富口感，均衡营养；1份谷物4份水；面条、面包、出牙饼干、谷物麦片、松饼、饼干、烤面包条	熟的温带水果	苹果、梨、杏、樱桃、桃、李子、油桃、草莓
		熟的水果干泥	苹果干、葡萄干、醋栗干、杏干、桃干、梨干
		碾碎的新鲜温带水果	苹果、梨、杏、樱桃、桃、李子、油桃、葡萄、哈密瓜、西瓜、蜜瓜
蔬菜 每次60毫升或57克 每天4～5次	蔬菜汤、蔬菜浓汤、熟的蔬菜汁、蔬菜泥、蒸煮蔬菜、煎蔬菜	碾碎的新鲜热带水果	牛油果、香蕉、木瓜、芒果、橙子、桔子、菠萝
地上蔬菜	豌豆、菜豆、蜜豆、羽衣甘蓝、宽叶羽衣甘蓝、芽球甘蓝、西兰花、菜花、卷心菜、豆瓣菜、白菜、油菜、芜菁叶、紫甘蓝、芹菜、芦笋、蘑菇	发酵食物 每次60～90毫升 每天1～2次	经过浸泡的谷物、味噌汤；低盐泡菜；2～3滴梅子醋或低钠日本酱油；少量酸梅；开菲尔酸奶或优格酸奶；益生菌补充剂
地下蔬菜	胡萝卜、甘薯、欧洲防风草、芜菁、甜菜、土豆	调味料 每次1/4～1/2茶匙（1.3～2.5毫升） 每天2～3次	微甜的味道，不使用精制糖和精制盐；糙米糖浆、日本甘酒、枫糖浆、蜂蜜、糖蜜；少量芝麻油、橄榄油、椰子油或亚麻籽油；罗勒、月桂叶、莳萝、茴香、柠檬草或薄荷；少量盐
地表蔬菜	日本南瓜、橡果瓜、冬南瓜、黄南瓜、西葫芦		
海产蔬菜	紫菜、裙带菜、昆布海藻、琼脂	饮料 每次60～120毫升 每天3～4次（热天增加饮用次数）	水、蔬菜汤、蔬菜浓汤、药草茶、米浆、日本甘酒、果汁（用等量水稀释）、新鲜蔬菜汁、杏仁奶、豆奶（不能多喝）、椰汁
高蛋白食物 每次57～85克 每天1～2次	全麦谷物；碾碎的芝麻、葵花籽或亚麻籽；芝麻酱；栗子、天贝、小扁豆、鹰嘴豆、黑豆、红小豆、花豆、杏仁酱、白色鱼肉或三文鱼		

2汤匙=1盎司=$\frac{1}{8}$杯 | 16汤匙=8盎司=1杯 | 1茶匙=5毫升 | 1汤匙=15毫升

注：以上只是一般性建议，你需要根据宝宝的体质、年龄、性别和当地的气候、季节等情况做出调整。是否为母乳喂养和断奶早晚也会影响宝宝对食物的需求。

12~18个月	星期日	星期一	星期二
早上	• 113克添加有2.5克芝麻酱和2.5毫升糙米糖浆或日本甘酒的糙米糊 • 60~90毫升水开菲尔或味噌汤	• 113克添加有2.5克芝麻酱和2.5毫升糙米糖浆或日本甘酒的糙米糊 • 60~90毫升水开菲尔或味噌汤	• 113克添加有2.5克碾碎的烤种子和2.5毫升糙米糖浆或日本甘酒的燕麦糊 • 60~90毫升水开菲尔或味噌汤
中午	• 113克添加有1.3毫升食用油和1.3毫升糙米糖浆或日本甘酒的糙米糊或小米糊 • 57克蒸黄南瓜 • 57克蒸菜豆 • 57克牛油果 • 28克泡菜 • 90~120毫升蔬菜汤、水或大麦茶	• 113克添加有1.3毫升橄榄油和2~3滴梅子醋的意大利细面条 • 10厘米见方的紫菜 • 57克蒸胡萝卜条 • 57克蒸西兰花 • 60~90毫升小扁豆粥 • 28克泡菜 • 90~120毫升蔬菜汤、水或药草茶	• 113克糙米糊或小米糊 • 57克鱼肉（素食者用熟的豆腐或天贝代替） • 57克煎芦笋 • 85~113克煎蘑菇 • 28克泡菜 • 90~120毫升味噌汤、蔬菜汤、水或大麦茶
下午	• 57克烤苹果 • 57克不含麸质的奥利奥全麦脆麦圈（O's cereal） • 60~90毫升水或大麦茶	• 57克香蕉泥 • 60毫升优格酸奶 • 60~90毫升水或大麦茶	• 60~90毫升胡萝卜汁 • 57克爆米花
晚上	• 113克添加有1.3毫升橄榄油和2~3滴梅子醋的意大利细面条 • 10厘米见方的紫菜 • 57克蒸胡萝卜条 • 57克蒸西兰花 • 60毫升小扁豆粥 • 28克泡菜 • 60毫升蔬菜汤、水或药草茶	• 113克糙米糊或小米糊 • 57~85克鱼肉（素食者用熟的豆腐或天贝代替） • 57克蒸芦笋 • 57克煎蘑菇 • 90~120毫升味噌汤、蔬菜汤、水或大麦茶	• 1根玉米 • 57克土豆泥 • 57克蒸卷心菜 • 60~90毫升黑豆粥 • 28克泡菜 • 90~120毫升水或药草茶

(续表)

12~18个月	星期三	星期四	星期五	星期六
早上	• 113克添加有2.5克碾碎的烤种子和2.5毫升糙米糖浆或日本甘酒的燕麦糊 • 60~90毫升水开菲尔或味噌汤	• 113克添加有2.5克碾碎的烤亚麻籽和2.5毫升糙米糖浆或日本甘酒的糙米糊、小米糊或藜麦糊 • 60~90毫升水开菲尔或味噌汤	• 113克添加有2.5克碾碎的烤亚麻籽和2.5毫升糙米糖浆或日本甘酒的糙米糊、小米糊或藜麦糊 • 60~90毫升水开菲尔或味噌汤	• 113克添加有2.5克芝麻酱和2.5毫升糙米糖浆或日本甘酒的糙糯米糊 • 60~90毫升水开菲尔或味噌汤
中午	• 1根玉米 • 57克土豆泥 • 57克蒸卷心菜 • 60~90毫升黑豆粥 • 28克泡菜 • 90~120毫升水或大麦茶	• 57~113克添加有日本酱油的乌冬面 • 57克烤甘薯 • 57克蒸豆瓣菜 • 28克泡菜 • 90~120毫升水或药草茶	• 60~120毫升糙米糊 • 57~113克蒸天贝和胡萝卜 • 57~85克蒸菜豆 • 28克泡菜 • 90~120毫升味噌汤、水或大麦茶	• 2个糙米饭团 • 57~113克添加有芝麻油或橄榄油和梅子醋的蒸蔬菜（多种蔬菜搭配） • 28克泡菜 • 60毫升红腰豆粥 • 90~120毫升水或大麦茶
下午	• 57克熟蓝莓 • 1块燕麦饼干 • 60~90毫升水或药草茶	• 60毫升熟梨糊 • 60毫升优格酸奶 • 60~90毫升水或药草茶	• 60~90毫升椰汁 • 1块燕麦饼干 • 60~90毫升水或药草茶	• 60~90毫升稀释后的果汁 • 60毫升优格酸奶 • 1块糙米饼干 • 60~90毫升水或药草茶
晚上	• 113克添加有日本酱油的乌冬面 • 57克烤甘薯 • 57克蒸豆瓣菜 • 28克泡菜 • 90~120毫升水或大麦茶	• 120毫升糙米糊 • 57克蒸天贝和胡萝卜 • 57~85克蒸菜豆 • 28克泡菜 • 60毫升味噌汤 • 90~120毫升水或大麦茶	• 120毫升糙米糊 • 57~85克添加有芝麻油或橄榄油和梅子醋的蒸蔬菜（多种蔬菜搭配） • 28克泡菜 • 30~60毫升红腰豆粥 • 90~120毫升水或大麦茶	• 113克添加有多种蔬菜的意面沙拉 • 57克牛油果泥 • 90~120毫升味噌汤、水或大麦茶

18～24个月宝宝的饮食

生长发育

宝宝的臼齿（磨牙）开始萌出；他开始咀嚼，独立吃饭；但他吃饭不够专心，总想在吃饭期间到处走动。

饮食习惯

一日3餐，1～2次零食。
切成小块的柔软食物。
手抓食物、汤、各种酱料。

饮食构成

下面的饼状图显示了你的宝宝在这个阶段所需各类食物的比例。

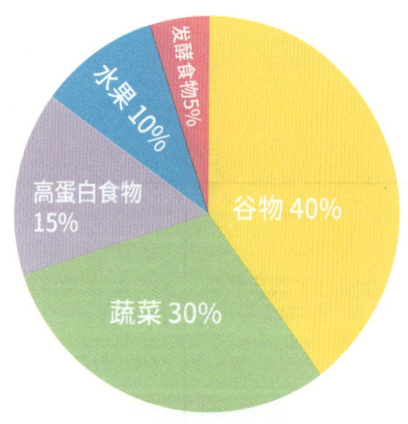

宝宝长到18～24个月大时，他可以吃你为家人做的大部分食物，只是盐和调味料要少放。要继续给宝宝的食物单独添加佐料，然后再给其余的食物添加佐料。在这一阶段，你仍然要控制宝宝对盐的摄入量，同时继续关注他是否会对特定的食物发生过敏反应。现在，他可以和其他家庭成员一起吃饭了。他已经基本掌握咀嚼技能，所以不大容易被食物噎着了。他可以吃更多种类的食物，例如三明治和蛋糕。

在这一阶段，你需要让宝宝尝试的新食物有玉米、荞麦、生蔬菜和茄属植物，例如番茄、青椒、菠菜和秋葵。你可以开始给他吃杏仁等坚果，但要提防可能引发窒息的危险。如果你打算给宝宝吃禽肉，那么此时他的牙齿或许已经能嚼得动这种食物了。柑橘类水果呈酸性，偶尔吃就可以了。

你是宝宝的榜样，如果你喜欢健康的食物，那么他对食物也会形成同样的态度。当他和家人一起吃饭时，他会对你吃的食物发生兴趣，这是十分自然的事。如果你吃的某些食物和他吃的不一样，他就可能会无法专心吃饭。

如果你从一开始就给你的宝宝吃简单的天然食物，那么到了这个年龄，他就能继续吃这种食物，因为他的味蕾已经喜欢上了这样的食物，并且拥有灵敏的味觉。如果你的宝宝已经吃了很多含有精制糖、过量盐或其他添加剂的加工食品，你可能就需要逐渐让他重新养成吃天然食物的习惯。

在18个月大的时候，许多宝宝会开始挑食，这既可能是因为他害怕新的食物，也可能是因为他已经对特定的食物产生了强烈的偏好。帮助宝宝形成规律的饮食习惯，而不是想什么时候吃就什么时候吃，这么做有助于培养健康的食欲。不要强迫宝宝吃东西或者用甜点奖赏他。如果他的体重过轻或过重，那么你最好咨询医生。

切碎的牛油果、豆子和玉米棒，甜点是哈密瓜

18 ~ 24 个月的饮食

奶	在营养方面应该断奶，所有营养素都应来自日常饮食，但仍然可能因为需要为宝宝提供情感支持而继续哺乳	水果 每次57克 每天1~2次	你可以把少量熟水果泥、水果干泥或新鲜水果用作宝宝的零食，在吃过谷物、蔬菜或高蛋白食物至少30分钟后吃
谷物 每次120毫升或113克 每天4~5次	全麦谷物——糙米、糙糯米、藜麦、小米、燕麦、苋米、大麦、古斯粗麦、玉米（玉米碴、玉米粉）；给宝宝吃小麦，如果他不对小麦过敏的话；1份谷物3份水；面条、面包、谷物麦片、松饼、荞麦煎饼、饼干、玉米棒	熟的温带水果	苹果、梨、杏、樱桃、桃、李子、油桃、草莓、蓝莓、树莓、黑莓
		熟的水果干	苹果干、葡萄干、醋栗干、杏干、桃干、梨干
蔬菜 每次60毫升或57克 每天4~5次	各种蔬菜	新鲜温带水果	苹果、梨、杏、樱桃、桃、李子、油桃、葡萄、黑莓、树莓、蓝莓、草莓、哈密瓜、西瓜、蜜瓜
地上蔬菜	豌豆、菜豆、蜜豆、羽衣甘蓝、宽叶羽衣甘蓝、芽球甘蓝、西兰花、菜花、卷心菜、豆瓣菜、白菜、油菜、芜菁叶、紫甘蓝、芹菜、芦笋、蘑菇、秋葵、菠菜、青椒		
		新鲜热带水果	牛油果、香蕉、木瓜、芒果、橙子、桔子、菠萝
地下蔬菜	胡萝卜、甘薯、欧洲防风草、芜菁、甜菜、土豆、洋葱	调味料 每次60~90毫升 每天1~2次	经过浸泡的谷物、味噌汤；2~3滴梅子醋或日本酱油（用作调味料）；酸梅、泡菜；开菲尔酸奶或优格酸奶；益生菌补充剂
地表蔬菜	日本南瓜、橡果瓜、冬南瓜、黄南瓜、西葫芦		
		调味料 1~2茶匙（5~10毫升） 每天2~3次	微甜的味道，不使用精制糖和精制盐；糙米糖浆、日本甘酒、枫糖浆、蜂蜜、糖蜜；芝麻油、橄榄油、椰子油或亚麻籽油；罗勒、月桂叶、莳萝、茴香、柠檬草或薄荷；关注宝宝的身体状况
海产蔬菜	紫菜、裙带菜、昆布海藻、琼脂		
新鲜蔬菜	黄瓜、生菜、番茄		
高蛋白食物 每次85~113克 每天2~3次	全麦谷物；碾碎的芝麻、葵花籽或亚麻籽；天贝、芝麻酱；栗子、杏仁、小扁豆、鹰嘴豆、黑豆、红小豆、花豆、杏仁酱；白色鱼肉或三文鱼	蔬菜 每次120毫升 每天3~4次 （热天增加饮用次数）	水、蔬菜汤、药草茶、米浆、日本甘酒、果汁（用等量水稀释）、新鲜蔬菜汁、杏仁奶、豆奶（不能多喝）、椰汁

2汤匙=1盎司=1/8杯 ｜ 16汤匙=8盎司=1杯 ｜ 1茶匙=5毫升 ｜ 1汤匙=15毫升

注：以上只是一般性建议，你需要根据宝宝的体质、年龄、性别和当地的气候、季节等情况做出调整。是否为母乳喂养和断奶早晚也会影响宝宝对食物的需求。

18~24个月	星期日	星期一	星期二
早上	• 120毫升添加有1.3克芝麻酱和1.3毫升糙米糖浆或日本甘酒的糙米糊 • 120毫升水开菲尔或味噌汤	• 120毫升添加有1.3克芝麻酱和1.3毫升糙米糖浆或日本甘酒的糙米糊 • 120毫升水开菲尔或味噌汤	• 120毫升添加有1.3克碾碎的烤种子和1.3毫升糙米糖浆或日本甘酒的燕麦糊 • 120毫升水开菲尔或味噌汤
中午	• 170克意面沙拉 • 57克牛油果 • 120毫升味噌汤、水或大麦茶	• 120毫升糙米糊或小米糊 • 57克蒸冬南瓜 • 57克蒸西兰花 • 85~113克蒸天贝 • 28克泡菜 • 120毫升味噌汤、水或大麦茶	• 120毫升古斯粗麦糊 • 57克蒸甜菜 • 57克蒸芽球甘蓝 • 90-120毫升白豆粥 • 28克泡菜 • 120毫升味噌汤、水或大麦茶
下午	• 85克糙米布丁 • 120毫升水或大麦茶	• 57克香蕉 • 60毫升优格酸奶 • 120毫升水或大麦茶	• 120毫升胡萝卜汁 • 57克爆米花
晚上	• 120毫升糙米糊或小米糊 • 57克蒸冬南瓜 • 57克蒸西兰花 • 85~113克蒸天贝 • 28克泡菜 • 60毫升味噌汤、水或大麦茶 • 85克糙米布丁	• 120毫升古斯粗麦糊 • 57克蒸甜菜 • 57克蒸芽球甘蓝 • 90-120毫升白豆粥 • 28克泡菜 • 60毫升味噌汤、水或大麦茶 • 57克香蕉	• 85~113克三文鱼沙拉三明治（素食者用熟的豆腐或天贝来代替三文鱼） • 85~113克蒸蔬菜 • 28克泡菜 • 60毫升蔬菜汤、水或大麦茶 • 60毫升苹果汁

（续表）

18～24个月	星期三	星期四	星期五	星期六
早上	• 120毫升添加有1.3克碾碎的烤种子和1.3毫升糙米糖浆或日本甘酒的燕麦糊 • 120毫升水开菲尔或味噌汤	• 120毫升添加有1.3克碾碎的烤亚麻籽和1.3毫升糙米糖浆或日本甘酒的糙米糊、小米糊或藜麦糊 • 120毫升水开菲尔或味噌汤	• 120毫升添加有1.3克碾碎的烤亚麻籽和1.3毫升糙米糖浆或日本甘酒的糙米糊、小米糊或藜麦糊 • 120毫升水开菲尔或味噌汤	• 120毫升添加有1.3克芝麻酱和1.3毫升糙米糖浆或日本甘酒的糙糯米糊 • 120毫升水开菲尔或味噌汤
中午	• 85～113克三文鱼沙拉三明治（素食者用熟的豆腐或天贝来代替三文鱼） • 85～113克蒸蔬菜 • 28克泡菜 • 120毫升蔬菜汤、水或大麦茶	• 2个糙米饭团 • 57克蒸橡果瓜 • 57克蒸白菜 • 60毫升红小豆粥 • 28克泡菜 • 120毫升味噌汤、水或大麦茶	• 170克蔬菜酱意大利细面条 • 28克泡菜 • 120毫升味噌汤、水或大麦茶	• 170克咖喱糙米饭 • 57克蒸芜菁叶 • 28克泡菜 • 120毫升味噌汤、水或大麦茶
下午	• 60毫升琼脂 • 1块燕麦饼干 • 120毫升水或药草茶	• 60毫升熟梨糊 • 60毫升优格酸奶 • 120毫升水或药草茶	• 57克苹果 • 1块燕麦饼干 • 120毫升椰汁	• 60毫升优格酸奶 • 1块糙米饼干 • 120毫升经过稀释的果汁
晚上	• 2个糙米饭团 • 57克蒸橡果瓜 • 57克蒸白菜 • 90-120毫升红小豆粥 • 28克泡菜 • 120毫升味噌汤、水或大麦茶 • 60毫升琼脂	• 170克蔬菜酱意大利细面条 • 28克泡菜 • 120毫升水或大麦茶 • 60毫升熟梨糊	• 170克咖喱糙米饭 • 57克蒸芜菁叶 • 28克泡菜 • 120毫升味噌汤、水或大麦茶 • 60毫升苹果汁	• 113克糙米饭 • 57克蒸甘薯 • 57克蒸羽衣甘蓝 • 28克泡菜 • 90-120毫升花豆粥 • 120毫升水或大麦茶 • 57克牛油果

24～36个月宝宝的饮食

生长发育

你的宝宝现在可以和其他家人吃一样的饭菜了。

饮食习惯

一日3餐，1～2次零食。
切成小块的柔软的或者嚼得动的食物。
手抓食物、汤、各种酱料。

饮食构成

下面的饼状图显示了你的宝宝在这个阶段所需各类食物的比例。

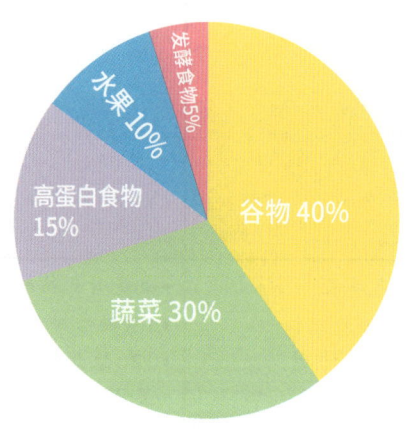

宝宝长到24～36个月大时，他就可以吃你为家人烹制的大部分食物了。这个年龄的宝宝比较独立，不管什么事情都想自己做，包括吃饭。他可能会比较挑食，有些从前喜欢吃的食物现在也不喜欢吃了。他也可能仍然喜欢吃过去常吃的食物。他不断地探索和学习，与此同时，他的个性也在逐渐形成当中。

在2～3岁期间，你的宝宝很可能会在某些社交场合吃到过甜或过咸的食物。如果他已经3岁，那么他就能发现吃什么样的食物会让身体产生什么样的反应。然而，在3岁之前，他的认知和分析能力还不足以使他理解二者之间的关系。因此，为他提供健康的饮食，同时尽力防止他吃到阴阳属性较为极端的食物就成了非常重要的事情。如果他确实吃了不熟悉的食物并且引发一些问题，你还可以通过调整饮食来帮助他恢复健康。

宝宝长大一些后，你要鼓励他为你帮厨和种植植物，以此来让他了解做饭的过程和食物是从哪里来的。这样一来，在你忙着做饭的时候，他就不会无人看护。他还能借此丰富感官体验，同时享受与你在一起的美好时光。

随着宝宝年龄的增长，生日、节日等节庆日子会变得更加重要。你可以使用带有动物图案的颜色鲜艳的杯子、盘子、午餐盒等餐具来激发他的食欲。你可以把三明治做成滑稽的脸，把饭团做成动物的形状，以此来让吃饭的过程更有趣味。这个年龄的宝宝所吃的东西变化不大，学问在于如何搭配。只要你能开动脑筋把饭菜摆成有意思的图样，你就仍然可以用简单的食物和便捷的做法为他提供美味可口的食物。

三文鱼、蔬菜意面、泡菜和味噌汤，餐后甜点是浆果果冻。

24～36 个月的饮食

奶	从营养的角度看,此时应该断奶,所有营养素都应来自日常饮食。但从提供情感支持的角度看,有的宝宝可能仍然需要继续吃奶	水果 每次57克 每天1～2次		你可以把少量熟水果泥、水果干泥或新鲜水果用作宝宝的零食,在吃过谷物、蔬菜或高蛋白食物至少30分钟后吃
谷物 每次120毫升或113克 每天4～5次	全麦谷物——糙米、糙糯米、藜麦、小米、燕麦、苋米、大麦、古斯粗麦、玉米(玉米碴、玉米粉);1份谷物3份水;面条、面包、谷物麦片、松饼、荞麦煎饼、荞麦面、饼干、玉米棒、包子、饺子	熟的温带水果		苹果、梨、杏、樱桃、桃、李子、油桃、草莓、蓝莓、树莓、黑莓
		熟的水果干		苹果干、葡萄干、醋栗干、杏干、桃干、梨干
		新鲜温带水果		苹果、梨、杏、樱桃、桃、李子、油桃、葡萄、黑莓、树莓、蓝莓、草莓、哈密瓜、西瓜、蜜瓜
蔬菜 每次60毫升或57克 每天4～5次	蔬菜汤、蔬菜浓汤、熟的蔬菜汁、蔬菜泥、蒸煮蔬菜、煎蔬菜、能生吃的蔬菜	新鲜热带水果		牛油果、香蕉、木瓜、芒果、橙子、桔子、菠萝
地上蔬菜	豌豆、菜豆、蜜豆、羽衣甘蓝、宽叶羽衣甘蓝、芽球甘蓝、西兰花、菜花、卷心菜、豆瓣菜、白菜、油菜、芜菁叶、紫甘蓝、芹菜、蘑菇、芦笋	调味料 每次60～90毫升 每天1～2次		经过浸泡的谷物、味噌汤;2～3滴梅子醋或日本酱油(用作调味料);酸梅、泡菜;开菲尔酸奶或优格酸奶;益生菌补充剂
地下蔬菜	胡萝卜、甘薯、欧洲防风草、芜菁、甜菜、土豆、洋葱	调味料 1～2茶匙 (5～10毫升) 每天2～3次		微甜的味道,不使用精制糖和精制盐;糙米糖浆、日本甘酒、枫糖浆、蜂蜜、糖蜜;芝麻油、橄榄油、椰子油或亚麻籽油;罗勒、月桂叶、莳萝、茴香、柠檬草或薄荷;关注宝宝的身体状况
地表蔬菜	胡萝卜、甘薯、欧洲防风草、芜菁、甜菜、土豆、洋葱			
海产蔬菜	紫菜、裙带菜、昆布海藻、琼脂	蔬菜 每次120毫升 每天3～4次 (热天增加饮用次数)		水、蔬菜汤、药草茶、米浆、日本甘酒、果汁(用等量水稀释)、新鲜蔬菜汁、杏仁奶、豆奶(不能多喝)、椰汁
能生吃的蔬菜	黄瓜、生菜			
高蛋白食物 每次85～113克 每天2～3次	全麦谷物;碾碎的芝麻、葵花籽或亚麻籽;天贝、芝麻酱;栗子、杏仁、小扁豆、鹰嘴豆、黑豆、红小豆、花豆、杏仁酱;白色鱼肉或三文鱼			

2汤匙=1盎司=$\frac{1}{8}$杯 | 16汤匙=8盎司=1杯 | 1茶匙=5毫升 | 1汤匙=15毫升

注:以上只是一般性建议,你需要根据宝宝的体质、年龄、性别和当地的气候、季节等情况做出调整。是否为母乳喂养和断奶早晚也会影响宝宝对食物的需求。

24～36个月	星期日	星期一	星期二
早上	• 120毫升添加有1.3克芝麻酱和1.3毫升糙米糖浆或日本甘酒的糙米糊 • 90～120毫升水开菲尔或味噌汤	• 120毫升添加有1.3克芝麻酱和1.3毫升糙米糖浆或日本甘酒的糙米糊 • 90～120毫升水开菲尔或味噌汤	• 120毫升添加有1.3克碾碎的烤种子和1.3毫升糙米糖浆或日本甘酒的燕麦糊 • 90～120毫升水开菲尔或味噌汤
中午	• 170克意面沙拉 • 57克烤甘薯 • 57克蒸羽衣甘蓝 • 28克泡菜 • 60毫升花豆粥 • 60毫升水或大麦茶	• 120毫升藜麦糊 • 57克蒸黄南瓜和洋葱 • 57克蒸菜豆 • 60毫升鹰嘴豆粥 • 28克泡菜 • 60毫升味噌汤、水或大麦茶	• 120毫升糙米糊 • 57克蒸胡萝卜 • 57克蒸豆瓣菜 • 57克蒸天贝 • 28克泡菜 • 60毫升蔬菜汤、水或大麦茶
下午	• 1块松饼 • 120毫升药草茶	• 1/4个苹果（切成片） • 60毫升优格酸奶 • 120毫升水	• 60毫升胡萝卜汁 • 脆米块若干 • 120毫升大麦茶
晚上	• 120毫升藜麦糊 • 57克蒸黄南瓜和洋葱 • 57克蒸菜豆 • 60毫升鹰嘴豆粥 • 28克泡菜 • 60毫升味噌汤、水或大麦茶	• 120毫升糙米糊 • 57克蒸胡萝卜 • 57克蒸豆瓣菜 • 57克蒸天贝 • 28克泡菜 • 60毫升味噌汤、水或大麦茶	• 113克意面沙拉 • 57克三文鱼（素食者用熟的豆腐或天贝来代替） • 60毫升味噌汤、水或大麦茶

（续表）

24~36个月	星期三	星期四	星期五	星期六
早上	• 120毫升添加有1.3克碾碎的烤种子和1.3毫升糙米糖浆或日本甘酒的燕麦糊 • 90~120毫升水开菲尔或味噌汤	• 120毫升添加有1.3克碾碎的烤亚麻籽和1.3毫升糙米糖浆或日本甘酒的糙米糊、小米糊或藜麦糊 • 90~120毫升水开菲尔或味噌汤	• 120毫升添加有1.3克碾碎的烤亚麻籽和1.3毫升糙米糖浆或日本甘酒的糙米糊、小米糊或藜麦糊 • 90~120毫升水开菲尔或味噌汤	• 薄煎饼（用枫糖浆作甜味剂） • 90~120毫升水开菲尔或味噌汤
中午	• 113克意面沙拉 • 57克鱼肉（素食者用熟的豆腐或天贝来代替） • 60毫升味噌汤、水或大麦茶	• 180毫升番茄酱玉米糊 • 113克蔬菜沙拉 • 60毫升蔬菜汤、水或大麦茶	• 120毫升糙糯米糊 • 57克蒸西葫芦 • 57克蒸西兰花 • 90-120毫升黑豆粥 • 28克泡菜 • 60毫升味噌汤、水或大麦茶	• 薄煎饼（用枫糖浆作甜味剂） • 90~120毫升水开菲尔或味噌汤
下午	• 57克香蕉（切成片） • 1块燕麦饼干 • 120毫升药草茶	• 57克做熟的梨 • 60毫升优格酸奶 • 120毫升水	• 1块燕麦饼干 • 90~120毫升椰汁果	• 1根新鲜水果冰棍 • 60毫升大麦茶
晚上	• 180毫升番茄酱玉米糊 • 113克蔬菜沙拉 • 60毫升蔬菜汤、水或大麦茶	• 120毫升糙糯米糊 • 57克蒸西葫芦 • 57克蒸西兰花 • 60毫升黑豆粥 • 28克泡菜 • 60毫升味噌汤、水或大麦茶	• 1个杏仁酱果酱三明治 • 113~170克蔬菜沙拉 • 28克泡菜 • 60毫升蔬菜汤、水或大麦茶	• 113克糙米饭或大麦饭 • 57克烤地下蔬菜 • 57克蒸羽衣甘蓝 • 57克豆腐 • 28克泡菜 • 60毫升味噌汤、水或大麦茶

第 8 章
旅行与假日

在埃米14个月大的时候，我们从日本搬家到美国，途中在欧洲旅行了6周。这次旅行不仅考验我们作为父母的适应和调整能力，同时也考验埃米的适应力和忍耐力。由于我们在路上，所以带不了很多东西。我记得我们得把埃米用婴儿背带背在背上，同时把行李箱放进婴儿推车，因为那时的行李箱没有轮子。我们给埃米用一次性尿布和配有尿布兜的布尿布，同时还想方设法一路专门为她准备食物。我们的旅程从容不迫。我们去了伦敦的海德公园，而不是去参观博物馆。到达巴黎卢浮宫时，我们打算在那里待一个下午。考虑到我已经看过《蒙娜丽莎》，而直树也多次见过这幅画的照片，于是我们转而去了路边的一家咖啡馆。我们没有紧密的旅游日程，而是用一种闲适的方式感受各地的人、美食和文化。我们一路玩得非常开心。

携带年幼的孩子旅行需要放慢速度，重新安排优先事项。今天的世界为我们提供了无穷无尽的选择来应对生活中的改变，哪怕这种改变成为常态。有了孩子并不意味着你就得待在家里，到什么时间做什么事情，而且在很多工具的帮助下，带着你的宝宝外出也完全不是一件困难的事。在附近游玩、拜访亲戚和朋友、外出就餐、野营、旅行、度假和聚会都可以与你和宝宝的日常生活并行不悖。这些日常生活之外的经历不仅能为宝宝探索世界创造机会，还能锻炼他的适应能力。

这一章的内容将为你提供关于携带宝宝出游的各种建议。在这一章的最后，你还会读到关于聚会结束后或外出回家后如何恢复日常秩序的建议。这一章还会介绍郊游、旅行、度假和特别日子中可能会用到的食谱。

饮食的作用

饮食是一种社会和情感体验，它能把家人和朋友聚集在一起，互动分享，增进感情，加深理解。"人如其食"（You are what you eat），意思是食物能影响你的细胞，所以当一家人吃同样的食物时，他们能体验到另一种形式的亲密与连接。一起用餐，围绕食物共享美好时光有助于形成一些能给予人愉悦与满足的传统，同时还能给人留下深刻的记忆。由于忙碌与奔波，家庭成员经常在外面吃饭，所以你可能需要付出额外的努力，借助食物重新把一家人团结在一起。

我认识一位父亲，他跟他的宝宝吃同样的食物，这样他就能理解宝宝吃东西时的感受，以及食物对身体和情绪的影响。即便你和宝宝在不同的时间吃饭，你也可以花一些时间和他坐在一起分享食物，以此来帮他感受与食物相伴随的社会交往，而不是让他一个人单独吃。家人经常一起吃饭、聊天不仅有助于培养宝宝的社交技能，而且家人也可以趁此机会分享他们各自的生活经历和新鲜见闻。

日常饮食能造就宝宝的体质。所以，自制的简单而高质量的食物有益于他的身体健康和气质培养。不过，在特别的日子里，用更复杂的原料所制作的菜肴（但仍然是健康的）也可以为你的家人带去快乐，让他们感受到带有文化意义的特定氛围。如果你能和家人、朋友一起聚餐庆祝节日或生日，或者一起去野餐，去海边旅行，你就能建立属于你们全家的家庭传统，这些活动能帮助你的宝宝形成对家庭的归属和认同感。

旅行前先做计划

提前计划能帮你在跟宝宝外出时更好地应对他的不时之需。平日在家里，你能方便地使用家里的各种器具来在固定的时间里为宝宝准备健康的食物和零食，同时宝宝还有许多玩具可以玩耍，不会影响你准备食物。这样一来，不仅你能轻松愉快地做自己的事情，宝宝也能无忧无虑地玩耍。如果你能在操持生活和放松身心之间找到平衡，那么所有人都能得到更多的快乐。在走亲访友的时候，你要对宝宝吃什么东西提前做出计划，让招待你的主人事先有所准备，而不至于让对方措手不及。你可以询问对方家里是否有特殊的器具，例如婴儿椅或搅拌机，或者冰箱里是否有足够的空间来存放你为宝宝准备的食物。在表达你的需求时，要尽可能把事情讲得清楚明白，同时也要体谅对方。

在为出行规划出发和到达时间时，你要考虑宝宝平时的睡眠和饮食习惯。你可以在他的午睡时间安排乘车或搭机。对于各种聚会，你既可以根据宝宝的习惯安排活动日程（如果你有权这样做的话），也可以灵活调整他的午睡时间，以此来让他充满活力地参与其中。

在出行之前，你需要格外用心照顾宝宝。确保他能得到充足的睡眠、健康的食物和必要的锻炼，为他适应变动的日程打下坚实的基础。你可以事先用葛根粉和糙米糖浆制作一些布丁，这种食物不仅便于携带，而且有安抚宝宝的作用。

关于出行，我有一条来自我以往多次教训的铁则，那就是，"别落下东西！"不管在餐厅、机舱还是出租车里，每当我起身离开，或者结账走出酒店房间时，我都会向身后张望，看自己有没有落下东西。在旅行途中，我们携带的东西都是必要的。如果有东西并非必要，我们就不会携带。如果有东西落下，我们很可能就得额外花时间去找，而且还不一定能找到。我落在飞机上的东西从来没有找回来过，例如毛衣、眼镜、电子书阅读器和手机。在旅行途中，丢失重要的东西有可能给你造成很大的不便，即使你能在途中找到替代物品，这个过程也可能会耗费你相当多的精力。所以，你要养成离开前"向后张望"的习惯。

出行必备物品

很多物品都能使你和宝宝的旅程变得更加舒适和惬意。下面这些物品清单可供你在出行前参考。

饮食。 奶瓶、吸奶器（或配方奶）、奶瓶刷、碗、勺子、围嘴、拍嗝巾、湿巾、吸管杯、食物研磨器或便携食物处理机、辅食剪刀（用来切割和磨碎食物）、保温袋、冷藏箱、冰袋、干的零食、冷冻食物、有机婴儿食物、餐垫（一次性或可多次使用）、婴儿椅套。你可以把冷冻食品在保温袋里放置8~12个小时，或者在冷藏箱里放置24个小时。注意，不要在隔热层或制冷剂缺失的状态下储存食物超过4个小时。如果你的宝宝同时在吃母乳和辅食，那么你可能需要在旅行途中更多地为他哺乳。

睡眠。 婴儿床单、被子、便携婴儿床（如果驾车）、夜灯、睡袋。

尿布。 尿布兜和尿布片（或一次性尿布、尿裤）、湿巾、用来装脏尿布的袋子。

清洁。 防滑浴垫、浴巾、毛巾、肥皂、牙刷、牙膏、润肤乳、防晒霜。

健康与安全。 电源插座盖、纸巾、急救包、有镇静作用的精油。

衣物。 每天2~3套衣服、外衣、帽子、连指手套、雨衣、睡衣、太阳帽、太阳镜、游泳尿裤、泳鞋、泳裤、沙滩浴巾。

携带。 宝宝背带（或背巾、腰凳）、婴儿推车、汽车婴儿座椅、车用头枕。

玩具。 出牙咬环、图书、能够在多种场景（例如洗澡、游泳、沙滩）中玩耍的玩具、能夹在衣服上或者弄丢也容易买到的玩具、音乐播放器和头戴式耳机。

短暂外出

提前计划能帮你提高效率,即使只是短暂外出,例如在附近办理杂事、带宝宝去找别的宝宝玩耍,或者去托儿所。你可以专门准备一个包,里面提前装好必备的用品,以此来应对随时可能外出的需要,例如奶瓶或吸管杯、瓶装水、食物或零食、一两块尿布、湿巾、围嘴、拍嗝巾、小毯子、一套换洗衣服和一些玩具。出门前,你可以再装一些新鲜食物进去。

外出就餐

外出就餐是父母在照顾宝宝的过程中得以休息的机会。就餐时间最好能契合宝宝的习惯,或者你也可以提前喂他。如果天气暖和,那么在露天咖啡馆吃饭会更方便宝宝四处走动。如果同时就餐的还有别的成年人,他们就可以轮流抱他或者带他在附近玩。

外出就餐时,你既可以预先准备食物,也可以在餐馆点餐,然后用食物研磨器把食物磨碎,或者用辅食剪刀把食物切碎。对于已经可以吃成人食物的幼儿来说,你也可以把自己盘子里的食物分一部分给他。大多数餐馆里的食物都要比自制菜肴含有更多的盐和调料,同时还可能含有氢化油脂、高果糖玉米糖浆和味精。不过,也有一些餐馆为减肥者提供不加盐的蒸蔬菜。在这样的餐馆里,你就可以用食物研磨器把食物磨碎给宝宝吃。此外,许多餐馆还售卖新鲜水果、烤面包、面条、糙米或大米,以及不加调料的燕麦粥。更多建议信息如下:

- 选择适合家庭用餐和欢迎小孩子的餐馆。
- 如果餐馆顾客比较多,你就可以提前订位,以免等待太久。
- 提前打电话确认餐馆能否提供婴儿椅。
- 选择在宝宝不累或心情好的时候去。
- 带上食物、勺子、碗、围嘴、奶瓶或吸管杯、零食和玩具。
- 把宝宝的推车推进餐厅,这样他就能在里面睡觉了。
- 确保桌子足够大。
- 把桌上的调味品拿开,以免宝宝抓着吃。
- 使用一次性餐垫或可多次使用的餐垫。
- 注意餐厅里的其他客人,以免他打扰他们用餐。
- 让宝宝远离服务员经过的地方,以免发生意外。
- 在离开前,把桌子和地板上的杂物或食物清理干净。

去托儿所或幼儿园

我在日本京都的梦之窗幼儿园工作时，竹原老师每天为350名学生做糙米午餐，但是，当我们去外面时，孩子们就会从家里携带午餐。每当这时，我总是喜欢四处走动，观赏妈妈们给孩子们准备的各种充满创意的午餐。她们要起多早才能做出兔子形状的饭团和花朵形状的三明治呀！在日本，妈妈们经常为去上学或郊游的宝宝以及去上班的丈夫准备便当。而且，你也可以在餐馆、超市、便利店或火车站的小摊上买到事先做好的便当，它们往往装在竹盒或塑料盒里。便当既可以制作得非常精致，也可以仅仅只是把上一餐剩余的食物重新摆成好看的样子。便当能激发宝宝对健康食物的兴趣，同时也有助于他控制自己的食量。

有的托儿所和幼儿园提供膳食和零食，而另一些托儿所和幼儿园则需要父母为孩子准备食物，所以，你可能需要研究一番，找到适合你的选项。对我来说，我更喜欢自己动手为宝宝准备食物，这样我就可以知道她们都在吃些什么。送宝宝去托儿所时，你可以用保温包给他装上奶瓶、装着食物泥的保鲜盒、手抓食物和出牙饼干，同时把尿布、衣服、围嘴等必需品装进他的背包。幼儿园阶段的宝宝喜欢用有趣的背包来装自己的午餐、换洗衣物、雨衣、图书和玩具。以下是为宝宝制作简单的健康便当的一些小技巧。

- 用酸梅和梅子醋这样的食物来保存糙米糊等食物。
- 使用多种颜色的食材，这么做不仅能让食物显得更好看，而且有助于实现营养均衡和阴阳平衡。
- 不要把冷食和热食放在一起，以免食物变质。而且，同时吃冷食和热食会伤害宝宝的消化系统，还可能导致胀气。
- 给宝宝吃的食物应当同时包含谷物、蔬菜和高蛋白食物，并用水果或饼干充当甜点，以此来实现平衡膳食。
- 善用调味料，让食物呈现出多种口味，例如咸、甜、酸、辣和香草味。冷食比热食需要更多调味料。
- 午餐要简单，3~5种就足够了。偶尔，你也可以多准备一些来增加花样和趣味。
- 尽可能使用当地出产的应季有机食物，避免加工食品。
- 做饭前做好计划，你可以一次多做一些，留着慢慢吃。
- 购买方便携带的食物，例如谷物、面条、三明治面包、蔬菜、豆类、天贝、水果、健康的饼干和零食。
- 用不同的饼干刀能做出各式各样的饭团和三明治。这么做能让食物更好看，更能激发宝宝的食欲。
- 携带食物时，你可以用小的容器或者带有多个格子的容器把不同的饭菜分开。密封袋重量轻、适合用来携带饼干、蛋糕和三明治。此外，保温杯能为食物保温，而冰袋连同保温包则能避免食物快速升温。

野餐

春日漫步在日本的公园里，你经常会看到人们三五成群地聚在樱花树下赏花。他们在树下铺上草席，然后一边饮茶或清酒，一边享用精致的美食。望着美丽的樱花，听着他们有说有笑，唱歌赞颂春天，我也深受感染。

野餐是调剂生活和接近自然的方便选择。你甚至可以在后院和附近的公园里野餐。如果你家附近有瀑布、动物园或公园，里面有独特的植物和空间供你们活动和探索，你就可以经常带宝宝去那里野餐，感受一草一木在四季里的变化。

三明治、零食、薄脆饼干、薯片、水果和甜点等容易携带和方便用手拿着吃的食物都很适合用作野餐。在炎热、晴朗的天气里，你可以给宝宝带些冷饮，反之则可以给他带热饮。

去海边或游泳池

埃米和玛丽小时候经常去海滩，她们喜欢在海里游泳，也喜欢在沙滩上挖坑、筛沙子和堆沙堡，一玩就是好几个小时。在炎热的夏日，去海边或游泳池游泳能使你的宝宝感到神清气爽。同时，在水里游泳或者在海滩上散步也有助于宝宝通过晒太阳来获取维生素D，同时还能让他亲近大自然。此外，游泳也能帮助宝宝锻炼心血管系统，强化肌肉，并且有助于他放松身心。

除锻炼身体和玩耍之外，你的宝宝还能通过练习游泳来熟悉待在水中的感觉。他能学会漂浮、呼吸等技能，这样他在水里就会比较安全了。宝宝在水边时，你要时刻保持警惕，确保他全程都有人看护。

去海边或游泳池时，除平时出门要带的东西外，你还需要专门准备一些物品。

防晒。 防晒霜（只能用于6个月大以上的宝宝）、太阳帽、泳衣、太阳镜、帐篷或雨伞、轻便的毯子。

游泳。 海滩浴巾、游泳圈或气囊、沙子和嬉水玩具。

饮食。 保温包、饭菜、零食和饮料。

衣物。 游泳尿裤、泳衣、泳鞋、沙滩罩衫、换洗衣服。

旅行

无论坐汽车、火车还是飞机,在路上待好几个小时很可能会打乱宝宝的日常生活。旅行前睡个好觉对你和宝宝来说都十分重要。列一个清单,提前把东西准备好,以免遗漏东西和出门时过于匆忙。带上宝宝的餐具、尿布、衣服、路上会用到的玩具和图书、护肤品、必备药品和能安抚他情绪的精油。简易婴儿推车占用空间少,带着会很有用处。不要遗忘重要的物品,例如地图、旅游指南、机票和护照。这份旅行清单也可以收起来供日后使用。

自驾旅行

自驾旅行的好处之一,是你通常可以灵活安排时间,而不必遵循飞机、火车或公共汽车的固定时间表。而且,汽车里有很多空间,可以供你放置各种东西,例如后座和后备箱。由于这一便利,你可能会携带过多的东西。然而,不要忘记,你装上车的大部分东西终究还是要卸下来搬回家去的。你还要考虑为大件物品留出空间,例如婴儿推车、婴儿床和行李。所以,不是必要的东西坚决不能带,这样车上才会有更大的空间,你们行动起来也会更便利。

计划好行程后,你就可以考虑给宝宝吃饭和换尿布的事了。把你在路上需要用到的东西准备好,例如食物、饮料、湿巾,以便随手取用。途中,你可以放音乐,跟宝宝玩玩具,唱歌。自驾的好处之一就是不怕打扰他人。埃米和玛丽小时候,我做了几个有盖的长方形盒子,专门用来在车上给她们装美术用品和各种玩具。

全家出游时,父母当中的一位最好能跟宝宝一起坐在后面,特别是当安全座椅反向安装时(即后向式安全座椅。这时,你也可以借助婴儿后座镜或反射镜来照看他)。一定要给他系上安全带,同时用车用头枕支撑他的颈部。冬天,你还要给他盖上毯子保暖。夏天,你要保证他在车里足够凉快。确保汽车状况良好,以免路上给你造成不必要的麻烦。你还需要准备导航仪、地图和应急工具等重要物品。

乘坐飞机旅行

坐飞机旅行时,你的行动就要受制于航空公司了,因为飞机可能出现机械故障和晚点。虽然对长途旅行来说,乘坐飞机是非常快速的旅行方式,但由于飞机旅行的不确定因素比较多,所以不够舒适和便利是它的短板。此外,现在有越来越多的人坐飞机旅行,所以机场一般都人满为患。

旅行前要做好计划。尽量避免在高峰期出行,例如各种重大节日。此外,直航可以缩短旅行时间,降低错过航班的可能性,在整体上会让你更加省心。不过如果你住在小城镇,直航恐怕就不容易实现了。出门前,你要检查航空公司对行李和随身携带物品的规定,因为航空公司经常修改这些规定。轻装出行,最好只携带小件物品,因为你无论去哪里都得带着它们。你可以带上换洗衣物,同时多带一些食物,以防飞机晚点。你可以咨询目的地是否能租到推车,以便携带行李。

在乘坐飞机旅行前的几天里,你都要给宝宝吃健康的食物,同时避免给他吃容易导致胀气或腹胀的食物,例如十字花科蔬菜、碳酸饮料和人工甜味剂。坐飞机时,由于行动受到限制,所以你要给宝宝吃低盐低糖的食物来让他保持安静和放松,少给他吃动物性食物也能帮助他放松。最好能自带食物糊、手抓食物或便当,因为你不知道飞机上会供应什么食物,而且那些食物通常不适合宝宝食用。

以下是关于搭机旅行的一些小窍门：

✿ 办理登机手续时，如果你的宝宝不满两岁，而你又没有给他买机票，你就要看看是否有多余的座位来给他坐。他有空间来活动身体会很有帮助。

✿ 由于你很可能会携带很多东西，所以过安检时会不大方便。你可以咨询是否有专门服务带孩子乘客的绿色通道。

✿ 等待飞机起飞是让你的宝宝尽可能释放活力的绝佳机会。你可以让他在毛巾被上滚或爬，也可以让他四处走走、跑跑，以此来让他在飞机起飞前玩个够，把多余的体力消耗掉。

✿ 登机前买些水，以备不时之需。

✿ 通常，带孩子的乘客最先登机，所以你可以在别人登机前先把你的宝宝安顿好。

✿ 与邻座乘客建立良好关系，以此来获得他们的支持和理解。

✿ 对于一刻也闲不住的宝宝来说，即使短距离飞行也可能是相当长的一段时间，所以你要想方设法来满足他的需求，例如跟他玩玩具，看书，给他换尿布，换衣服，涂抹精油，按压穴位，以及给他吃有助于安抚他情绪的食物。

✿ 宝宝对气压的变化非常敏感。起飞时，你可以给他喝点东西，帮他减轻气压对耳部的影响。

✿ 确保他喝了足够的水，因为机舱压力容易使他脱水。

✿ 你越是能保持冷静和乐观，你的旅程就会越顺利。

铁路与公路旅行

乘火车和汽车与乘飞机有一些相同的缺点，只是程度有所不同。你必须遵守火车和汽车的时间表，而且你不能指望它们随时停下来供你喂孩子或换尿布。乘坐公共汽车、地铁或乘火车短途旅行时，你一般都需要快速行动，在短时间内带齐所有东西，同时还要照看好宝宝。不过，坐火车旅行也有一些优点。虽然火车里的空间没有自驾时那么宽敞，但你和宝宝至少不需要系安全带，所以你们可以更加自由地活动身体。乘坐火车长途旅行时，你还可以选择坐卧铺。此外，你们还可以去餐车吃饭或玩游戏。最后，与乘飞机旅行一样，乘火车和汽车时，你也需要随身携带所有的东西，所以你要仔细考虑有些东西是否必须带在身边。

拜访亲友并留宿

当第一次带宝宝走亲访友并留宿，想到你要携带的照顾宝宝所需的数不清的各种东西时，你也许会感到压力山大。不过，只要提前做出计划和准备，你就能更加自信地应对这一切。而且，你有照顾宝宝的丰富经验，所以你知道哪些东西是你肯定会用到的，而哪些东西是非必要的。带宝宝去亲友家过夜能为你带他出门旅行提供过渡，因为你的亲人和朋友能帮你应付不时之需。如果主人家也有孩子，那么你就可以借用他们的一些物品。与此同时，他们一般也知道你应该会需要些什么。

如果宝宝的（外）祖父母等亲人和朋友就住在附近，那么你就可以在宝宝很小的时候就开始带他在外留宿。出门前，你要确保宝宝的心情还不错，同时也要确保亲友了解宝宝的喜好、生活习惯、饮食偏好和换尿布的注意事项。在附近过夜的好处是，如果宝宝开始哭闹，你就可以方便地带他回家。

住酒店

在寒冷的冬天，我们全家有时会到附近镇上一家拥有室内游泳池的汽车旅馆度假，以此来为单调的生活增添一些色彩。换个环境有助于改善全家人的心情。借此机会，我们可以暂时逃离一成不变的生活，接触新鲜的世界，同时加深家庭成员间的感情。你可以直接从业主那里租到既实惠又有趣的度假居所，例如木屋、公寓或独立屋，也可以租住旅馆或汽车旅馆。许多旅馆或汽车旅馆都带有套房或小的厨房，它们不仅能为你提供更大的活动空间，还能让你在里面自制饭食。下面是关于度假时如何安排住宿的一些建议：

- 寻找适合一家人居住的地方。
- 询问对方是否可以提供婴儿床，必要时也可以带上自己的床单。
- 询问住宿期间游泳池是否开放。
- 行前再次与对方确认你预订的房间，确保到达后无需等待即可登记入住。
- 考虑是否需要携带一些重要的物品，例如食物研磨器、餐具和围嘴。
- 如果你想住酒店、小木屋或按周租赁的公寓，那就要询问对方是否可以提供婴儿椅等适合宝宝使用的器具或设施，同时也要询问有无潜在的危险因素，例如楼梯是否有安全护栏，护栏是否结实，等等。

露营

与宝宝一起露营是鼓励他亲近大自然的极好方式。如果你的露营经验不多，那就可以从汽车露营开始尝试，让汽车充当你们的大本营。呼吸新鲜的空气，在树林里玩耍，寻找野生动物，徒步旅行，在野外做饭，在帐篷里睡觉，这些活动可以让你们暂时远离城市生活的喧嚣，同时又可以让你们养足精神。露营是你与家人共度假期或一起在野外玩耍的一种经济实惠的方式。

安全第一

为了保障宝宝的舒适和安全，你要携带所有必备用品，例如防晒用品和保暖衣物。检查营地是否有积水、残留垃圾、动物和尖锐物体。你的宝宝需要时刻有人看护，所以你要与伴侣或其他成年人分担照看宝宝的责任，让他始终有成年人陪伴左右。除去常见的出行装备外，你在露营中还需要用到以下物品。

吃。野营炉和燃料、冷却器、锅碗瓢盆等厨具、水、厨房巾、洗涤灵、洗碗布、叉勺等餐具、铝箔、罐头和开瓶器、各种食物。

穿。舒适、耐用、耐脏的衣物、雨具、睡衣、内衣、保暖外衣。

住。帐篷、防水布、睡袋、枕头、手电筒、营地灯、折叠椅、垃圾袋。

用。多功能军刀、纸巾、厕纸、密封塑料袋、手帕、水瓶、收集物品的小桶、急救药物、驱虫剂、肥皂、牙膏、牙刷、毛巾。

行。婴儿背带、背包、慢跑推车、自行车拖车。

露营中的埃米和玛丽

生日聚会

我在美国的密西西比州长大。在那里，社交活动是日常生活不可或缺的一部分。我的母亲为我组织了许多精彩的主题生日聚会，而后，我也为我的两个女儿做了同样的事。有一年夏天，我为埃米举办了一场夏威夷式宴会来庆祝她的生日。为此，我专门在后院里卸下了一卡车沙子，制造了人工沙滩。她的朋友们都穿着夏威夷草裙、戴着花环。我们还准备了新鲜菠萝等夏威夷风味的美食。我也为玛丽举办过一场墨西哥式生日庆典。那天，我在后院里准备了辣酱玉米饼、墨西哥宽边帽、南美披风、装着糖果的玩偶（打碎后糖果会掉出来）和美洲驼。玛丽喜欢仓鼠，所以，有一年我们举办了仓鼠主题的生日聚会。我制作了几只棕色的大箱子，以此来供孩子们像仓鼠那样爬进爬出。埃米大一些后，我为她举办过一次只有女性参加的午餐会。我制作了一份女孩脸样子的食物，"头发"是用通心粉和奶酪做的。你不需要花很多钱就能让孩子们在他们的生日里玩得开心，并且拥有特别的感受。当你自己在家里准备食物时，你可以确保食物是健康的，而且你还可以借此机会鼓励其他孩子享用健康的食物。

一周岁生日

宝宝的第一个生日就像一座里程碑，它让我们欣喜于宝宝的进步和成长，感慨于过去一年的温馨与激动，也憧憬于未来的期冀与希望。满周岁之前的这一年里，宝宝在身体上发生的变化要比此后的任何一年都要大。

第一次过生日，宝宝还不理解这一天到底意味着什么，不过这并不妨碍他享受我们为他准备的小小庆祝。你可以任由他独享一块小小的蛋糕，想怎么吃就怎么吃。宝宝满周岁时，有些父母会邀请众多亲朋好友，兴师动众地为他举办盛大的生日庆典。不过，如果你从宝宝的角度出发，多想想他平时喜欢什么，那么你可能会发现，也许聚会人数少一点，噪音小一点是他最喜欢的方式。

父母会本能地为自己的宝宝感到自豪，所以满周岁生日聚会也是对父母们的表彰。他们在过去一年里付出了辛勤的劳动，此时正是接受犒赏的大好时机。同时，这一天也是父母们对为宝宝的健康成长付出过努力的祖父母等亲友表达谢意的良机。

二、三岁生日

到宝宝第二个或第三个生日时,他已经能说出自己几岁。同时,他也可能会因为生日即将到来而感到兴奋,并且期待即将获得的礼物。在为宝宝的生日做计划之前,你可能得想想过生日的意义是什么,这样你才不至于陷进计划的细节里并且丢失重点。这一天是宝宝的特殊日子,聚会也是他的生日聚会,你只是帮助他和他的朋友们玩得开心些。如果你能化繁为简,把感受放在第一位,你的宝宝就将拥有难忘的一天。

计划。与宝宝一起为生日做计划和决策也是过生日的乐趣之一。如果你能尽可能多地给他提供做出选择的机会,你就能调动他的积极性,让他更加投入地参与其中。如果你们能一同计划、准备和参与,那么这也会是你们的共同经历。计划要提前,这样你才能避免在最后一刻匆忙应对。

客人。根据经验,客人的数量应当等同于宝宝的年龄。一岁的宝宝请一位客人,两岁的宝宝请两位客人,以此类推。人少有助于每个宝宝都能得到所需的关注。要确保客人里包含宝宝最喜欢的朋友。另外,在聚会期间,三岁以下的宝宝需要父母或看护者陪同。

埃米和玛丽

>
> ### 聚会的程序
>
> 为聚会做计划需要考虑聚会的所有程序:
> 1. 客人到来。
> 2. 聊天,玩耍。
> 3. 送礼物,点蜡烛,唱生日快乐歌,切蛋糕。
> 4. 自由活动,为客人回礼,道别。
> 5. 收拾屋子,存放礼物。

主题。主题聚会可以办得很有意思,让所有人都兴奋起来。你可以围绕某种动物设置主题,例如玛丽喜欢仓鼠,我就为她组织了仓鼠主题的生日聚会。那一天,我们不仅吃了仓鼠喜欢吃的食物,还做了与仓鼠有关的游戏。你也可以用颜色来充当聚会主题。让宝宝选择颜色,随后所有人都穿这种颜色的衣服,同时选用同样颜色的气球等各种装饰。有一年,玛丽只肯穿粉红色的衣服,于是我为她举办了一场粉红色聚会。对两岁的宝宝来说,毛绒玩具和故事也是适合的简单生日主题。如果你的宝宝三岁,你就可以设置更加复杂的生日主题,例如魔法、海滩、艺术、狩猎、棒球、装饰三轮车、外太空、海盗、装扮、芭蕾、游泳、奥运会和各种族群文化。

求助。很多机构都提供为宝宝庆祝生日的服务,它们会安排所有的事情,但假如你想为宝宝举办一场更加私密的生日聚会,你也不需要各种事情全部亲力亲为。你还可以向家人和朋友求助。如果过生日的宝宝有哥哥或姐姐,他们就可以承担迎接客人和收集礼物等工作。

饮食。如果生日聚会围绕某个特定的主题,那么你就可以开动脑筋为宝宝准备与这一主题相关的食物，例如"仓鼠食物"。有时，你会想让宝宝吃到更多种类的食物，但同时又希望这些食物是健康的。这时，你就可以给他吃用枫糖浆或蜂蜜充当甜味剂的生日蛋糕，或者用天然配料做成的冰淇淋，这些生日食物有助于烘托气氛，让宝宝度过难忘的一天。

装饰。孩子们喜欢五颜六色的东西，也喜欢用它们来吸引他人的关注。彩带、气球、生日帽，还有好看的盘子、餐巾和餐具都有助于营造欢乐的气氛。此外，播放音乐也有助于丰富孩子们的听觉感受。

谢礼。如果聚会围绕某个主题，你就可以根据这一主题来选择聚会谢礼。否则，你只要选一些简单实惠的谢礼就好，例如盒装蜡笔、彩绘T恤、帽子、头巾、袋子和小玩具。在这里，你有充分的空间发挥你的想象力。

拍摄。为你的宝宝拍摄照片或视频来纪念这特别的一天。如果你在聚会中拍摄了视频，你就可以在聚会结束、孩子们离开前播放它们。或者，你也可以把孩子们的照片打印出来，然后装进自制的画框让他们带回家。

娱乐。安排适合孩子们年龄的活动，例如，简单的手工制作、各种游戏和玩具。播放欢快的音乐有助于活跃气氛。如果天气暖和，你也可以安排一些能够活动身体的好玩的室外游戏。你可以视情况安排不同的游戏来释放或保存孩子的体力，以此来调整聚会的气氛。

时长。如果宝宝不到3岁，聚会时间就要控制在1.5～2小时以下。而且，你要避免在宝宝容易打瞌睡的时段安排聚会。

预案。在为生日聚会做准备时，你要记住聚会的主要目的是为了好玩。即使发生了你预料之外的事情，你也要积极应对，尽量让宝宝在这特别的一天里拥有美好的感受。事情有可能不会按照你预料的那样发生，所以你还需要额外做一些准备，例如碰上雨天怎么办，有人受伤怎么办，以及游戏、食物或谢礼不够用怎么办。

节假日

如果你家里有某些传统习俗,那么当你的宝宝加入其中时,所有家人都会获得更多的快乐。节假日是建立家庭传统、摆脱循规蹈矩的日常生活、为日后留下美好回忆的绝佳机会。虽然宗教节日的主题是神,但这类节假日也往往意味着吃特别的食物以及与亲朋好友聚会,交流情感。每逢节假日,你都要提前为宝宝当天吃什么做好计划和准备,这样你才能放松地享受节日和假日。家人聚会有时会提及过去的往事,提前做出计划有利于消除紧张情绪,保持轻松愉快的聚会氛围。

在节假日里,我们常常会吃带有某种情感或过往记忆的传统食物。每当这时,我都喜欢用健康的配料来代替原有的配料,例如用枫糖浆或蜂蜜代替白糖,用植物油代替黄油,以及用天贝或豆类食物代替各种肉类,以此来让家人吃到口味类似、但却更加健康的食物。世界那么大,各种美食应有尽有,其中的每一种食物都有可能成为你家的传统食物。

根据你的口味和健康观念调整食谱并不是一件困难的事,只是有时你可能需要做一番尝试。常见的炖菜、炒菜和烤饭通常都可以用素食原料来做,例如用天贝或豆腐代替各种肉。如果你想把烤饭里的汤做成酱汁的感觉,你就可以用葛根粉、竹芋粉、面粉或其他谷物粉来代替奶制品。制作烘焙食物时,我经常用水、杏仁奶或米浆来代替牛奶,并且用水、苹果酱或酸奶来代替鸡蛋。我在前面的内容里提到过,我经常使用昆布海藻等海产蔬菜来增加食物的鲜味,就像用猪肉、鸡肉或牛肉来为汤、豆类等食物来增加鲜味一样。你可以通过添加味噌酱来平衡番茄酱等酸性食物,同样,你也可以通过添加一些盐来凸显水果的天然甜味,同时使它们更容易消化。通过运用一些有关替换的基本原则,你就可以对你最喜欢的传统家庭食谱做出调整,以此来让它们变得既健康又美味。在节假日,你可以从紧张的日常生活中放松下来,宝宝也可以借机品尝到更多种类的食物。

新年

在美国，除夕夜是大多数成年人的节日。在午夜，时钟进入新的一年时，但愿你的宝宝已经沉沉睡去。在日本，新年是最重要的家庭节日，在很大程度上类似于很多西方人所庆祝的圣诞节。为了迎接这一天的到来，人们会利用12月的最后一周清扫房屋、偿还债务、反思过去的一年，展望新的开始。他们还会在新年的头三天里制作特殊的食物。在除夕夜，长长的荞麦面是长寿的象征。新年第一天，人们往往会去看日出，或者去寺庙、神龛去迎接新年的神。制作麻薯是一项新年传统，这种食物代表着好运、健康和成功。麻薯通常在日式火箱上烤，然后与蔬菜和鱼一起吃。孩子们期待着在这个一年一度的节日里吃到特别的食物、收到特别的礼物。在新年的前三天里，人们都喜欢全家一起吃饭，聊天，打趣。他们围坐在日式暖桌四周。这种桌子上面盖一条毯子，下面是一台空气加热器。

在中国，新年的日期每年都不同，因为中国新年所依据的是农历。它通常在冬至后的第二次新月期间来临，一般在1月下旬到2月中旬之间。这一天对于种植新作物非常重要，同时也是亚洲许多地区最重要的节日。这一天是家人团聚、分享美食和欢乐的时间。在庆祝中国新年的地区，人们会吃很多种特殊的食物，特别是那些寓意美好、能带来好运的食物。

情人节

在这一天里，你可以送宝宝一束花、一个特别的玩具、新鲜的水果或心形的饼干，以此来代替巧克力。如果宝宝还有哥哥姐姐，你们就可以坐在一起，聊聊所有人的优点和可爱之处。告诉你的宝宝你有多爱他，给他更多的拥抱和亲吻。在这一天里，你也可以给宝宝的（外）祖父母们打电话，这么做会为他们带去一些特别的感受。

春天的节日

春天是万象更新的季节，草长莺飞，鲜花盛开。在历史上，鸡蛋一直是新生的象征。所以，你可以通过给宝宝吃煮鸡蛋或者教他画鸡蛋来庆祝春天或复活节的到来。你可以在玩具鸡蛋里装一些意外的惊喜，比如一些不含糖的小吃或小巧的玩具，然后把它们藏起来供宝宝寻找。这个游戏可以反复做，而且既可以在屋里做，也可以在屋外做。

宝宝们可以通过很多种方式来庆祝逾越节，例如唱歌、做游戏和做手工。在晚餐开始前，你可以让他们在家里寻找小块的发酵面包。在逾越节当天，你可以让他们寻找你藏在家里的一小块未发酵的面包。

儿童的节日

在日本，人们有专门的节日来关心他们的宝宝。现在，女孩节（有时叫"布娃娃节"）和男孩节已经合并为了同一个全国性的节日，也就是5月5日的儿童节。许多个世纪以来，人们都在庆祝这些节日。在节日中，宝宝的父母和亲戚会祈祷和祝福他们的宝宝健康成长，一生幸福。许多日本人还会在每年的3月3日庆祝女孩节。在这一天里，他们会拿出女孩出生时专门购买的许多布娃娃。这些布娃娃穿着精致的日本传统服装，其中有天皇、皇后，还有他们的随从和乐师。同时，人们还会用插着桃花的小花瓶来装饰他们的家。埃米和玛丽出生时，她们的奶奶也给她们送了布娃娃。在女孩节，埃米和玛丽喜欢穿上和服，同时邀请她们的朋友来参加茶会，庆祝"布娃娃节"。

男孩节的象征是鲤鱼，后者代表力量和决心，因为鲤鱼经常逆水而行。在男孩节，家人会祝福他们的宝宝能成长为具有勇敢和坚毅等良好品质的人。在男孩节，大多数家庭都会为家里的所有男孩各放一只风筝，这些风筝的样子就是五颜六色的鲤鱼。在日本，日本甘酒是儿童节的传统饮品。

埃米

五五节

五五节是一年当中的5月5日。在1862年的这一天里,墨西哥在普雷布拉战役中战胜了法国。奇怪的是,这一节日在美国等国家比在墨西哥更为风行。不论你是西班牙裔还是喜欢西班牙文化,这一天都是体验墨西哥传统服装、帽子、音乐、食物和各种装饰的大好时机。

独立日

在美国,7月4日往往与夏天的各种消遣有关,例如野餐、游泳池聚会、郊游,以及与邻居或朋友聚会。到了7月,季节性蔬菜已经非常充足。煮玉米也是庆祝独立日的常见食物。你可以给宝宝吃的其他健康食物有意面沙拉、蔬菜沙拉、蔬菜汉堡和豆腐热狗。在7月份,蓝莓、桃、哈密瓜和西瓜等新鲜水果通常也已成熟,吃起来十分可口。

7月4日的标志性活动是放烟花。由于放烟花必须等到天完全黑下来,而且此时又是日长夜短的夏天,所以对宝宝来说,放烟花的时刻已经非常晚了。如果你想和宝宝一起看烟花,那就要让他利用下午的时间多休息。注意,巨大的噪音和爆炸声可能会吓到非常小的宝宝。如果你自己放烟花,那就一定要多加小心。

万圣夜

在日本,当人们向我询问万圣夜的习俗时,我一度无言以对。我对这一传统节日的来历一无所知,所以感到非常尴尬。现在,我已经通过互联网找到了相关的信息。古代的祭司们认为,在每年的11月1日前夜,人们身边都会出现很多鬼魂、女巫、仙女和精灵,于是需要供奉神来获得后者的保护。这一"恶作剧和请客二选一"的习俗来自爱尔兰。在那里,农民挨家挨户地乞讨食物。如果得到食物,他们就祝福对方好运,否则就会吓唬对方。

今天,万圣夜是孩子们最喜欢的节日之一。因为他们非常喜欢装扮成鬼怪的样子,也喜欢挨家挨户讨要糖果,而且还有好玩的化妆晚会。你可以制作南瓜灯来帮助烘托节日气氛,也可以为宝宝选择一种妆扮和人物角色,这是非常有意思的事情。不论你的宝宝去挨家讨要糖果,还是去参加私人聚会,万圣夜都是一个少不了糖的节日。每当这时,我都会提前做出计划,想方设法让宝宝少吃糖,或者用别的食物来代替糖果。近年来,在万圣夜举办的社区聚会和私人聚会正变得越来越流行。你可以寻找宝宝不会吃到或喝到太多糖、色素和其他添加剂的聚会,或者自办这样的聚会。在万圣夜的社区聚会中,父母也经常会打扮成鬼怪的样子。

我不想让埃米和玛丽错过有趣的万圣夜,于是等埃米和玛丽长大一些后,我就把她们装扮起来,然后带着她们拿着袋子去玩讨要糖果的游戏。回到家后,我们坐在客厅的地板上,装糖果的袋子就放在屋子中间。接下来,我用眼罩蒙住了她们的眼睛,然后发出一些奇怪的声音,同时麻利地把她们的糖果换成用天然原料制成的糖果。等她们摘下眼罩时,眼前的糖果已经被换掉了。这些糖果既能安抚她们的味蕾,又不会给她们惹出头痛、肚子痛的麻烦。

感恩节

在美国,感恩节是一个以食物和家庭传统为主题的节日。感恩节在秋收完成后到来,是感谢上帝眷顾,表达感恩之情的好时机。在感恩节,你可以放松下来过一个轻松的假期。制作健康食物并不是什么难事,你可以为宝宝准备全麦谷物、蔬菜、植物蛋白或动物蛋白、水果和有益健康的甜点。

圣诞节与光明节

对大多数美国人(以及对全世界越来越多的人,甚至包括那些不信仰基督教的人)来说,圣诞节都是一年中最重要的节日。圣诞节包含宗教仪式、圣诞礼物、圣诞装饰、唱世俗歌曲及宗教颂歌等各种庆祝活动。在圣诞节期间,大多数家庭都喜欢精心准备饭菜,同时还会制作圣诞饼干和其他特殊食物。你可以提前把圣诞饼干和零食做好,然后放进密封容器或冰箱保存。

有了孩子后,你可以更加方便地建立属于你们自己的家庭传统。大多数宝宝都喜欢装饰圣诞树,制作圣诞礼物、圣诞卡片或圣诞饼干,并且把它们送给亲戚和朋友。圣诞节是教宝宝延续传统文化的良机。

光明节是犹太人的传统节日,持续8天,有时会与圣诞节重合。光明节有相应的宗教仪式,例如每晚点亮烛台,吃传统食物。宝宝们还能参加各种游戏,获得小礼物。

以上这些节日里通常都会有许多社交活动,宝宝在其中很容易接触到各种甜食和其他不健康的食物。虽然享受家人、朋友的陪伴和摆脱枯燥的日常

生活是一件乐事，但在节假日当中，要想继续让家人吃到有益健康且阴阳均衡的饮食可能并不容易做到。你可以提前计划，用天然食材做一些小点心，这么做或许能让你的宝宝少吃一些糖果。

回到家中

旅行、各种社交活动和节假日总是充满乐趣与挑战。这些经历能帮助你的宝宝见到更多的人，看到更宽广的世界和获得更加丰富的体验。然而，在这当中，宝宝往往也容易接触到含有精制糖的食物，以及含有其他阴阳属性较为极端的成分的食物，更不必说它们还会扰乱宝宝的日常生活了。在旅行、度假和各种活动之后，回家、重返日常生活往往是一种令人愉快的解脱。我们会发现还是自己的家好。回到家后，如果你的宝宝身体状况欠佳，你就得采取补救措施来帮助他恢复健康，同时让他的内心在安静的环境里恢复平静。

父母是宝宝的榜样，他能从你调整自己的方式中感受到你所看重的东西和你的生活准则。你为他树立的榜样能教会他在特殊时期自我调节，以及在自律和享乐中找到平衡。

以下食谱中有带宝宝外出时容易携带的食物，例如饭团和三明治，也有适合在家里烹制、供全家人享用的食物。外出时，你可以为每个人分别准备便当，也可以用大餐盒盛放食物，吃时再用携带的小盘子分装。

自制家庭餐

宝宝开始吃固体食物后，你就可以不必单独为他做饭了，这么做可以节约采购和烹饪时间。在为宝宝做全麦谷物和蔬菜食物时，你也可以为其他家人做同样的食物。你既可以分开做，也可以先一起做，最后再分别添加调味料。

下面的家庭食谱都是可供你和宝宝一起享用的非常简单的饭菜，但宝宝需要能够熟练咀嚼。对于两三岁的宝宝来说，这些食物都很柔软，吃起来毫不费力。而且，它们都是营养均衡的主菜，其中有谷物，有蔬菜，也有高蛋白食物。这些食谱有意面沙拉、意大利面、咖喱饭和蔬菜烤饭。在宝宝逐渐开始跟大人吃同样食物的过渡时期，你可以把你最喜欢做的汤、炖菜和烤饭做一些调整来适应宝宝的口味。大人和小孩一起吃同样的食物有助于增进一家人的感情。

饭团

- ♡ 适合满周岁以上宝宝
- 可做出12个饭团（每个大约30克）
- 素 素食
- 不含麸质

在日本，饭团是适合用便当盒带到学校、工作场所、短途和长途旅行途中的传统便携食物。它是日本的三明治，所有年龄段的人都可以方便地把它们拿在手里吃。

酸梅中含有许多盐，所以用酸梅作馅料能让饭团保鲜2~3天。其他种类的馅料含盐量低，容易腐烂，所以这样的饭团要么得在几小时内吃完，要么得放进冷藏箱或冰箱保存。非密封的容器更有助于使饭团保持新鲜。

$\frac{3}{4}$ 杯（约 135 克）短粒糙米

$\frac{1}{4}$ 杯（约 45 克）糙糯米

用来浸泡谷物的水（水要没过谷物）

2 杯（约 480 毫升）用来烹制谷物的水

$\frac{1}{8}$ 茶匙（约 0.7 克）海盐

干紫菜

一小碗水

用作馅料的酸梅

准备：

用水浸泡谷物8~24小时。如果时间已经不够，那么至少也要浸泡1小时。

做法：

煮米饭

1. 把浸泡后的谷物沥干，然后放进锅里，加水，大火烧开。
2. 把火调小，煮45分钟至1小时，直到所有水分都被吸收。
3. 最好在锅底使用散热片来防止糙米饭粘锅或烧糊。
4. 把糙米饭倒进一只浅浅的大碗里，让米粒与空气接触。在做成饭团之前，不要把糙米饭放进冰箱，否则米粒会很难粘在一起。

旅行与假日 自制家庭餐 | 573

做饭团

1. 把干紫菜切成长约10厘米的长条。
2. 在手边放一小碗水,把手蘸湿有助于防止糙米饭粘在手上。
3. 糙米饭晾凉后,把手蘸湿,再把大约$\frac{1}{2}$杯(约100克)糙米饭放进一只手的手心(如图a)。
4. 把糙米饭压成球体或圆柱体(如图b)。
5. 在饭团中间捅一个洞,加入$\frac{1}{4}$茶匙(约1.3毫升)梅子酱,然后用手捏洞口,把馅料封在里面。
6. 用紫菜包裹饭团(如图c)。
7. 用几滴水把紫菜翘起的一端粘在饭团上(如图d)。

其他做法:

换用其他馅料

- 熟的三文鱼或三文鱼罐头(或金枪鱼)
- 天贝
- 杏仁酱或芝麻酱
- 水煎或油煎蔬菜
- 泡菜

在饭团上添加其他配料

- 碾碎或整粒的烤种子或烤坚果
- 少许梅子醋
- 少许芝麻油、橄榄油或亚麻籽油

你也可以这么做寿司

1. 取一张寿司竹帘(寿司竹卷),铺上一片紫菜。
2. 在半片紫菜上均匀撒上糙米饭。
3. 在糙米饭上横着撒上一长条馅料,用寿司竹帘把食物卷成卷(一边卷一边压实),然后把边缘沾湿,粘牢。
4. 把寿司卷切分成段,做成我们平时常见的寿司。

三明治

三明治是一种方便快捷的食物，既适合在家里吃，也适合外出携带。9个月大的宝宝一般能吃涂有果酱的（烤）面包片，12个月大的宝宝一般能吃夹着柔软馅料的单层三明治，而18个月大的宝宝一般就能吃夹有多种馅料的双层三明治了。

你可以把三明治的馅料提前准备好，这样做起来就方便多了。你可以查看常见的三明治馅料，然后根据宝宝的口味混合搭配。

三明治应当在常温下食用，而不是冰镇后吃，这样味道更好。即使不借助冰箱，大多数蔬菜三明治也能保鲜好几个小时。或者，你也可以把三明治放进隔热的午餐盒里，同时再加一只小小的冰袋。

要选择天然、成分简单的全麦面包。如果你的宝宝不满周岁，或者对麸质不耐受，那就要选用无麸质面包。新鲜面包是最好吃的，不过你也可以把面包冷冻起来，以备不时之需。皮塔饼（中东口袋饼）的中间是空的，正好用来夹馅料，而且馅料还不容易掉出来。

天贝三明治

适合一岁半以上宝宝

可做出2个三明治

素食

1 茶匙（约5毫升）日本酱油

3 汤匙（约45毫升）水

2 茶匙（约10毫升）芝麻油

1 汤匙（约15毫升）蛋黄酱（不含芥花油、蛋清成分）

1 汤匙（约15毫升）芥末酱（石磨加工，不含防腐剂、添加剂）

2 片面包

胡萝卜片（先稍稍蒸一下）

2 汤匙（约30毫升）苜蓿芽

做法：

1. 把天贝切成面包片的大小。
2. 把切好的天贝放进一只小盘子里。
3. 将日本酱油加水混合，倒入天贝，腌制30分钟。
4. 在煎锅里倒入芝麻油，加热，接着把天贝放进锅里，两面各煎5分钟。
5. 把天贝装盘，晾凉。（这样的天贝可以在冰箱里存放2~3天）
6. 在面包上涂抹蛋黄酱和芥末酱，接着加入胡萝卜片和苜蓿芽。
7. 轻轻按压，使馅料粘在一起。
8. 把三明治切成两半。

其他做法：

- 加入泡菜或酸菜。
- 用炒熟的蔬菜或生菜代替苜蓿芽。
- 用洋葱代替胡萝卜。
- 用豆腐代替天贝。豆腐不建议生吃。

旅行与假日 自制家庭餐 | 575

豆泥酱三明治

适合满周岁以上宝宝

可做出1个三明治

素食

中东风味的鹰嘴豆泥酱是一种容易消化的高蛋白酱料，老少皆宜。购买现成的鹰嘴豆泥酱时，你要仔细查看产品的含盐量。如果宝宝年纪很小，你可以用自己煮的或罐装的鹰嘴豆等豆子来自制豆泥酱。你可以多换几种豆子，以此来丰富宝宝的口味。

2 汤匙（约 30 毫升）鹰嘴豆泥酱或其他种类的豆泥酱

2 片面包

若干生菜叶

3 枚黑橄榄，切片

做法：

1. 把鹰嘴豆泥酱涂抹在面包上。
2. 加入生菜和黑橄榄切片。
3. 轻轻按压，使馅料粘在一起。
4. 把三明治切成两半。

其他做法：

- 用其他豆泥酱代替鹰嘴豆泥酱。
- 加入黄瓜、番茄或牛油果。

三文鱼三明治

适合一岁半以上的宝宝

可做出2个三明治

富含动物蛋白

用罐装三文鱼制作富含 ω-3 脂肪酸的三明治非常方便。购买罐装三文鱼时，你要仔细阅读产品标签，选择野生三文鱼，而不是养殖三文鱼。

1 罐（约 180 克）野生三文鱼（沥掉汤汁）

1 茶匙（约 5 毫升）柠檬汁

$\frac{1}{2}$ 茶匙（约 2.5 克）切碎的新鲜香菜或莳萝

$\frac{1}{2}$ 茶匙（约 2.5 毫升）橄榄油

3 汤匙（约 45 毫升）蛋黄酱（不含芥花油、蛋清成分）

2 片面包

一段黄瓜，切片

做法：

1. 把三文鱼、柠檬汁、药草和橄榄油混合在一起，做成三文鱼沙拉。这种三文鱼沙拉可以提前一天做好，然后放进冰箱保存。
2. 在面包上涂抹蛋黄酱，然后加入三文鱼沙拉，接着再放些黄瓜片。
3. 轻压三明治，使馅料粘在一起。

意面沙拉

- ♥ 适合满周岁以上宝宝
- 可供宝宝食用5~6次
- 素 素食
- 麸 不含麸质

意面沙拉很受欢迎,而且做法简单,适合多种场合。如果给别人吃的沙拉需要添加更多调料,那就事先给你的宝宝留出一份。要尽可能选用应季蔬菜,做出色彩丰富、美味可口的沙拉。如果宝宝未满周岁或者对麸质过敏,你就要选用不含麸质的意面。

意面配料:

9杯(约2.16升)水

2茶匙(约10毫升)芝麻油或橄榄油

$\frac{1}{4}$茶匙(约1.4克)海盐

2杯(约480克)全麦意面(可选用不同形状的意面)

蔬菜配料:

1杯(约240毫升)水

$\frac{1}{4}$茶匙(约1.4克)海盐

1杯(约150克)胡萝卜,切成圆片

1杯(约150克)黄南瓜,切成1.3厘米的小块

1杯(约150克)洋葱,去皮,切成0.6厘米的小块

2杯(约300克)西兰花,切成2.5厘米的小块

酱汁配料:

2茶匙(约10克)切碎的新鲜香菜、罗勒或欧芹

$\frac{1}{4}$杯(约60毫升)芝麻油、橄榄油或椰子油

1汤匙(约15毫升)梅子醋

1汤匙(约15毫升)柠檬汁

不同形状的意面

做法:

意面

1. 找一口大锅,加水烧开。
2. 加入油和海盐,搅拌均匀。
3. 加入意面,按照包装说明把面煮软。
4. 把意面沥干,然后用凉水把面冲洗一遍。

蔬菜做法

1. 找一口大锅,加水烧开,加入海盐。
2. 加入蔬菜,盖上锅盖,煮10~20分钟,使蔬菜变软(如图a)。
3. 在锅底使用散热片来防止粘锅或烧糊。
4. 把蔬菜沥干,晾凉(如图b)。剩余汤汁可用于做汤或做其他菜。

酱汁做法

1. 把做酱汁的各种配料混合在一起,搅拌均匀。
2. 加入更多调味料供其他家人食用(如图c)。

上桌之前

1. 蔬菜晾凉后,找一只大碗,把蔬菜和意面混合均匀。
2. 加入酱汁(如图d)。

其他做法:

- 加入其他蔬菜,或者用其他蔬菜代替原有配料,例如熟的菜花、菜豆、蜜豆或南瓜,以及生的牛油果或黄瓜。
- 加入泡发过的裙带菜。
- 用煮熟的糙米或藜麦代替意面。
- 添加一种富含蛋白质的食物,例如熟的豆子或鱼(可以是你自己煮的,也可以是罐装的)。

浇汁意大利细面条

- 适合一岁半以上宝宝
- 5~6成人份
- 素食
- 需要时可以不含麸质

意大利细面条是非常受欢迎而且非常有趣的食物,也适合用来制作快餐。它可以事先煮熟,然后常温食用。而且,常温的面条还可以用热水冲洗过后浇上酱汁食用。宝宝两三岁时,意大利细面条是非常方便的食物,因为你一次可以做很多,然后根据需要随时取用。要等宝宝一岁半后才能给他吃番茄酱,因为番茄酱是酸的,而且宝宝还可能把番茄酱抹得到处都是。味噌不仅能中和番茄酱的酸味,还能为面条增加鲜味。

意大利细面条配料:

12杯(约2.88升)水

2茶匙(约10毫升)芝麻油或橄榄油

$\frac{1}{4}$茶匙(约1.4克)海盐

1包(约227克)意大利细面条

酱汁配料:

1汤匙(约15毫升)橄榄油

2茶匙(约5克)蒜末

$1\frac{1}{2}$杯(约225克)洋葱,去皮,切成1.3厘米的小块

2杯(约170克)波多贝罗蘑菇(大褐菇、大啡菇),切成1.3厘米的小块

$1\frac{1}{2}$杯(约225克)胡萝卜,切成1.3厘米的小块

2杯(约300克)西葫芦,切成1.3厘米的小块

$\frac{1}{4}$茶匙(约1.4克)海盐

1罐(约800克)西红柿丁

$\frac{1}{4}$杯(约60毫升)味噌酱(最好是黑味噌)

2汤匙(约30毫升)水

1茶匙(约5毫升)罗勒或欧芹

做法：

意大利细面

1. 水入锅，大火烧开。
2. 加入油和海盐，搅拌均匀。
3. 加入意面，按照包装说明把面煮软。
4. 把意面沥干，然后用凉水把面冲洗一遍。

酱汁

1. 在不锈钢锅或搪瓷煎锅里倒入油并加热。（不要用铸铁锅煮蕃茄酱，因为蕃茄是酸性食物，其中的酸会腐蚀锅体，酱汁的味道也会受到影响）
2. 加入1汤匙（约15毫升）水。加入大蒜、洋葱、蘑菇、胡萝卜和西葫芦，炒至蔬菜变软（如图a）。
3. 加入海盐，炒5分钟，然后加入番茄，小火煮20~25分钟（如图b）。
4. 在锅底使用散热片来防止粘锅或烧糊。
5. 用一只小碟子加水稀释味噌酱，直到味噌变得细腻光滑（如图c）。
6. 一边搅拌，一边把味噌倒进酱汁。为了保护味噌中的乳酸菌，加入味噌后不要煮酱汁。加入药草，用非常小的小火煨5分钟（如图d）。

上桌之前

- 把酱汁浇在面条上。

其他做法：

- 用其他蔬菜代替原有配料，例如蜜豆、菜豆、黄南瓜、芹菜。
- 加入三文鱼肉或白鱼肉、去掉壳的蛤蜊或扇贝，或者去掉皮和内脏的虾。

咖喱蔬菜盖浇饭

- ♥ 适合满周岁以上宝宝
- 4～5成人份
- 素 素食
- 麸 不含麸质

  这种食物非常美味，充满了蔬菜和咖喱的味道。我在梦之窗幼儿园工作时特别喜欢吃咖喱饭，我还学会了咖喱饭的日文，这样我就能通过菜品预告得知哪一天又能吃到它了。在日本，咖喱饭非常受宝宝们的欢迎，他们甚至有一首有趣的儿歌来描述咖喱饭的配料和烹饪过程。

糙米饭配料：

2 杯（约 300 克）短粒糙米

用来浸泡糙米的水

4 杯（约 960 毫升）水

$\frac{1}{4}$ 茶匙（约 1.4 克）海盐

咖喱蔬菜配料：

1 汤匙（约 15 毫升）芝麻油

1 杯（约 150 克）洋葱，去皮，切成 1.3 厘米的小块

1 杯（约 150 克）土豆，去皮，切成 2.5 厘米的小块

1 杯（约 150 克）冬南瓜，去皮，切成 2.5 厘米的小块

1 杯（约 150 克）胡萝卜，切成 2.5 厘米的小块

1 杯（约 86 克）香菇，切成 0.6 厘米的小块

$\frac{1}{2}$ 茶匙（约 2.8 克）海盐

1 杯（约 200 克）熟的鹰嘴豆（可以是你自己用干豆子煮的，也可以是罐装的）

2.5 厘米见方的昆布海藻或 1 茶匙（约 2 克）裙带菜片，在 1 杯（约 240 毫升）水中浸泡 10 分钟，然后沥干水分

$\frac{1}{2}$ 杯（约 120 毫升）水

1 汤匙（约 16 克）咖喱粉

1 汤匙（约 16 克）葛根粉

用来溶解葛根粉的 $\frac{1}{3}$ 杯（约 80 毫升）水

准备：

用水浸泡糙米8~24小时。如果时间来不及，糙米至少也要浸泡1小时。

做法：

糙米饭

1. 淘米后，把米下锅，加水大火烧开。
2. 将火调小，煮45分钟至1小时，直到所有水分都被糙米吸收。
3. 最好在锅底使用散热片来防止粘锅或烧糊。

咖喱蔬菜

1. 找一只大煎锅，倒入油加热。
2. 加入洋葱，然后加入土豆、冬南瓜、胡萝卜和蘑菇，搅拌5~10分钟。
3. 加入海盐、鹰嘴豆、海产蔬菜和$\frac{1}{2}$杯（约120毫升）水。
4. 水烧开后盖上锅盖，小火慢炖30分钟。
5. 拌入咖喱粉。
6. 找一只碗，倒入葛根粉和$\frac{1}{3}$杯（约80毫升）凉水或常温水，搅拌，使葛根粉彻底化开。

上桌之前

1. 将葛根粉芡汁加入沸腾的咖喱蔬菜中，拌匀。
2. 把咖喱蔬菜酱汁浇在糙米饭上。

其他做法：

- 用西兰花、甘薯、黄南瓜、西葫芦、菜豆、豌豆、卷心菜、羽衣甘蓝、菜花、油菜、白菜或番茄代替原有配料。
- 加入切成片的天贝、豆腐、鱼、虾或鸡肉。
- 用竹芋粉代替葛根粉作为芡汁原料。

蔬菜泥烤饭

- 适合满周岁以上宝宝
- 6~8成人份
- 素食
- 不含麸质

把谷物和蔬菜拌在一起做成糊状,吃起来细腻爽滑,非常美味。而且,宝宝光凭肉眼看不出食物里加了什么原料,所以如果他不喜欢吃某些有益健康的食物,你就可以把它们偷偷掺进去。下面的这种食物无论看起来还是吃起来都像是土豆泥,但是在营养方面,它却与全麦谷物搭配蔬菜一样丰富和均衡。

蔬菜泥配料:

1 杯(约 208 克)小米

用来浸泡小米的水

2 杯(约 480 毫升)用来煮小米的水

$\frac{1}{4}$ 茶匙(约 1.4 克)海盐

4 杯(约 600 克)菜花,切成 2.5 厘米的小块

$\frac{1}{2}$ 杯(约 120 毫升)用来煮菜花的水

$\frac{1}{4}$ 茶匙(约 1.4 克)盐

1 杯(约 240 毫升)用来制作食物泥的水

酱汁配料:

1 汤匙(约 15 毫升)芝麻油、橄榄油或椰子油

2 茶匙(约 10 克)蒜末

$1\frac{1}{2}$ 杯(约 130 克)香菇,切片

1 杯(约 240 毫升)水

$\frac{1}{4}$ 茶匙(约 1.4 克)海盐

2 汤匙(约 30 毫升)日本酱油

2 汤匙(约 17 克)葛根粉

2 汤匙(约 30 毫升)用来溶解葛根粉的水

天贝和豌豆:

天贝,参考第用洋葱代替胡萝卜

1 包(约 284 克)冷冻有机豌豆

准备：
用水浸泡小米8~24小时。如果时间来不及，小米至少也要浸泡1小时。

做法：

蔬菜泥

1. 按照第440页食谱制作天贝（如图a）。
2. 把泡好的小米沥干，入锅，加水大火烧开。
3. 小火煮40分钟，直到所有水分被米粒吸收。
4. 在锅底使用散热片来防止粘锅或烧糊。
5. 把菜花、水和盐放入另一口锅中，煮10~15分钟，直到菜花变软。
6. 在小米和菜花里加水，用搅拌机或食物处理机打成泥。
7. 预热烤箱至204℃。

酱汁

1. 平底锅加油烧热，加入蒜末和香菇，煎至变软。
2. 加入1杯（约240毫升）水、海盐和日本酱油，搅拌均匀。
3. 水烧开后，小火慢炖5分钟。
4. 找一只碗，倒入葛根粉和2汤匙（约30毫升）凉水或常温水，搅拌，使葛根粉彻底化开。
5. 将葛根粉芡汁加入沸腾的酱汁中，搅拌至透明。

上桌之前

1. 把天贝和豌豆放进砂锅（如图b）。
2. 把蔬菜小米泥撒在天贝和豌豆上（如图c）。
3. 把酱汁浇在蔬菜小米泥上（如图d）。
4. 在烤箱里烘烤20分钟，或者直到食物熟透。

天然有机生活

成分与材料 587

用品指南 649

天然有机生活

你可以轻松布置出一个布满健康物品、能让宝宝过上健康生活的家。埃米小时候,我们还住在日本。那时我们钱不多,只有一间很小的公寓,家具也很少。我用天然棉花做了一个垫子,垫在外面捡来的一只旧矮柜上,这就成了我们给埃米换尿布的地方。我们都睡在一张沙发床上。白天,我们把沙发床折起来,以便腾出空间摆一张小饭桌。我们过着简单的生活,但我们很快乐,埃米也拥有她所需要的一切——安全、保障、健康的食物、爱,以及我们对她探索和学习的支持。

你可以为宝宝提供他所需要的、由天然材料制成的简单用品。如果你采取"少即是多"的策略,那么你即便使用很少的预算也能满足他的需求。了解产品的成分和特性有助于你在购买时做出明智的决策。

这是本书的第三篇,我将在下面的内容里介绍宝宝所需产品的详细信息及它们的材质。

- 第9章。"成分与材料"一章将介绍你需要为宝宝准备的各种物品所使用的材质以及它们的重要特征。这一章分为5节,标题分别是:喂养用具和玩具、护肤品、固体食物、居家用品、纺织品。在这一章的最后,我将介绍产品的测试、认证和制造过程。

- 第10章。"用品指南"一章将介绍大约250种产品及其主要功能。这些产品分为喂奶、婴儿护理、穿衣、外出、喂养用具和玩具等类别。在这一章的最后,我为大家准备了一份迎接新生宝宝的购物清单。

第9章
成分与材料

1925年，我妈妈的衣服是外祖母用天然材料做的，她的婴儿床也是外祖父亲手做的。婴儿护理必须遵循"天然"原则。因为那时没有配方奶，也没有一次性尿布，所以我妈妈吃的是母乳，用的是布尿布。他们一家人吃的菜是自家菜园里的有机蔬菜，吃的鸡蛋是后院里母鸡下的新鲜鸡蛋。我妈妈的玩具有手工制作的布娃娃，有木头勺子，也有各式各样的杯子和锅。

在二战后的繁荣时期，美国制造商在缺乏检验和监管措施的情况下生产了很多婴儿用品，例如奶瓶、吸管杯、床垫、服装和玩具。在那以后的很多年里，这些生产制造活动大多慢慢转移到了美国以外的地方，相关的检验程序和材料安全规定也逐步建立。不过即使在今天，按照法律规定，生产商仍然不需要对某些产品进行检验或标示。此外，还有一些产品产自监管存在漏洞的国家，这当中也包括美国。

今天，宝宝所用的各种产品来自世界各地。想象一下，他的泰迪熊、吸管杯和出牙玩具都到过哪些地方。用来制造他贴身衣物的有机棉真的是在土耳其种植，然后运到泰国编织和染色，再经过缝制运到美国的吗？作为一名家长，我们很难确认宝宝所使用的产品是否安全，也不知道如何作出适当的应对。有太多的问题需要考虑，我们甚至不知道该从哪里着手。

我成立自己企业的灵感来自我做母亲的经历，我关心我的两个女儿的健康，也像关心她们一样关心所有宝宝的健康。为了能够制造出高质量的婴幼儿用品，我花费了很多力气去寻找尽可能天然的原材料。在这一过程中，我深入了解过许多国家的生产流程，例如美国、墨西哥、中南美洲的国家、泰国、中国、韩国、越南和印度。

从30多年前开始，我就一直想要确保我们的婴幼儿用品不含任何有可能存在健康风险的成分。在开发产品的过程中，我总是问自己："我会给我的宝宝或孙辈使用这种产品吗？它对他们来说足够安全吗？"如果我对这两个问题的回答是"不"或者"不知道"，那我们就要么改进工艺，使产品更加安全，要么就完全不生产它。我们一直在寻找更好的原材料和制造工艺，也一直在搜寻可能对宝宝造成伤害的各种成分。

好消息是，在今天，我们能很方便地搜集到关于产品原材料和安全性等方面的各种信息，市场上也有各种使用安全材料的产品可供我们选择。在这一章里，我将介绍许多常见的婴幼儿产品材料和成分，以此来帮助你为宝宝做出更加有益健康的选择。

这一章分为6节，分别介绍宝宝会放进嘴里的餐具和玩具，通过皮肤吸收的护肤品，加工食品中所使用的食品添加剂，他在室内和室外环境中所呼吸的各种物质，他所穿着的各种衣物，以及关于检测、认证和制造过程的各种信息。它们是我运营小绿芽公司30多年的经验总结。

喂养用品

宝宝用自己的嘴巴感知和探索世界，并以此来构建神经通路，即一组组相互连接的神经元。宝宝开始长牙后，他会想要咬各种东西。所以，进入他嘴巴的不仅会有各种食物，还会有餐具、奶瓶、吸管杯和出牙玩具等物品。由于你的宝宝可能会吞下这些产品中的一些物质，所以做父母的自然会关心用来生产这些产品的原材料是否安全。

除安全性之外，产品的功能，是否便利、环保，价格是否便宜也是父母们在选购产品时的考虑因素。给宝宝用的杯子应当能够拧紧，不会有水洒出来。给他用的碗应当比较耐用，不容易摔坏。奶瓶也应当是结实的，瓶身应该透明，以便看清里面装了多少液体。给他用的容器的盖子应该能非常容易地打开和关闭。针对今天的家庭生活方式，宝宝也需要一次性的、能放进洗碗机的和容易储存的用品。与此同时，关心下一代也意味着产品要利于环境保护。最后，父母们也不能忽视价格因素，宝宝所需的各种用品的花费必须控制在一定范围之内。

对任意一种产品来说，要同时满足这些条件是十分困难的。无论是父母还是婴幼儿产品的设计者，这样的产品都很难想象得出。要想做出明智的购买决策，我们就需要了解信息，以此来优先满足那些最紧迫的需求。你是喜欢容易清洁但非常怕摔，而且价格也不便宜的玻璃吸管杯，还是喜欢便宜耐用但却含有石油成分的塑料吸管杯？你会给宝宝买光学纯度更高但却由聚碳酸酯（含有双酚A成分）制成的太阳镜，还是虽然由更安全的塑料制成、但在视觉上却不那么通透的太阳镜？你会选择经济实惠、宝宝感受起来更加舒服的布质尿布，还是能帮你节省时间、但价格却更加昂贵的一次性用品？

作出这些决定并不是一件容易的事。我们会遇到各种各样的情况，每个家庭都有独特的需求。这一节的内容包含有关喂养用品中所使用的各种原材料的信息，你可以借此了解每种材料的特性和优缺点。由于许多婴幼儿用品中都含有塑料，所以，我提供了更加详细的信息来帮你尽可能安全地使用这一材料。

我们首先介绍喂养用品中所包含的石油基塑料，即由石油等化石原料制成的塑料，其中包括较为安全的塑料和可能有害的塑料。然后，我们会介绍塑料制品中的各种添加剂。最后，我们会介绍能够用来代替塑料的非石油基材料，例如玻璃、陶瓷、木材和金属，以及与这些材料有关的潜在有害添加剂。

塑料

在电影《毕业生》里，由年轻的达斯廷·霍夫曼（Dustin Hoffman）所饰演的新近毕业的主角得到了父母的一位商人朋友的职业建议，这一建议只有一个词，那就是"塑料"。《毕业生》上映是在1967年，那时，由这一功能和用途丰富的材料所制成的产品才刚刚开始风靡世界。今天，塑料已经成为全世界制造业所广泛使用的一种既耐用、廉价，又具备良好性能的材料。

在世界各地，塑料已经成为日常生活所不可或缺的一部分。由于这种材料制造成本很低，所以，人们很容易认为塑料制品用坏了就可以扔掉。例如，在很多时候，购买新的烤面包机甚至比找人来修它还要省钱。尽管塑料制品价格低廉、使用方便，但它们造得太多却会危害环境，甚至危及宝宝的健康。

塑料是由石油制成的，而后者属于不可再生资源。由于塑料无法生物降解，所以对环境有害，它们不仅会影响生活在水里和陆地上的动物和植物，还会影响江河湖海。此外，塑料产品的制造和塑料垃圾的处理也会消耗其他资源，污染土壤和水体，进而威胁陆地与海洋生物。塑料垃圾还会占用垃圾填埋场的空间，并且需要经过多达1000年才能降解。在制造塑料的过程中，人们还会在塑料中加入各种添加剂，以此来让塑料具有特殊的性能，可这样的产品却可能危害健康。例如，含有双酚A（一种添加剂）的聚氯乙烯（一种塑料）就有干扰内分泌功能等毒副作用。

早在2003年（当时，塑料中的各种有害成分还没有成为新闻焦点），我创办的爱普蕾公司（小绿芽公司的前身）就发现很多婴幼儿用品中都包含聚氯乙烯成分。我们对这种塑料进行了研究，还向很多父母普及了它的危害，同时也确保我们的所有产品中都不含有这种物质。2006年，我们了解到双酚A也有类似的问题，这是一种来自石油的物质，能干扰内分泌功能，于是我们立即在所有产品中杜绝了这一成分。现在，我们正在通过研究来寻找更加安全的塑料，同时也在尽可能使用不含石油成分的原料来制造产品。

石油基塑料

不同种类的塑料拥有不同的性能。为了方便回收和再利用，美国塑料工业协会（Society of the Plastics Industry）把塑料分为了以下七个种类。塑料产品的底部一般都标有与塑料种类相对应的数字标记（这些数字并不是越大越好）。在我看来，塑料只有两类，一类是较为安全的塑料，一类是可能有害的塑料。能够回收利用的塑料主要有聚对苯二甲酸乙二醇酯（PET）、高密度聚乙烯（HDPE）和低密度聚乙烯（LDPE）。一般来说，塑料对环境的危害程度与它对宝宝健康的危害程度相一致。

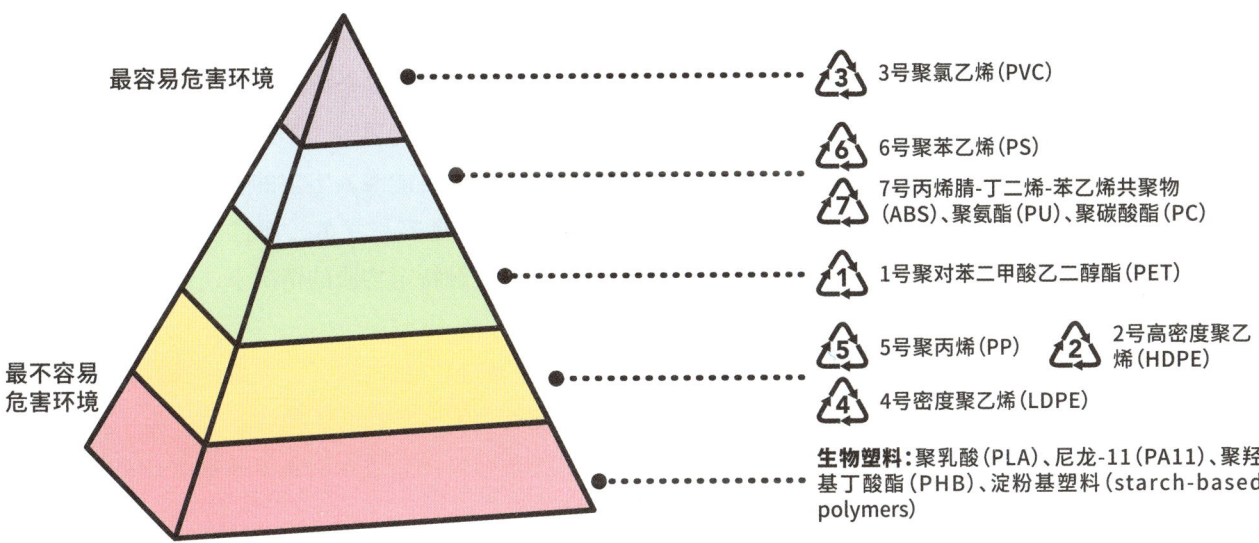

较为安全的塑料		可能有害的塑料	
 5号聚丙烯	**聚丙烯(PP)** 白色药瓶、吸管、食品袋内层、保鲜盒、吸管杯、餐具、玩具	 3号 聚氯乙烯	**聚氯乙烯(PVC)** 塑料水管、塑钢窗、吸塑包装(例如用来包装药片和电池)
 2号高密度 聚乙烯	**高密度聚乙烯(HDPE)** 商场购物袋、洗涤剂瓶、牛奶瓶、果汁瓶	 6号 聚苯乙烯	**聚苯乙烯(PS)** 一次性刀叉勺、泡沫餐盒、泡沫蛋盒
 4号低密度 聚乙烯	**低密度聚乙烯(LDPE)** 密封袋、挤压酱料瓶、保鲜膜	 7号 其他塑料	**聚碳酸酯(PC)、丙烯腈-丁二烯-苯乙烯共聚物(ABS)** 塑料奶瓶、装矿泉水的蓝色大桶、汽车配件
			聚对苯二甲酸乙二醇酯(PET或PETE) 矿泉水瓶、饮料瓶、食品罐、化妆品容器

较为安全的塑料

因为塑料由石油制成,所以塑料的安全性永远是一个问题。不过,如果你能了解关于塑料的一些基础知识,进而在它们的指导下做出明智而谨慎的选择,那么我认为你就能以更加安全的方式使用塑料产品了。

在极冷、极热环境下,或者在遇到唾液、清洁剂、油、脂肪和酸性物质时,塑料中的聚合物在化学性质上会变得不稳定。随着时间的推移,这些物质会逐渐融化分解,并可能渗入宝宝的食物当中。想一想,当你把滚烫又多油的番茄酱倒进塑料容器的时候,容器的内壁是不是容易发黄,而且摸上去还会有油腻感?不同塑料熔点不同,化学稳定性也各不相同。在遇到高温或接触特定物质的情况下,熔点高的塑料更不容易融化。

要想更加安全地使用塑料,你就要选择由高熔点材料制成的塑料产品。另外,如果你发现塑料容器出现老化或磨损,例如气泡、裂缝、划痕或无法去除的污渍,那么你就要把它们丢掉或回收。为了防止塑料融化,你要避免在塑料容器里盛放热的食物或液体,同时不要把塑料产品放在阳光下暴晒或者把它们放进微波炉加热。

在下面的内容里,我会分别介绍各种较为安全的塑料的外观、用途,以及在购买或使用时的注意事项。

不同塑料的熔点

塑料种类	熔点*(°C)
聚丙烯(PP)	160~170
高密度聚乙烯(HDPE)	121~177
低密度聚乙烯(LDPE)	110~120
聚氯乙烯(PVC)	99~260
聚苯乙烯(PS)	175~240
聚碳酸酯(PC)	150~260
聚对苯二甲酸乙二醇酯(PET)	260

*塑料的熔点会随着塑料密度和所含成分的不同而发生变化。

聚丙烯(PP)

聚丙烯结实耐用,而且比许多其他塑料更耐热。由于它不会释放任何可能致癌或干扰内分泌功能的化学物质,所以是较为安全的塑料。聚丙烯的熔点很高,颜色半透明,隔潮性能好。它的分类代码为5。

外观: 哑光或缎光,半透明,较硬或硬。

用途: 可重复使用的容器、奶瓶、食品容器(例如酸奶桶、奶油桶)、一次性杯子和盘子、服装、电子设备。因为它不褪色,所以也用于制造地毯和毛毯。

注意事项:

- 强度高、耐用、柔软。
- 不易释放化学物质。
- 不含双酚A和邻苯二甲酸酯成分。
- 可能会在加热和长时间暴晒下分解。
- 比大多数塑料更耐热。
- 不易损坏和腐蚀。
- 不容易回收利用。

较为安全的塑料

高密度聚乙烯（HDPE）

高密度聚乙烯的强度和硬度都很高。由于它掉在地上不易碎，而且容易回收，所以可见于多种家居用品。这种塑料有很强的抗冲击性，不透明，隔潮性能好。由于它不会释放任何可能致癌或干扰内分泌功能的化学物质，所以是较为安全的塑料。它的分类代码为2。

外观：哑光，通常不透明，较软或坚硬。

用途：牛奶瓶、水瓶、果汁瓶、酸奶桶、黄油桶、外卖食品袋、水管、商场购物袋、垃圾袋。

注意事项：
- 可回收再利用，可冷冻。
- 便宜。
- 比聚对苯二甲酸乙二醇酯更安全（PET）（不易降解和释放化学物质）。
- 不透明。
- 容易被某些溶剂侵蚀（这一点跟聚丙烯一样），所以较不容易清洁。

低密度聚乙烯（LDPE）

低密度聚乙烯常用于制造冷冻食品袋、挤压酱料瓶、保鲜膜和软质瓶盖。这种材质抗冲击性强，颜色半透明，隔潮性能好。由于它不会释放任何可能致癌或干扰内分泌功能的化学物质，所以是较为安全的塑料。低密度聚乙烯比高密度聚乙烯更柔软，但强度没有后者高。这种塑料也产自石油，分类代码为4。

外观：哑光，不透明，非常柔软。

用途：挤压酱料瓶、保鲜膜、软质瓶盖、商场购物袋、食品密封袋。

注意事项：
- 对酸、酒精和碱有极好的耐受性，不易降解。
- 不容易回收利用。

乙烯-醋酸乙烯酯共聚物（EVA）

乙烯-醋酸乙烯酯共聚物是一种耐用、柔软、透明的共聚物塑料。它不需要使用增塑剂来让自己变得柔软，所以，其中不含双酚A和邻苯二甲酸酯成分。乙烯-醋酸乙烯酯共聚物也可以用来制作围嘴、硬质玩具和硬质泡沫。如果需要制造更硬、密度更大的泡沫，其中通常需要添加甲酰胺。

外观：哑光，半透明，非常柔软。

用途：围嘴、出牙玩具、胶棒、鞋、瑜伽垫、游戏垫、泡沫玩具。

注意事项：
- 防水、防污、耐用。
- 非常柔软。
- 抗紫外线。
- 易燃、怕热。
- 乙烯-醋酸乙烯酯共聚物泡沫可能含有甲酰胺，后者能影响生殖功能，刺激鼻窦和皮肤。

较为安全的塑料

聚羟基丁酸酯（PHB）

聚羟基丁酸酯是一种用于纺织工业的聚酯纤维。它由葡萄糖或淀粉制成，其中含有玉米糖浆和甜菜糖蜜等成分。

外观：哑光或缎光，透明，较为坚硬或坚硬。

用途：医用缝合线、纱布、药品糖衣、服装、保鲜膜、一次性饮水杯。

注意事项：

- 环保、可降解。
- 抗紫外线。
- 防水。
- 无毒。
- 昂贵。
- 易燃。

聚氨酯（PU）

聚氨酯是一种用途非常广泛的塑料，因而也是一种随处可见的塑料。它可以像玻璃纤维一样坚硬，也可以像室内装潢泡沫一样柔软。它可以像清漆一样用作防护，也可以像橡胶一样弹，或者像胶水一样粘。此外，它也可以用作织物涂层。

外观：有光泽，透明，柔软或呈泡沫状。

用途：防水涂料、合成纤维（如氨纶）、绝缘材料、玩具。

注意事项：

- 柔软、耐用。
- 耐极端温度。
- 用久会变黄。
- 在阳光照射下易降解。
- 不可回收。

热塑性弹性体（TPE）

热塑性弹性体由塑料和橡胶制成，是一种柔软、有良好弹性和抗冲击性的材料。

外观：哑光，不透明，通常为奶白色，非常柔软。

用途：出牙玩具、玩具、吸管杯软管、鞋、厨房用具。

注意事项：

- 像塑料一样耐用。
- 像橡胶一样柔软，富有弹性。
- 坚韧。
- 可回收（但有些机构不收）。
- 以石油为原料。

聚酰胺（PA）

聚酰胺既可以是天然的（羊毛和丝绸），也可以是人造的（尼龙和凯夫拉®）。

外观：哑光，不透明，柔软。

用途：纺织品、地毯、服装、牙刷刷毛、安全带。

注意事项：

- 非常柔软、耐用。
- 抗污、防霉、防虫。
- 不可回收利用。
- 只熔化，不燃烧。

较为安全的塑料

生物塑料

生物塑料是由玉米、竹子或土豆等植物树脂制成的更安全的塑料。生物塑料经常出现在餐具和盘子里。由于这是一项新技术，这些材料有许多可能性。一些生物塑料含有少量的聚丙烯作为粘结剂并提升柔软度。有的生物塑料可堆肥，但通常不可回收。生物塑料有聚乳酸（PLA）、尼龙-11（PA 11）、聚羟基丁酸酯（PHB）和可塑性淀粉材料（PSM），等等。

聚乳酸（PLA）

聚乳酸是不含或较少含有石油成分的聚对苯二甲酸乙二醇酯，其特性与后者有许多相似之处。这种塑料以淀粉为基料（主要使用玉米淀粉、木薯淀粉或甘蔗淀粉）。它的分类代码为7，属于可回收塑料。

外观：哑光，半透明，较为坚硬。

用途：食品容器（如杯子、瓶子）、餐具、包装材料、玩具。

注意事项：

- 由可再生资源制成。
- 可堆肥，可回收。
- 非常不耐热。
- 很难避免其中有转基因成分。
- 不如聚丙烯柔软。

可能有害的塑料

聚氯乙烯（PVC）

聚氯乙烯会使铅和邻苯二甲酸酯渗进食物里，同时还可能释放有毒化学物质。这种塑料可以用来制造果汁瓶、塑料包装、围嘴、玩具和塑料管道。乙烯基塑料（其中包括聚氯乙烯）也是我们需要规避的塑料，因为它可以释放铅和邻苯二甲酸酯。果汁瓶、塑料包装和聚氯乙烯管道中都可能含有乙烯基塑料成分。聚氯乙烯来自石油，一般用于建筑行业。但经过添加增塑剂（通常是邻苯二甲酸酯）而软化后，它就可以用来制造各种家居用品了。

硬质聚氯乙烯比软质聚氯乙烯更加安全。水管是用硬质聚氯乙烯制成的。过去，软质聚氯乙烯也用来制造儿童玩具和出牙棒，其中添加有邻苯二甲酸二辛酯（DEHP）和邻苯二甲酸二异壬酯（DINP）等软化剂。不过现在，这两种邻苯二甲酸酯都已被禁用。然而，企业又用与邻苯二甲酸二异壬酯类似的环己烷二羧酸二异壬酯（DINCH）来代替这两种物质，而人类对这种物质的研究还不够充分。所以，最简单的做法似乎就是避免使用由聚氯乙烯材料制成的婴幼儿用品。但如果你觉得这种材料非常重要，那至少也可以选用以柠檬酸酯为增塑剂的聚氯乙烯来代替以环己烷二羧酸二异壬酯为增塑剂的聚氯乙烯。聚氯乙烯的分类代码为3。

外观：哑光，通常为白色，质脆，坚硬（但可通过添加增塑剂软化）。

用途：管材、浴帘、健身器材、包装材料、防水服、地板、医疗用品（如输液管、液体容器）。

注意事项：

- 坚固耐用。
- 防水。
- 阻燃。
- 常用于其中的增塑剂邻苯二甲酸二辛酯是一种可疑致癌物。
- 其中所含的邻苯二甲酸酯等增塑剂可能渗入与其接触的食物当中。
- 玩具中的邻苯二甲酸酯和铅可能会使宝宝中毒。

可能有害的塑料

聚苯乙烯（PS）

由于价格低廉，聚苯乙烯的用途十分广泛。但是，这种塑料也能释放致癌物，还有可能干扰内分泌功能。聚苯乙烯常用来制造鸡蛋包装泡沫、包装箱填充物、一次性杯盘和泡沫餐盒。它很难回收，也无法在垃圾填埋场降解。聚苯乙烯的分类代码为6。

外观：哑光，透明，坚硬或呈泡沫状。

用途：一次性泡沫杯、食品容器、包装材料、泡沫餐具、保温箱、玩具。

注意事项：
- 绝缘性能好。
- 生产中会用到苯，这是一种致癌物。
- 其中含有丁二烯和苯乙烯，这两种物质也有可能致癌。

丙烯腈-丁二烯-苯乙烯共聚物（ABS）

丙烯腈–丁二烯–苯乙烯共聚物是最坚固的塑料之一。它常被注入模具，以此来生产耐冲击、耐腐蚀又耐热的产品。这种塑料的分类代码为7，对人类危害小。

外观：有光泽，不透明（象牙色或白色），坚硬。

用途：玩具、乐高积木、乐器、防护头盔、家用电器。

注意事项：
- 耐寒，耐热。
- 绝缘性能好。
- 轻便。
- 昂贵。
- 易燃。

聚碳酸酯（PC）

聚碳酸酯塑料中常会添加增塑剂双酚A（BPA），这种物质能导致内分泌失调，威胁婴幼儿健康。但是，由于聚碳酸酯塑料结实、耐用、轻便、透明，所以有些非一次性水杯、婴儿奶瓶和电器外壳仍然使用这种材料。不过，为了消除这一隐患，市面上也出现了一种新型的塑料来代替聚碳酸酯，这就是不含双酚A成分的特里坦（Tritan™），又名改性聚对苯二甲酸环己烷二甲醇酯（改性PCT或PCTG）。只是，人类对这种物质的研究还不充分。如果某种塑料制品并非由前面提到的6种常见塑料制成，或者其中混有多种塑料成分，那么这种塑料制品所对应的分类代码就是7（Other，意为"其他"）。由于这一代码可以代表许多种塑料，所以你不能仅仅根据它来判断相应的塑料产品是否安全。

外观：有光泽，透明，坚硬。

用途：婴儿奶瓶、水瓶、水杯、电脑光碟、眼镜镜片、电子显示屏。

注意事项：
- 透光率最高的塑料。
- 不易燃。
- 可能含有双酚A，大量接触这种物质可能会影响内分泌功能，对胎儿、婴幼儿存在潜在危害

可能有害的塑料

三聚氰胺树脂（Melamine）

三聚氰胺树脂（密胺树脂）是一种用于厨房用具和工业产品的化学物质。用三聚氰胺树脂制造的盘子非常结实，不易打碎。但是，在接触酸性食物或高温（如微波炉的温度）时，这种餐具却可能释放出毒素。

外观： 有光泽，坚硬，不易变形和褪色。

用途： 餐具、厨具、塑料制品、工业涂料。

注意事项：

- 三聚氰胺树脂中含有甲醛，遇热或接触酸性食物时会释放甲醛。
- 三聚氰胺树脂中的有害物质可能会引发肾脏感染、烦躁易怒、血尿、少尿（或无尿）和高血压。

聚四氟乙烯（PTFE）

聚四氟乙烯是一种合成树脂，俗称"塑料王"，其品牌"特氟龙"（Teflon®）属于美国杜邦公司。这种材料常用来制作炒锅等炊具的不粘涂层，但其中可能含有致癌物全氟辛酸铵（PFOA）。

外观： 有光泽，黑色，坚硬。

用途： 炊具、用于航空航天工业的电线、织物和地毯防污剂、滑雪蜡、电脑芯片制造。

注意事项：

- 聚四氟乙烯坚硬、耐磨、表面摩擦系数极低
- 聚四氟乙烯在过度加热时会释放烟雾，让人产生类似流感的症状，如头痛、发热、寒战和恶心。

聚对苯二甲酸乙二醇酯（PET 或 PETE）

聚对苯二甲酸乙二醇酯常用于制造矿泉水瓶、饮料瓶和果酱瓶。它曾经属于较为安全的塑料，但最近的研究表明，在高温下，这种塑料可能会释放出重金属锑，这是一种能够危害人体健康的化学物质，可以导致急性中毒和慢性中毒。这种材料熔点较低，但不怕寒冷，强度也较高。

为了预防肉毒杆菌中毒，食品安全规定要求，所有含酸性物质的食品都必须在82℃以上的环境中包装。虽然聚对苯二甲酸乙二醇酯的熔点是260℃，但其聚合物分子在低至65℃时就会发生化学变化。聚对苯二甲酸乙二醇酯是最常见的塑料，也是最容易回收和最常回收的塑料。这种塑料来自石油，其分类代码为1。

外观： 有光泽，透明，较硬或坚硬。

用途： 饮料瓶、矿泉水瓶、果酱瓶、泡菜瓶、果冻瓶、乳液等化妆品瓶。

注意事项：

- 透明。
- 廉价。
- 易回收。
- 不耐高温（最高只能承受93℃）。
- 在紫外线下不稳定，要避免阳光照射。
- 在高温下，这种塑料可能会释放出重金属锑。

塑料添加剂

邻苯二甲酸酯（Phthalates）

邻苯二甲酸酯也叫酞酸酯，是邻苯二甲酸形成的各种酯的统称，主要用作增塑剂，即作为塑料添加剂来提升塑料的柔软度、透明度、耐用度和使用寿命。邻苯二甲酸酯种类繁多，常用的有25种以上。在美国和欧盟，有6种邻苯二甲酸盐被禁止用于婴幼儿产品，它们是邻苯二甲酸二异辛酯（DEHP）、邻苯二甲酸二丁酯（DBP）、邻苯二甲酸丁基苄酯（BBP）、邻苯二甲酸二异壬酯（DINP）、邻苯二甲酸二异癸酯（DIDP）和邻苯二甲酸二正辛酯（DnOP）。

如果有产品标注"不含邻苯二甲酸酯"，那就说明6种禁用的邻苯二甲酸酯在其中的含量可能低于0.1%。这一标签并不是说这种产品完全不含任何种类的邻苯二甲酸酯。实际上，凡是由合成材料制成的东西都有可能含有某种形式的邻苯二甲酸酯。

邻苯二甲酸酯很容易释放到环境中，因为它们与塑料之间的化学键很弱，非常容易断裂。由于这一原因，它们也很容易生物降解。某些种类的3号塑料（例如聚氯乙烯）中含有用作增塑剂的邻苯二甲酸酯，但制造商并不需要在产品中明确标示其中含有这种物质。

与成人相比，邻苯二甲酸酯对儿童危害更大，因为儿童会用嘴接触邻苯二甲酸酯。所以，你要确保孩子的玩具、出牙棒和餐具都不含邻苯二甲酸酯成分。2008年8月，《消费品安全改进法》（CPSIA）在美国成为法律。根据这一法律，"禁止任何人非法制造、销售和引进任何含有浓度超过0.1%的邻苯二甲酸二异辛酯、邻苯二甲酸丁基苄酯或邻苯二甲酸丁基苄酯的儿童玩具和用品"。同时，"禁止任何人非法制造、销售、引进任何含有浓度超过0.1%的邻苯二甲酸二异壬酯、邻苯二甲酸二异癸酯和邻苯二甲酸二正辛酯的可进入儿童口腔的儿童玩具和儿童护理用品。"

可能含有邻苯二甲酸酯的物品有：润肤乳和液体肥皂等个人护理用品（如婴儿乳液、爽身粉和洗发水）、洗涤剂、水瓶、饮料瓶、儿童玩具、橡皮泥、颜料、药品、食品、聚氯乙烯管和纺织品，等等。

双酚 A（BPA, Bisphenol A）

双酚A是一种液体添加剂，这种物质能增加塑料的强度，使其不易破碎。双酚A主要存在于聚碳酸酯塑料和环氧树脂中（常用于制造食品罐内侧涂层）。自1957年以来，双酚A一直被用作工业原料，大大小小的制造商每年都要用掉至少360万吨。目前，1、2、4、5号塑料不太可能含有双酚A，因为它通常存在于7号塑料中。美国食品与药品监督管理局、欧盟和加拿大已经禁止在生产婴幼儿产品（如奶瓶、水杯和婴儿配方奶粉包装）的过程中使用双酚A。达到一定剂量时，双酚A会发挥类似雌激素的作用，可能危及胎儿和婴幼儿健康。在不正确使用的情况下（例如高温加热），塑料制品更容易释放双酚A，进而污染食品和饮料。双酚A常见于聚碳酸酯等多种透明硬质塑料。用来制造食品罐内侧涂层的环氧树脂中也常含有这种物质。

塑料添加剂

甲酰胺（Formamides）

甲酰胺是一种工业化学品，有许多用途，例如用作乙烯-醋酸乙烯酯共聚物（EVA）的增塑剂。但是，一家比利时消费者研究机构（TestAchats）和另一家法国消费者研究机构（ANSES）发现，甲酰胺能损害大鼠的生殖功能，同时还有致癌作用。在受热时，甲酰胺会分解为有毒物质氰化氢和水蒸气。此外，甲酰胺也可以灼烧皮肤和眼睛，吸入甚至可以致命。如果婴幼儿吸入产品中挥发的甲酰胺气体，他们的健康就会遭到非常大的损害，特别是那些没有经过充分晾晒的新购产品。可能含有甲酰胺的常见物品有泡沫玩具和游戏垫。

甲醛（Formaldehyde）

甲醛是一种无色、易燃、有刺激性气味的化学物质，常用于建筑材料、纺织品和各种家用产品。根据欧盟《化学品注册、评估、许可与限制规定》（REACH），甲醛已被禁止进口和用于生产制造。世界卫生组织下属的国际癌症研究中心（IARC）已经将甲醛列为已知致癌物，美国国家环境保护局也把甲醛列为了已知的致癌物。甲醛常用于制造压制板材（如刨花板和纤维板），也用作地板胶水和织物涂层（使织物具有防皱功能）。此外，甲醛也存在于香烟烟雾和煤气炉、壁炉和煤油炉等燃烧器具的排放物中。

非石油基成分与材料

在小绿芽公司,我们一直在寻找玻璃、陶瓷、不锈钢、生物塑料和安全的石油塑料等坚硬、无孔的材料来制造各种容器和器具。如果可以,我宁愿我们公司的所有产品都使用不含石油成分的材料。但是,作为生产商,寻找安全无害、实用又经济的塑料材料替代品并不是一件容易的事。

天然橡胶

天然橡胶(也叫印度橡胶、乳胶或生橡胶)主要由特定树木的乳胶制成。采集乳胶的过程好比从枫树上收获枫糖,都是用桶来采集树干上流出的汁液,这种汁液凝固、干燥后就成为了有弹性的固体。

外观:无光泽,半透明,乳白色,富有弹性。

用途:玩具、安抚奶嘴、气球、橡皮筋、橡皮擦、雨靴。

注意事项:

- 有些宝宝会对橡胶产生过敏等不良反应。
- 选择以可持续方式生产的橡胶,美国森林管理委员会(FSC)有相关认证。
- 富有弹性。
- 纯天然。
- 不含石油成分。
- 可生物降解。
- 无毒。
- 易受温度变化影响。
- 价格昂贵。
- 不可回收。
- 受力时可能发生断裂。
- 可以在高温、潮湿和日照下分解。

硅树脂

硅树脂是天然橡胶的替代物,来自二氧化硅。硅树脂化学性质不活泼,非常稳定,这意味着它不太可能与食物发生反应或渗入食物当中,也不太可能散发气味或蒸汽。

外观:半光泽,透明,无色,富有弹性。

用途:玩具、安抚奶嘴、婴儿奶嘴、水杯、储藏容器、餐具、厨具。

注意事项:

- 富有弹性。
- 全天然。
- 不含石油成分。
- 不会引发过敏反应。
- 无毒、安全。
- 易于消毒。
- 耐污渍、无异味。
- 耐高温。
- 无法回收。
- 有时价格昂贵。
- 日久可能会变黄。
- 可能含有填充剂。检查方法:用力挤、捏硅树脂物品的光滑表面,如果出现白色折痕,这就表明里面有填充剂,这样的硅树脂可能并不耐热,可能会使食物产生异味。

非石油基成分与材料

玻璃

和硅树脂一样，玻璃的主要成分也是二氧化硅。我们可以在玻璃中添加其他天然添加剂，以此来得到不同类型的玻璃。在剧烈的热胀冷缩时，不具有抗热震功能的玻璃会发生破裂。硼硅酸盐玻璃（常用于制造试管、烧杯、量杯和茶壶）是抗热震性最好的玻璃种类。

外观：有光泽，透明，无色，坚硬。

用途：食品容器、盘子、杯子、罐子、吸管杯、婴儿奶瓶、碗。

注意事项：

- 透明。
- 无孔，所以不会产生异味。
- 易于消毒。
- 不易与其他物质发生反应。
- 安全，可用于盛装食物。
- 可回收。
- 可放入洗碗机，钢化玻璃制品可放入烤箱
- 易碎。不过，钢化玻璃已经能很好地替代易碎的普通玻璃容器。钢化玻璃有时又叫安全玻璃，这种玻璃抗热震性更高，能承受更为极端的温度。破碎时，钢化玻璃会碎成许多钝角小颗粒，而不会成为锋利的危险碎片。
- 可能会比较重。
- 破碎后会比较危险。如果你给宝宝使用玻璃瓶或吸管杯，那就一定要密切看护，同时还要注意玻璃物品有无损坏或裂缝迹象。
- 有颜色的玻璃制品可能含有有害添加剂，比如铅
- 价格可能较高。

陶瓷

几个世纪以来，人类一直在用陶瓷盛放食物。传统的陶瓷由粘土烧制而成，而更为现代的陶瓷则是以氧化铝为原料。许多陶瓷都会使用釉料，以此来防止陶瓷表面出现孔洞，使其易于清洁和消毒。

外观：表面平整，一般都会上釉，不透明，呈自然颜色（白色、米色、褐色、棕黑色等），坚硬。

用途：盘、碗、勺、储藏容器、艺术品、屋瓦、花盆、砖、瓷砖。

注意事项：

- 有些陶瓷制品可放入烤箱直接加热。
- 原料便宜。
- 坚硬耐用，但是比较重。
- 容易裂缝。
- 多孔，容易吸收异味，不易清洁，有釉面除外。
- 某些釉料和古董陶瓷器具可能含有铅、镉等有毒化学物质，注意产品说明能否用于盛放食物。
- 如果你担心陶瓷制品含有有毒物质，你就可以在网上或五金店里购买铅检测工具。在大多数情况下，你需要用测试用的拭子擦拭陶瓷制品与食物接触的表面，如果上面含有铅，拭子就会变色。根据美国食品与药品监督管理局的警示，如果你发现陶瓷器具中含有铅，你就不应再使用它来烹饪、盛放或储存食物和饮料。

非石油基成分与材料

木材

木材来自树木等木本植物的茎和根。有时，木材也指其他类似木材的植物复合材料。竹子不像其他类型的木材那样容易吸水，而且某些种类的竹子还有抗菌性能。

外观： 天然无光泽，一般会涂清漆或油脂，不透明，呈自然颜色（米色、棕色、红色等），坚硬。

用途： 玩具、砧板、餐具、厨具、地板、家具、毛刷。

注意事项：
- 结实耐用。
- 价格便宜。
- 来自可再生资源，但要选择以可持续方式生产的木材，美国森林管理委员会（FSC）有相关认证。许多公司也会声明自己是否拥有这一认证。
- 不含石油成分。
- 一般不可以浸泡。
- 不可放入洗碗机。
- 可能会有毛刺。
- 如果没有涂抹清漆或油脂则可能发霉。
- 产自某些树种的木材可能会引发轻微过敏反应。
- 木材表面的颜料可能含有有害化学物质或挥发性有机化合物。

不锈钢

不锈钢是铁、碳和铬元素的结合体。加入铬能使钢拥有防锈特质。与其他种类的钢材相比，不锈钢更防锈，也更耐脏。不锈钢炊具不会与其他物质发生反应，所以你可以用它来烹饪任何食物。不过，不锈钢导热性较差，热量分布不均。为了弥补这一缺憾，高质量的不锈钢炊具常会添加铝质或铜质夹层。

外观： 有光泽，不透明，呈银色或灰色，比较坚硬（属于软金属）。

用途： 家居用品、炊具、瓶子、杯子、盘子、刀叉、医疗设备。

注意事项：
- 防锈、防污。
- 易于清洁和消毒。
- 耐用，较重。
- 不留异味。
- 不会释放毒素。
- 可回收。
- 不需要防护涂层。
- 不透明。
- 生产过程需要开采铁矿石。
- 价格适中。
- 容易留下凹痕。

非石油基成分与材料

铝

铝是地壳中含量第三丰富的元素（仅次于氧和硅），也是含量最丰富的金属。20世纪60年代，科学研究发现，阿尔茨海默症患者体内的铝含量非常高。但是，目前还没有研究能够证实使用铝质器具与阿尔茨海默症的发病率存在关联。铝会与碱性和酸性食物发生反应。铝锅又薄又软，在高温下容易变形，长期使用可能会损害健康。

外观： 有光泽，不透明，呈银色或灰色，比较坚硬（属于软金属）。

用途： 易拉罐、铝箔、炊具、食品罐。

注意事项：
- 轻便。
- 100%可回收，再利用时只需要消耗当初冶炼时所耗费能源的6%。随着回收利用次数增多，铝会变得越来越硬。
- 一些人的皮肤对铝过敏。
- 在吸收方面，铝与钙是竞争关系，所以铝（如抗酸剂）的摄入量增多可能会减少钙的摄入。

金属中的添加剂

下面介绍有时会用于金属制品生产过程的潜在有害添加剂。

镉是一种自然产生的化学元素。由于它非常耐腐蚀，所以经常通过电镀来保护其他金属。镉是一种剧毒致癌物，以灰尘或烟雾的形式吸入镉是十分危险的。吸烟是普通人群接触镉的最大单一来源。在欧洲，镉受欧盟《化学品注册、评估、许可与限制规定》限制。镉常用于生产电池、油漆添加剂（镉黄和橙色）和用于聚氯乙烯等塑料的稳定剂。

铅也是一种自然产生的化学元素，有剧毒。铅可以引发神经系统损伤、血液病和脑损伤。它可以同时在软组织和骨骼中积累。虽然急性铅中毒有可能发生，但更常见的还是长期积累的慢性铅中毒。儿童接触含铅物品（或含铅物品的灰尘或碎屑）后又把手指放进嘴里或者拿东西吃都可能引发铅中毒。仔细阅读宝宝的美术用品说明和玩具标签，确保产品铅含量合格。不要给宝宝玩多年前的旧玩具，以此来防止铅污染。即使旧油漆并未剥落，它们也仍然会向空气中释放含铅粒子，所以，你要把家里的旧油漆全部清除干净。你看不见，尝不出，也闻不到铅。可能含有铅的物品有：水管、油漆添加剂（1978年以前）、塑料（如聚氯乙烯）中的添加剂、儿童成套颜料和绘画用品、受污染的土壤、各种玩具（1976年以前）和美国境外制造的上漆玩具和装饰品。当聚氯乙烯塑料破裂或掉漆时，其中的铅可能会释放出来，所以你要扔掉所有破裂或掉漆的聚氯乙烯玩具。

护肤品

宝宝的皮肤（皮肤系统）包裹着他的内脏和骨头，保护他不受外部世界伤害。皮肤有物质交换功能，它能从外界吸收物质，也能把身体里的多余物质和代谢废物排出体外。宝宝的皮肤上还生活着1000多种微生物，它们能帮助宝宝增强抵抗力，同时抵御阳光照射。如果宝宝身上起了疹子，它们通常也会自行愈合。在宝宝3岁之前，你只需给他使用一些由纯净原料制成的简单产品就足以保护他的皮肤免受刺激，免受过度光照的伤害，同时使他保持健康了。实际上，与其挖空心思给他使用各种昂贵的护肤品，你还不如多想想如何保护他免受日常护肤品中的化学物质的伤害，这一点更为重要。大多数婴儿护肤品都没必要使用，有些产品还会引发皮疹和过敏反应。在美国，多达45%的个人护理产品中含有有害成分。这些产品近80%都没有经过检测。

与食品一样，化妆品的标签上也必须按照含量从多到少的顺序列出产品的所有成分。你也可能会在护肤品的包装上看到各式各样的说明，例如"经过皮肤科医生测试"、"经过实验室检测"、"低过敏性"和"专为敏感皮肤设计"。然而，由于美国对护肤品和化妆品并没有严格的管理规定，所以制造商可能会夸大宣传，同时还不需要承担相应的后果。不过，如果产品拥有美国皮肤病学会（American Academy of Dermatology）的认证，你就可以放心，这样的产品在安全性方面能够达到较高的标准。如果没有这一认证，你就得仔细查看产品成分，确保其中不含可能会造成危害的化学物质。

这一节的内容分为两个部分，一部分是在为宝宝选购护肤品时所需要避免的化学物质，一部分是我针对应当使用什么样的婴幼儿护肤品这一问题的具体建议，其中包括需要注意的成分和需要考虑的事项。

需要避免的化学物质

气雾剂

人们发明喷雾罐是为了轻松而快速地播撒内装物。但是，其中作为动力的气雾剂却可能对宝宝的呼吸系统产生负面影响，同时还可能降低空气质量。如果气雾剂的成分里包含有害化学物质，那么它们就会很容易被你的宝宝吸入体内。所以，你要尽可能使用气泵喷雾瓶来代替喷雾罐，以此来使宝宝呼吸的空气保持新鲜。

酒精（乙醇）

酒精有刺激性，还会使宝宝的皮肤变干。此外，酒精还可能导致头晕、头痛和消化不良。婴幼儿应当避免使用含有乙醇（ethanol、ethyl alcohol）、变性乙醇（SD alcohol）、甲醇（methanol、methyl alcohol）、苯甲醇（benzyl alcohol）和异丙醇（isopropyl alcohol）的护肤品。

铝

含有铝元素的东西有铝箔、罐头、托盘、水、从土壤中吸收了铝元素的食物、药物、疫苗、止汗剂和化妆品。对你的宝宝来说，过量的铝可能具有毒性和致癌性。

人工色素

许多护肤品里都含有人工色素。大多数人工色素来自石油。以大豆为原料的人工色素更加安全。

人造香精

人造香精通常用于掩盖护肤品中其他化学物质的气味。这种物质通常味道浓烈，有刺激性，而且其中往往含有酒精，而酒精可能会刺激宝宝的皮肤，并可能引发过敏反应。用于化妆品的人造香精可能含有邻苯二甲酸酯，后者也用于塑料生产。某些邻苯二甲酸酯能干扰内分泌功能。要检查护肤品的标签里是否含有邻苯二甲酸二丁酯或酞酸二丁酯（DBP、dibutyl phthalate、Di-n-butyl phthalate、1,2-benzenedicarboxylic acid dibutyl ester、dibutyl ester 1,2-benzenedicarboxylic acid、dibutyl 1,2-benzenedicarboxylate）、邻苯二甲酸二乙酯或酞酸二乙酯（diethyl phthalate）。天然油脂（如茶树精油、薰衣草油和杏仁油）能释放出淡淡的天然香味，进而为宝宝的大脑带去健康的刺激。

丁基羟基茴香醚（BHA）

丁基羟基茴香醚在一些产品中用作防腐剂。动物实验证明，这种物质具有致癌性。

氯化物（Chlorides）

在润肤乳等自我护理用品中，氯化钠（食盐）和氯化钾等氯化物常被用作增稠剂。虽然少量使用这些产品不会有什么害处，但使用过多还是可能刺激宝宝敏感的皮肤和眼睛。

二乙醇胺（DEA）和三乙醇胺（TEA）

这两种物质通常用作护肤品、染发剂、泡泡浴液、洗碗粉和洗衣粉的乳化剂。二乙醇胺和三乙醇胺不仅可能会伤害皮肤和眼睛，还可能致癌。

需要避免的化学物质

避蚊胺（DEET）

避蚊胺是驱蚊剂中的一种活性成分，可以用来对付蚊子、蜱虫和跳蚤。由于驱蚊剂在使用时需要涂抹在衣服上，所以，儿童很容易通过皮肤和吞咽吸收避蚊胺。相应的中毒症状有肌无力、震颤、惊厥、头痛和肌肉抽搐。避蚊胺不适合用作婴幼儿驱蚊剂。

氟化物（Fluoride）

氟化物可能会导致氟中毒。在这种情况下，牙齿首先会出现斑纹，继而出现白色斑点，最后出现黄黑色沉积物。一些研究表明，过多接触氟化物会损害牙釉质，同时会对韧带、肌肉、皮肤和脑细胞造成负面影响。氟化物与许多疾病密切相关，例如牙齿畸形、过敏反应、关节炎和克罗恩病（非特异性肠炎）。所以，你要帮宝宝选择不含氟成分的牙膏。

甲醛（Formaldehyde）

甲醛不仅是一种致癌物，还会刺激皮肤，常用作防腐剂。甲醛在成分表里可能会显示为重氮咪唑烷基脲（Germall II）和咪唑烷基脲（Germall 115）。有些纺织物和玩具当中也含有甲醛。

二醇（Glycol）

二醇常用于化妆品中，有多种形式，例如丙二醇、乙二醇、二甘醇和卡必醇。实验证明，二醇可以损害实验动物的肝脏、肾脏和生殖功能。丙二醇是化妆品中使用最广泛的成分之一。二醇能帮助皮肤和头发吸收水分。这种物质也可以在汽车防冻液中充当润滑剂。此外，二醇也是一种神经毒素，可以引发皮肤过敏。

对羟基苯甲酸酯（Parabens）

对羟基苯甲酸酯是一类广泛应用于化妆品和制药工业的防腐剂，主要用于灭杀细菌和真菌。可能含有这类物质的日用品有洗发水、保湿霜、止汗剂、剃须膏、润滑液、外用膏剂、美黑喷雾、化妆品和牙膏，等等。此外，它们也是一种食品添加剂。对羟基苯甲酸酯可以通过皮肤和胃肠道吸收，可轻微干扰人的内分泌功能。

氯菊酯（Permethrin）

氯菊酯是去虱洗发水中的一种杀虫剂，它能杀死虱子和它们的卵。美国国家环境保护局把氯菊酯列入了可能有致癌性的物质名单。你可以自己配置药水来清理虱子，而不必求助于有毒化学品。你可以把茶树精油、迷迭香精油、薰衣草精油、薄荷精油、桉树精油和橄榄油兑在一起来去除虱子。

石油基产品

石油基产品广泛应用于护肤品行业。把原油提炼为成品的过程叫做蒸馏。石油馏出物（其中可能含有致癌物）可见于许多日常用品，例如防晒霜、润唇膏、护发素、塑料制品和家用清洁剂。矿脂是一种无色或淡黄色的半固体混合物，是凡士林和矿油等护肤品的成分之一。它是从原油中蒸馏汽油的副产品，也是许多婴儿护肤品的核心成分。凡士林在皮肤上起屏障作用，但它本身并没有保湿作用。实际上，它还会干扰身体的自然保湿机制，进而导致皮肤干燥。这是因为，凡士林会在皮肤上形成一道屏障，把水分、细菌和热量都封闭在里面。

邻苯二甲酸酯（Phthalates）

很多产品当中都含有邻苯二甲酸酯，例如玩具、塑料盘子和食品包装。在化妆品行业中，邻苯二甲酸酯常用作溶解剂和增塑剂。其中，邻苯二甲酸二丁酯（DBP）常用于指甲油，邻苯二甲酸二乙酯（DEP）

和邻苯二甲酸二甲酯（DMP）常用于其他化妆品和个人护理产品。美国儿科学会曾发表文章，指出接触过婴儿洗发水、润肤乳和爽肤粉的婴儿，其尿液中的邻苯二甲酸酯含量增加了。邻苯二甲酸酯既可以通过皮肤吸收，也可以被婴幼儿吸入和吞入体内。由于许多邻苯二甲酸酯对人体的内分泌系统有非常复杂的影响，所以常被认定为内分泌干扰物。

十二烷基硫酸钠（Sodium lauryl sulfate）

十二烷基硫酸钠也叫月桂醇硫酸钠（Sodium laureth sulfate），常用作洗发水和果冻皂的发泡剂，也用于杀虫剂。它是护肤品中的常见成分，可引起过敏反应、皮疹、过敏和脱发。它有干燥作用，所以会刺激皮肤和眼睛。此外，这种化学物质的生产过程也会危害环境，其中会产生有毒颗粒物和挥发性有机化合物。

二氧化钛（Titanium dioxide）

二氧化钛是一种白色、不透明、无味、可吸收的天然矿物质。经过化学处理去除杂质后，二氧化钛就会变成纯白色，可以用作色素。二氧化钛用途广泛，油漆、食品和化妆品等许多产品中都含有二氧化钛。在油漆、塑料、纸张、油墨、食品和牙膏等用品中，二氧化钛常用来增加产品的白度和不透明度。二氧化钛也可见于大多数防晒霜中，保护皮肤免受紫外线伤害。国际癌症研究中心（IARC）已经确定二氧化钛是一种可能的致癌物。因为二氧化钛在其光催化反应中能产生自由基，而这些自由基有致癌性，对皮肤有害，所以用于防晒霜时，二氧化钛颗粒表面还必须涂上其他材料才能避免产生致癌因子。

甲苯（Toluene）

甲苯能够让指甲油涂起来更加顺畅和均匀，但它也会损害婴幼儿的神经系统，刺激呼吸道，引发恶心等症状。此外，甲苯还能影响胎儿发育，甚至引发恶性淋巴瘤。

三氯生（Triclosan）

三氯生是一种抗菌化合物，常用于制造抗菌肥皂、牙膏、化妆品、纺织品和玩具，以此来防止有害细菌孳生。然而，使用这种化学物质也会导致产生耐药菌株，此外还可能影响内分泌功能，刺激皮肤。

选择安全的护肤品

现在，你已经知道如何识别婴幼儿护肤品中的潜在有害化学物质了。接下来，你可以按照下面的建议，使用简单、纯净的成分和天然产品来满足宝宝对皮肤健康的需求。以下是关于如何为婴幼儿选择香皂、洗发水、润肤乳、尿布膏、润唇膏、擦脸油、爽身粉、湿巾、牙膏和防晒霜的具体建议。

香皂和洗发水

在出生后的最初几个月里，你的宝宝根本不需要使用肥皂。开始使用肥皂后，你可以为他选择由芝麻油、橄榄油、杏仁油或金盏花油制成的天然液体肥皂，你可以同时用它来充当宝宝的浴液和洗发水。

需要避免的成分：人造香精、人工色素、对羟基苯甲酸酯（parabens）、三氯生（triclosan）、十二烷基硫酸钠（sodium lauryl sulfate）、二乙醇胺（DEA）、三乙醇胺（TEA）、丙二醇（propylene glycol）。

润肤乳

尽可能选择芝麻油、橄榄油、椰子油等天然油脂成分的润肤乳。我每天都为我的两个宝宝涂抹芝麻油来滋养和呵护她们的皮肤。

需要避免的成分：矿物油脂、凡士林、人造香精、人工色素、对羟基苯甲酸酯、二乙醇胺、三乙醇胺、丙二醇、丁基羟基茴香醚（BHA）、氯化物。

尿布膏、润唇膏、擦脸油

使用含有维生素A、E或天然油脂成分（如芝麻油、椰子油、杏仁油）的护肤品，以此来对宝宝的皮肤发挥屏障和保湿作用。

需要避免的成分：丁基羟基茴香醚、凡士林、人造香精、对羟基苯甲酸酯。

爽身粉

美国儿科学会不建议家长为宝宝使用婴儿爽身粉，许多儿科医生也给出了同样的建议。以滑石粉为原料的爽身粉中含有许多小颗粒，这些小颗粒不仅能让宝宝的粘膜变干，吸入后还可能损害宝宝的呼吸道和肺脏。此外，这些小颗粒还可能导致咳嗽、呕吐和肺炎。玉米淀粉、小苏打和膨润土是天然的粉状物质，它们能吸收婴儿皮肤上的水分，减少摩擦，进而有效地预防尿布疹。

需要避免的成分：滑石粉（Talc）、人造香精。

湿巾

你需要为宝宝挑选柔软的湿巾。你既可以选择用蘸了水的棉布，也可以选择一次性湿巾。如果是后者，你可以选择添加有芦荟和维生素E等健康成分的产品。人造香精里的溴硝丙二醇（Bronopol）和二羟甲基二甲基乙内酰脲（DMDM hydantoin）能释放甲醛，后者是一种确定的致癌物。你可以用橄榄油香皂加水制成皂液，然后装入喷壶喷在未漂白的纸巾上，做成自制湿巾。平时，你可以把这样的自制湿巾存放在不锈钢或玻璃容器里。外出时，你可以把它们装进可反复密封的塑料袋随身携带。

需要避免的成分：人造香精、对羟基苯甲酸酯、邻苯二甲酸酯、聚乙二醇（PEGs）、丙二醇、苯氧乙醇（phenoxyethanol）。

牙膏

两岁以下的婴幼儿不需要使用牙膏。在出生后的头两年里，用水刷牙就足够了。

需要避免的成分：三氯生、对羟基苯甲酸酯、氟化物。

防晒霜

在出生后的前6个月里，宝宝的皮肤非常敏感，因此不适合涂抹防晒霜。在这段时间里，你要让他远离阳光直射，并且要给他戴太阳帽，穿防晒的衣服。6个月后，你应当为他选用含有能够抵御中波和长波紫外线的天然成分的防晒霜。

需要避免的成分：对羟基苯甲酸酯、邻苯二甲酸酯、二苯酮-3（oxybenzone、BP3）、帕索1789（Avobenzone）、水杨酸辛酯（Octisalate）、奥克立林（Octocrylene）、甲基水杨醇（Homosalate）、桂皮酸盐（octinoxate）。

食品添加剂

在这本书的第二篇里,我介绍了许多关于饮食的知识来帮助宝宝增进健康和促进发育。如果你买的是有机苹果或有机胡萝卜,你就不需要阅读它的成分或添加剂标签,因为这些食物是健康的天然食品。但是,随着食物加工程度升高,其中含有各种化学添加剂的可能性也会变得越来越大。

生产商在食品中添加各种物质的原因有很多。有的是为了延长食品的保质期,有的是为了使食品看起来更好看,有的是为了提升食品的口味,也有的是为了补充食品加工过程中可能流失的营养物质。如果你了解食品当中的不同成分,并且能看懂产品标签,你就能更容易地做出明智的购买决策。

这一节的内容将带你了解各种食品配料和标签内容。给宝宝喂东西吃时,你不仅要注意食物过敏原、反式脂肪、高果糖玉米糖浆和咖啡因,你还要提防可能有害健康的食品添加剂,它们主要有以下6大类:

- 人工甜味剂
- 人工色素
- 人工增味剂
- 防腐剂
- 乳化剂
- 外观提升剂

对于以上的每一类添加剂,我都会详细介绍它们的特点、功能、常见相关食品,以及需要记忆的特殊注意事项。化学添加剂对儿童的影响比对成人的影响更大,所以,我建议父母尽量避免未满3岁的宝宝摄入化学添加剂。因为在这段时期,你的宝宝正在飞速发育。

读懂食品标签

除非是极小包装的食品和未加包装的新鲜食品（例如农产品和鱼），所有在美国出售的食品都不能缺少标签，含有多种成分的食品也必须提供成分列表。最后，任何添加到食物当中的东西（无论是维生素、矿物质还是人工防腐剂）都必须在营养成分标签中列明。

一般来说，在阅读营养成分标签时，你应当寻找膳食纤维、维生素、矿物质含量高，而糖、钠、胆固醇、脂肪（特别是饱和脂肪和反式脂肪）含量低的食物。另外，你还要注意食物里是否含有你比较在意的化学添加剂或食物过敏原。在美国，营养成分标签一般都会提供以下几类信息：

单份食物量与总份数

食品标签上的营养成分信息是针对单份食物而言的，但包装内的食物往往不只一份。所以，你需要根据实际食用量来换算食品标签里的营养成分信息，否则就可能被误导。例如，如果一份食物指两块饼干，而你的宝宝吃了4块，那么他对各种营养素的实际摄入量就是表中各营养素含量的2倍。

热量（卡路里）

同样地，在计算宝宝一共摄入了多少热量时，你也要考虑他实际摄入食物的份数。儿童每日应当摄入多少热量取决于他的年龄、性别和活动量。如两三岁的女宝宝每天需要摄入1000～1400卡路里的热量，而9～13岁的男宝宝和女宝宝每天则需要摄入1800～2000卡路里的热量。

脂肪、胆固醇、钠和碳水化合物

为了避免宝宝摄入过多的脂肪、胆固醇、钠和碳水化合物，你也需要根据他的实际食用量和食品标签里的营养成分信息来计算他对以上成分的摄入量。这些成分的每日营养素参考值（NRV）低一些比较好。

膳食纤维、维生素和矿物质

这些成分的营养素参考值高一些比较好。

Nutrition Facts

Serving Size 1 cup (228g)
Servings Per Container 2

Amount Per Serving

Calories 250	Calories from Fat 110

	% Daily Value*
Total Fat 12g	18%
Saturated Fat 3g	15%
Trans Fat 3g	
Cholesterol 30mg	10%
Sodium 470mg	20%
Potassium 700mg	20%
Total Carbohydrate 31g	10%
Dietary Fiber 0g	0%
Sugars 5g	
Protein 5g	
Vitamin A	4%
Vitamin C	2%
Calcium	20%
Iron	4%

* Percent Daily Values are based on a 2,000 calorie diet. Your Daily Values may be higher or lower depending on your calorie needs.

	Calories	2,000	2,500
Total Fat	Less than	65g	80g
Sat Fat	Less than	20g	25g
Cholesterol	Less than	300mg	300mg
Sodium	Less than	2,400mg	2,400mg
Total Carbohydrate		300g	375g
Dietary Fiber		25g	30g

配料

如果某种食品的配料列表很长,而且大多是陌生名词,那就说明你看到的不是天然食品。下面是能帮助你理解食品配料清单的一些小窍门:

- 食品当中的各种配料是根据用量比例降序排列的。例如,如果食用糖排在最前面,那就说明它是最主要的配料。如果排在最后,那就说明这种配料在食品中所占的比例较小。
- 食品配料越单一越好。
- 如果食物中添加有防腐剂,生产商就必须说明防腐剂的具体作用。例如,"抗坏血酸防止食物变色。"
- 不重要的配料不必在配料清单中列出。假如面包里添加了含有食用色素的人造黄油,而这种色素对面包质量的影响并不大,那么它就不必列入配料清单。但是,由于人造黄油中的油对面包质量的影响非常大,那么这种油就需要在配料清单里列明。此外,一些在生产过程中用来防止食物粘在设备上的物质也不需要列在配料清单里。

为了保护自己的专利配方,有的生产商会在配料清单里笼统地注明"天然成分",这一词汇通常指多种植物成分的混合物。

食物过敏原的标示

自2006年起,美国开始要求食品生产商在产品包装上标明其中是否含有8大类食物过敏原(90%的食物过敏由这些过敏原引起)或其成分。这8大类食物过敏原有:牛奶、蛋、鱼类、甲壳类、树坚果类、小麦、花生和大豆。不过,食品当中也有可能含有微量的过敏原颗粒,例如乳清粉。对于这种"偶然"(例如被同一条生产线或同一家工厂的其他产品污染)掺进食品的潜在过敏原,食品生产商并不需要把它们印在包装上。但是,很多生产商却非常愿意这么做。例如,你经常会在食品包装上看到这样的说明,"此生产线也加工含有花生的食品。"这类说明并没有明确的规则可以遵循。根据美国食品过敏或过敏性反应网络(FAAN)的调查,在包装上声明这类微量过敏原的方式超过30种。根据2007年发表于《过敏与临床免疫学杂志》(*Journal of Allergy and Clinical Immunology*)的一项研究,在主动标明过敏原的食品当中,只有7%确实含有其所标明的过敏成分。

化学添加剂

美国食品与药品监督管理局已经将一些食品添加剂归类为"基本安全"(GRAS)。但是,有些添加剂即便看起来安全,但只要大量摄入,它们仍然可能造成伤害或导致营养不良。而且,婴幼儿本身就对化学添加剂更加敏感,也更容易起反应。此外,有些添加剂还需要经过进一步的研究才能在安全性方面得出最终的结论。

20世纪70年代,过敏症专科医师、医学博士本杰明·范戈尔德(Benjamin Feingold)提出假设:人工合成食品添加剂可能会使具有相应遗传易感性的儿童罹患多动症。为了验证他的假设,范戈尔德研究了大约600名儿童。他从他们的饮食中去除了丁基羟基茴香醚(BHA)。结果显示,在接受测试的儿童中,60%~70%的注意缺陷多动障碍(ADHD)行为消失。虽然饮食与多动症之间的联系仍然存在争议,但许多父母发现,杜绝石油基添加剂(包括人工色素和香精)的范戈尔德饮食确实对他们的孩子有益。你可以移步feingold.org了解更多有关范戈尔德饮食的信息。

为宝宝购买加工食品时,你要认真查看食品标签,尽可能避免这些成分:反式脂肪、高果糖玉米糖浆、咖啡因和以下6类化学添加剂。

人工甜味剂

人工甜味剂是一种化学甜味剂，它们比精制白糖甜得多，所以其中经常添加钠，以此来平衡它们的极端甜味。

阿斯巴甜、安赛蜜、糖精和三氯蔗糖

阿斯巴甜和安赛蜜比蔗糖甜200倍，前者低热量，后者零热量。糖精也是一种不含热量的合成甜味剂，常用来生产低热量食品和无糖食品。20世纪70年代初，多项研究表明，食用糖精与啮齿类动物罹患膀胱癌之间存在相关性，继而推动美国国会在1977年通过了《糖精研究与标识法案》。这一法案规定，所有含有糖精的食物都要在标签上做出相应的警告。三氯蔗糖的甜度大约是蔗糖的320～1000倍，糖精的两倍，阿斯巴甜的三倍，它也是一种不含热量的合成甜味剂。

它们的用途是什么？ 这些甜味剂是食品和饮料中天然糖分的低热量或零热量替代品。

常见于： 无糖饮料、水果饮料、口香糖、无糖糖果、果酱、水果罐头、烘焙食品、混合饮料、明胶、牙膏。

注意事项：
- 阿斯巴甜容易在高温或碱性环境中分解，因此不适合用作烘焙。
- 三氯蔗糖和安赛蜜耐高温，可用于烘焙。
- 苯丙酮尿症患者必须避免苯丙氨酸成分，阿斯巴甜就是其中的一种。
- 安赛蜜中含有致癌物质二氯甲烷，长期摄入可引发头痛、抑郁、恶心、肝脏损害和癌症。
- 尽管糖精无法消化，但仍旧可能刺激胰岛素分泌。
- 意大利近期有研究标明，常年食用三氯蔗糖可能会使罹患白血病的风险升高。

人工色素

人工色素是添加到加工食品、饮料和调味品中来让食物更加美观的化学物质。

食用色素

食用色素是用来给食品和饮料（特别是加工食品）增加色彩的化学物质。这些化学物质既可以是人工合成的，也可以是源自天然的。人工色素必须经过美国食品与药品监督管理局的安全认证。目前，美国食品与药品监督管理局已经批准7种人工食用色素。在食品标签上，这些色素前面都印有"FD&C"字样。天然食用色素通常提炼自各种植物，例如种子和香料，无需美国食品与药品监督管理局认证。

它们的用途是什么？ 提升食物外观，或者弥补光照等环境因素所导致的褪色。颜色鲜艳的食物往往更能吸引孩子的目光。

常见于： 许多加工食品和饮料，例如果汁、糖果、零食、早餐麦片、烘焙食品、冷冻甜点、风味酸奶、番茄酱、芥末酱、沙拉酱。

注意事项：
- 多项研究表明，人工食用色素与注意缺陷障碍（ADD）和注意缺陷多动障碍（ADHD）的症状加重有关，了解更多信息请移步 feingold.org。
- 尽管大多数天然食用色素提炼自植物，但也有一些提炼自昆虫。例如，有一种叫做胭脂红的食用色素就来自胭脂虫。如果你有家人是素食者或纯素食者，那就一定要仔细检查食品标签。

护色剂

食品中最常用的护色剂是亚硝酸钾和硝酸钠。亚硝酸盐和硝酸盐都用于畜肉和禽肉的长期保存。

它们的用途是什么？ 在畜肉和禽肉中添加亚硝酸钾和硝酸钠能让肉保持原色，防止脂肪腐臭（哈喇味）和孳生细菌。

常见于： 热狗、熏肉、火腿、午餐肉、香肠（菠菜、芹菜等蔬菜和一些水果中含有天然的硝酸盐和亚硝酸盐。施用合成氮肥的土壤可使农作物的硝酸盐和亚硝酸盐含量升高）。

注意事项：
- 上世纪70年代已经在婴儿食品中禁用。
- 在高温烹饪中，亚硝酸盐可能会转化为亚硝胺，这是一种已知的致癌物。
- 过量摄入可能会引发多种疾病，包括癌症，例如使婴幼儿患病，使孕妇罹患妊娠并发症
- 食用有机食品，饮用过滤水，以此来避免摄入土壤和地下水中富积的来自合成肥料的硝酸盐。

人工增味剂

人工增味剂是添加到加工食品、饮料和调味品中,用以提升口味的化学物质。

味精（MSG）

味精是谷氨酸的一种钠盐,美国食品与药品监督管理局认定这一物质"基本安全"。味精用作食品增味剂已经有100多年的历史。其他含有谷氨酸盐的食物有水解蛋白、酵母提取物和浓缩蛋白粉。味精的日文名称是味之素。

它们的用途是什么? 以化学方式提升食物的鲜味。

常见于: 亚洲餐厅内餐食、拉面、蔬菜罐头、汤品、加工肉类、低脂酸奶、饼干、各种零食。

注意事项:

- 婴儿食品禁用。
- 必须在食品包装上作为食品添加剂明确标示。
- 美国食品与药品监督管理局并不要求生产商披露"天然香料"中所含味精的具体成分和添加量。
- 据信能在特定人群中（占总人口1%）引发胸痛、头痛、出汗和麻木等症状,但研究人员并未找到确切的联系。
- 由于谷氨酸盐是人类大脑中与学习和记忆有关的一种神经递质,所以可能会引发抑郁、烦躁和情绪波动。神经学家仍然在研究味精可能具有的副作用,但目前还没有实质性的发现。

防腐剂

防腐剂能使食品抵抗热、光、运输等外部扰动，延长食品保质期。密封包装、真空包装、氮气等惰性气体填充和冷藏等方式也有助于保存食物。食品生产商还会使用各种化学添加剂来提升食物的外观。保存食物的天然方法有发酵、装罐、干燥和冷冻。化学防腐剂有苯甲酸钠、抗氧化剂、丁基羟基茴香醚（BHA）和二丁基羟基甲苯（BHT）。

苯甲酸钠

苯甲酸钠是一种用途广泛的食品防腐剂，由苯甲酸制成。蔓越莓、西梅、肉桂、丁香和苹果中天然含有少量苯甲酸。

它们的用途是什么？ 保存食物，特别是酸性高的食物。

常见于： 沙拉酱、碳酸饮料、果酱、泡菜、调味品、果汁。

注意事项：
- 同时食用苯甲酸钠与抗坏血酸（维生素C）会生成极微量的苯，后者是一种已知的致癌物。
- 温度越高，光照越强，保质期越长，食物中生成的苯越多。
- 研究表明，食用某些人工食用色素与苯甲酸钠的混合物，与儿童多动症发病率上升有关。

抗氧化剂

抗氧化剂是一种能捕获和中和自由基（身体分解食物时所产生的有害分子）的物质。抗氧化剂有的来自人工合成，有的天然存在于蔬菜和水果中。在食物中加入抗氧化剂能降低氧化速度，防止食物腐化变质。柠檬酸和抗坏血酸（维生素C）是用来保存食物的天然抗氧化剂，而丁基羟基茴香醚属于化学抗氧化剂。

它们的用途是什么？ 抗氧化剂在食品和化妆品中用作防腐剂。它们能防止食物变色，帮助调节果酱和果冻的酸碱值。有的食品会添加维生素C来弥补加工过程中所丢失的营养物质。

常见于： 果酱、土豆干、水果罐头、奶酪、速冲汤料（维生素C天然存在于柑橘类水果中）。

注意事项：
- 人工防腐剂是由人工合成的化学物质，不建议婴幼儿食用。
- 天然抗氧化剂有助于提升人体免疫功能，降低感染风险，并且能帮助预防某些疾病。
- 研究表明，过多的抗氧化剂可能会抑制肌肉正常收缩所必需的关键信号机制。

防腐剂

丁基羟基茴香醚（BHA）

丁基羟基茴香醚是一种稳定剂、防腐剂和抗氧化剂。它能防止油脂氧化，从而保护它们不变质。

它们的用途是什么？ 主要用作食品和化妆品防腐剂。

常见于： 饮料、黄油、冰淇淋、烘焙食品、口香糖、零食、早餐麦片、即食土豆泥。

注意事项：

- 婴儿食品禁用。
- 在美国加利福尼亚州属于致癌物。
- 美国国立卫生研究院（NIH）报告称，根据大量动物实验，丁基羟基茴香醚"有理由被认定为一种人类致癌物"。

二丁基羟基甲苯（BHT）

二丁基羟基甲苯是一种稳定剂、防腐剂和抗氧化剂。它能防止油脂氧化，从而保护它们不变质。

它们的用途是什么？ 主要用于提升食物的色、香、味，也用于充当食品和化妆品的防腐剂。

常见于： 饮料、黄油、冰淇淋、烘焙食品、口香糖、零食、早餐麦片、即食土豆泥。

注意事项：

- 二丁基羟基甲苯的残留物能长期存在于人类脂肪细胞中。
- 研究显示，大量摄入二丁基羟基甲苯可能会影响正常发育。
- 多项研究显示，大量摄入二丁基羟基甲苯可能导致肺脏、肝脏、甲状腺和肾脏损害。
- 二丁基羟基甲苯是已知的人类皮肤和呼吸道毒性物质和过敏原。
- 可能引发儿童多动症，在美国禁止用于婴儿食品。

乳化剂

乳化剂能使水和油混合在一起而不分离，常用于生产花生酱、蛋黄酱、冰淇淋和均质牛奶等食品。乳化剂能将油滴包裹起来，进而使后者分散在水中。用于食品工业的天然乳化剂有卵磷脂、蛋黄和琼脂。常用的化学乳化剂有双甘油酯和单甘油酯。

它们的用途是什么？ 用于防止油性和水性物质因脂肪酸、蛋白质与水的相互作用而分离。

常见于： 各种加工食品，例如膨化小吃、饼干、面包、早餐麦片、蛋糕、软饮料、人造黄油、水果蜜饯、软糖、冰淇淋、布丁、冰糕、土豆干、巧克力涂层。

注意事项：

- 可能引起过敏反应。
- 单甘油酯和双甘油酯（氢化油）是合成乳化剂，其中含有反式脂肪。

外观提升剂

除人工色素外,面粉处理剂和光亮剂也能让食物看上去更吸引人。

面粉处理剂

在面粉中添加面粉处理剂能增强面粉的烘焙功能。面粉处理剂主要有三类:氧化剂(漂白剂)、还原剂和酶。

它们的用途是什么? 氧化剂能为面粉增白、增加弹性。还原剂能使面筋蛋白质大分子结构断裂成小分子结构,降低弹性。酶具有高效的催化作用,进而缩短加工时间。

常见于: 面粉(不含添加剂的天然面粉呈淡黄色)和由面粉制成的食品(如面包、糕点)。

注意事项:

- 欧盟、加拿大、尼日利亚、巴西、秘鲁、韩国和中国在禁止食品中使用溴酸钾作为氧化剂。
- 国际癌症研究中心已经将溴酸钾归类为可能的致癌物。
- 在美国,溴酸钾尚未被禁止使用,但美国食品与药品监督管理局鼓励烘焙食物生产者主动停止使用这种化合物。

上光剂

上光剂既有天然的,也有人工合成的,它们能包覆和保护食品。常见的天然上光剂有蜂蜡、巴西棕榈蜡、虫胶、羊毛脂、石蜡、小烛树蜡和硬脂酸。微晶蜡等常见的人造上光剂通常提取自矿脂(一种由提取自石油的多种碳氢化合物所组成的半固体物质),并且常与天然上光剂混合使用。

它们的用途是什么? 用于防止食品中的水分流失,保护食品表面。使水果和蔬菜看起来更有光泽。

常见于: 水果(涂层)、蔬菜(涂层)、糖果、巧克力、零食、化妆品、口香糖、软饮料。

注意事项:

- 部分上光剂(如巴西棕榈蜡和微晶蜡)有可能引起皮肤过敏。
- 蜂蜡和羊毛脂是动物制品,如果你有家人是素食者或纯素食者,那就一定要仔细检查食品标签。另外,羊毛脂中通常含有加工羊毛时所用的杀虫剂。

一般来说,在为宝宝选择食物时,你要考虑由天然而健康的原料所制成的食物,而不是那些含有化学添加剂的食物。含有大量人工合成成分的食物可能会对宝宝的小身体产生巨大的影响。要认真阅读加工食品包装上的标签,寻找有助于你做出明智购买决策的信息。

宝宝的生活环境

　　为你的宝宝开辟一片既安全又舒适的小天地也可以是一件充满乐趣和令人欣慰的事情。在布置过程中，你可能会考虑各种颜色和感觉，以此来为他营造出既漂亮又有益于他个性的美丽环境。安全锁和安全门能为宝宝的玩耍和探索设置安全的界限，各种家具和收纳器具能帮你把物品分门别类，创造整洁的环境，以此来让宝宝享有宽敞又舒适的空间去学习和发现。

　　你可以留心屋里和屋外环境中可能对他有毒有害的各种成分和材料，以此来让他尽情释放自己的天性。你的宝宝很容易受到外界环境的伤害，例如清洁产品中的成分、家具中的材料和你家后院里的肥料。他可能会通过皮肤接触、把东西放进嘴巴和呼吸来把有毒有害物质吸收到身体里去。

　　这一节的内容将介绍如何清除室内毒素，以及如何在与宝宝探索大自然时避开外界的健康隐患。

家里家外的健康隐患

为你的宝宝开辟一片既安全又舒适的小天地也可以是一件充满乐趣和令人欣慰的事情。在布置过程中,你可能会考虑各种颜色和感觉,以此来为他营造出既漂亮又有益于他个性的美丽环境。安全锁和安全门能为宝宝的玩耍和探索设置安全的界限,各种家具和收纳器具能帮你把物品分门别类,创造整洁的环境,以此来让宝宝享有宽敞又舒适的空间去学习和发现。

你可以留心屋里和屋外环境中可能对他有毒有害的各种成分和材料,以此来让他尽情释放自己的天性。你的宝宝很容易受到外界环境的伤害,例如清洁产品中的成分、家具中的材料和你家后院里的肥料。他可能会通过皮肤接触、把东西放进嘴巴和呼吸来把有毒有害物质吸收到身体里去。

这一节的内容将介绍如何清除室内毒素,以及如何在与宝宝探索大自然时避开外界的健康隐患。

家里的健康隐患

在宝宝出生后的头几个月里,他很可能会把大部分时间都花在家里,除非你送他去托儿所。对他来说,他呼吸的空气也能给他带去滋养。你可以把你的家认真查看一番,闻一闻有没有奇怪的味道,以此来保持家中空气的洁净和健康。你在用什么样的清洁产品?家里的装修和装饰是否安全?家中是否有可能危害健康的电子产品?回答这些问题,做到对宝宝生活环境的品质心中有数。

空气质量

挥发性有机化合物(VOCs)可能会以气体的形式从某些固体或液体中释放出来。这类化学物质有很多种,其中有些可以对健康产生短期或长期的不良影响。由于婴幼儿体重轻、发育快,所以特别容易受到挥发性有机化合物的影响。许多化学香味中都含有这类物质,例如空气清新剂、香薰蜡烛、油漆、家具、清洁用品、干洗剂、打印机和各种美术用品(如记号笔)。其他形式的室内空气污染物有香烟烟雾和宠物皮屑、尘螨和霉菌等室内过敏原。

你可以通过通风换气来方便地改善家里的空气质量,尽管这么做有时会受制于屋外的天气情况。你可以在温暖的天气里打开窗户,或者在冬天使用加湿器。你可以在家里摆放一些鲜花、香草和水果,以此来让家里充满自然的芬芳。你可以点一盏香薰灯,里面放上你最喜欢的精油。你可以把新买回家的东西先清洗一遍,或者把它们拿到室外晾晒,或者涂上环保油漆,以此来去除残留的化学物质。

清洁用品

选择有害化学物质含量较低的清洁产品和洗衣剂,这么做简便易行,经济实惠,而且能立竿见影地改善宝宝的环境质量。尽管含有氨、漂白剂和氯等化学物质的清洁产品十分有效,但这些化学物质也会刺激宝宝的皮肤、眼睛和呼吸道。

现在，市面上有无毒、无氨、无石油成分、无磷酸盐、无挥发性有机物的清洁产品可供你选择。你也可以用水来稀释这些产品，让它们对宝宝的影响进一步降低。此外，你也可以用硼砂、柠檬汁、双氧水、白醋或小苏打自制清洁剂。为了避免宝宝接触清洁产品，你要选择在他不在家的时候打扫房间。用气泵喷雾瓶代替喷雾罐，以防后者当中的有害气体释放出来。如果外面天气不错，你就可以在做清洁的时候敞开窗户。

室内装修与家具

由于你的宝宝经常在地板上爬来爬去，抓到什么东西都往嘴里放，所以他很容易遭受到有害物质的影响，例如地毯材料、软装饰表面的阻燃剂、霉菌、石棉和墙上的油漆（上了年头的油漆里可能含有铅或甲醛）。接触这些物质可能会影响宝宝神经系统（特别是大脑）的发育。以下是一些需要注意的物质。

阻燃剂

阻燃剂是一种能够降低可燃物可燃性或使其延迟燃烧的物质。阻燃剂可见于灭火器、表面涂料、纺织品、地毯、家具、床垫和玩具中。有些阻燃剂含有可能危害环境的化学物质，例如多溴联苯醚（PBDEs）。不止一项实验室研究表明，在生长发育的关键时期接触微量多溴联苯醚就可能危害宝宝的生殖系统，引发行为异常，同时还可能使他在运动能力、学习、记忆和听力等方面发生缺陷。为了使他避免遭受阻燃剂的负面影响，你可以使用不含多溴联苯醚成分的家具、床垫和泡沫制品，同时采取其他措施来替代阻燃剂的使用，例如用盐水预处理和用小苏打灭火。不要使用织物阻燃剂。尽可能不买地毯，或者只买用有机棉或羊毛等天然材料织成、无基布、使用植物性染料的毯子。

甲醛

甲醛是一种无色、易燃、有刺激性气味的化学物质，常用于生产建筑材料和许多家用产品。在纺织行业中，甲醛能增加织物的防皱性、抗污性和色牢度。甲醛也可见于泡沫绝缘材料、压制板材（如刨花板和纤维板）、地毯、香烟烟雾和煤气炉、壁炉和煤油炉等燃烧器具的排放物中。根据欧盟《化学品注册、评估、许可与限制规定》，甲醛已被禁止进口和用于生产制造。世界卫生组织下属的国际癌症研究中心（IARC）已经将甲醛列为已知的致癌物，美国国家环境保护局也把甲醛列为了已知的致癌物。甲醛能刺激眼睛、鼻子和喉咙，也可能导致呼吸困难。如果你认为你的家里有含有甲醛的绝缘材料，那么就请专业人士把它们清除。要避免让你的宝宝接触香烟烟雾，同时确保家里的所有燃烧器具都能在通风良好的条件下工作。穿新衣之前要先清洗，以防宝宝的皮肤接触甲醛。检查家里是否有旧的刨花板，尽可能用实木代替。

家里的健康隐患

铅

铅是一种毒性很强的化学元素，它可以引发神经系统损伤、血液病和脑损伤。铅也是一种神经毒素，可以在软组织和骨骼中积累。虽然急性铅中毒有可能发生，但更常见的还是长期积累的慢性铅中毒。可能含有铅的物品有：水管、油漆添加剂（1978年以前）、塑料（如聚氯乙烯）中的添加剂、儿童成套颜料和绘画用品、受污染的土壤、各种玩具（1976年以前）和美国境外制造的上漆玩具和装饰品。儿童接触含铅物品（或含铅物品的灰尘或碎屑）后又把手指放进嘴里或者拿东西吃都可能引发铅中毒。你看不见，尝不出，也闻不到铅。富含钙的饮食有助于防止铅进入体内。仔细阅读宝宝的美术用品说明和玩具标签，确保产品铅含量合格。不要给宝宝玩多年前的旧玩具，以此来防止铅污染。即使旧油漆并未剥落，它们也仍然会向空气中释放含铅粒子。所以，你要把家里的旧油漆全部清除干净。

石棉

石棉是6种天然矿物纤维的商用名称。这些矿物抗拉强度高，柔韧性好，耐化学和热侵蚀，还有绝缘性。多年来，人类一直在用石棉制造各种产品，例如绝缘材料、防火材料、汽车制动器、纺织产品、水泥和墙板材料。石棉可以向空气中释放微小颗粒，它们漂浮在空中，很容易被人吸入体内。经常接触石棉的人可能会患上危及生命的疾病，例如石棉肺、肺癌和间皮瘤。如果你怀疑家中有石棉，那就要请专业人士上门来把它们清除掉。

霉菌

霉菌在潮湿的环境中生长。霉菌本身是无毒的，但它会产生毒素，如果你的宝宝吃到、摸到或者吸进了这些毒素，那么就可能受到伤害。霉菌孢子通常存在于家里的灰尘当中，如果数量过多，它们还可能引发过敏反应和呼吸道疾病。你可以用肥皂水清除霉菌。发霉的衣服要扔掉。检查家里容易孳生霉菌的地方，进而做出相应的处理，降低湿度。多通风，多晒太阳，也可以借助加热器和电风扇，以此来防止霉菌生长。脏衣服和尿布要及时清洗，以免它们在洗衣篮里放置太久。平时，你也要经常打扫卫生，保持室内清洁。

电器

电器、电线和无线设备都能产生电磁场，这是一种看不见、摸不着的能量场。电磁场分为低频电磁场和高频电磁场。低频电磁场产生自电流和普通电器。高频电磁场产生自各种无线设备，例如手机、带有屏幕的电器和使用无线网络的电脑。另外，无线电接收器、电视、音视频播放器、数码相机和摄像机也可以产生高频电磁场。为了保护你的宝宝免受电磁场伤害，你要在他的房间里尽可能少放电器，电线也要远离他的小床。

宝宝在户外时，他的身体会与地球的磁场共振，所以他是放松的。而来自电子设备的人造低频电磁场却可能在他的身体内制造紧张，同时影响他的免疫系统和大脑、心脏等重要器官。电磁辐射可能会干扰人的正常睡眠模式。高频电磁场对人的影响更大。不使用的电器要拔掉插头。带宝宝到大自然中去，和他一起放松身心。在照顾宝宝的时候，你要尽可能少用手机，并且不能把手机放在他身边。

家外的健康隐患

在家里，你可以在相当程度上掌控孩子所处的环境。而到了室外，你就无法控制天气、温度和空气质量了。在户外照顾宝宝时，你可以通过了解环境信息来做出有效的应对。如果你的宝宝对花粉、宠物、蚊子叮咬或蜜蜂叮咬过敏，你就要尽可能地帮助他远离危险区域。陪宝宝在外面玩耍时，你要注意身边是否有毒葛、毒蘑菇等有毒植物。如果你家有花园或草坪，你就要注意提防宝宝接触农药和化肥。种植蔬菜、花卉或灌木时，尽可能使用有机肥料或堆肥。阳光能为宝宝提供宝贵的维生素D，但阳光直射眼睛也可能影响视力发育。同时，他的皮肤也需要得到适当的防晒保护。此外，你也要多了解环境中的有毒废物，并尽可能防止你的宝宝接触到它们。

有毒废物是指废电池、废灯管、医院废弃物、废油漆及其容器、废电脑、废尿布、建筑垃圾等有害垃圾。这些废物既可能是液体也可能是固体，其中可能含有化学物质、重金属等毒素。垃圾有可能迅速扩散，污染湖泊、河流和大气。长远来看，它们能在你饮用的地下水里不断累积，并在环境中持续存在。为了保护宝宝，你要防止他接触有毒废物和重金属。同时，你也要用负责任的方式处理家中所产生的各种垃圾。

纺织品

我是祖母的7个孙辈中唯一的孙女。夏天，我经常去看她，并且和她一起缝衣服。于是，我对各种织物产生了浓厚的兴趣。我喜欢它们的颜色、花纹、手感和特殊的功能。埃米和玛丽出生时，我给她们缝制了棉质的睡衣，因为当时根本买不到这种睡衣。从那时起到现在，纺织技术又有了更大的进步。

30多年前，我创立了我的公司爱普蕾（小绿芽公司的前身）。当时，最天然的面料只是100%纯棉。后来，我发现了没有经过漂白或染色的天然棉布（或绿色棉布）。我的裁缝们在我的地下室里工作，她们制作宝宝连体衣、围嘴、尿布、帽子、毯子和毛巾。多年来，我多次向市面推广有机棉制品，但过去没有人认识这种面料，也没有人愿意花钱买。不过，今天的父母们已经了解了有机棉对孩子的价值。

婴幼儿在舒适性、透气性、吸水性和防水保护方面有许多功能性的需求。市面上有很多为婴幼儿设计的产品，它们既实用又舒适，样子也非常可爱。

现在，当我参加纺织品贸易展时，我总会被各种各样的面料所吸引。例如用竹炭纤维制成的功能性面料、吸湿面料、高吸水性面料和防水透气面料。虽然我更喜欢棉、丝、羊毛等天然面料，但我也开始认可人造织物的价值了，例如起绒布、莱卡面料和具有特殊功能的超细纤维面料。在下面的内容里，我将介绍婴幼儿服装的常用面料。

天然植物纤维

普通棉纤维

普通棉纤维是消费产品中最常见的棉纤维。

原料：棉属植物。

用途：衣服、床上用品、毛巾、毛绒玩具。

注意事项：

- 轻便透气。
- 色彩鲜艳。
- 价格便宜。
- 具有天然防晒性能（UPF 15）。
- 可能含有用于增白的漂白剂或用于固定染色剂的甲醛。
- 可能含有转基因棉花或生长过程中可能施用的化肥、农药等化学物质。

绿色棉纤维

绿色棉纤维（天然棉纤维）不一定是有机棉纤维，"绿色"或"天然"指的是加工过程。绿色棉纤维在生产过程中不使用甲醛或漂白剂来去除棉花本身的颜色。

原料：棉属植物。

用途：衣服、床上用品、毛巾、毛绒玩具。

注意事项：

- 加工过程有利于保护环境。
- 轻便透气。
- 比普通棉纤维更柔软。
- 不会褪色。
- 价格高于普通棉纤维。
- 收获棉花时需要特殊技术。
- 颜色选择有限，例如天然白、奶白和卡其色。
- 不含漂白剂或用来固定染色剂的甲醛。
- 可能含有转基因棉花或在生长过程中可能施用的化肥、农药等化学物质。

天然植物纤维

有机棉纤维

有机棉纤维来自非转基因棉花植株,在生长过程中不使用化肥和杀虫剂。

原料:棉属植物。

用途:衣服、床上用品、毛巾、毛绒玩具。

注意事项:
- 有利于保护环境。
- 不含转基因成分。
- 不会受到化肥和杀虫剂污染。
- 轻便。
- 透气。
- 不容易引发过敏。
- 比普通棉纤维更柔软。
- 价格高于普通棉纤维。
- 收获棉花时需要特殊技术。
- 可能含有用于增白的漂白剂或用于固定染色剂的甲醛。

单面针织毛巾布

单面针织毛巾布一面较为光滑,另一面竖立着环状毛圈。单面针织毛巾布非常轻便,延伸性好于棉毛布。单面针织毛巾布可以为羊毛、棉、聚酯或混合材质。

原料:毛、棉或合成纤维。

用途:T恤衫、连体衣、针织帽、床单、毛绒玩具。

注意事项:
- 弹性优异。
- 轻便透气。
- 柔软。
- 易于洗涤。
- 价格便宜。
- 抗皱。
- 拉伸性好。
- 可能会缩水。

天然植物纤维

棉毛布

棉毛布比单面针织毛巾布厚实。棉毛布是双罗纹针织物，是由两个罗纹组织彼此复合而成的针织物。由于这种织物的两面都只能看到正面线圈，所以又叫双面布。棉毛布常用于缝制袜子、连体衣、针织帽、毛衣、夹克、帽衫和针织裤。棉毛布可为棉、聚酯或混合材质。

原料：毛、棉或合成纤维。

用途：服装、毛绒玩具。

注意事项：
- 尺寸稳定性优于单面针织毛巾布。
- 厚实。
- 透气。
- 柔软。
- 保暖。
- 容易清洁。
- 价格便宜。
- 抗皱。
- 拉伸性好。
- 可能会缩水。

机织毛巾布

机织毛巾布特点是厚实，毛圈既可以是单面，也可以是双面。这些毛圈增加了织物的吸水性。机织毛巾布的弹性不如单面针织毛巾布。

原料：棉、棉混合合成纤维。

用途：毛巾、浴巾、浴袍、沙滩浴巾、尿布片。

注意事项：
- 吸水性强。
- 厚实。
- 透气。
- 柔软、保暖。
- 易于洗涤。
- 非常耐用。
- 抗皱。
- 可能会缩水。
- 毛圈容易被拉出。

鱼鳞布

鱼鳞布也叫毛圈布，是一种针织布，常用于制作卫衣。它的弹性优于机织毛巾布。

原料：棉、棉混合合成纤维。

用途：浴巾、浴袍、毛巾、沙滩浴巾、服装。

注意事项：
- 吸水性强。
- 透气。
- 柔软。
- 易于洗涤。
- 价格便宜。
- 抗皱。
- 可能会缩水。
- 可能会松懈。

天然植物纤维

丝绒布

丝绒布是一种针织面料,弹性好,最初被用来代替天鹅绒。丝绒布表面布满绒毛,非常柔软。

原料:棉(较多见)、合成纤维。

用途:服装、室内装潢、汽车座椅、毛绒玩具、毯子。

注意事项:
- 柔软。
- 弹性好。
- 抗皱。
- 比天鹅绒更容易护理。
- 容易缩水。

绒面呢

绒面呢是一种编织紧密的平纹织物,最初由羊毛制成,但今天通常由100%的棉花或棉花混合物制成。绒面呢常用来缝制被褥和衬衫。

原料:棉、丝、毛或合成纤维。

用途:服装、被褥、衬垫。

注意事项:
- 柔软。
- 耐用。
- 轻便。
- 有时价格昂贵。

棉纱布

棉纱布是一种柔软的机织面料,有多种重量和宽度可供选择。棉纱布通常为白色或未染色的自然色。这种布很容易吸收染料。

原料:棉。

用途:服装、床上用品、湿巾、毯子、毛绒玩具。

注意事项:
- 轻便透气。
- 容易染色。
- 价格便宜。
- 容易清洁。
- 越用越软。
- 可能含有用于增白的漂白剂或用于固定染色剂的甲醛。

亚麻布

亚麻布是一种机织布,它的原料是来自亚麻秆的韧皮纤维。亚麻布的强度非常高,即使受潮也仍然如此。人类使用亚麻布的历史非常久远。

原料:亚麻秆的韧皮纤维。

用途:服装、床上用品、毛巾、餐巾、台布。

注意事项:
- 轻便、透气。
- 容易染色。
- 强度最高的植物纤维。
- 弹性差。
- 潮湿状态下强度更高。
- 容易起皱。
- 可能含有用于增白的漂白剂或用于固定染色剂的甲醛。
- 生产过程中可能用到多种酶或化学物质(从亚麻秆中获取韧皮纤维)。酶是更加天然,产生废物也更少的原料。

天然植物纤维

竹纤维

竹纤维是一种天然材料，由坚硬的竹片制浆后制成。经过加工，竹纤维在形态上与棉纤维类似。有机竹纤维是由不使用杀虫剂的竹子制成的。竹纤维布既可以是机织的，也可以是针织的。

原料： 竹子的茎。

用途： 服装、床上用品、毛巾、浴袍。

注意事项：

- 轻便。
- 透气。
- 吸水性优于棉纤维。
- 不易引发过敏。
- 属于可再生资源，竹子生长迅速，而且占用耕地少。
- 有天然的抗菌性。
- 可生物降解。
- 非常柔软。
- 容易清洁。
- 非常耐用。
- 可能含有用于增白的漂白剂或用于固定染色剂的甲醛。
- 竹子在物理作用和酶的作用下成为竹韧皮纤维。
- 竹子在化学作用下成为竹粘胶纤维。

人造丝

人造丝是一种丝质的人造纤维，主要由木浆制成。

原料： 木浆。

用途： 服装、床上用品。

注意事项：

- 舒适性媲美天然纤维。
- 在手感上可近似丝、毛、棉和亚麻制品。
- 柔软、光滑、凉爽、舒适。
- 吸水性强。
- 适合在炎热潮湿的天气使用。
- 可生物降解。
- 在生产过程中会使用多种化学物质。
- 不耐用，特别是在潮湿环境中。
- 只能干洗。
- 容易缩水。
- 可能含有用于增白的漂白剂或用于固定染色剂的甲醛。

天然动物纤维

真丝

丝绸由蚕茧中的蛋白丝制成。真丝纤维很细，通常需要多股才能纺成一根丝线。

原料：蚕茧丝。

用途：服装、床上用品。

注意事项：
- 吸水性强。
- 最结实的天然纤维之一。
- 柔软、光滑、舒适。
- 冬暖夏凉。
- 价格昂贵，劳动密集型。
- 遇光照和汗水强度降低。
- 通常只能手洗或干洗。
- 不可熨烫。
- 容易起皱。
- 大多数蚕在成为成虫前会被杀死。

毛

毛（例如美利诺羊毛、山羊绒、马海毛、安哥拉山羊毛、骆驼毛、羊驼毛）来自动物的毛发或毛皮纤维。毛可以机织、针织或制毡。

原料：绵羊、山羊、兔子、骆驼和羊驼的皮毛。

用途：服装、玩具。

注意事项：
- 冬暖夏凉。
- 即使在潮湿时也非常保暖。
- 不易生长细菌和霉菌。
- 天然具有阻燃性。
- 可生物降解。
- 可能摩擦皮肤，造成不适。
- 洗后可能会缩水。
- 需要特别的清洗和护理。
- 需要在动物褪毛季节收集毛发，但不会伤害动物生命。

合成功能纤维

弹性体纤维

弹性体纤维（例如氨纶、莱克拉、Elaspan®、Acepora、Creora®、Dorlastan®和Linel）以其弹性而闻名。这种纤维可以拉伸至原来长度的5倍，并能在回弹时恢复初始状态。弹性体纤维与天然纤维混合能制成轻便又不易变形的织物。

原料：聚氨酯或聚脲。

用途：运动服、打底裤、游泳衣、内衣、袜子、紧身衣。

注意事项：

- 轻便。
- 耐用、耐磨。
- 柔软、光滑、透气。
- 防皱。
- 易洗涤。
- 易染色，但需要使用甲醛来固定染色剂。
- 快干。
- 易引发过敏反应。
- 织物在接触火焰或高温时会熔化。

尼龙

尼龙是聚酰胺纤维，也叫锦纶，是一种合成材料，最初是用来替代丝绸的。尼龙布既可以是针织的，也可以是机织的。

原料：塑料纤维合成聚合物（聚酰胺）

用途：服装、室内装潢、安全带、线、梳子、牙刷、牙线。

注意事项：

- 强度极高。
- 有弹性。
- 易清洗。
- 不易被污垢、油脂、化学品和汗水侵蚀。
- 吸湿性差。
- 轻便。
- 可在高温下熔化。
- 可发生剥落。
- 生产过程中需要使用甲醛来固定染色剂。

合成功能纤维

聚酯纤维

聚酯纤维（例如卫衣绒、摇粒绒、Polartec®、Capilene®、Coolmax®和wickaway）也叫涤纶，是一类由石油衍生物制成的合成材料，具有许多特殊功能。有的聚酯纤维布高度绝缘，有的十分透气，有的吸湿性极强。与棉、人造丝或毛等天然纤维混纺后的聚酯纤维布可能会具有出色的强度、抗皱性和耐用性。

原料：石油衍生物。

用途：服装、床上用品、室内装潢、窗帘、柔软的玩具。

注意事项：

- 结实、耐用。
- 快干。
- 吸湿性差。
- 尺寸稳定性好。
- 易清洗。
- 保暖。
- 轻便。
- 防污、防霉。
- 抗皱、耐磨。
- 生产过程中可能需要使用甲醛来固定染色剂。
- 可将回收的1号塑料瓶（通常用于矿泉水瓶和饮料瓶）重新制成再生聚酯纤维布，其性能与由石油树脂制得的聚酯纤维布相同。

聚丙烯纤维

聚丙烯纤维也叫丙纶，是一种热塑性聚合物纤维，常用于生产保暖内衣、标签，以及尿布、卫生用品中的无纺布材料。

原料：石油衍生物。

用途：保暖内衣、一次性尿布、卫生用品。

注意事项：

- 保暖。
- 快干。
- 吸湿性差。
- 轻便。
- 防水。
- 易清洗。
- 容易产生异味。
- 不易燃，但遇火会熔化。
- 生产过程中可能需要使用甲醛来固定染色剂。

合成功能纤维

超细纤维

超细纤维是由不到一微米的纤维束制成的人造纤维。超细纤维可以用来生产类似麂皮的柔软织物，但这种织物远远比真正的麂皮结实、耐用。此外，由超细纤维制成的毛巾布具有很强的吸水性和抗菌性。

原料：聚酯、尼龙、人造丝或丙烯腈。

用途：服装、室内装潢、汽车内饰、清洁布、尿布片、游泳尿裤。

注意事项：
- 柔软，类似麂皮。
- 坚实、耐用。
- 抗污、易清洁。
- 吸水性强、快干。
- 轻便。
- 抗菌。
- 防尘、防棉絮。
- 生产过程中可能需要使用甲醛来固定染色剂。

聚丙烯腈纤维

聚丙烯腈纤维（例如acrilan、Orlon、Dralon）也叫腈纶，是一种合成纤维，其特性与毛纤维非常相似。

原料：聚丙烯腈聚合物。

用途：服装、防火服、针织纱线、假发。

注意事项：
- 快干。
- 吸湿性差。
- 非常保暖。
- 易清洗。
- 柔软，类似棉、毛纤维。
- 尺寸稳定性好。
- 抗油脂和化学物质侵蚀。
- 容易染色、不易褪色。
- 对患有湿疹等病症的皮肤有刺激作用。

防水材料与涂层

橡胶

橡胶可以用作防水涂料。天然胶乳可以涂在织物上形成防水屏障。

原料：橡胶树。

用途：雨衣、雨靴、鞋底、防水手套。

注意事项：
- 防水。
- 结实耐用。
- 较重。
- 价格昂贵。
- 需要硫化以减少异味，增加柔软度，并防止在炎热的天气里融化。
- 可能在极端温度、湿度条件下分解。
- 属于可再生资源。
- 部分人群对橡胶过敏。

热塑性橡胶

热塑性橡胶是一种合成橡胶，可以用作织物的防水涂层。

原料：石油衍生物。

用途：雨靴、鞋底。

注意事项：
- 防水。
- 结实耐用。
- 比天然橡胶轻便。
- 价格便宜。
- 与天然橡胶结合使用时可增加产品对温度、湿度变化的适应能力。

蜡

蜡可以用作防水涂料。最初，水手使用亚麻油来防水，但由于石蜡防水性能更好，亚麻油就基本上被石蜡所取代了。

原料：石油、煤、页岩。

用途：防水帆布夹克、防水箱包、帆。

注意事项：
- 防水。
- 透气。
- 需要每年重新上蜡以保持防水性。
- 不可机洗。

聚氨酯

聚氨酯是一种合成聚合物防水涂料。

原料：两种石油基反应聚合物。

用途：雨衣、可重复使用的布尿布、可重复使用的游泳尿裤。

注意事项：
- 防水。
- 轻便。
- 柔软。
- 不透气。
- 在高温下容易导致涂层开裂和剥落。
- 需要用冷水清洗，然后晾干。

防水材料与涂层

聚四氟乙烯（PTFE）

聚四氟乙烯（例如Gore-Tex®、OmniTech®、防水透气面料）是一种合成聚合物涂层，它能使面料既防水又透气。

原料： 合成聚四氟乙烯膜（把它拉伸到氧气分子可以通过但水分子不能通过的程度，随后再固定到织物上）。

用途： 防水透气外衣、医疗用品。

注意事项：
- 防水。
- 透气。
- 轻便。
- 柔软。
- 穿着和洗涤都能促使耐用拒水剂（DWR）涂层分解。
- 经冷水洗涤，再用烘干机烘干或低温熨烫后，耐用拒水剂涂层可恢复性能。
- 其中可能含有致癌物全氟辛酸铵（PFOA），但这种物质通常不会直接接触皮肤。

聚氯乙烯（PVC）

聚氯乙烯是一种防水织物涂料。

原料： 石油衍生物和用来增加可塑性与柔软度的邻苯二甲酸二辛酯（DEHP）、邻苯二甲酸二丁酯（DBP）和邻苯二甲酸丁基苄酯（BBP）。

用途： 雨衣、柔软的隔热午餐盒、背包、围嘴。

注意事项：
- 防水。
- 不透气。
- 透明度高。
- 结实。
- 柔软。
- 容易在受热、光照、油渍、酸和时间的作用下掉皮，开裂。
- 美国和欧盟禁止在玩具生产中使用邻苯二甲酸二辛酯（DEHP）、邻苯二甲酸二丁酯（DBP）和邻苯二甲酸丁基苄酯（BBP）。
- 由于聚氯乙烯中常含有高浓度的铅，所以已经被禁止用于婴幼儿用品。如果聚氯乙烯没有掉皮，开裂，其中的铅就不容易释放出来，否则应当立即丢弃。

聚乙烯醋酸乙烯酯（PEVA）

聚乙烯醋酸乙烯酯是一种较为安全的合成聚合物材料，可以用来代替聚氯乙烯。

原料： 聚乙烯和醋酸乙烯酯。

用途： 雨衣、柔软的隔热午餐盒、背包、围嘴

注意事项：
- 价格便宜。
- 防水。
- 不透气。
- 透明（如果需要）。
- 不含氯成分。
- 属于石化产品。
- 容易清洁。

防水材料与涂层

紫外线防护涂层

织物的紫外线防护功能可以通过织物的构造或特殊紫外线防护涂层来实现,紫外线防护系数(UPF)的不同等级表示织物所能阻挡紫外线辐射的不同百分比:

纺织品的防晒等级

紫外线防护系数(UPF)	防晒能力	阻挡紫外线百分比
UPF 15-24	好	93.3-95.9
UPF 25-39	很好	96.0-97.4
UPF 40-50+	极好	97.5-99+

原理:颜色较深、密度较大、使用独特纺纱技术的织物拥有一定程度的天然防晒作用。天热时,浅色、轻便织物可能需要紫外线防护涂层来提供足够的防晒保护。

原料:防晒服装。

注意事项:
- 拥有天然防晒作用的面料一般会比较厚重,不适合在天气热的时候穿(例如深色的牛仔布和毛织物)。
- 轻便、细软的面料通常无法提供足够的防晒保护(例如漂白棉布和涤纶绉)。
- 紫外线防护涂层属于石油化工制品。
- 紫外线防护涂层的防护功能可能会随时间推移而慢慢缩减。
- 不足6个月的宝宝最好不使用防晒霜,可以用有防晒功能的衣服来代替防晒霜。

甲醛

用于纺织品的甲醛是一种有抗皱、防缩和固定染色剂功能的树脂。在高温或潮湿环境下,这种树脂能释放甲醛。日本和欧盟对纺织品中的甲醛含量有严格规定,但美国目前还没有这样做。

原料:合成树脂。

用途:服装、床上用品、家纺、家具(用于棉织物和棉与合成纤维混纺织物)。

注意事项:
- 可能会使敏感性皮肤发生反应,例如过敏性接触性皮炎,这是一种湿疹,可表现为发红、肿胀、水疱、发痒或烧灼感。

检验、认证与生产制造

世界各国对产品的检验要求各不相同。一个国家的现代化程度越高,那里的工厂就会越经常使用各种化学物质。与此同时,越现代的国家对产品的安全要求也越严格,民众对降低化学品负面影响的呼声也更高。

如果你生活的世界到处都是化学物质,你就无法完全避开它们生活。作为一名父母,你要学会权衡利弊,分清轻重缓急,以此来做出明智的购买决策。

不同的国家和州都有自己的监管机构来监测和管控潜在的有害物质,它们通过确保产品安全来保护公众。美国的加利福尼亚州就有自己的一整套法规来禁用许多有害物质。随着新的研究不断出炉,这些标准也在持续更新。在我小时候,母亲开车时,我就坐在她旁边的副驾驶位上,为了安全,每当停车时,她都会把胳膊挡在我胸前。到了埃米和玛丽小时候,她们就不能在汽车里随便坐了。如今,所有的儿童在8岁前都必须使用儿童安全座椅。

2008年,美国消费品安全委员会(CPSC)进行了一次重大改革,出台了《消费品安全改进法》(CPSIA)。这一法案对儿童产品中的铅等物质的含量实施了更加严格的限制,并且在玩具和儿童护理用品中禁用了某些邻苯二甲酸酯。这一法案还把一些原本是自愿参加的检验转变为了强制检验。自这一法案生效以来,所有的企业都在根据更加严格的安全标准来对产品进行检验,也就是说,你的宝宝所用产品的安全性更高了。不过尽管如此,你仍然有必要了解2008年以前生产的产品,因为它们有可能含有今天会被认定为超标的物质。

对玩具等儿童产品的检验主要分为两类:

一类是化学检验。这类检验包括对涂料、染料和油漆等基础材料的化学检验。检验内容有铅、镉等重金属和邻苯二甲酸酯等物质的含量。

另一类是安全检验。这类检验所针对的是产品的各种物理性能,例如能否经受住儿童的摆弄和撕扯,有无引发窒息的危险,有无小部件、尖锐棱角和边缘,能否承受跌落、扭曲和拉伸,是否易燃。安抚奶嘴和摇铃等特殊物品还需要接受进一步的安全检验。婴儿床、汽车座椅、婴儿推车、背包等需要负重的用品也要按照功能的差异满足特定的标准。

以下是有关产品安全的美国和国际机构。你可以通过阅读以下内容来了解你所选用的产品。

产品安全机构

美国消费品安全委员会（CPSC）

美国消费品安全委员会是一家独立机构，既不属于美国联邦政府的任何部门或机构，也不向它们报告。美国消费品安全委员会的使命是禁止危险的消费品，对已经上市的问题产品进行召回，同时研究与消费品有关的潜在危险。美国消费品安全委员会监督油漆、儿童安全包装和婴幼儿玩具等消费品的安全。你可以访问他们的网站来获取最新的产品召回信息和产品材料检验结果。

美国食品与药品监督管理局（FDA）

美国食品与药品监督管理局负责制定药品、医疗器械、化妆品、辐射性产品和食品的规范标准。该机构还监管接触食品的产品和包装，以及婴儿出牙棒和牙刷等医疗设备。虽然美国食品与药品监督管理局有权监管消费者购买的大部分产品，但仍然有许多家用产品不在它的管辖范围之内。

美国材料与试验协会（ASTM）

美国材料与试验协会是一家国际标准组织，在自愿达成一致意见的前提下为多种材料、产品、系统和服务制定和发布技术标准。美国材料与试验协会负责制定玩具的检验方法和企业为遵守《消费品安全改进法》（CPSIA）等玩具相关法规而遵循的相应限制。这些涉及玩具安全的规定涵盖了供14岁以下儿童所使用的各种玩具。

欧洲标准化委员会（CEN）

欧洲标准化委员会是一家类似于美国消费品安全委员会（CPSC）的机构，负责制定儿童所用的玩具、家具和汽车座椅等产品的欧洲标准和其他技术规范。在欧盟，所有面向14岁以下儿童销售的玩具都必须遵守欧洲标准化委员会的规定。

认证机构

虽然认证机构不制定用作强制执行的法规,但它们能为多种产品制定标准。当某个产品得到认证后,消费者就会认为这一产品已经满足了相应的严格标准。认证包括第一方认证、第二方认证和第三方认证。

第一方认证由生产产品的企业做出,例如企业所宣称的大多数营销概念、产品规格和材料安全数据表。美国高乐氏公司(Clorox®)声称它们的"Green Works®"系列产品是绿色环保产品,这就是己方认证。

第二方认证由行业协会做出,以此来确保相关产品符合行业协会的相应标准。例如,美国纺织制造商协会(ATMI)制定了一套名为E3的标准,如果企业遵守这一标准,它们就可以使用相应的标识。

第三方认证由非营利组织或政府机构做出,例如下面的这些认证。

OEKO-TEX 标准

"OEKO-TEX®(eco-tex)标准100"检测生产商在织造、染色和后处理(如防污处理)过程中所使用的化学物质,以此来规范纺织品生产。

瑞士良棉发展协会(BCI)

瑞士良棉发展协会致力于改进棉花种植。该机构与整条棉花供应链的组织合作,旨在生产有利于棉农和消费者的"良棉"。

有机贸易协会(OTA)

有机贸易协会促进和保护有机产品贸易,并且与有机产品(例如食品、纤维/纺织品、个人护理产品)生产企业合作,以此来造福环境、农民、公众和经济。有机贸易协会倡导有机标准,并且向消费者推广有机理念。

全球有机纺织品标准(GOTS)

全球有机纺织品标准是业界领先的有机纤维纺织品加工标准。该机构制定了贯穿有机纺织品整条供应链的高等级环境标准,并且要求企业遵守相应的社会标准。

父母指南

生产商有责任生产对消费者安全的产品,但选择安全的产品和安全地使用产品这两件事还得要由父母来做。下面是你需要记住的一些重要事项。

- 玻璃奶瓶能用来代替塑料奶瓶,但非常易碎。使用玻璃奶瓶时,你要确保有大人时刻看护宝宝。定期检查宝宝的玩具和餐具(如杯子和瓶子)是否完好,一旦发现裂缝、零件松动就应及时丢弃。

- 不要让婴幼儿叼着奶瓶或吸管杯睡觉。这么做不仅有安全隐患,而且可能导致蛀牙、耳疾和窒息。

- 不要在宝宝的脖子上绑出牙玩具或安抚奶嘴,也不要给他戴项链,这些物品很容易被婴儿床等家具缠住,进而导致窒息。宝宝看到任何东西都想往嘴里塞,所以不要给未满三岁的宝宝佩戴首饰。

- 不要让婴幼儿独自待在高处,例如桌子上或沙发上,以免跌落造成危险,除非你能用适当的方法把他固定在上面。

- 不要让宝宝把塑料袋拿到自己口、鼻附近,以防引发窒息。

- 在宝宝出生后的头几个月里,不要把枕头、毯子和毛绒玩具放进婴儿床,也不要让他睡觉的地方有任何可能盖住他的脸或阻碍他呼吸的杂物。

- 选择天然织物,尽可能避免宝宝接触腈纶、人造丝、醋酸纤维、三醋酸纤维和尼龙织物。选择由棉、亚麻、羊毛、羊绒、丝绸或大麻制成的衣服,尤其是在贴身穿着时。

小绿芽致力于安全与环保

我认为,生产商有责任确保自己的产品符合安全标准。多年以来,小绿芽始终主张让自己的产品超越相关的检测要求和安全标准。我们的检测都按照最高标准进行。例如,日本在甲醛方面的安全标准要高于欧盟和美国,所以我们按照日本的标准进行检测。我们的国外用户帮我们提高了产品标准,他们教会我们要注意和提防哪些成分。

在小绿芽,我们致力于测试所有产品的安全性、耐用性和质量。在遵守儿童产品相关法律的同时,我们也与美国食品与药品监督管理局和美国消费品安全委员会合作,对邻苯二甲酸酯和重金属(如铅、镉)等有害物质进行测试。我们测试餐具和洗碗机的质量和耐用性,测试纺织品的易燃性、安全性、引发窒息的危险性、甲醛含量和标签信息的准确性,等等。

我们不使用聚氯乙烯、双酚A、三聚氰胺和亚硝胺。我们尽可能多地使用植物基生物塑料、木材、玻璃和不锈钢。在小绿芽,我们以为客户提供尽可能安全的婴幼儿用品而自豪。同时,我们也在继续研究和测试我们产品中所含的潜在有害物质,不断提升测试标准。

我们的使命和价值观来自我们在前面内容里介绍的天然和健康原则。以此为基础,我们努力将这些原则浸透到我们的生产过程中。在下面的内容里,我将介绍我这一路的学习历程,以及小绿芽在创建过程中所遭遇的一些困难。

小绿芽的发展历程

1982年，我怀着玛丽的时候，我开始做邮购生意，希望为其他宝宝提供天然的产品。当时公司只有我一个人，办公地点也是我家里的一个狭小的空余卧室。如果我站在那间卧室中间，那么我伸左手就能摸到装满婴幼儿用品的洗衣篮，伸右手就能摸到我处理订单、管理销售和做会计账目的桌子。两三年后，我把公司搬进了车库，我的管家也成了我的第一名员工。

在家里经营了13年后，我把公司搬进了一处工业区，开始招聘许多家庭裁缝一起生产。每周，我们都会裁切布料，然后，由她们用黑色的大袋子带回家缝制，做好后交回成品，接着再领布料。她们一度一周能缝制出10000只游泳尿裤！

当时，我非常抵制美国以外的制造业（这一担忧今天仍然广泛存在）。然而，在1996年，我有幸通过全球教育中心（Center for Global Education）前往中美洲考察人权状况，随之，我的态度也发生了转变。在那里，我见到了我根本想象不到的贫穷。我看到，那里的妇女非常渴望能够获得做针线活的机会。体会到她们内心的绝望，我深感痛苦和悲伤。那次中美洲之行让我意识到，"不论是哪里的人们都需要工作赚钱养家。"这次经历改变了我的民族主义思维，即只生产"美国制造"的产品。

随着业务的增长，我开始在拉丁美洲寻找规模更大的生产基地，例如危地马拉、洪都拉斯、墨西哥和哥伦比亚。当时，与我们合作的工厂做不了我们所需要的花色，于是我们把布料从韩国运到哥伦比亚的波哥大。这些布料经过裁切、缝制和包装，再以成品的形式运到我所在的北卡罗莱纳州。当时，我们的产品存在许多质量问题，需要不停地修补和返工。而且，我非常不愿意见到的是，企业的老板们总是不工作，经常找不到，而干活的工人们却拿着可怜的工资。

2002年，一位曾经在亚洲工厂工作的朋友告诉我，那里的生产效率更高。经他介绍，我们开始与一家泰国工厂合作。他们的产品质量更高，我先前的烦恼减少了很多。当然，我们在产品质量、时间安排和沟通交流等方面仍然存在许多问题，这也许就是做制造业所免不了的麻烦吧。总的来说，我们外包的整体效率和各种基本条件都比过去有了明显的改善。不过，尽管生产成本有所降低，但运费和关税成本却更高了。而且，我们还得接受更高的起订量和更长的交货时间。由于工厂要靠不断大量生产同样的产品来降低成本，所以我们必须一次性大量购买。

在我与亚洲多家供应商的合作过程中，我开始思考全球形势变化中的复杂性。在美国从工业时代进入信息时代的同时，工业化似乎一直在追随廉价劳动力的脚步，哪里便宜就波及到哪里。随着当地经济的发展，成本不断上升，企业于是继续去寻找成本最低的工厂。我问自己："爱普蕾（小绿芽公司的前身）要如何在这一关于产品制造的全球性的大迷宫中生存？"以下是我的思考：

埃米和贝姬

- 消费者需要更低的价格,而我们是一家小公司,需要在价格上与外包生产给亚洲工厂并提供低价的其他新兴企业竞争。

- 我们需要有条件的供应商来为我们及时高效地提供高质量的产品。我们还必须能够依赖和信任它们。

- 对我们来说,本土制造正变得越来越不可能,因为可以合作的工厂正在日益减少。

- 经营一家工厂需要大量的资本和设备,我们没有这样的条件,而且生产管理也不是一件容易的事。

- 通过外包,我们能够让我们的产品线多样化,例如生产服装、餐具、玩具和婴幼儿护理用品等各种产品。下一年,我们还会经营家庭自制婴幼儿食品原料。

与此同时,我也认识到,美国人对海外制造业的担忧是合理的,特别是中国的制造业。在我看来,这些担忧主要包括产品质量、社会环境、自然环境和美国的就业。

产品质量

我认为,从头到尾整体地管理产品质量是品牌拥有者的责任,而不是承包商的责任。也就是说,拥有品牌的企业要负责制定从产品设计、原材料、生产、质量控制到测试的各个阶段的标准。

由于我们有国际业务,特别是欧洲和日本的业务,所以我们比美国的其他生产商更早地注意到了与原材料有关的问题。2003年,我们获知了聚氯乙烯的危害。随后,我们就在我们的所有产品中禁用了这一物质。例如,我们在新泽西州生产一种带有聚氯乙烯涂层的围嘴。发现聚氯乙烯的危害后,我们检测了这种物质,并且立即在生产过程中禁用了它。2006年,我们呼吁在婴幼儿产品中禁用双酚A,并且在相关标准出台前率先禁用了它。现在,

我们已经在我们的产品中禁用了甲酰胺。我们也在研究甲醛的危害，尽管美国目前还没有发布针对这两种化学物质的全国性法规。

毕业于美国佐治亚大学的塞缪尔（Samuel Zhu），负责管理我们在中国的办公室，同时近距离监督生产质量和工作环境。

社会环境

过去，中国工厂有雇佣童工和不公平对待劳动者的现象，但我们工厂的管理者说，现在工人已经供不应求。也就是说，工人的工资、谈判能力和选择范围都有所提升。如果工人们不喜欢某一家工厂的工作条件和工资，他们完全可以在另一家工厂找到更好的工作。这些增加的人工成本确实影响了我们的制造成本。

自然环境

过去，中国的环境问题一直被忽视，但由于这样做已经造成了负面影响，所以政府这些年来已经开始制定相应的环境法规和标准。尽管已经采取了一些措施，但环境保护仍然是中国的突出问题。在我们的产品设计阶段，我们就选择尽可能不危害环境的材料。

美国的就业

许多美国人说，把生产外包给其他国家减少了美国的就业机会，可今天的职场新人并不喜欢去工厂工作，所以技工学校和工厂都不再讲授裁剪和缝纫这样的生产技能。小绿芽雇佣了60多名全职员工，其中在办公室工作的约有25名，在仓库工作的约有35名。

为了与中国大陆、泰国、台湾、越南和日本的供应商合作，我去过亚洲十几次。每一次，我都发现形势在加速变化。我意识到，全球经济并非一成不变，它是动态的、不断变迁的，也是十分复杂的。我一开始并不了解所有的影响因素和它们的整体效果，以及它们之间如何相互作用，未来几年又会以怎样的方式发挥影响。由于形势非常复杂，我认为根本找不到明确的、完全正确的解决办法。我所知道的最佳应对方式只是每天睁大眼睛，分清轻重缓急，主动去做各种选择，同时牢记我们的宗旨和价值观。

我们的中国办公室负责人塞缪尔说，由于独生子女政策，中国的父母和上面4位祖父母把他们的全部资源都投在了一个孩子身上，他们希望这个孩子过上更好的生活，希望他接受良好的教育，而不是去工厂工作，这一点与美国的父母们是一样的。中国的年轻人不再去工厂做工人，于是那里的工人大多都超过了30岁。独生子女政策也意味着中国的年轻人口还会进一步减少，于是中国的劳动力也会相应减少。由于所有这些变化，我们很难预知将来为我们制造产品的人会是谁。

无论形势如何改变，我们都会一如既往地通过外包来制造更好的产品。我们仍将致力于研究和开发工作，以此来生产质量高又买得起的有益健康的婴幼儿产品。

第 10 章
用品指南

自从你发现怀上孩子以来，亲朋好友们都会纷纷建议你准备哪些东西，比如护理枕头、婴儿推车、婴儿床，等等。如果这是你的第一个孩子，你可能会完全搞不清楚你真正需要的是哪些东西，以及什么时候需要。在下面的内容里，我将为你介绍可用于婴幼儿的各种产品，让你能够理清头绪。了解市面上有哪些产品可供选择后，你很快就会知道自己需要买些什么了。

为宝宝准备东西时，你可能倾向于多花钱，也可能倾向于少花钱，只买必备的东西。不管怎样，如果你了解产品的功能、特点、材质和质量，你就能迅速抓住重点，做出决策。我在第9章里提到过，你不可能每次都做出完美的购买选择。但是，只要经过阅读和思考，你就能挑到安全、健康、方便、环保的婴幼儿用品。

对于以下内容中的所有产品，我都会介绍它们的优点、特殊功能和注意事项。此外，我也会说明应当在宝宝长到多大时购买，以及可能需要买多少。有些物品只需购买一次，用完后还可以接着给你的下一个宝宝用或者送给亲友。有些物品也可以通过借或购买二手物品来达到省钱的目的，例如婴儿床和婴儿推车。袜子和T恤等用品需要根据宝宝的身高阶段性购买。最后，润肤乳和一次性尿布等物品也需要不断地重复购买。这一章将介绍以下6类产品：

- **婴儿房用品**。这一节内容将介绍你可能需要购买的大件用品，例如床和家具、收纳用具，以及你用来为房间增加温馨气氛的装饰品。你既可以专门设计一间婴儿房，配上相应的家具和装饰，也可以只是在你的床边放一张靠边床，再准备一个抽屉柜，兼作换尿布台。

- **日常护理用品**。这一节内容将介绍有关洗澡、护肤、换尿布、健康护理和保障安全的各种产品。

- **衣物**。这一节内容将介绍你需要为宝宝应对不同季节和不同年龄所应当准备的衣物。

- **出行用具**。这一节内容将介绍你在带宝宝外出时所应当准备的婴儿背带、婴儿推车、汽车安全座椅等相关用品。

- **饮食用具**。随着宝宝逐渐长大，他对饮食用品的需求也在不断增长。在这一节里，我将介绍宝宝三岁前从喂奶到自制饭菜时所需的一切必备用品。

- **玩具**。在这一节里，我将介绍各种各样的玩具，同时还会解释如何在健康学习的7条路径的基础上运用玩具来促进宝宝发育。最简单的玩具（既不会闪烁也不会发声的玩具）往往能激发宝宝的想象力。由木头和天然纤维制成的简单玩具就能让你的宝宝乐在其中。

婴儿房用品

与婴儿房有关的用品包括用于睡觉和储物的家具、收纳器具、房间装饰和纪念品。

寝具

你打算让你的宝宝睡在哪里？有的父母喜欢让他们的宝宝睡在自己的房间里，以便让他们养成独自睡觉的好习惯。另一些父母喜欢让宝宝睡在自己的房间，也就是说，让宝宝在出生后的前几个月里睡在父母身边的婴儿床里，过后再让他跟父母同睡一张大床。无论你采取哪一种方式，你都能做出安全、舒适，同时又契合你生活方式的购买决策。

宝宝刚出生时，你可能会喜欢让他睡在各式各样的摇篮里。如果你打算给他买婴儿床，你可以选择有加长功能的产品，这样就可以多用几年。在为宝宝的婴儿床购置床垫时，你一定要选择结实的硬质床垫，以此来降低遭遇婴儿猝死综合症（SIDS）的风险。此外，你还需要准备一张床垫保护垫或隔尿垫来预防尿布漏尿和宝宝流口水。此外，在宝宝满周岁前，不要在他的婴儿床里放置防撞垫、防侧睡枕和松软的毯子。

家具

除去睡觉的地方之外，你还需要为宝宝准备换尿布台（用来给宝宝穿衣服和换尿布）、换尿布垫和用来存放衣物的抽屉柜或架子。你也可以为宝宝准备摇椅或秋千椅，这样你就能一边给他唱歌，一边摇他入睡了。你也可以为自己准备一只脚蹬，以便你能把两只脚放在上面休息。最后，随着宝宝逐渐成长，你也可以给他准备一只幼儿梯凳来帮他提升自理能力。

收纳用具

照顾宝宝所需要花费的时间和精力可能会大大超出你的想象。你越能做到条理分明，你也就越能高效地完成换尿布、喂食和洗澡等杂务。你可以准备储物箱、抽屉收纳盒、晾衣架、衣物篮、尿布收纳袋和废尿布桶，以此来把所有物品分门别类放置，在需要时随时取用。

房间装饰

无论你是否选打算研究风水（这是中国一种为获得最佳能量流动效果而采取的一整套关于房间布置和家具摆放的传统做法），在为宝宝布置睡觉场所时，你都可以为他创造出一片宁静温馨的空间。要做到这一点，你只需倾听内心的声音，并跟随你的感觉行动。对于你给宝宝准备的床上用品、窗帘、地毯、装饰品和家具，你要尽可能选择柔和的颜色和天然的材料。认真考虑光线、气流和婴儿床的摆放位置。宝宝身边尽量不放或少放电器。最后，你还可以考虑在房间里点放了精油的香薰灯，播放轻音乐，悬挂壁挂，以此来刺激宝宝的多种感官。

纪念品

纪念品能帮你记录宝宝生命中的重要时刻，留下终生珍藏的记忆。纪念品是宝宝生长发育过程中的里程碑，有了它们，你就能在宝宝长大一些后与他一起分享成长的喜悦。

寝具

婴儿床

购买频率：单次
宝宝多大开始需要：出生后

市面上有各式各样的婴儿床可供你挑选。不要给宝宝使用下拉式侧栏婴儿床和栏杆间隔距离超过6厘米的老式婴儿床，否则可能引起窒息。不少婴儿床的床垫可以调节高度，这样一来，当你的宝宝能够在婴儿床里站起来后，你就可以把床垫高度调低。

功能： 为宝宝提供安全的睡眠空间（四周的围栏能防止宝宝跌落）。

注意事项：
- 能否转换为儿童床。
- 是否自带收纳空间（可放置尿布）。
- 是否自带换尿布台。
- 床垫高度是否可调。

床垫

购买频率：单次
宝宝多大开始需要：出生后

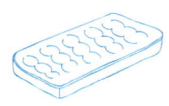

婴儿床床垫通常不容易引发过敏，同时有防水功能。结实的硬质床垫对宝宝的骨骼生长更有利。不少老旧床垫不仅使用聚氯乙烯和聚氨酯等化学物质来充当防水层，也使用有毒的阻燃剂来达到防火安全标准，这些做法都可能危害宝宝的健康。不过，也有很多床垫不使用有害化学物质。对于旧的二手床垫，你要多加小心。此外，有的床垫不仅适用于标准尺寸的婴儿床，还能加长用于儿童床。

功能： 为婴儿床里的宝宝提供既坚实又安全的支撑面。

注意事项：
- 是否足够硬（软床垫可能会引发窒息）。
- 是否不容易引发过敏（乳胶可能会引发过敏反应）。
- 是否有防水功能（用湿布可以擦拭干净）。
- 是否使用有机、透气、无毒材料。
- 是否适合婴儿床尺寸。

摇篮

购买频率：单次
宝宝多大开始需要：出生后

在出生后的最初几周和几个月里，宝宝一般都是吃了睡，睡了吃。这时，让他睡摇篮或许是一种方便的选择。与标准尺寸的婴儿床相比，摇篮占用空间更少，而且更容易移动。有的摇篮还有提手和舒适的内衬。

功能： 用作新生儿的小床。

注意事项：
- 是否容易移动。
- 是否轻便。
- 注意最大承重量。

寝具

靠边床

购买频率：单次

宝宝多大开始需要：出生后

有了靠边床，你就能让宝宝睡在身边，同时方便喂奶。此外，这么做也能降低宝宝跟你同睡一张床时发生窒息的风险。靠边床的一侧栏杆通常可以向下翻折，进而与你的大床连为一体。有的靠边床也可以转换成为独立的婴儿摇篮车或游戏围栏。有的靠边床也有可拆卸的内衬，脏了可以用洗衣机清洗，而且可以通过折叠来节省空间，便于收纳和携带。

功能：方便夜里喂奶，加深亲子感情。

注意事项：

- 是否不易燃。
- 是否配有安全带。
- 是否配有可拆卸的内衬。
- 注意最大承重量。

床垫保护垫

购买频率：单次

宝宝多大开始需要：出生后

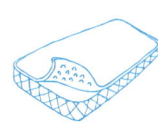
床垫保护垫是铺在床垫上用来保护床垫的。这种垫子通常有防水功能，可以保护宝宝的床垫不被湿气、霉菌和污渍侵蚀。

功能：保护床垫不被湿气、霉菌和污渍侵蚀。

注意事项：

- 是否有防水功能。
- 是否不含聚氯乙烯成分。

床笠（床垫罩）

购买频率：多次

宝宝多大开始需要：出生后

婴儿床所用的床笠一般适用于大多数标准的婴儿床床垫。与成人床笠相比，婴儿床所用的床笠一般与床垫贴合更为紧密，以此来避免松散的织物引起窒息危险。

功能：在宝宝和床垫之间充当舒适的保护层。

注意事项：

- 是否为法兰绒、机织或针织织物。
- 是否为有机产品。
- 能否机洗。

隔尿垫

购买频率：多次

宝宝多大开始需要：出生后

隔尿垫铺在床单上，以此来保持床单清洁，同时保持床垫干燥。隔尿垫通常有吸水和防水功能。

功能：保护床单不受潮气、霉菌和污渍侵蚀。

注意事项：

- 是否完全不透水。
- 吸水性好不好。
- 是否不含聚氯乙烯成分。

寝具

玩耍垫巾

购买频率：多次
宝宝多大开始需要：出生后

玩耍垫巾一般为方形或长方形，有许多种用途，例如在哺乳时包裹宝宝，为宝宝遮阳，或者在宝宝趴着玩耍时给他垫在肚子下面。

功能：包裹宝宝，保暖。

注意事项：
- 是否为有机棉质产品。
- 尺寸是否足够大。
- 是否轻便。

襁褓包巾

购买频率：多次
宝宝多大开始需要：出生后

襁褓包巾是专门用来包裹宝宝的。它的两侧各有一片凸出的翼，上面一般有魔术贴，起固定作用。你也可以用一般的方巾来代替襁褓包巾。

功能：预防惊跳反射。

注意事项：
- 是否为有机材质。
- 透气性好不好。
- 能否机洗。

睡袋

购买频率：多次
宝宝多大开始需要：出生后

睡袋能在宝宝睡觉时帮他保暖。在睡袋里睡觉时，宝宝仍然可以踢腿，活动身体。而且，睡袋也不会遮住他的脸或呼吸道而造成窒息，也不会热到宝宝。睡袋通常没有袖子，底部有开口，方便换尿布。你可以通过给宝宝穿不同的睡衣来调节温度，例如短袖、长袖连体衣或包脚睡衣。冬季用的睡袋和夏季用的睡袋厚度不同。如果你一直在给宝宝用襁褓包巾，那么在他能够摆脱包巾睡觉后，你可能会更喜欢给他用睡袋。有些大号睡袋可以使用5年之久，但是一旦宝宝学会站立，再给他用睡袋有时就会不大方便了。

功能：在宝宝睡觉时提供保护，帮他保暖。

注意事项：
- 是否太重。
- 底部是否有开口，以方便换尿布。

盖毯

购买频率：多次
宝宝多大开始需要：18个月

盖毯可用于为1岁半到2岁的宝宝保暖。例如在天冷时，你可以用它来为坐在婴儿推车或汽车安全座椅里的宝宝保温。宝宝满周岁前，不要在婴儿床里给他使用盖毯，以免引起窒息。

功能：保暖。

注意事项：
- 是否为有机产品。
- 能否机洗。

寝具

被子

购买频率：单次
宝宝多大开始需要：出生后

宝宝满周岁后，你就可以给他用被子了。被子不仅能为他保暖，还能接着给他的弟弟妹妹用。

功能：在睡觉时保暖。

注意事项：
- 是否为纯棉材质。
- 是否厚实。
- 能否机洗。

电子助眠仪

购买频率：单次
宝宝多大开始需要：出生后

电子助眠仪能播放各种舒缓的白噪音和音乐，进而帮助你的宝宝养成在有噪音的环境下睡觉的习惯。

功能：提供白噪音，降低宝宝对日常噪音的敏感度，让他睡得更踏实。

注意事项：
- 是否有定时功能。
- 能否控制音量。
- 是否能方便地固定在婴儿床上。

婴幼儿监护器

购买频率：单次
宝宝多大开始需要：出生后

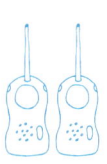

如果你跟宝宝不在一个房间，你就能通过婴幼儿监护器听到他发出的声音。有的监护器配有皮带夹，由电池供电，这样你就能带着它在家里自由移动了。有的监护器还有视频功能，这样你就能同时听到和看到你的宝宝了。

功能：让你能够在宝宝睡觉的时候查看他的状况。

注意事项：
- 是否有视频功能。
- 有效范围是否足够大。
- 是否能别在腰上。

夜灯

购买频率：单次
宝宝多大开始需要：出生后

在夜里，夜灯能为你的宝宝提供安慰和照明，特别是在如厕训练期间。

功能：在夜里为宝宝提供光亮。

注意事项：
- 光线是否柔和，以防刺眼。
- 是否安全可靠。

寝具

儿童床

购买频率：单次

宝宝多大开始需要：18个月

儿童床配有可拆卸的护栏，以此来防止宝宝从床上滚下来。儿童床通常比父母的床矮，这样宝宝才容易爬上爬下。有的儿童床能通过加装通常单独出售的配件来改装成为成人床。儿童床有多种颜色和风格可供你选择。

功能：自带的护栏能防止宝宝从床上滚落。

注意事项：
- 护栏是否可拆卸。
- 是否漂亮，是否装饰有卡通形象。

家具

换尿布台

购买频率：单次

宝宝多大开始需要：出生后

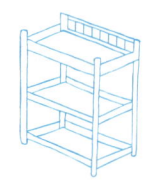
有了高高的换尿布台，你就不必猫着腰，而是可以舒服地站着给宝宝换尿布了。大多数换尿布台都有安全带或护栏来防止宝宝跌落。有的换尿布台有架子、抽屉等额外储物空间，也有的婴儿床本身就自带换尿布台。

功能：方便你为宝宝换尿布。

注意事项：
- 是否有防止跌落的安全措施。
- 是否有储物空间。

换尿布垫（changing pad）

购买频率：多次

宝宝多大开始需要：出生后

换尿布垫直接放在换尿布台上使用，它的作用是让宝宝躺得更稳，同时也让他在换尿布的过程中感觉更舒服。与便携式换尿布垫（changing mat）不同，与换尿布台配套使用的换尿布垫通常有凸起的侧缘，有时还配有安全带，以便让你的宝宝能舒服地待在里面不掉下去。换尿布垫的表面最好有可以拆下来单独清洗的布罩，这样一旦弄脏也容易清洁。

功能：让宝宝在换尿布的过程中躺得更稳，感觉更舒适。

注意事项：
- 是否不含聚氯乙烯成分。
- 是否配有能拆下来单独清洗的布罩。
- 换尿布垫外层的吸水性好不好。
- 换尿布垫内层的防水性好不好。

家具

抽屉柜或架子
购买频率：单次
宝宝多大开始需要：出生后

抽屉柜或架子可以帮助你整理婴儿室里的各种物品，包括尿布、湿巾、衣服和玩具。如果你的空间有限，一些婴儿床和幼儿床有内置的存储空间，可以用于相同的目的。

功能：提供收纳空间。

注意事项：
- 是否有多个层架或抽屉。
- 婴儿床或儿童床是否已经自带抽屉柜或架子。

摇椅
购买频率：单次
宝宝多大开始需要：出生后

摇椅有助于你给宝宝喂奶，同时也能帮助他更快地进入梦乡。有的摇椅配有坐垫、头枕和软包扶手。

功能：让宝宝更舒服地吃奶和更快入睡。

注意事项：
- 是否为有机材质。
- 椅罩能否拆下来机洗。

脚凳
购买频率：单次
宝宝多大开始需要：出生后

脚凳是一种带有软垫的矮凳，与摇椅配套使用。你可以在哺乳或哄宝宝睡觉时把两只脚搭在上面。

功能：将你的两只脚垫高。

注意事项：
- 是否为有机棉材质。
- 罩子是否能拆下来机洗。

幼儿梯凳
购买频率：单次
宝宝多大开始需要：出生后

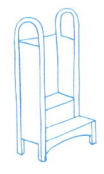
幼儿梯凳能帮助宝宝提高生活能力。宝宝长到足够高时，他就可以利用幼儿梯凳来做很多事了，例如踩着它坐马桶、洗手和刷牙。

功能：帮助宝宝独立完成许多事情。

注意事项：
- 颜色、样式是否活泼、有趣。
- 能否用于2~7岁的宝宝。

收纳用具

储物箱或储物篮

购买频率：持续

宝宝多大开始需要：出生后

多准备一些储物箱或储物篮来存放衣服、玩具和床单等物品，这么做能让你的生活井井有条。储物箱大多配有可以密封的盖子，后者能防止灰尘进入。储物箱或储物篮的材质各式各样，有可以折叠的柔软织物，有塑料，也有木材。此外，储物箱或储物篮也有不同的尺寸可供选择。

功能：帮你快速高效地找到各种东西。

注意事项：

- 是否配有盖子。
- 是否与婴儿房的装饰相协调。

抽屉隔断

购买频率：多次

宝宝多大开始需要：出生后

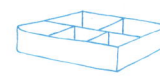你可以用抽屉隔断来为抽屉分区。抽屉隔断通常都能把抽屉分成很多"隔间"，后者特别适合用来存放帽子和袜子等小件物品。

功能：帮你快速高效地找到各种东西。

注意事项：

- 是否可折叠。
- 是否可调。

抽屉衬垫

购买频率：多次

宝宝多大开始需要：出生后

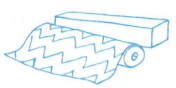在放置宝宝物品的抽屉里铺上衬垫，避免让他的东西直接接触抽屉底板。抽屉衬垫有不同香型，也有无味的。有些抽屉衬垫的背面还有粘胶。

功能：保持洁净。

注意事项：

- 是否有防滑功能。
- 是否与婴儿房的装饰相协调。

儿童晾衣架

购买频率：持续

宝宝多大开始需要：6个月

婴幼儿的衣服不适合用成人尺寸的衣架晾晒，否则可能会被撑大。儿童晾衣架有很多种类，材质有木头、金属和塑料，有的还覆盖有织物，此外还有多功能晾衣架和可伸缩晾衣架。

功能：防止婴幼儿衣物变形。

注意事项：

- 表面是否覆盖有织物。
- 是否可伸缩。
- 是否与婴儿房的装饰相协调。

收纳用具

脏衣篮

购买频率：单次

宝宝多大开始需要：出生后

脏衣篮用来暂时存放脏衣服。脏衣篮通常采用透气面料，以此来减少霉菌积累。

功能：把脏衣服收集在一处，方便清洗。

注意事项：
- 是否采用透气面料。
- 是否配有织物衬里。
- 是否与婴儿房的装饰相协调。

尿布收纳袋

购买频率：单次

宝宝多大开始需要：出生后

尿布收纳袋用来存放宝宝的尿布，以便你在给他换尿布时随手取用。很多尿布收纳袋都自带挂钩，以便你能把尿布收纳袋挂在换尿布台上。

功能：供你在给宝宝换尿布时随手取用新尿布。

注意事项：
- 是否有挂钩。
- 是否与婴儿房的装饰相协调。

玩具箱

购买频率：单次

宝宝多大开始需要：出生后

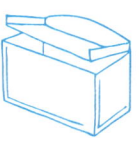

玩具箱是用来存放宝宝玩具的地方。玩具箱通常比较矮，宝宝长大一些后就可以用它来收拾自己的玩具了。很多玩具箱都能当凳子用，有的玩具箱上面还有软软的垫子。

功能：收纳玩具，保持整洁。

注意事项：
- 顶部是否有软垫。
- 是否与婴儿房的装饰相协调。

房间装饰

靠枕

购买频率：单次
宝宝多大开始需要：出生后

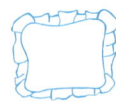

宝宝一般要到18~24个月大时才需要使用枕头。在宝宝的房间里放置一只靠枕不仅有助于营造温馨的气氛，还能在你哺乳时为你的背部和手臂提供支撑。

功能：让你坐着和哺乳时更舒适。

注意事项：
- 是否为有机材质。
- 能否机洗。
- 是否与婴儿房的装饰相协调。

地毯

购买频率：单次
宝宝多大开始需要：出生后

地毯防滑、保暖，便于宝宝趴在上面玩耍或用作游戏区域。地毯有不同的图案、颜色和风格来搭配宝宝的房间。地毯很容易更换，你可以在宝宝长大一些后更换新的地毯。

功能：提供装饰，用作游戏区域。

注意事项：
- 是否使用天然纤维。
- 是否有防滑功能。

房间装饰

壁挂

购买频率：单次
宝宝多大开始需要：出生后

壁挂能美化居室，为宝宝的房间营造温馨气氛。随着宝宝逐渐长大，你可以为他更换新的壁挂。

功能：美化宝宝的房间。

注意事项：
- 是否使用环保材质。
- 是否与婴儿房的装饰相协调。

台灯

购买频率：单次
宝宝多大开始需要：出生后

台灯的光线比吸顶灯更加柔和，有助于为你的宝宝营造宁静温馨的氛围。此外，台灯的外形和颜色也有装饰作用。

功能：为宝宝营造宁静温馨的氛围。

注意事项：
- 光线是否柔和。
- 是否安全，不易破碎。
- 是否与婴儿房的装饰相协调。

窗帘

购买频率：单次
宝宝多大开始需要：出生后

窗帘能为宝宝的房间提供隐私保护，你还可以借助窗帘调节房间的光照。注意绳子要放在高处，以免宝宝抓到。

功能：让你坐着和哺乳时更舒适。

注意事项：
- 能否调节光照。
- 是否与婴儿房的装饰相协调。

墙饰

购买频率：单次
宝宝多大开始需要：出生后

墙饰是直接贴在墙上用作装饰的贴纸，而且经济实惠。

功能：为婴儿房营造温馨氛围。

注意事项：
- 是否使用天然纤维。
- 是否与婴儿房的装饰相协调。

开关装饰贴

购买频率：单次
宝宝多大开始需要：出生后

开关装饰贴是用来装饰开关的装饰品。

功能：为婴儿房营造温馨氛围。

注意事项：
- 是否与婴儿房的装饰相协调。

房间装饰

身高贴

购买频率:单次
宝宝多大开始需要:出生后

身高贴能帮助你记录宝宝身高的变化。身高贴的材质有布、纸和塑料,上面印有高度标尺。你可以用贴纸、贴画、记号笔、钢笔或铅笔来把宝宝的身高标在上面。

功能:用充满趣味的方式记录宝宝的成长。

注意事项:

- 是否直观,使用方便。
- 撕去时能否不留痕迹。

纪念品

相框

购买频率:多次
宝宝多大开始需要:出生后

你可以把宝宝的照片放进相框里,然后把相框挂在家里或者带到你的办公室。相框能保护里面的照片,而且随着宝宝逐渐长大,你也可以方便地用新照片来替换已有的照片。有些相框是为纪念特殊的日子而设计的,例如出生日、满周岁纪念日、第一次过节,等等。此外,你也可以使用数码相框来轮换显示不同的照片。

功能:保护宝宝照片,纪念有特殊意义的日子。

注意事项:

- 是否使用环保材质。
- 是否与使用环境相协调。

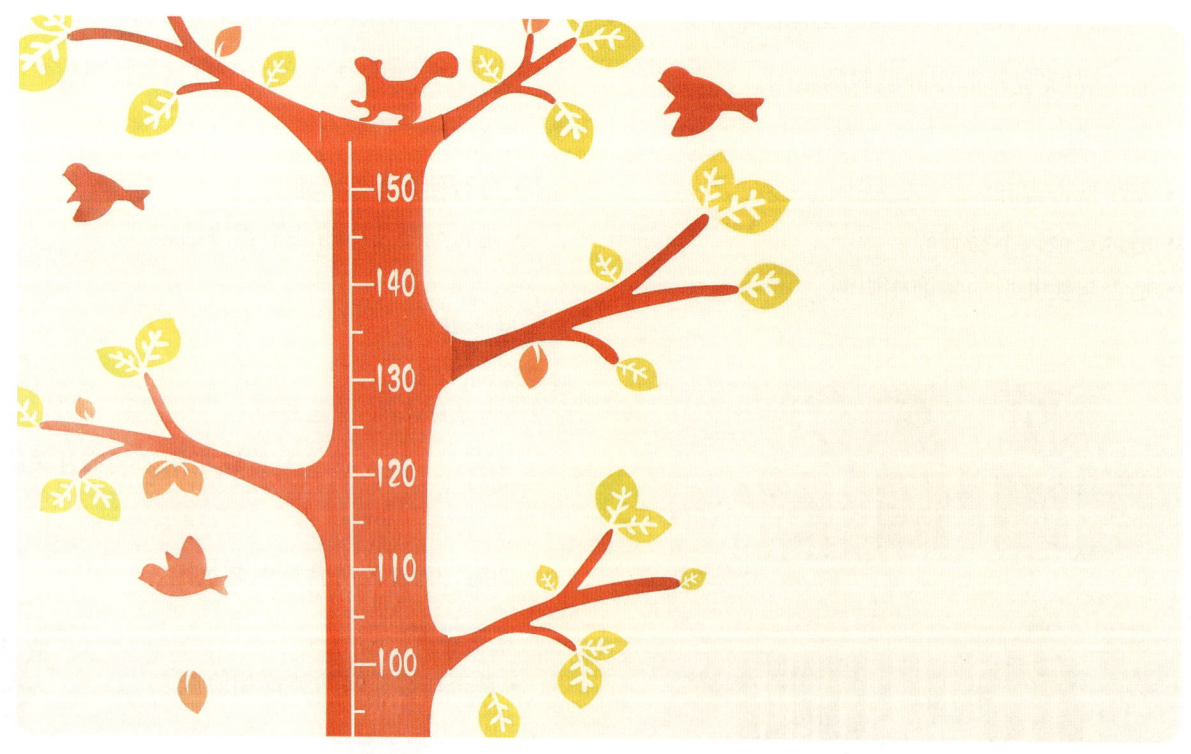

相册

购买频率：多次

宝宝多大开始需要：出生后

你能用相册来留存关于宝宝的记忆，相册还能保护其中的照片。

功能：保存和展示照片。

注意事项：

- 注意适用照片尺寸。

出生纪念卡

购买频率：单次

宝宝多大开始需要：出生后

出生纪念卡通常需要在宝宝出生后4~8周内寄给亲朋好友。

功能：告知宝宝出生的消息。

注意事项：

- 选择你喜欢的风格和样式。

纪念品

成长纪念册

购买频率：单次

宝宝多大开始需要：出生后

你可以用成长纪念册来记录宝宝最初几年的成长经历。许多成长纪念册既是一本日记，也是一本相册，你可以用它来记录关于宝宝的重要瞬间。这种纪念册通常会预留位置来供你填写宝宝的重要成长经历，例如第一次走路、第一次吃固体食物，等等。

功能：记录宝宝的成长经历。

注意事项：

- 是否有照片插袋。

手印泥或足印泥

购买频率：单次

宝宝多大开始需要：出生后

你能借助手印泥或足印泥留下宝宝的成长印记。手印泥或足印泥通常由石膏或粘土制成，通常带有挂钩，这样你就可以把它挂在墙上或者作为节日装饰。有的手印泥或足印泥套装带有镜框和贴宝宝照片的位置。

功能：记录宝宝的手印或足印。

注意事项：

- 是否使用不粘和无毒材质。

日常护理用品

用于宝宝日常护理的产品有沐浴用品、洗护用品、尿布、保健用品和安全用品。

沐浴用品

洗澡不只是为了把宝宝的身体洗干净，同时也是增进亲子感情，并且让宝宝在睡觉前放松身心的大好时机。要想让洗澡的过程既安全又好玩，你就要准备一些必备的沐浴用品，例如防撞龙头套、水温计和防滑垫。在把宝宝抱进浴缸之前，你要先把毛巾、澡巾和洗护用品准备好。另外，你也可以选择跪在浴缸跪垫上为宝宝洗澡，这么做能避免你的腰部产生不适。最后，你还可以准备一只浴缸玩具收纳器来存放宝宝在洗澡时玩的玩具。注意检查水温，以免水温偏烫或偏凉。在洗澡中间，你一定要抓牢宝宝，以防他滑进水里。从洗澡开始到结束，你都要密切关注他的一举一动。

洗护用品

新生儿和婴儿并不需要每天用浴液洗澡，他们的头发一周用洗发液洗两三次也就足够了。随着他逐渐长大并开始用浴液和洗发液规律地洗澡，你就要确保你为他选购的洗护用品里不含可能会对他的娇嫩肌肤产生刺激的香料、染料等化学物质。婴儿润肤乳能滋润宝宝的皮肤，护臀霜能呵护臀部皮肤健康，指甲刀和防抓伤手套能防止宝宝抓伤自己。其他洗护用品还包括软毛刷、梳子、牙刷和牙膏。

尿布

在给宝宝换尿布的时候，我们需要考虑很多因素，比如操作是否方便，是否节省时间，宝宝穿着是否舒适，尿布本身是否环保，以及相应的花销。选择什么样的尿布意味着选择相应的生活方式。对于不同的宝宝和具体情况，选择也可能各不相同。看护者可以选择既方便又舒适的布尿布，例如尿布兜、一次性尿布片、尿布衬、类似纸尿裤的一体式尿裤，以及环保纸尿裤。你可以从始至终只选用一种尿布，也可以多种尿布结合使用。但不管怎样，在宝宝学会上厕所之前，你可能都得为他更换大约7000次尿布。

保健用品

要想让宝宝拥有健康的身体，你首先要做的就是用健康日记来记录他历次看医生的经历和得过的所有疾病。为了预防意外伤害和疾病，你还要准备一些必备物品，例如吸鼻器、体温计、喂药器和急救包。最后，冬天空气干燥时，你还可以使用加湿器来增加空气湿度。

安全用品

日常护理还包括为宝宝提供安全的成长环境。你需要购买一些安全用品，例如插座防护盖、安全锁和安全门。同时，你也需要使用无毒的清洁用品来确保他的生活环境安全又卫生。

沐浴用品

婴儿浴垫

购买频率：单次

宝宝多大开始需要：出生后

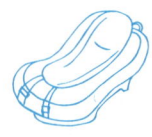

婴儿浴垫是放置在厨房水槽或浴缸里以便于你给新生宝宝洗澡的垫子。通常，你要等宝宝会坐以后才能给他用普通浴缸洗澡。有了婴儿浴垫，他就能提前用浴缸了。此外，婴儿浴垫还能防止宝宝身体下滑。

功能：在浴缸里支撑宝宝。

注意事项：

- 是否不含双酚A和聚氯乙烯成分。

防滑浴垫

购买频率：单次

宝宝多大开始需要：出生后

防滑浴垫能为浴缸提供粗糙表面来增大摩擦力。使用时，你可以把防滑浴垫直接铺在浴缸表面。

功能：防滑，适用于大部分标准浴缸。

注意事项：

- 是否有防霉功能。
- 是否不含双酚A和聚氯乙烯成分。

沐浴用品

水温计

购买频率：单次
宝宝多大开始需要：出生后

在把宝宝放进浴缸之前，你要首先用水温计测量水温，确保水温合适。

功能：测量水温。

注意事项：
- 颜色、样式是否活泼、有趣。
- 读数是否准确。
- 使用是否方便，读数是否清晰。

防撞龙头套

购买频率：单次
宝宝多大开始需要：出生后

给宝宝洗澡时，防撞龙头套能保护宝宝的头部免受浴缸里水龙头的撞击。防撞龙头套一般都适用于标准尺寸的浴缸。防撞龙头套往往也会设计成有趣的样子，为你和宝宝增添洗澡的乐趣。

功能：保护宝宝的头部免受浴缸里水龙头的撞击。

注意事项：
- 是否适用于家里的浴缸。

浴缸玩具收纳器

购买频率：单次
宝宝多大开始需要：出生后

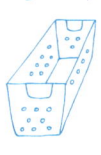
你可以准备一只浴缸玩具收纳器来存放一些玩具，以便宝宝在洗澡时玩耍。浴缸玩具收纳器有很多种类，有挂在淋浴喷头上的收纳袋，有夹在浴缸顶部的托盘，也有用吸盘吸附在墙上的收纳桶。

功能：存放和沥干浴缸玩具。

注意事项：
- 是否有防霉功能。
- 能否固定在浴室墙壁或浴缸上。
- 是否自带浴缸玩具。
- 是否不含聚氯乙烯成分。

带帽浴巾

购买频率：多次
宝宝多大开始需要：出生后

带帽浴巾既能帮助宝宝吸收身上和头上的水分，同时还能为他保暖。此外，卡通形象的带帽浴巾还能激发宝宝的玩耍欲望。

功能：吸收水分，保暖。

注意事项：
- 是否为有机棉材质。
- 能否机洗。
- 尺寸应稍大些。

沐浴用品

澡巾

购买频率：多次
宝宝多大开始需要：出生后

澡巾通常由针织或机织毛巾布制成。机织毛巾布一般比较厚，适合用来清洁宝宝身体的大块区域，例如腿、胳膊、躯干和脑袋。针织毛巾布比较薄，适合用来清洁小块或柔嫩的身体部位，例如鼻子和耳朵。澡巾可以配合洗发液或浴液使用。在为宝宝洗澡的过程中，你也可以在他的肚子上放一块厚毛巾，以此来为他保暖。

功能：以柔和的方式清洁宝宝的身体。

注意事项：
- 是否为有机棉材质。
- 能否机洗。

冲洗杯

购买频率：单次
宝宝多大开始需要：6周

你可以用冲洗杯来冲掉宝宝身体和脑袋上的浴液和洗发液。冲洗杯通常设计有把手和壶嘴，便于倾倒。冲洗杯还可以用来给宝宝充当倒水的玩具。

功能：冲掉宝宝身体和脑袋上的浴液和洗发液

注意事项：
- 把手是否有防滑功能。
- 是否不含聚氯乙烯成分。

浴缸跪垫

购买频率：单次
宝宝多大开始需要：3个月

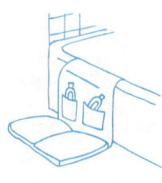你可以跪在柔软的浴缸跪垫上为宝宝洗澡。

功能：为你的膝盖提供缓冲。

注意事项：
- 是否有防水功能。
- 能否机洗。

洗护用品

浴液、洗发液
购买频率：持续
宝宝多大开始需要：6周

　　浴液和洗发液能帮助你清洁宝宝的身体和头发，但很多产品中都含有有毒化学物质。例如，根据美国食品与药品监督管理局的规定，甲醛和二恶烷并不需要在产品成分中标明。所以，你最好选择成分单纯的天然产品。

功能：帮助清洁宝宝的身体和头发。

注意事项：
- 是否不含十二烷基硫酸钠成分。

润肤乳
购买频率：持续
宝宝多大开始需要：出生后

　　润肤乳能用来滋润宝宝的皮肤，防止皮肤出现干燥、湿疹和尿布疹等症状。

功能：滋润宝宝的皮肤。

注意事项：
- 是否不易引发过敏反应。
- 是否不含香精成分。

护臀霜
购买频率：多次
宝宝多大开始需要：出生后

　　护臀霜对宝宝的娇嫩肌肤有保护和治疗作用。每次换完尿布后，你都可以在宝宝的屁股上擦一些护臀霜，以此来形成防潮屏障，预防尿布疹。遇到擦伤、烧伤或皮疹，你也可以为宝宝涂抹护臀霜来促进患处愈合。

功能：预防和治疗尿布疹。

注意事项：
- 是否为有机产品。
- 是否不含石油成分。

软毛刷和梳子
购买频率：多次
宝宝多大开始需要：6周

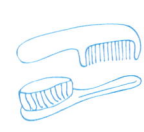
　　婴儿用的软毛刷和梳子能用来梳理宝宝的头发，使头发保持柔软和健康。软毛刷和梳子的握把要有防滑功能，以此来方便宝宝为自己梳头。用天然材质制成的刷毛非常柔软，不会伤害宝宝的头皮。

功能：梳理宝宝的头发。

注意事项：
- 握把是否有防滑功能。
- 刷毛是否为天然材质。

牙刷和牙膏
购买频率：持续
宝宝多大开始需要：6个月

　　在宝宝长牙之前，你仍然需要为他清洁牙龈，这是一件非常重要的事。你可以用纱布或手指套牙刷来帮他做这件事。到宝宝大约6个月大时，你就可以每天用软毛牙刷给他刷两次牙了。牙膏里可能含有氟化物，所以不要给不满两岁的宝宝用牙膏，因为他可能会把牙膏吞下去。对于两岁后的宝宝，你可以在他的牙刷上涂上豌豆大小的牙膏，以此来更加有效地去除牙齿表面的细菌。

功能：清洁牙齿。

注意事项：
- 牙刷是否不含双酚A和聚氯乙烯成分。
- 牙膏是否不含十二烷基硫酸钠成分。

洗护用品

指甲剪
购买频率：单次
宝宝多大开始需要：出生后

你需要经常用指甲剪修剪宝宝的指甲，以免他抓伤自己。

功能：修剪宝宝的指甲。

注意事项：
- 是否有防滑功能。
- 是否适合修剪特别小的指甲。
- 是否自带放大镜。

防抓伤手套
购买频率：单次
宝宝多大开始需要：出生后

给新生宝宝佩戴防抓伤手套能防止他抓伤自己。这种手套通常由柔软的面料和用来防止脱落的松紧带制成。

功能：防止宝宝抓伤自己，保暖。

注意事项：
- 是否为纯棉或有机棉材质。

安抚奶嘴
购买频率：多次
宝宝多大开始需要：出生后

安抚奶嘴是一种乳头形状的奶嘴，供宝宝在不饿的时候叼着，以此来获得安慰。安抚奶嘴不能代替哺乳和奶瓶喂养。在哺乳期间，使用安抚奶嘴可能会干扰母乳喂养（两者吮吸方式不同）。所以，你要等宝宝完全习惯吃母乳后才能给他用安抚奶嘴。购买时，要选择用料好，并且有正畸功能的安抚奶嘴。

功能：为宝宝提供安慰。

注意事项：
- 是否不含双酚A成分。
- 是否有正畸功能。

尿布

尿布兜
购买频率：多次
宝宝多大开始需要：出生后

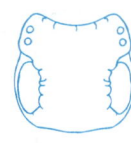
尿布兜由防水材料制成，它的作用是包裹布尿布，同时牢牢"锁住"宝宝的排泄物，防止侧漏。尿布兜有很多种材质，例如聚酯纤维、棉（经防水处理）、超细纤维和羊毛（透气性好）。尿布兜也有各种样式，有无开口松紧带式的，有侧开口魔术贴式的，也有侧开口使用扣子的。你可以在尿布兜里插入不同种类的尿布片，例如纯棉纱布尿布片、预裁成型尿布片和一次性生物降解尿布片。

功能：防止侧漏。

注意事项：
- 用料是否安全。
- 面料是否柔软，穿着是否舒适。
- 是否有防水功能。
- 尺寸是否合适。
- 要多买一些。
- 是否松紧适度。
- 是否经济环保。
- 是否操作简便，省时省力。
- 是否贴合裁剪。
- 是否有防漏隔边。
- 是否方便清洁。
- 能否防止遮盖或摩擦肚脐。

尿布

纱布尿布片

购买频率：多次
宝宝多大开始需要：出生后

纱布尿布片经济实惠，通常是纯棉材质的，但也有竹纤维和亚麻材质的。这种尿布片也可以用作拍嗝巾或防溢奶巾。借助不同的折叠方式，这种尿布片很容易调整尺寸，因此能用于不同年龄的宝宝。你也可以一次多用几片，以此来增大吸水性或者给宝宝夜里使用。此外，这种尿布片洗后还很容易晾干。

功能： 吸收宝宝的排泄物。

注意事项：

- 面料是否柔软，穿着是否舒适。
- 是否为棉、竹纤维、亚麻或超细纤维材质。
- 吸水性好不好。
- 是否经济实惠。
- 是否操作简便，省时省力。
- 是否方便清洁。
- 尺寸是否合适。

预裁成型尿布片

购买频率：多次
宝宝多大开始需要：出生后

预裁成型尿布片在出厂时就做成了合适的大小和形状，以此来配合尿布兜使用。这种尿布片通常为扁平的沙漏形，但有的也有防侧漏隔边、松紧带、扣子或魔术贴。预裁成型尿布片不需要折叠，使用起来十分方便。随着宝宝逐渐长大，你可以一次给他用两片尿布片，以此来增大吸水性或者给他夜里用。这种尿布片一般有2~3种尺寸，适用于从新生儿到学步童的各个阶段。

功能： 吸收宝宝的排泄物。

注意事项：

- 面料是否柔软，穿着是否舒适。
- 是否操作简便，省时省力。
- 吸水性好不好。
- 是否经济实惠。
- 是否方便清洁。
- 尺寸是否合适。

吸水芯

购买频率：多次
宝宝多大开始需要：出生后

吸水芯配合尿布兜和尿布片使用，以此来提升尿布的吸水性。有了它，宝宝就能踏实地睡上一整晚了。吸水芯既可以紧贴宝宝的皮肤，也可以垫在尿布片下面。

功能： 增强布尿布的吸水性。

注意事项：

- 是否吸水性好，体积又小。
- 一般为标准尺寸，可用于不同年龄的宝宝。

尿布

一体式尿裤

购买频率：多次
宝宝多大开始需要：出生后

一体式尿裤是用起来最方便的布尿布，但价格也最贵。这种布尿布的特点是，尿布兜和尿布片是缝在一起的，所以用起来像是一次性尿裤。有的一体式尿裤有不同的尺寸，有的可以根据宝宝的年龄调整大小。虽然一体式尿裤非常厚，要很久才能晾干，但换尿布时操作简便，省时省力。

功能：吸收宝宝的排泄物，同时防漏出。

注意事项：

- 面料是否柔软，穿着是否舒适。
- 尺寸是否合适。
- 需要购买多件。
- 使用成本能否接受。
- 是否操作简便，省时省力。
- 是否贴合裁剪。
- 是否有防漏隔边。
- 是否方便清洁。
- 能否防止遮盖或摩擦肚脐。

尿裤衬里（Diaper Liner）

购买频率：持续
宝宝多大开始需要：出生后

尿裤衬里是一层薄薄的无纺布材料，垫在尿布片上，以此来隔离宝宝的便便，换尿布时可以直接连同便便一起丢进马桶冲掉。

功能：隔离宝宝的便便，不堵塞马桶。

注意事项：

- 能否生物降解。
- 面料是否柔软，穿着是否舒适。
- 尺寸是否合适。
- 使用成本能否接受。

一次性尿布片

购买频率：持续
宝宝多大开始需要：出生后

一次性尿布片由可生物降解的人造丝或竹纤维制成，放入尿布兜使用。随着宝宝逐渐长大，你通常可以一次给他用两片尿布片，以此来增大吸水性或者给他夜里用。你也可以专门在外出或露营时给他用这种尿布片。

功能：吸收宝宝的排泄物。

注意事项：

- 面料是否柔软，穿着是否舒适。
- 尺寸是否合适。
- 使用成本能否接受。
- 吸水性好不好。
- 能否生物降解。

尿布

一次性尿裤

购买频率：持续
宝宝多大开始需要：出生后

一次性尿裤就是用一次性材料制成的一体式尿裤，这是所有换尿布方法中成本最高也最为方便的选择。由于一次性尿裤无法生物降解，所以对环境有负面影响。

功能： 吸收宝宝的排泄物，同时防漏出。

注意事项：
- 面料是否柔软，穿着是否舒适。
- 尺寸是否合适。
- 需要购买多件。
- 使用成本能否接受。
- 是否操作简便，省时省力。
- 是否贴合裁剪。
- 是否有防漏隔边。
- 能否防止遮盖或摩擦肚脐。
- 是否有尿湿显色带。
- 能否生物降解。

换尿布包

购买频率：单次
宝宝多大开始需要：出生后

带宝宝外出时，你可以随身携带换尿布包，用它来装换尿布会用到的各种必需品。换尿布包大多有防水内衬和用来装尿布、湿巾、护臀霜、衣物、密封袋（装用过的尿布）、拍嗝巾、奶瓶和玩具的多个口袋。

功能： 方便携带宝宝外出。

注意事项：
- 是否有能用来放奶瓶的防水口袋。
- 肩带是否可调。
- 是否自带换尿布垫和湿巾盒。
- 是否有防水内衬。
- 是否方便清洁，湿布一擦即净。
- 是否方便挂在婴儿推车上。

1990年，我们参照我在日本见到的尿布片设计了一款一次性尿布片（Dovetails Diapering System©）。这种尿布片不含塑料成分，可以生物降解。带宝宝外出时，我常用它来搭配尿布兜使用。

尿布

一次性湿巾

购买频率：持续

宝宝多大开始需要：出生后

 一次性湿巾有许多种用途，例如在给宝宝换尿布时清洁他的屁股，以及平时给他擦脸，擦鼻涕。一次性湿巾通常整盒售卖，而包装盒往往有保湿功能。

功能：日常清洁。

注意事项：

- 是否不含香精成分。
- 是否不含酒精成分。
- 能否生物降解。

湿巾加热器

购买频率：单次

宝宝多大开始需要：出生后

 湿巾加热器的作用是储存和加热一次性湿巾。

功能：储存和加热一次性湿巾。

注意事项：

- 是否有抗菌功能。
- 是否适用于大多数标准尺寸的一次性湿巾。

尿布桶（袋）

购买频率：单次

宝宝多大开始需要：出生后

 尿布桶（袋）是暂时储存脏尿布的容器，以便你稍后集中清洗它们。只要你能做到专桶（袋）专用，那么你可以用任何容器来充当尿布桶（袋）。

不过，选择什么样的容器来当尿布桶（袋）有时也取决于你清洁脏尿布的方式。如果你需要用水清洗尿布，那么你就应该在尿布桶里加入水、白醋和小苏打的混合液，以此来浸泡还需重复使用的脏尿布。如果你不需要用水清洗尿布，那么你只需在尿布桶里放一只塑料袋，或者找一只透气的袋子来做尿布袋（这种袋子适用于任何种类的尿布）。有的尿布桶需要使用专用的塑料袋和过滤器，而另一些尿布桶只需使用普通的垃圾袋。

透气的尿布桶或尿布袋能防止难闻的气味在里面积聚，但如果你家通风不好，你也可以使用完全密封的尿布桶。如果你在尿布桶里加了混合液，那么你就要用盖子把桶盖紧，以防它沦为你家宝宝的"玩具"。

携带宝宝外出时，你可能不方便随身带着尿布桶。这时，你可以找一只能够密封的袋子来存放脏尿布，以便把它们与干净尿布分开。

功能：在清洗前暂时存放脏尿布。

注意事项：

- 尺寸是否足够大。
- 是否需要用水清洗尿布。
- 是否需要使用专用的塑料袋和过滤器。
- 是否利于通风。
- 是否与婴儿房的装饰相协调。
- 能否机洗。
- 是否有备用密封袋。

尿布

便携式换尿布垫（changing mat）
购买频率：单次
宝宝多大开始需要：出生后

换尿布时，便携式换尿布垫能为你提供一处平面来供宝宝躺卧，无论在家还是在外都可以使用。换尿布垫携带方便，可以折叠或卷起来放进换尿布包里。换尿布垫通常有防水功能，所以即便弄脏也很容易清洁。

功能：在换尿布的过程中提供干净的平面来供宝宝躺卧。

注意事项：
- 是否有存放物品的口袋。
- 是否有提手。
- 是否自带湿巾盒。
- 背面是否防滑。

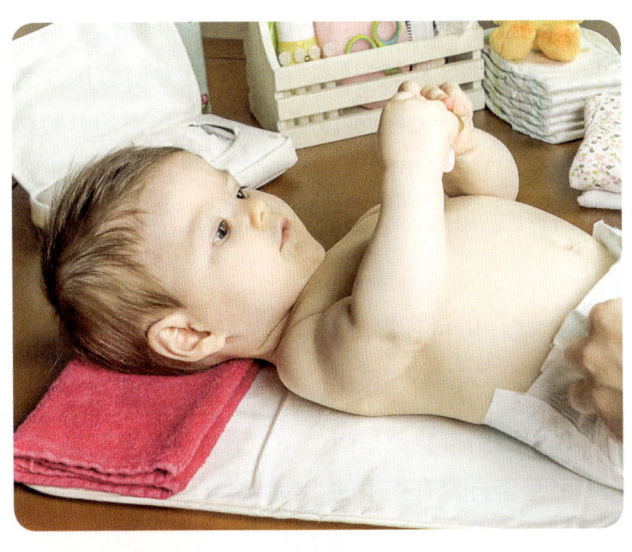

如厕训练用品

儿童座便器
购买频率：单次
宝宝多大开始需要：2岁

在宝宝的成长过程中，如厕训练是一件非常重要的事情。学步童通常不喜欢使用成人马桶，这时，你就需要为他购买儿童座便器来作为过渡。当宝宝按下冲水按钮时，有的儿童座便器便会亮起灯或响起音乐，以此来作为鼓励。你也可以给宝宝用儿童马桶圈，使用时放在成人马桶上面。有的儿童马桶圈两边还有扶手，用来供宝宝扶着防止跌落。宝宝习惯使用儿童马桶圈后，你就可以把它拿开，让他直接坐在成人马桶上。

功能：学习使用座便器。

注意事项：
- 能否防溅。
- 能否防滑。

可重复使用的训练裤
购买频率：多次
宝宝多大开始需要：2岁

训练裤是一种自带吸水衬垫的内裤，它的作用是在宝宝如厕训练期间充当从尿裤到普通内裤的过渡品。

功能：为宝宝穿着普通内裤充当过渡。

注意事项：
- 能否机洗。
- 是否为有机棉材质。

如厕训练用品

一次性训练裤

购买频率：单次

宝宝多大开始需要：2岁

一次性训练裤很像普通内裤，只是使用的材料与一次性尿布片相同。这种训练裤很容易穿脱，如果宝宝不小心"方便"在了里面，你还可以把它们从侧面撕开。

功能：为宝宝穿着普通内裤充当过渡。

注意事项：
- 需要购买多件。
- 是否为原色纯棉或法兰绒材质。

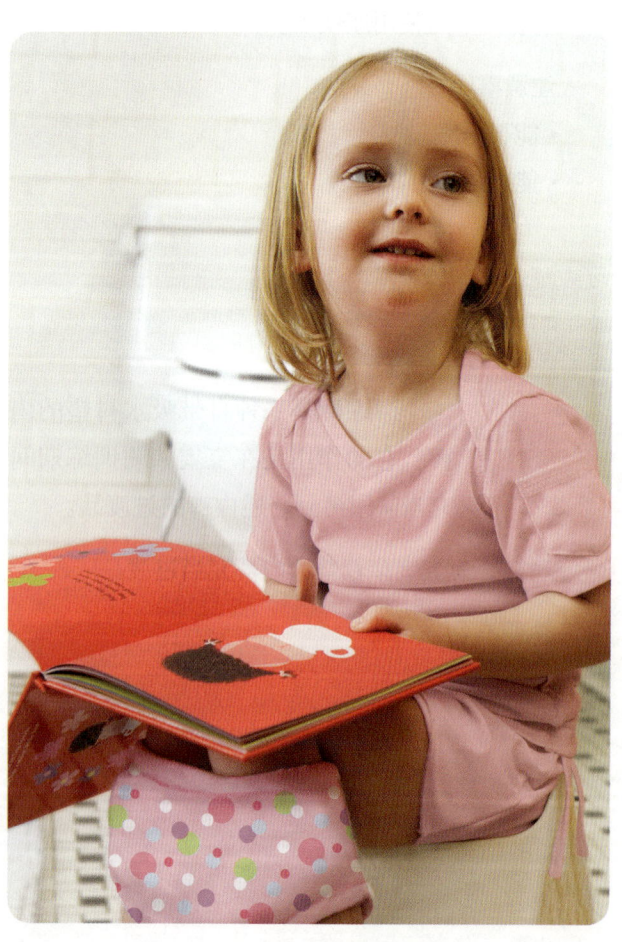

保健用品

健康日记

购买频率：单次

宝宝多大开始需要：出生后

撰写健康日记是记录信息的一种方式，这些信息将可能对你和宝宝的医生有重要参考价值。一旦宝宝生病或发生意外，这些信息就可能会非常有用。

功能：记录宝宝的活动、吃奶、换尿布和患病情况。

注意事项：
- 是否有空间记录紧急情况联系人和联系方式。
- 能否增添新的空白页。

急救包

购买频率：单次

宝宝多大开始需要：出生后

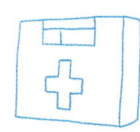
急救包是用来存放家庭必备健康护理用品的地方，以供你在遇到不严重的紧急情况时方便取用。急救包既可以自制，也可以买现成的。现成的急救包一般是一只带提手的小包或盒子，里面分门别类放置各种应急用品，其中还可能附带通俗易懂的急救指南。

功能：应付日常损伤等意外状况。

注意事项：
- 是否附带急救指南。
- 是否自带有提手的小包或盒子。
- 是否自带可反复填充的非一次性容器。
- 是否支持自然疗法。

保健用品

喂药器

购买频率：单次
宝宝多大开始需要：出生后

如果宝宝需要吃药，你就可以使用带有刻度的喂药器来确保剂量准确。

功能：为宝宝喂药。

注意事项：
- 是否不含双酚A成分。
- 是否方便清洁。
- 有无异味。

吸鼻器

购买频率：单次
宝宝多大开始需要：出生后

一岁半前的宝宝可能无法有效地擤鼻涕。这时，你就可以用吸鼻器来帮他清理鼻腔。

功能：减轻鼻塞症状。

注意事项：
- 伸入鼻腔的部分是否足够柔软。
- 是否不含聚氯乙烯成分。
- 是否方便清洁。
- 能否用洗碗机清洗。

体温计

购买频率：单次
宝宝多大开始需要：出生后

你可以用体温计为宝宝测量体温，以此来确定他是否发烧。体温计有很多种类，例如直肠式、腋下式、口腔式（一般不用于5岁以下儿童）。许多体温计能显示电子读数，并且有报警功能。你可能还会见到能预防交叉感染的头部带有保护盖的体温计。

功能：监测宝宝的体温。

注意事项：
- 颜色、样式是否活泼、有趣。
- 能否显示电子读数。
- 是否不含水银成分。
- 是否自带有保护作用的盒子或袋子。
- 能否在20秒内完成测量。
- 完成测量时是否有提示。
- 能否留存测量记录。
- 头部是否配有保护盖。

加湿器

购买频率：单次
宝宝多大开始需要：出生后

加湿器能为宝宝的房间增加湿度，缓解皮肤瘙痒、喉咙干燥和鼻塞等症状，进而促进睡眠。

功能：为宝宝的房间增加湿度。

注意事项：
- 能否显示房间湿度。
- 能否定时。
- 无水能否自动关闭。
- 是否方便清洁。

安全用品

无毒清洁剂

购买频率：持续
宝宝多大开始需要：出生后

你可以用无毒的清洁剂来让你的家变得既干净又安全。市面上有很多无毒的环保清洁剂。

功能：让宝宝的生活环境保持干净和安全。

注意事项：
- 是否有消毒功能。
- 是否不含漂白剂、氨和磷成分。
- 是否环保。

温和洗衣剂

购买频率：持续
宝宝多大开始需要：出生后

温和亲肤的洗衣剂不添加增白剂等刺激性物质，不容易引发皮肤过敏，对宝宝更为安全。

功能：洁净衣物，不刺激皮肤。

注意事项：
- 是否不含增白剂。
- 是否不会导致衣物掉色。
- 能否有效去除污渍。
- 是否不易引发皮肤过敏。

插座防护盖

购买频率：单次
宝宝多大开始需要：9个月

宝宝的活动能力增强后，他会开始探索和认识周围的环境，包括一些可能造成伤害的家庭用品，例如电源插座。你可以把插座防护盖插进裸露的插座，以此来让宝宝远离危险。

功能：防止意外电击。

注意事项：
- 是否方便操作。
- 是否适配插座。

安全用品

安全门

购买频率：单次
宝宝多大开始需要：9个月

儿童安全门能防止你的宝宝进入家里的某些区域。许多安全门都配有活动门，需要时还能上锁。

功能：防止宝宝离开安全区域。

注意事项：
- 门是否可以向两个方向开。
- 是否方便安装。
- 门打开后通道宽度是否足够。

安全锁

购买频率：单次
宝宝多大开始需要：9个月

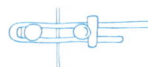

宝宝的活动能力增强后，他会开始探索和认识周围的环境，可能会开门、开抽屉，进而接触到药品、清洁剂等可能造成伤害的家庭用品。这时，你就可以在浴室、厨房或橱柜上安装安全锁，把宝宝挡在外面。

功能：防止宝宝打开门、柜子和抽屉。

注意事项：
- 是否方便安装和使用。
- 能否防止宝宝开启。

衣物

为你的宝宝挑选衣服可能会是一件非常有趣的事，因为你不仅会考虑他的需要，还会想起他的各种小脾气。每件衣服各自都用来做什么？是否结实耐用、透气、舒适？颜色、样式是否符合他的表达方式，最能代表他自己？大多数宝宝出生时都很小，可长得又非常快，所以出生后穿的衣服有两三件可能就够了。其余的要买大一些，以便将来他能穿得舒服。一般来说，天然材质的简单衣物最舒服，宝宝穿上状态会很好。

新生儿着装

新生儿衣服是你首先要购买的必备衣物。这种衣服由用途各不相同的许多件衣物组成，例如薄连体衣、袜子、抱毯、脚套、上衣、裤子、睡袍、三角巾和帽子。由于新生儿经常吐奶、弄脏尿布，所以要常换衣服。宝宝的皮肤非常敏感，而由精梳棉或有机棉制成的衣物既柔软又透气，所以它们是宝宝在满周岁前的理想衣物。

玩耍着装

宝宝会爬后，你就得给他穿比新生儿套装更结实的衣服了，例如牛仔背带裤和牛仔裤、厚连体衣、裤子、短裤、短袖和长袖上衣以及颜色混搭的连衣裙，这些衣服能让宝宝活动起来更自如。宝宝学会自己吃饭后，他的衣服会脏得更快，所以你带他外出时要多带一套备用。此外，你可能还得给他准备一件薄外套或毛衣来为他保暖。宝宝会爬或会走后，你还要为他准备有保护和支持作用的软底鞋，以及后来的平底运动鞋和凉鞋。

泳衣与防晒装

除去平常的玩耍之外，你还可以带宝宝去游泳池或海滩游泳。这时，你可以为他准备能够多次使用的游泳尿裤或自带尿布的游泳衣。它们不仅穿着舒适，而且能让宝宝在水里自由玩耍。游泳尿裤还能防止宝宝的便便漏出来进入泳池，以此来解除你的"后顾"之忧。用防紫外线材料制成的防晒衣裤、太阳镜和太阳帽都能起到防晒的作用，所以也要准备。此外，你还要为他准备沙滩斗篷和沙滩鞋（或者不怕水的凉鞋）。

户外着装

在为宝宝购买到外面穿的衣服时，你要根据室外的温度来选择衣服的厚度。此外，你还要考虑宝宝的活动量和所处的环境（例如城市地区或郊外）。在宝宝会走之前，你可以给他准备或薄或厚的包被或连体衣来为他保暖。宝宝学会走路后，你可以给他准备一件暖和的防雨外套来帮他抵御各种天气状况。虽然你的宝宝可能淋不了多少雨，但一件带兜帽的雨衣或外套仍然是少不了的。别忘了，学步童通常都喜欢穿着雨衣、雨靴，拿着雨伞在水坑里溅水花玩！

新生儿着装

欢迎装

购买频率：单次

宝宝多大开始需要：出生后

如果宝宝是在医院出生的，你就可以给他穿上欢迎装来纪念这一重要时刻，以及正式地欢迎他降生到你家。

功能：迎接新生儿到来。

注意事项：
- 是否为有机棉材质。
- 能否机洗。

连体衣

购买频率：多次

宝宝多大开始需要：出生后

连体衣是上装和下装连为一体的衣服，套头穿，然后从下面扣住。下面的这个开口不仅能防漏，还方便换尿布。连体衣的袖子有长也有短，可根据需要选择。

功能：保暖、防漏，同时方面换尿布。

注意事项：
- 是否为有机棉材质。
- 能否机洗。
- 针脚是否朝外。
- 是否自带延长片。

延长片

购买频率：多次

宝宝多大开始需要：出生后

延长片是一小块长方形或椭圆形的布料，它能扣在宝宝的连体衣裆部，以此来增加连体衣的长度，延长使用寿命。延长片通常按包出售，一包多片，能适用于大部分婴儿连体衣。

功能：延长连体衣的使用寿命。

注意事项：
- 是否为有机棉材质。
- 能否机洗。

婴儿睡袍

购买频率：多次

宝宝多大开始需要：出生后

婴儿睡袍是上装和下装连为一体的衣服，套头穿或者从侧面开口，通常底部可以打开，不仅方便更换尿布，而且有助空气流通。针织婴儿睡袍有时也自带防抓伤手套。

功能：让宝宝的生活环境保持干净和安全。

注意事项：
- 是否为有机棉材质。
- 能否机洗。
- 是否自带防抓伤手套。

新生儿着装

针织帽

购买频率：多次
宝宝多大开始需要：出生后

针织帽能为宝宝的头部保暖，进而起到调节体温的作用。婴幼儿的成套服装里常常包含针织帽。

功能：为头部保暖，调节体温。

注意事项：
- 是否为有机棉材质。
- 能否机洗。
- 是否两面都可穿戴。
- 针脚是否朝外。

侧开扣上衣

购买频率：多次
宝宝多大开始需要：出生后

侧开扣上衣适合给0~3个月大的宝宝穿。侧开扣的设计使这种衣服很容易穿脱。

功能：侧开扣容易穿脱。

注意事项：
- 适合给0~3个月大的宝宝穿。
- 是否为有机棉材质。
- 能否机洗。
- 针脚是否朝外。

包脚裤

购买频率：多次
宝宝多大开始需要：出生后

包脚裤自带两个脚套。有了它，你就不用给宝宝穿袜子了。从宝宝出生到准备学会走路前，这种一体式的裤子都是方便之选。不过，当你的宝宝开始爬来爬去并且表现出想要学习走路的迹象时，再给他穿这种裤子就会束缚他的脚，让他不舒服。包脚裤能轻松地穿脱，因此换起尿布来也非常方便。

功能：方便地包裹宝宝的腿和脚。

注意事项：
- 是否为有机棉材质。
- 能否机洗。
- 是否方便穿脱。
- 针脚是否朝外。

保暖护腿

购买频率：多次
宝宝多大开始需要：6周

保暖护腿能保护宝宝的两条腿，还有保暖作用，可以搭配短裤或短裙穿。

功能：对宝宝的腿有保护和保暖作用。

注意事项：
- 是否为有机棉材质。
- 能否机洗。
- 是否宽松。

新生儿着装

包脚连体睡衣

购买频率：多次

宝宝多大开始需要：出生后

包脚连体睡衣是上装和下装连为一体的衣服，能同时保护宝宝的身体、胳膊和腿脚。这种连体睡衣配有扣子或拉链，不仅包得严实，而且方便穿脱。美国法律规定，用于9个月大以上婴幼儿的包脚连体睡衣必须经过阻燃处理。

功能：帮睡梦中的宝宝保暖。

注意事项：
- 是否为有机棉材质。
- 针脚是否朝外。

袜子

购买频率：多次

宝宝多大开始需要：出生后

给宝宝穿袜子既能使他的两只脚得到保护，同时也有保暖作用。宝宝学会走路后，你可以给他穿有防滑底的袜子来防止他滑倒。

功能：保护宝宝的两只脚，保暖。

注意事项：
- 是否为有机棉材质。
- 是否有防滑底。

脚套

购买频率：多次

宝宝多大开始需要：出生后

脚套由柔软的材料制成，例如棉或毛，能为宝宝的两只脚保暖。好的脚套既不会勒脚踝，也不会自行脱落。

功能：保护宝宝的两只脚，保暖。

注意事项：
- 是否为纯棉或纯毛材质。
- 是否不勒脚踝，不易脱落。

开衫毛衣

购买频率：多次

宝宝多大开始需要：出生后

你可以通过为宝宝增减衣服来调节体温。开衫毛衣可以穿在轻便的T恤或连体衣外面起保暖作用。这种衣服有带拉锁的，也有系扣的。

功能：保暖。

注意事项：
- 是否为有机棉材质。
- 能否机洗。
- 新生儿着装。

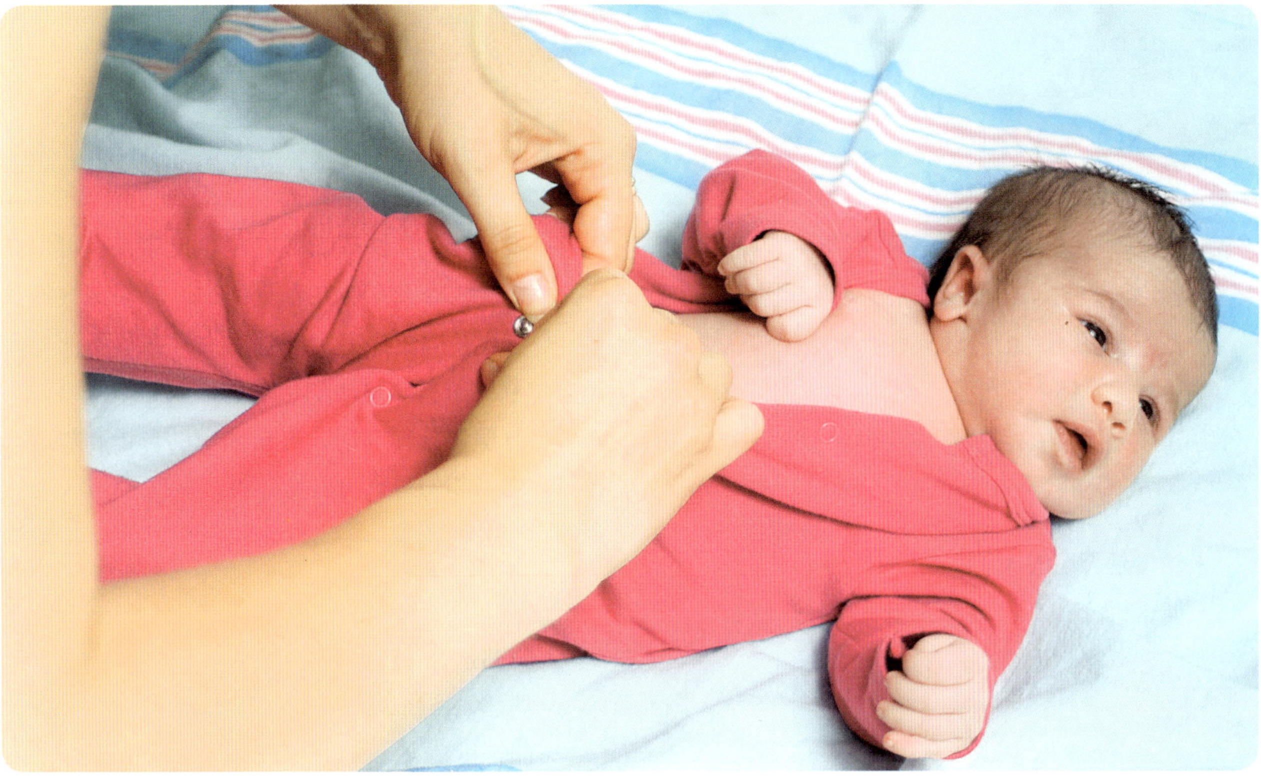

新生儿着装

套头毛衣

购买频率：多次
宝宝多大开始需要：出生后

套头毛衣可以穿在轻便的T恤、长袖内衣或连体衣外面起保暖作用。领口要足够大，这样才方便穿脱。

功能：保暖。

注意事项：
- 是否为有机棉材质。
- 领口是否足够大。
- 能否机洗。

睡衣

购买频率：多次
宝宝多大开始需要：9个月

睡衣是宝宝睡觉时穿的衣服。选择什么样的睡衣要看宝宝有多大，以及眼下是什么季节。睡衣有包脚的，有衣裤两件套的，也有睡袍。棉睡衣穿着舒适，而人造纤维睡衣有阻燃功能。要注意避免宝宝在睡眠中体温过高。

功能：帮睡梦中的宝宝保暖。

注意事项：
- 尺寸是否合适。
- 是否为有机材质。
- 能否机洗。

玩耍着装

短袖、长袖衫

购买频率：多次

宝宝多大开始需要：满周岁

短袖、长袖衫既可以在热天穿，也可以在冷天穿，既可以单独穿，也可以穿在开衫、套头衫、连体衣或外套下面。

功能：保护宝宝上身。

注意事项：
- 领口是否足够大。
- 能否机洗。

长裤

购买频率：多次

宝宝多大开始需要：满周岁

长裤既可以在热天穿，也可以在冷天穿。在春夏两季，轻便透气的长裤能让宝宝感觉凉爽。在秋冬两季，厚实柔软的长裤（材质如生态羊毛或超细纤维）又能帮他保暖。换尿布时，有松紧带的裤子和裆部或裤腿内侧系扣的裤子更容易穿脱。

功能：保护宝宝下身。

注意事项：
- 腰部是否有松紧带。
- 裆部或裤腿内侧是否有可系扣的开口。
- 能否机洗。
- 玩耍着装。

玩耍着装

连衫裤

购买频率：多次
宝宝多大开始需要：出生后

连衫裤是上装和下装连为一体的衣服，袖子有长有短，裤腿也有长有短。许多连衫裤在裆部或裤腿内侧系扣，方便换尿布和如厕训练。

功能：保护宝宝的躯干。

注意事项：
- 是否为有机棉材质。
- 裆部或裤腿内侧是否有可系扣的开口。
- 能否机洗。

背带裤

购买频率：多次
宝宝多大开始需要：满周岁

背带裤是上装和下装连为一体的衣服，裤腿可长可短。背带的长度通常可以调整，以此来适应宝宝的身高。为了方便换尿布，背带裤的裤腿和裤腰两侧通常都有可系扣的开口。

功能：保护宝宝的躯干和两条腿。

注意事项：
- 背带长度是否可调。
- 裤腿和裤腰两侧是否有可系扣的开口。
- 能否机洗。

短裤

购买频率：多次
宝宝多大开始需要：满周岁

短裤适合在天热的时候穿。这种裤子适合日常穿着，既舒适又方便穿脱，换尿布也方便。

功能：在热天保护宝宝下身。

注意事项：
- 是否为有机棉材质。
- 裆部或裤腿内侧是否有可系扣的开口。
- 是否方便穿脱。
- 面料是否耐磨。
- 能否机洗。

连衣裙

购买频率：多次
宝宝多大开始需要：6周

连衣裙适合女宝宝，穿起来既舒服又漂亮。连衣裙有很多款式，有长袖的，有短袖的，有适合在正式场合穿的，也有适合平常穿的。连衣裙可以搭配紧身裤或保暖护腿穿。

功能：给女宝宝穿。

注意事项：
- 是否为有机棉材质。
- 能否机洗。

玩耍着装

防雨夹克

购买频率：多次
宝宝多大开始需要：满周岁

夹克可以一年四季穿，通常使用防水面料来防止宝宝淋湿。有些夹克有羊毛衬里，冬天穿可以保暖。有些夹克还可以把羊毛衬里摘下单独穿，正好适合春末和初秋的天气。

功能：保温，防雨。

注意事项：
- 是否使用防水面料。
- 能否机洗。
- 是否有羊毛衬里。
- 羊毛衬里能否摘下。

软底鞋

购买频率：单次
宝宝多大开始需要：出生后

软底鞋不仅能保护宝宝的脚，还有保暖作用。它们是给还不会走路的宝宝穿的。

功能：保护宝宝的两只脚。

注意事项：
- 是否配有减震鞋垫。
- 外底是否柔软。
- 是否方便穿脱。
- 能否机洗。

平底运动鞋

购买频率：单次
宝宝多大开始需要：9个月

宝宝学会走路后，你可以给他穿平底运动鞋来保护他的脚。这种鞋有魔术贴式的，有系带式的，也有一脚蹬式的。

功能：在热天保护宝宝下身。

注意事项：
- 是否配有减震鞋垫。
- 外底是否防滑。
- 是否方便穿脱。

凉鞋

购买频率：单次
宝宝多大开始需要：9个月

凉鞋是露脚后跟和脚趾头的鞋，适合在热天穿。许多凉鞋是魔术贴式的，穿脱起来十分方便。

功能：在热天使宝宝的两只脚保持凉爽。

注意事项：
- 是否配有减震鞋垫。
- 外底是否防滑。

泳衣与防晒装

可重复使用的游泳尿裤

购买频率：多次
宝宝多大开始需要：3个月

可重复使用的游泳尿裤能紧贴宝宝的腿部和腰部，防止排泄物漏出来污染游泳池。有的游泳尿裤两侧有系扣开口，这样换起尿布来会更方便。

功能：在宝宝游泳时吸收排泄物，同时防漏。

注意事项：
- 是否使用防水面料。
- 是否有吸水垫和吸水内衬。
- 能否机洗。
- 紫外线防护系数（UPF）是否达到50。
- 两侧是否有系扣开口。

泳裤

购买频率：单次
宝宝多大开始需要：6个月

男宝宝的泳裤有很多款式，有拉绳的，有松紧带的，也有系扣的。有些供婴幼儿穿的泳裤本身也有游泳尿裤功能。

功能：在游泳池或海滩保护宝宝的身体。

注意事项：
- 能否机洗。
- 是否自带游泳尿裤功能。
- 裤腿口是否有松紧带。
- 穿着是否舒适。

泳衣与防晒装

泳衣

购买频率：单次

宝宝多大开始需要：3个月

女宝宝的泳衣也有很多款式，有带背带的一件式，也有上下搭配的两件式。有些供婴幼儿穿的泳衣本身也有游泳尿裤功能。

功能：在游泳池或海滩保护宝宝的身体。

注意事项：
- 能否机洗。
- 是否自带游泳尿裤功能。
- 裤腿口是否有松紧带。
- 穿着是否舒适。

泳镜

购买频率：单次

宝宝多大开始需要：6个月

泳镜能保护宝宝的眼睛免受阳光中紫外线的侵袭。泳镜一般都带有弹性橡胶带，能防止泳镜脱落。这种橡胶带的长度通常是可以调节的。

功能：保护宝宝的眼睛免受阳光中紫外线的侵袭。

注意事项：
- 是否能完全过滤紫外线。
- 材质是否柔软。
- 是否有防雾功能。

沙滩鞋

购买频率：单次

宝宝多大开始需要：9个月

沙滩上的沙子或岩石有时会非常烫，可能会灼伤宝宝的脚，这时你就要给他穿上起保护作用的沙滩鞋。此外，这种鞋还能防止宝宝在游泳池或水上公园的湿滑地面上摔倒。沙滩鞋是不怕湿的，所以也可以在水里穿。

功能：在水里或岸上保护宝宝的小脚丫，防止灼伤和滑倒。

注意事项：
- 是否用魔术贴固定。
- 是否选用弹性面料。
- 能否调节大小或松紧。
- 是否不怕湿。
- 鞋底是否防滑。

沙滩浴巾

购买频率：单次

宝宝多大开始需要：3个月

沙滩浴巾是夏天去海滩或游泳池的必备用品。你可以给宝宝准备一条儿童沙滩浴巾或带帽浴巾，因为成人浴巾对他来说太大了，使用起来很不方便。

功能：擦干宝宝的身体。

注意事项：
- 颜色、图案是否与宝宝的泳衣泳裤相协调。
- 吸水性强不强。
- 能否机洗。
- 是否为有机棉材质。

泳衣与防晒装

太阳帽

购买频率：多次

宝宝多大开始需要：出生后

你可以给宝宝戴宽边的太阳帽来保护他免受阳光中紫外线的伤害。太阳帽所用的轻质面料吸水透气，戴起来既干爽又舒服。有的太阳帽下方有起固定作用的系带。

功能：保护宝宝免受阳光中紫外线的伤害。

注意事项：

- 紫外线防护系数（UPF）是否达到50。
- 是否为纯棉或超细纤维材质。
- 能否机洗。
- 颜色、图案是否与宝宝的泳衣泳裤相协调。

防晒紧身衣

购买频率：多次

宝宝多大开始需要：3个月

在户外游泳或戏水时，你可以给宝宝穿上防晒紧身衣来保护他免受阳光暴晒，同时预防过敏性皮疹。防晒紧身衣通常使用紫外线防护系数（UPF）达到50的莱卡面料，这种面料不怕水，弹性好，套头穿很方便。防晒紧身衣既有长袖款式，也有短袖款式，可以搭配游泳尿裤或泳裤穿。

功能：保护宝宝的皮肤免受阳光暴晒，预防过敏性皮疹。

注意事项：

- 紫外线防护系数（UPF）是否达到50。
- 颜色、图案是否与宝宝的泳衣泳裤相协调。

防晒衣

购买频率：多次

宝宝多大开始需要：6个月

防晒衣能保护宝宝的皮肤免受阳光暴晒。这种衣服由有紫外线防护功能的轻质织物制成。

功能：保护宝宝的皮肤免受阳光暴晒，预防过敏性皮疹。

注意事项：

- 紫外线防护系数（UPF）是否达到50。
- 能否机洗。

沙滩斗篷

购买频率：多次

宝宝多大开始需要：3个月

沙滩斗篷由棉质毛巾布等吸水面料制成，它能使宝宝的身体在游泳或戏水后保持干爽并为他保暖。沙滩斗篷有套头式的，也有拉链式的。有的沙滩斗篷还有兜帽和口袋。

功能：使宝宝的身体在游泳或戏水后保持干爽并为他保暖。

注意事项：

- 紫外线防护系数（UPF）是否达到50。
- 能否机洗。
- 面料是否为棉质毛巾布。

户外着装

雨衣

购买频率：多次

宝宝多大开始需要：6个月

下雨时，雨衣能防止宝宝被雨淋湿。夏天适合穿凉爽的轻便雨衣，冬天适合穿保暖、有衬里的厚重雨衣。雨衣通常有帽子来防止淋湿脑袋，有的帽子里面有起固定作用的松紧带或拉绳。

功能：在雨天防雨。

注意事项：
- 面料是否完全不透水。
- 能否机洗。
- 是否自带拉线收纳袋。
- 是否使用透气面料。
- 是否不含聚氯乙烯成分。

雨靴

购买频率：多次

宝宝多大开始需要：6个月

雨靴能防止宝宝在雨天弄湿袜子，保持足部干爽。儿童雨靴的顶部通常有方便穿脱的拉环。

功能：在雨天防止鞋进水。

注意事项：
- 是否配有减震鞋垫。
- 是否为橡胶材质。
- 外底是否防滑。
- 是否磨脚。

雨伞

购买频率：单次

宝宝多大开始需要：6个月

宝宝们喜欢打着雨伞去雨里玩。注意伞的顶端是否有安全隐患。

功能：在雨天防雨。

注意事项：
- 握把是否柔软。
- 是否容易开合。
- 伞的顶端是否安全。

雪地靴

购买频率：多次

宝宝多大开始需要：满周岁

雪地靴里面是皮毛或保暖材料，外面是防水材料，这种靴子能帮助宝宝在寒冷的雨雪天气里保暖。

功能：帮助宝宝在寒冷的雨雪天气保暖。

注意事项：
- 是否容易穿脱。
- 是否保暖。
- 是否防水。

户外着装

冲锋衣
购买频率：多次
宝宝多大开始需要：6个月

冲锋衣是专门用来应对风、雨和寒冷天气的。这种衣服有薄有厚，有的有兜帽，有的没有兜帽，保暖作用各不相同。有的兜帽里有起固定作用的松紧带或拉绳，这种兜帽的防风和防雨性能更好。

功能：防风，防雨，保暖。

注意事项：
- 是否为防风、防水材质。
- 能否机洗。
- 兜帽里是否有松紧带或拉绳。
- 薄厚是否适宜。
- 是否透气，不闷热。

连体保暖衣
购买频率：单次
宝宝多大开始需要：出生后

连体保暖衣一般会让宝宝在冬天穿，既防风又保暖。有的连体保暖衣自带兜帽、防抓手套（或可翻折防抓袖）和脚套。

功能：保暖，防水。

注意事项：
- 是否有防水功能。
- 裆部是否有可系扣的开口。
- 是否有保暖衬里。
- 能否机洗。

保暖连指手套
购买频率：单次
宝宝多大开始需要：出生后

保暖连指手套能为宝宝的手保暖，还有防水作用。这种手套的手腕处有起固定作用的松紧带。

功能：保暖，防水。

注意事项：
- 是否有防水功能。
- 是否舒适。
- 能否机洗。

保暖帽
购买频率：单次
宝宝多大开始需要：出生后

保暖帽能为宝宝的脑袋保暖，还有防水作用。有的保暖帽还能遮盖耳朵，还有带子可以系在或扣在下巴下面，这样帽子就不会掉了。

功能：保暖，防水。

注意事项：
- 是否有防水功能。
- 是否舒适。
- 能否机洗。

出行用具

为了在出行中满足宝宝的各种需要，你需要提前设想和规划。只要短途外出几次，你就能知道路上会发生什么情况了。应对这些情况的必需用品有婴儿背巾和背带（例如带年幼的宝宝步行外出）、婴儿推车（例如带大一些的宝宝去购物），以及汽车安全座椅和相关配件（例如开车外出）。

婴儿背巾、背带和推车

无论是在家里还是在外面，使用婴儿背巾都能让你跟宝宝亲密接触。在这一方面，背包式的婴儿背带要差一些，但是，如果你要走很多路，例如徒步旅行，婴儿背带就是更方便也更为省力的选择。不过，如果你要带宝宝去购物，或者宝宝太沉你抱不动，这时你就要舍弃能让你们亲密接触的背巾和背带，继而动用婴儿推车了。由于人们的生活习惯和所处的地理位置各不相同，你可能会用到各种各样的婴儿推车。例如，给新生宝宝用的婴儿摇篮车、能放置汽车安全座椅的多功能婴儿推车、给大一些的宝宝用的有篷轻便婴儿推车和推起来非常省力的大轱辘慢跑婴儿推车。如果你家有两个小宝宝，那么双座婴儿推车可能会是更加便利的选择。

出行配件

你可以为宝宝的婴儿推车准备一些实用配件，例如，婴儿推车保暖睡袋、婴儿推车篷、婴儿推车防护罩、婴儿推车方便挂包和婴儿推车方便挂钩。带宝宝外出可能会用到的其他配件有自行车儿童座椅、宝宝超市购物车座垫和便携游戏围栏。

汽车安全座椅

随着宝宝逐渐长大，他所使用的汽车安全座椅也需要及时更换。在宝宝满周岁或体重至少达到18斤前，你都应该给他使用后向式汽车安全座椅，以此来保护他的颈椎。在宝宝很小，体重也很轻的时候，你可以给他用能与底座分离的汽车安全座椅，这样你就能像提提篮那样方便地把它连同宝宝一起从车里拿出来带在身边。这时，你也可以给家里的其他车辆也安装相同型号的座椅底座，这样你就不必在换车开的时候挪动底座了。在4岁前，宝宝必须使用五点式安全带座椅。过后，你就得给他换用安全座椅增高垫。汽车安全座椅的常用配件有汽车座椅保护垫、婴儿全身支撑安全软垫、安全带护套、安全座椅防水垫、宝宝监护反光镜和车窗遮阳帘。

婴儿背巾、背带和推车

婴儿背巾

购买频率：多次

宝宝多大开始需要：出生后

婴儿背巾通常由弹性面料制成，有很多种类，不过基本可以分为有环的款式和无环的款式。无环婴儿背巾可以通过在不同位置打结来调节背巾的长度。有环婴儿背巾则是通过调节穿过圆环（吊挂在肩膀上）布料的多少来获得适宜的松紧度。

婴儿背巾也有很多种用法，宝宝在里面可坐可躺，脑袋既可以面向你，也可以面向前方或侧方。大多数婴儿背巾都能调节长度，所以各种体型的家人都能使用。婴儿背巾的肩带处通常有起防勒作用的衬垫，它的前面一般也有用来放置随身物品的口袋。

功能：包裹宝宝，解放双手。

注意事项：
- 能否机洗。
- 前面是否有放置随身物品的口袋。
- 一般适用于23斤以下的宝宝。

婴儿背带

购买频率：单次

宝宝多大开始需要：6个月

婴儿背带适用于短途外出和徒步旅行。大多数婴儿背带的设计初衷都是尽可能分散宝宝的体重，以此来减轻你的负担。婴儿背带通常还设计有储物空间、遮阳篷或雨篷，以及用来挂玩具的绳圈。轻便型的婴儿背带适合日常使用，结构复杂的多功能婴儿背带适合外出使用。

功能：包裹宝宝，解放双手。

注意事项：
- 是否轻便。
- 肩带和腰带是否加宽加厚。
- 是否有腰凳功能。
- 是否有储物空间。
- 是否透气。

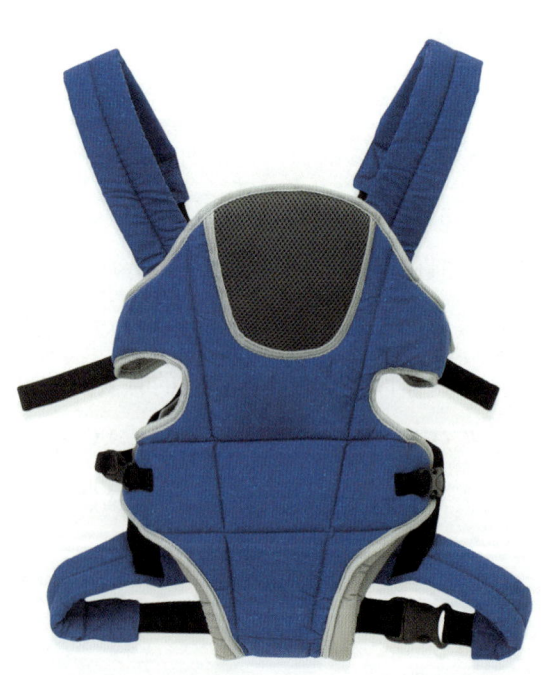

婴儿背巾、背带和推车

婴儿推车

购买频率：多次
宝宝多大开始需要：出生后

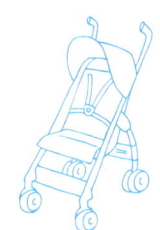

购买婴儿推车时，你可以多想想自己平时的生活习惯，以便做出更好的决策。多功能婴儿推车旅行套装里包含后向式安全座椅和配套的座椅底座，你可以轻松地把宝宝的安全座椅从底座上卸下来直接放进婴儿推车，过后还能同样轻松地装回去。宝宝能自己坐稳，并能抬起头来后，你就只需要给他用有篷的轻便婴儿推车了。慢跑婴儿推车有专门设计的大轮子，你可以用它载着宝宝去慢跑。如果你有不止一个宝宝，你还可以选择两座、三座甚至四座的婴儿推车。

功能：为你和宝宝的行动提供便利。

注意事项：
- 织物部件能否拆卸和机洗。
- 车轮能否锁止。
- 是否配有多点式安全带。
- 是否有放置水杯的位置。
- 能否调节座椅倾斜角度。
- 整车能否折叠。

婴儿推车保暖睡袋

购买频率：单次
宝宝多大开始需要：6个月

婴儿推车保暖睡袋通常由柔软、保暖的材料制成，它能把婴儿的身体和腿脚全部包裹起来，既防风又保暖。这种睡袋的底部是封闭的，这样就不会有东西漏出来绞进轮子里。

功能：保暖。

注意事项：
- 安装和拆卸是否方便。
- 能否机洗。

婴儿推车篷

购买频率：单次
宝宝多大开始需要：出生后

大多数婴儿推车都配有可拆卸的车篷，它能为坐在婴儿推车里的宝宝挡雨，挡太阳。

功能：防雨，防晒。

注意事项：
- 安装和拆卸是否方便。
- 能否机洗。

出行配件

婴儿推车防护罩

购买频率：单次

宝宝多大开始需要：出生后

婴儿推车防护罩适用于大多数婴儿车，它能保护其中的宝宝免受风吹、日晒、雨淋和蚊虫叮咬。

功能：使宝宝免受风吹、日晒、雨淋和蚊虫叮咬。

注意事项：
- 能否用于宝宝的婴儿推车。
- 是否不含聚氯乙烯成分。
- 是否有防水功能。
- 是否方便清洁。

婴儿推车方便挂包

购买频率：单次

宝宝多大开始需要：出生后

你可以把方便挂包套在婴儿推车（或汽车座椅）上来携带随身物品。注意包带不能太长，以免绞进车轮里。

功能：方便悬挂，保存你和宝宝的随身物品。

注意事项：
- 是否有防水功能。

婴儿推车方便挂钩

购买频率：单次

宝宝多大开始需要：出生后

有了婴儿推车方便挂钩，你就不必把所有东西都拿在手里了。你可以用这种挂钩来悬挂钱包、尿布袋和购物袋，这样你就能带更多东西出门了。

功能：悬挂各种物品。

注意事项：
- 能否用于宝宝的婴儿推车。

自行车儿童座椅

购买频率：单次

宝宝多大开始需要：满周岁

自行车儿童座椅能安装在大多数成人自行车上，这样你就能带着宝宝骑自行车出行了（宝宝必须满周岁）。

功能：让宝宝安全地乘坐自行车。

注意事项：
- 是否有踏板。
- 高度是否可调。
- 是否配有多点式安全带。
- 能否用于你的自行车。
- 承重力是否足够。
- 坐垫能否拆下清洗。

出行配件

宝宝超市购物车座垫

购买频率：单次

宝宝多大开始需要：6个月

你可以把宝宝超市购物车座垫铺在超市的购物车上，然后让宝宝直接坐在上面。它能防止宝宝啃咬购物车的把手。这种坐垫有很多样式，有的能在折叠后放进尿布袋，有的有缓冲减震功能，有的还自带各种玩具。

功能： 防止宝宝在购物车里碰撞、擦伤和接触病菌。

注意事项：

- 能否机洗。
- 能否用于饭店的宝宝高脚椅。

便携游戏围栏

购买频率：单次

宝宝多大开始需要：6个月

便携游戏围栏能为宝宝提供一处封闭的安全区域来玩耍。这种围栏在家中移动起来十分方便，外出也能随身携带。许多游戏围栏都配备有门和锁。

功能： 提供一处安全的区域供宝宝玩耍。

注意事项：

- 底部是否有起稳定和保护地板作用的橡胶垫。
- 是否配有可以上锁的门。
- 是否方便携带。
- 是否方便移动（例如有轮子）。
- 织物部件能否拆卸和机洗。

汽车安全座椅

汽车安全座椅

购买频率：单次

宝宝多大开始需要：出生后

在购买汽车安全座椅时，你要考虑宝宝的年龄和你自己的生活习惯。汽车安全座椅有很多种类，有给婴儿使用的后向式安全座椅，有给满周岁以上宝宝使用的前后双向式安全座椅，有给更大的宝宝所使用的汽车座椅增高垫，也有包含以上所有用途的多功能安全座椅。后向式安全座椅[①]一般配有可拆卸的底座，这种座椅是给6~9个月大的宝宝使用的。前后双向式安全座椅可以给宝宝用到4岁左右，先后向安装，再前向安装，而且后向使用的时间要尽可能长，最短也要两年。大约4岁以后，你就可以给宝宝换用汽车座椅增高垫了，然后继续使用到他8岁或体重73斤左右。为了避免购买多个安全座椅，你可以选择包含以上各种用途的多功能安全座椅。

功能： 让宝宝安全地乘坐汽车。

注意事项：

- 织物部件能否拆卸和机洗。
- 是否配有多点安全带。
- 安全锁扣是否不易被宝宝打开。
- 高度是否可调。
- 椅背倾斜角度是否可调。
- 是否有扶手。
- 是否有侧面冲击保护功能。
- 是否有杯架和零食架。
- 是否配有标准接口。

[①] 朝向后方（反向）放置的汽车儿童安全座椅。婴幼儿脑袋硕大，安全座椅正向放置时容易因惯性在急刹车中造成颈椎损伤，反向放置则可消除这一隐患。——译者注

汽车安全座椅

安全座椅底座（额外增购）

购买频率：单次

宝宝多大开始需要：出生后

如果你家有不止一辆车，你就可以额外增购后向式安全座椅底座，让每辆车都能方便地安装同一把后向式安全座椅。这样一来，当你换车开时，你就省去了拆装底座的麻烦。而且你也不需要为别的车另外购买汽车安全座椅了。

功能：让多辆车使用同一把后向式安全座椅。

注意事项：

- 是否配有标准接口。
- 能否用于特定汽车。
- 是否容易清洁。

汽车座椅保护垫

购买频率：单次

宝宝多大开始需要：出生后

汽车座椅保护垫放置在宝宝的安全座椅下方，以此来保护座椅表面，同时防止安全座椅移动。这种保护垫通常配有网袋，可以用来装奶瓶、杯子和零食。

功能：保护安全座椅下的汽车座椅。

注意事项：

- 是否容易清洁。

汽车安全座椅

婴儿全身支撑安全软垫

购买频率：单次

宝宝多大开始需要：出生后

这种安全软垫能让宝宝舒服地坐进安全座椅里，同时避免脑袋左右晃动。

功能：避免宝宝的脑袋左右晃动。

注意事项：

- 透气性好不好。

安全带护套

购买频率：单次

宝宝多大开始需要：出生后

安全带护套通常由柔软的材料制成。你可以把它们套在安全座椅的安全带上，防止安全带勒到宝宝。

功能：防止安全带勒到宝宝。

注意事项：

- 能否拆卸。
- 能否机洗。

安全座椅防水垫

购买频率：单次

宝宝多大开始需要：出生后

你可以把这种防水垫放进宝宝的安全座椅来防止排泄物泄漏。这种防水衬垫很容易拆卸，而且通常可以机洗。

功能：防止宝宝的安全座椅被弄脏。

注意事项：

- 能否机洗。

宝宝监护反光镜

购买频率：单次

宝宝多大开始需要：出生后

这种反光镜能让你在开车的时候看到坐在安全座椅里的宝宝。

功能：让你在开车时能看到坐在后排的宝宝。

注意事项：

- 形状和颜色能否吸引宝宝的目光。
- 安装是否简便，装好后是否牢固不掉落。
- 视野是否清晰。

车窗遮阳帘

购买频率：多次

宝宝多大开始需要：出生后

车窗遮阳帘能阻挡阳光中有害健康的紫外线，还能降低车内温度，让宝宝感觉舒适。车窗遮阳帘既有粘贴式的，也有吸盘式的，还有磁吸式的。

功能：防止暴晒。

注意事项：

- 能否过滤紫外线。
- 能否用于特定汽车。

饮食用具

宝宝一出生，你就得考虑用什么方式给他喂奶的问题。你会选择母乳喂养还是配方奶喂养，还是双管齐下？做出这一决定后，你还得考虑准备相关的物品。

母乳喂养用具

与奶瓶喂养相比，喂宝宝吃母乳不仅花费更低，而且需要的物品也更少。不过对哺乳妈妈来说，有些东西仍然是非常有用的。如果你打算继续上班，或者你需要经常离开宝宝好几个小时，你就得准备一台吸奶器来提前吸出乳汁并保存。

奶瓶与杯子

选择奶瓶喂养后，你就得帮宝宝决定使用什么类型的奶瓶。你可能得给他尝试好几种奶瓶和奶嘴，然后才能找到合适的选择。如果某一种奶瓶喂养效果不好，那就换一个，直到找到合用的为止。需要注意的是，你要确保奶头和奶瓶不含双酚A、聚氯乙烯和邻苯二甲酸酯成分。

围嘴与拍嗝巾

宝宝6个月前，你可以用柔软的棉布围嘴、湿巾和拍嗝巾来吸收宝宝吐出的奶和口水。如果你的宝宝经常流口水，那就可以给他买一件一面吸水性强、另一面不透水的围嘴，以此来防止弄湿衣服。宝宝开始吃固体食物后，他会把食物弄得到处都是，这时你最好给他用既防水又容易清洁的围嘴。

厨具

有了合适的厨具，你就能在家里给宝宝做饭了，这是既简便又经济的选择。做出健康美味的食物泥并不是什么难事，但与此同时，你也要考虑各种厨具的用料和材质。

餐椅与防污垫

宝宝用的高脚椅有很多种样式，分别适用于不同的家庭和场合。宝宝长大一些后，你可以让他借助增高餐椅和安全带坐成人的椅子。为了便于清洁，你还可以在椅子下面垫一张防污垫。

餐具

宝宝开始吃固体食物后，他就需要使用盘子、勺子等餐具了。一开始，你可以端着碗用一把长勺子喂他。等他长大一些，能自己吃东西后，他会先用自己的手抓食物，然后才会逐渐使用餐具。在选择餐具时，你要优先选择安全无毒的材质，例如不锈钢、硅树脂、植物性材料和食品级塑料。

出行饮食用具

在外出就餐、野餐或送宝宝去托儿所之前，你必须把宝宝的饮食计划好。

母乳喂养用具

电动吸奶器

购买频率：单次
宝宝多大开始需要：出生后

电动吸奶器能帮你缓解乳房胀痛。奶水不足时，它还有刺激泌乳的作用。如果你不在宝宝身边，无法给他哺乳，你就可以先把奶水吸出来存着。如果你必须服用可能对宝宝有害的药物，需要把奶水吸出来丢弃，这时也可以用电动吸奶器。大多数电动吸奶器都能在每次使用后完全拆解并彻底洗净。

功能：高效率地吸出奶水。

注意事项：
- 是否配有储奶瓶、备用零件、清洁刷和清洁液。
- 能否与宝宝的奶瓶搭配使用。
- 是否配有专用便携收纳盒。
- 用电池还是插电源。
- 运行是否安静。

手动吸奶器

购买频率：单次
宝宝多大开始需要：出生后

有了手动吸奶器，你就不必依赖电力来吸奶了。你能用它来缓解乳房胀痛，也可以在无法哺乳时先把奶水吸出来供将来使用。手动吸奶器轻便小巧。大多都能在每次使用后完全拆解并彻底洗净。

功能：手动吸出奶水。

注意事项：
- 是否配有储奶瓶、备用零件、清洁刷和清洁液。
- 能否与宝宝的奶瓶搭配使用。
- 是否配有专用便携收纳盒。
- 能否单手使用。
- 是否便于携带。

储奶袋

购买频率：单次
宝宝多大开始需要：出生后

你能用储奶袋方便地储存和冷冻母乳。这种袋子是无菌的，可以反复密封，而且大多有方便倾倒的防漏喷嘴。
储奶袋能放进冰箱冷冻，而且很容易解冻。大多数储奶袋都留有填写日期等信息的位置。

功能：节省空间、可冷冻。

注意事项：
- 是否配有防漏喷嘴。
- 是否为双层封口。

母乳喂养用具

防溢乳垫（贴）

购买频率：多次
宝宝多大开始需要：出生后

防溢乳垫（贴）是放在文胸里防止奶水渗漏的垫子。它的特殊形状使它不易移位，而且有助于保持乳头干爽。一次性防溢乳垫（贴）可能会有用来防止移位的胶条。

功能：保持乳头干爽，不渗漏。

注意事项：
- 吸水能力强不强。
- 是否为有机棉材质。
- 尺寸是否合适。
- 是否不透水。
- 能否重复使用和机洗。
- 是否透气，不闷热。

哺乳文胸

购买频率：多次
宝宝多大开始需要：出生后

哺乳文胸的样子跟普通文胸非常相似，但它能提供你在哺乳期所需要的额外支撑和特定功能。使用棉与莱卡等弹性纤维制成的哺乳义胸有很好的伸缩性，能适应胀大的乳房。

在怀孕和哺乳期间，大多数女性都需要使用比平时更大的文胸，以防压迫，堵塞乳管，甚至导致乳腺发炎。

为了方便哺乳，许多哺乳文胸都能轻松开合，甚至可以单手操作。

功能：为乳房提供额外支撑，轻松开合。

注意事项：
- 侧翼是否加宽，背侧是否为4排扣。
- 肩带是否防滑，加宽。
- 能否轻松开合。

母乳喂养用具

乳头霜
购买频率：单次
宝宝多大开始需要：出生后

乳头霜能保护乳头，舒缓疼痛和皲裂。许多乳头霜中含有羊毛脂，这是绵羊毛皮中的一种油性物质，在加工过程中会沾染杀虫剂等化学物质。为了防止宝宝在哺乳中摄入羊毛脂，你最好选择不含羊毛脂的乳头霜或有机乳头霜。

功能：保护乳头，舒缓疼痛和皲裂。

注意事项：
- 是否不含羊毛脂。
- 是否为有机产品。
- 是否不含人工色素和香精。
- 是否不含防腐剂等化学添加剂。
- 是否不易引发过敏反应。

哺乳巾
购买频率：单次
宝宝多大开始需要：出生后

哺乳巾能为哺乳中的你提供遮挡，避免尴尬，同时还能帮宝宝排除周围环境的干扰，让他能安静地吃奶，因此也能用于奶瓶喂养的宝宝。哺乳巾非常轻便，而且上缘往往有些拱起，以便让你能够在哺乳的同时看着宝宝。哺乳巾也可以在吸奶时使用，这样你就不必去找没有人的房间了。

功能：避免尴尬，避免环境干扰。

注意事项：
- 顶部的带子能否调节长度。
- 是否轻便，易折叠。
- 能否用作遮阳巾。
- 能否机洗。

哺乳枕
购买频率：单次
宝宝多大开始需要：出生后

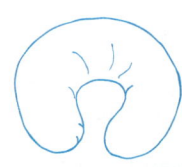

哺乳枕一般是月牙形的，以此来与你的腰部紧密贴合。这种独特的形状不仅能为你提供最佳的哺乳体位，还能在你哺乳时提供额外的支撑力，减轻你腰部、颈部和肩膀的压力。除此之外，哺乳枕还有许多种用途，例如用来支撑宝宝的脑袋，以及为趴着玩或学习坐立的宝宝提供支撑。

功能：提供最佳哺乳体位，减轻腰部、颈部和肩部压力。

注意事项：
- 是否表面柔软、舒适，内部又能提供足够的支撑力。
- 是否透气，有助于吸湿排汗。
- 是否配有可拆卸和机洗的枕套。
- 是否为隐藏拉链，以免划伤宝宝。

哺乳脚凳
购买频率：单次
宝宝多大开始需要：出生后

在为宝宝哺乳时，你可以把腿或脚搁在哺乳脚凳上，以此来减轻腰部的压力。在怀孕期间，你也可以用这种脚凳垫高两脚，预防水肿。宝宝如厕训练时，你也可以把它放进厕所，帮助他够到水槽或马桶。

功能：提供舒适的哺乳体位，减轻腰部压力。

注意事项：
- 在设计上是否便于使用。
- 底部是否配有防滑衬垫。
- 能否在怀孕期间用作脚凳。
- 能否在宝宝长大一些后用作幼儿梯凳。

奶瓶与杯子

奶瓶

购买频率：多次

宝宝多大开始需要：出生后

奶瓶有不同的样式、形状、尺寸，也可能配有成套的设备。即使你选择母乳喂养，你也可能需要奶瓶来存放吸出的母乳。奶瓶有多种材质，例如玻璃、塑料和不锈钢。不要用塑料奶瓶装热水或者把它用微波炉加热，因为塑料可能会融化并且渗进宝宝的奶水里。

选择多大的奶瓶取决于宝宝的年龄和食量。奶瓶的瓶身上要有容量刻度，这样你才能准确地知道你给宝宝喂了多少奶。奶瓶也要配有盖子，一来能保持奶嘴卫生，二来也能防止奶水泄露。有的奶瓶能与吸奶器配套使用，这样你就能把奶直接吸进奶瓶存放，过后再用同一个奶瓶直接给宝宝喂奶。

功能： 了解宝宝究竟吃了多少奶。

注意事项：
- 是否不含双酚A成分。
- 能否用于吸奶器。
- 能否用洗碗机清洗。
- 是否配有备用奶嘴。
- 能否转换为吸管杯或鸭嘴杯。
- 是否有容量刻度。
- 是否配有防漏瓶盖。
- 材质是否安全。

奶嘴

购买频率：多次

宝宝多大开始需要：出生后

奶嘴由硅树脂或乳胶等材料制成，你买的奶瓶通常都配有多个奶嘴。不过，你也可以单独购买配套的奶嘴。

随着宝宝逐渐长大，他对奶嘴的要求也会不断改变。低流速奶嘴一般是给新生儿用的，可以用到大约4个月大。4个月后，许多宝宝会需要使用中流速奶嘴，直到大约9个月大。在此之后，许多宝宝还会需要使用高流速奶嘴，直到大约满周岁。不过，宝宝的具体需求是非常不同的，所以你只需给他使用最适合他的奶嘴，而不去管他究竟几个月大。

功能： 与奶瓶配套使用。

注意事项：
- 是否不含双酚A成分。
- 能否用洗碗机清洗。
- 是否有防胀气功能。
- 形状是否与乳头相似。

奶瓶与杯子

鸭嘴杯

购买频率：多次
宝宝多大开始需要：6个月

鸭嘴杯是从奶瓶到吸管杯或普通杯子的过渡用具。鸭嘴杯的杯盖通常有防漏功能。有的鸭嘴杯还有宽大的防滑握把，宝宝抓握起来十分轻松。鸭嘴杯的常见材质有玻璃、塑料和不锈钢。需要注意的是，满周岁后继续使用鸭嘴杯可能会影响下颌骨发育和语言能力发展。另外，宝宝使用鸭嘴杯时，你也要多加留意，以免他呛到自己。

功能：帮助宝宝从奶瓶过渡到吸管杯或普通杯子。

注意事项：
- 材质是否安全。
- 杯盖是否有防漏功能。
- 是否有防滑握把。
- 是否不含双酚A和聚氯乙烯成分。
- 能否用洗碗机清洗。

吸管杯

购买频率：多次
宝宝多大开始需要：满周岁

吸管杯能帮助你的宝宝从使用鸭嘴杯过渡到使用普通的杯子。一些宝宝会跳过鸭嘴杯的环节，直接使用吸管杯。有些吸管杯有宽大的防滑握把，宝宝可以轻松抓握。弹出式的吸管更容易保持清洁。使用吸管杯能促进宝宝的下颌骨发育和语言功能发展。吸管杯的常见材质有玻璃、塑料和不锈钢。

功能：帮助宝宝从使用鸭嘴杯过渡到使用普通的杯子。

注意事项：
- 材质是否安全。
- 杯盖是否有防漏功能。
- 是否有防滑握把。
- 是否不含双酚A和聚氯乙烯成分。
- 能否用洗碗机清洗。

奶瓶刷

购买频率：单次
宝宝多大开始需要：出生后

奶瓶刷的粗糙刷毛能清洁宝宝的奶瓶和各种配件。有的奶瓶刷还配有奶嘴刷。

功能：清洁奶瓶。

注意事项：
- 是否配有奶嘴刷。
- 是否不含双酚A成分。
- 能否用洗碗机清洗。
- 能否吸在墙上或挂在挂钩上。

奶瓶与杯子

暖奶器

购买频率：单次

宝宝多大开始需要：出生后

暖奶器既适用于配方奶喂养，也适用于母乳喂养。它能把奶瓶里的奶均匀加热到固定的温度。热好奶后，有的暖奶器会用指示灯来提醒你。有的暖奶器还有可分离的提篮和用来防止过度加温的自动关闭功能。

功能：加热奶瓶里的母乳或配方奶。

注意事项：
- 加热是否均匀。
- 是否有可分离的提篮。
- 是否有数码显示功能。
- 是否有自动关闭功能。
- 是否有声音提醒功能。

奶瓶消毒器

购买频率：单次

宝宝多大开始需要：出生后

奶瓶消毒器的主要功能是为宝宝的奶瓶消毒，但不少奶瓶消毒器也能为吸奶器的各种零件消毒。奶瓶消毒器使用热蒸汽消毒，通常一次能处理4~6个奶瓶，用时大约2~10分钟。

功能：为宝宝的奶瓶消毒。

注意事项：
- 能否放置4~6个奶瓶。
- 是否配有夹子。
- 能否保持24小时无菌。
- 消毒用时是否不超过10分钟。
- 把手是否有防烫功能。
- 能否用洗碗机清洗。

洗碗机篮和沥水架

购买频率：单次

宝宝多大开始需要：出生后

你可以先用洗碗机篮装上奶瓶和杯子的各种小配件，然后再放进洗碗机清洗。有的洗碗机篮还可以充当沥水架。

功能：装奶瓶和杯子的各种小配件。

注意事项：
- 容量是否足够。
- 材质是否耐高温。
- 吸管能否直立放置。

隔热（保温）杯套

购买频率：单次

宝宝多大开始需要：出生后

外出时，你可以把奶瓶装进隔热（保温）杯套，以此来实现保鲜或保温的目的。有的隔热（保温）杯套还配有挂钩，很容易挂在换尿布包或婴儿推车上。

功能：保鲜或保温。

注意事项：
- 能否装进你的换尿布包。
- 能否挂在婴儿推车上。
- 是否有用于储物的网眼袋。
- 是否有多个储物空间。
- 是否适用于多种型号的奶瓶和杯子。

围嘴与拍嗝巾

拍嗝巾

购买频率：多次
宝宝多大开始需要：出生后

拍嗝巾由吸水棉制成，有的还有额外的防水保护层。给宝宝拍嗝时，你可以把拍嗝巾垫在肩膀或膝盖上，以此来防止宝宝吐出的奶和口水流到你的衣服上。

功能：防止宝宝吐出的奶和口水流到你的衣服上。

注意事项：
- 是否为有机棉材质。
- 吸水性好不好，是否容易晾干。
- 内侧是否有防水保护层。
- 能否机洗。

小方巾

购买频率：多次
宝宝多大开始需要：出生后

小方巾方便易用，既能用来给宝宝擦口水，也能用来清洁他的屁屁。纯棉或法兰绒方巾不仅柔软，而且有很好的吸水性。这种小方巾可以重复使用，经济实惠，一包里往往有许多块。

功能：清洁宝宝的皮肤。

注意事项：
- 是否为有机棉材质。
- 是否柔软。
- 吸水性好不好。
- 尺寸是否合适。

新生儿围嘴

购买频率：多次
宝宝多大开始需要：出生后

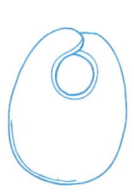

新生儿围嘴虽然小巧，但吸水性非常好，你能用它来接住宝宝吐出的奶和口水，以免弄脏他的衣服。

功能：防止宝宝吐出的奶和口水流到他的衣服上。

注意事项：
- 是否为有机棉材质。
- 吸水性好不好。
- 颈围是否可调。
- 能否机洗。

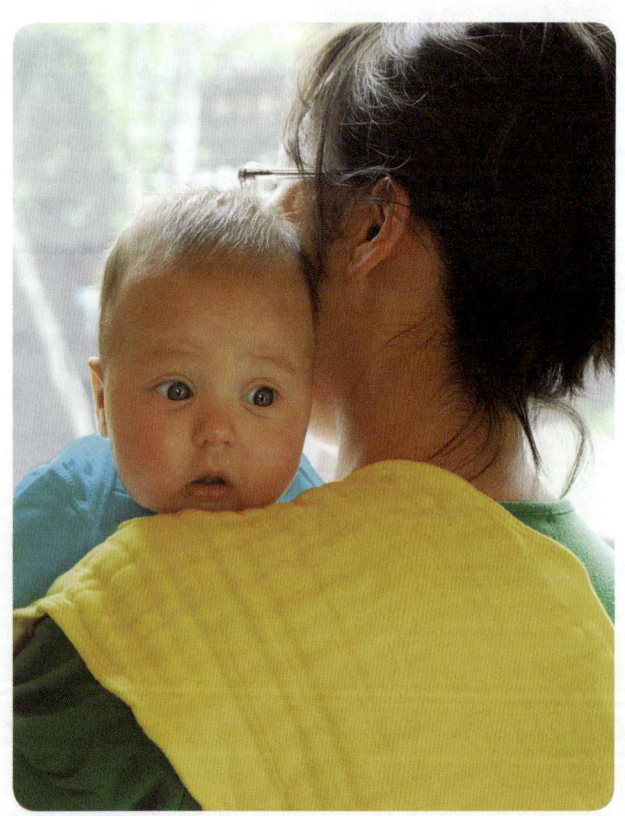

围嘴与拍嗝巾

婴儿围嘴

购买频率：多次
宝宝多大开始需要：6周

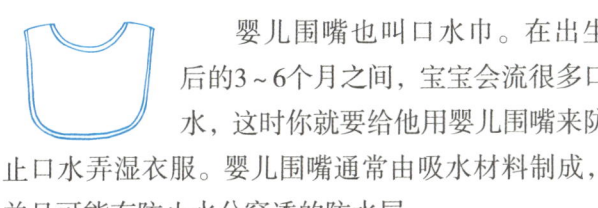

婴儿围嘴也叫口水巾。在出生后的3~6个月之间，宝宝会流很多口水，这时你就要给他用婴儿围嘴来防止口水弄湿衣服。婴儿围嘴通常由吸水材料制成，并且可能有防止水分穿透的防水层。

功能：保持宝宝的衣服干燥、清洁。

注意事项：
- 材质是否为棉。
- 吸水性好不好。
- 是否有防水层。
- 颈围是否可调。
- 能否机洗。

防水围嘴

购买频率：多次
宝宝多大开始需要：6个月

通常在6个月大左右，你的宝宝会开始吃固体食物，这时给他用防水围嘴会非常方便。这种围嘴的防水防污面料不仅能保护宝宝的衣服不被食物弄脏，而且非常容易清洁，只用湿布就能轻松擦拭干净。有的防水围嘴还有专门用来接食物碎屑的大口袋。

功能：保持衣服洁净，容易清洁。

注意事项：
- 是否有防水功能。
- 是否有用来接食物碎屑的大口袋。
- 颈围是否可调。
- 是否容易清洁。
- 是否不含聚氯乙烯成分。

罩衣围嘴

购买频率：多次
宝宝多大开始需要：9个月

罩衣围嘴直接套在衣服上穿，能同时覆盖宝宝的前襟、肩膀和胳膊。这种围嘴通常也有用来接食物碎屑的大口袋。宝宝画画时，你也可以给他穿上这种围嘴来保护衣服。

功能：保持衣服清洁。

注意事项：
- 是否有防水功能。
- 是否有用来接食物碎屑的大口袋。
- 能否完全覆盖宝宝的上衣。
- 颈围是否可调。
- 是否容易清洁。
- 是否不含聚氯乙烯成分。

厨具

可重复使用的食物泥储存袋

购买频率：单次
宝宝多大开始需要：6个月

你可以在家给宝宝自制食物泥，然后装进可重复使用的食物泥储存袋保存。有了这种袋子，你的宝宝就能自己吃东西了，而且还不容易把食物洒得到处都是。此外，这种袋子也比一次性的食物泥储存袋更环保。

功能：保存食物泥。

注意事项：
- 能否用洗碗机清洗。
- 是否不含聚氯乙烯成分。
- 是否方便易用。
- 是否提供相关配件。

方形保鲜盒

购买频率：多次
宝宝多大开始需要：6个月

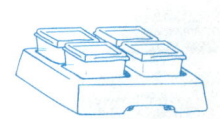

你可以把你给宝宝做的饭装进保鲜盒储存，以方便将来给他吃。这种保鲜盒的材质有玻璃、硅树脂和塑料，盖子一般都有密封功能。保鲜盒上一般都能标注食物名称、制作时间等信息。

功能：储存自制食物供将来食用。

注意事项：
- 是否不含聚氯乙烯成分。
- 是否配有方便堆叠的托盘。
- 能否标注信息。

搅拌机

购买频率：单次
宝宝多大开始需要：6个月

宝宝开始吃固体食物后，你需要用搅拌机把食物打成糊状。搅拌机的杯体最好是玻璃材质，以防塑料成分进入食物当中。

功能：把食物打成糊状。

注意事项：
- 杯体是否为玻璃材质。
- 功率是否足够大。
- 是否方便清洁。

锅底散热片

购买频率：单次
宝宝多大开始需要：6个月

给宝宝做饭时，你可以把锅底散热片垫在锅下面，以此来防止食物烧糊。

功能：分散热量，防止食物烧糊。

注意事项：
- 是否有防烫握把。

厨具

锅具

购买频率：单次
宝宝多大开始需要：6个月

宝宝的谷物、蔬菜、豆类和水果要使用不锈钢锅具来烹饪。你可以在锅上放一只蒸笼，这样你就能同时做两道菜。做饭时，使用玻璃锅盖能方便你观察锅里的水和食物。防烫握把握感舒适，还能防止你在做饭时烫伤自己。有的不锈钢锅底有铝质夹层，这样的锅导热更快也更均匀。

功能： 烹饪宝宝的食物。

注意事项：
- 是否为不锈钢材质。
- 是否配有钢化玻璃锅盖。
- 锅底是否足够厚实。
- 是否有防烫握把。
- 尺寸是否足够大。

研磨碗

购买频率：单次
宝宝多大开始需要：6个月

你可以用木杵和陶瓷碗来磨碎宝宝的食物，研磨碗里有利于磨碎食物的凹槽。有的蔬菜和水果很容易被磨碎，不需要使用搅拌机，例如南瓜、胡萝卜、豌豆等淀粉类蔬菜。

功能： 磨碎食物。

注意事项：
- 是否为陶瓷材质。
- 内壁是否有凹槽。
- 是否配有木杵。
- 木杵手柄是否有孔以方便挂晾。
- 尺寸是否足够大。

餐椅与防污垫

美式高脚餐椅

购买频率：单次

宝宝多大开始需要：6个月

在宝宝6个月大左右，他会开始吃固体食物，这时你就需要给他准备高脚餐椅了。这种椅子能让他坐得高一些，同时确保安全。许多美式高脚餐椅都配有安全带，轮子也有锁止功能。市面上也有能使用很久的多功能餐椅。这种椅子既可以用作高脚餐椅，也可以用作婴幼儿增高餐椅，甚至能用到宝宝十几岁。有的高脚餐椅还配有婴儿全身支撑安全软垫，以此来让宝宝坐得更舒服些。美式高脚餐椅的高度和倾斜角度一般是可以调整的，以此来适应宝宝的不同成长阶段。

功能：让宝宝坐得高一些，同时确保安全。

注意事项：

- 能否一椅多用。
- 是否配有三点或五点式安全带。
- 高度和倾斜角度是否可调。
- 托盘能否拆卸并使用洗碗机清洗。
- 织物部件能否拆卸和机洗。
- 是否配有婴儿全身支撑安全软垫。
- 轮子是否有锁止功能。

欧式高脚餐椅

购买频率：单次

宝宝多大开始需要：9个月

欧式高脚餐椅结构简单，没有托盘，一般也没有轮子，大多都能用于标准的餐桌。宝宝能自己坐稳后（大约9个月大），你就可以让他坐着这种椅子上桌吃饭了。

功能：让宝宝坐得高一些，同时确保安全。

注意事项：

- 宝宝能自己坐稳后才可以使用。
- 高度是否合适（能否用于你的餐桌）。
- 是否配有安全带。
- 是否结实耐用。

餐椅与防污垫

幼儿增高餐椅
购买频率：*单次*
宝宝多大开始需要：*18个月*

宝宝长到一岁半左右，你就可以让他借助幼儿增高餐椅坐上餐桌，跟家人一起吃饭了。你可以用带子把幼儿增高餐椅直接固定在椅子上，这种餐椅一般也配有能防止他跌落的安全带。

功能：增加宝宝用餐时的高度。

注意事项：
- 座高是否可调。
- 是否配有防止跌落的安全带。
- 是否轻便，容易折叠。
- 是否适用于大多数椅子。
- 织物部件能否拆卸和机洗。
- 通常，宝宝长到35～40磅（约32～36斤）时就不再需要使用增高餐椅了，不过这也取决于宝宝的身高和餐桌的高度。

餐椅防污垫
购买频率：*单次*
宝宝多大开始需要：*6个月*

宝宝开始学着自己吃东西时，他可能会把食物丢得到处都是。这时，你就可以在他的餐椅下面垫一张餐椅防污垫。这种垫子能防止宝宝把地板弄脏，而且清洁起来非常方便。

功能：防止宝宝把地板弄脏，清洁起来非常方便。
注意事项：
- 是否结实耐用。
- 是否方便清洁。
- 是否便于携带。
- 是否有防滑功能。
- 能否用于野餐和绘画。
- 是否不含双酚A、聚氯乙烯和重金属成分。

餐椅安全带
购买频率：*单次*
宝宝多大开始需要：*5个月*

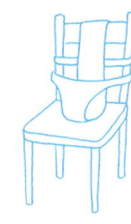
出门在外，如果找不到高脚餐椅，你就可以给宝宝使用餐椅安全带，把他固定在成人餐椅上。这种安全带一般为四点式或五点式，长度可调，可用于5个月大以上的宝宝。

功能：找不到高脚餐椅时把宝宝固定在成人餐椅上。

注意事项：
- 能否机洗。
- 安全带长度是否可调。
- 是否轻便，便于携带。

喂养日记
购买频率：*单次*
宝宝多大开始需要：*出生后*

宝宝开始吃固体食物后，你需要用喂养日记记下他每天都吃了什么。有了这本记录，你就能方便地跟踪宝宝对新食物和新口味的反应了。

功能：记录宝宝每天都吃了什么。

注意事项：
- 是否适用于宝宝的年龄范围。
- 记录项目是否齐全。
- 是否方便插入新的内容页。

餐具

婴儿软勺

购买频率：多次
宝宝多大开始需要：6个月

婴儿软勺由柔软的硅胶材料制成，一般为流线型，这样就不会伤害宝宝的口腔和牙龈。有的婴儿软勺有长柄，以此来方便你喂宝宝吃饭。此外，这种软勺的勺头通常比较浅，这样的设计能防止你噎到宝宝。

功能：舀食物糊喂宝宝吃。

注意事项：

- 不含双酚A和聚氯乙烯成分。
- 能否用洗碗机清洗。
- 是否有防滑握把。
- 勺头是否为柔软的硅胶材质。

训练勺（叉）

购买频率：多次
宝宝多大开始需要：满周岁

宝宝满周岁后，他需要学习使用餐具，以便将来能自己吃饭。这时，你需要给他准备训练勺（叉）。这种勺子方便抓握，一般为圆滑的流线形，不会对宝宝造成伤害。勺子的容量很小，这样的设计能防止宝宝噎到自己。

功能：方便宝宝抓握，帮他学习使用餐具。

注意事项：

- 不含双酚A、聚氯乙烯和三聚氰胺成分。
- 能否用洗碗机清洗。
- 是否有防滑握把。

盘子、碗

购买频率：多次
宝宝多大开始需要：6个月

给宝宝准备吃饭用的小盘子和小碗能更好地满足他的需要。有的盘子自带分格，方便同时盛放不同的食物。有的盘子边缘较高，能防止食物洒到外面。在宝宝学习自己吃饭的过程中，他的盘子和碗会经常摔到地上，所以，是否耐摔也是你在购买时需要考虑的因素。

功能：盛放宝宝的食物。

注意事项：

- 不含双酚A、聚氯乙烯和三聚氰胺成分。
- 盘子是否自带分格。
- 是否有防滑握把。
- 是否耐摔。

宝宝餐垫

购买频率：多次
宝宝多大开始需要：满周岁

宝宝餐垫有助于保持餐桌干净整洁，同时还能为宝宝提供洁净的就餐区域。他们通常有防滑功能，能牢牢地吸附在桌面上。

功能：为宝宝提供洁净的就餐区域。

注意事项：

- 不含聚氯乙烯成分。
- 是否有防滑功能。
- 是否有防水功能。
- 能否用洗碗机清洗。

出行饮食用具

便携餐盒
购买频率：多次
宝宝多大开始需要：6个月

便携餐盒是便于携带的食品容器。你可以用它们装上自制的饭菜或零食以供外出或野餐食用。便携餐盒的材质可以是玻璃、塑料、不锈钢、生物塑料和硅树脂。

功能：携带自制食物和零食。

注意事项：
- 不含双酚A、聚氯乙烯和三聚氰胺成分。
- 能否用洗碗机清洗。
- 能否密封。
- 是否配有餐具。
- 材质是否安全。

隔热（保温）包
购买频率：多次
宝宝多大开始需要：6个月

外出时，你可以用内含隔热层的包来携带食物和饮品，以此来起到隔热或保温的作用。这种包的侧面或底部通常有放置冰袋的空间。有的隔热（保温）包表面有防水功能，以此来防止凝水积聚和汤汁洒溅。有的隔热（保温）包还有提手和专门用来放置瓶子的空间。

功能：盛放食物，隔热或保温。

注意事项：
- 表面是否有防水功能。
- 内部是否有多个储物空间。

冰袋
购买频率：多次
宝宝多大开始需要：出生后

冰袋外面是一层塑料，里面装着无毒的蓄冷凝胶。外出时，你可以把冷冻后的冰袋放进隔热包，让包里的食物和饮品保持低温。

功能：外出时使食物保持低温。

注意事项：
- 凝胶是否为无毒材质。

便当盒
购买频率：单次
宝宝多大开始需要：6个月

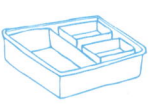
便当盒是你带宝宝外出时给他装食物的容器。出门前，你可以在里面装上营养均衡的自制饭菜或零食。如果你想给他一个惊喜，你还可以给他做卡通造型的三明治或饭团。

功能：外出时盛放宝宝的食物。

注意事项：
- 是否为天然材质。
- 能否密封。
- 颜色、样式是否活泼、有趣。
- 是否有放置餐具的空间。
- 是单层还是多层。

辅食剪
购买频率：单次
宝宝多大开始需要：6个月

你可以用辅食剪方便地把宝宝的食物切成方便咀嚼的小块。这种辅食剪既可以在家里使用，也可以出行时使用。

功能：把食物剪成方便宝宝咀嚼的小块。

注意事项：
- 是否为防误伤陶瓷刀头。
- 是否有防尘防污套。

玩具

你的宝宝是通过玩耍来学习的，而玩具就是他的帮手。我在前面曾经谈到过为宝宝的健康发育奠定基础的7大学习路径，它们分别与感官、运动、互动、语言、认知、创造和自然探知有关。在给宝宝购买玩具的时候，你要综合考虑宝宝的这些学习路径。他可能会在一两个方面做得特别好，但你也可以帮他均衡发展所有的学习路径，以此来达到相互促进的效果。有的玩具能通过多种学习路径激发你的宝宝。例如，手偶能同时从运动、互动和感官方面激发宝宝，而一本关于自然的图书甚至可以同时从感官、语言、运动、互动、认知、自然探知和创造这7大方面激发宝宝。

玩具并不需要多么复杂和昂贵才能激发你的宝宝。事实上，不限玩法、形式简单的玩具和家里的常见物品也能促使他在玩耍中激发想象力和释放好奇心。天然材质的漂亮玩具能让宝宝感受到其中所蕴含的美和其他特质。适用于不同学习阶段的多功能玩具能节约开销和节省空间。在玩具的安全性方面，你需要考虑的问题有材质、结构和有无引发窒息的风险。

在宝宝出生后的第一年里，他主要通过感觉和运动来学习。随着他逐渐长大，他会开始运用语言与自己交流，与你交流。当他具备更高级的心智能力后，他会产生更为复杂的思维过程，开始解决问题，理解因果关系。再往后，他还会通过美术、音乐和想象来发展创造力。在整个过程中，玩具都能对他的学习起到促进作用。

这部分内容所介绍的玩具是按照开始玩的年龄排列的，而有些玩具，例如球和毛绒玩具，可能会一连玩好几年。

有益成长的玩具

手推玩具

购买频率：单次
宝宝多大开始需要：6个月

手推玩具有很多种类，一般上面会有握把，下面有2~4只轮子。这种玩具能帮助宝宝在学习走路时保持平衡。

功能：鼓励宝宝爬、走，培养大肌肉运动能力和精细运动能力，帮助理解因果关系。

注意事项：
- 轮子是否容易转动。
- 握把是否方便抓握。
- 是否有趣味性设计（例如能发出声音，会动）

牵拉玩具

购买频率：多次
宝宝多大开始需要：满周岁

与手推玩具相比，牵拉玩具玩起来难度更大，因为宝宝必须一边向后看，一边朝前走。在牵拉当中，这种玩具往往还能表现出可爱的样子，例如摆动尾巴或拍打翅膀。

功能：鼓励宝宝走路，想象与玩具互动。培养平衡、协调等大肌肉运动能力和精细运动能力，帮助理解因果关系。

注意事项：
- 轮子是否容易转动。
- 拉绳是否足够短，不易引发缠绕和窒息。
- 玩具的外形是否是宝宝熟悉的动物。

球类玩具

购买频率：多次
宝宝多大开始需要：6个月

一开始，你可以给你的宝宝玩用布或绒毛材料做成的软球。你也可以用能安全地放进嘴里的软球来充当他的啃咬玩具。等宝宝长大一些后，你还可以给他玩对身体协调性有一定要求的弹跳球。

功能：锻炼大肌肉运动能力，在与他人共同游戏时学习分享与合作。

注意事项：
- 是否柔软。
- 是否轻巧。
- 颜色、图案是否容易吸引宝宝注意。
- 能否发出声音。

有益成长的玩具

浴缸玩具

购买频率：多次

宝宝多大开始需要：6个月

浴缸玩具不仅能让宝宝洗澡洗得更开心，还能让他学到新东西。浴缸玩具有很多种玩法，例如舀水、倒水、漂浮和下沉。你也可以在浴缸内侧粘贴一些触感独特的浴缸贴画，以此来刺激宝宝的触觉。

功能：浴缸玩具能激活全部7条学习路径。

注意事项：
- 是否有防滑功能。
- 是否有防霉功能。
- 能否舀水，漂浮。
- 是否不含聚氯乙烯成分。

布娃娃

购买频率：多次

宝宝多大开始需要：满周岁

柔软的布娃娃能激发你的宝宝与它互动。宝宝既可以和布娃娃一起玩，也可以把它当小宝宝照顾，这种角色扮演游戏对于宝宝的心理与社会性发展非常重要。

功能：激发宝宝表达情感与情绪，发展语言技能，学习共情和关心他人。

注意事项：
- 是否轻便，容易携带。
- 能否机洗。

挂件玩具

购买频率：多次

宝宝多大开始需要：出生后

挂件玩具适合挂在婴儿车、婴儿背带、婴儿背巾等物品上。它们能刺激宝宝的视力发育，鼓励他去够，去抓。挂件玩具既可以是简单的彩色布偶，也可以包含多种附加功能，例如，配有镜子、出牙棒，或者能发出声音。

功能：刺激宝宝视力发育，锻炼距离、深度感知能力，培养大肌肉运动能力和手眼协调能力。

注意事项：
- 是否有附加功能。
- 是否轻便，容易携带。
- 是否方便挂上去和取下来。

玩具车

购买频率：多次

宝宝多大开始需要：6个月

玩具汽车、玩具火车等玩具车能培养宝宝的精细运动能力，激发想象力。给宝宝玩的玩具车不要太大，要方便他的小手去抓。大多数玩具车都有轮子，能在桌面或地板上"开"着玩。

功能：培养宝宝的精细运动能力，激发想象力。

注意事项：
- 轮子是否容易转动。
- 是否安全无毒。

有益成长的玩具

摇铃玩具

购买频率：多次
宝宝多大开始需要：3个月

摇铃玩具所发出的声音能激发宝宝在倾听和回应中学习。

功能：促进宝宝的听力和视力发育，培养精细运动能力，帮助理解因果关系。

注意事项：
- 材质是否安全。
- 是否耐摔。

手偶玩具

购买频率：多次
宝宝多大开始需要：3个月

手偶玩具有大有小，大的适合套在整只手上玩，小的适合套在手指上玩。这种玩具的样子有各种动物，也有人和动画角色。市面上还有专门在洗澡时玩的手偶。你可以借助手偶给宝宝讲故事，也可以让他自己玩手偶。

功能：刺激感官，激发互动和模仿，培养语言能力，激发想象力。

注意事项：
- 是否柔软，轻便，容易携带。
- 材质是否安全，是否包含容易脱落的小部件
- 造型是否生动形象。

有益成长的玩具

悬挂床铃

购买频率：单次
宝宝多大开始需要：3个月

悬挂床铃通常挂在婴儿床的上方，能为你的宝宝提供视觉刺激。悬挂床铃上的小物件有各种形状，颜色明亮。有的悬挂床铃能旋转，还有的能播放舒缓的音乐。

功能：帮助宝宝的眼睛聚焦，促进视力发育。

注意事项：
- 是否方便挂在婴儿床上方。
- 是否有定时功能。
- 音量是否可调。

游戏垫

购买频率：单次
宝宝多大开始需要：3个月

游戏垫能让宝宝趴在地上或躺在地上玩。这种垫子通常由柔软的材料制成，以便让宝宝感觉舒适。游戏垫颜色鲜艳，上面往往有有趣的图案，也有不同触感的物件供宝宝触摸，这些设计都有助于刺激宝宝的感官。

功能：为宝宝提供一片探索的空间。

注意事项：
- 色彩是否明亮，对比度是否强烈。
- 图案是否有趣。
- 能否提供丰富的触觉刺激。
- 是否柔软，轻便。

镜子

购买频率：多次
宝宝多大开始需要：3个月

镜子能激发宝宝的互动类学习通路，能让他从中认识自己。

功能：激发自我意识，促进视力（包括视觉跟踪和深度感知能力）、心理和社会性发育。

注意事项：
- 是否安全，不易破碎。
- 是否没有畸变。

探索玩具

购买频率：多次
宝宝多大开始需要：3个月

探索玩具能激发你的宝宝探索身边的自然环境。对小一些的宝宝来说，探索或许只意味着把东西放进小桶里，而大一些的宝宝则可能会喜欢玩放大镜或捕蝶网兜。

功能：鼓励宝宝在自然环境中探索和发现，激发好奇心和对大自然的兴趣，培养大肌肉运动能力、精细运动能力和空间感知能力。

注意事项：
- 是否结实耐用。
- 是否容易使用。
- 是否安全。

有益成长的玩具

毛绒玩具

购买频率：多次
宝宝多大开始需要：3个月

毛绒玩具能为宝宝提供感官刺激，同时还有激发想象力、促进互动的作用。此外，在宝宝睡觉和面对分离焦虑等压力时，毛绒玩具还能起到安抚作用。

功能：培养社交技能，提升触觉感知能力。

注意事项：
- 材质是否柔软。
- 能否机洗。

角色扮演玩具

购买频率：单次
宝宝多大开始需要：满周岁

角色扮演玩具包括各种工具，例如园艺工具、玩具厨房、玩具购物车、玩具割草机和玩具吸尘器。

功能：鼓励宝宝扮演不同的角色。

注意事项：
- 是否结实耐用。

出牙玩具

购买频率：多次
宝宝多大开始需要：3个月

出牙玩具有不同的尺寸、形状和材质。有的由实心材料制成，有的里面装有液体，可以冷冻。

功能：减轻出牙所引发的疼痛，增进口腔器官的触觉感知能力。

注意事项：
- 是否不含聚氯乙烯成分。
- 能否防止吞食。

堆叠玩具

购买频率：多次
宝宝多大开始需要：6个月

堆叠玩具有各种样式，例如叠叠环、叠叠杯。它们颜色鲜艳，大小不一，层次分明，非常方便宝宝堆叠和排列。不怕水的堆叠玩具还可以供宝宝在洗澡时玩耍。

功能：培养大肌肉运动能力和精细运动能力，帮助理解因果关系。

注意事项：
- 是否既能嵌套，又能堆叠。
- 边缘是否圆滑，不易造成外伤。
- 材质是否安全。

有益成长的玩具

图书

购买频率：多次
宝宝多大开始需要：6个月

给宝宝的图书包括你给他读的纸质书和给他自己看的布书等结实的书。图书最好有互动功能，例如其中有镜子，提供多种触感，或者有放置家人照片的位置，以此来激发宝宝的各种感官。

功能：培养手眼协调能力和精细运动能力，提升视觉和听觉技能。

注意事项：
- 是否能促进互动。
- 故事是否简单易懂。
- 是否颜色明亮，对比度高。

触感玩具

购买频率：多次
宝宝多大开始需要：3个月

触感玩具有很多种样式，例如出牙玩具和毛绒玩具。各种织物和带有凸起的硅树脂等稍硬的材料能为宝宝带去不同的触觉刺激。

功能：培养宝宝的触觉感知能力。

注意事项：
- 是否能提供丰富的触觉。
- 材质是否安全。

学步车

购买频率：单次
宝宝多大开始需要：9个月

学步车能为探索周围环境的宝宝提供支撑。宝宝可以站在学步车后面，扶着握把，一边推学步车，一边向前走。

功能：提升学习走路的信心，帮助理解因果关系，培养大肌肉运动能力。

注意事项：
- 轮子是否容易转动。
- 握把是否足够高，足够结实。

健身架

购买频率：单次
宝宝多大开始需要：6个月

在宝宝会坐之前，你就可以让他躺着玩健身架了。健身架通常都配有柔软的垫子，以便让宝宝舒服地躺在上面，而垫子上面的支架上则悬挂着各种玩具和物品。

功能：帮助理解因果关系，培养空间感知能力和精细运动能力，促进视力发育。

注意事项：
- 颜色是否鲜艳，图案是否丰富，能否提供多种触感。
- 是否适合宝宝躺卧。
- 支架上的玩具是否容易摘下来挂到别处。

有益成长的玩具

音乐播放器具

购买频率:多次
宝宝多大开始需要:出生后

从出生开始,宝宝就喜欢听各种节奏和音乐。你可以为他播放儿歌和适合他听的音乐,同时边唱边跳。

功能:促进听力和语言能力发育。

注意事项:
- 给宝宝听不同风格和类型的音乐。
- 最好是适合跟着唱歌和跳舞的音乐。
- 音量不要太大。

乐器播放器

购买频率:单次
宝宝多大开始需要:6个月

适合宝宝玩的乐器有木制沙球、鼓槌、玩具钢琴和玩具木琴。

功能:培养大肌肉运动能力和精细运动能力,帮助理解因果关系,提升听觉感知能力。

注意事项:
- 音量是否合适。
- 是否容易操作。
- 是否包含容易脱落的小部件。

美术用品

购买频率:多次
宝宝多大开始需要:18个月

给宝宝用的美术用品有蜡笔、记号笔、粉笔和颜料。寻找方便宝宝的小手抓握的笔,以及无毒、能用水洗掉的颜料。

功能:培养视觉感知能力和精细运动能力,激发创造力。

注意事项:
- 是否容易抓握。
- 颜料是否无毒。
- 颜料是否能用水洗掉。

匹配玩具

购买频率:多次
宝宝多大开始需要:18个月

最早给宝宝玩的匹配玩具要大尺寸,形状简单,有4~6块就够了。有的匹配玩具有提示图案,以方便宝宝从中寻找线索。随着宝宝逐渐长大,他能玩的匹配玩具也会越来越复杂。

功能:培养触觉感知能力、空间感知能力和精细运动能力。

注意事项:
- 是否大尺寸,形状简单,数量少。
- 是否容易抓握。

有益成长的玩具

挖沙玩具

购买频率：多次
宝宝多大开始需要：6周

挖沙玩具适合在沙滩、沙箱玩耍，也可以用来玩水。挖沙玩具往往成套出售，里面可能会有塑料桶、铲子、漏斗，也可能会有贝壳、城堡等造型模具。

功能：培养精细运动能力、触觉感知能力和手眼协调能力，鼓励宝宝亲近自然。

注意事项：
- 表面是否光滑，不伤手。
- 是否结实耐用。

骑行玩具

购买频率：单次
宝宝多大开始需要：2岁

需要用脚发力的骑行玩具能帮助你的宝宝提高身体协调能力和增强肌肉力量，例如平衡车、三轮车等各种车辆。有的骑行玩具能伴随宝宝的成长使用好几年，例如有的三轮婴儿推车也可以"变身"为由他自己踩踏的三轮自行车。

功能：培养大肌肉运动能力、身体协调能力、平衡力，增进自信，鼓励活动和探索。

注意事项：
- 是否不易倾倒。
- 握把是否容易抓握。
- 能否经过"变身"而使用较长时间。

装扮玩具

购买频率：多次
宝宝多大开始需要：满周岁

你的宝宝可以借助装扮玩具来发展自己的想象力。一些简单的装扮道具就足以激发他的创造力。

功能：培养社交能力和情感能力。

注意事项：
- 能否用来装扮多种角色。
- 能否机洗。

新生儿购物清单

婴儿房用品(括号中为数量)

- ☐ 婴儿床（1）
- ☐ 床垫（1）
- ☐ 床垫保护垫（1）
- ☐ 床笠（1）
- ☐ 玩耍垫巾（4）
- ☐ 襁褓包巾（4~6）
- ☐ 睡袋（3~4）
- ☐ 换尿布台（1）
- ☐ 换尿布垫（1）
- ☐ 抽屉柜或架子（1）

可选用品(括号中为数量)

- ☐ 摇篮（1）
- ☐ 靠边床（1）
- ☐ 隔尿垫（2~4）
- ☐ 被子（1）
- ☐ 电子助眠仪（1）
- ☐ 婴幼儿监护器（1）
- ☐ 夜灯（1）
- ☐ 摇椅（1）
- ☐ 脚凳（1）

- ☐ 窗帘（视窗户数量而定）
- ☐ 墙饰（1）
- ☐ 开关装饰贴（1）
- ☐ 身高贴（1）
- ☐ 相框（2~3）
- ☐ 成长纪念册（1）
- ☐ 相册（3~4）
- ☐ 出生纪念卡（1）
- ☐ 手印泥或足印泥（1）

日常护理用品(括号中为数量)

- ☐ 婴儿浴垫（1）
- ☐ 防撞龙头套（1）
- ☐ 带帽浴巾（3~4）
- ☐ 澡巾（6~12）
- ☐ 润肤乳（1）
- ☐ 护臀霜（1）
- ☐ 指甲剪（1）
- ☐ 防抓伤手套（1）
- ☐ 尿布兜（18~24）
- ☐ 纱布尿布片（12~24）
- ☐ 预裁成型尿布片（24~36）
- ☐ 一体式尿裤（24~36）
- ☐ 尿裤衬里（100）

- ☐ 一次性尿布片（每天12~18）
- ☐ 一次性尿裤（每天12~18）
- ☐ 换尿布包（1~2）
- ☐ 一次性湿巾（若干）
- ☐ 尿布桶（袋）（1~2）
- ☐ 便携式换尿布垫（1~2）
- ☐ 健康日记（1）
- ☐ 急救包（1）
- ☐ 喂药器（1）
- ☐ 吸鼻器（1）
- ☐ 体温计（1）
- ☐ 无毒清洁剂（若干）
- ☐ 温和洗衣剂（若干）

可选用品(括号中为数量)

- ☐ 防滑浴垫（1）
- ☐ 水温计（1）
- ☐ 浴缸玩具收纳器（1）
- ☐ 安抚奶嘴（2~3）
- ☐ 湿巾加热器（1）
- ☐ 加湿器（1）

下载购物清单请访问
growhealthygrowhappy.com

衣物(括号中为数量)

- ☐ 欢迎装（1）
- ☐ 连体衣（4~6）
- ☐ 延长片（6~9）
- ☐ 婴儿睡袍（3）
- ☐ 针织帽（4~6）
- ☐ 侧开扣上衣（3~4）
- ☐ 包脚连体睡衣（3~4）

- ☐ 袜子（6~12）
- ☐ 脚套（2~4）
- ☐ 套头毛衣（3~4）
- ☐ 连衫裤（2~4）
- ☐ 软底鞋（1）
- ☐ 太阳帽（2~3）

可选用品(括号中为数量)

- ☐ 包脚裤（1）
- ☐ 开衫毛衣（1）
- ☐ 连体保暖衣（3~4）
- ☐ 保暖连指手套（1）
- ☐ 保暖帽（1）

出行用具(括号中为数量)

- ☐ 婴儿背巾（1~3）
- ☐ 婴儿推车（1）
- ☐ 婴儿推车方便挂包（1）
- ☐ 汽车安全座椅（1）

可选用品(括号中为数量)

- ☐ 婴儿推车篷（1）
- ☐ 婴儿推车防护罩（1）
- ☐ 婴儿推车方便挂钩（1）
- ☐ 安全座椅底座（额外增购）（1）
- ☐ 汽车座椅保护垫（1~2）

婴儿全身支撑安全软垫（1）
安全带护套（1）
安全座椅防水垫（1）
宝宝监护反光镜（1）
车窗遮阳帘（1）

可选用品(括号中为数量)

- ☐ 电动吸奶器（1）
- ☐ 储奶袋（10~20）
- ☐ 防溢乳垫（贴）（每月1）
- ☐ 哺乳文胸（3）
- ☐ 乳头霜（每月1）
- ☐ 哺乳枕（1）
- ☐ 奶瓶（6）

- ☐ 奶嘴（12）
- ☐ 隔热（保温）杯套（6）
- ☐ 拍嗝巾（6~12）
- ☐ 小方巾（24）
- ☐ 新生儿围嘴（6~12）
- ☐ 喂养日记（1）
- ☐ 冰袋（3）

可选用品(括号中为数量)

手动吸奶器（1）
哺乳巾（1）
哺乳脚凳（1）
奶瓶刷（1）
暖奶器（1）
洗碗机篮和沥水架（1）
奶瓶消毒器（1）

玩具(括号中为数量)

- ☐ 挂件玩具（3）
- ☐ 音乐播放器具（若干）

食谱速查

食物疗法
谷物粥疗法　76
味噌汤疗法　77
苹果葛根糊疗法　78
咸味葛根糊疗法　79
酸梅疗法　80
酸梅茶疗法　81
生姜敷贴疗法　84

催奶食谱
美味味噌汤　380
蒸羽衣甘蓝　381
麻薯　382

谷物
日常谷物糊　398
超级谷物　399
出牙饼干　400
面条　401
薄煎饼　402
油煎饼　403

蔬菜
日常蔬菜泥　418
蔬菜奶油汤　420
烘烤蔬菜泥　421
手抓蔬菜　422
蔬菜酱　423

高蛋白质食物
嫩豆腐葛根糊　436
烤种子和坚果　437
全麦豆糊　438
天贝　440
清炖鱼　441

水果
果酱　452
葛根水果糊　453
干果泥　454
蒸水果　455
果冻　456
新鲜水果　457

发酵食物
味噌汤（日本酱汤）　472
甘薯泥　473
海菜味泡菜　474
水果泡菜　475
水开菲尔　476

甜点和零食
糙米布丁　500
苹果酱松饼　501
燕麦饼干　502
动物饼干　503
水果馅饼　504
古斯粗麦蛋糕　505
聚会蛋糕　506
脆米块　507

饮料
蔬菜汤　520
大麦茶　521
药草茶　521
日本甘酒　522

自制家庭餐
饭团　572
三明治　574
意面沙拉　576
浇汁意大利细面条　578
咖喱蔬菜盖浇饭　580
蔬菜泥烤饭　582

常见婴幼儿疾病速查

宝宝的淋巴和免疫系统　102
　　疾病：发烧　102
　　疾病：过敏　104

宝宝的消化和泌尿系统　106
　　疾病：腹泻　108
　　疾病：便秘　110
　　疾病：腹绞痛　112
　　疾病：消化不良、呕吐　114
　　疾病：打嗝　116
　　疾病：出牙　118

宝宝的呼吸系统　120
　　疾病：喉炎、咳嗽　121
　　疾病：喉咙痛、链球菌性咽炎　124
　　疾病：感冒　126
　　疾病：耳痛、中耳炎　128
　　疾病：哮喘　130

宝宝的皮肤系统　132
　　疾病：湿疹、乳痂　133
　　疾病：尿布疹　135
　　疾病：结膜炎（红眼病）　137

宝宝的神经系统　139
　　疾病：失眠　140
　　疾病：多动症　142

宝宝的内分泌系统　144
　　疾病：黄疸　144

宝宝的肌肉和骨骼系统　146

宝宝的循环系统　146

宝宝的生殖系统　147

阴阳属性速查

引言
　　天然有机育儿法的自然原则　2
　　平衡原则　5

第1章
　　自然疗法中的阴与阳　67
　　体质和身体状况　68
　　　　体质与身体状况的阴性和阳性特质（表）　68
　　阴阳诊断　72
　　　　阴性特征与阳性特征（表）　72

第2章
　　通过饮食调节情绪　164
　　　　情绪特质的阴与阳（表）　165
　　了解个体差异　190
　　　　气质的阴与阳（表）　191

第3章
　　借助活动寻找平衡　252
　　　　阴与阳的影响（表）　253
　　右脑与左脑　262
　　全脑　263

第4章
　　食物的阴阳平衡　334
　　　　各种食物的阴阳属性分布图（表）　335
　　　　影响阴阳属性的因素（表）　336

第5章
　　不同烹饪方法的寒热属性　358

第6章
　　谷物的阴阳属性　394
　　　　谷物的阴阳属性分布图（表）　394
　　陆生蔬菜的阴阳属性　409
　　　　陆生蔬菜的阴阳属性分布图（表）　409
　　海产蔬菜的阴阳属性　413
　　　　海产蔬菜的阴阳属性分布图（表）　413
　　奶制品的阴阳属性　430
　　　　奶制品的阴阳属性分布图（表）　430
　　鱼肉的阴阳属性　431
　　　　鱼肉的阴阳属性分布图（表）　431
　　肉类的阴阳属性　434
　　　　肉类的阴阳属性分布图（表）　434
　　水果的阴阳属性　448
　　　　水果的阴阳属性分布图（表）　448
　　发酵食物的阴阳属性　470
　　　　发酵食物的阴阳属性分布图（表）　470
　　甜味剂的阴阳属性　493
　　　　甜味剂的阴阳属性分布图（表）　493
　　饮料的阴阳属性　518
　　　　饮料的阴阳属性分布图（表）　518

健康学习的7条路径速查

感官类学习路径　295
　　触觉　295
　　视觉　295
　　听觉　296
　　嗅觉　296
　　味觉　296

运动类学习路径　297
　　大肌肉运动能力　297
　　精细运动能力　297
　　空间感知能力　298

互动类学习路径　299
　　自我认知能力　299
　　合作能力　299

语言类学习路径　300
　　肢体语言能力　301
　　听的能力　301
　　说的能力　301
　　读写能力　302
　　第二语言能力　302

认知类学习路径　303
　　好奇心　303
　　记忆力　304
　　问题解决能力　304

创造类学习路径　305
　　想象力与艺术能力　305
　　音乐能力　306

自然探知类学习路径　307

健康学习的7条路经　308
　　健康学习的7条路经（0~3个月）　308
　　健康学习的7条路经（3~6个月）　310
　　健康学习的7条路经（6~12个月）　312
　　健康学习的7条路经（12~18个月）　314
　　健康学习的7条路经（18~24个月）　316
　　健康学习的7条路经（24~36个月）　318